Building Secure & Reliable Systems

SRE를 위한 시스템 설계와 구축

SRE를 위한 시스템 설계와 구축

구글이 공개하는 SRE 모범 사례와 설계, 구현, 운영 노하우

초판 1쇄 발행 2022년 1월 3일

지은이 헤더 애드킨스, 벳시 바이어, 폴 블랭킨십, 피오트르 레반도프스키, 애나 오프레아, 애덤 스터블필드
옮긴이 장현희 / **펴낸이** 김태헌
펴낸곳 한빛미디어(주) / **주소** 서울시 서대문구 연희로2길 62 한빛미디어(주) IT출판부
전화 02-325-5544 / **팩스** 02-336-7124
등록 1999년 6월 24일 제25100-2017-000058호 / **ISBN** 979-11-6224-503-3 93000

총괄 전정아 / **책임편집** 고지연 / **기획** 윤나리, 김종찬 / **편집** 김종찬
디자인 표지 윤혜원 내지 박정화 / **전산편집** 이경숙
영업 김형진, 김진불, 조유미 / **마케팅** 박상용, 송경석, 한종진, 이행은, 고광일, 성화정 / **제작** 박성우, 김정우

이 책에 대한 의견이나 오탈자 및 잘못된 내용에 대한 수정 정보는 한빛미디어(주)의 홈페이지나 아래 이메일로 알려주십시오. 잘못된 책은 구입하신 서점에서 교환해드립니다. 책값은 뒤표지에 표시되어 있습니다.

한빛미디어 홈페이지 www.hanbit.co.kr / 이메일 ask@hanbit.co.kr

지금 하지 않으면 할 수 없는 일이 있습니다.
책으로 펴내고 싶은 아이디어나 원고를 메일(writer@hanbit.co.kr)로 보내주세요.
한빛미디어(주)는 여러분의 소중한 경험과 지식을 기다리고 있습니다.

Building Secure & Reliable Systems

SRE를 위한 시스템 설계와 구축

O'REILLY® **⊪** 한빛미디어
Hanbit Media, Inc.

헌사

전략적인 프로젝트 관리와 신뢰성 및 보안에 대한 열정으로 이 책의 방향을 지탱해준

수사네 란데르스Susanne Landers에게 이 책을 바친다.

추천사

수억 명의 사용자를 지원하는 신뢰할 만한 인프라스트럭처를 구축하고 운영하는 방법에 대한 현실적인 참고 자료를 얻기란 매우 어렵다. 이 책은 세계 최고 수준의 보안 및 신뢰성 팀의 실질적인 지식을 담은 첫 번째 책이다. 구글이 운영하는 규모로 인프라스트럭처를 운영해야 하는 회사는 극히 드물지만 많은 엔지니어와 운영자가 이 책을 통해 구글이 거대한 분산 시스템을 운영하면서 어렵게 확보한 다양한 지식을 얻을 수 있을 것이다. 이 책은 처음부터 끝까지 훌륭한 통찰로 가득 차 있으며, 다양한 예시와 사례는 대규모 시스템을 운영하면서 학습하고, 실패하며 얻은 지혜를 담고 있다. 처음부터 올바르게 시스템을 구축하고자 하는 모든 이들은 반드시 읽어야 할 책이다.

앨릭스 스타모스Alex Stamos, 스탠퍼드 인터넷 연구소, 전 페이스북/야후 CISO

이 책은 업계의 최고 전문가에게 귀중한 자료다. 저자들은 단순한 정보 보안에 치중하지 않고 실제로 테스트 기간을 버텨낸 소프트웨어를 구현하고 운영하는 다양하고 풍부한 설명을 제공한다. 그러면서도 좋은 시스템 설계를 위해서 떼려야 뗄 수 없는 신뢰성, 사용성, 보안에 대한 흥미로운 사례들도 풀어준다.

미하우 잘레프스키Michał Zalewski, Snap, Inc의 보안 엔지니어링 VP이자
『The Tangled Web』(No Starch Press, 2011)과
『Silence on the Wire』(No Starch Press, 2005)의 저자

이 책이야말로 연구원들이 논문에서 말하는 '실제 세계'이다.

장필리프 오마송Jean-Philippe Aumasson,
Teserakt의 CEO이자 『처음 배우는 암호화』(한빛미디어, 2018)의 저자

구글은 어떤 회사보다 어려운 보안 과제에 직면해 있으며 이 책으로 자신들의 보안 원칙에 대한 가이드를 공개하고 있다. 사이트 신뢰성 엔지니어링site reliability engineering (SRE)**1**이나 보안 분야에서 일하면서 이만한 규모의 회사가 설계부터 운영에 이르는 모든 단계에서 보안을 어떻게 구현하고 있는지 궁금하다면 이 책을 필독하길 권한다.

켈리 쇼트리지 Kelly Shortridge**, Capsule8의 제품 전략 VP**

인터넷 서비스를 운영하거나 보안을 담당하고 있다면 구글을 비롯한 다른 회사들이 그 일을 쉽게 하고 있다고 생각해서는 안 된다. 이 책의 저자들과 오랜 시간 일하면서, 그들이 사용자 데이터를 보호하기 위해 극단적인 조치를 하는 것을 볼 때마다 매번 놀라웠다. 유사한 분야에 종사하거나, 서비스와 데이터를 보호하기 위해, 현대의 대규모 서비스에서는 어떤 작업을 하는지 궁금하다면 이 책을 읽어보길 바란다. 이 책은 실용적인 조언과 절충에 대한 가장 솔직한 논의를 담은 책일 것이다.

에릭 그로스 Eric Grosse**, 전 구글 보안 엔지니어링 VP**

---

1 **옮긴이_** 이 책에서는 사이트 신뢰성 엔지니어링(site reliability engineering)과 사이트 신뢰성 엔지니어(site reliability engineer)를 모두 SRE로 표기했다. 문맥에 따라 엔지니어링 방법론 혹은 엔지니어로 읽으면 된다. 또한, 이 책에서 'SRE 도서'는 『사이트 신뢰성 엔지니어링』(제이펍, 2018)를 지칭하고, 'SRE 워크북'은 『The Site Reliability Workbook』(O'Reilly, 2018)를 지칭한다.

지은이 · 옮긴이 소개

지은이 헤더 애드킨스 Header Adkins

18년간 구글에 몸담고 있는 베테랑이자 구글 보안 팀의 초기 멤버다. 정보 보안 분야의 시니어 디렉터를 맡고 있는 헤더는 구글의 네트워크, 시스템, 애플리케이션의 안전성 및 보안을 유지하는 책임을 담당하는 글로벌 팀을 구축했다. 시스템과 네트워크 관리에 현실적인 보안을 중점적으로 폭넓은 경험을 갖추고 있으며 세계에서 가장 거대한 인프라스트럭처를 구축하고 안전하게 유지하는 업무를 담당했다. 이제는 구글의 컴퓨팅 인프라스트럭처의 방어 전략에 대부분의 시간을 할애하고 있으며 업계와 더불어 가장 어려운 보안 과제에 도전하고 있다.

지은이 벳시 바이어 Betsy Beyer

구글 뉴욕 오피스에 근무하며 사이트 신뢰성 엔지니어링에 특화된 테크니컬 라이터 Technical writer 이다. 벳시는 『사이트 신뢰성 엔지니어링』(제이펍, 2018) 및 『The Site Reliability Workbook』(O'Reilly, 2018)의 공동 저자이기도 하다. 현재 업무를 담당하기 전에는 국제외교와 영문학을 전공했으며 스탠퍼드 Stanford 와 툴레인 Tulane 대학교에서 학위를 마쳤다.

지은이 폴 블랭킨십 Paul Blankinship

구글의 보안 및 개인 정보 엔지니어링 그룹에서 테크니컬 라이팅 팀을 관리하고 있으며 구글의 내부 보안 및 개인 정보 보호 정책의 개발에 참여했다. 테크니컬 라이터로서의 업무 외에도 샌프란시스코 베이 지역에서 뮤지션으로 활발히 활동 중이다.

지은이 피오트르 레반도프스키 Piotr Lewandowski

시니어 스태프 사이트 신뢰성 엔지니어 Senior Staff Site Reliability Engineer 이며 지난 9년간 구글 인프라스트럭처의 보안을 개선하는데 힘썼다. 피오트르는 보안 분야의 실질적인 기술 리드로서 SRE와 보안 조직이 서로 조화롭게 협업하도록 만드는 책임을 담당하고 있다. 그 전에는 구글의 핵심 보안 인프라스트럭처의 안정성을 담당하는 팀을 이끌었다. 구글에 합류하기 전에는 스타트업을 창업했고 CERT Polska에서 근무했으며 폴란드의 바르샤바 기술대학교에서 컴퓨터 과학을 전공했다.

지은이 **애나 오프레아** Ana Oprea

보안, SRE 및 구글의 기술 인프라스트럭처를 위한 계획과 전략의 수립을 담당하고 있다. 소프트웨어 개발자, 기술 컨설턴트 및 네트워크 관리자 등을 경험하면서 자연스럽게 현재 업무를 맡게 되었다. 독일, 프랑스, 루마니아에서 공부와 경력을 쌓은 덕분에 어떤 난관이 생겨도 여러 가지 다른 문화적 접근 방식으로 해결한다.

지은이 **애덤 스터블필드** Adam Stubblefield

구글의 저명한 distinguished 엔지니어이자 지역 보안 기술 리더이다. 지난 8년간 구글의 핵심 보안 인프라스트럭처의 상당 부분을 구축하는데 힘을 보탰다. 애덤은 존스홉킨스 대학교에서 컴퓨터 과학 분야 박사 학위를 취득했다.

옮긴이 **장현희** aspnetmvp@gmail.com

캐나다 켈로나 소재의 QHR Technologies에서 시니어 소프트웨어 엔지니어로 근무 중이다. 21년째 개발자의 길을 걷고 있으며 총 25종의 개발 관련서를 집필하거나 번역했다. 국내 개발자들에게 조금이라도 도움이 되는 번역서를 만들기 위해 최선을 다하고 있으며, 책이라는 매개체를 통해 멀리서나마 국내 개발자들과의 소통을 지속하고자 노력하고 있다. 최근에는 『사이트 신뢰성 엔지니어링』(제이펍, 2018), 『클라우드 네이티브 자바』(책만, 2018), 『러스트 프로그래밍 공식 가이드』(제이펍, 2019), 『엔터프라이즈 데이터 플랫폼 구축』(책만, 2020) 등을 번역했다.

이 책은 구글이라는 거대 IT 기업이 지금까지 수많은 서비스를 개발하고 운영해 오면서 터득한 보안과 신뢰성 관련 경험과 지식을 총망라한 책입니다. 보안과 신뢰성은 서로 상충하는 부분도 있지만 궁극적으로는 안전하며 안심하고 사용할 수 있는 소프트웨어와 서비스를 제공하기 위해서는 반드시 고려해야 할 필수적인 요소입니다. 역자도 20여년 간 소프트웨어 엔지니어로 활동하면서 크고 작은 다양한 보안 사고를 겪어봤는데 그 당시에 이 책에서 소개하는 값진 내용들을 미리 고려할 수 있었다면 어땠을까 되돌아 봅니다.

보안과 신뢰성은 현대 소프트웨어 개발에서는 반드시 최우선으로 고려해야 할 요소입니다. 그리고 이 책은 왜 보안과 신뢰성이 중요한지, 보안과 신뢰성에 어떤 형태로 구멍이 생길 수 있는지 그리고 이를 어떻게 예방하거나 대처할지에 대해 실용적이면서도 현실적인 조언을 제공하고 있습니다. 역자 또한 얼마 전까지 몸담았던 회사에서 보안 대사Security Ambassador 역할을 맡으면서 이 책으로부터 큰 도움을 받았습니다.

어쩌면 이 책이 다루는 내용이 너무 추상적이거나 또는 현재 몸담고 있는 회사의 규모에 맞지 않는다고 느껴질지도 모르겠습니다. 이 책이 제시하는 모든 조언을 어떻게든 도입하려고 무리하는 것보다는 현재 독자 여러분의 상황에 맞춰 하나씩 천천히 도입해보기를 권합니다. 아직 익숙하지 않은 분야가 있다면 다른 도서나 자료를 통해 충분히 학습해보고 도입해도 늦지 않습니다.

모쪼록 역자의 번역이 이 책을 조금이나마 더 수월하고 재미있게 읽는데 도움이 되길 바랍니다. 이 책의 번역을 제안해 주신 한빛미디어와 편집에 온 힘을 기울여주신 김종찬님께 깊은 감사의 말씀을 드립니다. 더불어 적지 않은 분량의 책을 번역하는 동안 소홀해진 남편과 아빠를 사랑으로 이해해 준 아내 지영과 예린, 은혁에게도 고마움을 전합니다.

장현희

머리말 (로열 핸슨)

지난 몇 년 동안 누군가 이런 책을 집필해주길 바랐다. 그래서『사이트 신뢰성 엔지니어링』(제이펍, 2018) 이 출간된 후부터 줄곧 감탄하며 여기저기에 권하고 다녔다. 구글에 합류하고 보안과 신뢰성에 초점을 맞춘 책을 준비 중이라는 사실을 알았을 때 이루 말할 수 없이 기뻤으며 이 책에 조그마한 힘을 보탤 수 있는 것만으로도 너무 즐거웠다. 기술 업계에서 일하기 시작한 후로 여러 규모의 조직에서 어떻게 보안을 적용해야 하는가에 대한 문제를 고민하는 수많은 사람을 목격했다. 보안을 중앙에서 관리해야 할지 연동해서 관리해야 할지, 독립적이어야 할지 내장해야 할지, 직접 운영해야 할지 외부에 맡겨야 할지, 기술적으로 해결해야 할지 관리적으로 해결해야 할지, 고민은 끝이 없었다.

SRE 모델(`https://oreil.ly/0Zvsg`)과 SRE와 유사한 버전의 데브옵스^{DevOps}가 유행하면서 SRE가 다루는 문제가 보안 영역의 문제와 유사하다는 점을 깨달았다. 어떤 조직은 이 두 부문을 하나로 합쳐 '데브섹옵스^{DevSecOps}'라고 부르기도 한다.

SRE와 보안은 모두 전통적인 소프트웨어 엔지니어링 팀에 강하게 의존하면서도 본질적으로는 전통적인 소프트웨어 엔지니어링 팀과는 다르다.

- 사이트 신뢰성 엔지니어^{Site Reliability Engineers}(SRE)와 보안 엔지니어는 빌드는 물론 제품에 의도적으로 문제를 일으키고 이를 수정하기도 한다.
- 담당 직무는 개발뿐 아니라 운영도 포함한다.
- SRE와 보안 엔지니어는 전통적인 소프트웨어 엔지니어보다는 전문가^{specialist}에 가깝다.
- 팀에 공헌하는 사람이기보다는 방해꾼처럼 보이는 경우가 종종 있다.
- 제품 팀에 소속되지 않는 경우가 많다.

SRE는 기존의 보안 엔지니어와 유사한 역할과 책임을 만들어왔다. 또한 SRE는 보안 두 팀을 연결하는 모델을 구현해왔고, 이는 보안 팀이 나아가야 할 다음 단계를 제시했다. 지난 수년간 나와 동료들은 보안을 최우선으로 고려하며 소프트웨어 품질로 다뤄야 한다고 논쟁해왔다. 그러기 위해선 SRE의 접근법을 도입하는 것이 논리적으로 올바르다고 믿는다.

구글에 합류한 후로 구글이 SRE 모델을 어떻게 정립해왔는지, SRE가 데브옵스 철학을 어떻게 구현하고 SRE와 데브옵스가 어떻게 발전해 왔는지에 대해 많은 내용을 배울 수 있었다. 그러면서 한편으로는 그동안 재무 분야에서 쌓아온 IT 보안 경험을 바탕으로 구글의 기술적, 프로그래밍적 보안 능력을 구축해나갔다. 이 두 분야는 서로 무관하지 않지만 배워둘 만한 나름의 역사와 전통을 가지고 있다. 그와 동시에 기업은 클라우드 컴퓨팅, 다양한 형태의 머신러닝, 복잡한 사이버 보안 환경과 함께 디지털 세계가 어느 방향으로 가고 있는지, 얼마나 빨리 도달할지, 어떤 위험이 수반되는지를 결정하는 중요한 시점에 있다.

보안과 SRE의 교집합이 점점 넓어지며 보안 원리를 소프트웨어와 데이터 서비스의 전체 수명 주기lifecycle에 철저히 반영하는 것이 더 중요해졌다. 현대(대부분 상호 연결된 데이터와 마이크로서비스를 제공하는 오픈 소스 소프트웨어 프레임워크를 기반으로 하는) 하이브리드 클라우드의 본질을 고려하면, 보안과 회복성resilience을 강력하게 통합하는 것은 더욱 중요하다.

지난 20년 동안 대기업 운영과 조직 관점에서 보안에 접근하는 방법은 매우 다양하게 변했다. 가장 대표적인 예시는 완전한 중앙식 관리를 의미하는 최고 정보 보안 책임자chief information security officer(CISO)와 방화벽, 디렉터리 서비스, 프록시 등으로 핵심 인프라스트럭처를 운영하는 방식이다. 그러면서 팀은 수백 또는 수천 명 규모로 성장했다. 그와 반대되는 방식으로는 몇 가지 잘 알려진 기능이나 비즈니스의 운영을 지원하거나 관리하는 데 필요한 영업 부문이나 기술 전문성을 가진 연합 정보 보안 팀을 확보하는 방식도 있다. 중간적인 방식으로는 위원회와 메트릭 그리고 규제를 통해 보안 정책을 관리하고 내부의 보안 전문가 관계를 관리하는 역할을 수행하거나 조직 단위의 이슈를 추적하는 역할을 담당하는 방식이다. 그동안 기존의 직무를 사이트 보안 엔지니어와 유사한 직무로 발전시키거나 또는 전문 보안 팀을 위해 특정 애자일 스크럼 역할로 개선하며 SRE 모델을 도입하는 팀도 있었다.

기업 보안 팀이 기밀성confidentiality에 특히 집중하는 것은 당연하다. 하지만 대부분의 조직은 데이터 무결성integrity과 가용성availability의 중요도를 동일한 것으로 생각하고 서로 다른 팀과 정책으로 이 두 영역을 다루곤 한다. 여기서 SRE는 신뢰성reliability에 우선적으로 집중하고 권한이 필요한 접근이나 민감한 데이터를 향한 보안 관련 공격을 포함한 기술적인 이슈를 실시간으로 탐지하고 대응하는 역할도 수행한다. 결국, 조직적으로 볼 때 엔지니어링 팀은 전문적으로 다루는 기술에 따라 구별되지만 시스템이나 애플리케이션의 품질과 안전성을 확보한다는 공통의 목표를 가지고 있다.

전 세계적으로 기술 의존도가 매년 증가하는 요즘, 구글 및 동종 업계의 경험에서 얻은 보안과 신뢰성에 대한 접근법은 소프트웨어 개발과 시스템 관리 그리고 데이터 보호에 중요한 기반이 될 수 있다. 위협과 공격의 방법이 더욱 발전하면서 이를 방어하기 위한 동적이고 통합적인 접근법은 필수가 되었다. 이전에는 조금 더 형식적인 답만 구하고 있었을 뿐이었다. 바라건대 보안 조직 내외부의 많은 팀이 이 책의 내용을 유용한 접근법이자 개선을 위한 도구로 사용했으면 한다. 이 책을 읽으며, 책이 다루는 내용은 업계에서 논의할 충분한 가치가 있다는 생각을 하게 됐다. 특히 현재의 운영 모델에 데브옵스, 데브섹옵스, SRE, 하이브리드 클라우드 아키텍처 등을 접목하는 기업에서라면 더 그렇다. 최소한 이 책은 점차 디지털화되는 세상에서 시스템과 데이터 보안에 대한 발전과 개선을 향한 또다른 한 걸음이다.

로열 핸슨 Royal Hansen, **보안 엔지니어링 부사장**

머리말 (마이클 와일드패너)

사이트 신뢰성 엔지니어링과 보안 엔지니어링의 중심에는 시스템의 지속성에 대한 고민이 담겨 있다. 버그를 내포한 릴리스나 용량 부족, 잘못된 설정 등은 시스템을 (최소한 일시적으로라도) 사용할 수 없게 만든다. 보안이나 개인 정보 사고는 사용자의 신뢰를 무너뜨리는 것은 물론 시스템의 유용성에도 타격을 준다. 따라서 시스템 보안은 SRE에 최우선 순위다.

보안은 설계 과정에서 보면 분산 시스템에 너무 동적인 속성으로 취급받아왔다. 보안은 초창기 유닉스 기반의 전화국 스위치에서 사용하던 비밀번호 없는 계정(당시에는 아무도 시스템에 접속할 수 있는 모뎀을 갖고 있지 않았거나, 갖고 있지 않다고 생각했었다)부터 시작해서 정적인 사용자 이름/비밀번호 조합 그리고 정적인 방화벽 규칙 등으로 발전해왔다. 요즘은 초당 수백만 건의 요청을 처리하면서 시간제한이 있는 접근 토큰^{access token}과 고차원의 위협 평가를 사용하고 있다. 전송 중^{in-flight} 및 대기 중^{at-rest} 암호화를 도입하면서 키를 자주 로테이션해야 하므로 민감한 데이터를 다루는 네트워킹, 처리, 스토리지 시스템에 키 관리는 또 다른 디펜던시가 되고 있다. 이런 인프라스트럭처 보안 소프트웨어 시스템을 구축하고 운영하려면 시스템 설계자와 보안 엔지니어 그리고 SRE 사이의 긴밀한 협업이 필요하다.

분산 시스템 보안은 개인적으로 더 의미 있게 생각하는 분야다. 대학 시절부터 구글에 합류하기 전까지 네트워크 침투 테스트에 초점을 맞춘 공격형 보안과 관련된 부업^{side career}을 가지고 있었다. 덕분에 분산 소프트웨어 시스템의 여러 취약점은 물론 시스템 설계자 및 운영자와 공격자 사이의 괴리감에 대해서도 많이 배울 수 있었다. 시스템 설계자와 운영자는 가능한 모든 공격에 대비해 시스템을 보호해야 하는 반면, 공격자는 하나의 취약점만 찾으면 된다는 점 같은 것 말이다.

이상적으로 SRE는 중요한 시스템 논의와 시스템의 실질적인 변경에 모두 관여해야 한다. 나는 지메일^{Gmail}의 초기 SRE 기술 리더 중 한 명으로서, SRE를 좋지 않은 시스템 설계나 보안에 부적합한 구현을 미연에 방지하는 최선의 방어선(시스템 변경의 경우는 최후의 마지노선)으로 바라보기 시작했다.

구글이 출간한 SRE 관련 도서 『사이트 신뢰성 엔지니어링』(제이펍, 2018)와 『The Site

Reliability Workbook』(O'Reilly Media, 2018)은 SRE의 원리와 모범 사례에 관련이 있지만 신뢰성과 보안 사이의 교집합을 심도 있게 다루지는 않는다. 이 책은 그 간극을 메우며 보안에 치중한 주제들을 더 깊이 있게 다룬다.

구글에서 수년간 일하면서 엔지니어들을 일과에서 한발 물러나게 하고 그들과 시스템의 보안을 어떻게 책임감 있게 다룰 것인지 '이야기'를 나누었다. 그러나 안전한 분산 시스템을 설계하고 운영하기 위한 보다 공식적인 조치는 이미 오래전에 완료했다. 이런 방식으로 예전에는 비공식적이었던 협업을 더욱 효과적으로 확장할 수 있었다.

네트워크로 연결된 오늘날의 환경에서 보안은 새로운 종류의 공격을 찾아내고 시스템이 다양한 공격으로부터 면역 체계를 갖출 수 있도록 하는 선봉에 있는 반면, SRE는 이런 이슈들을 방지하고 개선하는 데 핵심적인 역할을 한다. **신뢰성과 보안**은 모두 소프트웨어 개발 과정의 필수적인 부분이며 이를 대체할 수 있는 것은 없다.

마이클 와일드패너 Michael Wildpaner**, SRE 시니어 디렉터**

기본적으로 안전하지 않은 시스템을 신뢰할 수 있다고 말할 수 있을까? 혹은 신뢰성이 낮은 시스템을 안전하다고 할 수 있을까?

성공적으로 설계하고 구현해서 유지 보수하는 시스템은 전체 시스템 수명 주기에 대한 공약commitment이 필요하다. 이 공약은 보안과 신뢰성이 시스템 아키텍처의 핵심 요소일 때에만 비로소 지킬 수 있다. 안타까운 점은 대부분 이 두 가지를 사고 후에나 고려하는 경우가 많아 결국 비용을 많이 들이거나 너무 어렵게 도입하게 된다는 점이다.

기본적으로 보안을 고려한 설계security by design (`https://oreil.ly/-46BV`)는 많은 제품이 인터넷을 통해 연결되고 클라우드 기술이 더욱 보편화된 요즘에는 그 중요성이 더 높아지고 있다. 시스템에 대한 의존도가 높아질수록, 시스템은 더 안전해야 하며, 신뢰성과 보안 수준이 더 높아져야 한다.

시스템

이 책에서 어떤 기능을 수행하기 위해 서로 협조하는 컴포넌트의 집합을 의미하는 말로 **시스템**이라는 단어를 사용한다. 시스템 엔지니어링 관점에서 이 컴포넌트는 대부분 여러 컴퓨터의 프로세서에서 실행되는 소프트웨어를 의미한다. 간혹 시스템을 설계하고 구현하며 유지 보수하는 사람이 관리하는 하드웨어와 프로세스를 포함하기도 한다. 시스템의 동작은 복잡한 동작으로 이어지기 쉬우므로 예측이 어렵다.

집필 의도

우리는 시스템을 안전하게 보호하는 기술과 실전 기법을 재조명하고, 이런 방법들이 서로 어떻게 맞물려 동작하는지를 설명하기 위해 보안과 신뢰성을 소프트웨어와 시스템의 수명 주기에 직접 통합하는 것에 초점을 두고자 했다. 이 책의 목표는 시스템 설계, 구현, 유지 보수에 대한 보안과 신뢰성에 전문성을 가진 선구자들의 통찰을 제공하는 것이다.

한 가지 분명히 짚고 넘어가고 싶은 것이 있다. 이 책이 권장하는 전략 중 일부는 현재 여러분의 조직에는 존재하지 않는 인프라스트럭처 지원을 요구하는 경우도 있다는 점이다. 우리는 가능한 한 조직의 규모와 관계없이 적용할 수 있는 방법을 권한다. 그럼에도 서로에게서 많은 것을 배울 수 있는 숙달된 전문가 커뮤니티의 구성원으로서, 기존의 보안과 신뢰성 사례들을 모두가 개선하고 향상할 방법에 대한 대화를 시작하는 것이 더 중요하다고 느꼈다. 모쪼록 다른 조직들도 성공 스토리를 커뮤니티와 공유해주기를 바란다. 업계는 여러 구현 예제를 통해 보안과 신뢰성을 개선할 수 있을 것이다. 보안과 신뢰성 엔지니어링은 여전히 빠르게 개선되는 분야다. 설령 지금까지 충분히 검토된 사례라 하더라도 다시 한번 되돌아볼 (혹은 교체해야 할) 상황이 계속해서 등장하고 있다.

대상 독자

보안과 신뢰성은 모두의 책임이므로 이 책은 넓은 독자층을 목표로 한다. 즉, 시스템을 설계하고 구현하며 유지 보수하는 사람이라면 누구나 읽을 수 있는 책이다. 전통적인 개발자, 아키텍트, 사이트 신뢰성 엔지니어(SRE)(https://oreil.ly/EVa7K), 시스템 관리자, 보안 엔지니어 사이에 명확한 구분선을 긋는 것은 어려운 일이다. 간혹 경험 있는 엔지니어와 관련된 깊이 있는 주제를 다루더라도 이 책을 읽어 나가며 각자 다른 역할이 되어 (현재) 시스템을 개선할 방법을 모르거나 생각해본 적이 없는 사람이라고 상상하면서 읽어나가길 바란다. 그리고 독자 여러분도 이 논의에 참여하기를 바란다.

모든 사람이 개발을 시작하는 단계에서부터 신뢰성과 보안의 기본을 생각해야 하며 이런 원리를 시스템 수명 주기에 최대한 일찍 통합해야 한다. 이 책의 전반에 이런 개념이 자리하고 있다. 보안 엔지니어가 점점 더 소프트웨어 개발자에 가까운 역할을 수행하고, SRE와 소프트웨어 개발자는 점점 더 보안 엔지니어처럼 일하는 방식에 대해 업계에서는 이미 여러 논의가 진

행되었고, 현재도 활발히 진행 중이다.[2]

이 책에서 언급하는 '여러분'은 특정 직업이나 경력과는 무관한 독립적인 독자를 지칭한다. 이 책은 엔지니어에 전통적인 기대치에서 벗어나 여러분이 전체 제품 수명 주기에 걸쳐 보안과 신뢰성에 책임을 질 수 있는 사람으로 성장하는 것을 목표로 한다. 이 책이 설명하는 사례들을 모두 사용해야 한다는 강박에 빠지지는 않았으면 한다. 대신 여러분이 업무를 수행하는 과정이나 조직을 개선하는 과정에서 이 책을 떠올려보고 처음에는 가치 있어 보이지 않던 내용이 새로운 의미로 다가오는지를 다시 한번 확인하기를 권한다.

조직 문화에 대하여

이 책에서 소개하는 모범 사례를 구축하고 도입하려면 변화에 협조적인 문화를 갖춰야 한다. 보안과 신뢰성을 갖추기 위한 기술적 선택을 하면서 조직의 문화까지 신경을 쓰는 것은 지속적이며 탄력적인 변화를 만들어가기 위한 기본이라고 생각한다. 보안과 신뢰성이 필요하다는 것과 변화의 중요함을 깨닫지 못하는 조직은 변해야 한다. 그리고 대부분의 경우 이런 조직 자체의 문화를 재구성하는 일에 먼저 투자해야 한다.

이 책에 기술적인 모범 사례들을 엮어놓았고 데이터로 검증했지만 데이터에 기반하여 문화를 구축하는 모범 사례를 함께 소개하기란 사실 불가능하다. 일반화할 수 있는 접근법들을 소개한다 해도, 모든 조직은 독자적인 문화를 갖추고 있기 때문이다. 여기서는 구글의 조직 문화에서 이런 변화를 어떻게 가능하게 했는지를 설명하지만, 이 방법이 여러분의 조직에 딱 들어맞지 않을 수도 있다. 그러므로 권장사항을 이용해 여러분의 조직에 어울리는 실용적인 애플리케이션을 직접 구현해보기를 권한다.

---

2 디노 다이 소비(Dino Dai Zovi)가 '모든 보안 팀은 이제 소프트웨어 팀이다'라는 제목으로 블랙햇 USA 2019(https://oreil.ly/ Wap7b) 및 오픈 보안 서밋의 데브섹옵스 트랙(https://oreil.ly/_PAzE)에서 발표한 내용과 데이브 섀클퍼드(Dave Shackleford)의 「A DevSecOps Playbook」SANS 분석 논문을 참고.

책의 구성

이 책은 수많은 예제를 제공하지만 쿡북^{cookbook} 형식의 책은 아니다. 구글을 비롯한 업계의 성공 스토리와 지난 몇 년간 저자진이 배웠던 점을 공유하는 것뿐이다. 인프라스트럭처는 조직마다 다르다. 이 책이 제공하는 솔루션 중 어떤 것은 반드시 도입해야 하지만 어떤 것은 여러분의 조직에 전혀 맞지 않을 수도 있다. 그래서 주어진 환경마다 적합하게 솔루션을 구현할 수 있도록 조금 더 높은 수준에서 원리와 사례를 제공하려고 노력했다.

먼저 1장과 2장을 읽은 후 그다음으로 관심이 가는 부분을 읽어보길 권한다. 이 책의 대부분의 장은 다음과 같은 내용으로 구성된 서문이나 실천적인 요약으로 시작한다.

- 문제에 대한 정의
- 각 장이 소개하는 원리와 사례를 적용하기에 적합한 소프트웨어 개발 수명 주기 단계
- 신뢰성과 보안 사이의 교집합 또는 절충

각 장이 다루는 주제는 가장 기본적인 것부터 가장 복잡한 내용 순으로 정리되어 있다. 또한 '더 알아보기'에서는 특화된 주제를 좀 더 자세히 설명한다.

이 책은 업계에서 권장 사례로 여기는 많은 도구와 기술을 추천한다. 하지만 모든 것이 독자 여러분의 상황에 적합하지는 않을 것이므로 진행 중인 프로젝트의 요구사항을 평가하고, 프로젝트의 위협 요소에 적합한 솔루션을 설계하기 바란다.

이 책은 필요한 모든 내용을 최대한 많이 담고자 노력했지만 구글의 전문가들이 왜 신뢰성이 시스템 설계의 기본인지에 대해 설명한 『사이트 신뢰성 엔지니어링』(제이펍, 2018)(https://oreil.ly/SRE-book-toc)과 『The Site Reliability Workbook』(O'reilly, 2018)(https://oreil.ly/SRE-workbook-TOC)을 참고해도 좋다. 이 도서를 읽으면 몇몇 개념을 더 잘 이해할 수 있지만 반드시 선행해야 할 필요는 없다.

모쪼록 이 책을 즐겁게 읽어주길 바라며, 이 책이 시스템의 신뢰성과 보안을 향상시키는 데 도움이 되길 바란다.

감사의 글

이 책은 저자와 테크니컬 라이터technical writer, 각 장의 관리자를 비롯해 엔지니어링, 법무, 마케팅 분야의 검토자까지 무려 150여 명의 열정과 순수한 노력으로 만들어진 책이다. 게다가 참여자들은 아메리카, 유럽, 아시아 등 18개의 서로 다른 시간대와 10개 이상의 사무실에서 근무한다. 앞서 미처 감사의 말을 전하지 못한 모든 이에게 장별로 인사를 드리고자 한다.

구글의 보안과 SRE 분야 리더인 고든 채피Gordon Chaffee, 로열 핸슨, 벤 러치Ben Lutch, 수닐 포티Sunil Potti, 데이브 렌신Dave Rensin, 벤자민 트레이너 슬로스Benjamin Treynor Sloss 그리고 마이클 와일드패너는 구글 내에서도 최고의 조력자였다. 보안과 신뢰성을 소프트웨어와 시스템 수명 주기에 직접 통합하는 프로젝트에 대한 이들의 믿음이 이 책을 만들게 된 계기가 되었다.

이 책은 애나 오프레아의 의욕과 헌신이 없었다면 출간하지 못했을 것이다. 애나는 이런 책의 가치를 알아보고 구글에 아이디어를 제안했으며 SRE와 보안 리더들에게 소개하고 이 책을 출간하기 위한 수많은 작업을 조율했다.

지금부터 사려 깊은 의견과 논의 그리고 검토를 맡아준 고마운 사람들을 각 장의 순서대로 언급하고자 한다.

- 1장 보안과 신뢰성 사이의 교집합: 펠리프 카브레라Felipe Cabrera, 냉소가 페리Perry The Cynic, 그리고 아만다 워커Amanda Walker
- 2장 적을 알자: 존 에이센트John Asante, 쉐인 헌틀리Shane Huntly 그리고 마이크 코이부넨Mike Koivunen
- 3장 사례 연구: 안전한 프록시: 아마야 부커Amaya Booker, 미하우 크차핀슈키Michał Czapiński, 스코트 디어Scott Dier 그리고 라이너 볼라프카Rainer Wolafka
- 4장 설계 절충: 펠리프 카브레라, 더글라스 콜리시Duglas Colish, 피터 더프Peter Duff, 코리 하드맨Cory Hardman, 애나 오프레아 그리고 세르게이 시마코브Sergey Simakov
- 5장 최소 권한 설계: 폴 거글리엘미노Paul Guglielmino와 매튜 작스Matthew Sachs
- 6장 이해 가능성을 위한 설계: 더글라스 콜리시, 폴 거글리엘미노, 코리 하드맨, 세르게이 시마코프 그리고 피터 발체프Peter Valchev
- 7장 범위의 변화를 위한 설계: 애덤 바커스Adam Bacchus, 브랜든 베이커Brandon Baker, 아만다 뷰릿지Amanda Burridge, 그렉 캐슬Greg Castle, 피오트르 레반도프스키, 마크 로다토Mark Lodato, 댄 로렌스Dan Lorenc, 데미안 멘

셔Damian Mensher, 앙쿠르 라티Ankur Rathi, 다니엘 레볼레도 샘퍼Daniel Rebolledo Samper, 미치 스미스Michee Smith, 삼패스 스리니바스Sampath Srinivas, 케빈 스타디머Kevin Stadmeyer 그리고 아만다 워커

- 8장 회복성을 위한 설계: 피에르 부르동Pierre Bourdon, 냉소가 페리, 짐 히긴스Jim Higgins, 어거스트 휴버August Huber, 피오트르 레반도프스키, 애나 오프레아, 애덤 스터블필드, 세스 바고Seth Vargo 그리고 토비 바인가트너Toby Weignartner

- 9장 복구를 위한 설계: 애나 오프레아 그리고 JC 반 윈켈van Winkel

- 10장 서비스 거부 공격의 완화: 졸탄 에제드Zoltan Egyed, 피오트르 레반도프스키 그리고 애나 오프레아

- 11장 사례 연구: 공개적으로 신뢰할 수 있는 CA의 설계와 구현 그리고 유지 보수: 헤더 애드킨스, 벳시 바이어, 애나 오프레아 그리고 라이언 슬리비Ryan Sleevi

- 12장 코드 작성: 더글라스 콜리시, 펠릭스 그뢰베르트Felix Gröbert, 크리스토프 케른Christoph Kern, 막스 루에베Max Luebbe, 세르게이 시마코프Sergey Simakov 그리고 피터 발체프

- 13장 코드 테스트: 더글라스 콜리시, 다니엘 파비앙Daniel Fabian, 아드리안 쿠니즈Adrien Kunysz, 세르게이 시마코프 그리고 JC 반 윈켈

- 14장 코드 배포: 브랜든 베이커, 막스 루에베 그리고 페데리코 스크린지Federico Scrinzi

- 15장 시스템 조사: 올리버 배럿Oliver Barrett, 피에르 부르동 그리고 산드라 레이체비치Sandra Raicevic

- 16장 재해 계획: 헤더 애드킨스, 존 에이센트, 팀 크레이그Tim Craig 그리고 막스 루에베

- 17장 위기 관리: 헤더 애드킨스, 요한 베르그렌Johan Berggren, 존 루니John Lunney, 제임스 네테츠하임James Nettesheim, 에런 피터슨Aaron Peterson 그리고 사라 스몰렛Sara Smollet

- 18장 복구와 사후처리: 요한 베르그렌, 맷 린톤Matt Linton, 마이클 신노Michael Sinno 그리고 사라 스몰렛

- 19장 사례 연구: 크롬 보안 팀: 아브히쉑 아리아Abhishek Arya, 윌 해리스Will Harris, 크리스 팔머Chris Palmer, 카를로스 피자노Carlos Pizano, 아드리엔 포터 펠트Adrienne Porter Felt 그리고 저스틴 슈우Justin Schuh

- 20장 역할과 책임의 이해: 앵거스 카메론Angus Cameron, 다니엘 파비앙, 베라 하스Vera Haas, 로열 핸슨, 짐 히긴스, 어거스트 휴버August Huber, 아르투르 장크Artur Janc, 마이클 야노스코Michael Janosko, 마이크 코이부넨, 막스 루에베, 애나 오프레아, 로라 포시Laura Posey, 사라 스몰렛, 피터 발체프 그리고 에두아르도 벨라 나바Eduardo Vela Nava

- 21장 보안과 신뢰성 문화 구축: 데이비드 챌로너David Challoner, 아르투르 장크, 크리스토프 케른, 마이크 코이부넨, 코스티아 세레브리니Kostya Serebryany 그리고 데이브 와인스타인Dave Weinstein

또한 이 책 전체의 방향을 잡아준 안드레이 실린Andrey Silin에게 특히 더 고맙다는 인사를 전하고 싶다.

다음으로 책을 집필하는 동안 아낌없는 통찰과 피드백을 제공해 준 검토자들에게 감사한다. Heather Adkins, Kristin Berdan, Shaudy Danaye-Armstrong, Michelle Duffy, Jim Higgins, Rob Mann, Robert Morlino, Lee-Anne Mulholland, Dave O'Connor, Charles Proctor, Olivia Puerta, John Reese, Pankaj Rohatgi, Brittany Stagnaro, Adam Stubblefield, Todd Underwood 그리고 Mia Vu. 그리고 책 전체를 꾸준히 검토해 준 JS van Winkel에게 특히 더 고마움을 표한다.

또한, 이 책에 자신의 전문 지식이나 리소스를 비롯해 아낌없는 노력을 더해준 Ava Katushka, Kent Kawahara, Kevin Mould, Jennifer Petoff, Tom Supple, Salim Virji 그리고 Merry Yen에게 감사의 인사를 전한다.

Eric Grosse가 검토를 통해 방향을 잘 정해주었기 때문에 이 책은 새로움과 실용성 사이의 균형을 갖출 수 있었다. 그의 지도에 감사하며 이 책을 신중하게 검토해 준 Blake Bisset, David N. Blank-Edleman, Jennifer Davis 그리고 Kelly Shortridge 등 업계의 검토자 모두에게 감사한다. 또한 각 장의 대상 독자를 더 뚜렷하게 규정할 수 있도록 심도 깊은 검토를 도와준 Kert Andersen, Andrea Barberio, Akhil Behl, Alex Blewitt, Chris Blow, Josh Branham, Angelo Failla, Tony Godfrey, Marco Guerri, Andrew Hoffman, Steve Huff, Jennifer Janesko, Andrew Kalat, Thomas. A. Limocelli, Allan Liska, John Looney, Niall Richard Murphy, Lukasz Siudut, Jennifer Stevens, Mark Van Holsteijn 그리고 Wietse Venema에게 감사를 전한다.

SRE와 보안 관련 테크니컬 라이팅 팀의 시간과 기술을 너그럽게 제공해 준 Shylaja Nukala와 Paul Blakinship에게 특히 더 감사한 마음을 전한다.

마지막으로 이 책에 직접 수록되지 않은 콘텐츠를 작업해 준 Heather Adkins, Amaya

Booker, Pierre Bourdon, Alex Bramley, Angus Cameron, David Challoner, Duglas Colish, Scott Dier, Fanuel Greab, Felix Gröbert, Royal Hansen, Jim Higgins, August Huber, Kris Hunt, Artur Janc, Michael Janosko, Hunter King, Mike Koivunen, Susanne Landers, Roxana Loza, Max Luebbe, Thomas Maufer, Shylaja Nukala, Ana Oprea, Massimiliano Poletto, Andrew Pollock, Laura Posey, Sandra Raicevic, Fatima Rivera, Steven Roddis, Julie Saracino, David Seidman, Fermin Serna, Sergey Simakov, Sara Smollet, Johan Strumpfer, Peter Valchev, Cyrus Vesuna, Janet Vong, Jakub Warmuz 그리고 JC van Winkel에게 고마움을 전한다.

이 책을 출간할 수 있도록 도움과 지원을 아끼지 않은 오라일리 미디어 팀의 Virginia Wilson, Kirsten Brown, John Devins, Colleen Lobner, Nikki McDonald에게 감사한다. 또한 끝내주는 편집 기술을 보여준 Rachel Head에게도 감사한다.

정말 마지막으로 이 책의 핵심 필자들이 개인적으로 고마움을 표하고자 한다.

헤더 애드킨스

나는 구글이 어떻게 계속 안전할 수 있는지에 대한 질문을 종종 받곤 한다. 짧게 대답하자면 구글에서 일하는 사람들의 다양한 능력이 구글이 자신을 방어하는 능력의 핵심이다. 이 책은 이런 다양성을 반영하고 있으며, 팀으로써 함께 일하는 구글러보다 더 인터넷을 잘 방어할 수 있는 사람들은 내 평생에 다시는 찾을 수 없을 것이라 확신한다. 이 책을 집필하는 동안 멋쟁이 남편 윌^{Will}(벌써 42살이라니!), 우리 엄마(리비^{Libby}), 아빠(마이크^{Mike}), 동생(패트릭 ^{Patrick}) 그리고 온갖 오타를 함께 만들어 준 아폴로^{Apollo}와 오리온^{Orion}에게 말할 수 없이 큰 은혜를 입었다. 또한 집필하는 동안 자리를 비운 나를 대신해 수많은 업무를 대신 처리해 준 구글의 우리 팀과 동료들에게 감사한다. 지난 17년 동안 지도와 피드백, 그리고 가끔은 애정 어린 질책도 아끼지 않았던 Eric Grosse, Bill Coughran, Urs Hölzle, Royal Hansen, Vitaly Gudanets 그리고 Sergey Brin에게 감사한다. 나의 친구들과 동료들(Merry, Max, Sam,

Lee, Siobhan, Penny, Mark, Jess, Ben, Renee, Jak, Rich, James, Alex, Liam, Jane, Tomislav 그리고 Natalie 그리고 격려를 아끼지 않아 준 r00t++에게 특히 더 감사한다. 많은 걸 가르쳐 준 John Bernhardt 교수님 고맙습니다. 그리고 아직 학부를 끝내지 못해 죄송해요!

벳시 바이어

하루하루 영감을 주는 할머니, 엘리엇Eliott, E 고모 그리고 조안 등 나의 영웅들에게 감사한다. 그리고 긍정심과 지속적인 점검으로 내가 제정신을 유지할 수 있도록 도와준 두찌, 해머, 키키, 미니 그리고 살림에게 감사한다.

폴 블랭킨십

먼저 항상 의지가 되어준 에린Erin과 밀러Miller, 나를 계속 웃게 만들어 준 맷Matt과 노아Noah에게 감사한다. 또한 친구들과 구글 동료들에게도 고마움을 표한다. 특히 개념 및 언어와 씨름해 왔으며 경험이 부족한 사용자를 위해 항상 전문가와 옹호자 노릇을 겸해야 했던 친애하는 테크니컬 라이터들에게 더 큰 고마움을 표하고 싶다. 이 책의 공동 저자들에게도 큰 감사를 전한다. 한 명 한 명의 공동 저자들 모두 인정하고 존경하며 이들과 이름을 나란히 할 수 있다는 것은 나에게 특권이었다.

수사네 란데르스

이 여정을 함께 할 수 있어서 영광이었음을 이 책에 힘을 보태 준 모두에게 전하고 싶다. 내가 오늘날 이 자리에 있을 수 있도록 도와준 몇몇 특별한 사람들을 언급하고자 한다. 항상 올바른 기회를 찾는 톰Tom, 내게 모든 것을 알려준 시릴Cyrill, 최고로 멋진 팀에 초대해 준 하네스Hannes, 마이클Michael 그리고 피오트르Piotr에게 감사한다. 내게 커피를 가져다준 모든 이들(누굴 말하는지 다 알지!)에게도 감사한다. 이들이 없었다면 내 인생은 엄청 지루했을 것이다. 그 누구보다 지금의 내 모습을 갖는 데 큰 도움을 준 버베나Verbena, 그리고 무조건적인 지원과 사랑스러운 아이들을 내 인생에 선물해 준 나의 반쪽에 큰 감사를 전한다. 내가 이 모든 이들과 어울릴 자격이 있는지는 모르겠지만 어쨌든 최선을 다할 것이다.

피오트르 레반도프스키

더 나은 세상을 만들기 위해 노력하는 모든 이들. 조건 없는 사랑을 보내주는 나의 가족. 좋을 때나 나쁠 때나 늘 삶을 공유하는 나의 파트너. 인생에 즐거움을 더해주는 나의 친구들. 이 직업을 최고로 만들어주는 나의 동료들. 늘 나를 신뢰해주는 나의 멘토들. 이들 모두에게 깊은 감사를 전한다. 이들의 도움이 없었다면 나는 이 책에 참여하지 못했을 것이다.

애나 오프레아

이 책이 출간될 때쯤 태어날 우리 막내에게 이 책을 바친다.

애덤 스터블필드

나의 아내와 가족, 그리고 지난 몇 년간 함께해 준 동료와 멘토들에게 고마움을 전한다. 가족을 꾸리는 와중에도 이 책의 집필과 다른 여러 가지를 도와준 남편 파비앙Fabian에게 감사한다. 멀리 떨어져 있어야 함에도 사랑으로 이해해 준 부모님 이카Ica와 이안Ion에게 감사한다. 이 책은 건설적이며 열린 피드백이 없었으면 결코 가능하지 못했음을 증명한다. 이 책의 집필을 리드할 수 있었던 것은 지난 몇 년간 얻은 경험 덕분이다. 그런 경험을 쌓을 수 있게 도와준 나의 매니저 얀Jan, 그리고 보안과 신뢰성, 개발 분야에서 업무에 집중할 수 있도록 나를 믿어준 개발자 인프라스트럭처 팀에게 감사한다. 그리고 협조적인 BSides: 뮌헨 커뮤니티와 지속적인 학습을 가능하게 해주는 중요한 곳인 MUC:SEC 커뮤니티에 감사를 전한다.

CONTENTS

PART | **들어가며**

CHAPTER 1 **보안과 신뢰성 사이의 교집합**

CONTENTS

CHAPTER **2 적을 알자**

PART II 시스템 설계

CHAPTER 3 사례 연구: 안전한 프록시

CHAPTER 4 설계 절충

CONTENTS

CHAPTER 6 이해 가능성을 위한 설계

CONTENTS

CHAPTER **7 범위의 변화를 위한 설계**

CHAPTER 8 회복성을 위한 설계

CONTENTS

PART III 시스템의 구현

CHAPTER 11 사례 연구: 공개적으로 신뢰할 수 있는 CA의 설계와 구현 그리고 유지 보수

CONTENTS

CHAPTER **12 코드 작성**

CONTENTS

CHAPTER **15** 시스템 조사

PART **IV** 시스템 유지 보수

CHAPTER **16** 재해 계획

CONTENTS

CHAPTER **17** 위기 관리

CONTENTS

CONTENTS

Part I

들어가며

고객에게 제품의 기능 중 가장 좋아하는 기능이 무엇인지 물어보면 보안과 신뢰성을 첫손에 꼽는 경우는 드물다. 심지어 보안과 신뢰성이 제대로 동작한다면 고객은 눈치조차 채지 못한다.

모든 조직은 보안과 신뢰성을 **최우선**으로 삼아야 한다. 보안과 신뢰성이 떨어지는 제품을 사용하고자 하는 고객은 극소수에 불과하므로 이 두 가지는 비즈니스 가치를 차별화하는 기준이 된다.

이 책의 1부에서는 안전하고 신뢰할 수 있는 시스템의 기본 사례 간의 공통점을 설명하고 두 시스템 간의 절충을 중점적으로 다룬다. 그런 다음에는 여러분이 잠재적으로 발생할 수 있는 문제가 어떻게 동작하는지, 시스템 수명 주기에 어떤 영향을 미치는지 등에 대략적인 가이드를 제시한다.

Part I

들어가며

보안과 신뢰성 사이의 교집합

에덤 스터블필드Adam Stubblefield, 마시밀리아노 폴레토Massimiliano Poletto,
피오트르 레반도프스키Piotr Lewandowski, 데이비드 허스카David Huska, 벳시 바이어Betsy Beyer

1.1 비밀번호와 전기드릴

2012년 9월 27일. 구글 전체에 전달된 안내문 하나가 내부 서비스 전체에 연쇄적 장애cascading failure를 일으켰다. 결국 이 장애를 복구하기 위해서는 물리적인 전기드릴이 필요했다.

구글이 사용하는 내부 비밀번호 관리 프로그램은 직원들이 서드파티 서비스의 비밀번호를 저장하고 공유하는 수준이 낮은 인증 메커니즘을 지원했다. 구글의 샌프란시스코 베이 지역 캠퍼스를 연결하는 버스의 방문자용 와이파이 시스템 비밀번호도 여기에 저장되어 있었다.

9월의 바로 그날, 운송 팀은 와이파이 비밀번호가 바뀌었다는 내용의 안내문을 수천 명의 직원에게 이메일로 전달했다. 그 결과 수년 전 일부 시스템 관리자만을 대상으로 개발된 비밀번호 관리 프로그램의 트래픽이 감당할 수 없는 수준까지 치솟았다.

비밀번호 관리 프로그램의 주 서버가 응답을 멈췄고 로드 밸런서load balancer가 트래픽을 전환하자마자 보조 복제 서버도 곧바로 장애가 발생했다. 그러면서 시스템이 긴급 대기on-call 엔지니어에게 알림을 전송했다. 하지만 엔지니어는 이 서비스의 장애에 대응해본 경험이 없었다. 항

1장 보안과 신뢰성 사이의 교집합 **45**

상 비밀번호 관리 프로그램 관리에 최선을 다해왔기에 이 시스템은 5년 동안 단 한 번도 장애를 일으킨 적이 없었기 때문이다. 엔지니어는 시스템을 재시작하려 했지만 안타깝게도 시스템을 재시작하려면 하드웨어 보안 모듈hardware security module(HSM) 스마트카드의 비밀번호가 필요하다는 사실은 몰랐다.

이 스마트카드는 세계 곳곳의 구글 사무실 금고에 보관되어 있었지만 긴급 대기 엔지니어가 근무하던 뉴욕 사무실에는 이 금고가 없었다. 서비스 재시작을 실패하자 이 엔지니어는 호주에 있는 동료에게 연락해 스마트카드를 찾아볼 것을 부탁했다. 하지만 안타깝게도 이 금고의 비밀번호는 장애로 다운된 비밀번호 관리 프로그램에 저장되어 있었으므로 호주의 엔지니어는 금고를 열 수 없었다. 다행히 캘리포니아의 다른 엔지니어가 해당 지역의 금고 비밀번호를 기억하고 있어서 스마트 카드를 확보할 수 있었지만 캘리포니아의 엔지니어는 카드를 리더기에 삽입해도 '이 키로 보호하는 카드의 비밀번호는 로드할 수 없습니다'라는 영문을 모를 에러와 함께 재시작에 실패할 뿐이었다.

상황이 이렇게 되자 호주 엔지니어는 금고 문제를 해결하는 데는 물리적인 방법밖에 없다고 생각하고 전기드릴을 가져왔다. 그렇게 한 시간이 지나 금고를 열 수 있었지만 이 카드를 사용해도 같은 에러가 발생할 뿐이었다.

엔지니어는 한 시간이 더 지난 후에야 스마트카드 리더에 녹색등이 카드가 바르게 삽입된 것이 아니란 의미를 눈치챘다. 엔지니어가 카드를 뒤집어 삽입하자 서비스가 재시작됐고 장애 상황이 종료됐다.

신뢰성과 보안은 완전히 신뢰할 수 있는 시스템을 구축하는 핵심 요소지만 신뢰할 수 있으면서도 안전한 시스템을 구축하는 것은 어려운 일이다. 신뢰성과 보안에 대한 요구사항에는 여러 공통점이 있지만 설계 측면에서는 다르게 고려해야 할 사항이 많다. 게다가 두 가지가 상호작용하는 데 사소한 부분을 놓치면 예상치 못한 결과를 야기하기도 한다. 비밀번호 관리 프로그램의 장애는 적절하지 못한 로드 밸런싱과 로드 셰딩load-shedding 전략의 신뢰성 문제였으며 시스템의 보안을 향상하기 위해 설계했던 여러 조치로 복구 과정 또한 복잡했다.

1.2 신뢰성과 보안의 비교: 설계 고려사항

신뢰성과 보안을 설계할 때 여러 위협을 고려해야 한다. 신뢰성에 가장 큰 위협은 본질적으로 '악의적인 것'이 아니다. 즉, 잘못된 소프트웨어 업데이트나 물리적인 장치의 장애 등이 주된 원인이다. 하지만 보안 위협은 시스템의 취약성을 악용하려는 적대적인 사용자에게서 발생한다. 신뢰성을 고려해 설계할 때는 어느 시점에 뭔가 잘못될 수 있다는 것을 생각해야 하고 보안을 고려해 설계할 때는 언제든 공격자가 문제를 일으킬 수 있다는 점을 염두에 둬야 한다.

그 결과 각기 다른 방법으로 장애에 대응할 수 있도록 설계한 여러 시스템이 등장했다. 공격자가 없는 경우에 시스템은 **실패 시 안전**fail-safe (또는 **실패 시 개방**fail-open) 정책을 적용한다. 예를 들어 전자식 잠금장치는 전원 문제가 발생할 경우 사람들이 안전하게 탈출할 수 있도록 문을 열어둔다. 하지만 이 실패 시 안전 정책은 공격자가 있는 경우에는 명백한 보안 취약점으로 이어진다. 그러므로 전력 장애를 유발하는 공격자를 방어하려면 전력이 공급되지 않는 동안 문이 닫혀 있도록 하는 **실패 시 보안**fail-secure 정책을 적용해야 한다.

> **신뢰성과 보안의 절충: 사고 관리**
>
> 공격자의 존재 여부는 장애에 대응하는 사람의 협업 방식이나 정보에도 영향을 미친다. 신뢰성과 관련된 사고는 대응자가 원인을 빠르게 찾아 완화할 수 있도록 여러 사람이 도울 수 있다. 반면, 보안과 관련된 사고는 공격자가 복구를 위한 노력을 방해하지 못하도록 문제를 효과적으로 수정할 수 있는 최소한의 인력만 참여한다. 보안 사고의 경우 반드시 알아야 할 사람들만 정보를 공유한다. 시스템 로그가 방대하면 사고에 대한 대응과 복구 시간 감소에 도움이 되지만 (어떤 정보를 로그에 기록하는가에 따라) 공격자에게는 공격하기 좋은 대상이 되기도 한다.

1.3 기밀성, 무결성, 가용성

신뢰성과 보안은 시스템의 기밀성, 무결성integrity, 가용성과 관련 있지만 이런 특성들을 바라보는 시각은 서로 다르다. 신뢰성과 보안의 시각에서 가장 큰 차이점은 악의적인 공격자의 존재 여부다. 신뢰할 수 있는 시스템은 채팅 시스템에서 버그로 메시지가 잘못 전달되거나 왜곡되거나 분실되는 일이 없어야 되는 것처럼 어떤 경우에도 기밀성을 유지해야 한다. 또한 안전한 시스템은 공격자가 기밀 데이터에 접근하거나 조작하거나 파기하려는 시도를 반드시 방지해야 한다.

> **NOTE_** 기밀성, 무결성, 가용성은 예전부터 안전한 시스템의 **CIA 3대 조건**CIA triad으로 알려진 기본적인 속성이다. 여러 모델이 이 세 가지 속성을 더욱 확장한 보안 속성safety proeprtie을 제공하기는 하지만 CIA 3대 조건은 지금까지도 가장 보편적인 속성으로 자리 잡고 있다. 참고로 CIA라는 약어는 미국 중앙 정보국central intelligence agency과 아무런 관련이 없다.

1.3.1 기밀성

항공기 산업에서는 종종 고정형 마이크 때문에 기밀성 문제가 발생한다. 발신자는 보통 고정형 마이크의 버튼을 누르고 말을 하는데, 이 때문에 조종석 안에서 파일럿끼리 나누는 사적인 대화가 유출된 사례는 이미 여러 차례 문서화(https://oreil.ly/QXg1F)되었다. 악의적인 공격자는 없었지만 하드웨어의 신뢰성 문제로 장치가 파일럿이 의도하지 않은 대화를 전송한 경우다.

1.3.2 무결성

마찬가지로 데이터 무결성 문제에도 특별한 공격자는 존재하지 않는다. 2015년 구글의 SRE 들은 데이터의 몇 개 블록에서 종단간^{end-to-end} 암호화 무결성 검사가 실패했다는 것을 발견했다. 이 데이터를 처리하던 일부 머신에서 수정할 수 없는 메모리 에러의 증거가 발견되었다. 그래서 SRE는 (0을 1로 바꾸고 1을 0으로 바꾸는) 비트 뒤집기^{single-bit flip}로 모든 버전의 데이터에 대한 무결성 검사를 철저하게 실행하기 위해 소프트웨어를 하기로 결정했다. 그러면 결과 중 하나가 원래 무결성 검사의 결과 값과 일치하는지 확인할 수 있다. 모든 에러는 비트 뒤집기로 판가름할 수 있었으며 SRE는 모든 데이터를 복구했다. 흥미로운 점은 이 사례의 해결법이 신뢰성 사고가 발생했을 때도 적용하는 보안 기법의 한 사례라는 점이다(구글의 스토리지 시스템 역시 비암호화^{noncryptographic} 방식의 종단간 무결성 검사 방식을 사용하지만 이 사례는 다른 문제로 인해 SRE가 비트 뒤집기 방식을 먼저 생각하지 못했다)

1.3.3 가용성

마지막으로 살펴볼 가용성 역시 신뢰성과 보안에 관련되어 있다. 공격자는 시스템의 취약 부분을 악용해 시스템을 다운시키거나 권한이 있는 사용자의 작업을 방해하기도 한다. 또는 세계 여러 곳에서 많은 수의 장치를 제어해 엄청난 수의 트래픽으로 피해자를 공격하는 전형적인 분산 서비스 거부^{distributed denial-of-service} (DDOS) 공격을 감행하기도 한다.

서비스 거부 공격은 신뢰성과 보안 영역 모두에 걸쳐 있는 흥미로운 사례다. 피해자 관점에서 보면 악의적인 공격이 설계 결함인지 정상적인 트래픽의 증가인지 구별할 수가 없다. 예를 들어 2018년 구글 홈^{Google Home}과 크롬캐스트^{Chromecast} 장치의 소프트웨어 업데이트(`https://redd.it/9iivc5`) 과정에서 장치의 시간을 조정하는 대규모의 시간 동기화 트래픽이 발생해서 구글의 중앙 시간 서비스에 예상치 못한 부하^{load}가 발생했다. 마찬가지로 긴급 속보나 다른 사건으로 수백만 명이 거의 똑같은 쿼리를 발생시키면 전형적인 애플리케이션 수준의 서비스 거부 공격처럼 보인다. [그림 1-1]에서 보이듯이 2019년 10월 한밤중에 진도 4.5의 지진이 샌프란시스코 베이 지역을 덮쳤을 때 이 지역에 서비스를 제공하던 구글 인프라스트럭처에 엄청난 쿼리가 밀려들었다.

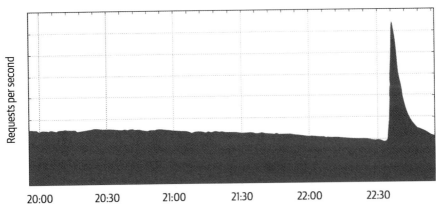

그림 1-1 2019년 10월 14일 진도 4.5의 지진이 샌프란시스코 베이 지역에 발생했을 때 구글 인프라스트럭처에 밀려든 웹 트래픽을 초당 HTTP 요청으로 측정한 그래프

1.4 신뢰성과 보안: 공통점

시스템 설계 관점에서 (시스템의 다른 특성과 달리) 신뢰성과 보안은 비교적 새로운 속성이다. 두 속성은 모두 사후에 도입하기 어려우므로 설계 초기 단계에 도입하는 것이 이상적이다. 게다가 신뢰성과 보안에 영향을 주는 변경이 의도치 않게 발생할 수 있으므로 지속적인 주의와 전체 시스템 수명 주기에 걸친 테스트가 필요하다. 복잡한 시스템의 경우에 신뢰성과 보안 속성은 여러 컴포넌트의 상호작용으로 결정되는 경우가 많다. 한 컴포넌트에 전혀 영향이 없어 보이는 업데이트가 전체 시스템의 신뢰성이나 보안에 영향을 미치게 되며 심지어 실제 장애가 발생하기 전까지는 전혀 드러나지 않는 경우도 있다.

1.4.1 불가시성

신뢰성과 보안은 모든 것이 정상일 때는 드러나지 않는다. 하지만 신뢰성과 보안 팀의 목표는 고객과 파트너의 신뢰를 유지하는 것이다. (문제가 발생했을 때든 모든 것이 정상일 때든) 고객과 신뢰를 견고히 쌓는 가장 좋은 방법은 의사소통이다. 정보는 최대한 정직하고 구체적으로 전달해야 하며 진부하거나 상투적인 전문 용어를 남발해서는 안 된다.

안타깝게도 신뢰성과 보안은 긴급 상황이 아니라면 알아채기 어렵기 때문에 조직 입장에서는 줄이거나 없애도 될 비용처럼 보이는 경우가 많다. 하지만 신뢰성 문제와 보안 장애가 일어난 후 지불해야 하는 비용은 상당하다. 미디어 보고서에 따르면 데이터 유출로 인해 2017년 버라이즌^{Verizon}이 야후의 인터넷 사업부를 인수할 때 인수 가격이 40억 원이나 줄었다(`https://oreil.ly/QJuBm`). 같은 해 전력 장애(`https://oreil.ly/vyXAE`)로 델타 항공의 핵심 컴퓨터 시스템이 다운되면서 항공편이 거의 700개가 취소되고 수천 편이 지연되면서 델타 항공의 비행 처리량이 하루 동안 60%나 떨어졌다.

1.4.2 평가

완벽한 신뢰성이나 보안을 이루기는 쉽지 않지만, 위협 기반^{risk-based} 접근법으로 부정적인 사건의 예상 비용과 이런 사건을 사전에 방지하기 위한 사전 기회비용^{opportunity cost}을 예측할 수 있다. 하지만 신뢰성과 보안에 부정적인 사건의 가능성은 별개로 측정해야 한다. 시스템 구성 요소의 신뢰성을 예측한 후 원하는 수준의 에러 예산^{error budget}[1]에 따라 엔지니어링 업무를 계획할 수 있다. 이렇게 하면 최소한 개별 컴포넌트 장애의 독립성을 추측할 수 있기 때문이다.

1.4.3 간결성

시스템의 신뢰성과 보안에 대한 평가 능력을 향상시키는 가장 좋은 방법 중 하나는 시스템 설계를 최대한 간결하게 유지하는 것이다. 설계가 간결하면 공격 가능성과 예상하지 못한 시스템 동작이 발생할 가능성을 줄일 수 있으며 사람이 시스템의 동작을 이해하고 유추하기가 쉬워진다. **이해 가능성**^{understandability}은 대응자가 증상을 빠르게 완화시키고 평균 복구 시간^{mean time to repair}(MTTR)을 줄일 수 있기 때문에 긴급 상황에서 특히 가치가 있다. 6장에서 이 주제를 더 자세히 다루며 공격 가능성을 최소화하고, 보안 유지의 책임을 작고 간결하며 독립적인 하위 시스템으로 격리할 수 있는 전략을 설명한다.

---

1 에러 예산에 대한 자세한 내용은 SRE 도서의 제3장 참고.

1.4.4 발전

기본적인 설계가 얼마나 간결하며 뛰어난지와는 별개로 시간이 지나도 변하지 않는 시스템은 거의 없다. 새로운 요구사항, 규모의 변화, 기반 인프라스트럭처의 발전은 모두 복잡성을 수반한다. 보안 측면에서도 공격 방식의 발전과 새로운 공격자의 등장은 시스템 복잡도 증가의 원인이 된다. 게다가 시장 수요에 맞춰야 한다는 부담은 시스템 개발자와 유지 보수 담당자가 절차를 무시하고 기술 부채technical debt를 축적하게 하는 원인이 된다. 7장에서는 이런 과제에 대한 내용을 다룬다.

복잡도는 대부분 의도치 않게 축적된다. 작고 위험하지 않은 변경사항들이 쌓여 결국 시스템의 신뢰성이나 보안을 해치는 주요 원인이 되어버리는 티핑 포인트tipping point로 이어진다. 2006년에 생겼지만 2년이 지나서야 발견이 됐던 데비안Debian GNU/리눅스의 OpenSSL 라이브러리의 버그(https://oreil.ly/OIX0b)는 작은 변경이 쌓여 중대한 장애로 이어진 사례다. 한 오픈 소스 개발자가 메모리 문제를 디버깅하는 표준 도구인 밸그린드Valgrind가 초기화 전에 메모리가 사용되고 있다는 경고를 내보내고 있음을 발견했다. 이 경고를 해결하기 위해 개발자는 코드 2줄을 삭제했다. 어처구니없게도 이 변경으로 OpenSSL 의사 난수pseudo-random number 생성기가 프로세스 ID만으로 동작하게 됐다. 당시 데비안의 프로세스 ID 기본 설정은 1에서 32,768 사이의 값만을 갖는 것이었기 때문에 브루트포스broute force 방식으로 암호화 키encryption key를 깨기 더 쉬웠다.

구글 역시 작고 위험하지 않은 변경사항들이 쌓여 일어나는 장애에서 자유롭지 못했다. 예를 들어 2018년 10월 유튜브가 전 세계에서 1시간 이상 다운된 적이 있다. 이 사건의 원인은 로깅logging 라이브러리에서 발생했던 작은 변경사항 때문이었다. 이 변경사항은 이벤트 로그를 조금 더 세분화해서 기록하기 위한 것으로 코드를 작성한 사람과 검토한 사람 모두에게 아무런 문제가 없어 보였으며 모든 테스트도 통과했다. 하지만 개발자는 유튜브 정도 규모의 서비스에 이 변경사항이 어떤 영향을 미칠지 완전히 깨닫지 못했다. 실제 프로덕션 환경의 부하가 발생하자 변경사항 때문에 유튜브 서버에 메모리 부족 에러로 인한 충돌이 발생했다. 이 장애로 인해 사용자 트래픽이 다른 서버로 전달되면서 전체 서비스가 다운되는 연쇄적 장애가 발생했다.

1.4.5 회복성

물론 메모리 활용 문제가 전역 서비스 장애를 일으켜서는 안 된다. 그래서 시스템은 불합리하거나 예상하지 못했던 상황에서 회복성^{resilient}을 갖도록 설계해야 한다. 회복성 관점에서 이런 상황은 시스템 부하가 예상치 못한 수준으로 높아지거나 컴포넌트 장애가 발생할 때 주로 일어난다. 부하는 시스템의 볼륨^{volume}과 평균 요청 처리 비용과 함수 관계에 있으므로 유입되는 부하의 일부를 셰딩하거나(부하를 적게 처리하거나) 각 요청의 처리 비용을 줄여서(더 낮은 비용으로 요청을 처리해서) 회복성을 갖출 수 있다. 컴포넌트의 장애를 처리하려면 시스템을 설계할 때 이중화와 고유한 장애 도메인^{failure domain}을 모두 고려해야 한다. 그러면 요청을 다른 곳으로 다시 전달^{rerouting}해서 장애의 영향을 제한할 수 있다. 8장에서 이런 주제를 더 상세히 다루며 10장에서는 특히 DoS 공격을 완화하는 방법을 자세히 설명한다.

하지만 시스템상의 개별 컴포넌트의 회복성을 확보해도 일단 어느 정도 이상 복잡해지면 전체 시스템의 면역 체계가 제대로 발휘되고 있음을 쉽게 증명할 수 없다. 이 문제를 해결하려면 부분적으로 심층방어^{defense in depth}와 개별적 장애 도메인^{distinct failure domain}을 활용해야 한다. **심층방어**는 때때로 이중화가 되더라도 여러 애플리케이션을 실행하는 방어 메커니즘이다. **개별적 장애 도메인**은 장애의 '영향 반경^{blast radius}'을 제한하는 방법으로 회복성을 향상시키는 데 도움이 된다. 좋은 시스템 설계 방법은 공격자가 권한^{privilege}을 변경해 보호 장치가 제대로 동작하지 않는 호스트를 침범하거나 **자격 증명**^{credential}을 훔칠 가능성을 제한하는 것이다.

개별 장애 도메인을 구현하려면 퍼미션^{permission}을 구분하거나 자격 증명의 범위를 제한해야 한다. 예를 들어 구글의 내부 인프라스트럭처는 지리적인 지역으로 명확히 구분되는 자격 증명을 지원한다. 이런 기능은 한 지역의 서버에 침입한 공격자가 다른 지역의 서버에 침투할 수 있는 가능성을 제한한다.

민감한 데이터에 독립적인 암호화 계층을 도입하는 것은 심층방어를 구현하는 또 다른 공통적인 메커니즘이다. 예를 들어 디스크가 장치 수준에서 암호화를 지원하지만 추가로 애플리케이션 계층에서도 데이터를 암호화하는 것이 좋다. 이렇게 하면 공격자가 스토리지 장치에 물리적으로 접근했을 때 드라이버 컨트롤러의 암호화 알고리즘 구현체에 결함이 있더라도 보호하는 데이터의 기밀성을 유지할 수 있다.

지금까지의 예시는 외부의 공격자에 초점을 맞췄지만 악의적인 내부자의 잠재적인 위협도 반드시 고려해야 한다. 내부자는 직원의 자격 증명을 처음으로 훔쳐낸 외부 공격자보다는 잠재적으로 더 많은 공격 루트를 알고 있겠지만 실질적으로 이 두 경우는 크게 다르지 않다. 내부자 위협을 완화하려면 **최소 권한 원칙**principle of least privilege을 적용해야 한다. 즉, 사용자는 어느 시점에 자신의 작업을 실행하는 데 필요한 최소한의 권한만을 가져야 한다. 예를 들어 유닉스의 sudo 명령어는 어떤 사용자가 어떤 명령을 어떤 역할role로 실행할 수 있는지를 정의하는 매우 세분화된 정책을 지원한다.

구글에서는 민감한 작업을 수행할 때 지정한 직원이 검토하고 승인해야 하는 멀티파티 승인multi-party authorization 정책을 사용하고 있다. 이런 메커니즘은 신뢰성 문제의 가장 공통적인 원인인 악의적인 내부자로부터의 보호와 의도치 않은 사람의 실수를 줄이는 데 도움이 된다. 최소 권한과 멀티파티 승인은 새로운 개념은 아니다. 이 두 가지는 핵 미사일 창고부터 은행 금고에 이르기까지 컴퓨터와 무관한 많은 시나리오에 이미 적용되어 있는 개념이다. 더 자세한 내용은 5장에서 살펴본다.

1.4.6 설계에서 프로덕션까지

보안과 신뢰성에 대한 고려는 견고한 설계를 프로덕션 시스템에 완전히 배포할 때까지 계속해서 염두에 둬야 한다. 코드 개발부터 시작해 코드 검토에서 잠재적인 보안과 신뢰성 이슈를 발견할 가능성은 물론 심지어 공통 프레임워크 및 라이브러리를 이용해 모든 종류의 문제를 미연에 방지할 수 있는 기회가 있다. 이런 기법은 12장에서 더 자세히 살펴본다.

시스템을 배포하기에 앞서 테스트로 시스템의 일반적인 시나리오는 물론 주로 신뢰성과 보안에 영향을 미치는 예외 상황edge case도 확인할 수 있다. 쿼리가 넘칠 때의 시스템 동작을 이해하기 위한 부하 테스트나 예상하지 못한 입력에 시스템이 어떻게 대응하는지 살펴보는 퍼징fuzzing, 암호화 라이브러리에서 정보의 누수가 일어나지 않는지 확인하는 특화된 테스트 등 실제로 구현한 시스템이 설계한 의도대로 동작하는지를 확인할 때는 테스트의 역할이 매우 중요하다. 테스트에 대한 더 자세한 내용은 13장에서 살펴본다.

마지막으로 코드를 실제로 배포하는 방법(14장 참고)에 보안과 신뢰성 위험을 제한할 수 있다. 예를 들어 카나리 테스트canary test[2]와 서비스를 서서히 롤아웃하는 방법을 사용하면 시스템의 모든 사용자가 동시에 문제를 겪는 현상을 막을 수 있다. 마찬가지로 올바르게 검토한 코드

---

2 옮긴이_ 변경된 코드를 일부 사용자에게만 노출하는 테스트 방식

만 수렴하는 배포 시스템을 도입해서 내부자가 악의적인 목적의 바이너리를 프로덕션 환경에 밀어 넣을 수 있는 위험을 완화할 수 있다.

1.4.7 시스템 조사와 로깅

지금까지 신뢰성과 보안 관련 장애를 모두 방지할 수 있는 설계 원칙과 구현 방법을 중점적으로 살펴봤다. 안타까운 점은 완벽한 신뢰성이나 보안을 이루는 것은 현실적이지 않거나 비용이 너무 많이 든다. 또한, 보호 메커니즘도 실패할 수 있다는 점을 염두에 두고 장애를 탐지하고 복구하기 위한 계획을 세워야 한다.

15장에서 설명하겠지만 올바른 로깅은 장애 탐지와 대처를 위한 기본이다. 보통은 로그를 최대한 자세하고 완결성 있게 남기는 것이 좋지만 몇 가지 유의할 사항이 있다. 규모가 어느 정도 이상이면 로그의 양이 너무 많아 비용이 올라가며 효과적으로 로그를 분석하기가 어려워진다. 이 장의 초반부에서 언급했던 유튜브의 사례에서 알 수 있듯이 로깅이 신뢰성 문제를 유발하기도 한다. 게다가 보안 로그는 또 다른 과제로 이어진다. 통상 로그에는 인증 자격 증명이나 사용자 식별 정보personally identifiable information (PII) 같은 민감한 정보를 담으면 안 된다. 로그 자체가 공격자의 목표가 되기 때문이다.

1.4.8 위기 대응

긴급 상황에서 문제가 발생하면 즉시 결과가 나타나므로 팀은 반드시 신속하고 부드럽게 협업해야 한다. 최악의 경우 장애로 인해 몇 분 만에 비즈니스가 무너질 수도 있다. 예를 들어 2014년 코드 호스팅 서비스인 코드 스페이스code space의 서비스 관리용 도구를 취득해 백업을 포함한 모든 데이터를 삭제해버려 수 시간 동안 비즈니스가 마비되는 사태가 있었다(https://oreil.ly/dYXkG). 이런 상황에 신속하게 대응하려면 평소에 협업 절차를 훈련하고 사고 관리를 잘 준비해야 한다.

위기 대응을 조직화하기는 쉽지 않으므로 긴급 상황이 발생하기 전에 미리 계획을 세워두는 것이 최선이다. 사고가 발생했음을 알았을 때는 이미 그런 조짐이 사전에 있었던 경우가 많다. 어떤 상황이든 대응자는 스트레스와 시간의 압박을 받으며 (최소한 초기에는) 상황에 대한 인지도 충분치 않다. 조직의 규모가 크고 장애에 24시간 대응이 필요하거나 다른 팀과 업무시간 이

후에도 협업이 필요하다면 팀 간의 장애나 사고 관리 업무 교대가 어렵다. 대부분의 보안 사고는 모든 관련자에게 정보를 공유할지 아니면 (법적인 문제나 규제 요구사항 때문에) 사고에 대해 꼭 알아야 할 관련자들에게만 정보를 공유할 것인지에 대한 고려를 수반한다. 게다가 초기의 보안 사고는 빙산의 일각에 불과한 경우가 많다. 즉, 계속 조사하다 보면 회사가 감당할 수 있는 범위를 벗어나거나 법 집행 기관의 개입이 필요한 경우도 있다.

위기 상황에서 명령 체계를 명확히 하고 견고한 체크리스트와 지침서, 프로토콜을 갖추는 것은 기본이다. 16장과 17장에서 설명하겠지만 구글은 구글 사고 관리^{incident management at google}(IMAG)라는 프로그램으로 위기 대응을 명문화했다(https://oreil.ly/NVSXJ). 이 프로그램은 표준되고 일관된 방법으로 시스템 장애부터 자연 재해에 이르는 모든 종류의 사고를 처리할 수 있는 방법을 마련해 효과적인 대응을 체계화한 것이다. IMAG는 미국 정부의 사고 지휘 시스템^{incident command system}(ICS)(https://oreil.ly/uSpFn)을 모델로 삼아 명령과 제어, 여러 정부 기관 대응자 간의 긴급 대응에 대한 조율 등을 표준화한 접근법이다.

사고에 압박이 없는 상황이라면 대응자는 어떤 조치를 취하는 시간보다 대기하는 시간이 길다. 이 시간 동안 팀은 개인의 기술과 의욕^{motivation}을 날카롭게 유지하고, 다음에 있을 긴급 상황을 준비하기 위한 절차와 인프라스트럭처를 개선해야 한다. 구글의 재해 복구 테스트 프로그램^{disaster recovery testing program}(DiRT)(https://oreil.ly/hoBK3)은 주기적으로 다양한 내부 시스템의 장애를 시뮬레이션해서 팀이 이런 시나리오에 대처할 수 있도록 한다. 공격적인 보안 훈련을 주기적으로 실행하면 방어 장치를 테스트하고 새로운 취약점을 확인하는 데 도움이 된다. 구글은 긴급 대응 도구와 절차를 정기적으로 훈련할 수 있도록 상대적으로 작은 규모의 사고에도 IMAG를 적용한다.

1.4.9 복구

보안 장애를 복구하다 보면 시스템의 취약점을 수정하기 위한 패치^{patch}가 필요한 경우가 종종 있다. 기본적으로 이 절차는 정기적으로 연습해서 어느 정도 신뢰할 수 있는 메커니즘으로 최대한 빠르게 진행되어야 한다. 하지만 변경사항을 빠르게 적용할 수 있다는 점은 양날의 검이다. 취약점을 빠르게 해결할 수도 있지만, 오히려 큰 피해를 주는 버그나 성능 이슈도 발생할 수 있기 때문이다. 취약점이 널리 알려진 것이거나 심각한 경우라면 패치를 빨리 적용해야 한다는 점은 더 큰 압박이 된다. 수정 패치를 시간을 두고 적용할 것인지 (그래서 의도하지 않은 부수 효과side effect가 없는지 확인할 수는 있지만 취약점이 공격당할 위험이 더 크다) 아니면 최대한 빨리 적용할 것인지는 결국 위험 평가 조직과 비즈니스가 결정할 문제다. 예를 들어 심각한 취약점을 수정하기 위해 어느 정도의 성능 하락이나 리소스 사용이 증가하는 것을 용인할 수도 있다.

이런 선택은 필요한 변경을 적용하고 신뢰성을 떨어뜨리지 않으면서 빠르게 업데이트하고 더 광범위한 장애가 발생하기 전에 잠재적인 문제를 잡아내는 신뢰할 수 있는 복구 메커니즘이 필요하다는 점을 부각시킨다. 예를 들어 견고한 운영 복구 시스템fleet recovery system은 모든 머신의 현재 상태 및 원하는 상태를 안정적으로 표현할 수 있어야 하며 이 상태가 폐기되거나 안전하지 않은 버전으로 롤백되지 않도록 보장하는 안전장치를 제공해야 한다. 9장에서는 운영 복구 시스템과 다른 여러 방법을 설명하며 18장에서는 실제 사고가 발생했을 때 시스템을 복구하는 방법에 대해 설명한다.

1.5 마치며

보안과 신뢰성에는 여러 공통점이 있다. 모두 신속성에 주안점을 두는 모든 정보 시스템의 기본적인 속성이지만 실제 사고가 발생한 후에 고치려면 상당한 추가 비용이 든다. 이 책의 목표는 여러분의 시스템이 발전하고 성장하는 초반에 보안 및 신뢰성과 관련된 필연적인 과제를 다룰 때 도움을 주는 것이다. 엔지니어링 측면의 노력 외에도 각 조직은 지속 가능한 훈련을 하기 위해 보안 및 신뢰성을 중요하게 생각하는 문화를 구축(21장 참고)하고, 이에 영향을 미치는 역할과 책임(20장 참고)을 이해해야 한다. 필자가 제안하는 여러 원칙을 시스템 수명 주기 초기에 도입해서 이 책에서 공유하는 경험과 교훈을 늦기 전에 배울 수 있기를 바란다.

이 책은 광범위한 독자를 대상으로 집필됐으며, 프로젝트의 단계나 범위와 무관하게 필요한 내용을 전달하는 것을 목표로 한다 이 책을 읽는 동안 프로젝트에서 발생할 수 있는 여러 위험을 반드시 염두에 두기 바란다. 주식 매매나 반체제 인사들을 위한 소통 플랫폼을 운영할 때의 위험은 동물 보호구역 웹사이트를 운영할 때의 위험과는 완전히 다르다. 다음 장에서는 공격자의 등급과 공격을 감행하는 동기에 대해 더 자세히 알아본다.

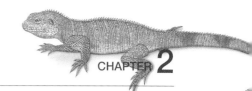

CHAPTER **2**

적을 알자

헤더 애드킨스Heather Adkins, 데이비드 허스카David Huska, 옌 바르나손Jen Barnason

1986년 8월 로렌스 리버무어 연구소lawrence livermore laboratory의 시스템 관리자인 클리퍼드 스톨Clifford Stoll은 우연히 겉보기에는 별것 아닌 계정 에러를 발견하고 10개월간 추적한 결과 누군가 10개월 동안 미국 정부에서 비밀 자료를 훔쳐가고 있음을 알아냈다.[1] 이 사실은 최초의 공개적인 사례로 널리 알려졌으며 스톨은 공격자가 목표를 이루기 위해 사용했던 특정 전술, 기법, 절차tactic, technique, procedure(TTP)를 밝혀내는 조사를 주도했다. 세심한 연구 끝에 조사 팀은 공격자가 어떻게 목표를 선정하고, 보호되는 시스템에서 데이터를 빼돌렸는지를 밝혀낼 수 있었다. 스톨은 팀의 노력을 'Stalking the Wily Hacker(교활한 해커 추적하기)'라는 문서에 서술했고, 여기서 얻을 수 있는 여러 교훈은 지금까지도 많은 시스템 설계자가 참고한다.

2012년 3월, 구글은 벨기에 데이터 센터에 흔치 않은 전력 장애가 발생해 로컬 데이터가 손상된 사고를 발표했다. 조사 결과 고양이 한 마리가 외부 전원 공급 장치를 파손해 건물의 전력 시스템에 연쇄적인 장애가 발생했다. 구글은 복잡한 시스템에 이런 장애가 발생하는 가능성을 연구한 후 케이블을 매달거나 땅이나 수중에 묻을 때 적용하는 회복성을 가진 설계 사례를 전 세계에 도입했다.

....

1 스톨은 이 공격과 관련된 내용을 『Communication of the ACM』 'Stalking the Wily Hacker'(https://oreil.ly/JaC0B)라는 글과 『The Cuckoo's Egg』(Pocket Books, 2005)라는 책에서 언급했다. 여기서 언급하는 내용은 현재에도 유효하므로 안전하며 신뢰할 수 있는 시스템을 설계하는 모든 이에게 좋은 참고 자료다.

시스템의 주적adversary을 이해하면 다양한 사고에도 살아남는 회복성을 가진 시스템을 구축할 수 있다. 이는 매우 중요한 요소다. 회복성의 주적은 보통 좋은 의도로 만들어진 추상화된 형태의 무엇이다. 즉, 주기적인 하드웨어 장애나 사용자의 관심이 너무 커서(이것은 '성공적인 재해'라고도 한다) 발생하기도 한다. 또는 시스템이 예상치 못한 동작을 수행하도록 하는 설정을 변경하거나, 원양 어선이 바닷속 광섬유 케이블을 절단해서 발생하기도 한다. 반면, 보안의 주적은 사람이다. 즉, 사람이 임의로 대상 시스템에 영향을 주는 부적절한 행위를 벌인다. 의도와 방법은 서로 상반되지만 신뢰성과 보안의 주적을 공부하는 것은 회복력 있는 시스템을 설계하고 구현하는 방법을 이해하는 데 매우 중요하다. 이런 지식이 없다면 악의적인 해커나 호기심 때문에 공격을 감행하는 사람의 행동을 유추하기가 상당히 어려워진다.

이번 장에서는 여러 분야의 전문가가 공격자의 의도를 파악하기 위해 보안의 주적을 파헤친다. 어쩌면 보안의 주적을 어두운 지하실에서 수상쩍은 행동을 하는, 뭔가 똑똑해 보이는 닉네임을 가진 사람 정도로 생각하는 보편적인 선입견이 있을지도 모르겠다. 물론 그런 성향을 가진 사람도 있겠지만 시스템의 보안을 허물 만한 시간과 지식 또는 돈이 있는 사람이라면 누구나 보안의 주적이 될 수 있다. 약간의 돈만 지불하면 누구든 목표 시스템에 유해를 가할 수 있는 소프트웨어를 구매할 수 있는 게 요즘 세상이다. 연구원이 시스템의 안전성 메커니즘 동작을 이해하기 위해 이를 파헤치는 경우도 있다. '누가 시스템을 공격하는가'에 대해서는 객관적인 관점을 유지하기를 바란다.

공격의 방법(또는 공격자)은 모두 다르다. 그래서 문화적 관점에서 주적을 다루는 방법은 21장에서 살펴볼 것을 권한다. 지식이 풍부한 보안 전문가에게도 미래에 있을 보안 문제를 예측하는 것은 거의 수수께끼나 다름없다. 다음 절에서는 필자가 유용하다고 판단한 공격자를 이해하는 세 가지 프레임워크, 시스템을 공격하는 동기, 일부 공격자의 공통점, 공격자의 공격 방법을 생각해보는 방법 등을 설명한다. 또한 세 가지 프레임워크를 이용한 실제 사례도 제공한다(재미있게 보기를 바란다).

2.1 공격자의 동기

보안의 주적은 우선 (적어도 한 동안은) 사람이다. 그러니 실제로 공격을 행하는 사람의 눈으로 공격자의 목적을 생각해볼 수 있다. 공격자의 입장에서 생각해보면 사전에(즉, 시스템을 설계하는 과정에서) 어떻게 그리고 사후에(사고가 발생했을 때) 어떻게 대응할지를 이해하는 데 도움이 된다. 공격자의 주된 동기는 다음과 같다.

재미
자신이 배웠던 기술이 실제로 시스템의 보안을 뚫을 수 있다는 점에서 재미를 느껴서

명성
자신의 기술을 자랑삼아 명성을 얻기 위해

행동주의자
주로 정치적인 관점에서 대중에게 메시지를 전하기 위해

경제적인 이득
돈을 벌기 위해

압력의 행사
피해자가 원하지 않는 행동을 스스로 하도록 하기 위해

조작
의도적인 결과(예를 들면 잘못된 데이터를 공개해서)나 행동의 변화를 끌어내기 위해

간첩 행위
(산업 스파이를 비롯한 여러 스파이 행위를 통해) 가치 있는 정보를 얻기 위해. 이런 공격은 주로 정보기관이 행한다.

파괴
시스템을 방해하고 데이터를 파괴하거나 오프라인 상태로 만들기 위해

공격자는 경제적인 목적을 가진 취약점 연구원이면서 동시에 정부의 스파이 요원이자 범죄자일 수도 있다. 예를 들어 2018년 6월 미국 사법부는 2017년 악명 높았던 워너크라이 랜섬웨어 WannaCry Ransomware (경제적인 이득을 취하려는 목적의 시도) 공격, 2014년 소니 픽처스Sony Pictures를 향한 공격(논쟁이 됐던 영화의 개봉을 막고 궁극적으로 회사의 인프라스트럭처를 손상시키려던 목적의 시도), 전기 시설을 향한 공격(스파이 행위 또는 파괴적 목적으로 추정) 등의 배후로 북한의 박진혁을 기소했다. 북한 정부를 대신해 다양한 행위에 참여(`https://oreil.ly/mVluG`)했다는 이유였다. 또한 연구원들은 국가 간 공격에 사용한 것과 같은 멀웨어malware를 이용해 정부 소속의 공격자가 개인적인 이익을 목적으로 비디오 게임의 전자 화폐를 빼돌린 정황(`https://oreil.ly/0SRdz`)도 포착했다고 밝혔다.

시스템을 설계할 때는 이처럼 다양한 공격 동기를 염두에 두는 것이 중요하다. 고객을 대신해 송금을 처리하는 조직을 생각해보자. 공격자가 이 시스템에 관심을 가질 만한 이유를 이해한다면 시스템을 더 안전하게 설계할 수 있다. 이 경우의 적절한 사례는 은행 시스템에 침투해서 고객의 계좌에서 돈을 외부로 송금하는 SWIFT 트랜잭션 시스템을 탈취해 수십억 원을 훔치려 (`https://oreil.ly/u4cJV`) 했다고 주장하는 (박진혁을 포함한) 북한 정부의 공격자 그룹의 행동에서 찾을 수 있다.

2.2 공격자 프로필

인간을 잘 살펴보면 공격자의 동기를 더 잘 이해할 수 있다. 공격자가 누구인지, 공격 행위가 자신을 향한 것인지 타인을 향한 것인지, 공격자의 보편적인 관심사 등을 살펴보면 된다. 이번 절에서는 몇몇 공격자의 **프로필**profile을 살펴보며 이런 종류의 공격자로부터 시스템을 보호하는 몇 가지 팁과 더불어 시스템 설계자가 공격자 프로필 정보를 어떻게 이용하는지 설명한다. 설명을 간략히 하기 위해 약간 일반화를 했다. 하지만 공격 방법과 공격자는 매번 모두 다르다는 점을 명심하자. 여기서 소개하는 정보는 실제 사례가 아닌 예시일 뿐이다.

> **초기의 해킹**
>
> 해킹hacking이라는 단어는 1950년대 매사추세츠 공과대학교Massachusetts Institute of Technology(MIT)에서 발생했던 단순한 장난에서 비롯된 것으로 알려져 있다. 그 장난이 본래 악의적인 행동이 아니었던 까닭에, 현재는 악의적이지 않은 행위와 악의적인 행위를 구분해 각각 '해킹'과 '공격'으로 부르게 되었다. 책에서는 이 관습을 따른다. 현재 MIT 대학의 해커 커뮤니티는 MIT 윤리 강령인 'Mind and Hand Book'(https://handbook.mit.edu/hacking)에 따라 운영된다.

2.2.1 취미로 즐기는 사람

최초의 컴퓨터 해커는 **취미로 해킹하는 사람**hobbyist이었다. 그저 시스템의 작동 원리를 이해하고 싶은 호기심 많은 기술자였다. 이런 '해커'는 컴퓨터를 분해하거나 자신이 작성한 프로그램을 디버깅하는 과정에서 원래 시스템 설계자가 미처 알아채지 못했던 결함을 발견했다. 일반적으로 취미로 해킹을 하는 부류는 지식에 대한 목마름을 동기로 삼는다. 이런 부류는 재미 삼아 해킹을 하며 시스템의 회복성을 확보하고자 하는 개발자와 협업하기도 한다. 이런 부류는 대개 개인의 도덕심에 따라 시스템에 해를 끼치지 않으며, 범법 행위의 경계는 넘지 않는다. 이런 해커들이 문제를 해결하는 방식과 통찰력을 잘 활용하면 시스템을 더욱 안전하게 만들 수 있다.

2.2.2 취약점 연구원

취약점 연구원vulnerability researcher은 보안 지식을 전문적으로 사용한다. 이들은 정규직 직원, 혹은 파트타임 프리랜서이거나, 우연히 버그를 발견한 평범한 사용자이며 보안 결함을 찾는 것을 즐기는 성향을 가진 부류다. 많은 연구원이 **버그 바운티**bug bounty(20장 참고)라고 알려진 취약점 보상 프로그램vulnerability reward program(VRP)에 참여한다.

취약점 연구원은 주로 더 나은 시스템을 만드는 것을 해킹의 동기로 삼으며 더욱 안전한 시스템을 구축하고자 하는 조직에는 매우 중요한 조력자다. 이런 부류는 시스템 소유자와 연구원 간에 취약점의 발견, 보고, 수정, 논의에 대한 예측 가능한 공개 표준discolsure norm의 범위 내에서 활동한다. 이런 표준에서 활동하는 연구원은 데이터를 향한 부적절한 접근, 피해 유발, 법률 위반 등의 행위를 저지르지 않는다. 보통 이런 표준의 범위를 벗어나는 행위는 보상이 없고 범법 행위로 간주하기도 한다.

이와 관련해서 **레드 팀**red team[2]과 침투 테스터penetration tester는 시스템 소유자에게서 공격 승인을 받은 대상을 공격한다. 이들은 성과에 따라 고용되기도 한다. 취약점 연구원과 마찬가지로 레드 팀과 침투 테스터들 역시 보안 향상을 목적으로 시스템 보안을 무력화하는 데 집중하며, 도덕적 가이드라인의 범위 안에서 행동한다. 레드 팀에 대한 자세한 내용은 20장을 참고하기 바란다.

2.2.3 정부와 법 집행 기관

정부 기관government organization(예를 들면 법 집행 기관과 정보기관)은 정보 수집intelligence gathering, 국내에서 발생하는 범죄에 대비한 치안 유지, 경제적 스파이 행위나 군사 행동의 지원 등을 위해 보안 전문가를 고용한다. 대부분의 정부 기관은 지금까지 이런 목적으로 보안 전문가 육성에 투자해왔다. 정부는 경우에 따라 이제 막 학교를 졸업한 재능 있는 학생이나 교도소에서 시간을 보내고 갱생한 공격자 또는 보안 분야에서 알려진 전문가 등으로 시선을 돌리기도 한다. 이런 부류의 공격자를 폭넓게 다룰 수는 없지만 이 부류의 가장 보편적인 행위에 대한 몇 가지 예시를 들어보자.

정보 수집

정부가 시스템에 침입하는 사람들을 고용하는 이유로 가장 잘 알려진 것은 바로 정보 수집이다. 시그널 인텔리전스signal intelligence(SIGINT)[3]와 휴먼 인텔리전스human intelligence(HUMINT)[4]를 비롯해 지난 수십 년간 사용하던 전통적인 스파이 기법은 인터넷의 발전과 함께 현대화되었다. 그중 유명한 사례는 2011년 다수의 중국 정보국 관련 전문가로 구성된 집단이 보안 기업 RSA를 공격한 사건(`https://oreil.ly/Es3PA`)이다. 공격자는 RSA의 대중적인 투팩터 인증two-factor authentication(2FA)토큰에 사용한 암호화 시드seed를 탈취하기 위해 공격을 시도했다. 이 시드를 확보하면 물리적인 토큰이 없이도 미 육군을 위한 기술을 개발하는 방위 협력 업체인 록히드 마틴Lockheed Martin 시스템에 로그인할 수 있는 일회성 인증 신원 정보를 생성할 수 있

---

2 옮긴이_ 컴퓨터 보안과 관련해서 공격자의 역할을 담당하는 해커 그룹을 의미한다.

3 옮긴이_ 신호를 가로채는 정보 수집 방법

4 옮긴이_ 사람의 인지 능력에 의존하는 정보 수집 방식

었기 때문이다. 옛날에는 록히드 같은 회사에 침투하려면 직원에게 뇌물을 주거나 회사 내에서 스파이를 고용하는 등 사람이 개입해야만 했다. 하지만 시스템 침투 기법의 출현으로 공격자는 새롭고 더 정교한 전자적 기법을 사용해 암호를 얻는 것이 가능해졌다.

군사 목적

정부는 군사 목적으로 시스템에 침투하기도 한다. 전문가들은 이런 활동을 **사이버전**cyber warfare 또는 **정보전**information warfare이라고도 한다. 정부가 다른 나라를 침략하려 한다고 가정해보자. 우리 공군이 그 나라 영토에 들어가도 알아채지 못하도록 대상국의 공군 방위 시스템을 공격할 수 있을까? 아니면 전력이나 수도, 은행 시스템 등을 셧다운shutdown시킬 수 있을까?[5] 아니면 정부가 다른 나라가 무기를 만들거나 얻지 못하게 하려 한다고 생각해보자. 다른 나라의 무기 확보 절차를 원격에서 아무도 모르게 방해할 수 있을까? 2000년대 후반 이란에서는 이런 일이 있었다. 당시 공격자는 우라늄uranium을 농축하는 데 사용하는 원심분리기의 제어 시스템에 모듈형 소프트웨어의 일부를 불법으로 적용했다. **스턱스넷**Stuxnet이라고 부르는 이 공격은 원심분리기를 파괴하고 이란의 핵 프로그램을 무력화하기 위한 것으로 전해졌다.

국내 치안 활동

미국 정부는 미국 내 치안 활동을 위해 시스템에 침투하기도 한다. 최근 사례를 살펴보면 사이버 보안 계약 업체인 NSO 그룹은 (휴대 전화를 원격으로 모니터링해서) 사람들이 모르게 대화를 도청할 수 있는 소프트웨어를 여러 정부에 팔아넘겼다. 알려진 바로 이 소프트웨어는 테러리스트와 범죄자처럼 상대적으로 논란의 여지가 적은 대상을 감독하기 위한 것이었다. 불행히도 NSO 그룹의 일부 정부 고객이 이 소프트웨어를 기자와 운동권 세력을 도청하기 위해 사용하면서, 일부 기자와 운동가activist가 괴롭힘을 당하고 체포되거나 심지어 사망에 이르렀다.[6] 국민을 상대로 이런 기술을 사용한 정부의 도덕심은 뜨거운 논쟁 거리가 되었다. 특히 강력한 법 제도와 적절한 감시 기관이 없는 나라에서는 더욱 큰 논쟁거리였다.

---

5 이런 충돌에 관련된 모든 공격자가 군 소속이 아니라는 점은 이 분야가 얼마나 복잡한지 보여주는 사례다. 예를 들어 걸프 전쟁(1991년) 당시 독일 공격자들이 미 육군을 공격해 탈취한 정보를 이라크 정부에 넘겨줬다(https://oreil.ly/7eNxW).
6 토론토 대학교 뭉크 국제 정세 및 공공 정책 스쿨 산하의 더 시티즌 랩(The CitizenLab)은 NSO 그룹의 활동을 추적해 문서화했다. 관련 내용은(https://oreil.ly/IqDN_) 참고.

국가 간 공격자로부터 시스템 보호하기

시스템 설계자라면 보유한 시스템이 국가 간 공격의 대상이 될 수 있는지를 주의 깊게 고민해야 한다. 그러려면 조직에서 이런 공격자들의 관심을 끌 만한 행위가 일어나는지 이해할 필요가 있다. 정부의 군사 기관에 마이크로프로세서 기술을 개발해 납품하는 기술 회사를 가정해보자. 다른 나라가 이 칩에 관심을 가진다면 전자적 수단으로 칩의 설계를 훔치려 할 수도 있다.

정부가 필요로 하지만 얻기 힘든 정보가 시스템에 보관되어 있을지도 모른다. 일반적으로 정보기관과 법 집행 기관은 개인 간 소통, 위치 데이터, 이와 유사한 민감한 개인 정보에 주로 관심을 갖는다. 2010년 구글은 중국이 자사 인프라스트럭처에 정교하게 표적화된 공격(연구원들은 이를 '오로라 작전Operation Aurora'이라고 부른다)을 감행한 것을 목격했다고 발표했다 (https://oreil.ly/d3C-z). 지금은 구글의 인프라스트럭처가 널리 알려져 있지만 당시 공격자들의 목표는 중국의 인권 운동가들이 오래 사용해오던 지메일 계정에 접근하는 것이었다. 이처럼 고객의 개인 정보, 특히 사적인 대화를 시스템에 저장하면 정보기관이나 법 집행 기관이 여러분의 시스템에 관심을 갖게 될 위험이 커진다.

때로는 전혀 알지 못하는 사이에 목표가 되기도 한다. 오로라 작전은 대형 기술 업체에만 해당하는 얘기가 아니다. 금융, 기술, 미디어, 화학 분야에 걸친 최소 20여 개의 업체에 피해를 줬다. 대기업은 물론 중소기업도 포함되어 있으며 많은 업체가 자신들이 국가 간 공격의 위험에 처할 수 있다는 점을 고려하지 않았다.

예를 들어 선수들이 자전거를 타거나 달리기를 하는 등의 데이터를 추적해 분석 결과를 제공하는 애플리케이션을 생각해보자. 정보기관에서 이 데이터에 욕심을 낼까? 피트니스 트래킹 기업인 스트라바Strava가 생성한 공개 히트맵heatmap[7]을 확인하던 분석가들은 2018년 미군이 개인의 운동 이력을 추적하는 서비스를 사용해서 시리아의 비밀 군사 기지의 위치를 발견한 것 (https://oreil.ly/N1g_X)을 눈치챈 후 이 질문에 대해 심사숙고하지 않을 수 없었다.

또한 시스템 설계자는 정부가 관심 있는 데이터를 확보하기 위해서라면 상당한 자원을 동원한다는 점을 알아야 한다. 데이터에 눈독을 들이는 정부를 상대로 방어책을 마련하려면 조직에서 보안 솔루션을 구현하기 위해 투입할 수 있는 자원보다 훨씬 많은 자원이 필요할 수 있다. 조직이 가장 민감한 자원 보호에 초기부터 투자하고 계속해서 새로운 보호 계층을 적용할 수 있는 지속적이고 엄격한 프로그램을 소유해서 보안 장치를 구축하는 데 장기적인 시각을 갖기를 권

---

7 옮긴이_ 데이터를 각기 다른 색으로 표시하는 2차원 그래프

한다. 이상적인 결과는 주적이 시스템을 공격하는 데 상당한 양의 자원을 쏟아붓도록 해서(즉, 주적이 붙잡힐 확률이 높아진다.) 다른 가능성 있는 피해자나 정부 기관에 공격자의 행위가 노출되도록 하는 것이다.

2.2.4 운동가

핵티비즘Hacktivism[8]은 사회적인 변화를 위해 기술을 사용하는 행위를 말한다. 이 단어는 정부의 감시를 피하는 것부터 악의적으로 시스템을 파괴하는 것에 이르기까지 온라인상에서 다양하게 펼쳐지는 정치적 활동을 일컫는 데도 사용된다.[9]

핵티비스트Hacktivist는 평범한 콘텐츠를 정치적인 메시지로 바꾸는 것처럼 웹사이트의 **외관을 훼손하는**deface 방법을 사용하는 것으로 알려져 있다. 일례로 2015년(`https://oreil.ly/fZAD-`) 바샤르 알아사드Bashar al-Assad 시리아 대통령의 통치를 지지하기 위해 일련의 악의적인 행위를 일삼았던 시리아 전자 부대Electronic Army가 미 육군 웹사이트(`www.army.mil`)의 웹 트래픽을 서비스하던 콘텐츠 전송 네트워크content delivery network(CDN)를 탈취했다. 이후 공격자는 웹사이트 방문자들이 계속 볼 수 있도록 아사드의 메시지를 심어놨다. 이런 종류의 공격은 웹사이트 소유자로서는 매우 당황스러운 것이고, 사이트를 이용하는 사용자에게는 웹사이트에 대한 신뢰를 잃게 만든다.

핵티비스트의 또 다른 공격 형태는 이보다 더 파괴적이다. 예를 들어 2012년 11월 점조직 형태로 활동하는 국제 핵티비스트 그룹인 어나니머스Anonymous[10]가 다수의 이스라엘 웹사이트에 서비스 거부 공격을 감행해 오프라인 상태로 만들었다(`https://oreil.ly/Btovx`). 그 결과 영향을 받은 웹사이트를 방문한 사람은 모두 서비스가 느려지거나 에러가 발생하는 현상에 시달렸다. 이러한 분산 서비스 거부 공격은 전 세계에 퍼져 있는 감염된 머신으로부터 수천 개의 트래픽을 피해자에게 보낸다. 소위 봇넷botnet이라고 불리는 이러한 공격 소프트웨어를 브로커가 온라인으로 판매하기도 하므로 누구나 서비스 거부 공격을 쉽게 행할 수 있다. 이보다 더 심하게는 공격자가 시스템을 완전히 파괴하겠다고 위협하는 경우도 있다. 연구원들은 이런 부류를 사이버테러리스트cyberterrorist로 분류한다.

---

8 옮긴이_ 정치적 목적의 해킹

9 이 단어의 기원이나 의미에 대해서는 의견이 분분하지만 1997년 cDc(Cult of the Dead Cow)와 관련된 그룹인 핵티비즈모(Hactivismo)(`https://oreil.ly/oWz08`)가 사용하면서 널리 알려지기 시작했다.

10 어나니머스는 매우 다양한 사람들이 해커 활동에 사용하는 별명이다. 상황에 따라 1인 또는 집단을 지칭한다.

다른 유형의 공격자와는 달리 핵티비스트는 보통 소셜미디어에 자신이 파괴한 시스템을 올리는 등 자신의 행위를 떠벌리며 다양한 방법으로 자신을 드러낸다. 심지어 이런 공격에 가담한 공격자는 기술에 매우 능통하지는 않을 수도 있어서 핵티비즘을 예측하거나 방어하기가 더 어렵다.

핵티비스트로부터 시스템 보호하기

비즈니스나 프로젝트가 활동가들의 주의를 끌 정도로 논란을 일으킬 수 있는 주제를 다루는지 생각해보길 권한다. 예를 들어 사용자가 웹사이트에서 블로그나 비디오 같은 콘텐츠를 호스트하는지, 프로젝트가 동물의 권리 같은 정치적 이슈를 포함하는지, 활동가들이 메시징 서비스 등 여러분의 제품을 사용하는지를 생각해보는 것이다. 만일 이런 질문에 대한 답이 '예'라면 시스템이 서비스 거부 공격에 대한 취약점 패치로 매우 견고하고 회복성을 갖춰 백업으로 시스템과 데이터를 신속하게 복구할 수 있도록 여러 계층의 보안 장치를 마련해야 한다.

2.2.5 범죄자

공격 기법은 범죄 행위가 비디지털식^{nondigital} 범행과 유사해 보이도록 만드는 데도 사용한다. 예를 들면 신원 사기^{identity fraud}, 현금 탈취, 협박 등에 사용하는 것이다. **범죄자**^{criminial actor}는 기술적 역량이 뛰어나다. 몇몇은 매우 정교한 도구를 직접 만들어 쓰기도 하며, 어떤 부류는 다른 사람이 쉽게 클릭만으로 공격을 할 수 있는 인터페이스를 도입해 개발한 도구를 구매하거나 빌리기도 한다. 사실 (피해자를 속여서 공격을 돕도록 하는 행위인) **소셜 엔지니어링**^{social engineering}은 가장 쉬우면서도 효율이 높은 방법이다. 대부분의 범죄자가 공격을 감행하는 데 필요한 것은 약간의 시간과 돈 그리고 컴퓨터뿐이다.

디지털 세계에서 벌어지는 모든 종류의 범죄 행위를 이 책에서 설명하기란 불가능하지만 몇 가지 사례를 살펴보자. 기업의 매수 기회를 예측해서 적절한 죽식 거래의 시점을 예측한 사례를 살펴보자. 2014년에서 2015년경 중국에서 세 명의 범죄자가 정확히 이런 생각으로 순진한 법률 회사에서 민감한 정보를 훔쳐내 수십억 원을 버는 일이 있었다(https://oreil.ly/F8pga).

또한 공격자들은 지난 10년간 사람들이 민감한 데이터에 위협을 가하면 돈을 지불한다는 사실을 깨달았다. **랜섬웨어**^{ransomware}는 피해자가 공격자에게 돈을 지불할 때까지 피해자의 시스템이나 시스템에 저장된 데이터를 (암호화하는 방법으로) 인질로 삼는 소프트웨어다. 보통 공격자들은 피해자의 머신을 (공격자들에게 툴킷으로 판매되기도 하는) 소프트웨어로 감염시킨다. 시스템의 취약점을 이용하거나, 랜섬웨어를 합법적인 소프트웨어 안에 몰래 삽입하거나, 사람들이 스스로 소프트웨어를 설치하도록 속이는 방법을 주로 사용한다.

범죄 행위가 항상 돈을 목적으로 하는 것만은 아니다. 보통 25,000원 미만으로 판매하는 **스토커웨어**stalkerware는 남들이 모르게 개인 정보를 수집하는 목적으로 사용한다. 악의적인 소프트웨어malicious software는 주로 피해자를 속여 해당 소프트웨어를 컴퓨터나 휴대폰에 설치하도록 속이거나 공격자가 해당 기기에 접근해서 직접 설치하는 형태로 유입된다. 이런 소프트웨어는 일단 설치되면 비디오와 오디오를 녹음한다. 스토커웨어는 배우자처럼 피해자와 가까운 사람을 이용(https://oreil.ly/xvpFp)하므로 이런 식으로 신뢰 관계를 이용하면 그 파급력이 훨씬 크다.

범죄자라고 모두 자신의 이익만을 생각하는 것이 아니다. 기업, 법률 회사, 정치 캠페인, 카르텔, 갱 등을 비롯한 여러 조직이 자신의 목적을 위해 악의적인 공격자들을 고용하기도 한다. 예를 들어 한 콜롬비아인 공격자(https://oreil.ly/5s0cj)는 2012년 멕시코 대선 및 라틴 아메리카의 다른 선거에서 후보자를 돕기 위해 상대편의 정보를 훔치고 잘못된 정보를 퍼뜨리는 일에 고용된 적이 있다고 밝혔다. 라이베리아에서는 휴대폰 통신사인 셀콤Cellcom 직원이 경쟁 서비스인 론스타Lonestar의 네트워크 품질을 떨어뜨리기 위해 공격자(https://oreil.ly/aSCRX)를 고용하기도 했다. 이 공격으로 론스타는 고객에 제대로 된 서비스를 제공하지 못해 매출이 상당히 떨어졌다.

범죄자로부터 시스템 보호하기

범죄자의 공격에도 쉽게 회복할 수 있는 시스템을 설계할 때는 범죄자 부류가 최소한의 초기 비용과 노력을 들여 가장 손쉽게 자신의 목표를 이루는 방법에 이끌리는 경향이 있다는 점을 기억하자. 시스템이 충분히 회복력이 있으면 결국 공격자는 다른 피해자를 찾아갈 것이다. 그래서 공격자가 어떤 시스템을 대상으로 삼을지, 어떻게 하면 공격의 비용을 높일 수 있는지 생각해야 한다. CAPTCHA 시스템[11]은 시간이 흐를수록 공격의 비용이 증가하는 좋은 예다.

---

11 옮긴이_ 완전히 자동화된 공개 튜링 테스트(Completely Automated Public Turing test to tell Computers and Humans Apart)라는 뜻이다.

CAPTCHA는 웹사이트의 사용자가 사람인지 자동화된 봇^{bot}인지 판단하기 위해 사용한다. 주로 로그인 화면에 나타나는 것을 본 적이 있을 것이다. 대부분 봇은 악의적인 행위로 간주하므로 사용자가 사람인지를 판단할 수 있다는 점은 중요한 요소다. 초기 CAPTCHA 시스템은 봇이 인식하기는 어려운 왜곡된 문자나 숫자를 이용해 사람인지 여부를 판단했다. 하지만 봇이 점점 더 정교해지면서 CAPTCHA의 구현자들은 찌그러진 그림이나 객체를 인식하는 방법을 사용하기 시작했다. 이런 전술은 CAPTCHA를 공격하는 비용이 시간이 흐르면서 급격히 증가하는 것을 목표로 한다.[12]

2.2.6 자동화와 인공 지능

2015년 미국 방위고등연구계획국$^{Defense\ Advanced\ Research\ Projects\ Agency}$은 자기 학습$^{self-learn}$이 가능하며 사람의 개입 없이 소프트웨어 결함을 찾아내고 그 결함을 악용하는 방법을 개발한 후, 그 결함을 패치할 수 있는 사이버 추적^{reasoning} 시스템을 설계하기 위해 '사이버 그랜드 챌린지$^{Cyber\ Grand\ Challenge}$' 콘테스트(`https://oreil.ly/3ySRv`)를 개최했다. 7개의 팀이 라이브로 진행된 '최종 이벤트'에 참여했으며, 거대한 방에서 각자가 구현한 독자적인 추적 시스템이 다른 팀의 시스템을 공격하는 모습을 지켜봤다.

'사이버 그랜드 챌린지'의 성공은 최소 몇몇 공격이 향후 사람의 직접적인 개입 없이도 가능해질 것이라는 점을 시사했다. 과학자와 윤리학자들은 완전한 자기 주도적인 머신이 서로를 공격하는 방법을 터득할 수 있는지를 연구했다. 자율적인 공격 플랫폼의 개념은 곧장 방어 자동화의 증가에 대한 수요로 이어졌다. 필자는 이 방어 자동화가 미래의 시스템 설계자들이 연구해야 할 중요한 분야라고 생각한다.

자동화된 공격으로부터 시스템 보호하기

자동화된 맹공을 버텨내려면, 개발자는 회복성을 갖춘 시스템 설계를 기본적으로 고려해야 하며 시스템의 보안 태세를 자동으로 반복할 수 있어야 한다. 자동화된 설정 배포와 접근 확인 등

---

12 CAPTCHA를 사용하는 사용자의 행위를 분석하는 새로운 기법과 더불어 CAPTCHA 기술의 효율성을 증가시키기 위한 경쟁은 계속되고 있다. reCAPTCHA(`https://oreil.ly/C8BXL`)는 웹사이트에 무료로 사용할 수 있는 서비스다. 상대적으로 최신의 연구 자료가 보고 싶다면 쿠안 칭 리(Kuan-Ching Li), 샤오펑 첸(Xiaofeng Chen), 윌리 수실로(Wily Susilo)가 집필한 『Advances in Cyber Security』(Springer, 2018)에서 초 양웨이(Chow Yang-Wei), 윌리 수실로, 파트랏 톤차로엔스리(Pairat Thorncharoensri)가 쓴 『CAPTCHA Design and Security Issues』 참고.

이 주제와 관련된 더 자세한 내용은 5장에서 설명한다. 14장에서는 자동화된 코드 빌드, 테스트, 배포에 대해 설명하며 8장에서는 서비스 거부 공격을 다루는 방법을 다룬다.

2.2.7 내부자

모든 조직에는 **내부자**insider가 있다. 즉, 시스템에 대한 내부 접근이 가능하거나 조직을 잘 알고 있는 현재 또는 퇴사한 직원이 바로 이런 부류다. 이런 개인에 의해 노출되는 위협이 바로 **내부자 위험**insider risk이다. 그리고 내부자가 악의, 태만, 실수로 조직에 해가 되는 행위를 수행할 수 있게 되는 순간 **내부자 위협**insider threat이 된다. 내부자 위험은 책 한 권에 담기에는 광범위한 주제다. 시스템 설계자에게 도움을 주고자 [표 2-1]에 내부자 위험의 세 가지 보편적인 카테고리를 고려한 주제들을 간략하게 요약했다

표 2-1 내부자의 세 가지 카테고리와 예시

주요first-party 내부자	서드파티third-party 내부자	관련 내부자
직원	서드파티 애플리케이션 개발자	친구
인턴	오픈 소스 기여자	가족
간부	신뢰할 수 있는 콘텐츠 기여자	룸메이트
이사	광고 파트너	
	계약직 직원	
	벤더	
	감사원	

신뢰성과 보안의 교집합: 내부자의 영향

주적으로부터의 보호라는 관점에서 신뢰성과 보안은 내부자에 대한 회복력 있는 시스템을 설계할 때 가장 큰 교집합을 갖는다. 이 교집합의 대부분은 시스템에 접근 권한을 가진 내부자에 의한 것이다. 신뢰성 사고는 보통 자신의 행위가 시스템에 어떤 영향을 미치는지 모르는 내부자 행위에 기인하는 경우가 많다. 예를 들어 오류가 있는 코드를 적용하거나 설정을 잘못 적용하는 경우 등이다. 보안 측면에서 공격자가 직원의 계정을 탈취하면 공격자는 내부자에게 부여된 모든 권한을 활용할 수 있기 때문에 내부자 행세를 하며 시스템에 악의적인 행위를 취할 수 있다.

신뢰성과 보안이 모두 갖춰진 시스템을 설계할 때 가장 좋은 방법은 내부자가 실수를 저지르거나 공격자가 계정을 탈취하는 상황을 모두 고려하는 것이다. 예를 들어 비즈니스에 치명적일 수 있는 민감한 고객 정보를 저장한 데이터베이스에는 직원들이 유지 보수 작업을 하는 동안 실수로 데이터를 지우는 일이 없도록 조치해야 한다. 또한 내부자의 계정을 탈취한 공격자에게 데이터베이스의 정보를 보호하기도 해야 한다. 신뢰성과 보안 위험에서 시스템을 보호하기 위한 최소 권한(least privilege) 기법은 5장에서 더 자세히 설명한다.

주요 내부자

주요 내부자(first-party insider)는 특정한 목적으로 합류하는 사람을 말하며, 주로 비즈니스 목표를 달성하기 위해 직접적으로 참여한다. 이런 부류에는 회사를 위해 직접 일하는 직원, 간부, 회사의 중요한 의사결정을 내리는 임원 등이 포함된다. 조직에는 이 부류에 속하는 다른 인력이 있을 수도 있다. 내부자 위험과 관련된 뉴스 대부분은 민감한 데이터와 시스템에 주요 접근 권한을 가진 내부자에 대한 것이다. 2019년 4월 제너럴 일렉트릭(General Electric)(GE)의 한 직원(https://oreil.ly/hiKqf)이 회사의 기업 비밀 파일을 훔친 후, (그 사실을 숨기기 위해) 스테가노그래피(steganography)[13] 소프트웨어로 만든 사진 파일을 개인 이메일 계정으로 빼돌리는 사건이 있었다. 검찰은 이 사건의 목적이 용의자와 중국의 파트너가 더 낮은 가격으로 GE의 터보머신을 복제해서 중국 정부에 팔아넘기려는 것이라고 주장했다. 이런 사건은 차세대 기술을 생산하는 기술 기업 전반에서 찾아볼 수 있다.

개인적인 데이터에 접근 역시 관음증 성향이 있는 내부자 또는 특권을 가짐으로써 중요한 인물로 보이고 싶어하거나 이런 정보를 팔고자 하는 사람이 군침을 흘릴 만한 것이다. 2008년 UCLA 메디컬 센터에서 유명 연예인을 비롯한 환자의 파일을 무단으로 살펴봤다는 이유로 여러 병원의 직원이 해고된 사건(https://oreil.ly/Em5wF)이 있었다. 소셜 네트워킹, 메시징, 은행 서비스 등에 가입하는 고객이 늘어나면서 직원이 고객의 데이터에 부적절한 접근을 하지 못하도록 보호하는 것이 그 어느 때보다 중요해지고 있다.

내부자 위험 중에서도 가장 파장이 컸던 사건은 주로 불만을 품은 내부자의 소행이었다. 2019년 1월 성과가 낮다는 이유로 해고된 남성이 전 고용주의 가상 서버 23개를 삭제해 유죄를 받

---

13 옮긴이_ 그림이나 영상에 정보를 몰래 숨기는 방법

은 사건(https://oreil.ly/7avdj)이 있었다. 이 사건으로 회사는 중요한 계약 내용을 잃어 상당한 매출 손실을 봤다. 창업한 지 어느 정도 된 회사는 대부분 비슷한 사례를 경험한다. 고용 관계의 유동성을 고려하면 이런 위험은 불가피하다.

지금까지의 사례는 악의적인 목적을 가진 누군가가 시스템과 정보 보안에 위해를 가하는 사례였다. 하지만 이 책의 초반부에서 소개했던 사례에서 알 수 있듯이, 주요 내부자는 시스템의 신뢰성에도 영향을 미친다. 예를 들어 1장에서는 비밀번호 관리 시스템의 설계, 운영, 유지 보수와 관련된 내부자의 일련의 행위가 유감스럽게도 SRE가 긴급 상황에 필요한 자격 증명에 접근할 수 없는 결과를 초래했던 사례를 소개했다. 앞으로 계속해서 살펴보겠지만, 시스템의 무결성을 보장하기 위해서는 내부자가 저지를 수 있는 실수를 예측하는 것이 중요하다.

서드파티 내부자

오픈 소스 소프트웨어와 오픈 플랫폼의 성장 덕에 조직 내에서 만난 적이 거의 없는(또는 전혀 없는) 사람에 의한 내부자 위협이 발생할 확률이 높아지고 있다. 다음 시나리오를 생각해보자. 회사에서 이미지를 처리할 수 있는 새로운 라이브러리를 개발했다. 이 라이브러리를 오픈 소스화하기로 했고 대중으로부터 코드의 변경을 수용하기 시작했다. 따라서 회사의 직원뿐만 아니라 오픈 소스 기여자까지도 내부자로 인식해야 한다. 결국에는 만나본 적도 없는 지구 반대편의 오픈 소스 기여자가 악의적인 코드를 적용하면 공개한 라이브러리를 사용하는 사람들이 피해를 보게 된다.

마찬가지로 오픈 소스 개발자는 자신의 코드를 배포할 모든 환경에서 테스트할 수 있는 여력이 거의 없다. 게다가 예상치 못한 성능 저하나 하드웨어 호환성 이슈 같이 예측할 수 없는 신뢰성 이슈가 발생할 수도 있다. 이런 경우에는 적용한 코드를 철저하게 검토하고 테스트할 수 있는 환경을 구축하고자 할 것이다. 이 분야의 권장 사례는 13장 및 14장에서 살펴본다.

또한 애플리케이션 프로그래밍 인터페이스 API로 제품의 기능을 확장하는 방법도 조심스럽게 생각해봐야 한다. 조직이 인적 자원 관리 플랫폼을 개발하면서 다른 기업들이 손쉽게 소프트웨어 기능을 확장할 수 있도록 서드파티 개발자 API를 제공한다고 생각해보자. 그러면 제공한 API에 접근하는 방법과 서드파티가 API의 권한을 얻은 후 수행할 수 있는 동작을 주의 깊게 생각해야 한다. 이렇게 확대된 내부자들이 시스템의 신뢰성과 보안에 미칠 수 있는 영향을 제한할 수 있겠는가?

관련 내부자

함께 사는 사람을 암묵적으로 믿는 것은 흔한 일이지만, 시스템 설계자는 시스템 보안을 설계하면서 이런 관계를 간과하면 안 된다.[14] 예를 들어 한 직원이 노트북을 주말 동안 집으로 가져갔다고 생각해보자. 이 노트북을 잠그지 않은 채로 주방에 두면 악의적이든 의도하지 않은 실수로든 누가 접근할 수 있으며, 어떤 영향이 발생할 수 있을까? 원격 통신, 재택근무, 긴급 대응을 위한 늦은 시간 업무 등은 이제 기술직군에서는 보편화되고 있다. 내부자 위험, 위협 모델을 고려할 때 '직장'의 개념은 집을 포함한 더 포괄적인 개념으로 생각해야 한다. 지금 키보드를 두드리는 사람이 '전형적인' 내부자가 아닐 수도 있다.

내부자의 의도 파악하기

내부자의 행위 때문에 시스템이 오프라인이 됐는데 당사자가 실수였다고 말한다면 믿을 수 있겠는가? 이 질문에 답하기란 상당히 어려우며 특히 과실이 중대한 경우에는 단순히 실수라고 단정할 수 없는 경우도 있다. 이런 경우에는 조직의 법무 팀, 인사 팀, 또는 법 집행 기관 같은 전문 조사원과 협업이 필요한 경우도 빈번하다. 특히 시스템을 설계하고 운영하고 유지 보수할 때는 악의적인 행위와 의도치 않은 행위 모두에 대한 계획을 세우고, 둘 사이의 차이점을 파악하지 못할 수도 있다는 점을 항상 고려해야 한다.

내부자 위험의 위협 모델링

내부자 위험을 모델링하는 프레임워크는 수도 없이 많으며 각각 다른 수준의 주제 연관성과 정교함, 상세함을 지원한다. 만일 조직에서 간단하게 도입할 수 있는 프레임워크가 필요하다면 [표 2-2]를 참고하기 바란다. 이 모델은 간편한 브레인스토밍 세션이나 카드 게임에도 적용할 수 있다.

---

14 보안과 개인 정보 보호 기능이 가까운 파트너의 남용에 의해 영향을 받을 수 있는 사례는 다음을 참고. Matthews, Tara et al. 2017. "Stories from Survivors: Privacy & Security Practices When Coping with Intimate Partner Abuse." Proceedings of the 2017 CHI Conference on Human Factors in Computing Systems: 2189–2201 (https://ai.google/research/pubs/pub46080).

표 2-2 내부자 위험 모델링 프레임워크

행위자/역할	동기	행위	대상
엔지니어링	부주의	데이터 접근	사용자 데이터
운영자	과실	밀반출(도둑질)	소스 코드
영업	매수됨	삭제	문서
법무	경제적 이득	조작	로그
마케팅	이념	주입	인프라스트럭처
간부	보복 허영심	매체에 유출	서비스 공급

먼저, 조직에 존재하는 **행위자/역할**actor/role의 목록을 만들자. 그리고 (사고를 포함해) 위해가 될 수 있는 모든 **행위**와 잠재적인 행위의 **대상**(데이터, 시스템 등)을 생각해보자. 이 항목들을 조합해 여러 시나리오를 구상할 수 있다. 다음 예시를 살펴보자.

- 성과 평가에 만족하지 못한 **엔지니어**가 앙심을 품고 프로덕션 환경에서 사용자 데이터를 훔치는 악의적인 **백도어**backdoor를 **소스 코드**에 주입하는 사례
- 웹사이트의 SSL **암호화 키**에 접근할 수 있는 **SRE**가 낯선 이에게 (예를 들면 가족을 인질로 위협을 가하는 등) **강압적으로** 민감한 자료를 넘기도록 협박받은 사례
- **회사의 재무제표**를 준비하던 **재무 분석가**financial analyst가 잦은 야근 탓에 **실수로 연간 최종 매출 숫자**를 1,000%나 잘못 기재한 사례
- **SRE의 자녀**가 부모의 노트북을 집에서 사용하던 중 **멀웨어**를 포함한 게임을 설치하는 바람에 SRE가 심각한 장애에 **제대로 대처하지 못한** 사례

위협 모델링의 실수

사람은 때때로 실수를 한다. 2009년 1월 31일 약 40분간 구글 검색에서 모든 사용자의 모든 검색 결과에 '이 사이트가 컴퓨터에 유해할 수 있습니다'라는 불길한 메시지가 나타났다. 이 경고는 공격을 당했거나 멀웨어를 호스팅하는 웹사이트로의 링크가 검색 결과에 포함되었을 경우에만 나타나는 것이었다. 이 문제의 원인(https://oreil.ly/Jua6_)은 너무나도 단순한 실수였다. 백그라운드에서 악의적인 소프트웨어를 설치하는 것으로 알려진 사이트의 시스템 목록에 '/' 링크가 암묵적으로(그리고 실수로!) 추가되어 지구상의 모든 웹사이트를 그런 사이트로 인식해 버린 것이다.

시스템을 오래 다루다 보면 누구든 이런 등골 서늘한 경험담을 갖게 되기 마련이다. 이런 실수는 충분한 수면을 취하지 못한 상태에서 밤늦게 일하거나 오타 또는 미처 예상하지 못한 시스템의 기능 때문에 일어난다. 안전하며 신뢰할 수 있는 시스템을 설계할 때는 실수를 유발하는 것은 언제나 사람이라는 점을 항상 기억하고 어떻게 이를 예방할 것인지를 고민해야 한다. 앞서 언급했던 장애는 설정에 '/'가 추가되었는지를 자동으로 검사하는 로직을 추가해 해결했다.

내부자 위험의 설계

이 책은 내부자 위험과 악의적인 '외부' 공격자로부터 시스템을 보호하는 여러 보안 설계 전략을 다룬다. 시스템을 설계할 때는 시스템 또는 시스템 데이터에 접근 권한을 가진 사람은 누구라도 이번 장에서 소개했던 공격자의 한 부류가 될 수 있음을 명심해야 한다. 그래서 내부와 외부 공격자를 탐지하고 그 영향을 완화하는 전략은 서로 엇비슷하다.

필자는 내부자 위험에서 특히 효과적인 몇 가지 개념을 발견했다.

최소 권한

업무를 수행하는 데 필요한 최소한의 접근 범위와 접근 허용 기간만을 허락한다. 5장에서 자세히 설명한다.

제로 트러스트

시스템 관리를 위한 자동화 메커니즘이나 프록시 메커니즘을 설계하여 내부자가 어떤 형태로든 시스템에 해를 끼칠 수 있는 필요 이상의 접근 권한을 갖지 않도록 한다. 3장에서 자세히 설명한다.

멀티파티 승인

민감한 행위는 한 명 이상의 승인을 받도록 기술적으로 제어하는 기법을 활용한다. 5장에서 자세히 설명한다.

비즈니스 케이스

직원들에게 민감한 데이터나 시스템에 접근이 필요한 이유를 문서화하도록 요구한다. 자세한 내용은 5장에서 설명한다.

감사와 탐지

모든 접근 로그를 검토하고 모든 행위가 적절한지 타당성을 검토한다. 15장에서 자세히 설명한다.

복구성

불만을 품은 직원이 중요한 파일이나 시스템을 삭제하는 등 시스템에 유해한 행위가 가해진 후 시스템을 복구할 수 있는 능력을 갖춘다. 자세한 내용은 9장에서 설명한다.

2.3 공격의 방식

지금까지 설명한 공격자들은 어떤 방식으로 공격을 실행할까? 누가 어떻게 시스템을 공격할지, 그리고 어떻게 공격에서 보호해야 할지 이해하려면 이 질문의 답을 아는 것이 중요하다. 공격자가 어떤 식으로 공격하는지 이해하는 것은 복잡한 마술을 보는 것 같다. 공격의 방법은 무척이나 다양하므로 어떤 공격자가 특정한 날에 공격을 감행하는 방법을 예측하는 것은 불가능하다. 모든 공격 방법을 이 책에서 설명할 수 없지만 고맙게도 개발자와 시스템 설계자가 이 문제를 해결하기 위해 참고할 수 있는 예시와 프레임워크의 저장소는 점점 늘어가고 있다. 이 절에서는 공격자의 방식을 연구하기 위한 위협 정보threat intelligence, 사이버 킬 체인cyber kill chain, TTPs 등 몇 가지 프레임워크를 설명한다.

2.3.1 위협 정보

많은 보안 기업이 지금까지 발생했던 공격을 상세히 기술해두고 있다. 이런 **위협 정보**는 시스템을 방어하는 사람이 실제 공격자가 매일 어떤 일을 하는지, 그리고 어떻게 이들을 물리칠 수 있는지 이해하는 데 큰 도움이 된다.

위협 정보는 여러 형태로 제공되며 각각 다른 목적을 가지고 있다.

- **서면 보고서**는 어떻게 공격이 일어나는지를 기술한 것으로 공격자의 진행 방식과 의도를 학습할 때 특히 유용하다. 이런 보고서의 대부분은 실제 공격에 대응하던 절차와 결과를 바탕으로 만들어지며 연구원의 전문성 따라 품질이 상이할 수 있다.
- **공격 지표**indicators of compromise(**IOC**)는 주로 공격자가 피싱phishing 웹사이트를 호스트한 IP 주소나 악의적인 바이너리의 SHA256 체크섬checksum 같은 공격의 한정된 특성을 의미한다. IOC는 보통 공통된 형식[15]으로 구조화되며 탐지 시스템에 프로그래밍 방식으로 설정할 수 있도록 자동화된 피드로 얻을 수 있다.
- **멀웨어 보고서**malware report는 IOC의 소스가 될 수 있는 공격자 도구의 기능에 대한 정보를 제공한다. 이 보고서는 IDA Pro나 Ghidra 같은 표준 도구로 바이너리를 **리버스 엔지니어링**reverse engineering할 수 있는 전문가가 주로 작성한다. 멀웨어 연구원도 공격자가 사용한 소프트웨어의 공통적인 특징으로 관련이 없어 보이는 공격을 서로 연관 짓는 연구에 이 보고서를 사용하기도 한다.

평판이 좋은 (가능하면 고객이 추천하는) 보안 기업에서 위협 정보를 얻을 수 있다면 같은 분야의 다른 조직에 행해졌던 공격을 포함해 지금까지 관찰한 공격자의 행위를 이해하는 데 더 큰 도움이 된다. 유사한 분야의 다른 조직이 어떤 공격을 당했는지 알 수 있다면 언젠가 당하게 될 공격이 어떤 것인지 사전에 알 수 있다. 많은 위협 정보 기업은 연간 요약 보고서와 트렌드 보고서를 무료로 공개하기도 한다.[16]

2.3.2 사이버 킬 체인

공격에 대비하는 방법 중 한 가지는 공격자가 목적을 이루기 위해 실행하는 단계들을 직접 제시해보는 것이다. 일부 보안 연구원은 사이버 킬 체인[17] 같은 공식화된 프레임워크를 사용해서 공격을 분석한다. [표 2-3]은 몇몇 방어 계층과 관련된 가상의 공격을 구성하는 단계를 보여준다.

---

15 예를 들어 많은 도구가 IOC의 문서화를 위한 표준 규격인 Structure Threat Information eXpression(STIX) 언어를 통합하여 이렇게 작성된 문서는 시스템이 Trusted Automated eXchange of Indicator Information((TAXII) 프로젝트(https://github.com/TAXIIProject) 같은 서비스와 주고 받을 수 있다.

16 버라이즌의 데이터침해 조사 보고서(Verizon Databreach Investigations Report)(https://oreil.ly/x3hfo)와 크라우드스트라이크(Crowdstrike)의 연간 글로벌 위협 보고서(Global Threat Report)(https://oreil.ly/i1G0s)는 읽어볼 만하다.

17 록히드 마틴이 구상한(그리고 상표 등록한) 사이버 킬 체인(The Cyber Kill Chain)(https://oreil.ly/L0u6I)은 군사적 공격 구조를 결합한 것이다. 이 도구는 사이버공격의 7단계를 정의하고 있지만 여러분의 상황에 맞게 각색해 사용할 수 있다. 일부 연구원은 이 책의 예시처럼 4~5개의 주요 단계만 고려하기도 한다.

표 2-3 가상 공격에 대한 사이버 킬 체인

공격 단계	공격 예시	방어 예시
정찰reconnaissance: 목표 희생자의 약점을 찾기 위해 감시한다	공격자가 검색 엔진으로 목표 조직의 직원 이메일 주소를 얻는다	직원들에게 온라인상의 안전 교육을 시행한다
진입entry: 공격을 감행하기 위해 필요한 네트워크, 시스템 또는 계정을 탈취한다	공격자가 계정을 탈취하기 위해 피싱 이메일을 직원들에게 보낸다. 그런 후 탈취한 계정으로 목표 조직의 가상 사설 네트워크virtual private network(VPN)에 로그인한다	VPN 서비스에 보안 키 같은 투팩터 인증을 사용한다 그리고 조직이 관리하는 시스템으로부터의 VPN 연결만 허용한다
확산 행위lateral movement: 추가 권한을 얻기 위해 여러 시스템이나 계정 사이를 이동한다	공격자가 탈취한 계정으로 다른 시스템에 원격 로그인한다	직원이 직접 소유한 시스템에 로그인하는 것만 허용한다 멀티유저 시스템에는 투팩터 인증을 적용한다
지속: 탈취한 자산에 지속적인 접근이 가능하도록 한다	공격자가 새로 탈취한 시스템에 원격으로 접근하는 백도어를 설치한다	애플리케이션 화이트리스트로 시스템이 승인한 소프트웨어만 실행하도록 한다
목표 달성: 공격의 목표를 이루기 위한 행위를 실행한다	공격자가 네트워크에서 문서를 훔쳐 백도어로 외부에 유출한다	민감한 데이터에는 최소 권한을 유지하고 직원 계정을 지속적으로 모니터링한다

2.3.3 전술, 기법, 절차

공격자의 방식을 토대로 TTP를 분류하는 방법은 점차 보편적인 방법으로 그 사례가 늘어가고 있다. 최근 MITRE(https://mitre.org)는 이 개념을 더욱 철저히 측정하는 ATT&CK 프레임워크(https://attack.mitre.org)를 개발했다. 간단히 말하면 이 프레임워크는 사이버 킬 체인의 각 단계를 더 상세한 단계로 확장하고 공격자가 공격의 각 단계를 어떻게 이행하는지를 공식화해 서술한 것이다. 예를 들어 ATT&CK는 자격 증명 접근credential access 단계에서 사용자가 실수로 입력한 비밀번호가 .bash_history 파일에 기록되어 공격자가 간단히 탈취하는 방법이다. ATT&CK 프레임워크는 공격자가 행하는 수백 가지(어쩌면 수천 가지) 방법을 모두 나열해 방어자가 각 공격 방식별로 방어 대책을 마련할 수 있도록 돕고 있다.

2.4 위험 평가 시 고려사항

잠재적인 주적이 누구인지, 그리고 어떤 방법으로 공격해 올 것인지를 이해하는 것은 복잡하며 미묘한^{nuanced} 것일 수 있다. 다양한 공격자가 일으킬 수 있는 위협을 평가할 때 다음의 사항을 고려하는 것이 중요하다.

여러분이 공격의 목표임을 알아채지 못할 수 있다

회사, 조직, 프로젝트가 잠재적인 공격 대상인지 명확하지 않을 수 있다. 크기와 관계없이 많은 조직이 중요한 정보를 다루고 있으므로 공격의 대상이 될 수 있다. 2012년 9월 (콘텐츠 제작자들에게 잘 알려진 소프트웨어로 유명한) 어도비는 공격자가 자사 네트워크에 침투해서 자사의 공식 소프트웨어 서명 인증서를 사용해 자신의 멀웨어에 디지털 서명을 추가하려 했다는 사실을 발표했다. 이 시도로 공격자의 멀웨어는 합법적인 소프트웨어가 되어 안티바이러스 소프트웨어와 기타 다른 보안 소프트웨어로부터 자유로워질 수 다는 것을 알게 되었다. 조직이 공격자가 직접적으로 이득을 얻거나 또는 다른 이에 대한 대규모 공격의 일부로 사용될 수 있는 자산을 갖추고 있는지 고려해보자.

공격이 정교해야만 성공하는 것은 아니다

공격자가 충분한 자원과 기술을 가지고 있다고 해서 자신의 목표를 이루기 위해 항상 가장 어렵고 비용이 많이 들거나 난해한 기술을 사용할 것이라고 가정하지 말자. 통상 공격자는 목표를 위해 가장 간단하면서도 비용 효율적인 방법으로 시스템을 탈취한다. 예를 들어, 가장 중요하면서도 파급력이 큰 정보를 얻는 방법은 사용자가 비밀번호를 넘기도록 속이는 가장 기본적인 피싱(https://oreil.ly/11AyT)으로 이뤄지기도 한다. 그래서 시스템을 설계할 때는 (펌웨어 백도어 같은) 난해하고 유별난 공격에 미리 고민하기보다는 (투팩터 인증 같은) 기본적인 보안부터 확실히 하는 편이 낫다.

주적을 과소평가하지 말자

주적이 비용이 많이 들거나 어려운 공격을 시도할 수 있는 자원을 확보하지 못할 것이라는 가정도 금지다. 주적이 얼마나 많은 비용을 쓸 의사가 있는지 주의 깊게 생각해보자. 미국 국가안보국^{National Security Agency}(NSA)이 고객에게 전달 중인 시스코^{Cisco} 하드웨어를 가로채서 백도어를 심었다는 보기 드문 사례는 자금이 든든하고 능력이 있는 공격자라면 목표를 이루기 위해 수단 방법을 가리지 않을 것임을 시사한다.[18] 하지만 이런 사례는 매우 드물다.

특징을 알아내기는 어렵다

2016년 3월 연구원들은 금전적 이익이 목적인 Petya라는 새로운 종류의 랜섬웨어(피해자가 돈을 지불할 때까지 데이터나 시스템을 사용 불가능한 상태로 만드는 악의적인 프로그램)를 발견했다. 1년 후, 연구원들은 원본 Petya 프로그램과 많은 요소를 공유하는 새로운 멀웨어를 발견했다. NotPetya(`https://oreil.ly/DGYDx`)라고 명명한 이 새로운 멀웨어는 우크라이나 독립기념일 전날 밤에 우크라이나의 시스템에서 가장 먼저 발견돼 삽시간에 전 세계로 퍼져 나갔다. 공격자는 NotPetya를 배포하기 위해 명시적으로 우크라이나 시장을 대상으로 제품을 생산하는 회사에 침투한 후 그 회사의 소프트웨어 배포 메커니즘을 악용해 피해자들을 감염시켰다. 일부 연구원들은 우크라이나를 목표로 러시아에 지원을 받은 공격자의 소행이라고 믿고 있다.

이 사례는 공격자들이 새로운 방법으로 자신의 목적과 신원을 숨길 수 있음을 보여준다. 이 사례의 경우는 공격자가 자신을 비교적 평범해 보이도록 위장한 사례라 할 수 있다. 공격자의 신원과 의도를 항상 알 수 있는 것은 아니므로, 공격자가 누구인지보다는 공격자가 어떤 행위를 하는지(즉, 공격자의 TTP) 이해하는 데 더 집중하길 권한다.

발각되는 것을 두려워하지 않는 공격자도 있다

공격자의 위치와 신원을 추적할 수 있다 하더라도 (특히 국제적인) 형사 제도상 공격 행위에 법적인 책임을 묻기 어려울 수도 있다. 특히 기소된 범죄자를 타국으로 인도하지 않는 정부에 직접 관련된 국가 간 공격자라면 더욱 그렇다.

---

18 『스노든 게이트』(모던아카이브, 2017) 참고.

2.5 마치며

모든 보안 공격은 결국 동기를 가진 사람이 유발한다. 이번 장에서는 누가 어떤 이유로 서비스를 공격하려고 하는지 판단하고 그에 따라 대책을 세울 수 있도록 보편적인 공격자의 프로필을 소개했다.

누가 공격할 수 있는지 판단해보자. 보유한 자산은 무엇인가? 누가 제품과 서비스를 구매하는가? 사용자나 사용자의 행위가 공격자들에게 동기를 부여할 수 있는가? 현재 보유한 방어 자원은 잠재적인 주적이 사용할 수 있는 공격 자원에 어떻게 대응할 수 있는가? 이 책의 나머지에는 설령 자금이 넉넉한 공격자의 목표가 되더라도 공격에 너무 많은 비용이 들고 경제적인 이득을 보기 어려워 결국에는 포기하도록 만드는 내용들로 채워져 있다.

보안 기업들이 발표하는 최신 위협 정보를 반드시 확인하자. 다단계 공격 방식이 효과가 있다 하더라도 잘 살펴보면 공격을 탐지하고 예방할 수 있는 지점으로 활용할 수도 있다. 복잡한 공격 전략은 염두에 두되, 극도의 효율성을 보여주면서도 간단하고 단순한 공격도 잊지 말자. 그리고 주적이나 자신의 공격 대상으로서의 가치를 절대 과소평가하지 말자.

시스템 설계

2부에서는 보안과 신뢰성 요구사항을 시스템 설계 단계에서 비용 효율적으로 구현하는 방법을 중점적으로 다룬다.

제품을 처음 설계할 때부터 보안과 신뢰성을 감안하는 것이 가장 이상적이지만 실제로는 기존 제품에 추가하는 형태일 것이다. 3장에서는 이미 운영중인 구글의 시스템이 더 안전하고 장애에 잘 대처하도록 필자가 적용했던 사례를 설명한다. 4장에서는 일정 수준 이상의 개발 속도를 포기하면서 보안과 신뢰성 문제를 자연스럽게 미뤄두게 되는 경향을 설명한다.

시스템 중 어느 부분부터 보안과 신뢰성 원칙을 통합할 수 있을지 궁금하다면 위험 요소마다 다른 접근을 어떻게 평가하는지 설명하는 5장을 참고하자. 그 다음 6장에서는 불변invariant 모델과 멘털mental 모델로 시스템을 분석하고 이해하는 방법을 설명하고 신원과 승인 그리고 접근 제어access control를 위해 표준화된 프레임워크로 계층형layered 시스템 아키텍처를 구현하는 방법을 소개한다.

7장에서는 단기, 중기 그리고 장기적 변화를 포용하는 것은 물론 서비스를 운영하면서 일어나는 예상치 못한 문제에 대한 사례를 소개한다. 8장에서는 장애가 발생하더라도 기능이 저하된 상태에서 계속 운영할 수 있는 시스템의 구축 전략을 설명한다. 9장에서는 장애 이후 복구 중인 시스템 관점에서 필요한 내용을 소개한다. 마지막으로 10장은 신뢰성과 보안이 교차하는 한 가지 시나리오를 제공하고 서비스 스택의 각 계층에서 서비스 거부 공격이 발생했을 때 이를 비용 효율적으로 완화하는 기법을 설명한다.

Part II

시스템 설계

사례 연구: 안전한 프록시

야쿠프 바르무스Jakub Warmuz, 애나 오프레아Ana oprea, 토마스 마우어Thomas Mauer,

수사네 란데르스Susanne Landers, 록사나 로사Roxana Loza, 폴 블랭킨십Paul Blankinship, 벳시 바이어Betsy Beyer

주적이 시스템을 의도적으로 파괴하려 시도하거나 권한이 있는privileged 계정을 가진 엔지니어가 실수로 엄청난 영향을 끼치는 변경사항을 만들었다고 가정하자. 다행스럽게도 설계자가 시스템을 잘 이해하고 있고 최소한의 권한을 갖도록 설계했으며 복구가 용이하도록 만들어서 문제의 영향이 제한적이이다. 그래서 장애를 조사하고 대응하는 동안 문제의 실질적인 원인을 파악하고 적절하게 대응할 수 있었다.

여러분의 조직도 이렇게 대처할 수 있을까? 보유한 모든 시스템이 이 시나리오와 맞아떨어지지는 않을 것이며, 운영중인 시스템을 더 안전하면서도 장애를 더 잘 견디도록 만들 방법이 필요할 것이다. 안전한 프록시가 바로 그 해결책이다.

3.1 프로덕션 환경의 안전한 프록시

일반적으로 프록시는 이미 배포된 시스템에 변경 없이 새로운 보안과 신뢰성 요구사항을 도입하는 방법이다. 기존의 시스템을 수정하는 대신 프록시로 시스템에 직접 유입되는 연결을 다른 곳에 전달할 수 있다. 또한 프록시는 새로운 보안과 신뢰성 요구사항을 만족하는 다양한 제어 기능을 포함하고 있다. 이번 사례 연구에서는 권한을 가진 운영자가 실수나 악의적인 목적으로 프로덕션 환경에 문제를 일으키는 것을 제한하기 위해 구글에서 사용하는 **안전한 프록시**^{safe proxie}를 살펴본다.

안전한 프록시는 승인된 사용자가 물리적인 서버, 가상 머신 또는 특정 애플리케이션의 상태에 접근하거나 변경하는 것을 허용하는 프레임워크다. 구글에서는 SSH로 시스템에 연결하지 않고 안전한 프록시로 자칫 위험할 수 있는 명령을 검토하고 승인하며 실행한다. 이 프록시를 사용하면 문제를 디버깅하는 세밀한 접근을 제어하거나 머신을 재시작할 수 있는 횟수를 제한할 수 있다. 안전한 프록시는 네트워크 간의 단일 진입점^{entry point}이자 다음과 같은 작업을 가능하게 하는 중요한 방편이다.

- 조직 내 발생하는 모든 운영 행위 감사
- 자원 접근 제어
- 사람의 실수로부터 대규모 프로덕션 환경 보호

제로 터치 프로덕션^{aero touch production}(`https://oreil.ly/_4rAo`)은 (사람이 직접 하는 대신) 자동화에 의한 변경, 소프트웨어에 의해 미리 검증된 변경 또는 감사가 완료된 유리 깨기 메커니즘^{break glass mechanism}[1]으로 발생한 변경만을 프로덕션 환경에 적용하는 구글의 프로젝트다. 안전한 프록시는 이런 원칙을 달성하기 위한 도구 중 하나다. 필자는 제로 터치 프로덕션을 이용하면 구글이 평가했던 모든 장애 중 약 13% 정도를 예방하거나 경감할 수 있다고 추정하고 있다.

[그림 3-1]에서 보이듯이, 안전한 프록시 모델은 클라이언트가 대상 시스템과 직접 통신하는 것이 아니라 프록시와 통신한다. 구글에서는 대상 시스템이 프록시의 호출에만 응답하도록 설정해서 이 동작을 강제 적용하고 있다. 이 설정에는 접근 제어 목록^{access control list}(ACL)을 바탕으로 어떤 애플리케이션 계층의 원격 프로시저 호출^{remote procedure call}(RPC)이 어떤 클라이언트에 실행되는지도 명시하고 있다. 프록시는 접근 권한을 검사한 후 실행하는 요청을 RPC로 대상 시스템에 전달한다. 보통 각 대상 시스템은 요청을 수신해서 시스템상에서 직접 실행하는 애플리케이션 계층 프로그램을 탑재하고 있다. 또한 프록시는 다른 시스템에서 유입된 모든 요청과 명령을 로그에 기록한다.

---

1 유리 깨기 메커니즘이란 엔지니어가 비상 상황에 신속히 대응하도록 평소의 절차를 건너뛰는 행위를 말한다. 자세한 내용은 5.3.2절 '유리 깨기 메커니즘' 참고.

클라이언트가 사람이든 자동화 장치든 관계없이 프록시로 시스템을 관리할 경우 다양한 장점을 누릴 수 있다. 프록시의 장점은 다음과 같다.

- 멀티파티 승인(MPA)[2]을 적용해서 민감한 데이터를 다루는 요청에 접근 허용 여부를 한 곳에서 관리할 수 있다.
- 관리 업무에 감사를 위해 어떤 요청을 언제 누가 처리했는지 한 곳에 기록할 수 있다.
- 접근 비율 제한으로 시스템 재시작 같은 변경을 점진적으로 적용해서 큰 실수의 여파를 잠재적으로 제한할 수 있다.
- 소스 코드가 비공개한 서드파티 시스템과 연동하는 경우 프록시의 추가적인 기능으로 (직접 수정할 수 없는) 컴포넌트의 동작을 제어할 수 있어 호환성을 높일 수 있다.
- 지속적으로 개선사항을 통합해서 향상된 보안과 신뢰성 기능을 중앙 프록시에 적용할 수 있다.

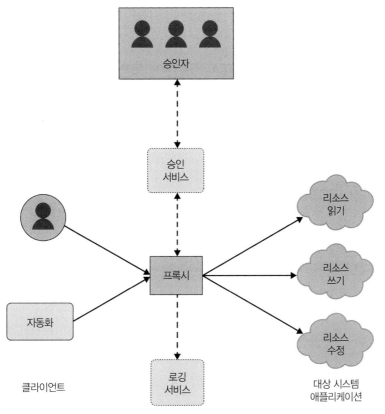

그림 3-1 안전한 프록시 모델

---

2 MPA는 어떤 동작을 실행하기 전 다른 사용자의 승인을 얻는 것이다. 자세한 내용은 5.6.1절 '멀티파티 승인(MPA)' 참고.

반면 프록시에는 다음과 같은 단점과 잠재적인 위험도 도사리고 있다.

- 유지 보수와 운영 부담에 따른 비용이 증가한다.
- 시스템 자체나 다른 디펜던시^{dependencie}가 다운될 경우 단일 장애점^{single point of failure}(SPF)이 된다. 이중화로 여러 인스턴스를 실행할 경우 이런 상황을 모면할 수 있다. 그러기 위해 시스템의 모든 디펜던시가 적정한 수준의 서비스 수준 동의^{service level agreement}(SLA)를 갖추고 각 디펜던시를 운영하는 팀은 비상연락망을 문서화하도록 한다.
- 접근 제어의 정책 설정 자체가 에러 원인이 될 수 있다. 그래서 템플릿을 제공하거나 보안을 고려한 기본적인 설정을 자동으로 생성해서 사용자가 올바른 설정을 적용하는 방안을 마련한다. 이렇게 템플릿을 마련하거나 자동화를 구현할 때는 2부 전반에서 제공하는 설계 전략을 고수한다.
- 중앙 시스템은 주적이 제어권의 탈취를 노릴만하다. 그래서 앞서 설명했던 정책 설정을 적용하면 시스템은 클라이언트의 신원을 전달해야 하며, 모든 동작은 해당 클라이언트를 대신해 실행하게 된다. 대신 프록시 역할로 실행할 요청은 없으므로 프록시 자체의 권한은 그렇게 높지 않다.
- 사용자가 프로덕션 시스템에 직접 연결하고자 할 경우 변경이 쉽지 않다. 프록시에 의한 장벽을 낮추기 위해 긴급 상황에서 유리 깨기 메커니즘으로 시스템에 접근할 수 있도록 엔지니어와 긴밀히 협력하는 방법이 있다. 이 주제에 대한 더 자세한 내용은 21장에서 소개한다.

안전한 프록시를 사용하는 주된 이유는 접근 제어와 관련된 보안과 신뢰성 기능을 추가하는 것이므로 프록시가 노출하는 인터페이스는 해당 시스템과 완전히 같은 외부 API를 사용해야 한다. 따라서 프록시는 전반적인 사용자 경험에 아무런 영향을 주지 않는다. 투명성을 고려하면 안전한 프록시는 유효성 검사와 로깅 같은 사전/사후 처리를 실행한 후에 트래픽을 대상 시스템으로 전달하면 된다. 다음 절에서는 구글이 사용하는 안전한 프록시의 특정한 예시를 소개한다.

3.2 구글 도구 프록시

구글러는 대부분의 운영 업무를 명령줄 인터페이스^{command-line interface}(CLI) 도구(`https://oreil.ly/7qk8Q`)로 수행한다. 하지만 이런 도구는 잠재적인 위험을 내포하고 있다. 예를 들어 어떤 도구는 서버를 꺼버릴 수도 있고 도구의 대상 범위를 잘못 지정하면 실수로 여러 서비스의 프런트엔드를 정지시켜 결과적으로 장애를 유발한다. 모든 CLI 도구를 추적하는 것은 어려울 뿐만 아니라 비용도 많이 드므로 반드시 중앙 시스템에 로깅하도록 하고 민감한 동작에는 더 많은 보호 장치를 적용해야 한다. 그래서 구글은 이 문제를 해결하기 위해 도구 프록시^{Tool}

Proxy를 구현했다. 도구 프록시는 fork와 exec으로 특정 명령을 내부적으로 실행하는 범용 RPC 메서드를 노출하는 바이너리다. 모든 실행은 정책으로 제어하고 감사를 위해 로그를 남기며 MPA를 요구할 수 있는 기능을 갖추고 있다.

도구 프록시를 사용하면 제로 터치 프로덕션의 주요 목적 중 하나를 이룰 수 있다. 즉, 사람이 직접 프로덕션 환경에 접근하지 못하도록 함으로써 더 안전한 프로덕션 환경을 만들 수 있다. 엔지니어는 도구 프록시를 반드시 통해야만 서버에 임의의 명령을 실행할 수 있다.

필자는 RPC 메서드 승인의 처리 정책을 세밀하게 구분해서 누가 어떤 동작을 실행할 수 있을지를 설정했다. [예제 3-1]의 정책은 group:admin 그룹의 구성원이 최신 버전의 보그[borg] CLI에 필요한 매개변수를 전달해 실행할 수 있는 권한을 허용한다. 다만 사전에 group:admin-leads 그룹의 구성원에게 승인을 받아야 한다.

예제 3-1 구글 도구 프록시의 보그 정책

```
config = {
 proxy_role = 'admin-proxy'
 tools = {
  borg = {
   mpm = 'client@live'
   binary_in_mpm = 'borg'
   any_command = true
   allow = ['group:admin']
   require_mpa_approval_from = ['group:admin-leads']
   unit_tests = [{
    expected = 'ALLOW'
    command = 'file.borgcfg up'
     }]
  }
 }
}
```

엔지니어는 자신의 워크스테이션에서 [예제 3-1]의 명령으로 프로덕션 환경의 보그 작업을 정지할 수 있다.

```
$ tool-proxy-cli --proxy-address admin-proxy borg kill ...
```

이 명령은 지정한 주소의 프록시에서 일련의 연속된 이벤트를 실행하는 RPC 명령을 전달한다. 이 과정을 [그림 3-2]에 도식화했다.

1. 모든 RPC 요청을 로그에 기록하고 실행 여부를 검사한다. 그래서 예전에 실행된 모든 관리용 동작을 쉽게 감사할 수 있다.
2. 정책을 살펴보고 호출자가 group:admin 그룹의 구성원인지 확인한다.
3. 이 명령은 민감한 명령이므로 MPA를 실행하고 group:admin-leads 그룹 구성원의 승인을 기다린다.
4. 승인을 받으면 명령을 실행하고 결과를 기다린 후, RPC 응답에 리턴 코드와 표준 출력, 표준 에러를 첨부한다.

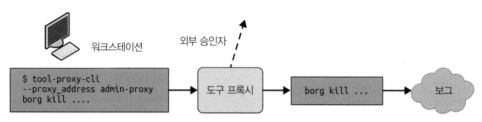

그림 3-2 도구 프록시의 워크플로

도구 프록시의 도입은 개발 워크플로에 약간의 변화를 가져왔다. 즉, 엔지니어는 실행하고자 하는 명령 앞에 tool-proxy-cli --proxy_addres 명령을 덧붙여야 한다. 또한 유리 깨기 상황이 아닌 경우에는 권한을 가진 사용자가 프록시를 우회하지 못하도록 모든 직접 연결을 거부하고 관리 목적의 명령만 admin-proxy로 실행할 수 있도록 서버를 수정했다.

3.3 마치며

안전한 프록시를 사용하는 것은 시스템에 로깅과 멀티파티 승인을 적용하는 여러 방법 중 하나이며 프록시는 더 안전하고 신뢰할 수 있는 시스템을 만드는 데 도움이 된다. 이미 시스템이 구축되어 있다면 안전한 프록시가 비용 효율적인 옵션이 될 수 있고 2부에서 설명하는 다른 설계 원칙을 함께 적용하면 더 높은 회복성을 가질 수 있다. 4장에서 설명하겠지만 새로운 프로젝트를 시작한다면 로깅과 접근 제어 모듈이 통합된 프레임워크로 시스템 아키텍처를 구상하는 것이 가장 이상적이다.

CHAPTER 4

설계 절충

크리스토프 케른Christoph Kern, 브라이언 구스타프슨Brian Gustafson,
폴 블랭킨십Paul Blankinship, 펠릭스 그뢰베르트Felix Gröbert

보안과 신뢰성을 프로젝트의 기능과 비용 요구사항에 맞춰 적용하는 것은 쉽지 않다. 이번 장에서는 시스템의 보안과 신뢰성 요구사항을 소프트웨어 설계 과정에서 우선 검토하는 것의 중요성을 설명한다.

우선 시스템의 제약과 제품의 기능feature 간의 관계를 설명한 후, 결제 처리 서비스와 마이크로서비스 프레임워크 등 두 가지 예시로 보안과 신뢰성의 보편적인 절충안을 설명한다. 결론부에서는 자연스럽게 보안 및 신뢰성 작업을 뒤로 미루려는 경향과, 이른 시점에 보안과 신뢰성을 고려해도 프로젝트의 일관된 개발 속도를 유지할 수 있다는 점을 설명한다.

이제 (소프트웨어) 제품을 구현해볼 것이다! 대략적인 계획부터 코드 배포에 이르는 복잡한 여정을 따르다 보면 고려해야 할 것이 산더미다.

보통은 제품이나 서비스 기능에 대략적인 아이디어부터 시작한다. 예를 들면 제품이나 서비스의 개발은 게임의 콘셉트나 클라우드 기반 생산성 애플리케이션의 비즈니스 요구사항 등에서 시작된다. 또한 서비스 구현에 필요한 자금 마련의 대략적인 계획도 만들어야 한다.

설계 프로세스를 연구하여 아이디어에서 출발한 제품의 형태를 더욱 구체화할수록 애플리케이션의 설계와 구현에 추가적인 요구사항과 제약이 드러난다. 제품의 기능, 개발과 운영 비용, 보안, 신뢰성에 대한 구체적인 요구사항이나 개발과 운영 비용 같은 보편적인 제약도 드러난다. 그 결과 어느 정도 수준의 가용성과 신뢰성 요구사항은 물론 애플리케이션이 처리하는 사용자의 민감한 데이터를 보호하는 보안 요구사항도 구체화된다.

이런 요구사항과 제약의 일부는 상충하는 경우도 있으므로 둘 사이의 올바른 균형을 갖추는 절충안을 마련해야 한다.

4.1 설계 목표와 요구사항

보통 제품의 기능 요구사항은 보안과 신뢰성 요구사항과는 상당히 다르다. 지금부터 제품을 설계할 때 마주하는 여러 종류의 요구사항을 자세히 살펴보자.

4.1.1 기능 요구사항

기능 요구사항feature requirement(혹은 **기능성 요구사항**funtional requirement[1])은 서비스나 애플리케이션의 주요 기능을 정의하고 사용자가 특정한 작업을 수행하는 방법이나 특정 수요를 만족하는 방법을 서술한다. 이런 기록은 **사용 사례**use case, **사용자 스토리**user story, **사용자 여정**user journey이라고도 하며(https://oreil.ly/yFvEU), 사용자와 서비스 또는 애플리케이션 간 일련의 상호작용을 정의한다. **중요 요구사항**critical requirement은 기능 요구사항의 하위 집합이며 제품이나 서비스의 가장 기본이 된다. 설계가 사용자의 중요 요구사항이나 사용자 스토리를 만족시키지 못하면, 성공적인 제품을 만들 수 없다.

대체로 설계 의사결정에 가장 중요한 것은 기능 요구사항이다. 무엇보다 사용자가 원하는 특정한 수요를 만족시키는 시스템과 서비스를 구현하는 것이다. 또한 요구사항 간의 절충안도 결정해야 한다. 이런 점을 감안하면 중요 요구사항과 다른 기능 요구사항을 구분하는 것이 좋다.

보통, 몇몇 요구사항은 전체 애플리케이션과 서비스에 적용된다. 사용자 스토리나 개별 기능

---

1 보다 자세한 내용은 The MITRE Systems Engineering Guide(https://oreil.ly/ful41)와 ISO/IEC/IEEE 29148-2018(E)(https://oreil.ly/GD6cY) 참고

요구사항에는 보이지 않는 경우도 많으며, 공통 요구사항 문서에서 한 번 언급되거나 심지어는 암묵적으로 받아들여지기도 한다. 다음 예시를 살펴보자.

애플리케이션 웹 UI의 모든 뷰/페이지는 반드시,

- 공통 시각 설계 가이드라인을 따라야 한다.
- 접근성 가이드라인을 준수해야 한다.
- 개인 정보 보호정책privacy policy과 서비스 이용 약관Tearms of Service (ToS)에 링크를 가진 바닥글footer이 있어야 한다.

4.1.2 비기능성 요구사항

요구사항의 상당 부류는 시스템의 특정 동작이 아니라 보편적인 특성이나 동작이다. 이런 **비기능성 요구사항**nonfunctional requirement은 우리가 중점적으로 다루는 보안 및 신뢰성과 관련이 깊다. 다음 예시를 생각해보자.

- 누군가(외부 사용자, 고객 지원 상담원 또는 운영 엔지니어)가 특정 데이터에 접근할 수 있는 모순적인 상황은 어떤 것들이 있을까?
- 업타임uptime이나 95 또는 99백분위수 응답의 지연 같은 메트릭에 서비스 수준 목표service level objective (SLO)는 무엇인가? 시스템은 특정 임계값을 초과하는 부하가 발생한 경우 어떻게 반응하는가?

요구사항 사이의 균형을 맞추려면 시스템 자체의 범위를 벗어나는 분야의 요구사항까지 동시에 고려해야 한다. 이런 범위의 선택은 나중에 핵심 시스템 요구사항에 큰 영향을 미치기 때문이다. 이런 분야에는 다음과 같은 것들이 속한다.

개발 효율성과 속도

구현할 개발 언어, 애플리케이션 프레임워크, 테스트 프로세스 및 빌드 프로세스를 선택했을 때 개발자들은 얼마나 효율적으로 새로운 기능을 구현해내는가? 개발자가 얼마나 효율적으로 기존 코드를 이해하고 수정하거나 디버깅하는가?

배포 속도

어떤 기능이 개발된 후 실제 사용자(고객)가 해당 기능을 사용할 수 있게 되기까지 어느 정도의 시간이 필요한가?

4.1.3 기능과 이머전트 속성의 비교

일반적으로 기능 요구사항에서는 요구사항, 그 요구사항을 만족하는 코드, 구현을 검증하기 위한 테스트 간의 연결이 명확하게 드러난다. 예를 들어보자.

명세

사용자 스토리나 요구사항으로 애플리케이션에 로그인한 사용자가 사용자 프로필(이름이나 연락처 등)과 관련된 개인 데이터를 조회하고 수정하는 방법을 정의한다.

구현

이 명세를 구현하는 웹 또는 모바일 애플리케이션은 대부분 요구사항과 관련된 코드를 구현한다. 여기에는 다음과 같은 코드가 포함된다.

- 프로필 데이터를 표현하는 구조화된 타입
- 프로필 데이터를 표시하고 수정하기 위한 UI 코드
- 데이터 스토어에서 로그인한 사용자의 프로필 데이터를 조회하고 수정된 정보를 받아 데이터 스토어에 기록하는 서버측 RPC 또는 HTTP 액션 핸들러handler

검증

대부분, 기본적으로 사용자 스토리를 한 단계씩 실행하는 통합 테스트integration test를 구현한다. 이 테스트는 UI 테스트 드라이버test driver로 '프로필 수정' 폼에 값을 입력하고 폼을 전송한 후 전송된 데이터가 원하는 데이터베이스 레코드에 기록되는지 확인하는 형태로 구현한다. 또한 사용자 스토리의 개별적인 단계를 검증하는 단위 테스트unit test도 진행한다.

반면, (신뢰성과 보안 요구사항 같은) 비기능성 요구사항은 분명하게 정의하기가 훨씬 어렵다. 웹서버가 --enable_high_reliability_mode 플래그를 제공하고 이 플래그로 서버 호스팅 업체나 클라우드 서비스에 추가 비용만 지불해서 간단히 애플리케이션의 신뢰성 기능을 구현한다면 얼마나 좋겠는가. 하지만 그런 플래그는 존재하지 않으며 애플리케이션의 소스 코드 중 그 어떤 모듈이나 컴포넌트도 신뢰성 기능을 '구현'하지 않는다.

신뢰성과 보안은 시스템 설계의 이머전트 속성이다

신뢰성은 기본적으로 시스템 설계의 **이머전트 속성**emergent property[2]이며 실질적으로 개발, 배포 그리고 운영 워크플로 전체 설계에 영향을 미친다. 신뢰성은 다음과 같은 요소에서 나타난다.

- 전체 서비스를 마이크로서비스microservices 같은 여러 컴포넌트로 나누는 방법
  - 서비스 백엔드, 스토리지, 기본 플랫폼 등 의존 서비스의 가용성/신뢰성과 서비스 가용성 간의 관계
  - (RPC, 메시지 큐 또는 이벤트 버스 같은) 컴포넌트의 통신 메커니즘, 요청을 전달route하는 방법, 로드 밸런싱 및 로드 셰딩의 구현 방법과 설정
  - 단위 테스트, 종단간 기능성 테스트, 프로덕션 준비 검토production readiness review(PRR, https://oreil.ly/P0JdF) 부하 테스트, 기타 유사한 검증 단계를 개발 및 배포 워크플로에 통합하는 방법
  - 시스템 모니터링 방식(https://oreil.ly/F_iBb), 사용 가능한 모니터링, 메트릭 및 로그로 비정상적 행위anomaly와 실패를 탐지하고 대응에 필요한 정보를 얻을 수 있는지 여부

마찬가지로 서비스의 전반적인 보안 상태는 하나의 '보안 모듈'에서 나타나지 않는다. 서비스의 보안은 시스템과 운영 환경의 설계와 관련된 여러 측면을 고려해야 하는 이머전트 속성이며 다음과 같은 요소에서 나타난다.

- 대형 시스템을 하위 컴포넌트로 분해하는 방법과 이런 컴포넌트 간의 신뢰 관계를 정의하는 방법
  - 애플리케이션을 개발하는 구현 언어, 플랫폼 및 애플리케이션/서비스 프레임워크
  - 보안 설계와 구현의 검토, 보안 테스트, 기타 검증 행위를 소프트웨어 개발 및 배포 워크플로에 통합하는 방법
  - 보안 모니터링, 감사 로그, 비정상적 행위 탐지, 기타 보안 분석자과 장애 대응자가 사용하는 도구의 종류

이처럼 많은 설계 목표 간에 균형을 맞추는 일은 매우 어렵다. 작은 결정에도 상당한 경험이 필요한 경우가 많으며, 그 당시에는 옳은 의사결정도 나중에 가서는 옳지 않았던 결정이 되기도 한다. 이렇게 되돌아보고 다시 조정해야 하는 어쩔 수 없는 문제에 대비하는 방법은 7장에서 더 자세히 설명한다.

---

2 옮긴이_ 이머전트 속성이란 평소에는 나타나지 않다가 어떤 특정 상황이 되면 나타나는 특징을 말한다.

4.1.4 예시: 구글 설계 문서

구글은 설계 문서 템플릿으로 새로운 기능의 설계를 안내하고 엔지니어링 프로젝트를 시작하기 전에 이해관계자stakeholder들의 의견을 수집한다.

템플릿 절에서는 팀이 신뢰성과 보안 고려사항이 프로젝트에 미치는 영향을 생각해보고 필요하다면 프로덕션 준비나 보안 검토 프로세스를 시작하도록 지원한다. 설계 검토는 엔지니어들이 출시launch 단계에 공식적으로 고려하는 것보다 몇 분기 전에 시작하는 경우가 대부분이다.

구글의 설계 문서 템플릿

다음은 구글 설계 문서 템플릿 절에서 중 신뢰성 및 보안과 관련된 절이다.

확장성

시스템은 어느 정도 확장되어야 하는가? (가능하다면) 데이터 크기의 증가와 트래픽 증가를 모두 고려하자. 현재 하드웨어 상태를 고려하자. 리소스를 추가하는 시간이 생각보다 오래 걸리거나 비용이 너무 비쌀 수 있다. 기본적으로 필요한 리소스는 어느 정도인가? 필요 이상의 리소스를 사용해 서비스 확대에 방해가 되지 않는 선에서 높은 이용률을 생각하자.

이중화와 신뢰성

시스템이 로컬 데이터의 손실과 일시적인 에러(예를 들면 일시적인 장애)를 어떻게 처리하며 시스템에 미치는 영향은 어느 정도인지 논의하자.

시스템 또는 컴포넌트에 데이터 백업이 필요한가? 데이터 백업은 어떻게 수행할 것인가? 복구는 어떻게 할 것인가? 데이터가 유실된 시간과 복구된 시간 사이에 어떤 일이 일어날 수 있는가? 부분적 손실의 경우 서비스가 계속 유지될 수 있는가? 데이터 스토어를 유지하기 위해 유실된 데이터만 부분적으로 복구할 수 있는가?

디펜던시 고려사항

다른 서비스에 대한 디펜던시가 일정 시간 사용 불가능 상태가 되면 어떤 문제가 발생하는가?

애플리케이션을 시작하려면 어떤 서비스가 실행 중이어야 하는가? DNS로 이름을 해석resolving하거나 현지 시간을 확인하는 사소한 디펜던시도 잊지 말자. 애플리케이션을 아직 실행하지 않았을 때 다른 시스템의 실행이 블록block되는 등의 디펜던시 사이클이 존재하는가?

의심은 가지만 확신이 없다면 의존하는 시스템을 소유한 팀과 사용 사례를 논의하자.

데이터 무결성

데이터 스토어에서 데이터의 손상이나 유실을 어떻게 찾아낼 것인가? 데이터가 유실되는 원인 중 탐지가 가능한 것(사용자 에러, 애플리케이션 버그, 스토리지 플랫폼 버그, 사이트/복제 재해 등)은 무엇인가? 각 데이터 유실 사례를 인지하기까지 걸리는 시간은 어느 정도인가? 각 데이터 유실 사례의 복구 계획은 무엇인가?

SLA 요구사항

애플리케이션의 서비스 수준을 보장하는 감사와 모니터링 메커니즘은 어떤 것을 선택할 것인가? 규정된 신뢰성 수준은 어떻게 보장할 것인가?

보안과 개인 정보 고려사항

구글의 시스템은 정기적으로 공격을 당한다. 이 설계와 관련된 잠재적인 공격을 생각해보고 공격을 방지하거나 완화하는 현재 시행중인 대책과 최악의 경우 생기는 영향도 함께 생각하자. 알려진 모든 취약점이나 잠재적으로 안전하지 않은 디펜던시를 나열하자. 만일 어떤 이유로든 애플리케이션이 보안이나 개인 정보를 고려하지 않는다면 그 이유를 명확히 서술하자.

검토설계 검토는 최종 보안 검토가 늦어지거나 심지어 차단까지 돼버리는 보안 이슈를 줄이는 데 도움이 되므로 설계 문서를 완성하면 바로 보안 설계 검토Security design review를 진행하자.

4.2 요구사항의 균형잡기

보안과 신뢰성 요구사항을 만족하는 시스템의 특성은 대부분 이머전트 속성이며, 기능 요구사항의 구현은 물론 다른 이머전트 속성과 모두 연관되는 경우가 많다. 이 이유로 보안과 신뢰성을 독립적으로 도입하는 절충안을 마련하는 것이 특히 어렵다.

기존 시스템에 신뢰성과 보안을 추가할 때의 비용

보안과 신뢰성이 이머전트 속성이라는 점은 이에 대한 고려사항과 관련된 선택이 상당히 근본적이고 스토리지로 관계형 데이터베이스를 사용할지 NoSQL 데이터베이스를 사용할지, 또는 모놀로식monolithic아키텍처를 구현할 것인지 마이크로서비스 아키텍처를 구현할 것인지 등과 같은 기본적인 아키텍처를 선택하는 것과 대부분 유사하다. 처음부터 보안과 신뢰성을 고려해서 설계하지 않은 시스템에 보안과 신뢰성을 추가하는 일은 매우 어렵다. 시스템 컴포넌트 간에 잘 정의되지 않았으며 인터페이스가 어렵고 디펜던시가 지나치게 꼬여있다면, 그 시스템의 가용성은 낮으며 보안상의 버그가 쉽게 생긴다(6장 참고). 아무리 테스트를 하고 전략적으로 버그를 수정한다고 해도 바뀌지 않는다.

기존 시스템에 보안과 신뢰성 요구사항을 적용하다 보면 상당한 수준의 설계 변경과 중대한 리팩터링, 심지어 부분적인 재구현까지도 필요할 때가 있어 비용이 높아지고 시간도 오래 걸리게 되는 경우가 많다. 게다가 이런 변경은 보안이나 신뢰성 사고에 대응하기 위해 급하게 진행해야 하는 경우도 있다. 하지만 이미 배포된 시스템의 설계 상당 부분을 급하게 변경하다 보면 더 많은 결함이 발생할 가능성이 높다. 그래서 보안과 신뢰성 요구사항과 그에 따른 설계 절충은 소프트웨어 프로젝트의 초기 계획단계부터 고려해야 한다. 만일 조직에 보안 팀과 SRE 팀이 있다면 반드시 함께 논의해야 한다.

이번 절에서는 고려해야 할 절충안의 예시를 제공한다. 이 예시 중 그다지 중요하지 않은 결제 처리 시스템과 그 운영 설계에 모든 규정과 규제, 법률과 비즈니스 고려사항을 다루는 것은 요구사항 간의 복잡한 디펜던시를 보여주기 위함이다. 다시 말하면 신용카드 번호를 보호하기 위한 구구절절한 내용이 중요한 것이 아니라 보안과 신뢰성 요구사항이 복잡한 시스템을 설계할 때의 사고의 과정이 중요한 것이다.

4.2.1 예시: 결제 처리

고객에게 위젯widget을 판매하는 온라인 서비스를 구축한다고 가정해보자.[3] 서비스 명세에는 사용자가 모바일이나 웹 애플리케이션으로 온라인 카탈로그에서 물건을 선택할 수 있어야 한다

---

3 이 예시의 목적을 생각하면 무엇을 파는지는 중요하지 않다. 미디어 아울렛이라면 기사에 결제가 필요할테고 모빌리티 회사라면 운수비용에 결제가 필요할 것이며 온라인 장터라면 고객에게 배송될 물리적 상품의 구매가 가능해야 하고 음식배달서비스라면 해당 지역의 레스토랑에서 포장음식을 배달할 시설이 필요하다.

는 사용자 스토리가 포함되어 있다. 사용자는 물건을 선택한 후에 구입이 가능해야 하며 이때 상세한 결제 정보를 제공하게 된다.

보안과 신뢰성 고려사항

결제 정보를 입력받는 것은 시스템 설계와 조직의 절차 면에서 보안과 신뢰성에 상당한 고려사항이 필요하다. 이름, 주소, 신용카드 번호는 모두 민감한 개인 데이터이므로 특별한 보호장치safeguard[4]가 필요하며, 관계 법령에 따라 시스템이 규제의 대상이 되기도 한다. 또한 결제 정보를 취급함으로써 서비스는 업계 표준 규정이나 PCI DSS(https://www.pcisecuritystandards.org) 같은 규제적 보안 표준 등도 준수해야 한다.

민감한 사용자 정보, 특히 사용자 식별 정보(PII)가 유출되면 프로젝트는 물론 심지어 조직/회사에 심각한 결과를 초래한다. 사용자와 고객의 신뢰를 잃어 비즈니스가 아예 망할 수도 있다. 최근 몇년간 입법부는 데이터 유출의 영향을 받는 기업에 의무를 부여하는 법률과 규정을 제정했다. 문제는 이 의무를 다하려면 잠재적으로 시간과 비용이 많이 든다는 점이다. 하지만 1장에서 살펴봤듯이 일부 기업은 심각한 보안 사고로 비즈니스에서 완전히 퇴출되기도 했다.

경우에 따라서 제품의 설계를 절충하면 애플리케이션이 자유롭게 결제 정보를 처리하기도 한다. 예를 들어 제품을 광고 기반이나 커뮤니티 펀드 모델로 전환할 수 있다. 하지만 이 예시의 목적상 결제 정보의 처리가 서비스의 중요 요구사항이라는 점을 계속 유지해야 한다.

서드파티 서비스 프로바이더로 민감한 데이터 처리하기

민감한 데이터를 소유하며 생기는 보안에 대한 우려를 덜어내는 가장 좋은 방법은 처음부터 그런 데이터를 소유하지 않는 것이다(이 주제에 대한 보다 자세한 내용은 5장을 참고하자). 민감한 데이터가 시스템을 절대 통과하지 않도록 조율하거나 최소한 시스템이 그런 데이터를 영구히 저장하지 않도록 설계할 수 있다.[5] 다양한 상용 결제 서비스 API를 애플리케이션에 통합하면 결제 정보, 결제 트랜잭션transaction과 관련된 여러 우려사항(사기에 대한 대처 등)을 모두 서비스 벤더vendor에 넘길 수 있다.

---

[4] 일례로 다음을 참고. McCallister, Erika, Tim Grance, and Karen Scarfone. 2010. NIST Special Publication 800-122, "Guide to Protecting the Confidentiality of Personally Identifiable Information (PII)"(https://oreil.ly/T9G4D).

[5] 이 방법의 적절성 여부는 여러분의 조직에 적용되는 규제 프레임워크에 따라 다르다는 점에 유의하자. 규제와 관련된 내용은 이 책의 범위를 벗어난다.

장점

결제 서비스를 사용하면 상황에 따라 여러 위험은 물론, 이 분야에 대한 서비스 프로바이더의 전문성에 의존하지 않아 조직 내에서 확보해야 하는 전문성의 수준을 낮출 수 있다.

- 시스템이 민감한 데이터를 저장할 필요가 없으면 시스템이나 프로세스의 취약점으로 데이터가 유출될 위험은 줄어든다. 물론, 서드파티 벤더에서 데이터가 유출되면 여전히 사용자 데이터가 유출될 위험이 있다. 어떤 특정 상황에서 요구사항이 적절할 경우 결제 산업 보안 표준하의 계약과 규정에 의무가 비교적 가벼워질 수 있다.
- 시스템 데이터 스토어에 데이터를 저장할 때 이를 보호하기 위한 인프라스트럭처를 구현하고 유지 보수할 필요가 없다. 덕분에 상당한 양의 개발 및 상시 운영 노력을 경감할 수 있다.
- 많은 서드파티 결제 서비스 제공자가 사기성 트랜잭션 대책과 결제 위험 평가 서비스를 제공한다. 따라서 직접 기반 인프라스트럭처를 구현하고 유지 보수하지 않아도 이런 기능을 활용해 결제 사기의 위험을 줄일 수 있다.

반대로, 서드파티 서비스 제공자에게 의존하면 그 나름의 위험성과 비용이 생긴다.

비용과 비기술적 위험

서비스 제공자에게 트랜잭션 규모에 따라 비용을 지불해야 하기 때문에, 특정 규모 이상으로 트랜잭션이 많아지면 직접 트랜잭션을 처리하는 것이 비용면에서 유리하다.

또한 서드파티 디펜던시에 의존하는 엔지니어링 비용도 고려해야 한다. 즉, 팀이 벤더의 API 사용 방법을 따로 학습해야 하며 벤더의 일정에 따라 API의 변경이나 릴리스 등도 정기적으로 확인해야 한다.

신뢰성 위험

결제 처리를 외부에 맡기면 애플리케이션은 서드파티 서비스라는 또 다른 디펜던시를 갖게 된다. 보통 디펜던시가 추가되면 추가적인 장애로 이어지는 경우가 잦다. 서드파티 디펜던시의 경우, 예컨대 결제 서비스 제공자의 서비스가 다운되거나 네트워크상에서 연결이 끊어질 경우 '사용자는 선택한 위젯을 구매할 수 있다'는 사용자 스토리가 실패하는 것처럼 장애가 발생하면 직접 제어가 불가능해진다. 결제 서비스 제공자에 의존하면서 발생할 수 있는 위험의 심각성은 해당 서비스 제공자가 SLA(https://oreil.ly/KZ03g)를 얼마나 잘 준수하는가에 달려있다.

서비스가 장애 시 다른 결제 서비스 제공자와 협업하여 이중화를 도입하면 이런 위협은 어느정도 감소한다(8장 참고). 하지만 이런 이중화는 또다른 비용과 복잡도의 증가로 이어진다. 당연하게도 두 결제 서비스 제공자의 API가 다르므로 두 서비스가 서로 통신이 가능하도록 시스템을 설계해야 한다. 이 과정에서 엔지니어링과 운영 비용의 증가는 물론 버그나 보안 문제가 발생할 가능성이 더 높아진다.

신뢰성 위험의 부담을 줄이기 위해 결제 서비스 제공자와의 통신 채널에 큐 메커니즘을 추가해서 결제 서비스에 연결이 불가능한 경우 트랜잭션 데이터를 버퍼링하는 대비책^{fallback} 메커니즘을 도입할 수도 있다. 이렇게 하면 결제 서비스에 장애가 있어도 '구매 절차' 사용자 스토리를 계속해서 처리가 가능하다. 하지만 메시지 큐 메커니즘을 도입하면 시스템 복잡도가 증가하며 또 다른 장애의 원인이 되기도 한다. 만일 메시지 큐를 적절한 수준의 신뢰성을 제공하도록 설계하지 않았다면(예를 들면 데이터를 휘발성 메모리에만 저장하는 경우) 트랜잭션의 유실이라는 새로운 종류의 위험이 등장한다. 더 나아가 예외적인 상황에서만 동작하는 서브시스템은 숨겨진 버그와 신뢰성 이슈의 온상이기도 하다.

물론 더 신뢰할 수 있는 메시지 큐 구현체를 선택할 수도 있다. 대부분의 경우 더 높은 신뢰성을 제공하기 위해서는 시스템 복잡도가 증가하지만 물리적으로 여러 위치에 분산된 인메모리$^{in-memory}$ 스토리지를 사용하는 시스템 또는 영구^{persistent} 디스크의 스토리지를 사용하는 시스템을 도입한다. 설령 예외적인 상황만을 가정하더라도, 디스크에 데이터를 저장하게 되면 처음부터 고려하지 않았던 민감한 데이터를 저장한다는 우려(유출의 위험, 규정에 대한 고려 등)를 다시 끄집어 내게 된다. 특히 일부 결제 데이터는 절대 디스크를 거쳐서는 안되므로 재시도^{retry} 큐가 영구 스토리지를 사용한다면 사실상 적용하기는 어렵다.

이런 관점에서, 누군가 의도적으로 시스템을 공격해 결제 서비스와의 연결을 끊어 트랜잭션 데이터를 로컬 큐에 저장하게 한 후 이를 탈취해 가는 종류의 공격(특히 내부자의 공격)까지도 같이 고려해야 한다.

결론적으로 보안 위험을 줄이고자 했던 노력이 신뢰성 위험으로 나타났고, 그 신뢰성 위험을 줄이고자 하는 노력이 다시 보안 위험을 증가시킨 셈이다!

보안 위험

서드파티 서비스를 사용하는 설계상의 결정은 곧바로 보안에 대한 우려의 증가로 이어진다.

첫째, 민감한 고객 데이터를 서드파티 벤더에게 위탁한다면 보안에 적어도 여러분 수준의 노력을 투자하는 벤더를 선택하고 싶을 것이며 벤더의 선택 및 협업 과정에서 최대한 조심스럽게 벤더를 평가하게 될 것이다. 이는 쉬운 일이 아니며 이 책의 범위를 벗어나는 계약이나 규제, 법적 책임 등 직접 변호사와 해결해야 하는 복잡한 문제들이다.

둘째, 벤더의 서비스와 통합하려면 벤더가 제공하는 라이브러리를 애플리케이션에 연결해야 한다. 만일 이 벤더의 라이브러리나 라이브러리 디펜던시에 취약점이 존재하면 결국 이 취약점은 **시스템**의 취약점이다. 라이브러리를 샌드박싱sandboxing[6]하고 업데이트된 버전이 있다면 신속하게 배포할 수 있도록 미리 준비(7장 참고)하면 이 문제를 어느 정도는 완화할 수는 있다. 만일 벤더가 REST+JSON, XML, SOAP, gRPC 등의 공개 프로토콜을 사용하는 API를 제공하여 벤더의 라이브러리를 서비스에 연결할 필요가 없다면 대부분의 문제는 발생하지 않는다(7장 참고).

어쩌면 벤더와의 통합을 위해 웹 애플리케이션 클라이언트에 자바스크립트 라이브러리를 포함해야 하는 경우가 생길 수도 있다. 그렇게 하면 결제 데이터가 사용자의 브라우저에서 서비스 제공자의 웹 서비스로 직접 전달되서 시스템에 임시로라도 결제 데이터를 전달하지 않아도 된다. 하지만 이런 방식의 통합은 벤더의 라이브러리 코드가 애플리케이션을 서비스하는 웹 오리진web origin에 완전한 권한을 가진 채로 실행된다는 점에서 서버에 라이브러리를 삽입하는 것과 비슷한 문제가 있다.[7] 결제 관련 기능을 다른 웹 오리진이나 샌드박스된 iframe 안에서 실행하면 이런 위험을 줄일 수 있다. 하지만 이 방법은 안전한 크로스–오리진cross-origin 통신 메커니즘을 갖춰야 하므로 시스템의 복잡도의 증가와 또 다른 종류의 장애를 떠안게 된다.

비기능성 요구사항과 관련된 설계는 도메인별domain-specific 기술적 전문 지식 분야에 광범위한 영향을 미친다. 처음에는 결제 데이터를 처리하는 것과 관련된 위험을 줄이기 위한 절충안으로 이야기를 시작했는데 결국은 웹 플랫폼 보안과 깊게 관련된 고려사항을 고민하는 것으로 끝이 나고 말았다. 그런 와중에 계약 및 규제와 관련된 문제도 맞닥뜨렸다.

---

[6] Sandboxed API(https://oreil.ly/fx86y) 프로젝트 참고.

[7] 이에 대한 더 자세한 내용은 미하우 잘레프스키가 집필한 『The Tangled Web: A Guide to Securing Modern Web Applications』 (Oreilly, 2011) 참고.

4.3 갈등의 관리와 목표의 조정

어느 정도 사전 계획을 세우면 기능을 포기하지 않고도 적절한 비용으로 보안과 신뢰성 같은 중요한 비기능성 요구사항을 만족시킬 수 있다. 보안과 신뢰성을 전체 시스템과 개발 및 운영 워크플로에 적용하는 것을 다시 생각해보면, 이 목표는 보편적인 소프트웨어의 품질 특성과 같은 선상에 있다는 점을 알 수 있다.

4.3.1 예시: 마이크로서비스와 구글 웹 애플리케이션 프레임워크

구글의 마이크로서비스와 웹 애플리케이션을 위한 내부 프레임워크의 혁신을 생각해보자. 프레임워크를 구현한 팀은 대규모 조직에서 애플리케이션 및 서비스의 개발과 운영의 능률화가 최우선 목표였다. 팀은 이 프레임워크를 설계하는 과정에서 정적static 및 동적dynamic **부합성 검사**conformance check를 하는 핵심 아이디어를 적용했다. 부합성 검사는 다양한 코딩 가이드라인과 권장 사례가 애플리케이션 코드에 잘 적용되어 있는지를 확인하는 것이다. 예를 들어, 부합성 검사는 동시적concurrent 실행 콘텍스트 간에 전달되는 모든 값이 동시성 버그를 상당히 줄일 수 있는 불변 타입immutable type인지 검증한다. 부합성 검사가 수행하는 또 다른 검사는 애플리케이션의 한 컴포넌트/모듈에 발생한 변경이 다른 컴포넌트에서 버그를 유발하는 상황이 거의 발생하지 않도록 컴포넌트 간의 격리 제약을 시행한다.

이 프레임워크로 구현한 애플리케이션은 상당히 견고하며 구조적으로도 잘 정의되어 있으므로, 새로운 컴포넌트의 생성, 지속적 통합continuous integration(CI) 환경의 자동적인 셋업setup 및 프로덕션 배포의 대체적인 자동화 등 보편적인 개발과 배포 작업을 자체적으로 자동화할 수 있다. 이런 장점으로 이 프레임워크는 구글 개발자들 사이에서 빠르게 인기를 얻었다.

그렇다면 이런 것이 보안과 신뢰성에는 어떤 영향을 미칠까? 프레임워크 개발 팀은 SRE 팀 및 보안 팀과 협업해서 프레임워크 개발의 마지막 단계가 아니라 설계 및 구현 단계에서 보안과 신뢰성에 대한 권장 사례를 적용했다. 그래서 프레임워크가 보편적인 보안과 신뢰성 요구사항의 상당 부분을 처리하는 책임을 갖게 했다. 마찬가지로 운영과 관련된 메트릭의 모니터링을 자동으로 셋업하고 헬스체크health check나 SLA 준수 같은 신뢰성 기능도 통합했다.

예를 들어 프레임워크의 웹 애플리케이션 지원 기능은 웹 애플리케이션의 보편적인 취약점을 처리하는 기능을 지원한다.[8] API의 설계와 코드 부합성 검사를 바탕으로, 프레임워크는 개발자가 여러 보편적인 취약성을 실수로 애플리케이션 코드에 넣게 되는 상황을 효율적으로 예방한다.[9] 프레임워크는 이런 종류의 취약점을 예방하는 '기본적인 보안'만을 처리하는 것을 넘어 보안을 전적으로 책임지며, 프레임워크를 기반으로 개발된 모든 애플리케이션이 이런 종류의 위험에 영향을 받지 않도록 확실하게 보장한다. 프레임워크가 어떻게 이런 것을 가능하게 하는지 보다 자세한 내용은 6장과 12장에서 살펴본다.

신뢰성과 보안 관점에서 소프트웨어 개발 프레임워크의 장점

신뢰성과 보안 기능이 포함된 견고하고 보편적인 프레임워크를 사용하면 여러 장점이 있다. 개발자가 프레임워크를 도입하는 이유는 애플리케이션 개발을 단순화하고 공통적인 기능들을 자동화해서 더 손쉽고 생산적으로 자신의 업무를 처리하기 위함이다. 프레임워크는 보안 엔지니어와 SRE가 새로운 기능을 개발하는 부분에 자동화와 전체 프로젝트 개발 속도를 향상시키는 보편적인 기능을 제공한다.

그와 동시에 이런 프레임워크의 개발은 프레임워크가 보편적인 보안과 신뢰성 요구사항을 자동으로 처리해서 본질적으로 더 안전하며 신뢰할 수 있는 시스템을 만든다. 또한 보안과 프로덕션 준비 검토도 훨씬 효율적이 된다. 소프트웨어 프로젝트의 지속적 빌드와 테스트가 모두 성공적(즉, 코드가 프레임워크 수준의 부합성 검사를 모두 통과하고 컴파일 됐다는 것을 의미한다)이라면 프레임워크가 이미 처리하는 보편적인 보안 고려사항 덕분에 애플리케이션이 아무런 영향을 받지 않을 것이라는 점을 확신할 수 있다. 마찬가지로 에러 예산(https://oreil.ly/t0fnj)을 소비해서 릴리스를 중단하면 프레임워크의 자동 배포 기능이 서비스가 SLA를 준수하는지를 확인한다. 보다 자세한 내용은 SRE 워크북의 16장을 참고하자. 그 결과 보안 엔지니어와 SRE는 설계 수준의 요구사항을 처리하는 데 더 많은 시간을 할애할 수 있다. 마지막으로 확실하게 관리하는 프레임워크의 버그 수정과 코드의 향상은 프레임워크를 다시 빌드하고 배포할 때마다 자동으로 전파된다.[10]

---

8 OWASP이 선정한 최상위 10가지 위험한 웹 애플리케이션(https://oreil.ly/00kva)과 CWE/SANS가 선정한 최상위 25가지 위험한 소프트웨어 에러(https://oreil.ly/Fm6IJ) 참고.

9 다음을 참고. Kern, Christoph. 2014. "Securing the Tangled Web." Communications of the ACM 57 (9): 38 – 47. doi:10.1145/2643134.

10 구글에서는 주로 공통 저장소의 HEAD에서 소프트웨어를 빌드한다. 따라서 소프트웨어를 빌드할 때마다 모든 디펜던시가 자동으로 업데이트된다. 보다 자세한 내용은 다음을 참고. Potvin, Rachel, and Josh Levenberg. 2016. "Why Google Stores Billions of Lines of Code in a Single Repository." Communications of the ACM 59 (7): 78 – 87 (https://oreil.ly/jXTZM).

4.3.2 이머전트 속성의 요구사항 조정하기

프레임워크에 대한 예시는 보편적으로 알려진 것과는 달리 보안과 신뢰성 관련 목표가 제품의 다른 목표, 특히 코드와 프로젝트의 진행 상태, 유지 보수성maintainability 그리고 장기적으로 안정적인 프로젝트 진행 속도와 같은 선상에 있다. 반면, 보안과 신뢰성 목표를 나중에 추가하면 위험과 비용이 증가한다.

보안과 신뢰성의 우선순위는 다른 분야의 우선순위와도 일치한다.

- 6장에서도 설명하지만 사람이 시스템의 불변성과 동작을 효율적이면서도 정확하게 예측할 수 있도록 시스템을 설계한다는 것은 보안과 신뢰성 관점에서 매우 중요하다. 이해 가능성 역시 코드와 프로젝트의 상태와 관련된 특성으로써 중요하며 개발 속도를 지원하기 위한 핵심적인 요소이다. 쉽게 이해할 수 있는 시스템은 (심지어 버그에 대한 우려도 없이) 디버깅과 수정이 훨씬 쉽다.
- 복구를 감안해서 설계하면(9장 참고) 변화와 롤아웃rollout에 의해 발생할 수 있는 위험을 정량화하고 제어할 수 있다. 보통 이 책에서 설명하는 설계 원칙을 도입하면 그렇지 않을 때에 비해 훨씬 더 높은 비율(예를 들면 배포 속도)로 시스템을 변경할 수 있다.
- 보안과 신뢰성은 변화하는 환경에 맞게 설계해야 한다(7장 참고). 그렇게 하면 더 쉽게 시스템 설계를 도입할 수 있고 새로 나타나는 취약점과 공격 시나리오를 보다 신속하게 처리할 수 있을 뿐만 아니라 변화하는 비즈니스 요구사항도 더 빠르게 수렴할 수 있다.

4.4 초기의 속도와 지속적인 속도의 비교

특히 규모가 작은 팀이라면 자연적으로 보안과 신뢰성에 고민을 나중으로 미루는 경향이 있다('보안이나 확장성은 일단 고객이 좀 생기면 생각하자고요'). 보통 팀은 초반에 보안과 신뢰성을 고려하는 것과 '개발 속도'와 관련된 주요 설계 요소를 고려하지 않는다. 오히려 이런 것들을 고려하느라 시간을 허비하면 개발 속도가 느려지고 첫 릴리스 주기가 지연된다며 우려한다.

초기 속도initial velocity와 **지속적인 속도**sustained velocity를 구분하는 것은 매우 중요하다. 프로젝트 초반에 보안, 신뢰성, 유지 보수성 같은 중요한 요구사항을 도입하지 않기로 결정하면 프로젝트 초반에는 진행 속도가 확실히 향상된다. 하지만 필자의 경험상 **나중에는 심하게 느려진다.**[11] 또한, 이머전트 속성에 대한 요구사항을 수렴하는 설계를 나중에 도입할 때의 비용도 **매우 크다.** 게다

---

11 전술적(tactical) 프로그래밍과 전략적(strategic) 프로그래밍의 차이는 2018년 존 아우스터하우트의 『A Philosophy of Software Design』(Yaknyam Press, 2018)과 마틴 파울러(Martin Fowler)의 블로그(`https://oreil.ly/Lc2eY`) 참고.

가 마지막 단계에서 보안과 신뢰성 위험을 다루기 위해 여기저기에 변경사항을 만들면 오히려 더 많은 보안과 신뢰성 위험에 노출된다. 그래서 보안과 신뢰성은 팀 문화에 일찍 접목하는 것이 중요하다(보다 자세한 내용은 21장에서 설명한다).

보안 및 신뢰성과 관련해서 인터넷의 초기 역사[12]와 IP, TCP, DNS, BGP 같은 기반 프로토콜의 설계 및 진화 과정을 보면 흥미로운 점을 찾을 수 있다. 신뢰성(특히 노드에 장애가 발생한 상황에서의 네트워크의 생존력[13]과 깨지기 쉬운 링크임에도 커뮤니케이션의 신뢰성을 유지하는 것[14]은 ARPANET 같은 오늘날 사용하는 인터넷의 선구자들에게는 명확하며 가장 높은 우선순위를 갖는 설계 목표였다.

하지만 초창기 인터넷과 관련된 논문이나 문서에서는 보안을 그다지 언급하지 않고 있다. 초창기의 네트워크는 기본적으로 폐쇄형이며 신뢰할 수 있는 연구소와 정부 기관에서 운영하는 노드를 기반으로 하고 있다. 하지만 오늘날의 개방형 인터넷은 네트워크에 수많은 부류의 악의적인 행위자들이 만연하고 있다(2장 참고).

인터넷의 기반이 되는 프로토콜(IP, UDP, TCP)은 전송의 주체를 인증하는 방법은 물론, 네트워크 중간에 있는 노드가 의도적이며 악의적으로 데이터를 수정하는 것을 탐지하는 방법이 없다. HTTP나 DNS 같은 고수준 프로토콜은 네트워크상의 악의적인 공격자에 의한 여러 공격에 본질적으로 취약하다. 시간이 지나면서 이런 공격을 방어하는 보안 프로토콜이나 보안 확장 기능이 개발되었다. 예를 들어 HTTPS는 인증된 보안 채널을 통해 데이터를 전송하는 방식으로 HTTP를 확장한다. IP 계층에서는 IPsec(`https://oreil.ly/Bie7A`)으로 네트워크상의 피어peer를 암호화하여 인증하는 방법으로 데이터 무결성과 기밀성을 제공한다. IPsec을 이용하면 신뢰할 수 없는 IP 네트워크상에서도 VPN을 구성할 수 있다.

하지만 이런 보안 프로토콜을 폭넓게 적용하기는 어렵다. 인터넷의 역사는 거의 50년에 가까워졌으며 인터넷을 상용으로 이용하게 된 지도 벌써 25~30년 정도 됐다. 그럼에도 웹 트래픽

---

12 RFC 2235(`https://oreil.ly/UIlV6`)와 다음을 참고. Leiner, Barry M. et al. 2009. "A Brief History of the Internet." ACM SIGCOMM Computer Communication Review 39(5): 22–31. doi:10.1145/1629607.1629613.

13 다음을 참고. Baran, Paul. 1964. "On Distributed Communications Networks." IEEE Transactions on Communications Systems 12(1): 1–9. doi:10.1109/TCOM.1964.1088883.

14 다음을 참고. Roberts, Lawrence G., and Barry D. Wessler. 1970. "Computer Network Development to Achieve Resource Sharing." Proceedings of the 1970 Spring Joint Computing Conference: 543–549. doi:10.1145/1476936.1477020.

의 상당 부분은 아직도 HTTPS를 이용하지 않고 있다.[15]

(보안과 신뢰성 분야를 벗어나지만)초기 속도와 지속적인 속도 사이의 절충안에 대한 또 다른 예시는 애자일^Agile 개발 프로세스(`https://oreil.ly/upg-w`)를 도입하는 것이다. 애자일 개발 워크플로의 주요 목표는 기능 명세와 배포 사이의 지연을 줄이는 것에 초점을 맞춰 개발과 배포 속도를 향상시키는 것이다. 하지만 애자일 워크플로는 보통 합리적인 측정 단위와 통합 테스팅 방식, 견고한 지속적 통합 인프라스트럭처에 의존한다. 그래서 이런 인프라스트럭처를 갖추려면 장기적인 속도와 안정성^stability을 위해 사전에 투자를 감행해야 한다.

다른 것보다 프로젝트의 초기 속도에 더 우선순위를 둘 수도 있다. 예를 들면 웹 애플리케이션의 첫 번째 개발 주기에는 테스트도 하지 않고 릴리스 과정에서도 압축 파일을 프로덕션 환경의 호스트에 그대로 복사해넣는 식이다. 그러면 첫 번째 데모는 상대적으로 빨리 내보낼 수도 있다. 하지만 세 번째 릴리스를 할 때쯤엔 일정보다 늦어지고 기술 부채에 허우적거릴 확률이 높다.

우리는 신뢰성과 속도 사이의 관계를 어떻게 조정할 것인지 이미 알아봤다. 신뢰성 위험을 어느 정도 관리할 수 있으면서도 프로덕션 환경에 자주 릴리스하려면 충분히 발달된 지속적 통합/지속적 배포(CI/CD) 워크플로에 대한 도입을 검토해야 한다(7장 참고). 하지만 이런 워크플로를 셋업하려면 초기 투자가 필요하다. 즉, 다음과 같은 사항을 고려해야 한다.

- 단위 테스트와 통합 테스트의 커버리지^coverage는 검증을 위해 사람이 개입하지 않아도 프로덕션 릴리스에 결함이 발생할 위험을 낮출 수 있을 정도로 충분히 견고해야 한다.
- CI/CD 파이프라인 자체도 안정적이어야 한다.
- 프로덕션 환경의 롤아웃 문제가 생겼을 때 롤백^rollback할 수 있도록 인프라스트럭처를 충분히 테스트하고 안정화해야 한다.
- (예를 들면 '기능 플래그^feature flags'로)코드와 설정을 분리하는 소프트웨어 아키텍처(`https://oreil.ly/8E04K`)가 필요하다.

이런 투자는 제품 수명 주기 초반에 이루어질수록 비용이 적게 들며, 개발자는 약간의 노력만 더하면 업무를 진행하면서 적절한 수준의 테스트 커버리지와 '성공적인 빌드'를 유지할 수 있다. 반면 테스트 자동화가 제대로 되어 있지 않고 배포를 수동으로 진행하며 릴리스 주기가 길

---

15 다음을 참고. Felt, Adrienne Porter, Richard Barnes, April King, Chris Palmer, Chris Bentzel, and Parisa Tabriz. 2017. "Measuring HTTPS Adoption on the Web." Proceedings of the 26th USENIX Conference on Security Symposium: 1323–1338 (`https://oreil.ly/G1A9q`).

면 복잡도가 증가하면서 결국 프로젝트가 교착상태에 빠지게 된다. 이 시점에서 테스트와 릴리스 자동화를 도입하게 되면 한 번에 너무 많은 작업을 수행해야 하므로 프로젝트 수행 속도가 더 느려진다. 게다가 이미 어느 정도 완성된 시스템에 테스트를 도입하다 보면 원래 의도했던 올바른 동작 대신 현재 버그가 있는 동작을 테스트하는 함정에 빠지게 된다.

이른 시점의 투자는 프로젝트의 규모와 관계없이 유용하다. 조직의 규모가 크면 여러 프로젝트가 비용을 분담할 수 있고 하나의 프로젝트에 투자하면 결국 나머지 프로젝트도 중앙에서 유지하는 프레임워크와 워크플로를 사용하므로 그 장점은 더욱 커진다.

지속적 속도를 위해 보안에 초점을 맞춰 설계하기로 했다면 관련된 부류의 취약점을 방어하도록 구현 당시부터 보안을 염두에 둔 프레임워크와 워크플로를 도입하기를 권한다. 그렇게 하면 개발과 애플리케이션 코드베이스^{codebase}의 유지 보수 과정에서 취약점이 발생할 수 있는 가능성을 현저히, 또는 완전히 제거할 수 있다(6장과 12장 참고). 그렇다고 사전에 상당한 규모의 투자를 진행할 필요는 없다. 오히려 프레임워크의 제약을 고수하기 위한 점진적인 노력이 필요하며 대부분의 경우 이런 노력은 나중에 드는 비용보다 훨씬 저렴하다. 따라서 의도치 않은 시스템 장애나 배포 일정에 혼선을 주면서까지 보안에 대처하는 훈련을 수행해야 하는 등의 위험을 대폭 줄일 수 있다. 또한 릴리스 시점의 보안과 프로덕션 준비 검토도 훨씬 원활하게 진행된다.

4.5 마치며

보안과 신뢰성은 전체 개발 및 운영 워크플로의 이머전트 속성이기 때문에 안전하면서도 신뢰할 수 있는 시스템을 설계하고 구축하는 것은 쉽지 않다. 처음에는 서비스의 주요 기능 요구사항을 해결하는 것과는 무관해 보이지만, 다소 복잡한 주제들도 고려해야 한다.

시스템을 설계하다 보면 보안, 신뢰성, 기능 요구사항 간에 수많은 절충안을 고려하게 된다. 대부분 이런 절충안이 처음에는 서로 무관한 것처럼 보인다. 그래서 프로젝트 초기 단계에는 이런 문제를 '나중에 처리'하려는 충동을 느끼지만, 그렇게 하면 이후 프로젝트에 상당한 비용과 위험이 따르는 경우가 대부분이다. 일단 서비스가 활성화되면 신뢰성과 보안은 더 이상 선택사항이 아니다. 서비스가 중단되면 비즈니스가 큰 타격을 받고 서비스가 공격을 당하면 공격에 대응하느라 아무것도 못할 수도 있다. 하지만 적절한 계획을 세우고 세심하게 시스템을 설계하면 이 세 가지 측면을 모두 만족시킬 수 있다. 또한, 초기에 적절한 비용을 투자해서 시스템 수명 주기 전체에 걸친 엔니지어링 노력을 줄일 수 있다.

CHAPTER 5

최소 권한 설계

올리버 배럿Oliver Barrett, 에런 조이너Aaron Joyner, 로리 워드Rory Ward,

가이 피셔맨Guy Fischman, 벳시 바이어Betsy Beyer

최소 권한 원칙은 사용자가 원하는 작업을 수행하기 위해 사람 또는 시스템으로부터 최소한의 접근 권한만을 부여받는 것을 말한다. 이 제약은 개발 수명 주기의 시작 시점, 즉 새로운 기능에 설계 단계에서 추가할 때 가장 효과적이다. 필요 이상의 권한을 부여하면 실수, 버그 또는 유출의 가능성이 커질 뿐이며 운영 중인 시스템에서 보안과 신뢰성 위험을 줄이거나 최소화하기가 훨씬 더 어려워진다.

이번 장에서는 위험의 종류로 접근 권한을 분류해보고 최소 권한을 강제하는 권장 사례들을 살펴본다. 그리고 현실 환경에서 이런 사례들을 도입할 때 고려해야 할 절충 설정 분산에 대한 사례로 설명한다. 인증authentication과 승인authorization에 대한 정책 프레임워크를 살펴본 후에는 계정 탈취의 위험과 긴급 대응 엔지니어의 실수로 발생할 수 있는 위험 등을 완화하는 고급 인증 제어 기법을 설명한다. 그리고 최소 권한을 설계하다 보면 절충과 긴장tension이 발생할 수 있다는 점을 확실히 하면서 결론을 맺는다. 이상적인 환경이라면 시스템을 사용하는 사람은 그 의도가 분명해야 하며 에러 없이 원하는 작업을 완벽하게 안전한 방법으로 실행해야 한다. 안타깝게도 현실은 그렇지 않다. 엔지니어가 실수를 할 수도 있고, 엔지니어의 계정이 탈취당할 수도 있으며 심지어 악의적인 공격자로 변하기도 한다. 따라서 시스템에 최소 권한을 설계하는 것이 중요하다. 즉, 시스템은 사용자가 수행하고자 하는 작업에 필요한 데이터와 서비스에 대한 접근을 제한해야 한다.

대부분의 기업은 엔지니어가 항상 좋은 의도를 가지고 있다고 믿고 무리한 업무도 문제없이 해결해 줄 것이라 생각한다. 하지만 이는 적절한 기대치가 아니다. 연습삼아 뭔가 나쁜일을 **하고자** 한다면 조직에 어떤 형태의 피해를 줄 수 있는지 생각해보자. 뭘 할 수 있을까? 어떻게 할 수 있을까? 부적절한 행위가 결국 적발될까? 흔적을 없애고 완전범죄를 노릴 수 있을까? 아니면 설령 좋은 의도라고 해도 여러분(또는 여러분과 같은 수준의 권한을 가진 누군가)이 저지를 수 있는 최악의 실수는 어떤 것일까? 디버깅할 때, 장애를 처리할 때, 긴급 상황에 대응할 때, 여러분이나 동료가 수동으로 실행하는 명령 중에서 오타나 복사 붙여넣기의 실수로 장애를 일으키거나 악화시킬 수 있는 경우는 얼마나 빈번할까?

인간이 완벽하기를 바라는 것은 무리이므로 반드시 잘못된 행위나 결과가 언제든지 일어날 수 있다고 가정해야 한다. 그래서 시스템이 이런 오동작의 영향을 최소화하거나 없앨 수 있도록 설계할 것을 권하는 것이다.

설령 시스템에 접근하는 사람을 믿더라도 그 사람의 권한과 자격 증명에 있는 신뢰를 제한해야만 한다. 무엇이든 잘못될 수 있다. 사람은 실수를 하게 마련이다. 손가락이 뚱뚱해서 오타를 낼 수도 있고 매수될 수도 있으며 피싱 메일을 건드릴 수도 있다. 완벽하기를 기대한다는 것은 비현실적이다. 다시 말하면 (SRE의 격언을 인용하면), 희망은 전략이 아니다.

5.1 개념과 용어

시스템의 접근 제어를 설계하고 운영하는 권장 사례를 살펴보기에 앞서 업계와 구글에서 사용하는 몇 가지 용어의 정의부터 짚고 넘어가보자.

5.1.1 최소 권한

최소 권한은 보안 업계에서 잘 알려진 개념이다. 이번 장에서 소개하는 권장 사례는 원하는 작업을 수행하는 데 필요한 최소 권한만을 허용하는 시스템의 기반들이다. 이 사례의 목표는 사람, 자동화된 작업 그리고 분산 시스템을 구성하는 개별 머신에 적용하기 위한 것이다. 최소 권한은 시스템의 모든 인증 및 승인 계층으로 확대되어야 한다. 특히 필자가 권장하는 방법은 (5.4절 '실제 사례: 설정 분산'에서 설명하는)도구의 사용을 허락하지 않으며 가능한 사용자가

(예를 들면 루트 권한으로 로그인하는 등의)앰비언트 권한ambient authority[1] (https://oreil.ly/fF_EA)을 사용하지 못하도록 한다.

5.1.2 제로 트러스트 네트워킹

가장 먼저 설명할 설계 원칙은 **제로 트러스트 네트워킹**zero trust networking이다. 이는 사용자가 네트워크 위치(기업 네트워크에 연결 등)에 따라 특정한 권한을 얻지 않는 것을 말한다. 예를 들어 컨퍼런스 룸에서 네트워크에 연결한다고 해서 인터넷으로 연결할 때보다 더 많은 접근 권한을 갖지는 않는다. 그 대신 시스템은 사용자의 자격 증명과 장치의 자격 증명으로 접근을 허용한다. 즉, 사용자가 누구인지 그리고 어떤 장치를 사용하는지에 따라 접근을 허용한다는 뜻이다. 구글은 비욘드코프BeyondCorp 프로그램(https://oreil.ly/8x90J)으로 대용량 제로 트러스트 네트워킹 모델을 성공적으로 구축했다.

5.1.3 제로 터치

구글의 SRE는 **제로 터치**zero touch 인터페이스로의 이전을 목표로 자동화를 통한 최소 권한의 개념을 구축하기 위해 노력하고 있다. 이 (3장에서 설명한 제로 터치 프로덕션(ZTP)과 제로 터치 네트워킹zero touch networking(ZTN) 같은) 인터페이스는 구글을 더욱 안전하게 만들고 프로덕션 역할에 직접적인 사람의 접근을 제거함으로써 장애를 최소화한다. 사람은 도구와 자동화를 이용해서 프로덕션 인프라스트럭처에 예측과 제어가 가능한 프로덕션 환경에 간접적으로 접근할 수 있다. 이 방법을 도입하려면 폭넓은 자동화와 새롭고 안전한 API 그리고 회복성 있는 멀티파티 승인 시스템이 필요하다.

5.2 위험에 따라 접근 분류하기

위험을 줄이기 위한 모든 전략에는 절충이 필요하다. 사람이 위험을 줄이기 위해 수행하는 엔지니어링 시간의 증가, 절차의 변경, 운영 작업 또는 기회 비용이 발생하는 등의 행위는 더 많

---

[1] 옮긴이_ 명확한 권한을 갖지 않았지만 암묵적으로 권한을 가진 것처럼 작업을 수행하는 것

은 제어나 엔지니어링 작업을 수반하며 생산성을 희생하기도 한다. 그러나 위험의 범위와 보호해야 할 것의 우선순위를 명확히 정의하면 이런 비용을 줄일 수 있다.

모든 데이터나 작업이 똑같이 생성되는 것은 아니며 시스템 본질에 따라 접근 권한은 크게 달라질 수 있기 때문에 모든 접근을 같은 수준으로 보호하면 안 된다. 가장 적절하게 제어하고 모아니면 도 식으로 생각하지 않으려면 접근 권한을 영향도와 보안 위험 그리고 중요도에 따라 분류해야 한다. 예를 들어 데이터의 종류(공개용 데이터, 기업 데이터, 사용자 데이터, 암호화 키 등)에 따라 접근을 다르게 처리해야 한다. 마찬가지로 데이터를 삭제할 수 있는 관리용 API는 서비스용 읽기 API와는 다르게 취급해야 한다.

분류는 명확하고 일관성 있게 적용하며 쉽게 이해할 수 있어 사람들이 '같은' 용어로 시스템과 서비스를 설계할 수 있어야 한다. 분류 프레임워크는 시스템의 규모와 복잡도에 따라 달라진다. 애드혹 레이블링$^{ad\ hoc\ labeling}$을 사용하는 두 세 가지 종류만으로 충분할 수도 있고 시스템의 여러 부분(API 그룹, 데이터 타입 등)을 한 곳에서 분류하기 위해 견고하고 프로그래밍적인 시스템을 사용해야 할 수도 있다. 이런 분류는 데이터 스토어, API, 서비스 기타 사용자의 접근이 필요한 다른 엔티티^{entity}에도 적용할 수 있다. 이런 경우에는 사용하는 프레임워크가 시스템 내의 주요 엔티티를 처리할 수 있는지 확인해야 한다.

일단 분류의 기준을 만들었다면 각각의 분류를 어떻게 제어할 것인지 다음과 같이 다각도로 고려해야 한다.

- 누가 접근해야 하는가?
- 접근을 어느 정도 강력하게 제어해야 하는가?
- 어떤 종류(읽기/쓰기)의 접근을 허용할 것인가?
- 인프라스트럭처적으로 어떤 제어가 필요한가?

예를 들어 [표 5-1]처럼 회사에서 **공개**, **민감**, **매우 민감** 등 세 가지 분류를 정했다. 그리고 권한을 잘못 부여했을 때 피해의 정도로 각각 **낮음**, **보통**, **높음**으로 위험의 강도를 분류했다.

표 5-1 위험에 따른 접근 분류의 예시

	설명	읽기 접근	쓰기 접근	인프라스트럭처 접근[a]
공개	회사 내 모든 직원이 사용 가능	낮음	낮음	높음
민감	비즈니스 목적을 가진 그룹으로 제한	보통/높음	보통	높음
매우 민감	영구적 접근 허용 안 함	높음	높음	높음

[a] 통상적인 접근 제어를 건너뛸 수 있는 관리용 기능. 예를 들어 로그 레벨을 낮추거나 암호화 요구사항의 변경, 머신에 직접적인 SSH 접근 확보, 서비스 재시작이나 서비스 설정의 변경, 기타 서비스 가용성에 영향을 미치는 접근을 의미한다.

신뢰성과 보안의 공통점: 권한

신뢰성의 관점에서는 인증받지 않은 사용자가 작업을 셧다운하거나 ACL을 변경하거나 또는 서비스에 잘못된 설정을 적용하는 등 위험한 행위를 하지 못하도록 인프라스트럭처를 제어하는 것부터 생각할지도 모르겠다. 하지만 보안의 관점에서 보면 민감한 데이터를 읽는 것도 그만큼 위험하다. 읽기 권한을 과하게 부여하면 그 또한 대규모 데이터 유출의 원인이 된다.

목표는 생산성과 보안 그리고 신뢰성 사이의 올바른 균형을 맞추면서 적절한 접근 제어를 하는 접근 프레임워크를 구현하는 것이다. 최소 권한은 모든 데이터 접근과 행위에 적용되어야 한다. 지금부터 이런 기반 프레임워크로 최소 권한 원칙과 제어를 시스템 설계에 어떻게 적용할지 살펴보자.

5.3 권장 사례

최소 권한 모델을 구현할 때는 앞으로 설명할 몇 가지 권장 사례를 검토해볼 것을 권한다.

5.3.1 작은 크기의 기능적 API

> 각 프로그램은 한 가지 일만 제대로 수행하도록 만들어야 한다. 새로운 작업이 필요하면 기존 프로그램에 새 '기능'을 추가해 복잡도를 높이는 것이 아니라 새로운 프로그램을 만들어야 한다.
>
> — 맥길로이Mcllroy, 핀슨Pinson, 타구Tague[2]

이 격언에서 알 수 있듯이 유닉스 문화는 작고 간단한 도구를 결합하는 것을 중심으로 한다. 현대의 분산 컴퓨팅은 1970년대에 고안된 단일 시분할 컴퓨팅single time-shared computing 시스템이 전 지구적 규모의 네트워크 분산 시스템으로 확장된 것이므로 저자의 조언은 40년이 지난 지금도 여전히 유효하다. 이 격언을 현재의 컴퓨팅 환경에 도입하면 누군가는 '각 API가 한 가지 일만 제대로 수행하도록 해야 한다'는 식으로 이해할 지도 모른다. 보안과 신뢰성에 초점을 맞춘 시스템을 구현할 때는 오픈-엔디드open-ended[3] 대화형interactive 인터페이스를 도입하면 안 된다. 그대신 작은 크기의 기능적 API를 중심으로 설계해야 한다. 이렇게 하면 최소 권한에 전통적인 보안 원칙을 적용할 수 있고 특정 기능을 수행하는 데 필요한 최소한의 권한만 부여할 수 있다.

그런데 정확히 **API**란 무슨 의미일까? 각 시스템은 API를 보유하고 있으며 API는 시스템이 제공하는 사용자 인터페이스다. (POSIX API[4]나 윈도우 API[5] 같은)몇몇 API는 굉장히 방대한 반면, (memcached[6]나 NATS[7] 같은) 어떤 API는 상대적으로 크기가 작으며, (월드 클럭 API(http://worldclockapi.com), TinyURL[8], 구글 폰트 API[9] 처럼) 매우 작은 크기의 API도 있다. 이 책에서 분산 시스템의 API라는 용어는 내부 상태를 쿼리하거나 수정할 수 있

---

2 다음을 참고. McIlroy, M.D., E.N. Pinson, and B.A. Tague. 1978. "UNIX Time-Sharing System: Foreword." The Bell System Technical Journal 57(6): 1899 – 1904. doi:10.1002/j.1538-7305.1978.tb02135.x.

3 새로운 기능을 추가해도 시스템의 구성을 변경할 필요가 없는 구조

4 POSIX는 Portable Operating System Interface의 약자로 대부분의 유닉스 변형 운영체제가 제공하는 IEEE 표준 인터페이스다. 자세한 내용은 위키피디아(https://oreil.ly/4vLTI)를 참고

5 윈도우 API는 다이렉트X(https://oreil.ly/TnmPu)나 COM(https://oreil.ly/PzTUF) 같은 프로그래밍 인터페이스는 물론 주요 그래픽 요소를 포함한다.

6 memcached(https://memcached.org)는 고성능 분산 메모리 객체 캐싱 시스템이다.

7 NATS(https://oreil.ly/baCc4)는 gRPC 같은 복잡한 RPC 인터페이스와는 달리 텍스트 프로토콜로 구현한 기본적인 API의 좋은 예시다.

8 TinyUrl.com API는 문서화는 잘 된 편이 아니지만 기본적으로 응답 본문에 짧게 줄인 URL을 리턴하는 하나의 GET URL만 제공한다. 이 서비스는 매우 작은 하나의 API만으로 상태를 변경하는 시스템의 드문 예다.

9 Fonts API(https://oreil.ly/-Z4F4)는 현재 사용 가능한 폰트의 목록만 리턴하는 매우 간단한 API다. 이 서비스는 하나의 엔드포인트만 제공한다.

는 모든 방법을 의미한다. API 설계에 대해서는 많은 컴퓨팅 관련 문헌들이 있으므로[10], 이번 장에서는 몇 가지 제대로 정의된 기본 요소를 가진 API 엔드포인트를 노출해서 안전한 시스템을 설계하고 안전하게 유지 보수하는 방법에 초점을 맞춘다. 예를 들어 프로그래밍 언어 코드를 받아들이는 것이 아니라 고유한 ID에 대한 CRUD[create, read, update, delete] 작업을 수행하는 API를 구현하는 것이다.

사용자가 직접 호출하는 API는 물론 관리용 API에도 특히 주의를 기울여야 한다. 관리용 API는 애플리케이션의 신뢰성과 보안 관점에서 사용자용 API만큼(심지어 그보다 더) 중요하다. 이런 API를 사용할 때 오타를 내거나 실수를 저지르면 심각한 장애나 방대한 양의 데이터 유출로 이어질 수 있다. 그래서 관리용 API 역시 악의적인 공격자가 가장 선호하는 공격 대상 중 하나다.

관리용 API는 내부 사용자와 도구만 접근할 수 있어서 사용자용 API와 비교해 더 빠르고 쉽게 변경할 수 있다. 하지만 내부 사용자와 도구가 API를 일단 구현하기 시작하면 나중에 변경하기에는 비용이 더 많이 들기 때문에 관리용 API의 설계도 주의 깊게 고려해야 한다. 관리용 API의 예는 다음과 같다.

- 소프트웨어의 빌드, 설치, 업데이트나 소프트웨어를 실행하는 컨테이너의 프로비저닝 등을 실행하는 셋업/티어다운[teardown] API
- 손상된 사용자 데이터 또는 상태를 삭제하거나 오동작하는 프로세스를 재시작하는 등 관리자가 접근 가능한 유지 보수 및 비상용 API

접근과 보안의 관점에서 API의 크기가 문제가 될까? 앞서 대규모 API의 예로 들었던 POSIX API를 생각해보자. 이 API가 대중적인 이유는 유연하며 사람들에게 익숙하기 때문이다. 이 API는 소프트웨어 패키지 설치, 설정 파일 변경, 데몬의 재시작 등 상대적으로 잘 정의된 작업을 실행할 때 가장 자주 사용하는 프로덕션 머신 관리용 API이다.

사용자는 보통 대화형 OpenSSH 세션이나 POSIX API를 사용하는 스크립트 도구로 보편적인 유닉스[11] 호스트를 셋업하고 유지 보수한다. 두 접근 방식 모두 전체 POSIX API를 호출자

---

10 감마(Gamma)와 에리히(Erich) 등의 『GoF의 디자인 패턴』(프로텍미디어, 2015)이 입문용으로는 가장 좋다. 그 외에는 다음을 참고. Boston, MA: Addison-Wesley. See also Bloch, Joshua. 2006. "How to Design a Good API and Why It Matters." Companion to the 21st ACM SIGPLAN Symposium on Object-Oriented Programming Systems, Languages, and Applications: 506–507. doi:10.1145/1176617.1176622.

11 이 책에서 유닉스 호스트를 예로 들고 있지만 지금 설명하는 패턴은 유닉스에만 적용되는 것은 아니다. 보편적인 윈도우 호스트 셋업과 유지 보수 역시 OpenSSH 대신 RDP라는 윈도우 API의 대화형 인터페이스를 사용하는 유사한 모델을 따르고 있다.

에게 노출시킨다. 대화형 세션을 사용하는 동안에는 사용자의 행위를 제한하거나 감사하는 것이 어려울 수 있다. 특히 사용자가 악의적인 목적으로 제어 기능을 우회하거나 연결된 워크스테이션이 손상된 경우에는 특히 더 어렵다.

대화형 세션은 감사가 안되는 걸까?

배시^{bash} 셸에서 실행하는 명령을 캡처하거나 대화형 세션을 script(1)로 래핑^{wrapping}하는 등의 몇 가지 간단한 감사 방법만으로도 충분히 포괄적인 감사가 가능한 것처럼 보일 수도 있다. 하지만 대화형 세션에 이런 기본적인 로깅 기법을 적용하는 것은 집 출입문에 자물쇠를 거는 것과 비슷하다. 즉, 정직한 사람만 정직하게 사용할 수 있는 것이다. 안타깝지만 이런 기본적인 세션 감사 기능만 적용되어 있다는 것을 간파하면 공격자는 얼마든지 이를 우회할 수 있다.

간단한 예로, 공격자는 vim 같은 에디터로 대화형 세션(예를 들면 :!bin/evilcmd 처럼)에서 명령을 실행하면 배시 명령 히스토리 로깅을 우회할 수 있다. 게다가 이런 간단한 공격은 script(1)가 출력하는 타입스크립트^{typescript} 로그 출력을 확인하는 것마저 복잡하게 만들 수 있다. 그 이유는 vim 에디터와 시각적 편집 환경을 표시하는 데 사용하는 ncurses[12]의 시각적 제어 문자가 출력 결과와 뒤섞이기 때문이다. 커널의 감사 프레임워크에 일부 혹은 전체 syscall을 캡처하는 것과 같은 보다 강력한 메커니즘을 사용할 수도 있지만 쉬운 방법을 사용할 때의 단점과 보다 강력한 방법을 구현하는 것의 어려움을 이해할 가치가 있다.

POSIX API[13]를 활용하면 사용자에게 부여하는 권한을 다양한 메커니즘으로 제한할 수 있지만, 대규모 API를 노출하는 기본적인 단점이 있다. 따라서 대규모 관리용 API를 보다 작게 나누어 분할하는 것이 더 나은 방법이다. 그런 다음 최소 권한 원칙에 따라 특정 호출자가 필요로 하는 특정한 행위만 권한을 허용하면 된다.

> **NOTE_** POSIX API를 노출한다는 것은 OpenSSH API를 노출한다는 것과는 다르다. 예를 들어 git-shell(https://oreil.ly/gN12-)을 사용하여 전체 POSIX API를 노출하지 않고도 OpenSSH 프로토콜의 인증, 승인, 감사^{authentication, authoriziation and auditing}(AAA) 제어를 활용하는 방법이 있다.

---

12 옮긴이_ 터미널에서 GUI 인터페이스를 구현하기 위한 라이브러리

13 가장 대중적인 방법은 권한이 없는 사용자로 로그인한 후 필요한 명령은 sudo 명령으로 실행해서 필요한 capabilities(7)(https://oreil.ly/7Zf70)만 얻거나 SELinux같은 프레임워크를 사용하는 것이다.

5.3.2 유리 깨기 메커니즘

소방전에 '긴급 시 이 유리를 깨시오'에서 유래한 **유리 깨기 메커니즘**은 긴급 상황에서 승인 시스템을 완전히 우회하여 시스템에 접근하는 방법을 제공한다. 이 방법은 미리 예측하지 못했던 상황에서 복구할 때 유용하다. 보다 자세한 내용은 5.3.6절 '우아한 실패와 유리 깨기 메커니즘'과 5.3.5절 '접근 거부 진단'을 참고하자.

5.3.3 감사

감사는 기본적으로 승인이 올바르지 않게 사용될 때 감지하는 기능이다. 여기에는 악의적인 시스템 운영자가 자신의 힘을 악용한다거나 외부 공격자가 사용자의 자격 증명을 탈취하거나 악의적인 소프트웨어가 다른 시스템에 의도치 않은 행위를 유발하는 것 등이 해당한다. 쏟아지는 정보를 감사하고 그 중에서 유의미한 신호를 탐지할 수 있는 능력은 감사를 수행하는 시스템 설계에 따라 달라진다.

- 접근 제어에 대한 의사결정이 얼마나 정기적으로 내려지고 우회되는가? (**어떤 결정이며 어디서 발생하는가?**)
- 요청과 관련된 메타데이터를 얼마나 분명하게 캡쳐할 수 있는가? (**누가, 언제, 왜 요청을 보냈는가?**)

지금부터 설명하는 내용들은 적절한 수준의 감사 전략을 수립하는 데 도움이 될 것이다. 궁극적으로 성공은 감사와 관련된 문화에 달려 있다.

적절한 감사 로그의 수집

(5.3.1절에서 설명했던) 작은 크기의 기능적 API를 사용하면 감사에 한 가지 큰 장점을 얻을 수 있다. '암호화 해시 123DEAD...BEEF456을 설정에 적용'이라거나 '명령을 실행' 같이 세분화된 일련의 동작에 가장 유용한 감사 로그를 캡쳐할 수 있다는 점이다. 관리용 행위를 고객에게 표시하고 정당화하는 것도 감사 로그를 더욱 서술적descriptive으로 기록하여 내부적으로 더 유용하게 만드는 데 도움이 된다. 세분화된 감사 로그 정보는 사용자가 실행한 또는 실행하지 않은 행위를 더욱 강력하게 검증할 수 있지만 그러기 위해서는 사용자의 행위에서 **유용한** 부분을 캡쳐하는 데 집중해야 한다.

예외적인 상황에서는 예외적인 접근이 필요하며 이 경우 더욱 강력한 감사 문화가 필요하다.

만일 작은 크기의 기능적 API가 시스템을 복구하는 데 충분치 않다면 다음의 두 가지 옵션을 검토해볼 수 있다.

- 사용자가 보다 강력하고 유연한 API에 대화형 세션을 실행할 수 있는 유리 깨기 기능을 제공한다
- 사용자의 행위에 대한 적절한 감사를 중지하는 방법으로 사용자가 자격 증명에 직접 접근할 수 있도록 허용한다

이 두 가지 시나리오는 세분화된 감사 기록을 남길 수 없을지도 모른다. 대규모 API에 사용자가 대화형 세션을 열었다는 기록을 남긴다고 해서 사용자가 어떤 행위를 했는지에 대한 유의미한 정보는 알 수 없다. 동기와 지식이 충분한 내부자는 bash 명령 기록 같은 대화형 세션의 세션 로그를 캡쳐하는 여러 솔루션을 간단하게 우회할 수 있다. 세션의 전체 행위를 캡쳐할 수 있다 해도 이를 효율적으로 감사하는 것은 상당히 어렵다. ncurses를 사용하는 비주얼 애플리케이션은 실행한 동작을 사람이 읽을 수 있는 형태로 재생되어야 하며, SSH 멀티플렉싱multiplexing 같은 기능은 애플리케이션 중간의 상태를 캡쳐하고 이해하기가 훨씬 복잡하게 만든다.

과도하게 API를 공개하거나 유리 깨기 메커니즘을 너무 자주 사용하는 문제에 해결책은 팀의 문화를 심도 있는 감사에 가치를 두는 문화로 발전시키는 것이다. 이는 신뢰성과 보안에 매우 중요하며 이 두 가지로 적절하게 책임자를 설득할 수 있다. 두 개의 눈이 함께하면 오타와 실수를 피할 수 있으며 사용자 데이터에 일방적으로 접근하는 것에 대해서는 항상 보안 장치를 갖춰야 한다.

궁극적으로 관리용 API와 자동화 도구를 구현하는 팀은 감사 기능을 고려하며 개발해야 한다. 프로덕션 시스템에 정기적으로 접근하는 사람은 이런 문제를 협력적으로 해결하고 적절한 감사 로그의 가치를 이해할 수 있도록 훈련되어야 한다. 감사 문화를 보강하지 못하면 감사는 그저 형식적인 행위가 될 뿐이며 매일 유리 깨기 메커니즘을 일상처럼 사용하게 되어 그 중요성이나 긴급성을 잃게 된다. 문화는 팀이 감사를 지원하도록 시스템을 선택하고 빌드해서 감사나 유리 깨기 메커니즘의 사용을 드물게 하여 감사 이벤트가 발생했을 때 적절하고 정밀하게 검토하도록 만드는 핵심 요소다.

감사자의 선정

적절한 감사 로그를 수집했다면, (빈번하지 않기를 바라지만) 기록된 이벤트를 검토할 적합한 사람을 선정해야 한다. 감사자auditor는 전후상황context을 제대로 이해하고 올바른 목적을 갖춰야

한다.

이 맥락에서 감사자는 주어진 행위가 어떤 동작을 수행하는지 알아야 하며, 이상적으로는 행위자actor가 왜 그 행위를 실행했는지도 알아야 한다. 그래서 대부분은 팀원이나 관리자 또는 해당 행위에 필요한 워크플로를 잘 이해하는 사람이 감사자가 된다. 또한 전후상황과 목적 사이의 적절한 균형을 맞춰야 한다. 예컨대, 내부 검토자가 감사 이벤트를 발생시킨 장본인과 개인적으로 가까운 사이일 수도 있고, 외부의 사설 감사자가 조직이 감사를 성공적으로 실행해서 자신이 계속 고용 상태를 유지하기를 바라는 상황일 수도 있다.

올바른 목적을 가진 감사자를 선정하는 것은 감사 목적에 따라 다르다. 구글에서는 크게 두 가지 부류의 감사를 수행한다.

- 권장 사례를 지키기 위한 감사
- 보안 유출을 확인하는 감사

보통, 이 '권장 사례'의 감사는 신뢰성 목표의 달성을 지원한다. 예를 들어 SRE 팀이 주간 팀 회의에서 지난 긴급 대응 교대shift 때 발생했던 유리 깨기 이벤트를 감사하기로 결정하기도 한다. 이 사례는 유리 깨기 메커니즘으로 더 유연한 긴급용 API를 사용하는 것보다 더 작은 크기의 서비스 관리용 API를 사용하는 문화를 갖추는 데 도움이 된다. 유리 깨기 메커니즘의 범위가 너무 넓으면 일부 또는 모든 안전성 검사를 우회하게 되어 서비스가 사람의 실수에 노출될 확률이 높아진다.

구글은 보통 유리 깨기 요청에 대한 검토를 팀에게 맡기고, 팀의 검토가 사회적 규범으로서 영향력을 갖도록 한다. 검토를 수행하는 동료는 전후상황을 잘 파악하므로 요청자의 매우 잘 감춰진 악의적인 의도도 짚어낼 수 있다. 이는 유리 깨기의 악용을 방지하고 악의적인 내부자가 공격을 포기하게 만드는 핵심 요소다. 예를 들어, 동료가 평소에는 접근할 필요가 없는 리소스에 접근하기 위해 유리 깨기 행위를 반복적으로 사용하고 있음을 알아챌 수 있을 정도로 팀은 잘 훈련되어 있다. 이런 팀 검토는 관리용 API의 단점을 확인하는 데도 도움이 된다. 특정 작업에 유리 깨기 접근이 필요하다는 것은 보편적인 API로 해당 작업의 실행을 할 수 있도록 더 안전하면서도 보안성을 갖춘 방법을 제공해야 한다는 신호다. 이 주제는 21장에서 더 자세히 다룬다.

외부의 보안 침해를 식별하는 것은 넓은 관점에서 조직에 이익이 되므로, 구글에서는 두 번째 부류의 감사를 중앙 집중화하는 경향이 있다. 수준이 높은 공격자는 어떤 팀에 침투해서 다른 팀이나 서비스 또는 역할을 탈취할 수 있다. 이런 경우 개별 팀은 이런 이례적인 행위를 미처 눈치 못채고 여러 행위 사이의 유사점을 연결하기 위한 팀 간 검토도 수행하지 못한다.

중앙의 감사 팀은 추가적인 신호를 구현하고 잘 알려지지 않은 부가적인 감사 이벤트를 구현한 코드를 추가하는 권한을 갖기도 한다. 이런 류의 감시선을 갖추는 것은 초기에 이상 신호를 탐지하는 데 특히 유용하지만, 그렇다고 상세한 구현 내용이 너무 많이 알려지는 것도 원치 않을 것이다. 또한 감사 메커니즘의 적합성과 유효 범위의 정의, 문서화 등에 문제가 없도록 (법률 팀과 HR 팀 같은) 조직의 다른 부서와 협업해야 한다.

구글에서는 **구조화된 사유**structured justification로 감사 로그 이벤트와 구조화된 데이터를 연결한다. 감사 로그를 생성하는 이벤트가 발생하면 구글은 이 감사 로그를 버그 번호, 티켓 번호 또는 고객 사례 번호 같은 구조화된 참조와 연결한다. 이렇게하면 감사 로그를 프로그래밍 방식으로 검사할 수 있다. 예를 들어 고객 지원 근무자가 고객의 결제 정보나 다른 민감한 데이터를 조회하는 경우 이런 데이터를 특정 고객 지원 케이스와 연결할 수 있다. 그래서 근무자가 확인한 데이터가 고객 지원 케이스와 관련된 고객의 것임을 확인할 수 있다. 자유로운 형식의 텍스트 필드에 의존하면 로그 검증을 자동화하기가 훨씬 어렵기 때문에 구조화된 사유는 감사에 들어가는 노력을 조정하는 핵심 요소이다. 즉, 효율적인 감사와 분석에 가장 중요한 중앙식 감사 팀 전후상황을 제공한다.

5.3.4 테스트와 최소 권한

적절한 테스트는 잘 설계된 시스템의 기본적인 속성이다. 테스트는 최소 권한과 관련해 두 가지 중요한 관점을 가지고 있다.

- 필요한 리소스에만 권한을 부여하는지 확인하는 최소 권한의 테스트
- 인프라스트럭처가 필요한 권한만을 가지고 있는지 확인하는 최소 권한 적용의 테스트

최소 권한의 테스트

최소 권한 관점에서는 잘 정의한 사용자 프로필(데이터 분석가, 고객 지원, SRE 등)이 자신의 역할을 수행하는 데 필요한 것 이상의 권한을 갖지 않는지 테스트할 수 있어야 한다.

그러려면 인프라스트럭처상에서 다음의 작업을 수행할 수 있어야 한다.

- 특정 사용자 프로필이 자신의 역할을 수행하기 위해 필요한 최소한의 접근(API와 데이터)과 접근의 종류(읽기 혹은 쓰기, 영구 혹은 임시)를 정의한다.
- 사용자 프로필이 시스템에서 실행할 수 있는 시나리오(예를 들면 읽기, 벌크^{bulk} 읽기, 쓰기, 삭제, 벌크 삭제, 관리)의 예상하는 결과 및 시스템에 대한 영향을 정의한다.
- 이 시나리오를 실행하고 실제와 예상의 결과/영향을 비교한다.

이상적인 경우 테스트는 프로덕션 시스템에 대한 부정적인 영향을 방지하기 위해 코드나 ACL을 변경하기 전에 실행해야 한다. 만일 테스트 커버리지가 불완전하면 접근에 대한 모니터링과 경고 시스템으로 과도한 접근을 완화할 수 있다.

최소 권한 적용의 테스트

테스트를 이용하면 서비스의 신뢰성, 민감한 데이터 또는 기타 중요한 자산을 위험에 빠뜨리지 않고도 예상하는 읽기/쓰기 동작을 검증할 수 있다. 하지만 적절한(다양한 환경, 클라이언트, 자격 증명, 데이터 셋 등을 갖춘) 테스트 인프라스트럭처가 없다면 데이터를 읽고 쓰거나 서비스 상태를 변경하는 테스트는 위험한 결과를 초래할 수 있다.

다음 절에서 다시 살펴보겠지만, 설정 파일을 프로덕션 환경에 배포하는 예를 들어보자. 이 상황을 테스트하기 위한 전략을 설계하는 첫 번째 단계는 자체 자격 증명을 가진 별도의 환경을 제공하는 것이다. 이 단계를 갖추면 예를 들어 쓰기 작업이나 테스트의 실행 중 실수가 있어도 실제 프로덕션 서비스 자체가 다운되는 일이 없다.

또는 사용자가 한 번의 클릭으로 이모티콘을 전송할 수 있는 키보드 애플리케이션을 개발한다고 가정해보자. 개발자로서 사용자의 행위를 분석하고 기록해서 이모티콘을 자동으로 추천해 주고 싶을 것이다. 하지만 적절한 테스트 인프라스트럭처가 없다면 데이터 분석가의 분석과 테스트를 위해 프로덕션 환경의 원본 사용자 데이터에 읽기/쓰기 접근을 부여할 수밖에 없다.

적절한 테스트는 사용자 접근을 제한하고 위험을 경감시키기 위한 것이지만 데이터 분석가가 테스트를 실행할 수 있도록 하는 것은 여전히 중요하다. 분석가가 쓰기 권한이 필요할까? 분석가가 실행해야 할 작업을 위해 데이터를 익명화^{anonymized}할 수 있을까? 테스트 계정을 사용할 수 있을까? 익명화된 데이터로 테스트 환경을 운영할 수 있을까? 만일 접근 권한이 유출되면 어떤 데이터가 노출될까?

완벽성이 오히려 해가 되는 일이 없도록 테스트 인프라스트럭처를 작은 것부터 마련하는 쉬운 방법을 채택할 수 있다. 다음과 같은 작업을 가장 쉽게 할 수 있는 방법부터 생각해보자.

- 환경과 자격 증명을 분리하는 방법
- 접근의 종류를 제한하는 방법
- 데이터의 노출을 제한하는 방법

기본적으로 완전한 테스트 인프라스트럭처 스택을 구축하는 대신 클라우드 플랫폼에서 단기적으로 테스트를 수행할 수 있다. 일부 직원은 읽기 권한이나 임시적인 접근만 필요할 수 있고, 대표representative 데이터셋이나 익명화된 데이터셋이 필요할 수도 있다.

이론적으로는 지금까지 언급한 테스트 권장 사례가 좋아보이지만 어느 시점에는 적절한 테스트 인프라스트럭처를 구축하는 데 드는 비용에서 장벽에 부딪힐 때가 있다. 테스트 인프라스트럭처를 갖추는 데 드는 비용은 결코 저렴하지 않다. 하지만 이런 테스트 인프라스트럭처를 **갖추지 않았을 때의** 비용을 생각해보자. 중요한 동작에 모든 테스트가 프로덕션 환경을 다운시키지 않을 것이라고 확신하는가? 테스트 인프라스트럭처가 없어서 데이터 분석가가 민감한 데이터에 불필요한 접근 권한을 가져도 무방한가? 완벽한 사람이 완벽한 테스트를 완벽하게 실행해야 하는 상황에 의존하지는 않은가?

특정한 상황에 맞춰 비용 효율적인 분석을 수행하는 것이 중요하다. 처음부터 '이상적인' 솔루션을 구축하는 것은 말이 되지 않는다. 하지만 사람들이 사용할 프레임워크는 반드시 구축해야만 한다. 사람들은 테스트를 수행해야 한다. 적합한 테스트 프레임워크를 제공하지 않는다면 사람들은 프로덕션 환경에서 테스트를 수행할 것이고 그러면서 설치해 둔 여러 제약을 어떻게든 피해갈 것이다.

5.3.5 접근 거부 진단

최소 권한이 적용되고 제3의 요소, 멀티파티 승인 또는 다른 메커니즘으로 클라이언트에 신뢰를 얻는 복잡한 시스템(5.5.1절 '고급 승인 제어' 참고)에서 정책은 여러 계층에서 세분화되어 적용된다. 그 결과 정책의 거부 역시 복잡한 방식으로 이뤄질 수 있다.

적절한 보안 정책이 적용된 상태에서 승인 시스템이 접근을 거부했다고 가정해보자. 그럴 가능성이 있는 경우는 다음 세 가지 중 하나다.

- 시스템이 정상적으로 동작하며 클라이언트가 올바른 상황에서 거부되었다. 최소 권한이 적용되었으며 아무런 이상이 없는 상황이다.
- 클라이언트는 올바르게 거부되었지만 (멀티파티 승인 같은)고급 제어로 임시 접근 권한을 획득할 수 있다.
- 클라이언트가 부적절하게 거부되어 보안 정책 팀에 지원을 요청할 수 있다. 예를 들어 클라이언트가 최근에 승인 그룹에서 제거되었거나 정책이 적절치 않은 방법으로 살짝 변경되었을 수 있다.

어떤 경우든 호출자는 거부의 이유를 알 수 없다. 하지만 시스템이 클라이언트에 더 많은 정보를 제공할 수 있을까? 물론 호출자의 권한 수준에 따라 더 많은 정보를 제공할 수 있다.

클라이언트가 권한이 없거나 매우 제한적인 권한만 가지고 있다면 거부의 이유를 노출해서는 안 된다. 거부의 이유를 너무 자세히 설명하면 클라이언트가 시스템에 더 많은 정보를 얻거나 심지어 접근 권한을 얻는 방법을 찾을 수도 있으므로 **403 Access Denied** 에러 코드 외에 다른 정보는 제공하지 않는 것이 좋다. 하지만 호출자가 최소한의 권한을 가지고 있다면 거부와 연관된 토큰을 제공할 수 있다. 그러면 호출자는 이 토큰으로 고급 제어를 호출해 일시적으로 접근을 승인받거나, 지원 채널로 보안 정책 팀이 문제를 진단할 수 있도록 토큰을 제공할 수도 있다. 호출자가 그보다 더 많은 권한을 가지고 있다면 거부의 이유는 **물론** 복구와 관련된 정보도 제공할 수 있다. 그러면 호출자는 지원 채널을 이용하기 전에 스스로 복구를 시도할 수 있다. 예를 들어 호출자가 특정 그룹의 구성원이 아니어서 접근이 거부된 것을 알게 된다면 해당 그룹에 대한 접근을 먼저 요청할 수 있다.

노출할 복구 정보의 양과 보안 정책 팀이 부담해야 할 업무량 사이에는 항상 팽팽한 긴장이 존재한다. 하지만 너무 많은 정보를 노출하면 클라이언트가 접근 거부에 대한 정보로부터 정책을 개량^{reengineer}할 수 있게 되어 의도치 않은 방법으로 악의적인 공격자가 정책을 사용하는 요청을 보내게 될 수 있다. 이 점을 감안한다면 제로 트러스트 모델을 구현하는 초기부터 토큰을 이용하고, 모든 클라이언트가 지원 채널을 호출하도록 만들기를 권한다.

5.3.6 우아한 실패와 유리 깨기 메커니즘

이상적이라면 항상 적절한 정책을 적용하는승인 시스템이 제대로 작동해야 한다. 하지만 실질적으로는 (잘못된 시스템 업데이트로 인해) 대규모로 접근을 거부하게 되는 시나리오를 맞닥뜨리는 경우가 많다. 이런 상황에 대비하려면 유리 깨기 메커니즘으로 승인 시스템을 우회해서 문제를 수정할 수 있어야 한다.

유리 깨기 메커니즘을 사용할 때는 다음과 같은 가이드라인을 고려해야 한다.

- 유리 깨기 메커니즘의 사용은 매우 제한적이어야 한다. 보통은 시스템의 운영 SLA에 대한 책임을 지는 SRE 팀만 사용해야 한다.
- 제로 트러스트 네트워킹을 위한 유리 깨기 메커니즘은 특정한 위치에서만 사용할 수 있어야 한다. 그 위치란 네트워크 연결에 더 많은 신뢰성을 부여해서 추가적인 물리적 접근 제어가 가능한 패닉 룸^{panic room}이다 (이 책을 주의 깊게 읽었다면 네트워크 위치를 신뢰하지 않는 전략인 제로 트러스트 네트워킹에 대비책 메커니즘으로, 네트워크의 위치를 신뢰하면서도 추가적인 물리적 접근 제어를 가진 방법이라는 점을 눈치챌 것이다).
- 유리 깨기 메커니즘은 반드시 엄격히 모니터링해야 한다.
- 유리 깨기 메커니즘은 프로덕션 서비스를 책임지는 팀이 정기적으로 테스트해서 필요할 때 완벽하게 기능할 수 있어야 한다.

유리 깨기 메커니즘을 성공적으로 활용해서 사용자가 접근 권한을 다시 얻으면 SRE와 보안 정책 팀은 계속해서 문제의 원인을 진단하고 수정해야 한다. 이와 관련한 전략은 8장과 9장에서 더 자세히 다룬다.

5.4 실제 사례: 설정 분산

실제 사례를 살펴보자. 설정 파일을 여러 웹서버에 분산하는 것은 매우 흥미로운 설계 방법이며, 실제로 작은 크기의 기능성 API로 구현할 수 있다. 설정 파일을 관리하는 권장 사례는 다음과 같다.

1. 설정 파일을 버전 제어 시스템에 저장한다.
2. 파일 변경에 대한 코드 검토를 진행한다.
3. 설정 분산을 카나리 서버에서 먼저 테스트하고 카나리 서버의 헬스체크를 수행한 후 해당 파일을 모든

호스트에 점진적으로 배포하면서 웹서버의 헬스체크를 수행한다.[14] 이 단계에서는 설정 파일을 원격에서 업데이트할 수 있는 자동화 접근 권한이 필요하다.

작은 크기의 API를 노출하는 방법은 여러 가지가 있지만, 어떤 방법을 채택하든 웹서버의 설정을 업데이트하는 기능이 필요하다. [표 5-2]는 고려해볼만한 몇 가지 API와 그에 따른 절충안을 설명하고 있다. 그 다음 절에서는 [표 5-2]의 개별 전략들을 조금 더 자세히 설명한다.

표 5-2 웹서버 설정을 업데이트하는 API와 그 절충안

	OpenSSH를 통한 POSIX API 사용	소프트웨어 업데이트 API	커스텀 OpenSSH ForceCommand	커스텀 HTTP 리시버
API 노출 정도	대규모	다양	작음	작음
미리 제공될 가능성[a]	큼	항상 마련되어 있음	적음	적음
확장 가능성	보통	보통, 재사용가능	어려움	보통
감사 가능성	나쁨	좋음	좋음	좋음
최소 권한의 표현 정도	나쁨	다양	좋음	좋음

[a] 이 항목은 이미 존재하는 웹서버가 이런 종류의 API를 제공할 가능성이 얼마나 큰지 의미한다.

5.4.1 OpenSSH를 통한 POSIX API 사용

OpenSSH를 이용해 자동화 도구가 웹서버 호스트에 연결되도록 할 수 있으며, 대부분 이런 경우에는 웹서버를 실행하는 로컬 사용자로써 연결하게 된다. 그러면 자동화 도구는 설정 파일을 기록하고 웹서버 프로세스를 재시작할 수 있다. 이 패턴은 간편하면서도 보편적이다. 이미 존재하는 관리용 API를 활용하므로 약간의 추가 코드만 필요하다. 하지만 안타깝게도 이미 제공하는 관리용 API가 많으면 다음과 같은 몇 가지 위험이 발생한다.

- 자동화 도구를 실행하는 역할은 웹서버를 영구적으로 중단하고 다른 바이너리를 새로 시작해서 해당 바이너리가 읽을 수 있는 모든 데이터를 읽을 수 있다.
- 충분한 권한을 가진 자동화 도구의 버그 때문에 모든 웹서버에 일률적인 장애가 발생할 수 있다.
- 자동화 도구의 자격 증명이 유출되는 것은 모든 웹서버를 탈취당하는 것과 같은 수준의 위험이다.

---

14 카나리 전략은 프로덕션 서버 중 몇 개에서부터 시작해서 천천히 배포하는 방법이다. 탄광에서 카나리를 사용했던 것처럼 뭔가 잘못된 결과가 나타나는 것을 빠르게 알아챌 수 있다는 장점이 있다. 보다 자세한 내용은 SRE 도서의 27장 참고.

5.4.2 소프트웨어 업데이트 API

웹서버 바이너리를 업데이트할 때 사용하는 것과 같은 메커니즘을 사용하면 설정 파일도 패키징된 소프트웨어 업데이트로 배포할 수 있다. 다양한 크기의 API를 이용하면 여러 방법으로 설정 파일을 패키징하고 바이너리 업데이트를 실행할 수 있다. 가장 간단한 예시는 크론cron 설정으로 apt-get 명령을 정기적으로 실행해 중앙 저장소에서 데비안 패키지(.deb)를 내려받는 방법이다. 다음 절에서 설명할 패턴 중 하나를 이용해 (크론 작업 대신) 업데이트를 조금 더 복잡하게 실행하는 방법을 선택할 수도 있다. 이 경우에는 설정과 바이너리를 모두 재사용할 수 있다. 바이너리 분산 메커니즘에 안전성과 보안을 추가해 개선하면 그 이점은 같은 인프라스트럭처를 사용하는 설정 파일에도 고스란히 적용된다. 중앙에서 카나리 프로세스를 조정하고 헬스체크를 조율하거나 서명signature, 증명provenance, 감사를 위한 작업은 모두 이 두 가지 결과물artifact을 공통적으로 활용한다.

바이너리와 설정을 업데이트하는 시스템에 조정이 필요할 때도 있다. 예를 들어 웹서버 바이너리를 컨테이너에 빌드하는 동시에 최대한 빨리 수렴해야 하는 IP 거부 목록 설정을 배포할 수 있다. 이런 경우 설정 파일을 배포하는 것과 동일한 속도로 새로운 컨테이너를 빌드하고 실행한 후 종료하는 데 너무 많은 비용이 들거나 서비스에 지장을 줄 수 있다. 이런 식으로 요구사항이 충돌하면 바이너리 배포 메커니즘과 설정 업데이트를 위한 분산 메커니즘이 필요하다.

이 패턴에 대한 보다 자세한 내용은 9장에서 살펴보자.

5.4.3 커스텀 OpenSSH ForceCommand

다음의 단계를 수행하는 간단한 스크립트를 작성할 수 있다.

1. STDIN에서 설정을 수신한다.
2. 설정의 유효성을 검사한다.
3. 설정을 업데이트하기 위해 웹서버를 재시작한다.

이 명령은 authorized_key 파일의 ForceCommand 옵션[15]에 특정한 엔트리를 입력해서 OpenSSH로 노출할 수 있다. 이 전략은 호출자가 이미 검증된 OpenSSH 프로토콜로 연결할

---

15 ForceCommand는 단 하나의 명령만을 수행할 수 있는 승인된 신원을 특정할 수 있는 설정 옵션이다. 보다 자세한 내용은 sshd_config 맨페이지(manpage) 참고.

수 있는 매우 작은 API를 제공하는 것이다. 이렇게 해서 실행할 수 있는 작업은 설정 파일의 복사본을 제공하는 것뿐이다.

이때 파일(또는 파일의 해시)[16]을 로깅하면 향후에 감사할 수 있도록 모든 활동을 캡쳐할 수 있다.

원한다면 필요한만큼 유일키와 ForeCommand 조합을 구현할 수 있지만 이 패턴은 여러 고유한 관리용 행위로 확장하기가 어렵다. (git-shell(`https://oreil.ly/k4igi`)같은) OpenSSH API로 텍스트 기반 프로토콜을 구현할 수 있지만 그렇게 하면 직접 RPC 메커니즘을 구현해야 한다. 이 경우 gRPC(`https://grpc.io`)나 Thrift(`https://thrift.apache.org`) 같은 기존의 프레임워크로 구현하는 편이 훨씬 낫다.

5.4.4 커스텀 HTTP 리시버 (사이드카)

ForceCommand 솔루션과 유사하지만 다른 AAA 메커니즘(예를 들면 SSL 기반 gRPC나 SPIFFE(`https://spiffe.io`) 또는 기타 유사한 메커니즘으로) 설정을 수신하는 크기가 작은 사이드카sidecar 데몬을 작성하는 것도 가능하다. 이 방법은 서비스 바이너리를 수정할 필요도 없고 매우 유연하지만 더 많은 코드가 필요하며 추가로 관리해야 할 데몬이 늘어난다는 단점이 있다.

5.4.5 커스텀 HTTP 리시버 (인프로세스)

물론 웹서버를 수정해서 API를 노출하여 설정을 직접 수정할 수도 있다(`https://oreil.ly/hu7yg`). 즉, 외부에서 설정을 수신해서 디스크에 직접 기록하는 방법이다. 이 방법은 가장 유연한 방법 중 하나이며 구글에서 설정을 관리하는 방법과 매우 유사하지만 코드를 서비스 바이너리에 포함해야 한다.

---

16 대규모 환경에서는 파일의 수많은 복사본을 모두 로깅하고 저장하는 것은 비현실적이다. 해시를 로깅하면 설정을 리비전(revision) 제어 시스템과 관련지을 수 있으며 로그를 감사하면 알려지지 않았거나 예상치 못한 설정도 탐지할 수 있다. 파일을 성공적으로 로깅할 수 있고 용량이 충분하다면 나중에 살펴보기 위해 거부된 설정 또한 저장할 수 있다. 이상적이라면 모든 설정은 올바른 리비전 제어 시스템에서 제공되었음을 표시하기 위해 서명되어야 하며 그렇지 않으면 거부되어야 한다.

5.4.6 절충안

전부는 아니지만 [표 5-2]에서 나열한 옵션의 대부분은 보안과 안전성을 자동화 절차에 추가하는 기능을 제공한다. 여전히 공격자가 임의의 설정을 밀어 넣어 웹서버 역할을 탈취할 수는 있지만 보다 작은 API를 선택한다는 것은 공격자가 설정을 임의로 밀어 넣어도 서버를 탈취할 수 없다는 것을 의미한다.

자동화 절차에서 서버로 밀어 넣는 설정을 독립적인 서명으로 최소 권한을 더 견고하게 설계할 수 있다. 이 방법은 역할 간의 신뢰를 구분해서 설정을 밀어 넣는 자동화 도구를 탈취하더라도 악의적인 설정을 보내서 웹서버를 탈취할 수는 없도록 보장한다. 맥길로이, 핀슨, 타구의 조언을 떠올려 시스템의 각 부품이 하나의 작업만 제대로 실행하도록 설계하면 신뢰 관계를 분리할 수 있다.

또한 적용 범위가 좁은 API로 제어할 수 있는 영역을 더 세분화하면 자동화 도구의 버그로부터 시스템을 보호할 수 있다. 서명으로 설정을 검증하는 것과 더불어 중앙식 사용률 제한 시스템rate limiter이 자동화 도구와 각 대상 호스트별로 독립적으로 생성한 베어러 토큰bearer token[17]을 확인하는 과정도 추가할 수 있다. 단위 테스트를 이용하면 사용률 제한 시스템을 더 꼼꼼히 테스트할 수 있다. 만일 사용률 제한 시스템이 독립적으로 구현되었다면 롤아웃 자동화에 영향을 미치는 버그가 사용률 제한 시스템에는 동시에 영향을 주지 않는다. 또한 독립적인 사용률 제한 시스템으로 웹서버에 설정을 밀어 넣는 작업의 접근을 제한하거나 바이너리를 같은 서버로 롤아웃하는 작업, 서버의 재시작 또는 안전성 검사를 추가하고자 하는 다른 모든 작업 등에 손쉽게 제한을 적용할 수 있다.

5.5 인증과 승인을 위한 정책 프레임워크

- **인증**authentication: 사용자나 프로세스의 **신원**을 검증하는 것
- **승인**authorization: 인증을 받은 사용자나 프로세스로부터의 요청을 **실행해도 괜찮은지** 평가하는 것

---

17 베어러 토큰은 사용률 제한 시스템 서명한 단순한 암호학적 서명이며 사용률 제한 시스템의 공개키를 가진 모든 사람에게 제공할 수 있다. 토큰이 아직 유효한 시간 범위 내에 있다면 이 공개키로 사용률 제한 시스템이 해당 작업을 승인했는지를 확인할 수 있다.

이전 절에서는 관리용 API의 범위를 좁혀서 최소한의 권한만을 허용하는 방법을 알아봤다. API를 준비한 후에 이 API에 대한 접근을 어떻게 제어할 것인지 결정해야 한다. 접근 제어는 두 가지 중요하면서도 대조적인 단계가 필요하다.

먼저 누가 연결을 시도하는지 **인증**해야 한다. 인증 메커니즘은 다음과 같은 복잡도로 구분할 수 있다.

간단한 방법: URL 매개변수로 전달된 사용자 이름을 확인한다.

예) /service?username=admin

조금 더 복잡한 방법: 미리 공유한 비밀번호를 제공한다.

예): WPA2-PSK, HTTP 쿠키 등

이보다 더 복잡한 방법: 복잡한 하이브리드 암호화와 인증서 스키마

예): TLS 1.3, Oauth

일반적으로는 기존의 강력한 암호화 인증 메커니즘으로 API 호출자를 확인해야 한다. 이 인증의 결과는 보통 '사용자 이름^{username}', '일반 이름$^{common\ name}$', '주체^{principal}', '역할^{role}' 등으로 표현한다. 이 절에서는 인증의 결과를 **역할**이라고 표현한다.

다음으로 코드는 인증을 받은 역할이 요청한 동작을 수행할 권한에 대한 의사결정을 내려야 한다. 그러려면 요청에서 다음과 같은 여러 특성을 고려해야 한다.

요청한 동작

예) URL, 실행하는 명령, gRPC 메서드

요청한 동작의 매개변수

예) URL 매개변수, argv, gRPC 요청

요청의 근원지

예) IP 주소, 클라이언트 인증서 메타데이터

인증된 역할의 메타데이터

예) 지리적 위치, 법적 관할, 위험에 대한 머신 러닝 평가

서버 측 문맥

예) 유사한 요청의 비율, 가능한 수용량^{capacity}

이 절의 나머지에서는 구글이 인증과 승인에 대한 기본적인 의사결정 요구사항을 향상하는 데 유용하다고 판단한 몇 가지 기법을 설명한다.

5.5.1 고급 승인 제어

특정 리소스에 대한 접근 제어 목록은 승인 결정을 구현하는 잘 알려진 방법이다. 가장 간단한 형태의 ACL은 인증된 역할의 이름을 문자열로 매칭하는 것이며 그룹화의 개념도 도입하는 경우가 잦다. 예를 들어 username과 같은 역할의 목록을 'administrator'라는 역할의 그룹으로 표현하는 것이다. 서비스는 유입된 요청을 확인할 때 인증된 역할이 ACL의 구성원인지 여부를 확인한다.

멀티팩터 인증$^{multi-factor\ authentication}$(MFA)이나 멀티파티 승인처럼 조금 더 복잡한 방법을 사용하려면 더 복잡한 승인 코드가 필요하다(쓰리팩터 인증$^{three-factor\ authentication}$(3FA)과 MPA에 대한 보다 자세한 내용은 5.5.1절 '고급 승인 제어'절을 참고하기 바란다). 게다가 몇몇 조직은 승인 정책을 설계할 때 규제나 계약 요구사항을 고려해야 하는 경우도 있다.

이 승인 코드는 올바르게 구현하기가 어려우며 많은 서비스가 승인 로직을 각각 구현한다면 그 복잡도가 빠르게 증가한다. 필자의 경험상, AWS(https://aws.amazon.com/iam)나 GCP(https://cloud.google.com/iam)의 신원 및 접근 관리$^{identity\ \&\ access\ management}$(IAM) 기능으로 승인 결정을 주요 API 설계 및 비즈니스 로직에서 분리하는 편이 좋다. 구글에서는 GCP의 승인 프레임워크를 수정해서 내부 서비스에 사용하고 있다.[18]

구글의 코드는 보안 정책 프레임워크로 ('X가 리소스 Y에 접근할 수 있는가? 같은)'간단한 검사를 정의하고 이 검사를 외부에서 제공한 정책으로 평가한다. 특정 행위에 더 많은 승인 제어

---

18 내부 승인 프레임워크는 구글 내부의 기초적인 승인 원칙을 지원하고 순환 디펜던시 등을 예방할 수 있도록 만들어졌다.

를 추가해야 한다면 관련된 정책 설정 파일만 수정하면 된다. 이처럼 오버헤드가 적으므로 기능과 속도 면에서 엄청난 장점을 얻을 수 있다.

5.5.2 승인 프레임워크의 광범위한 사용

승인 결정을 구현하는 공유 라이브러리와 가능한 한 일관된 인터페이스를 사용하면 대규모 환경에서도 인증과 승인 정책을 변경할 수 있다. 이런 고전적인 모듈형 소프트웨어 설계 원칙을 보안에 적용하면 놀라운 효과를 볼 수 있다. 다음 예시를 보자.

- 하나의 바이너리만 변경해서 모든 서비스 엔드포인트에 MFA나 MPA 지원을 추가할 수 있다.
- 하나의 설정만 변경해서 모든 서비스의 행위나 리소스 중 일부에만 MFA/MPA 지원을 구현할 수 있다.
- 코드 검토 시스템과 같이 잠재적으로 안전하지 않은 행위를 허용하는 모든 행위에 MPA를 적용해서 신뢰성을 향상시킬 수 있다. 이렇게 절차의 신뢰성을 향상시키면 일방적인 접근을 널리 허용하지 않고도 (리비전 제어 시스템과 코드 검토 디펜던시를 우회해서) 빠르게 장애에 대응할 수 있으므로 내부 위험에 대한 보안을 향상시킬 수 있다(이 주제에 대한 보다 자세한 내용은 2장을 참고하자).

조직이 성장할수록 표준화^{standardization}가 필요하다. 통일된 승인 프레임워크를 사용하면 공통 프레임워크를 기반으로 접근 제어를 구현하는 방법을 더 많은 사람이 알게 되므로 팀의 기동성이 좋아진다.

5.5.3 잠재적인 함정 피하기

복잡한 승인 정책을 설계하는 것은 어렵다. 만일 정책을 표현하는 용어가 너무 간단하면 목적을 달성할 수 없을 뿐 아니라 승인 여부에 대한 결정이 프레임워크의 정책과 주요 코드베이스에 모두 흩어지는 결과를 낳게 된다. 정책 용어가 너무 일반적이면 그 의미를 이해하기가 너무 어렵다. 이런 현상이 발생하지 않도록 표준 소프트웨어 API 설계 원칙 (특히 반복적 설계 방식)을 적용할 수도 있겠지만, 필자는 이 두 가지 극단적인 사례가 발생하지 않도록 조심스럽게 설계하기를 권한다.

승인 정책을 바이너리에(또는 바이너리와 함께) 배포하는 방법은 주의 깊게 생각해야 한다. 어쩌면 가장 보안에 민감한 설정 중 하나인 승인 정책은 바이너리와 별개로 업데이트해야 할 수도 있다. 설정 배포에 관한 추가적인 내용은 앞 절의 실제 사례나 이 책의 9장과 14장 또는

SRE 도서의 8장, SRE 워크북의 14장과 15장 등을 참고하기 바란다.

애플리케이션 개발자는 공통적인 용어로 정의된 정책 결정을 해석하기 위해 도움이 필요하다. 지금까지 언급한 함정을 잘 피하고 이해할 수 있는 정책 용어를 사용했다 하더라도, 여전히 관리용 API를 구현하는 애플리케이션 개발자, 프로덕션 환경에 도메인 전용 지식을 갖춘 보안 엔지니어 및 SRE에게는 도움이 필요하고 그들과의 적절한 협업이 있어야 보안과 기능성 사이에 올바른 균형을 갖출 수 있다.

5.6 더 알아보기: 고급 제어

여전히 대부분의 승인 결정은 예/아니요의 이분법을 따르지만 경우에 따라서는 더 유연한 결정이 필요하다. '그럴지도'를 빼고 단순히 예/아니요로만 제한하는 것보다는 추가적인 검사를 통해 시스템의 부담을 현저히 낮출 수 있다. 지금부터 설명할 제어 기법은 독립적으로 혹은 혼합해서 활용이 가능하다. 제어 기법의 적절한 사용은 데이터의 민감성sensitivity, 행위의 위험도 그리고 기존 비즈니스 절차에 따라 다르다.

5.6.1 멀티파티 승인

보안과 신뢰성 문화 발전에 기여해 온 전통적인 방법 중 하나는 다른 사람이 접근 여부를 결정하는 것이다(21장 참고). 이 방법의 장점은 다음과 같다.

- 보안이나 개인 정보 문제를 유발할 수 있는 실수나 **의도치 않은 정책의 위반을 방지한다.**
- 징계 조치를 감수하는 직원이나 체포 당하는 것을 감수하는 외부의 공격자 등 불순한 의도의 공격자가 **악의적인 변경을 수행하지 못하게 한다.**
- 다른 사람에게 승인을 받거나 충분히 주의를 기울인 변경사항이 무조건 동료 검토를 통과하도록 하면 **공격을 수행하기 위한 비용이 증가한다.**
- 모든 검토는 영구적이며 변조를 방지하는 형태로 기록된다면 장애 대응이나 사후 분석을 위한 **과거 행위 감사**가 가능하다.
- **고객을 안심시킬 수 있다.** 한 사람이 스스로 무언가를 변경할 수 없다는 것을 알게 된다면 고객은 서비스를 더 안심하고 사용할 것이다.

MPA는 프로덕션 리소스에 접근이 허용된 그룹에 참여하거나 주어진 역할이나 자격 증명처럼 행동하기 위해 승인을 요청하는 것처럼 전반적인 수준의 접근을 실행할 수 있다. 전반적인 접근을 허용하는 MPA는 특정한 워크플로가 없는 매우 드문 행위를 실행하는 유리 깨기 메커니즘의 가치도 제공한다. 가능하다면 신뢰성과 보안 관점에서 더 강력한 보장을 제공하는 세분화된 승인을 제공해야 한다. 그러면 작은 크기의 기능적 API(5.3.1절 '작은 크기의 기능적 API' 참고)에 대한 행위를 허락하는 두 번째 그룹은 자신이 정확히 어떤 행위를 허락하고 있는지 훨씬 더 명확하게 알 수 있다.

잠재적인 함정

승인 요청을 허락하는 사람은 적절한 결정을 내리기 위해 충분한 배경지식을 갖춰야 한다. 승인 요청이 어떤 개인이 무엇을 하려고 하는지 명확하게 표현하고 있는가? 해당 명령이 어떤 동작을 수행하는지 표시하기 위해 설정 매개변수와 대상을 지정해야 할 수도 있다. 이 방법은 모바일 장치와 상세 정보를 표현하기에는 화면이 너무 작은 기기에서 승인자가 허락을 내리기 위한 프롬프트를 표시할 때 특히 더 중요하다.

승인자가 사회적으로 압박을 느낀다면 좋지 않은 결정을 내리게 될 수 있다. 예를 들어 엔지니어는 자신의 관리자나 시니어 엔지니어 또는 자신의 책상을 지켜보는 누군가가 의심스러운 요청을 보내면 이를 거부하는 데 불편을 느낄 수 있다. 이런 압박을 완화하려면 보안 팀에 승인을 위임하거나 승인 후 조사 팀에 조사를 의뢰할 수 있는 옵션을 제공해야 한다. 또는 특정 유형의 승인은 모두(또는 일부만이라도) 독립적으로 감사할 수 있는 정책을 채택해야 할 수도 있다.

멀티파티 승인 시스템을 구현하기에 앞서 기술적 그리고 사회적으로 누구든 승인을 거부할 수 있도록 해야 한다. 그렇지 않다면 그 시스템의 가치는 현저히 낮아질 것이다.

5.6.2 쓰리팩터 인증

대규모 조직에서 MPA는 '여러 파티'에 해당하는 모든 사람이 같은 중앙 관리형 워크스테이션을 사용하기 때문에 투철하고 집요한 공격자가 탈취할 수 있는 한 가지 핵심 약점으로 꼽히곤 한다. 워크스테이션의 유형이 유사할수록 공격자가 한 워크스테이션을 탈취하면 나머지의 상당 부분, 혹은 전부를 탈취할 수 있게 된다.

워크스테이션을 공격자로부터 보호하는 전통적인 방법은 사용자가 두 개의 완전히 분리된 워크스테이션을 사용하는 것이다. 하나는 웹 브라우징이나 이메일 사용 같은 일반적인 사용을 위한 것이며, 다른 하나는 보다 신뢰할 수 있는 워크스테이션으로 프로덕션 환경에서의 작업을 위한 것이다. 그러나 필자의 경험상 사용자는 결국 신뢰할 수 있는 워크스테이션에서 일반적인 업무를 수행하기를 원하며, 이 정도 수준으로 자격 증명을 보호해야 하는 일부 사용자에게 두 개의 워크스테이션 인프라스트럭처를 제공하는 것은 비용도 많이 들뿐더러 오래 지속하기도 어렵다. 관리 부서가 보안 이슈에 더 이상 신경 쓰지 않게 되면 이 인프라스트럭처를 유지하기 위한 동기도 저하되기 마련이다.

한 플랫폼이 탈취될 때 모든 승인 절차에 위험을 줄이려면 다음과 같은 사항이 필요하다.

- 최소 두 개의 플랫폼을 유지한다.
- 두 플랫폼에서 요청을 승인할 수 있도록 한다.
- (적어도) 최소 하나의 플랫폼은 더 견고하게 유지한다.

이 요구사항을 고려한다면 매우 위험한 몇 가지 작업은 더 견고한 모바일 플랫폼에서 승인받도록 하는 방법을 선택할 수 있다. 간편함과 편의성을 위해 완전한 관리형 데스크톱 워크스테이션에서만 RPC 요청을 보낼 수 있고, 이 요청을 모바일 플랫폼에서는 쓰리팩터 인증으로 승인하면 된다. 프로덕션 서비스에 민감한 RPC 요청이 전달되면 (5.5절 '인증과 승인을 위한 정책 프레임워크'에서 설명한) 정책 프레임워크는 별도의 3FA 서비스로부터 암호로 서명된 승인을 받아야 한다. 해당 서비스는 자신이 RPC 요청을 모바일 장치로 보냈음을 표시하고 처음 요청을 보낸 사용자에게 보여준 후 요청을 승인하게 된다.

모바일 플랫폼을 견고히 하는 것은 다목적 워크스테이션을 견고히 하는 것보다는 쉽다. 필자는 사용자들이 추가적인 네트워크 모니터링, 몇몇 애플리케이션만을 사용하게 하는 기능, 연결할 수 있는 HTTP 엔드포인트 수의 제한 같은 모바일 장치의 몇몇 보안상의 제약에 더 관대한 편이라는 점을 알아냈다. 이런 정책은 최신의 모바일 플랫폼에서는 더 쉽게 적용할 수 있다.

의도한 프로덕션 환경의 변경을 표현할 수 있는 견고한 모바일 플랫폼을 확보했다면 이 플랫폼에 요청을 보내 사용자에게 표시할 수 있다. 구글에서는 안드로이드 기기에 알림을 보내는 인프라스트럭처를 재사용해서 승인을 처리하고 사용자의 로그인 시도를 구글에 보고한다. 만일 유사하게 견고한 인프라스트럭처를 활용할 수 있다면 승인 처리가 가능하도록 인프라스트럭처를 확장하는 것도 유용하지만 그렇지 않다면 기본적인 웹 기반 솔루션이 상대적으로 구현하기 쉽다. 3FA 시스템은 승인 요청을 받아 그 요청을 사전에 승인된 신뢰할 수 있는 클라이언트에게 보내는 간단한 RPC 서비스가 핵심이다. 3FA로 보호하는 RPC 요청을 보낸 사용자는 자신의 모바일 기기에서 3FA 서비스가 보낸 URL을 방문해서 요청의 승인 여부를 확인할 수 있다.

여기서 MPA와 3FA가 어떤 행위를 보호하는지 구분해서 일관된 정책으로 언제 어떤 절차를 적용할지 결정하는 것이 중요하다. MPA는 독단적인 내부자의 위험은 물론 (두번째 내부자에게서 승인을 얻어) 개별 워크스테이션을 탈취하는 상황을 제한한다. 3FA는 내부 워크스테이션의 광범위한 탈취를 제한하지만 독자적으로 사용하면 내부자 위협에 대해서는 어떤 보호장치도 제공하지 않는다. 요청을 처음 보낸 사용자에게 3FA를 요구하고 두 번째 파티로에게 간단한 웹 기반 MPA를 요구하면 조직적 오버헤드는 상대적으로 적어지고 대부분의 위협도 방어할 수 있다.

3FA는 2FA(또는 MFA)가 아니다

투팩터 인증(2FA)는 멀티팩터 인증의 일부로 자주 회자되는 기법이다. 이 기법은 특히 '당신이 아는 것'(즉 비밀번호)과 '당신이 가진 것'(암호적으로 존재를 증명하는 애플리케이션 또는 하드웨어 토큰)을 조합해 강력한 인증 결정을 내리려는 시도이다. 2FA에 대한 보다 자세한 내용은 7.4.2절의 '사례: FIDO 보안 키를 이용한 강력한 투팩터 인증'을 참고하기 바란다.

가장 중요한 차이점은 3FA는 특정 요청에 대한 강력한 승인을 제공하는 것일 뿐, 특정 사용자에 대한 강력한 인증을 처리하는 것이 아니라는 점이다. 3FA에서 (세 번째 플랫폼이 아니라 두 번째 플랫폼에서 승인을 얻는 것이므로) 세 가지는 다소 부적절하지만 '3FA 장치'는 일부 요청에 대해 처음 두 가지 팩터 이외에 추가적인 승인을 처리하는 모바일 장치라는 점은 잘 표현하고 있다.

5.6.3 비즈니스 사유

5.3.3절의 '감사자의 선정'에서 언급했듯이 버그, 장애, 티켓, 사례 ID 또는 할당된 계정 같은 구조화된 비즈니스 사유에 대한 접근과 묶어서 승인을 처리할 수 있다. 하지만 검증 로직을 구현하려면 별도의 작업이 필요하며 긴급 대응이나 고객 서비스와 관련된 절차도 변경해야 할 수 있다.

일례로 고객 서비스 워크플로를 생각해보자. 보통 소규모 또는 아직 발전 중인 조직에서 간혹 찾아볼 수 있는 안티패턴anti-pattern은 기본적인 기능만 구현한 초기 시스템 때문에 효율성을 추구한다는 이유, 또는 단순히 제어가 불가능해서 고객 서비스 상담사들이 모든 고객 레코드에 접근하게 되는 경우다. 더 나은 옵션은 기본적으로 접근을 모두 차단하고 비즈니스 요구를 검증할 수 있는 경우에 한 해 특정 데이터에만 접근을 허용하는 방법이다. 이 방법을 채택하면 시간이 지나면서 점점 더 많은 제어 기능 구현이 가능하다. 예를 들어 처음에는 고객 지원 티켓에 할당된 고객 서비스 상담원에게만 접근을 허용하는 것으로 시작할 수 있다. 그리고 시간이 지나면서 고객의 승인 하에 해당 고객의 특정 데이터에만 일정 시간 접근을 허용하는 형태로 개선할 수 있다.

이 전략은 제대로 구축하면 적절한 범위의 접근만을 제어하는 강력한 승인을 보장한다. 자동화 시스템은 구조화된 사유로 티켓 번호가 단지 간단한 정규식 검사를 충족하기 위해 임의로 입력한 숫자가 아님을 확인할 수 있다. 하지만 사유 자체는 비즈니스의 운영 수요와 시스템 기능 간의 균형을 유지하는 일련의 접근 정책을 충족한다.

보안과 신뢰성 사이의 절충: 시스템 사용성

엔지니어가 추가적인 권한으로 어떤 행위를 수행할 때마다 승인해 줄 사람을 찾는 것이 너무 어려우면 잠재적으로 위험한 동작을 수행하려 할 것이다. 예를 들어 기능적 요구사항을 충족하지 않는 ('팀 A에 접근이 필요함' 같은) 범용 비즈니스 사유를 제공해서 강제적인 권장 사례를 우회하려고 할 수 있다. 따라서 감사 시스템은 범용 사유로 분류되는 패턴을 감지하면 경고 신호를 내보내야 한다.

5.6.4 임시적 접근

리소스에 임시적인 접근을 허용하면 승인 결정의 위험을 제한할 수 있다. 이 전략은 모든 행위에 세분화된 제어가 불가능할 경우 유용하지만 가능한 한 도구를 이용해서 최소한의 권한만 허용해야 한다.

임시적 접근에 대한 허용은 예약schedule 방식(예를 들면 긴급 대응에 참여할 때나 그룹 멤버십의 만료 등)이나 사용자가 명시적으로 접근 요청을 보내는 방식으로 구현할 수 있다. 또한 임시적 접근에 멀티파티 승인 요청, 비즈니스 사유, 기타 다른 승인 제어를 결합할 수도 있다. 또한 임시적 접근은 특정 시점에 접근이 허용된 사용자를 명확히 로그에 남길 수 있으므로 감사를 수행할 수 있는 지점이기도 하다. 게다가 임시적 접근이 허용된 장소에 대한 데이터도 제공하므로 시간이 지남에 따라 요청의 우선 순위를 결정하거나 필요에 따라 요청을 보내야 하는 경우의 수를 줄일 수도 있다.

임시적 접근을 허용하면 앰비언트 권한의 남용도 줄일 수 있다. 관리자들이 유닉스의 **root** 사용자로 명령을 실행하는 **sudo** 명령이나 윈도우 관리자 계정으로 명령을 실행하는 '관리자로 실행' 기능의 사용을 부탁하는 이유도 바로 이것이다. 실수로 모든 데이터를 삭제하는 명령을 실행하더라도 충분한 권한이 없으면 최악의 사태를 방지할 수 있기 때문이다.

5.6.5 프록시

백엔드 서비스를 세밀하게 제어할 수 없는 경우에는 엄격하게 모니터링하며 제약이 강한 프록시 머신(혹은 배스천^{bastion})을 대신 사용하면 된다. 이 특정 프록시에서 전달된 요청만 민감한 서비스에 접근할 수 있도록 하는 것이다. 이 프록시는 위험한 작업에 대한 제약, 작업 시행 수의 제한 그리고 더 높은 수준의 로깅 등을 수행할 수 있다.

예를 들어 잘못된 변경으로 긴급히 롤백을 실행해야 한다고 가정해보자. 잘못된 변경이 일어날 가능성은 무궁무진하며 해결할 수 있는 방법도 무궁무진하므로 롤백을 실행하기 위한 단계를 사전에 정의한 API나 도구가 모두 지원하지 않을 수 있다. 시스템 관리자에게 긴급 상황에 대처할 수 있는 유연성을 부여할 수도 있지만 제약이나 추가적인 제어로 이런 위험을 완화할 수도 있다. 다음의 예시를 살펴보자.

- 각 명령의 실행에 동료의 승인을 받도록 한다.
- 관리자는 관련된 머신에만 연결할 수 있도록 한다.
- 관리자가 사용하는 컴퓨터는 인터넷 연결을 허용하지 않는다.
- 보다 포괄적인 로깅을 적용한다.

늘 그렇듯이 이런 제어를 구현하면 통합과 운영상의 추가적인 비용이 든다. 보다 자세한 내용은 다음 절에서 살펴보자.

5.7 절충과 긴장

최소 권한 접근 모델을 도입하면 분명히 조직의 보안을 향상시킬 수 있다. 하지만 이전 절에서 살펴봤던 이 모델의 장점을 실질적인 구현에 드는 잠재적인 비용과 어느 정도 절충이 필요하다. 이번 절에서는 이러한 비용에 대해 살펴본다.

5.7.1 보안 복잡도의 증가

고도로 세분화된 보안은 매우 강력한 도구지만 복잡도 역시 증가했으므로 결국 관리의 문제가 된다. 따라서 보안 정책을 정의, 관리, 분석, 푸시^{push}, 디버깅하기 위한 포괄적인 도구와 인프라스트럭처를 마련하는 것이 중요하다. 그렇지 않으면 복잡도가 너무 높아질 것이다. 그러므로 '해당 사용자가 해당 서비스/데이터에 접근할 수 있는가?'와 '해당 서비스/데이터에 누가 접근할 수 있는가?'라는 기본적인 질문에 답할 준비가 되어 있어야 한다.

5.7.2 협업과 기업 문화에 미치는 영향

민감한 데이터와 서비스에는 엄격한 최소 권한 모델이 적절한 선택이지만 그 외의 영역에서는 조금 더 완화된 접근법을 도입해도 충분한 이점을 누릴 수 있다.

예를 들어 소프트웨어 엔지니어가 소스 코드에 광범위한 접근 권한을 갖게 되면 일정 수준 이상의 위험이 된다. 하지만 반대로 엔지니어는 궁금증을 해소하면서 자신의 업무를 더 잘 배울 수 있고 관심이나 전문성을 가진 분야에 대해서는 보편적인 역할 외에도 기능의 구현이나 버그 수정 등에 기여할 수 있다는 장점도 존재한다. 또한 잘 드러나지는 않지만 이런 투명성 덕분에 엔지니어가 눈에 띄지 않는 부적절한 코드를 작성하는 것을 어렵게 만든다.

데이터를 분류하는 노력에 소스 코드 및 관련된 문서를 포함하면 민감한 자산을 원칙적으로 보호하면서도 덜 민감한 자산에 대한 가시성^{visibility}을 활용할 수 있다. 보다 자세한 내용은 21장을 참고하기 바란다.

5.7.3 보안에 영향을 미치는 양질의 데이터와 시스템

최소 권한의 기반인 제로 트러스트 환경에서는 아무리 보안을 세분화해도 결국 적용된 정책과 요청의 전후상황에 기초해 결정을 내린다. **문맥**은 결정에 영향을 미치는 광범위한 데이터(그 중 일부는 동적일 수도 있다)에 기반한다. 예를 들어 이 데이터에는 사용자의 역할, 사용자가 속한 그룹, 요청을 보낸 클라이언트의 속성, 머신 러닝 모델에 투입된 학습 세트^{training set}나 접근하는 API의 민감성 등이 포함되기도 한다. 품질이 낮은 데이터는 결국 잘못된 보안 결정으로 이어지기 때문에 이 데이터가 최대한 높은 품질을 갖추도록 데이터를 생산하는 시스템을 검토해야 한다.

5.7.4 사용자 생산성에 미치는 영향

사용자는 자신의 워크플로를 최대한 효율적으로 완수할 수 있어야 한다. 보안상 가장 좋은 상태는 최종 사용자가 전혀 인식하지 못하는 것이다. 하지만 새로운 쓰리팩터 인증이나 멀티파티 승인 단계를 도입하면 사용자가 승인이 완료될 때까지 기다리는 것 같은 사용자 생산성에 영향을 미칠 수 있다. 따라서 사용자의 불편을 최소화하기 위해 새로운 단계를 쉽게 처리할 수 있도록 해야 한다. 마찬가지로 최종 사용자는 자체 서비스 진단이나 지원 채널에 대한 빠른 접근 등으로 요청이 거부되었을 때 그 이유를 간단히 알아볼 수 있어야 한다.

5.7.5 개발자 복잡도에 대한 영향

조직에 최소 권한 모델을 도입하면 개발자들도 반드시 이를 준수해야 한다. 보안의 개념과 정책은 특히 보안에 대한 지식이 없는 개발자들도 쉽게 따를 수 있어야 하므로 학습 자료와 포괄적인 API 문서를 제공해야 한다.[19] 이런 환경에서 서드파티 소프트웨어를 배포하는 것에는 특별한 주의가 필요하다. 보안 정책을 적용하기 위해 이 소프트웨어를 다른 계층으로 감싸야 할지도 모르기 때문이다.

---

19 5.5절 '인증과 승인을 위한 정책 프레임워크' 참고.

5.8 마치며

복잡한 시스템을 설계할 때, 사용자가 필요한 작업을 수행하기에는 충분하지만 그 이상의 권한을 갖지 않도록 하는 가장 안전한 방법은 최소 권한 모델을 도입하는 것이다. 이 모델은 알려진 known 또는 알려지지 않은 unknown 사용자가 악의적 또는 실수로 시스템과 데이터에 피해를 주는 상황을 보호하는 강력한 설계 패러다임이다. 최소 권한 모델의 핵심 컴포넌트는 다음과 같다.

- 시스템 기능성을 포괄적으로 이해하고 있어서 보안 위험의 수준에 따라 다른 부분을 분류할 수 있어야 한다.
- 이 분류를 기초로 시스템과 데이터에 대한 접근을 최대한 세밀하게 분할해야 한다. 최소 권한을 위해서는 크기가 작은 기능적 API를 구현하는 것이 필수다.
- 사용자가 시스템에 접근하려고 할 때 사용자의 자격 증명을 검증하기 위한 인증 시스템을 준비한다.
- 분할된 시스템에 쉽게 적용할 수 있는 잘 정의된 보안 정책을 적용하는 승인 시스템이 필요하다.
- 임시 승인, 멀티팩터 인증, 멀티파티 승인 등 앰비언트 승인을 처리할 수 있는 고급 제어 정책이 필요하다.
- 이 핵심 개념들을 지원하기 위한 시스템의 운영 요구사항을 정의해야 한다. 시스템은 최소한 다음의 요구 새항을 만족해야 한다.
  - 위협을 발견하고 과거 행위에 대한 법의학적 분석을 수행하기 위해 모든 접근을 감사하고 경고를 보내는 기능
  - 보안 정책을 추론, 정의, 테스트, 디버그하고 최종 사용자에게 정책을 지원하기 위한 수단
  - 시스템이 예상대로 동작하지 않을 때 유리 깨기 메커니즘을 제공하는 기능

사용자와 개발자가 보안 정책을 쉽게 따를 수 있으며 생산성에도 큰 영향을 미치지 않는 방식으로 이 모든 컴포넌트가 잘 동작하려면 최소 권한을 최대한 매끄럽게 도입해야 한다는 조직 전체의 약속이 필요하다. 이 약속에는 보안 컨설팅, 정책 정의, 위협 탐지 및 보안 관련 문제에 대한 지원으로 사용자 및 개발자와 상호작용하며 보안 태세를 관리하는 집중 보안 기능도 포함된다.

너무 큰 작업이라고 생각할 수 있겠지만 필자는 이 방법이 보안을 시행하는 데 있어 기존의 방법보다는 훨씬 개선된 것이라 굳게 믿고 있다.

CHAPTER 6

이해 가능성을 위한 설계

질리앵 뵈프Julien Boeuf, 크리스토프 케른Christoph Kern, 존 리스John Reese, 가이 피셔맨Guy Fischman,
폴 블랭킨십Paul Blankinship, 알렉산드라 컬버Aleksandra Culver, 세르게이 시마코프Sergey Simakov,
피터 발체프Peter Valchev, 더글라스 콜리시Duglas Colish

시스템의 보안 상태와 서비스 수준 목표(SLO)에 대한 확신을 가지려면 시스템 복잡도를 관리해야 한다. 즉, 시스템 복잡도에 대해 유의미한 이유가 있어야 하며 시스템과 그 컴포넌트 그리고 컴포넌트 간 상호작용을 이해하고 있어야 한다. 시스템을 어느 정도 이해할 수 있는지는 여러 특징에 따라 크게 달라질 수 있다. 예를 들어 부하가 높은 상황에서는 시스템의 동작을 이해하기가 쉽지만 특별하게 조작된 (악의적인) 입력이 유입되는 상황에서는 시스템 동작을 이해하기가 어렵다.

이번 장에서는 시스템 수명 주기를 구성하는 모든 단계에 관련된 시스템의 이해 가능성에 대해 알아본다. 먼저 불변성과 멘털 모델mental model에 따라 시스템을 분석하고 이해하는 방법을 알아본다. 그리고 계정 및 승인, 접근 제어에 표준화된 프레임워크를 사용하는 계층형 시스템 아키텍처의 도입이 이해 가능성을 위한 설계에 도움이 된다는 점을 보여준다. 이어서 보안 경계에 대한 주제를 깊이 있게 살펴본 후, 마지막으로 시스템의 설계(특히 애플리케이션 프레임워크와 API를 사용하는 경우)가 보안과 신뢰성을 예측할 수 있는 능력에 얼마나 중대한 영향을 미치는지 알아본다.

이 책의 목적상 시스템의 **이해 가능성**은 관련된 기술적 배경지식을 가진 사람이 정확하고 확실하게 다음의 사항을 판단할 수 있는 특성이라고 정의한다.

- 시스템의 기능적operational 동작
- 보안과 가용성 등을 포함한 시스템의 불변성

6.1 이해 가능성이 중요한 이유

시스템을 이해할 수 있도록 설계하고 시간이 지나도 그 이해 가능성을 유지하려면 많은 노력이 필요하다. 보통 이런 노력은 프로젝트의 속도(4장 참고)를 유지할 수 있는 형태로 되돌아오는 일종의 투자다. 특히 이해 가능한 시스템은 다음과 같은 구체적인 장점을 갖는다.

보안 취약점이나 회복성에 장애 가능성을 줄일 수 있다

시스템이나 소프트웨어 컴포넌트를 수정할 때마다, 예를 들면 새 기능을 추가하거나 버그를 수정하거나 또는 설정을 변경할 때 실수로 새로운 보안 취약점이 생기거나 또는 시스템 기능상의 회복성이 손상될 위험이 있다. 시스템을 수정하는 엔지니어가 시스템에 대한 이해도가 낮을수록 실수를 할 확률은 높아진다. 그 엔지니어는 시스템의 기존 동작을 잘못 이해했거나 작업하는 변경사항과 충돌하는 숨겨진 혹은 암시적이거나 또는 문서화되지 않은 요구사항을 모를 수 있다.

효율적인 장애 대처가 가능하다

장애를 조치하는 동안에는 대응자가 피해를 빠르고 정확하게 평가하고 장애의 확산을 막으면서 근본 원인을 수정하는 것이 중요하다. 하지만 시스템이 복잡하고 이해하기 어렵다면 이 과정이 매우 힘들어진다.

시스템의 보안 상태를 정비함으로 확신이 증가한다

시스템의 보안은 시스템의 가능한 모든 동작과 관련된 특성인 **불변성**이라는 단어로 단정해 표현한다. 여기에는 시스템에 잘못된 데이터나 악의적으로 조작된 데이터가 유입되는 등 시스템이 외부 환경과 예상치 못한 상호작용이 일어났을 때 어떻게 반응하는지도 포함된다.

다시 말해, 악의적인 입력에 대한 시스템의 반응은 보안 관련 특성을 위배하지 않아야 한다. 하지만 이해가 어려운 시스템이라면 보안 상태를 단정할 수 있을 정도로 충분한 확신을 갖기가 어렵거나 때로는 불가능하다. 게다가 대부분의 테스트는 보안 특성과 관련된 '가능한 모든 동작'을 검증하기에는 비효율적이다. 테스트는 보통 시스템의 가능한 동작 중 상대적으로 적은 범위의 동작만을 보편적이거나 기대하는 상황에서 검증할 뿐이다.[1] 보통 이런 특성을 불변성으로 설정하려면 시스템에 대한 추상적인 판단에 의존해야 한다.

6.1.1 시스템 불변성

시스템 불변성이란 시스템의 환경이 제대로 동작하든 그렇지 않든 항상 참인 특성을 말한다. 설령 예상치 못한 방법이나 악의적인 방법으로 시스템의 환경이 오동작하더라도 불변성을 유지하는 것은 **오롯이 시스템의 책임**이다. 시스템 환경의 오동작은 불법적인 사용자가 시스템의 프런트엔드에 접근해 악의적으로 요청을 조작해서 하드웨어 장애를 유발해 불특정한 크래시를 유발하는 등 직접 제어할 수 없는 모든 경우의 수를 포함한다. 따라서 시스템 분석의 주요 목표 중 하나는 원하는 특성이 불변성으로 유지되는지를 확인하는 것이다.

시스템에서 보안 및 신뢰성과 관련해 불변성으로 유지해야 하는 속성의 예시는 다음과 같다.

- 인증을 받았으며 적절한 권한을 승인받은 사용자만 시스템의 영구 데이터 스토어에 접근할 수 있다.
- 시스템의 영구 데이터 스토어에 저장된 민감한 데이터에 대한 모든 작업은 시스템 감사 정책에 따라 감사 로그에 기록한다.
- 시스템의 신뢰 경계 밖에서 수신하는 모든 값은 적절히 검증하거나 API(예를 들면 SQL 쿼리 API나 HTML 마크업을 구성하는 API)에 전달하기 전에 인코딩해서 주입[injection] 취약점을 예방한다.
- 시스템의 백엔드가 수신하는 쿼리의 수는 시스템의 프런트엔드가 받은 쿼리의 수에 비례하여 확장한다.
- 시스템의 백엔드가 일정 시간이 지난 후 쿼리에 응답하지 못하면 시스템의 프런트엔드는 우아한 퇴보[gracefully degradation](https://oreil.ly/bLTJN)해야 한다. 예를 들면 쿼리의 결과와 근사한 값으로 대체한다.
- 어떤 컴포넌트에든 그 컴포넌트가 처리할 수 없는 양의 부하가 발생하면 연속적 장애의 위험을 줄이기 위해 컴포넌트는 크래시[crash]를 예방하고 과부하 에러(https://oreil.ly/7eJtF)를 리턴한다.
- 시스템은 미리 지정된 시스템에서만 RPC 요청을 수신할 수 있으며 미리 지정된 시스템에만 RPC 요청을 보낼 수 있다.

---

1 특히 제대로 된 절차 및 커버리지 가이드와 결합한 자동화된 퍼즈 테스트를 이용하면 더 넓은 범위의 시스템 동작을 테스트할 수 있다. 보다 자세한 내용은 13장에서 다룬다.

만일 시스템이 불변성을 위반하는 동작을 수행한다면 (다시 말해 앞서 설명한 속성이 실제로는 불변성이 아니라면) 시스템이 보안에 약하거나 취약점이 있다고 보면 된다. 예를 들어 요청 핸들러가 접근 검사를 수행하지 않거나 수행하는 검사가 적절치 않아 첫 번째 속성이 시스템에 대해 거짓이라고 가정해보자. 그렇다는 것은 공격자가 사용자의 개인 정보에 접근할 수 있는 보안 취약점이 존재한다는 뜻이다.

마찬가지로 시스템이 네 번째 속성을 만족하지 못한다고 가정해보자. 그런 상황이라면 시스템은 프런트엔드에 요청이 유입될 때마다 엄청난 수의 요청을 백엔드로 보낼 것이다. 예를 들어 백엔드가 요청 처리에 실패하거나 너무 오랜 시간이 걸려서 프런트엔드가 더 빨리 응답을 받기 위해 (도중에 그만두는 일 없이) 수차례 재시도를 하는 경우를 생각해볼 수 있다. 이런 시스템은 가용성에 잠재적인 약점이 있다. 일단 시스템이 이런 상태가 되면 프런트엔드가 백엔드에 너무 많은 부하를 걸어 서비스가 응답할 수 없게 되므로 스스로 서비스 거부 공격을 감행하는 셈이나 다름없다.

6.1.2 불변성 분석하기

시스템이 필요한 불변성 요구사항을 만족하는지 분석할 때는 불변성의 위배에 따라 발생할 수 있는 잠재적인 위험과 불변성 요구사항을 만족하고 이를 유지하는지 검증하는 데 필요한 노력 사이의 절충점이 존재한다. 불변성 요구사항을 위한 노력에는 몇 가지 테스트의 실행을 비롯해 소스 코드를 읽어 불변성을 위배할 수 있는 버그를 찾는(예를 들면 접근 확인을 잊어버린다거나) 등의 작업이 포함된다. 하지만 이런 방법을 채택한다고 해서 특별히 높은 수준의 확신을 얻을 수는 없다. 대부분의 경우 테스트나 코드 검토에 포함되지 않은 코드에 버그가 숨어있을 가능성이 높다. SQL 주입, 크로스 사이트 스크립팅cross-site scripting(XSS), 버퍼 오버플로buffer overflow와 같이 이미 잘 알려진 보편적인 소프트웨어 취약점이 여전히 '톱 취약점' 목록[2]의 상위권을 차지하고 있는 이유다. 증거가 없다는 점이 버그가 없다는 증거가 될 수는 없다.

반면, 정통한 방법으로 검증된 형식 추론formal reasoning을 기반으로 분석을 실행하는 경우도 있다. 예컨대 시스템과 불변성이 형식화된 로직에 모델링되어 있고 시스템이 해당 속성을 유지하고

---

[2] SANS(https://oreil.ly/cYTHM), MITRE(https://oreil.ly/-XYhE), OWASP(https://wiki.owasp.org/images/b/bd/OWASP_Top_10-2017-ko.pdf) 등에 발행되어 있다.

있음을 (보통 자동화된 검증 도구의 도움을 받아) 논리적으로 증명하는 경우다.[3] 이 방법은 어려우며 많은 노력이 필요하다. 예를 들어 현재 가장 규모가 큰 소프트웨어 검증 프로젝트는 기계어 수준에서 구현한 마이크로커널microkernel의 포괄적인 정확함과 보안 속성을 증명하기 위한 프로젝트다(https://oreil.ly/qxVk2). 이 프로젝트는 대략 20명이 1년간 투입되는 노력이 들어갔다.[4] 마이크로커널이나 복잡한 암호화 라이브러리 코드[5]같은 특정 상황에서는 형식 검증이 적절한 선택이 될 수 있지만 대용량 애플리케이션 소프트웨어 개발 프로젝트에는 대부분 적절하지 않다.

이번 장에서는 현실적인 타협안을 제시하는 것이 목적이다. 이해 가능성에 대한 명확한 목표를 가지고 시스템을 설계하면, 시스템이 어떤 불변성을 가지고 있다는 원칙에 입각한(하지만 여전히 약식화된) 논리를 갖출 수 있으며, 그 검증에 대해 납득 가능한 수준의 노력으로 충분히 높은 수준의 확신을 얻을 수 있다. 우리는 구글에서 이 방법이 대용량 소프트웨어 개발에 현실적인 방법이며 보편적인 취약점의 발생 가능성에 큰 영향을 미친다는 점을 깨달았다. 테스트와 검증에 대한 보다 자세한 내용은 13장을 참고하자.

6.1.3 멘털 모델

복잡도가 높은 시스템은 사람이 전체적으로 이해하기가 어렵다. 실제로 엔지니어와 주제 전문가subject matter expert(SME)는 관련 없는 상세 정보를 제거하고 시스템의 관련된 동작을 설명하는 멘털 모델을 구성한다. 복잡도가 높은 시스템의 경우에는 여러 멘털 모델을 구성하기도 한다. 이렇게 하면 해당 시스템 또는 서브시스템의 동작이나 불변성을 생각할 때 시스템 주변 정보와 기반 컴포넌트의 상세 정보를 각각의 멘털 모델로 치환하는 것이 아니라 추상화로 제거할 수 있다.

---

3 다음을 참고. Murray, Toby, and Paul van Oorschot. 2018. "BP: Formal Proofs, the Fine Print and Side Effects." Proceedings of the 2018 IEEE Cybersecurity Development Conference: 1–10. doi:10.1109/SecDev.2018.00009.

4 다음을 참고. Klein, Gerwin et al. 2014. "Comprehensive Formal Verification of an OS Microkernel." ACM Transactions on Computer Systems 32(1): 1–70. doi:10.1145/2560537.

5 일례로 다음을 참고. Erbsen, Andres et al. 2019. "Simple High-Level Code for Cryptographic Arithmetic With Proofs, Without Compromises." Proceedings of the 2019 IEEE Symposium on Security and Privacy: 73–90. doi:10.1109/SP.2019.00005. For another example, see Chudnov, Andrey et al. 2018. "Continuous Formal Verification of Amazon s2n." Proceedings of the 30th International Conference on Computer Aided Verification: 430–446. doi:10.1007/978-3-319-96142-2_26.

멘털 모델이 유용한 이유는 복잡한 시스템에 대한 이해를 간소화할 수 있기 때문이다. 같은 이유로 멘털 모델에는 제약도 존재한다. 일반적인 운영 조건에서 시스템 동작에 대한 경험을 바탕으로 멘털 모델을 구성했다면 그 모델은 예외적인 상황에서의 시스템 동작을 제대로 예측하지 못할 수 있다. 넓게 생각해보면 보안과 신뢰성 엔지니어링은 정확히 시스템이 공격을 당하고 있다거나 부하가 높아진 상황 또는 컴포넌트에 장애가 발생하는 등의 예외적인 상황에서 시스템을 분석하는 것이다..

처리량이 예측 가능하고 유입되는 요청 수에 따라 점진적으로 증가하는 시스템이 있다고 가정해보자. 하지만 어느 특정 부하 수준을 넘어서면 이 시스템은 완전히 다른 응답을 리턴하는 상태가 될 수 있다. 예를 들어 메모리의 부하로 인해 가상 메모리나 힙/가비지 컬렉터에 쓰래싱[6]thrashing하여 추가적인 부하를 처리하지 못하는 상황이 되기도 한다. 이런 추가적인 부하가 너무 늘어나면 심지어 처리량이 **감소**하기도 한다. 이때, 시스템의 멘털 모델이 필요 이상으로 단순하고 그 모델을 더 이상 적용할 수 없다는 것을 정확히 인지하지 못하면 완전히 엉뚱한 방법으로 문제 해결을 시도할 수 있다.

시스템을 설계할 때는 소프트웨어, 보안 그리고 신뢰성 엔지니어가 필연적으로 구성하는 멘털 모델을 고려하는 것이 중요하다. 이상적이라면 대형 시스템에 새로 추가할 컴포넌트를 설계할 때 자연스럽게 생겨나는 멘털 모델은 유사한 서브시스템을 위해 사람들이 이미 만들어 둔 멘털 모델로 구성되어야 한다.

가능하다면 시스템이 극한 상황이나 예외적인 상황에 빠졌을 때 멘털 모델을 유용하게 사용할 수 있도록 시스템을 설계해야 한다. 예를 들어 쓰래싱을 방지하기 위해서 프로덕션 서버를 디스크상의 가상 메모리 스왑swap 공간 없이 실행하도록 구성할 수 있다. 프로덕션 서비스가 요청을 처리하는 데 필요한 메모리를 할당할 수 없으면 예측할 수 있는 방법으로 신속하게 에러를 리턴해야 한다. 버그가 많거나 비정상적으로 동작으로 시스템이 메모리 할당 실패와 크래시를 처리할 수 없더라도, 최소한 장애를 유발한 근본적인 문제를 명확하게 알아낼 수 있다. 예시의 경우라면 메모리 압박으로 문제가 발생하고 있음을 알 수 있다. 그렇다면 시스템을 관찰하는 사람들의 멘털 모델이 여전히 유용하다는 뜻이다.

---

6 옮긴이_ 컴포넌트에 부하가 급격히 증가해 부담이 가해지는 상황

6.2 이해가 가능한 시스템의 설계

지금부터 설명할 내용은 시스템을 더 이해 가능하게 하고 시간이 지나면서 더 발전하는 시스템의 이해 가능성을 유지하기 위해 측정해야 하는 것을 설명한다. 먼저 복잡도의 문제부터 생각해보자.

6.2.1 복잡도와 이해 가능성의 관계

이해 가능성을 확보하는 데 있어 가장 큰 문제는 관리되지 않은 복잡성unmanaged complexity이다.

현대 소프트웨어 시스템(특히 분산 시스템)과 이런 시스템이 해결하는 문제의 규모를 생각해보면 어느 정도의 복잡성은 자연적이며 필연적이다. 예를 들어 구글에서 일하는 수만 명의 엔지니어는 수억 줄의 코드가 저장된 소스 저장소에서 업무를 수행한다. 이 엄청난 양의 코드가모여 사용자용 서비스와 백엔드 그리고 이들을 지원하는 데이터 파이프라인 등이 구현된다. 하나의 제품만 서비스하는 작은 규모의 조직이라도 수십 또는 수백 명의 엔지니어가 수십만 줄의코드로 수백 개의 기능과 사용자 스토리를 구현한다.

본질적으로 기능이 복잡한 시스템의 예로 지메일을 생각해보자. 지메일은 클라우드 기반 이메일 서비스라고 요약할 수 있겠지만, 그렇게 생각한다면 지메일의 복잡성을 오해하고 있는 것이다. 지메일은 수많은 기능을 제공하지만 그 중 대표적인 기능은 다음과 같다.

- 다중 프런트엔드와 UI(데스크톱 웹, 모바일 웹, 모바일 애플리케이션 등)
- 서드파티 개발자가 애드온add-on 기능을 구현할 수 있는 여러 API
- 인바운드inbound와 아웃바운드outbound IMAP 및 POP 인터페이스
- 클라우드 스토리지 서비스와 통합된 첨부 파일 처리
- 문서나 스프레드시트 같은 다양한 형태의 첨부 파일 미리 보기
- 오프라인 기능을 갖춘 웹 클라이언트와 기본 동기화 인프라스트럭처
- 스팸 필터링
- 자동 메시지 분류
- 비행 일정이나 캘린더 이벤트 등의 구조화된 정보를 추출하는 시스템
- 철자 교정
- 스마트 리플라이reply와 스마트 컴포즈compose
- 메시지 응답 리마인더reminder

이런 기능을 갖춘 시스템은 그렇지 않은 시스템에 비해 본질적으로 복잡하지만 그렇다고 해서 지메일 제품 관리자에게 이런 기능 때문에 복잡도가 너무 높아지므로 보안과 신뢰성을 위해 기능을 제거하자고 요구할 수는 없다. 무엇보다 이런 기능은 사용자에게 가치를 제공하며, 넓게 보면 이런 기능이 지메일을 제품으로 정의한다. 이런 복잡성을 열심히 관리한다면 시스템의 보안과 신뢰성을 계속해서 유지할 수 있다.

앞서 설명했듯이 이해 가능성은 시스템과 서브시스템의 구체적인 동작 및 속성과 관련이 있다. 따라서 우리의 목표는 이런 **구체적이고 관련 있는 시스템의 속성과 동작**에 대해 사람이 확실하게 이해할 수 있는 방법으로 자연적인 복잡도를 구분하고 억제하기 위한 시스템 설계를 구조화하는 것이어야 한다. 다시 말하면 복잡성을 이해 가능성의 관점에서 관리해야 한다는 뜻이다.

물론 말처럼 쉬운 일은 아니다. 이번 절의 나머지에서는 관리되지 않는 복잡성의 보편적인 이유와 그에 따라 이해 가능성이 어떻게 줄어드는지 살펴본다. 그리고 복잡성을 제어하고 시스템을 더 이해하기 쉽게 만드는 데 도움이 되는 설계 패턴을 알아본다.

우리에게 가장 중요한 것은 보안과 신뢰성이지만 지금부터 설명할 패턴은 대부분 이 두 가지만을 위한 것은 아니며, 복잡성의 관리와 이해 가능성의 증가를 목적으로 하는 보편적인 소프트웨어 설계 기법에 더 가깝다. 또한 존 아우스터하우트^{John Ousterhout}의 『A Philosophy of Software Design』(Yaknyam Press, 2018)같은 시스템과 소프트웨어 설계에 대한 포괄적인 도서도 참조하면 좋다.

6.2.2 복잡성의 구분

복잡한 시스템의 동작을 모두 이해하려면 대형 멘털 모델을 내재화하고 유지해야 한다. 여기서 문제는 사람이 이 부분에 약하다는 점이다.

비교적 작은 컴포넌트를 조합해서 구성하면 시스템을 조금 더 이해하기 쉽게 만들 수 있다. 그렇게 하면 개별 컴포넌트를 독립적으로 이해할 수 있으며, 조합된 컴포넌트의 속성으로 전체 시스템의 속성을 유추할 수 있다. 그러면 한 번에 전체 시스템을 생각하지 **않고도** 전체 시스템의 불변성을 확보할 수 있다.

하지만 현실적으로 이 방법은 그다지 직관적이지 않다. 서브시스템의 속성을 확인하고 이를 시스템 전체의 속성으로 조합하는 능력은 전체 시스템이 여러 컴포넌트로 분할되어 구조화된 방법과 각 컴포넌트가 제공하는 인터페이스의 본질 및 신뢰 관계에 영향을 받는다. 이런 관계와 관련된 고려사항은 6.3절 '시스템 아키텍처'에서 살펴본다.

6.2.3 보안과 신뢰성 요구사항의 중앙 집중식 책임

4장에서 설명했듯이 보안과 신뢰성 요구사항은 시스템의 모든 컴포넌트에 수평적으로 적용되곤 한다. 예를 들어 보안 요구사항에 따라 시스템은 사용자 요청에 대한 응답을 실행하는 모든 작업에 대해 공통적인 작업(예를 들면 감사 로그나 운영 지표 수집)을 완료하거나 어떤 조건(인증과 승인)을 검사해야 한다.

만일 개별 컴포넌트가 이런 공통 작업과 검사를 독립적으로 구현한다면 실제로 시스템이 요구사항을 만족하는지 확인하기가 어려워진다. 그러나 이 문제는 공통적인 기능의 책임을 라이브러리나 프레임워크 같은 중앙 집중식centralized 컴포넌트에 구현하도록 설계해서 해결할 수 있다. 예를 들어 RPC 서비스 프레임워크로 전체 서비스에 중앙식으로 정의된 정책에 따라 시스템이 모든 RPC 메서드에 대한 인증, 승인, 로깅 을 구현할 수 있다. 이렇게 설계하면 개별 서비스 메서드는 보안 기능에 대한 책임을 갖지 않으며 애플리케이션 개발자가 이 기능을 구현하는 것을 잊어버리거나 잘못 구현할 일이 없어진다. 게다가 보안 검토자 역시 개별 서비스 메서드 구현을 일일이 확인하지 않고도 시스템의 인증 및 승인 제어 기능을 이해할 수 있다. 검토자는 그저 프레임워크를 이해하고 서비스 전용 설정만 확인하면 된다.

다른 예로 부하가 높아진 상황에서 연쇄적 장애를 방지하기 위해 유입된 요청 처리에 타임아웃timeout과 마감기한deadline을 적용해야 하는 상황을 가정해보자. 과부하로 인한 장애가 발생했을 때 재시도를 수행하는 어떤 로직도 엄격한 안전성 메커니즘을 지켜야 한다. 물론 애플리케이션이나 서비스 코드에 하위 요청의 마감기한을 설정하고 장애를 적절히 처리하도록 해서 이 정책을 구현할 수도 있다. 하지만 하나의 시스템에서 관련된 코드를 구현하면서 실수를 하거나 해당 기능을 빠뜨리면 전체 시스템의 신뢰성이 취약해지는 결과로 이어진다. 그러므로 기반 RPC 서비스 프레임워크에 자동 마감기한 전파와 중앙식 요청 취소 처리[7]를 지원하는 메커니즘을 추가하면 신뢰성을 유지하면서도 더 견고하며 이해하기 쉬운 시스템을 구현할 수 있다.

다음 예시는 보안과 신뢰성 요구사항의 구현 책임을 중앙 집중화할 때의 얻을 수 있는 두 가지

---

7 더 자세한 내용은 SRE 워크북 11장 참고.

장점을 보여준다.

시스템 이해 가능성의 향상

검토자는 한 곳만 확인하면 보안 및 신뢰성 요구사항이 올바르게 구현되었는지 이해하고 검증할 수 있다.

시스템이 실제로 올바르게 구현될 가능성의 증가

이 방법은 애플리케이션 코드가 요구사항을 잘못 구현하거나 구현을 놓칠 가능성을 제거한다.

애플리케이션 프레임워크나 라이브러리에 보안과 신뢰성 요구사항을 중앙 집중적으로 구현하고 검증하는 데 초기 비용이 있지만 이 비용은 해당 프레임워크를 기반으로 구현할 모든 애플리케이션이 분할해서 상환하게 된다.

6.3 시스템 아키텍처

복잡성을 관리하는 핵심은 시스템을 계층과 컴포넌트로 나누는 것이다. 이 방법을 사용하면 전체 시스템의 모든 세부 정보를 한 번에 이해하려고 애쓰지 않고 부분별로 나누어 이해할 수 있다.

그 다음 시스템을 정확히 어떻게 컴포넌트와 계층으로 분리할 것인지에 대해 주의깊게 고민해야 한다. 컴포넌트를 너무 강하게 결합tightly coupled하면 모놀로식 시스템만큼이나 이해하기 어렵게 된다. 시스템의 이해 가능성을 높이려면 컴포넌트 자체에 신경 쓰는 만큼 컴포넌트 간의 경계와 인터페이스에도 주의를 기울여야 한다.

숙련된 소프트웨어 개발자는 대부분 외부의 환경에서 유입되는 입력(및 이어지는 상호 작용)은 신뢰할 수 없는 것으로 간주하고 시스템이 입력에 대한 어떠한 가정도 해서는 안 된다는 점을 잘 이해하고 있다. 반면 내부의 저수준 계층 API(인-프로세스 서비스 객체의 API나 내부 백엔드 마이크로서비스가 노출하는 RPC 등)의 호출자는 신뢰할 수 있는 것으로 간주하고 그런 호출자로 문서화된 API의 사용 제약을 준수하려는 경향을 보이기도 한다.

시스템의 보안 속성이 내부 컴포넌트의 현재 동작에 의존한다고 가정해보자. 그리고 올바른 동작은 올바른 연산 순서나 메서드 매개변수 값의 제약과 같이 컴포넌트의 API 호출자가 확인하는 사전 조건에 의존한다고 가정해보자. 이 시스템이 적절한 속성을 갖추었는지를 결정하려면 API뿐만 아니라 전체 시스템의 모든 API 호출 지점까지 이해하고 모든 호출 지점이 필요한 전제 조건을 보장하는지를 알아야 한다.

컴포넌트가 호출자에 대해 가정하는 부분이 적을수록 컴포넌트를 별도로 이해하기가 더 쉬워진다. 이상적이라면 컴포넌트가 호출자에 대한 어떠한 가정도 해서는 안 된다.

만일 컴포넌트가 어쩔 수 없이 호출자에 대한 가정을 해야 한다면 이런 가정을 인터페이스 설계나 해당 환경의 다른 제약, 예를 들면 해당 컴포넌트와 상호작용을 할 수 있는 주체를 제약하는 것처럼 명확하게 드러내는 것이 중요하다.

6.3.1 이해 가능한 인터페이스 명세

구조화된 인터페이스, 일관적인 객체 모델, 멱등성^{idempotent}을 가진 동작 등은 시스템의 이해 가능성에 큰 영향을 미친다. 다음 절에서 설명하겠지만 이런 요인을 갖춘 시스템은 그 출력 동작을 예측하고 인터페이스가 상호작용하는 방법을 더 쉽게 이해할 수 있다.

해석해야 할 의미가 적어지도록 인터페이스를 추리자

서비스는 여러 다른 모델로 인터페이스를 노출할 수 있다. 몇 가지 예를 들면 다음과 같다.

- OpenAPI와 JSON을 활용한 RESTful HTTP API
- gRPC
- 쓰리프트(Thrift)
- W3C 웹서비스 (XML/WSDL/SOAP)
- 코바(CORBA)
- 분산COM(DCOM)

이 중에는 유연한 모델도 있고 보다 구조화된 모델도 있다. 예를 들어 gRPC나 쓰리프트를 사용하는 서비스는 자신이 지원하는 개별 RPC 메서드의 이름을 정의하는 것은 물론 메서드의 입력과 출력에 대한 타입도 정의한다. 반면 보다 형식이 자유로운 RESTful 서비스는 모든 HTTP

요청을 받아들이고 애플리케이션 코드로 요청 본문이 원하는 구조를 가진 JSON 객체인지를 확인하기도 한다.

사용자 정의 타입을 지원하는(gRPC, 쓰리프트, OpenAPI 같은) 프레임워크는 API 인터페이스의 발견 가능성discoverability과 이해 가능성을 향상시키는 상호 참조cross referencing와 부합성 검사 같은 기능을 위한 도구를 쉽게 만들 수 있다. 또한 이런 프레임워크는 대부분 시간이 지나도 안전하게 API 인터페이스를 개선할 수 있다. 예를 들어 OpenAPI는 API 버저닝versioning을 내장 기능으로 제공한다. gRPC 인터페이스 정의에 사용하는 프로토콜 버퍼protocol buffer는 하위 호환성을 유지하며 메시지 정의를 갱신하는 방법에 훌륭한 가이드 문서(https://oreil.ly/yRUQ3)를 제공한다.

반면 자유 형식의 JSON 문자열로 구현한 API는 구현 코드와 핵심 비즈니스 로직을 살펴보지 않으면 이해하기가 어렵다. 이처럼 제약 없는 방법은 보안이나 신뢰성 사고로 이어질 수 있다. 예를 들어 클라이언트와 서버가 독립적으로 업데이트되어 RPC 페이로드payload를 서로 다르게 해석하면 둘 중 하나에서 충돌이 발생할 수 있다.

또한, 명시적인 API 명세의 부족으로 서비스 보안 상태를 평가하기가 어렵다. 예컨대 API 정의에 접근할 수 없다면 이스티오 승인 정책Istio Authorization Policy(https://oreil.ly/DjOpK)과 같은 권한 부여 프레임워크에 설명된 정책과 서비스에 실질적으로 노출되는 영역을 연관시키는 자동 보안 감사 시스템을 구현하기가 어렵다.

인터페이스에 공통 객체 모델을 사용하자

여러 종류의 리소스를 관리하는 시스템은 쿠버네티스kubernetes(https://oreil.ly/AtXnp)가 사용하는 모델처럼 공통된 객체 모델을 사용하는 편이 좋다. 각 리소스의 종류를 별개로 취급하는 대신 하나의 멘털 모델을 사용하면 엔지니어가 시스템의 큰 부분까지도 쉽게 이해할 수 있다. 다음 예시를 확인해보자.

- 시스템의 각 속성이 미리 정의된 기본 속성(불변성)을 만족하는 것을 보장할 수 있다.
- 시스템은 모든 타입의 객체에 대한 범위scope, 어노테이트annotate, 참조reference, 그룹group을 표준화된 방법으로 제공할 수 있다.
- 모든 종류 객체에 대한 작업을 일관된 동작으로 실행할 수 있다.엔지니어는 필요에 따라 커스텀 객체 타입을 생성할 수 있으며 내장 타입에 사용하는 것과 같은 멘털 모델로 커스텀 객체 타입을 이해할 수 있다.

구글은 리소스 지향 API를 지원하기 위한 공통 가이드라인을 제공한다(https://oreil.ly/AyMVP).

멱등성을 갖춘 작업에 주의를 기울이자

멱등성을 갖춘 작업은 몇 번을 실행하든 같은 결과를 리턴한다. 예를 들어 한 사람이 엘리베이터에서 2층 버튼을 누른다면 이 엘레베이터는 매번 2층에서 멈출 것이다. 심지어 버튼을 여러 번 눌러도 결과에는 변함이 없다.

분산 시스템에서는 작업의 순서가 뒤바뀐다거나 작업을 완료했다는 서버의 응답이 클라이언트에게 전해지지 않는 경우가 있으므로 멱등성이 매우 중요하다. 만일 API 메서드가 멱등적이라면 클라이언트는 성공적인 결과를 받을 때까지 해당 작업을 계속해서 재시도할 수 있다. 하지만 메서드가 멱등적이지 않다면 시스템은 새로 생성하려는 객체가 이미 존재하는지 서버에서 매번 확인하는 등의 부차적인 방법을 사용해야 한다.

멱등성은 엔지니어의 멘털 모델에도 영향을 미친다. API의 실제 동작과 예상하는 동작 간에 차이가 생기면 신뢰할 수 없거나 잘못된 결과로 이어진다. 예를 들어 데이터베이스에 레코드를 추가하려는 클라이언트를 생각해보자. 요청이 성공했는데 연결이 리셋되어 그 응답이 클라이언트에 전달되지 않았다. 클라이언트 코드의 작성자가 그 작업이 멱등적이라고 믿는다면 해당 요청을 재시도하려 할 것이다. 그런데 실제로 이 작업이 멱등적이지 않다면 시스템은 결국 중복된 레코드를 생성하게 된다.

멱등성을 지원하지 않는 작업도 필요하지만 작업이 멱등성을 가지면 멘털 모델이 더 단순해진다. (개발자와 장애 대응 인력을 포함한)엔지니어는 작업을 시작할 때 해당 작업의 멱등성 여부를 점검하지 않아도 된다. 그저 성공할 때까지 해당 작업을 반복하면 된다.

일부 작업은 본질적으로 멱등성을 가지므로 다른 작업도 재구성을 통해 멱등성을 갖게 할 수 있다. 앞의 예시에서 데이터베이스를 변경하는 RPC마다 (예를 들면 UUID 같은)고유 식별자를 포함하도록 클라이언트에 요구할 수 있다. 서버에 같은 고유 식별자를 가진 변경 요청이 2번 유입되면 해당 작업이 중복 작업임을 알고 적절히 대처할 수 있다.

6.3.2 이해할 수 있는 신원, 인증 그리고 접근 제어

모든 시스템은 누가 어떤 리소스(특히, 민감한 리소스)에 접근할 수 있는지 식별할 수 있어야한다. 예를 들어 지불 시스템의 감사자는 내부의 어떤 누군가가 고객의 개인 식별 정보 에 접근할 권한이 있는지 파악해야 한다. 보통 시스템은 각 상황에서 주어진 리소스에 대한 엔티티의접근을 제한 할 수 있는 승인 및 접근 제어 정책을 가지고 있다. 예시의 경우 이 정책은 신용 카드를 처리할 때 직원이 PII 데이터에 접근하지 못하도록 권한을 제한한다. 이런 특정한 접근이발생하면 감사 프레임워크는 접근을 기록할 수 있다. 그러면 나중에라도 정기적인 검사나 혹은장애 원인 조사의 일부로 접근 로그 분석을 자동화할 수 있다.

신원

신원은 엔티티와 관련된 속성이나 식별자의 집합을 의미한다. **자격 증명**은 주어진 엔티티에 대한 신원을 검증한다. 자격 증명은 간단한 비밀번호, X.509 인증서 또는 Oauth2 토큰 등 다양한 형태를 갖는다. 자격 증명은 주로 사전에 정의된 **인증 프로토콜**authentication protocol을 이용해 전송한다. 인증 프로토콜은 접근 제어 시스템이 리소스에 접근하는 엔티티를 식별하기 위해 사용한다. 엔티티의 식별과 엔티티를 식별하기 위한 모델을 선택하는 것은 복잡하다. 시스템이 (고객과 관리자 등)사람과 관련된 엔티티를 어떻게 인식하는지는 상대적으로 쉽게 이해할 수 있지만, 대형 시스템은 비단 사람뿐만 아니라 모든 엔티티를 식별할 수 있어야 한다.

대형 시스템은 사람의 개입과 관련 없이 서로를 호출하는 수많은 마이크로서비스로 구성된다. 예를 들어 데이터베이스 서비스는 저수준 디스크 서비스의 스냅숏snapshot을 정기적으로 획득해야 한다. 그리고 디스크 서비스는 할당량quota 서비스를 호출해서 데이터베이스 서비스의 디스크 할당량이 스냅숏에 필요한 데이터를 저장할 수 있는 만큼 충분한지 확인할 수 있다. 또는 음식 주문 프런트엔드 서비스에서 고객이 인증을 수행 중이라고 생각해보자. 프런트엔드 서비스는 백엔드 서비스를 호출하고, 이 백엔드 서비스는 데이터베이스를 호출해서 사용자가 선호하는 음식을 조회한다. 일반적으로 **활성 엔티티**active entitie는 다른 시스템과 상호작용을 수행하는 사람, 소프트웨어 컴포넌트, 하드웨어 컴포넌트를 모두 포함한다.

NOTE_ 전통적인 네트워크 보안 사례를 보면 간혹 접근 제어와 로깅 및 감사(예를 들면 방화벽 정책 등)에 IP 주소를 주요 식별자로 사용하는 경우가 있다. 안타깝지만 IP 주소는 현대의 마이크로서비스 시스템에서는 단점이 더 많다. IP 주소는 안정성과 보안성이 부족하므로(게다가 스푸핑spoofing도 쉽다) 시스템에서 서비스를 식별하고 적절한 수준의 권한을 모델링하는 데 적합한 식별자가 아니다. 시작 단계라면 마이크로서비스는 호스트 풀pool에 배포되며 이 경우 여러 서비스가 같은 호스트에서 실행된다. 포트port 역시 강력한 식별자라고 보기는 어렵다. 시간이 지나면서 재사용되는 경향이 있기도 하거니와 (더 안 좋은 점은) 호스트에서 실행 중인 서로 다른 서비스가 임의로 선택하기 때문이다. 게다가 마이크로서비스는 다른 호스트에서 실행 중인 여러 인스턴스를 서비스하는 경우도 있으며 이 경우에는 IP주소를 안전한 식별자로 사용할 수 없다.

보안과 신뢰성에 모두 장점이 있는 식별자의 속성

일반적으로 신원과 인증 서브시스템[8]은 신원을 모델링하고 표현하는 자격 증명을 프로비저닝provisioning한다. 신원이 '유의미'하려면 다음과 같은 속성을 가져야 한다.

이해가 가능한 식별자를 가져야 한다

식별자는 사람이 외부의 자료를 참고하지 않고도 식별자만으로 누구 또는 무엇을 지칭하는지 이해할 수 있어야 한다. 예를 들어 **24245223**같은 숫자는 이해가 쉽지 않지만 **widget-store-frontend-prod** 같은 문자열은 특정 워크로드workload를 분명히 지칭한다. 이해 가능한 식별자는 실수도 쉽게 찾아낼 수 있다. 예컨대 ACL에 접근 제어 목록을 수정할 때 사람이 읽을 수 있는 이름이 아니라 임의의 숫자로 구성된 문자열을 사용한다면 실수를 할 가능성이 더 높아진다. 비록 ACL을 다루는 관리자 입장에서는 합법적으로 보이는 식별자를 사용하는 공격자에 대한 보호 장치를 추가할 때 여전히 식별자를 주의깊게 살펴야 하지만, 사람이 읽을 수 있는 식별자를 사용하면 악의적인 목적을 더 쉽게 간파할 수 있다.

스푸핑에 견고해야 한다

이 속성을 유지하는 것은 사용하는 자격 증명의 종류(비밀번호, 토큰, 인증서)와 신원을 뒷받침하는 인증 프로토콜의 종류에 따라 다르다. 예를 들어 평문clear text 채널을 이용해 사용자 이름/비밀번호 조합이나 베어러 토큰을 전달하면 스푸핑의 표적이 되기 쉽다. TPM(https://oreil.ly/2PWij)같은 하드웨어 모듈 및 비공개 키private key를 사용하는 인증서를 TLS 세션과 함께 사용하면 스푸핑하기가 훨씬 어려워진다.

---

8 보통 여러 신원 서브시스템을 사용한다. 예를 들어 한 신원 서브시스템은 내부 마이크로서비스를 위해서만 사용하고 다른 서브시스템은 관리자를 위해서만 사용하는 식이다.

접근 제어와 감사 메커니즘의 품질을 결정하는 것은 시스템이 사용하는 신원 및 신원 간 신뢰 관계의 타당성이다. 보안 및 신뢰성 관점에서 이해 가능성을 확보하기 위한 가장 기본적인 단계는 시스템 내의 모든 활성 엔티티에 의미있는 식별자를 부여하는 것이다. 보안 관점에서 식별자는 누가 무엇에 접근하는지를 결정하는 데 도움이 된다. 신뢰성 관점에서 식별자는 CPU, 메모리, 네트워크 대역폭 같은 공유 리소스 사용을 계획하고 실행하는 데 도움이 된다.

조직 전체의 신원 시스템은 공통 멘털 모델을 강화하며 조직 전체가 같은 언어로 엔티티를 설명할 수 있다는 것을 의미한다. 같은 종류의 엔티티에 서로 경쟁적인 신원 시스템을 도입하면 (예를 들면 전역 및 로컬 엔티티의 신원 시스템이 공존한다면) 엔지니어와 감사자가 시스템을 이해하는 데 있어 복잡성이 불필요하게 증가할 뿐이다.

4장에서 살펴봤던 위젯 주문 예제에서 외부 지불 프로세스 서비스를 사용했던 것과 마찬가지로 필요하다면 기업은 외부의 시스템을 신원 서브시스템으로 사용할 수 있다. 오픈ID 커넥트(ODIC) (`https://openid.net/connect`)는 주어진 프로바이더^{provider}가 신원을 검증하는 프레임워크를 제공한다. 조직은 신원 서브시스템을 직접 구현하지 않고 어떤 프로바이더를 사용할 것인지만 설정하면 된다. 하지만 다른 디펜던시가 그렇듯 외부 신원 시스템을 도입할 때도 고려해야 할 절충점이 있다. 이 예시의 경우는 모델의 간소화 정도와 신뢰할 수 있는 프로바이더가 제공하는 보안 및 신뢰성의 견고함 간에 절충점이 존재한다.

예제: 구글 프로덕션 시스템의 신원 모델 구글은 여러 다른 타입의 활성 엔티티를 사용해 신원을 모델링하고 있다.

관리자

새 릴리스를 내보내거나 설정을 변경하는 등 시스템의 상태를 변경하는 행위를 수행할 수 있는 사람(구글 직원)을 의미한다.

머신

구글 데이터센터의 물리적 머신을 의미한다. 이 머신은 (지메일 같은) 서비스를 구현한 프로그램과 시스템이 필요로 하는 서비스(예를 들면 내부 시간 서비스 등)를 함께 실행한다.

워크로드

워크로드는 쿠버네티스와 유사한 시스템인 보그 오케스트레이션 시스템[9]이 머신에 예약한 작업을 의미한다.

고객

구글이 제공하는 서비스에 접근하는 구글 고객을 의미한다.

관리자administrator는 프로덕션 시스템 내에서 벌어지는 모든 상호작용의 기반이다. 워크로드 간의 상호작용의 경우 관리자가 주도적으로 시스템의 상태를 변경하지는 않지만 부트스트랩 단계 (또 다른 워크로드를 시작할 수도 있다)에서 워크로드를 시작하는 동작을 실행한다.

5장에서 설명했듯이 관리자(또는 관리자 집합)가 실행한 모든 동작을 추적하는 감사로 책임을 명확히 하고 해당 직원의 권한 수준을 분석할 수 있다. 이때 관리자 및 관리자가 관리하는 엔티티에 의미있는 신원을 부여해야 감사가 가능하다.

관리자는 싱글 사인온single sign-on(SSO)과 통합된 전역 디렉터리 서비스로 관리한다. 전역 그룹 관리 시스템은 관리자를 그룹으로 묶어 팀의 개념을 표현할 수 있다.

머신은 전역 인벤토리 서비스/머신 데이터베이스에 모아서 관리한다. 구글의 프로덕션 네트워크상의 머신에는 DNS 이름으로 주소를 지정할 수 있다. 또한 머신의 신원을 관리자와 묶어 특정 머신에서 실행 중인 소프트웨어를 수정할 수 있는 사람을 표현한다. 실질적으로는 머신에 로그인할 수 있는 그룹과 머신의 소프트웨어 이미지를 릴리스할 수 있는 그룹을 루트로 통합한다.

구글 데이터센터의 프로덕션 환경에서 동작하는 모든 머신은 신원을 갖는다. 여기서 **신원이란** 머신의 주된 목적을 의미한다. 예를 들어 테스트 전용의 연구소 머신은 프로덕션 워크로드를 실행하는 머신과는 다른 신원을 갖는다. 이 신원은 머신에서 핵심 애플리케이션을 실행하는 머

---

9 보그에 대한 더 자세한 내용은 다음을 참고. Verma, Abhishek et al. 2015. "Large-Scale Cluster Management at Google with Borg." Proceedings of the European Conference on Computer Systems (EuroSys) (`https://oreil.ly/zgKsd`).

신 관리 데몬 같은 프로그램이 참조한다.

워크로드는 오케스트레이션 프레임워크를 사용하는 머신에 예약된다. 각 워크로드는 요청자가 선택한 신원을 갖는다. 오케스트레이션 시스템은 요청을 생성한 엔티티가 요청을 생성할 권한이 있는지 그리고 요청한 신원으로 워크로드의 실행을 예약할 권한이 있는지를 확인한다. 또한 오케스트레이션 시스템은 어떤 머신에 워크로드를 예약할 수 있는지를 결정하는 여러 제약을 확인한다. 워크로드 자체는 그룹 관리 같은 관리용 작업을 실행할 수 있지만 해당 머신에 루트나 관리자 권한은 갖지 않는다.

고객 신원은 특별한 신원 서브시스템도 가지고 있다. 내부적으로 이 신원은 서비스가 해당 고객으로서 어떤 동작을 실행할 때마다 사용된다. **접근 제어**는 고객 신원이 워크로드 신원과 어떻게 어울려 동작할 것인지를 설명한다. 외부적으로 보면 구글은 고객이 구글 신원으로 (zoom.us 같이)구글이 제어하지 않는 엔드포인트에 대한 인증을 받을 수 있는 오픈ID 커넥트 워크로드 (https://oreil.ly/vxJAP)를 제공한다.

인증과 전송 보안

인증과 전송 보안transport security은 암호화cryptography, 프로토콜 설계, 운영체제 같은 특정 분야의 전문 지식이 필요한 복잡한 분야다. 따라서 모든 엔지니어가 이와 관련된 모든 주제를 깊이 있게 이해하기를 기대할 수는 없다.

대신 엔지니어는 추상화와 API를 이해할 수 있어야 한다. 구글의 애플리케이션 계층 전송 보안application layer transport security (ALTS) (https://oreil.ly/EsBfd)은 자동화된 서비스 간 인증과 전송 보안 기능을 애플리케이션에 제공한다. 이를 이용하면 애플리케이션 개발자는 자격 증명의 프로비저닝 방법이나 연결상에서 데이터를 보호하기 위해 어떤 암호화 알고리즘을 사용해야 할지 고민하지 않아도 된다.

그래서 애플리케이션 개발자의 멘털 모델은 다음과 같이 간단해진다.

- 애플리케이션이 유의미한 신원으로 실행 중이다
- 관리자가 자신의 워크스테이션에서 프로덕션 환경에 접근하기 위해 사용하는 도구는 대부분 관리자의 신원을 사용한다.
- 권한을 부여받아 어떤 머신에서 실행 중인 프로세스는 해당 머신의 신원을 사용한다.
- 오케스트레이션 프레임워크로 워크로드로써 배포된 애플리케이션은 주로 (myservice-frontend-

prod 같이)해당 환경과 서비스가 제공하는 워크로드 신원을 사용한다.

- ALTS는 제로 설정^{zero-config} 전송 보안을 제공한다.
- 공통 접근 제어 프레임워크의 API는 인증된 피어 정보를 조회한다.

ALTS 및 그와 유사한 시스템(예를 들면 이스티오의 보안 모델(https://oreil.ly/17Jm6))은 쉽게 이해할 수 있는 방법으로 인증 및 전송 보안을 제공한다.

인프라스트럭처의 애플리케이션 간 보안 기능이 체계적인 방법을 사용하지 않는다면 제대로 이해하기가 어렵거나 심지어 불가능하다. 예를 들어 애플리케이션 개발자가 사용할 자격 증명의 종류와 이 자격 증명으로 검증할 워크로드 신원을 개인적으로 선택해야 한다고 가정해보자. 그러면 감사자는 애플리케이션이 인증을 제대로 수행하는지 확인하기 위해 애플리케이션의 코드 전체를 직접 읽어야 한다. 이 방법은 보안에도 치명적이다. 확장성이 전혀 없으며 코드의 일부는 감사가 되지 않거나 올바르지 않을 수 있다.

접근 제어

유입되는 서비스 요청에 대한 접근 제어 정책을 코드화하고 강제하는 프레임워크를 사용할 때의 장점은 전체 시스템의 이해 가능성을 확보할 수 있다는 점이다. 프레임워크는 보편적인 지식을 강화하고 정책을 서술하는 단일화된 방법을 제공하며 따라서 엔지니어가 활용하는 도구에서 중요한 부분을 차지한다.

프레임워크는 본질적으로 여러 신원이 관여하는 워크로드 간의 데이터 전송 같은 복잡한 상호작용을 처리할 수 있다. 예를 들어 [그림 6-1]은 다음의 상황을 도식화한 것이다.

- 워크로드의 체인^{chain}이 **인그레스, 프런트엔드, 백엔드** 등 세 개의 신원을 사용해 실행되어야 한다.
- 인증을 받은 고객이 이 워크로드를 실행을 요청한다.

그림 6-1 워크로드 간 데이터 전송에 관여하는 상호작용

프레임워크는 체인의 연결 부분마다 워크로드나 고객이 요청을 처리할 권한의 유무를 결정할

수 있어야 한다. 또한, 접근 제어 정책은 어떤 워크로드 신원이 고객을 대신해 데이터를 조회할지 결정할 수 있는 충분한 표현력을 가지고 있어야 한다.

이런 본질적인 복잡함을 처리할 수 있는 단일화된 방법이 있다면 대부분의 엔지니어는 이 제어 방식을 이해할 수 있다. 만일 각 서비스 팀이 같은 복잡한 사례를 다루는 각자의 시스템을 가지고 있다면 이해 가능성을 확보하기 어렵다.

프레임워크는 선언적인 접근 제어 정책을 정의하고 적용함으로써 일관성을 보장한다. 선언적이면서도 단일화된 성질 덕분에 엔지니어는 인프라스트럭처 내에서 서비스와 사용자 데이터의 보안 결함을 평가하는 도구를 개발할 수 있다. 만일 접근 제어 로직이 애플리케이션의 코드에 각자 구현되어 있다면 이런 도구를 구현하는 것은 본질적으로 불가능하다.

6.3.3 더 알아보기: 보안 경계

시스템의 신뢰 컴퓨팅 기반^{trusted computing base}(TCB)은 '제대로 동작하는 것만으로도 보안 정책이 적용되어 있음을 확실시하기에 충분하거나 나아가 장애 시 보안 정책의 위반을 유발할 수 있는 일련의 컴포넌트(하드웨어, 소프트웨어, 사람 등)'를 의미한다.[10] 다시 말해 TCB는 설령 TCB **외부**의 엔티티가 임의로 또는 심지어 악의적인 방식으로 오동작하더라도 보안 정책을 반드시 준수해야 한다. 물론 TCB 외부 개념은 (인터넷 어딘가에 도사리고 있는 악의적인 공격자 같은) 시스템의 외부 환경도 포함하지만 **시스템 중 TCB 내에 있지 않은 시스템도** 포함한다고 볼 수 있다.

보안 경계^{security boundary}는 TCB와 '그 외 나머지' 사이의 인터페이스를 일컫는 말이다. '그 외 나머지'(시스템의 다른 부분, 외부 환경, 네트워크로 시스템과 상호작용하는 클라이언트 등)는 이 경계를 넘어 통신하면서 TCB와 상호작용한다. 이 통신은 인터프로세스^{interprocess} 통신 채널이나 네트워크 패킷 또는 이를 기반으로 구현된 (gRPC 같은)고수준 프로토콜의 형태로 이루어진다. TCB는 데이터 자체와 메시지의 순서 같은 다른 측면 모두에서 보안 경계를 넘나드는 모든 문제를 의심해야 한다.

어떤 시스템으로 TCB를 구성할 것인지는 고려하는 보안 정책에 따라 달라진다. 따라서 각 계

---

10 로스 앤더슨(Ross J. Anderson)이 출간한 『Security Engineering: A Guide to Building Dependable Distributed Systems』(Wiley, 2008) 참고.

층에서 해당 보안 정책을 준수하기 위해 필요한 TCB를 생각해보는 것이 중요하다. 예를 들어 운영체제의 보안 모델은 대부분 '사용자 신원'을 기준으로 하며 서로 다른 사용자가 실행한 프로세스를 구분하는 보안 정책을 제공한다. 예를 들어, 유닉스 계열 시스템에서는 사용자 A가 실행하는 프로세스는 다른 사용자 B가 소유한 프로세스와 관련된 메모리나 네트워크 트래픽을 보거나 수정할 수 없다.[11] 소프트웨어 수준에서 이런 속성을 보장하는 TCB는 기본적으로 운영체제 커널 및 권한을 가진 모든 프로세스와 시스템 데몬으로 구성된다. 결국 운영체제 시스템은 주로 가상 메모리 같은 기반 하드웨어가 제공하는 메커니즘에 의존한다. 이런 메커니즘은 운영체제 수준 사용자를 구분하는 보안 정책을 적용하는 TCB에 포함된다.

네트워크 애플리케이션 서버(예를 들면 웹 애플리케이션이나 API를 노출하는 서버)의 소프트웨어는 운영체제 수준 보안 정책의 TCB에 포함되지 않는다. 그 이유는 (httpd 같은) 권한이 없는 OS의 역할 에 의해 실행되기 때문이다. 하지만 이 애플리케이션은 자체적인 보안 정책을 탑재하고 있을 수 있다. 예를 들어 명시적인 문서 공유 제어를 통해서만 사용자가 데이터에 접근할 수 있는 보안 정책을 탑재한 다중 사용자 애플리케이션을 생각해보자. 이 경우 애플리케이션 코드(또는 그 일부)는 이 애플리케이션 수준 보안 정책을 준수하는 TCB에 **포함**된다.

시스템이 적절한 보안 정책을 준수하도록 하려면 보안 정책과 관련된 전체 TCB를 이해하고 도출해야 한다. 당연한 말이겠지만 TCB의 어느 한 곳에서 장애가 발생하거나 버그가 존재한다면 보안 정책을 제대로 준수할 수 없다.

TCB는 코드의 양과 복잡도를 증가시키므로 TCB를 도출하는 것은 더 어렵다. 그래서 TCB를 최대한 작게 유지하고 실질적으로 보안 정책을 준수하는 데 필요하지 않은 컴포넌트는 최대한 TCB에서 배제하는 것이 중요하다. 불필요한 컴포넌트를 TCB에 포함하면 이해 가능성이 떨어질 뿐만 아니라 이런 컴포넌트 중 하나에서 버그나 장애가 발생하면 보안에 위협이 된다.

4장에서 소개했던 온라인으로 사용자에게 위젯을 판매하는 웹 애플리케이션 예제를 다시 생각해보자. 사용자는 결제를 수행하는 애플리케이션 UI에 신용 카드 번호와 배송지 주소를 입력한다. 그러면 시스템은 이 정보의 일부만 저장하고 (신용 카드 데이터 같은) 나머지 데이터를 서드파티 지불 서비스에 전달한다.

우리는 배송 주소 같은 사용자의 민감한 데이터에는 그 사용자만 접근할 수 있도록 보장해야 한

---

11 이 사실은 사용자 A가 루트 권한을 갖고 있지 않은 상황과 더불어 몇 가지 특정한 조건하에서만 적용된다. 예컨대 공유 메모리나 루트의 권한을 허용하는 리눅스 기능 같은 메커니즘을 사용하는 경우 등이 이 조건에 해당한다.

다. 따라서 이 보안 속성을 위한 신뢰 컴퓨팅 기반을 TCB AddressData라고 표시할 것이다.

대중적인 애플리케이션 프레임워크 중 하나를 사용한다면 보통 [그림 6-2]와 같은 아키텍처를 구축하게 될 것이다.[12]

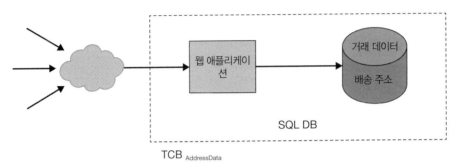

그림 6-2 위젯을 판매하는 애플리케이션의 예제 아키텍처

이 설계를 보면 시스템은 하나의 모놀로식 웹 애플리케이션 및 관련 데이터베이스로 구성되어 있다. 애플리케이션은 여러 모듈로 필요한 기능을 구현하겠지만 결국 모듈은 같은 코드 기반의 일부이며 전체 애플리케이션은 하나의 서버 프로세스로써 실행된다. 마찬가지로 애플리케이션은 모든 데이터를 하나의 데이터베이스에 저장하며 서버상의 어디에서든 전체 데이터베이스에 읽기 및 쓰기 작업을 위한 접근이 가능하다.

애플리케이션의 어느 한 부분은 장바구니 결제와 구매를 처리하며, 구매와 관련된 정보는 데이터베이스 어딘가에 저장된다. 애플리케이션의 다른 한 부분은 구매와 관련된 기능(예를 들면 장바구니에 담긴 아이템을 관리하는 기능)을 담당하지만 이 기능은 구매 기능에 직접적으로 의존하지 않는다. 애플리케이션의 나머지 부분은 구매와는 전혀 관련이 없는 기능을 담당한다 (위젯 카탈로그를 탐색하거나 제품 검토를 읽고 쓰는 등의 기능을 담당한다). 문제는 모든 기능이 하나의 서버에 구현되어 있으며 모든 데이터가 하나의 데이터베이스에 저장되므로, 전체 애플리케이션 및 애플리케이션의 디펜던시(예를 들면 데이터베이스 서버와 운영체제 커널)는 우리가 제공하고자 하는 사용자 데이터 접근 정책을 적용하는 TCB에 모두 포함된다.

이로 인해 발생할 수 있는 위험으로는 카탈로그 검색과 관련된 코드의 SQL 주입 취약점으로 이름이나 배송 주소 같은 사용자의 민감한 데이터가 유출되는 경우, 또는 CVE-2010-

12 예제의 간소화를 위해 [그림 6-2]에는 외부 서비스 제공자와 연결되는 부분이 표현되어있지 않다.

1870(https://oreil.ly/y0xRl)같은 웹 애플리케이션 서버의 원격 코드 실행 취약점으로 공격자가 애플리케이션 데이터베이스를 읽거나 수정하는 권한을 획득하게 되는 경우 등을 예로 들 수 있다.

작은 TCB와 강력한 보안 경계

애플리케이션을 마이크로서비스로 분리하면 보안을 향상시킬 수 있다. 이 아키텍처에서는 각 마이크로서비스가 애플리케이션의 특정 기능을 독립적으로 구현하며 별도의 데이터베이스에 데이터를 따로 저장한다. 또한 마이크로서비스는 RPC로 서로 통신하며 유입되는 모든 요청은 설령 내부 마이크로서비스가 보낸 것이라도 신뢰하지 않는다.

마이크로서비스를 사용하면 애플리케이션 아키텍처를 [그림 6-3]과 같이 변경하게 된다.

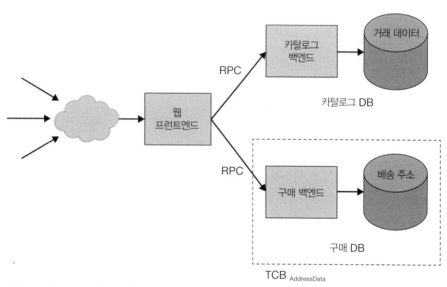

그림 6-3 위젯 판매 애플리케이션의 마이크로서비스 아키텍처 예시

이제는 모놀로식 서버 대신 웹 애플리케이션 프런트엔드 및 제품 카탈로그와 구매 관련 기능을 각각 구현한 백엔드로 서비스를 제공하게 된다. 각 백엔드는 독립된 데이터베이스를 보유하고 있다.[13] 웹 프런트엔드는 데이터베이스에서 직접 쿼리를 실행하지 않는다. 대신 적절한 백엔드

---

13 실제로는 개별 워크로드 신원에 적절한 권한으로 접근할 수 있도록 테이블을 별개의 그룹으로 나누어 관리한다. 이렇게 하면 데이터에 대한 접근을 분리하면서도 장바구니와 카탈로그 아이템 간의 외래키 제약 등을 활용해 모든 테이블에 데이터 일관성을 보장할 수 있다.

로 RPC 요청을 보낸다. 예를 들어 프런트엔드는 카탈로그의 아이템을 조회하거나 특정 아이템의 상세 정보를 조회하는 질의를 카탈로그 백엔드에 보낸다. 마찬가지로 프런트엔드는 구매 백엔드에 장바구니 결제 절차를 처리하는 RPC 요청을 보낼 수 있다. 이 장의 초반부에서 설명했듯이 백엔드 마이크로서비스와 데이터베이스 서버는 권한을 필요로 하는 워크로드를 처리하기 위해 워크로드 신원과 ALTS 같은 인프라스트럭처 수준의 인증 프로토콜로 호출자를 인증하게된다.

이 새로운 아키텍처에서 주소 데이터 보안 정책을 위한 신뢰 컴퓨팅 기반은 그 크기가 훨씬 작다. TCB가 구매 백엔드와 그 데이터베이스 그리고 관련된 디펜던시로만 구성되기 때문이다. 카탈로그 백엔드는 처음부터 지불 데이터에 접근할 수 없기 때문에 공격자는 더 이상 카탈로그 백엔드의 취약점을 악용해서 결제 데이터에 접근할 수 없다. 따라서 이 설계는 주요 시스템 컴포넌트의 보안 취약점에 영향을 받는 범위를 크게 줄일 수 있다(보다 자세한 내용은 8장에서 설명한다).

보안 경계와 위협 모델

신뢰 컴퓨팅 기반의 크기와 모양은 보장하고하는 보안 속성과 시스템의 아키텍처에 좌우된다. 단순히 시스템 컴포넌트 주변에 점선을 그려놓고 TCB라고 부를 수는 없다. 컴포넌트의 인터페이스와 더불어 시스템의 나머지 부분의 신뢰성에 어떤 영향을 미칠지도 고려해야 한다.

사용자가 애플리케이션에서 배송 주소를 확인하고 수정할 수 있다고 가정해보자. 배송 주소는 구매 백엔드가 관리하므로 구매 백엔드는 웹 프런트엔드가 사용자의 배송 주소를 조회하고 수정할 수 있는 RPC 메서드를 노출해야 한다.

만일 구매 백엔드로 프런트엔드가 **모든** 사용자의 배송 주소를 얻을 수 있게 한다면 공격자는 웹 프런트엔드를 공략하고 이 RPC 메서드로 모든 사용자의 민감한 데이터에 접근하고 수정할 수 있게 된다. 다시 말해 구매 백엔드는 서드파티보다 웹 프런트엔드를 더 신뢰하므로 웹 프런트엔드도 TCB의 일부로 간주해야 한다.

아니면 구매 백엔드로 하여금 프런트엔드에게 소위 **최종 사용자 콘텍스트 티켓**end-user context ticket**(EUC)**(https://oreil.ly/0WkhS)을 요청해서 해당 요청을 외부 사용자 요청으로 간주하고 인증을 수행해야 한다. EUC는 해당 요청과 연관된 인증 쿠키나 토큰(예를 들면 Oauth2)같이 외부에 공개된 자격 증명으로 중앙 인증 서비스가 내부 서비스를 위해 생성한 단기 티켓이다. 백엔드가 유효한 EUC와 함께 유입된 요청에만 응답해 데이터를 리턴한다면 공격자가 프런트엔드를 공략하더라도 임의의 사용자는 EUC를 얻을 수 없기 때문에 구매 백엔드에 **접근할 수 없다**. 하지만 최악의 경우 공격자는 공격을 진행하는 동안 애플리케이션을 사용하는 사용자의 민감한 데이터는 확보할 수 있다.

TCB가 위협 모델을 고려하는 데 관련이 있음을 보여주기 위한 또 다른 예시를 들기 위해 이 아키텍처가 웹 애플리케이션의 보안 모델과 어떤 관련이 있는지 생각해보자.[14] 이 보안 모델에서 **웹 오리진**(프로토콜과 서버의 완전한 호스트이름 및 포트 번호를 포함한 전체 이름)은 신뢰 도메인을 표현한다. 주어진 오리진의 경계 내에서 실행되는 자바스크립트는 해당 경계 내에서 사용 가능한 정보라면 어떤 것이든 조회와 변경이 가능하다. 반면 브라우저는 **동일 오리진 정책**^{same-origin policy}에 정해진 규칙에 따라 다른 오리진에서 전달된 콘텐츠와 코드 간에 접근을 제한한다.

웹 프런트엔드는 전체 UI를 `https://widgets.example.com` 같은 단일 웹 오리진에서 서비스한다. 그렇다는 것은 만약 XSS 취약점[15]으로 오리진에 악의적인 스크립트가 주입되면 카탈로그 표시 UI에서 사용자 프로필 정보에 접근하거나 심지어 사용자 이름으로 아이템을 '구매'까지 할 수도 있게 된다는 뜻이다. 따라서 웹 보안 위협 모델에서 TCBAddressData에는 전체 웹 프런트엔드가 포함된다.

이 상황은 시스템을 더 구분하고 추가적인 보안 경계를 설정해서 해결할 수 있다. 예시의 경우라면 웹 오리진을 기반으로 보안 경계를 구분하면 된다. [그림 6-4]에서 보듯이 웹 프런트엔드를 2개로 구분하면 된다. 즉, 카탈로그 검색과 브라우징을 담당하는 `https://widgets.example.com`과 구매 프로필 및 결제를 처리하는 `https://checkout.example.com`으로 나누는 것이다.[16] 이제 기능별로 각자의 웹 오리진을 갖게 되었으므로 카탈로그 UI의 XSS 같은 웹 취약점 때문에 지불 기능이 공격당하는 일은 없다.

14 미하우 잘레프스키가 집필한 『The Tangled Web』(No Starch Press, 2012) 참고.

15 미하우 잘레프스키의 『The Tangled Web』(No Starch Press, 2011) 참고.

16 지불 프런트엔드도 (`https://widgets.example.com/checkout`) 같은 URL로 접근할 수 없도록 웹서버 설정을 변경했다는 것이 중요하다.

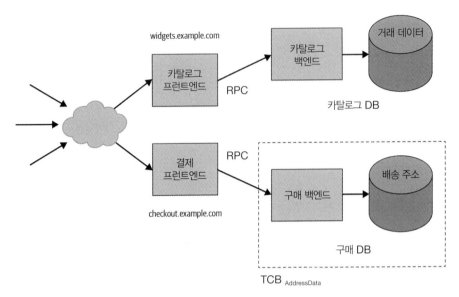

그림 6-4 웹 프런트엔드의 분리

TCB와 이해 가능성

보안상의 장점 외에도 TCB와 보안 경계는 시스템을 더 쉽게 이해할 수 있게 만들어준다. TCB의 자격을 얻으려면 컴포넌트는 나머지 시스템과 분리되어야 한다. 컴포넌트는 반드시 잘 정의되어야 하고 명확한 인터페이스를 제공해서 TCB가 올바르게 구현되었는지를 독립적으로 확인할 수 있어야 한다. 컴포넌트의 적합성이 컴포넌트가 제어할 수 있는 범위를 벗어난 가정에 의존하게 된다면 TCB의 정의에 따라 이 컴포넌트는 TCB라고 할 수 없다.

TCB는 대체로 각자의 장애 도메인을 가지고 있다. 장애 도메인이 있으면 버그나 DoS 공격 또는 기타 운영과 관련된 영향에 애플리케이션이 어떻게 반응하는지를 쉽게 이해할 수 있다. 시스템을 구획화^{compartmentalizing}할 때의 장점은 8장에서 더 자세히 알아본다.

6.4 시스템 설계

대형 시스템을 보안 경계로 구분한 컴포넌트로 분리해도 여전히 모든 코드 및 해당 보안 경계 내의 서브컴포넌트를 이해해야 한다. 게다가 컴포넌트로 분리했다 하더라도 여전히 개별 컴포넌트가 크고 복잡한 경우도 비일비재하다. 이번 절에서는 모듈, 라이브러리, API 같이 보다 작은 소프트웨어 컴포넌트를 기준으로 불변성을 이해하는 소프트웨어 구조화 기법에 대해 설명한다.

6.4.1 서비스 요구사항에 애플리케이션 프레임워크를 활용하기

앞서 설명했듯이 프레임워크는 재사용 가능한 기능을 제공한다. 여러분의 시스템은 인증 프레임워크, 승인 프레임워크, RPC 프레임워크, 오케스트레이션 프레임워크, 모니터링 프레임워크, 소프트웨어 릴리스 프레임워크 등 다양한 프레임워크를 사용하고 있을 것이다. 이런 프레임워크는 상당한 유연성을 제공하지만 너무 **과도한** 경우도 많다. 사용할 수 있는 프레임워크와 각 프레임워크를 설정하는 방법의 조합 방법이 너무 많으면 애플리케이션/서비스 개발자, 서비스 소유자, SRE, 데브옵스 엔지니어 등 서비스를 다루는 엔지니어가 어려움을 느낄 것이다.

구글은 이런 복잡성을 관리하기 위한 고수준의 프레임워크를 구현하는 것이 유용하다는 사실을 깨달았다. 이런 프레임워크를 **애플리케이션 프레임워크**라고 부른다. 때로는 **풀 스택**full-stack이나 **배터리를 내장한**batteries-included 프레임워크라고 부르기도 한다. 애플리케이션 프레임워크는 개별 기능을 위한 고유한 서브프레임워크를 제공한다. 뿐만 아니라 적당한 수준의 기본 설정과 더불어 모든 서브프레임워크가 함께 동작하는 것도 보장해준다.

예를 들어 애플리케이션 개발자가 선호하는 RPC 프레임워크로 새로운 서비스를 개발했다고 가정해보자. 그 과정에서 선호하는 인증 프레임워크로 인증을 구현하면서 승인 및 접근 제어를 설정하는 것을 깜박한 것이다. 그렇다해도 새 서비스는 기능적으로 문제가 없어 보일 수 있다. 하지만 승인 정책이 없으면 그 애플리케이션은 위험할 정도로 불안정한 것이다. 인증을 받은 모든 클라이언트(예를 들면 시스템상의 모든 애플리케이션)가 필요에 따라 이 서비스를 호출해 최소 권한(5장 참고) 원칙을 위반할 수도 있어 심각한 보안 문제로 이어질 수 있다. 예를 들어 서비스가 노출하는 메서드 중 하나가 데이터센터의 모든 네트워크 스위치를 재설정하는 것을 허용한다고 생각해보라!

애플리케이션 프레임워크는 모든 애플리케이션이 유효한 승인 정책을 보유하도록 하고 명시적으로 승인 받지 않은 모든 클라이언트를 허용하지 않는 안전한 기본 설정을 적용해 이런 문제를 해결한다.

일반적으로 애플리케이션 프레임워크는 다음과 같이 애플리케이션 개발자와 서비스 소유자에게 필요한 모든 기능을 적용하고 설정할 수 있는 강력한 방법을 제공해야 한다(물론 여기에 나열한 기능에만 국한되지는 않는다).

- 요청 분배dispatching, 요청 포워딩forwarding, 마감 기한 전파deadline propagation
- 사용자 입력 검사 및 로케일locale 탐지
- 인증, 승인 및 데이터 접근 감사
- 로깅과 에러 보고
- 상태 관리, 모니터링, 진단
- 할당량 강제
- 로드 밸런싱과 트래픽 관리
- 바이너리 및 설정 배포
- 통합, 시험판prerelease 및 부하 테스트
- 대시보드와 알림
- 수용량 계획 및 프로비저닝
- 예정된 인프라스트럭처 중단의 처리

애플리케이션 프레임워크는 모니터링, 알림, 로드 밸런싱, 수용량 계획(12장 참고) 등과 같이 신뢰성과 관련된 부분을 처리한다. 그래서 애플리케이션 프레임워크를 사용하면 여러 부서의 엔지니어가 같은 용어로 의사소통을 할 수 있고 따라서 이해 가능성과 팀 간의 공감대가 향상된다.

6.4.2 복잡한 데이터 흐름의 이해

보안과 관련된 속성의 상당수는 시스템을 관통하는 **값**에 대한 검증assertion에 의존한다.

예를 들어 여러 웹 서비스는 다양한 목적으로 URL을 활용한다. 처음에는 URL을 문자열로 표현하는 것이 시스템 전반에 걸쳐 단순하고 직관적으로 보였다. 하지만 애플리케이션의 코드와 라이브러리가 이 URL이 항상 올바른 형식이거나 URL이 https같은 특정 스키마를 가지고 있다고 가정^{assumption}하게 된다. 이런 코드는 그 가정을 위반하는 URL과 함께 호출되는 순간 잘못된(그래서 보안 버그를 유발하는) 코드가 되버린다. 다시 말해 신뢰할 수 없는 외부 호출자로부터 값을 전달받는 업스트림^{upstream} 코드가 입력값을 수정하고 적절한 검증을 수행할 것이라는 암묵적인 가정이 존재하는 것이다.

하지만 문자열 타입의 값은 유효한 URL이든 아니든 명시적인 검증 결과를 드러내지 못한다. '문자열' 타입 자체는 그 값이 어떤 길이를 가진 일련의 문자나 코드임을 보장할 뿐이다(세부사항은 언어의 구현에 따라 다르다). 따라서 이 값에 대한 그 외의 다른 모든 속성은 그저 가정일 뿐이다. 그러므로 다운스트림^{downstream} 코드가 올바른지 여부를 확인하려면 모든 상위 코드를 이해해야 하며, 상위 코드가 필요한 검증을 실제로 실행하는지 여부를 확인해야 한다.

대규모의 복잡한 시스템 안에서 흐르는 데이터 값을 명시적인 데이터 타입으로 표현하면 필요한 속성을 타입의 계약^{contract}으로 규정하여 데이터를 확인하는 속성을 더 쉽게 정의할 수 있다. 이해 가능성이 높은 시스템 설계를 도입하면 URL을 처리하는 다운스트림 코드는 기본 문자열 타입이 아니라 유효한 형식의 URL[17]을 표현하는 타입(예를 들면 자바 클래스 타입)을 사용하게 된다.

이렇게 설계하면 처리하는 URL이 유효한 것인지에 그 적법성이 결정되는 다운스트림 코드를 이해하기 위해 모든 호출자 코드를 살펴보고 호출자가 적절한 검증을 실행하는지 확인할 필요가 없다. 대신 두 가지만 이해하면 URL을 처리하는 코드를 이해할 수 있다. 우선 URL 타입의 구현을 **독립적으로** 살펴볼 수 있다. 타입의 모든 생성자가 URL의 유효성을 보장할 수 있는지, 그리고 해당 타입의 모든 인스턴스가 문서화된 타입의 계약을 따르는지 확인한다. 그런 다음, URL 타입의 계약(예를 들면 유효성 여부)을 가정삼아 코드의 적법성 여부를 **별개로** 확인할 수 있다.

이처럼 타입을 활용하면 확인해야 할 코드의 양이 현저히 줄어들기 때문에 이해 가능성을 높이는 데 도움이 된다. 타입이 없다면 URL을 사용하는 모든 코드는 물론 URL을 평문 형태로 전달하는 다른 모든 코드까지 이해해야 한다. URL을 타입으로 표현하면 `Url.parse()`(또는 이와 유사한 생성자나 팩토리 함수) 안의 데이터 검증을 구현한 코드와 `Url` 타입을 최종적으로 사용하는 부분만 이해하면 된다. 단지 타입의 인스턴스를 전달하는 나머지 애플리케이션 코드는 굳이 이해할 필요가 없다.

....

17 또는 조금 더 보편화해서 특정 스키마 같은 관련된 속성을 만족하는 URL

어떻게 보면 이 타입은 '모든 유효한 URL'이라는 속성에 대한 책임을 단독으로 지고 있어서 TCB처럼 동작한다. 하지만 보편적으로 사용되는 언어의 구현을 보면 인터페이스, 타입 또는 모듈의 캡슐화 메커니즘은 대부분 보안 경계를 표현하지는 않는다. 그래서 모듈의 내부 구현을 모듈 외부 코드의 악의적인 동작에 영향을 받지 않는 TCB처럼 취급할 수는 없다. 이는 대부분의 언어에서 모듈 경계의 '외부' 코드가 (예를 들면 리플렉션reflection 기능이나 타입 캐스팅casting을 이용해서) 어떻게든 모듈의 내부 상태를 변경할 수 있기 때문이다. 타입 캡슐화는 모듈의 동작을 독립적으로 이해하는 데 도움이 된다. 하지만 이는 그 주변 코드가 순수한 의도를 가진 개발자가 작성했고 외부 침입에 의해 탈취되지 않은 환경에서 실행 중이라는 **가정이 성립되는 경우에만** 그렇다. 현실적으로 이는 어느 정도 용인할 수 있는 가정이다. 대부분의 코드는 저장소 접근 제어, 코드 검토 프로세스, 서버의 보강 등 조직과 인프라스트럭처 수준에서 관리되기 때문이다. 하지만 이 가정이 무너지면 보안 팀이 그 결과를 모두 떠맡아야 한다 (4부 참고).

타입을 이용하면 더 복잡한 속성도 확인할 수 있다. 예를 들어 (XSS나 SQL 주입 같은)주입 취약점을 방지할 수 있는지는 입력을 받은 지점과 주입 취약점에 노출될 가능성이 있는 API 사이 어딘가에 외부에서 유입된 잠재적으로 악의적인 입력을 적절하게 검사하거나 인코딩하는지에 달려있다.

애플리케이션이 주입 취약점을 갖지 않았는지 검증하려면 외부 입력을 소위 말하는 주입 싱크injection sink (예를 들면 입력을 제대로 검증하거나 인코딩하지 않아 보안 취약점이 있을 수 있는 API)에 전달하는 모든 코드와 컴포넌트를 이해해야 한다. 이런 데이터의 흐름은 보편적인 애플리케이션에는 매우 복잡한 편이다. 프런트엔드가 값을 수신하고 이를 하나 혹은 그 이상의 마이크로서비스 백엔드로 보내 데이터베이스에 저장하고 나중에 다시 읽어 주입 싱크의 경계 안에서 사용하는 식의 데이터 흐름은 매우 흔하게 찾아볼 수 있다. 이런 시나리오에서 흔히 발견할 수 있는 취약점은 **저장된**stored **XSS** 버그다. 이 버그는 신뢰할 수 없는 입력이 적절한 검증이나 처리 없이 영구 스토리지로 (HTML 템플릿이나 브라우저 측 DOM API 같은) HTML 주입 싱크에 보내지는 현상이다. 대규모 애플리케이션에서 이런 데이터의 흐름과 관련된 모든 부분을 검토하고 이해하는 것은 설령 도구를 활용한다 해도 사람의 능력으로는 해결하기 어렵다.

이런 주입 취약점을 예방하는 효과적인 방법 중 하나는 타입을 사용해서 SQL 쿼리나 HTML 마크업 같이 특정한 주입 싱크 경계 내에서 사용해도 안전한 값을 구분해 사용하는 것이다.[18]

- 생성자 또는 SafeSql이나 SafeHtml같은 빌더[builder] API는 타입의 모든 인스턴스가 (SQL 쿼리 API나 HTML 렌더링 기능 등) 관련된 싱크 경계에서 안전하게 사용할 수 있도록 보장한다. 이런 API는 잠재적으로 신뢰할 수 없는 값에 대한 런타임 검증과 생성 시 정정[correct-by-construction] (COC) API 설계를 조합해서 타입의 계약을 보장한다. 생성자 역시 완전히 신뢰할 수 있는 HTML 검증/검사 라이브러리 또는 전후상황에 기반한 이스케이핑[escaping]이나 템플릿에 삽입되는 데이터를 검증하는 HTML 템플릿 시스템 등 더 복잡한 라이브러리를 활용할 수 있다.[19]

- 적절한 타입의 값을 받아들이도록 싱크를 수정한다. 타입의 계약은 그 값이 해당 경계 내에서 사용해도 안전하다는 것을 보장하므로 그 타입을 사용하는 API는 생성 시점에서 안전해진다. 예를 들어 (문자열 대신) SafeSql 타입의 SQL 쿼리 API를 사용하면 SQL 주입 취약점에 대해서는 모든 SafeSql 타입 값은 SQL 쿼리로 사용해도 안전하기 때문에 걱정할 필요가 없다.

- 싱크는 여전히 (문자열 같은)기본 타입을 사용해도 무방하지만 이 경우에는 싱크 주입의 관점에서 어떤 값도 안전하지 않다고 가정해야 한다. 그래서 싱크 API가 스스로 런타임에 값이 안전한지 확인하기 위해 데이터의 검증이나 인코딩을 적절히 수행해야 한다.

시스템을 이렇게 설계하면 타입의 구현체 및 타입에 안전한 싱크 **API만** 이해해도 **전체 애플리케이션**을 SQL 주입이나 XSS 취약점으로부터 보호할 수 있다. 타입 캡슐화로 애플리케이션 코드는 보안과 관련된 타입의 불변성을 위반할 수 없기 때문에 이 타입에 값을 대입하는 애플리케이션 코드를 읽거나 이해할 필요가 없다. 검토[20] 또한 타입이 제공하는 생성 시 안전한 빌더를 사용해 타입의 인스턴스를 생성하는 애플리케이션 코드 역시 이해하거나 검토할 필요가 없다. 이 빌더는 호출자의 행위에 대한 어떤 가정도 없이 타입의 계약만을 준수하도록 만들어졌기 때문이다. 이에 대한 보다 자세한 내용은 12장에서 설명한다.

---

18 다음을 참고. Kern, Christoph. 2014. "Securing the Tangled Web." Communications of the ACM 57(9): 38-47. doi:10.1145/2643134.

19 다음을 참고. Samuel, Mike, Prateek Saxena, and Dawn Song. 2011. "Context-Sensitive Auto-Sanitization in Web Templating Languages Using Type Qualifiers." Proceedings of the 18th ACM Conference on Computer and Communications Security: 587-600. doi:10.1145/2046707.2046775.

20 이미 언급했지만 이 검증은 애플리케이션의 전체 기반 코드가 정상적이라는 가정하에서만 통한다. 다시 말하면 타입 시스템은 기반 코드가 악의적인 실수가 전혀 없는 경우에만 불변성을 유지할 수 있다. 즉, 언어의 리플렉션 API로 타입의 비공개 필드를 변경하는 등의 악의적인 코드가 존재한다면 불변성을 유지할 수 없다. 이 문제는 소스 코드 저장소에 코드 검토, 접근 제어, 감사 추적 등 추가적인 보안 메커니즘을 도입해 해결할 수 있다.

6.4.3 API 사용성에 대한 고려

API를 도입하고 사용할 때 조직의 개발자와 생산성에 미치는 영향을 고려해보는 것이 좋다. 만일 API가 사용하기에 번거롭다면 개발자의 작업 속도가 느려지거나 API의 도입을 꺼려할 것이다. 생성 시 안전한 API는 코드를 더 이해하기 쉽게 하고 개발자가 애플리케이션 로직에 집중하면서도 조직 문화에 보안 인식을 자동으로 심어줄 수 있다는 복합적인 장점을 제공한다.

다행히 생성 시 안전한 API로 개발자에게 장점을 제공하면서도 보안과 신뢰성 문화를 갖출 수 있는 라이브러리와 프레임워크를 설계(21장 참고)하는 것이 가능한 경우가 대부분이다. 개발자가 이미 익숙한 패턴과 관용 표현을 정립할 수 있는 안전한 API를 도입하면 개발자는 API를 사용하는 것과 관련된 보안 불변성에 대한 직접적인 책임을 지지 않아도 된다.

예를 들어 문맥에 따라 자동으로 코드를 이스케이핑하는 HTML 템플릿 시스템을 도입하면 이 시스템이 템플릿에 주입되는 모든 데이터에 올바른 검증과 이스케이핑에 대한 책임을 갖게 된다. 이는 시스템이 렌더링하는 템플릿에 어떤 (잠재적으로 악의적인) 데이터가 주입되더라도 XSS 취약점으로 이어지지 않기 때문에 전체 애플리케이션에 강력한 보안 불변사항이다.

동시에 개발자 관점에서 보면 상황에 따른 자동 이스케이핑 HTML 템플릿 시스템은 보통의 HTML 템플릿을 사용하는 것과 다를 바가 없다. 데이터만 제공하면 템플릿 시스템이 이를 HTML 마크업 안 적절한 위치에 주입한다. 한 가지 다른 점은 필요한 이스케이핑이나 검증 로직을 더 이상 신경 쓸 필요가 없다는 것이다.

예시: 안전한 암호화 API와 팅크 암호화 프레임워크

암호화 코드는 특히 더 사소한 실수에도 민감한 코드다. 암호학의 기초 요소(암호와 해시 알고리즘) 중 많은 요소가 비전문가라면 알아보기 힘든 치명적인 오류catastrophic failure 모드를 가지고 있다. 예를 들어, 암호화와 인증이 제대로 결합되지 않은(또는 인증이 전혀 없이 암호화만 사용하는) 상황이면 공격자는 이 서비스를 소위 말하는 '복호화 오라클decryption oracle'로 활용해서 서비스로의 요청이 실패하는지 아니면 받아들여지는지만 확인해도 암호화된 메시지를 평문으로 복구할 수 있다.[21]

필자의 경험상 숙련된 암호학자가 개발자고 검토하지 않은 암호학적 요소를 활용하는 코드는

---

21 다음을 참고. Rizzo, Juliano, and Thai Duong. 2010. "Practical Padding Oracle Attacks." Proceedings of the 4th USENIX Conference on Offensive Technologies: 1–8 (https://oreil.ly/y-0Ym).

보통 심각한 결함을 가지고 있다. 암호화를 제대로 사용하는 것은 정말 어렵다.

많은 보안 검토에 참여했던 경험으로 구글은 엔지니어가 애플리케이션에서 암호화를 안전하게 사용할 수 있는 프레임워크 팅크^{Tink} 를 개발했다(`https://oreil.ly/7G0mD`). 팅크는 구글 제품 팀에서 쌓은 폭넓은 경험과 암호화 구현체에서 취약점을 수정하던 경험 그리고 암호학적 지식이 없는 엔지니어도 안전하게 사용할 수 있는 간편한 API를 제공하던 경험 등을 총망라한 결과물이다.

팅크는 보편적인 암호화 관련 위험을 줄여주며 잘못 사용하기가 오히려 어려울 정도로 쉽고 안전한 API를 제공한다. 팅크의 설계와 개발에 적용된 원칙은 다음과 같다.

안전

이 라이브러리는 잘못 사용하기 어려울 정도로 안전한 API를 제공한다. 예를 들어 API는 갈로이스 카운터 모드$^{Galois\ Counter\ Mode}$에서 임시값^{nonces}의 재사용을 허용하지 않는다. 이는 AES-GCM 모드의 신빙성을 완전히 무너뜨리는 인증 키 복구를 허용할 수 있기 때문에 RFC 5288(`https://oreil.ly/3z4CT`)에도 언급되어 있으며 매우 보편적이면서도 미묘한 실수다.

사용성

라이브러리는 간편하고 사용하기 쉬운 API를 제공한다. 그래서 소프트웨어 엔지니어는 블록을 구현하고 관련 데이터를 포함하여 인증된 암호화$^{authenticated\ encryption\ with\ associated\ data}$(AEAD) 요소를 스트리밍하는 기능처럼 원하는 기능에만 집중할 수 있다.

가독성과 감사성

기능을 구현한 코드는 분명히 가독성이 좋아야 한다. 팅크는 라이브러리에 도입한 암호학 스키마에 대한 제어를 제공한다.

확장성

새로운 기능, 스키마, 형식을 추가하기가 쉽다. 예를 들면 키 관리자의 레지스트리^{registry}에 추가하면 된다.

신속성

팅크는 키 로테이션rotation 기능을 내장하고 있으며 더 이상 사용하지 않거나 문제가 생긴 스키마에 대한 디프리케이션deprecation을 지원한다.

상호운용성

팅크는 다양한 언어와 플랫폼을 지원한다.

팅크는 구글 클라우드 키 관리 서비스key management service(KMS)(https://oreil.ly/k5A3c), AWS 키 관리 서비스(https://oreil.ly/nzkF9) 그리고 안드로이드 키스토어(https://oreil.ly/PUkYz) 등과 통합된 키 관리 기능도 제공한다. 여러 암호화 그래픽 라이브러리를 사용하면 비공개 키를 쉽게 디스크에 저장할 수 있고 (완전히 비추하는 방법이지만)소스 코드에 비공개 키를 추가하는 것은 더더욱 쉬워진다. 설령 '키 사냥꾼'이나 '비밀번호 사냥꾼' 작업을 실행해서 기반 코드와 스토리지 시스템에서 비밀번호를 찾아 없앤다 하더라도 키 관리와 관련된 장애를 완전히 없애는 것은 어렵다. 반면에 팅크 API는 원시raw 키를 허용하지 않는다. 대신 키 관리 서비스를 사용하도록 장려한다.

구글은 팅크로 여러 제품의 데이터를 안전하게 관리하며 구글 내부는 물론 서드파티와의 통신에서도 데이터를 보호하기 위해 권장하는 라이브러리가 되었다. 팅크는 제대로 만든 구현체를 바탕으로 ('인증된 암호화' 같은)쉽게 이해할 수 있는 속성에 대한 추상화를 제공한다. 그래서 보안 엔지니어는 기반 암호학적 요소에 대한 저수준의 공격을 걱정할 필요 없이 고수준의 암호화 코드에만 집중할 수 있다.

하지만 팅크는 암호화 코드의 고수준 설계 실수까지 방지할 수 없다는 것을 명심하자. 예를 들어 소프트웨어 개발자가 적절한 암호학적 지식 없이 데이터를 해싱해서 보호한다고 가정해보자. 이 데이터가 신용 카드나 주민 번호처럼 (암호학적 관점에서 볼 때) 그다지 크지 않다면 해싱은 안전한 방법이 아니다. 이런 데이터에 인증된 암호화 대신 암호학적 해시를 사용하는 것은 팅크 API의 세밀함granularity 수준을 고려할 때 설계의 실수라는 점을 고스란히 드러낼 뿐이다.

소프트웨어 개발자와 검토자는 라이브러리나 프레임워크가 보장하는 것과 보장하지 못하는 보안 및 신뢰성 속성을 반드시 이해해야 한다. 팅크는 저수준의 암호학적 취약점으로 이어질 수 있는 많은 실수를 보호하지만 잘못된 암호화 API를 사용하는(또는 아예 암호화를 사용하지 않는) 실수까지 방지하지는 못한다. 마찬가지로 생성 시 안전한 웹 프레임워크는 XSS 취약점을 보호하지만 애플리케이션의 비즈니스 로직이 가진 보안 버그까지 보호하지는 못한다.

6.5 마치며

신뢰성과 보안의 장점은 이해할 수 있는 시스템과 깊고 밀접한 관련이 있다.

간혹 '신뢰성'과 '가용성'을 동의어로 취급하기도 하지만 신뢰성은 가용성, 내구성, 보안 불변성 등 시스템의 주요 설계 보장을 모두 준수하는 것을 의미한다.

이해하기 쉬운 시스템을 구축하기 위해 제시하는 핵심 가이드는 명확하고 제한적인 목적을 가진 컴포넌트로 시스템을 구축하라는 것이다. 이런 컴포넌트의 일부는 자체적으로 신뢰 컴퓨팅 기반을 이루어 보안 위험을 다루는 책임에 전념한다.

또한 이런 컴포넌트에 보안 불변성, 아키텍처적 회복성, 데이터 내구성 같은 필요한 속성을 갖추기 위한 전략에 대해서도 설명했다. 이번 장에서 설명했던 전략은 다음과 같다.

- 범위가 좁고 일관적이며 타입을 가진 인터페이스
- 일관적이고 신중하게 구현한 인증, 승인 그리고 계정 전략
- 소프트웨어나 관리자 역할을 수행하는 직원 등 구분없이 활성 엔티티에 신원을 명확하게 할당하기
- 보안 불변성을 캡슐화하는 애플리케이션 프레임워크 라이브러리와 데이터 타입의 활용으로 컴포넌트가 권장 사례를 일관되게 준수하는 것을 보장

시스템의 이해 가능성은 시스템에서 가장 중요한 기능이 제대로 동작하지 않을 때 단순한 장애와 장시간 사투를 벌여야 하는 재해 수준의 장애 사이에서 확연한 차이점을 보여준다. SRE가 제대로 역할을 수행하려면 반드시 시스템의 보안 불변성을 인지하고 있어야 한다. 극한의 경우, 보안 사고가 발생하면 보안을 위해 가용성을 희생해서라도 시스템을 오프라인으로 만들어야 할지도 모른다.

CHAPTER 7

범위의 변화를 위한 설계

마야 카초로프스키Maya Kaczorowski, 존 루니John Lunney, 데니즈 페젤Deniz Pecel, 옌 바르나손Jen Barnason,

피터 더프Peter Duff, 에밀리 스타크Emily Stark

고객에게 약속한 서비스 수준 목표(SLO)를 준수하면서 변화를 수용하는 능력은 서비스 신뢰성 기능의 견고함과 유연성에 좌우된다. 빈번한 빌드, 자동화된 테스트를 거치는 릴리스, 컨테이너와 마이크로서비스 등의 도구와 접근법을 활용하면 단기, 중기 그리고 장기적인 변화를 수용할 수 있음은 물론 서비스를 운영하면서 발생하는 예상치 못한 문제에도 대처할 수 있다. 이번 장에서는 구글의 변화 과정과 수년에 걸쳐 시스템에 그 변화를 수용한 방법 그리고 그 과정에서 얻은 교훈 등에 대한 다양한 예제를 살펴본다.

대부분의 (특히 아키텍처와 관련된) 설계 의사결정은 시스템 설계 단계에서 결정하는 것이 가장 쉽고 비용도 저렴하지만 이번 장에서 살펴볼 대부분의 권장 사례는 시스템 수명 주기의 후반부에서도 구현될 수 있다.

'변화는 끊임없이 일어난다'는 격언[1]은 소프트웨어 세계에서 더 확실히 체감된다. 매년 우리가 사용하는 장치의 수(와 종류)가 늘어나면서 라이브러리와 애플리케이션 취약점의 수도 늘어나고 있다. 어떤 장치나 애플리케이션도 잠재적으로 원격 침입, 데이터 유출, 봇넷 탈취 등을

---

[1] 헤라클레이토스(Heraclitus of Ephesus)의 격언으로 알려져있다.

비롯한 기타 뉴스에 나올법한 시나리오에 취약점을 드러낼 수 있다.

동시에 보안과 개인 정보에 대한 규제 기관과 사용자의 기대는 계속해서 높아지고 있으며 기업 수준의 접근 제한과 인증 시스템 같은 보다 강력한 제어를 원하고 있다.

계속해서 변화하는 취약점과 기대치 그리고 위험의 범위에 대응하려면 고도로 신뢰할 수 있는 시스템을 유지하면서도 인프라스트럭처를 빈번하고 빠르게 변경할 수 있어야 한다. 물론 이는 쉽지 않은 일이다. 이 둘 사이의 균형을 맞추려면 언제 그리고 얼마나 빨리 변화를 수용하기로 결정하는지가 관건이다.

7.1 보안과 관련된 변화의 종류

시스템의 보안 상태나 인프라스트럭처의 회복성을 향상시키기 위해 여러분이 만들어가게 될 변화에는 여러 종류가 있다. 몇 가지 예를 들어보자.

- 보안 사고에 대응하기 위한 변화 (18장 참고)
- 새로 발견된 취약점에 대응하기 위한 변화
- 제품이나 기능의 변화
- 보안 상태를 향상시키기 위해 내부적으로 추진된 변화
- 새로운 규제 요구사항 같이 외부에서 추진된 변화

보안을 위한 변화 중 일부는 더 많은 고려사항을 수반한다. 어떤 기능을 필수 기능으로 적용하기에 앞서 먼저 선택적 기능으로 롤아웃한다면 얼리 어답터early adopter에게 충분한 피드백을 수집하고 여러분이 정의한 초기 사용성을 철저히 테스트해야 한다.

디펜던시(예를 들면 벤더나 서드파티 코드 디펜던시)를 바꾸는 것을 검토 중이라면 새로운 솔루션이 여러분의 보안 요구사항에 부합하는지 확인해야 한다.

7.2 변화의 설계

보안상의 변화는 다른 소프트웨어의 변화와 마찬가지로 기본적인 신뢰성 요구사항과 릴리스 엔지니어링 원칙을 적용해야 한다. 더 자세한 내용은 이 책의 4장과 SRE 도서의 8장을 참고하기 바란다. 보안상의 변화를 롤아웃하는 타임라인timeline은 상황에 따라 다를 수 있지만(7.4절 '변화의 종류: 서로 다른 속도, 서로 다른 일정' 참고) 전체적인 절차는 같은 권장 사례를 따라야 한다.

모든 변화는 다음의 특성을 가져야 한다.

변화는 증분적이어야 한다

모든 변화는 최대한 작고 독립적으로 만들어야 한다. 변경사항을 코드 리팩터링과 같이 관련 없는 변경사항과 묶고자 하는 충동을 피해야 한다.

변화는 문서화되어 있어야 한다

다른 사람이 변화와 롤아웃의 상대적 긴급성을 이해할 수 있도록 변화의 '방법'과 '이유'를 설명해야 한다. 문서에는 다음과 같은 내용을 포함할 수 있다.

- 요구사항
- 변화에 관련된 시스템과 팀
- 개념 증명으로부터 얻은 교훈
- 결정의 근거(계획을 다시 점검해야 하는 경우)
- 관련된 모든 팀의 실무자

변화는 테스트를 거쳐야 한다

보안상 변화는 단위 테스트 및 (가능하다면) 통합 테스트로 테스트해야 한다 (보다 자세한 내용은 13장 참고). 동료와 함께 검토를 진행하면 변화가 실제로 프로덕션 환경에서 잘 동작한다는 확신을 어느 정도 얻을 수 있다.

변화는 격리되어야 한다

릴리스 시점의 비호환성을 방지하고 다른 변화로부터 격리하기 위해 기능 플래그를 사용하

자. 보다 자세한 내용은 SRE 도서의 16장을 참고하기 바란다. 기반 바이너리는 해당 기능이 꺼져있는 경우 동작에 아무런 변화가 없어야 한다.

변화는 검증되어야 한다

보통의 바이너리 릴리스 프로세스를 따라 변화를 롤아웃하고 프로덕션 환경에서 동작하거나 사용자 트래픽을 받기 전까지 검증하는 단계를 진행하자.

변화는 단계적이어야 한다

카나리 테스트로 변화를 점진적으로 롤아웃하자. 변화의 롤아웃 전과 후의 동작이 다르다는 것을 여러분이 직접 확인할 수 있어야 한다.

이 사례는 변화를 '천천히 침착하게' 롤아웃하는 방법을 제시하고 있다. 우리의 경험상 속도와 안전성 사이의 절충점을 명확히 인지하는 것이 중요하다. 롤아웃한 변화가 잘못돼서 다운타임이 확산되거나 데이터가 유실되는 등의 더 큰 문제가 유발하는 것은 아무도 원치 않는다.

7.3 보다 쉬운 변화를 위한 아키텍처 결정사항

필연적인 변화에 대응할 수 있는 인프라스트럭처와 프로세스 아키텍처는 어떻게 결정할 수 있을까? 이번에는 시스템을 조금 더 유연하게 하고 최소한의 저항으로 변화를 롤아웃하면서도 보안과 신뢰성의 문화를 구축(21장 참고)할 수 있는 전략에 대해 소개한다.

7.3.1 디펜던시의 최신 버전을 유지하고 자주 재빌드하자

코드로 디펜던시의 최신 버전을 사용하도록 유도하면 시스템을 새로운 취약점으로부터 보호할 수 있다. 특히 OpenSSL이나 리눅스 커널처럼 자주 변경되는 오픈 소스 프로젝트를 활용하는 경우 디펜던시에 대한 참조를 최신 버전으로 유지하는 것이 중요하다. 대형 오픈 소스 프로젝트 중 상당수는 취약점에 대한 대응이 잘 준비되어 있고 새로운 릴리스에 중요한 보안 패치를 적용한 경우 이를 적용하기 위한 복원 계획remediation plan을 명확히 제공하며 지원하는 버전에 대한 수정도 잘 지원한다. 디펜던시를 최신 버전으로 유지한다면 백로그와 함께 병합하거나 여러 개의 패치를 한 번에 적용하지 않고도 중요한 패치를 직접 적용할 수 있다.

새로운 릴리스와 그에 포함된 보안 패치는 환경을 재빌드하기 전까지는 적용되지 않는다. 환경을 자주 재빌드하고 재배포하는 것은 필요할 때 새로운 버전을 롤아웃할 준비가 되어 있음을 의미하는 것이다. 또한 긴급한 롤아웃에도 최신의 변화를 포함할 수 있다.

7.3.2 자동화된 테스트를 이용해 빈번하게 릴리스하자

기본적인 SRE 원칙은 긴급한 변화를 수용하기 위해 정기적으로 릴리스를 롤아웃할 것을 권장하고 있다. 하나의 큰 릴리스를 보다 작은 릴리스로 나누면 각 릴리스는 더 적은 수의 변화를 포함하게 되어 롤백을 하게 될 확률이 낮아진다. 이 주제에 대해 더 자세히 알고싶다면 SRE 워크북의 [그림 16-1]이 설명하는 '선순환'에 대해 살펴보기 바란다.

각 릴리스가 더 적은 코드 변화를 포함한다면 무엇이 변경되었는지 그리고 잠재적인 이슈가 무엇인지를 더 쉽게 이해할 수 있다. 또한 보안과 관련된 변화를 롤아웃해야 할 때도 예상되는 결과에 대해 더 큰 확신을 가질 수 있다.

빈번한 릴리스의 장점을 극대화하려면 테스트와 검증을 자동화해야 한다. 테스트를 자동화하면 문제가 없는 릴리스를 자동으로 롤아웃할 수 있을 뿐만 아니라 문제가 있는 릴리스가 프로덕션 환경에 롤아웃되는 상황을 방지할 수 있다. 또한 테스트를 자동화하면 중요한 취약점을 보호하는 수정사항도 주저 없이 롤아웃할 수 있다.

마찬가지로 컨테이너[2]와 마이크로서비스[3]를 활용하면 패치해야 하거나 정기적인 릴리스 절차를 밟아야 하는 영역을 줄일 수 있어 결과적으로 시스템 취약점에 더 간단하게 이해할 수 있다.

---

2 컨테이너에 대한 보다 자세한 내용은 댄 로렌스(Dan Lorenc)와 마야 카주로스키(Maya Kaczorowski)가 쓴 'Exploring Container Security' 블로그 포스트(https://oreil.ly/i9DTQ)를 참고하자. 추가로 다음을 참고. Burns, Brendan et al. 2016. "Borg, Omega, and Kubernetes: Lessons Learned from Three Container-Management Systems Over a Decade." ACM Queue 14(1) (https://oreil.ly/tDKBJ).

3 마이크로서비스에 대한 보다 자세한 내용은 SRE 도서의 7장 중 '사례 연구 4: 공유 플랫폼에서 수백 개의 마이크로서비스 운영하기' 절 참고.

7.3.3 컨테이너를 활용하자

컨테이너를 활용하면 애플리케이션에 필요한 바이너리와 라이브러리를 기반 호스트 운영체제와 분리할 수 있다. 각 애플리케이션은 각자 필요한 디펜던시 및 라이브러리와 함께 패키징되므로 호스트 운영체제에 포함할 필요가 없어 더 작은 크기로 유지할 수 있다. 그래서 애플리케이션의 이식성이 높아지고 독립적으로 안전하게 관리할 수 있다. 예를 들어 애플리케이션 컨테이너를 변경하지 않고도 호스트 운영체제의 커널 취약점을 패치할 수 있다.

컨테이너는 불변이다. 즉, 일단 배포되면 변경되지 않는다는 뜻이다. 그 대신 머신에 SSH로 연결해 전체 이미지를 재빌드하고 재배포할 수 있다. 컨테이너는 수명이 짧아 재빌드 및 재배포의 빈도가 높다.

실제 운영 중인 컨테이너를 패치하는 것보다는 컨테이너 레지스트리의 이미지를 패치하는 편이 좋다. 즉, (훨씬 빈번하고 모니터링, 카나리 테스트 및 기타 다른 테스트를 동반하는) 코드 롤아웃 절차와 같은 패치 롤아웃 절차를 만들어 완전히 패치된 컨테이너 이미지를 하나의 단위로 내보내면 더 자주 패치할 수 있다.

이런 변화는 하나의 태스크^task로 롤아웃되므로 시스템은 자신이 서비스하던 트래픽을 다른 인스턴스로 매끄럽게 옮길 수 있다. 보다 자세한 내용은 SRE 도서의 7장 중 '공유 플랫폼에서 수백 개의 마이크로서비스 운영하기' 절을 참고하기 바란다. 블루-그린 배포^blue-green deployment를 도입하면 다운타임 없이 패치를 적용할 수 있어 비슷한 결과를 얻을 수 있다. 보다 자세한 내용은 SRE 워크북의 16장을 참고하기 바란다.

컨테이너를 이용하면 새로 발견된 취약점도 탐지하고 패치할 수 있다. 컨테이너는 불변이므로 내용 주소화^content addressability를 제공한다. 다시 말하면 여러분의 환경에서 어떤 것이 실행 중인지 어떤 이미지를 배포했는지 정확히 알 수 있다는 뜻이다. 앞서 새로운 취약점에 대한 완전한 패치를 적용한 이미지를 배포했다면 프로덕션 환경의 클러스터를 직접 스캔하지 않고 컨테이너 레지스트리로 취약점에 영향을 받는 버전을 찾아 패치를 적용할 수 있다.

이런 류의 패치를 진행해야 하는 상황을 피하려면 오래된 컨테이너가 실행되지 않도록 프로덕션 환경에서 실행 중인 컨테이너의 수명을 모니터링하고 정기적으로 재배포하면 된다. 마찬가지로 최근에 빌드된 컨테이너만 프로덕션 환경에 배포되도록 하면 패치가 적용되지 않은 오래된 이미지를 재배포하는 상황을 모면할 수 있다.

7.3.4 마이크로서비스를 활용하자

이상적인 시스템 아키텍처는 쉽게 확장 가능하고 시스템 성능에 대한 가시성을 제공하며 서비스와 인프라스트럭처 사이의 잠재적인 병목을 관리할 수 있어야 한다. 마이크로서비스 아키텍처를 사용하면 워크로드를 더 작고 관리하기 쉬운 단위로 나눌 수 있어 유지 보수와 발견에 더 용이하다. 따라서 각 마이크로서비스를 독립적으로 확장하고 로드 밸런싱하며 새 기능의 롤아웃을 진행할 수 있다. 즉, 인프라스트럭처를 변경하는 데 있어 더 큰 유연성을 갖게 된다. 각 서비스가 요청을 별도로 관리하므로 여러 방어 장치를 독립적이고 연속적으로 사용할 수 있어 심층방어가 가능하다(8.2절 참조)

마이크로서비스는 본질적으로 제한된 또는 제로 신뢰 네트워킹을 용이하게 한다. 즉, 시스템이 같은 네트워크에 있는 서비스여도 본질적으로 신뢰하지 않는다(6장 참조). 마이크로서비스는 신뢰할 수 없는 외부 트래픽과 신뢰할 수 있는 내부 트래픽을 구분하는 경계 기반의 보안 모델보다는 경계 내에서 더 많은 종류의 신뢰 수준을 사용한다. 즉, 내부 트래픽이 다른 수준의 신뢰를 갖는 것이다. 현재의 트렌드는 네트워크를 더 작게 구획화하는 추세다. 방화벽처럼 단일 네트워크 경계에 의존하는 기술은 사라지고 이제는 서비스 단위로 네트워크를 구분한다. 극단적으로 네트워크는 본질적으로 서비스 간에 서로 신뢰하지 않는 마이크로서비스 수준의 구획화가 가능하다.

마이크로서비스를 활용함으로써 얻을 수 있는 부차적인 결과는 보안 도구를 단일화할 수 있어 일부 프로세스나 도구, 디펜던시를 여러 팀에서 재사용할 수 있다는 점이다. 아키텍처를 확장하면 그에 따라 공통적인 보안 요구사항을 수렴하고자 하는 여러분의 노력에 집중하는 편이 더 나을 것이다. 예를 들어 공통 암호화 라이브러리를 사용하거나 공통 모니터링 및 알림 아키텍처를 활용하는 것이다. 그렇게 하면 중요한 보안 서비스를 별개의 마이크로서비스로 나누어 구현할 수 있으며 각 마이크로서비스의 수정 및 관리 영향을 받는 책임이 더 적어지게 된다. 다만 마이크로서비스 아키텍처의 보안적 장점을 갖추려면 서비스를 최대한 간단하게 구현하면서도 필요한 수준의 보안 속성을 유지할 수 있어야 한다는 점이 중요하다.

마이크로서비스 아키텍처를 활용하고 팀이 개발 및 배포 주기 중 이른 시기에(더 적은 비용으로 보안 관련 변화를 적용할 수 있다) 보안 이슈를 처리하는 개발 절차를 표준화된 방법으로 도입하자. 그렇게 하면 개발자는 보안에 더 적은 시간을 할애해도 만족할만한 결과를 얻을 수 있다.

사례: 구글의 프런트엔드 설계

구글의 프런트엔드 설계는 회복성과 심층방어[4]를 제공하기 위해 마이크로서비스를 사용한다. 프런트엔드와 백엔드를 서로 다른 계층으로 분리하면 다양한 장점을 누릴 수 있다. 구글 프런트엔드Google Front End(GFE)는 대부분의 구글 서비스를 위한 프런트엔드 계층을 서비스하며 마이크로서비스로 구현되어 있어 인터넷에 직접적으로 노출되지 않는다. 또한 GFE는 유입되는 HTTP(S), TCP, TLS 프록시에 대한 트래픽을 종료하고 DDoS 공격에 대한 대처 기능을 제공하며 구글 클라우드 서비스[5]로의 트래픽에 대한 전달 및 로드 밸런싱을 실행한다.

GFE는 프런트엔드와 백엔드 서비스의 독립적인 파티셔닝을 지원하므로 확장성, 신뢰성, 신속성, 보안 등에 강점이 있다.

- 전역 로드 밸런싱은 GFE와 백엔드 간의 트래픽 전환에 도움이 된다. 예를 들어 구글은 데이터센터에 장애가 발생했을 때 트래픽을 리다이렉트할 수 있어 완화 시간을 줄일 수 있다.
- 백엔드와 프런트엔드 계층은 각각 여러 계층으로 다시 나눠질 수 있다. 각 계층이 하나의 마이크로서비스이므로 각 계층을 로드 밸런싱할 수 있다. 그래서 수용량을 추가하거나 일반적인 변경의 적용 또는 각 마이크로서비스에 신속한 변경을 적용하기가 상대적으로 쉽다.
- 서비스에 과부하가 발생하면 부하가 백엔드에 도착하기 전에 GFE가 연결을 끊거나 흡수하는 완충 지점으로 동작한다. 즉, 마이크로서비스 아키텍처를 구성하는 모든 계층이 각자 부하를 관리해야 할 필요가 없다는 뜻이다.
- 새로운 프로토콜과 보안 요구사항을 도입하는 것이 상대적으로 직관적이다. GFE는 설령 일부 백엔드가 지원하지 않더라도 IPv6 연결을 처리할 수 있다. 또한 GFE는 SSL 같은 여러 공통 서비스의 중단 지점으로 동작해서 인증서 관리를 더 쉽게 해준다. 예를 들어 SSL 재교섭renegotiation의 구현에서 취약점 (https://oreil.ly/XDPI2)이 발견되었을 때 GFE의 재교섭을 제한하는 기능 덕분에 그 뒤의 모든 서비스를 보호할 수 있었다. 애플리케이션 계층 전송 보안 (ALTS)(https://oreil.ly/IRkjI) 암호화를 신속히 도입하면 마이크로서비스 아키텍처가 변화의 수용을 가능케 한다는 점을 확인할 수 있다. 구글의 보안 팀은 ALTS 라이브러리를 RPC 라이브러리에 통합해 서비스 자격 증명을 처리한다. 그래서 개별 개발 팀은 큰 부담 없이 폭넓게 ALTS를 도입할 수 있다.

현대의 클라우드 세계에서는 마이크로서비스 아키텍처를 구축하고 보안을 제어하는 계층을 추가한 후 서비스 메시service mesh로 서비스 간 통신을 관리하면 여기서 언급했던 장점을 가질 수 있다. 예를 들어 요청 처리를 관리할 설정과 실제 요청 처리를 별개로 구분할 수 있다. 업계에서는 이런 종류의 의도적인 분할을 **데이터 플레인**data plane**(요청)**과 **제어 플레인**control plane**(설정)**의 분

---

4 SRE 도서의 2장 참고.

5 더 자세한 내용은 '구글 클라우드의 전송 시 암호화'(https://oreil.ly/kZQNh) 참고.

리라고 한다. 이 모델에서 데이터 플레인은 로드 밸런싱의 처리, 보안, 관측 가능성observability 같은 시스템의 실제 데이터를 처리한다. 제어 플레인은 데이터 플레인 서비스에 정책과 설정을 제공하여 관리가 가능하며 확장 가능한 제어 영역을 사용할 수 있게 해준다.

7.4 변화의 종류: 서로 다른 속도, 서로 다른 일정

모든 변화가 같은 일정이나 속도로 발생하지는 않는다. 변화를 만드는 속도는 여러 요인에 좌우된다.

심각성

취약점은 매일 발견되지만 모든 취약점이 치명적이고 적극적으로 이용되거나 또는 여러분의 특정 인프라스트럭처에 영향을 끼치는 것은 아니다. 만일 취약점이 이 세 가지 조건에 모두 **부합**한다면 최대한 빨리 패치를 릴리스해야 할 것이다. 일정을 앞당기면 시스템에 지장을 주거나 문제를 일으킬 확률이 높다. 때로는 속도가 중요하지만 일반적으로 보안과 관련된 변화는 천천히 준비해서 제품이 충분한 보안성과 신뢰성을 확보할 수 있게 해야 한다(이상적이라면 중요한 보안 패치는 독립적으로 적용할 수 있어야 한다. 그러면 다른 변화의 롤아웃 일정을 앞당길 필요 없이 보안 패치만 신속하게 적용할 수 있다).

의존 시스템과 팀

시스템의 변화 중에는 새로운 정책을 구현해야 하거나 롤아웃 전에 다른 팀에 의해서 특정 기능을 활성화해야 하는 경우가 있다. 또한 변화가 외부 조직에 의존하는 경우도 있다. 예를 들어 벤더로부터 패치를 전달받아야 하거나 서버보다 클라이언트를 먼저 패치해야 하는 상황 등이다.

민감성

변화의 민감성은 변화를 프로덕션 환경에 배포하는 시점에 영향을 줄 수 있다. 조직의 전반적인 보안을 향상시키기 위한 비필수적인nonessential 변화는 중요한 패치처럼 급하게 처리할 필요는 없다. 비필수적 변화는 보다 점진적으로 롤아웃할 수 있다. 예컨대 팀 단위로 롤아웃하는 방법이 있다. 다른 요인에 따라 굳이 위험을 감수하면서 변화를 만들 필요가 없을 수도 있다. 예를 들어 연휴 기간 동안의 쇼핑 이벤트 같이 변화를 엄격히 통제해야 하는 중요한 기간에는 급하지 않은 변화를 롤아웃하지 않는 편이 좋다.

마감 기한

어떤 변화는 마감 기한 내에 적용해야 할 수 있다. 예를 들어 새로 바뀐 규제에 준수 일자가 못 박혀 있다거나 취약점을 공개하는 뉴스의 엠바고 embargo[6] (다음의 박스 참고)가 끝나기 전에 패치를 적용해야 하는 경우 등이다.

공개 금지된 취약점

알려진 것이지만 아직 대중에 발표되지 않은 취약점은 다루기가 까다롭다. **엠바고 상태의** 정보는 특정일 전까지는 공개할 수 없다. 이 특정일이란 취약점을 해결하는 패치를 완성하거나 롤아웃하는 날짜이거나 연구원이 해당 이슈를 공개하기로 결정한 날짜일 수도 있다.

만일 엠바고 상태의 취약점에 대한 정보를 얻을 수 있었고 패치를 롤아웃하는 것이 이 엠바고를 어기게 되는 상황이라면 업계의 다른 기업들과 함께 패치를 적용할 수 있도록 일반에 공개될 때까지 기다려야 한다. 만일 취약점의 발표 이전에 사태 대응에 참여하고 있다면 대부분 기업의 롤아웃 절차에 적합한 발표 일정(예를 들면 월요일)을 다른 이들과 함께 결정해야 한다.

변화의 속도를 결정할 수 있는 고정된 규칙은 없다. 한 조직에서는 설정만 빠르게 바꿔 롤아웃할 수 있는 변화가 다른 조직에서는 몇 개월이 소요되는 경우도 있다. 지정된 일정에 따라 하나의 팀이 필요한 변화를 만들 수도 있겠지만 조직 전체가 그 변화를 완전히 수용하기까지는 오랜 시간이 걸릴 수도 있다.

이후의 절에서는 변화를 도입하기 위한 세 가지 시간 범위를 설명하고 각 시간 범위가 구글에서는 어떻게 관리되는지 예를 들어본다.

- 새로운 보안 취약점에 대응하기 위한 단기적 변화
- 새 제품에 점진적으로 도입할 수 있는 중기적 변화
- 규제에 따라 구글이 변화를 구현하기 위한 새로운 시스템을 구현해야 하는 장기적 변화

---

6 옮긴이_ 발표할 사안을 일정 기간 동안 미루기로 합의하는 것

7.4.1 단기적 변화: 제로데이 취약점

취약점이 새로 발견되면 보통은 단기간에 대처해야 한다. **제로데이 취약점**zero-day vulnerability은 몇 몇 공격자는 알고 있지만 대중에 공개되지 않았거나 공격의 대상이 된 인프라스트럭처 제공자 가 발견하지 못한 취약점이다. 대부분의 경우 이런 취약점에 대한 패치는 아직 만들어지지 않 았거나 널리 적용되지 않은 상태다.

여러분의 환경에 영향을 줄 수 있는 새로운 취약점을 발견하는 방법은 일반적인 코드 검토, 내 부 코드 스캐닝(12.5.3절 '코드 새니타이징'참고), 퍼징(13.4절 '더 알아보기: 퍼즈 테스트' 참 고), 침투 테스트penetration test와 인프라스트럭처 스캔 및 버그 바운티 프로그램 같은 외부 스캔 방법 등 여러 가지가 있다.

단기적 변화에 대해서는 구글이 발견 당일에 학습하는 취약점을 중점적으로 설명한다. 구글은 보통 엠바고 상태의 취약점에 대한 대응(예를 들면 패치의 개발)에 참여하지만 제로데이 취약 점에 대한 단기적 변화는 업계 대부분의 조직이 공통적으로 행하는 행위다.

> **NOTE_** 제로데이 취약점은 (조직의 내외에서) 많은 이들이 주목하지만 공격자가 가장 많이 활용하는 취약 점은 아니다. 제로데이 취약점에 당일날 대응하기 전에 최근 몇 년간 발견된 중요한 취약점 중 '가장 많이 활 용된' 취약점에 대한 패치를 적용했는지 확인하기 바란다.

새로운 취약점이 발견되면 심각성severity과 영향을 결정하기 위해 분류해야 한다. 예를 들어 원 격 코드를 실행하는 취약점은 심각한 것으로 분류할 수 있다. 하지만 조직에 미치는 영향을 결 정하기가 매우 어려울 수 있다. 어떤 시스템이 이 특정 바이너리를 사용할까? 취약점에 영향을 받는 버전이 프로덕션 환경에 배포되어 있는가? 가능하다면 모니터링과 알림으로 취약점이 적 극적으로 영향을 미치고 있는지를 확인해야 한다.

취약점에 대응하려면 **패치**, 즉 취약점에 영향을 받지만 이에 대한 수정이 적용된 패키지나 바 이너리의 새 버전을 확보해야 한다. 이때 실제로 동작하는 결함exploit으로 패치를 확인하는 것이 도움이 된다. 하지만 그 결함으로 취약점을 확인할 수 없다 하더라도 시스템에 여전히 취약점 이 존재하고 있을 수 있음을 알아두자(증거의 부재가 부재의 증거가 되지 못한다는 점을 상기 하자). 예를 들어 여러분이 적용한 패치는 여러 종류의 취약점 중 한 가지만 해결한 것일 수도 있다.

일단 패치를 검증했다면 롤아웃하면 된다. 이상적인 경우라면 테스트 환경에 먼저 롤아웃하자. 아무리 급해도 패치는 다른 프로덕션 환경의 변화와 마찬가지로 (같은 테스트, 카나리 및 기타 다른 도구를 사용해) 시간이나 일자의 차이를 두고 점진적으로 롤아웃해야 한다.[7] 패치는 여러분의 애플리케이션에 예상치 못한 영향을 줄 수도 있으므로 패치를 점진적으로 롤아웃하면 잠재적인 이슈를 일찍 발견할 수 있다. 예를 들어 미처 여러분이 알지 못했던 API를 사용하는 애플리케이션의 성능이 영향을 받거나 다른 에러가 발생할 수 있다.

여러분이 직접 취약점을 수정할 수 없는 경우도 있다. 이런 상황에서 가장 적절한 행동은 취약점을 가진 컴포넌트에 대한 접근을 제한해서 위험을 최소화하는 것이다. 이런 조치는 패치가 제공될 때까지만 적용하는 일시적인 조치일 수도 있고, 예컨대 성능 요구사항 등 때문에 시스템에 패치를 적용할 수 없는 경우에는 영구적인 조치가 될 수도 있다. 이미 환경을 보호하기 위해 적절한 완화 조치를 취했다면 다른 조치는 취할 필요가 없을 수 있다.

장애 조치에 대한 보다 자세한 내용은 17장을 참고하자.

사례: Shellshock

2014년 9월 24일 오전, 구글 보안 팀은 일반에 공개된(https://oreil.ly/mQFJj), 원격지에서 손쉽게 감염된 시스템상에서 코드를 실행할 수 있는 배시 셸의 취약점(https:// oreil.ly/qbTqD)을 전달받았다. 취약점이 공개되자 그 날부터 공격이 신속하게 이어졌다.

최초의 보고서(https://oreil.ly/4l2W4)는 기술적인 세부내용 중 일부가 제대로 정리되지 않았으며 이슈 공개에 대한 엠바고 상태를 제대로 서술하지 못하고 있었다. 게다가 유사한 여러 취약점이 빠르게 발견되고 있는 상황에서 이 보고서는 공격의 본질과 가능성에 대한 혼란을 일으켰다. 구글의 장애 대응 팀은 예외적인 취약점을 처리하고 대규모 대응을 조율하기 위해 다음의 절차를 따르는 블랙스완Black Swan 프로토콜을 발동했다.[8]

- 영향을 받은 시스템과 각 시스템의 상대적 위험 수준을 확인한다.
- 잠재적으로 영향을 받을 수 있는 내부의 모든 팀에 연락한다.
- 최대한 빨리 취약점에 영향을 받는 모든 시스템을 패치한다.
- 복원 계획을 포함한 우리의 대응 과정을 파트너와 고객 등 외부에 전달한다.

---

7 점진적인 롤아웃에 대한 보다 자세한 내용은 SRE 도서의 27장 참고.

8 이 사례에 대해 여러 패널이 토론하는 유튜브 비디오(https://oreil.ly/boGtL)도 확인하기 바란다.

우리는 이 이슈가 공개되기 전에는 알지 못했으므로 이 이슈를 긴급 완화 대책이 필요한 제로데이 취약점으로 분류했다. 이 경우에는 이미 패치된 버전의 배시가 롤아웃된 상태였다.

팀은 시스템별 위험을 평가하고 그에 따라 조치를 취했다.

- 우리는 구글 제품 서버의 상당 부분은 저위험군으로 간주했다. 이 서버는 자동 롤아웃 기능으로 쉽게 패치되었다. 서버에 충분한 검증과 테스트를 마친 후에는 짧은 기간에 평소보다 빠르게 패치를 적용할 수 있었다.
- 우리는 구글 직원의 워크스테이션 대부분을 고위험군으로 간주했다. 다행히 이런 워크스테이션은 쉽고 빠르게 패치를 적용할 수 있었다.
- 적은 수의 비표준 서버와 인프라스트럭처는 고위험군으로 분류되었으며 수동으로 조치를 취해야 했다. 그래서 각 팀이 따라야 할 후속 조치를 상세히 설명한 알림을 보냈다. 덕분에 여러 팀이 협력해서 쉽게 진행사항을 추적할 수 있었다.

그와 동시에 팀은 구글의 네트워크 경계 내에서 취약점에 영향을 받는 시스템을 탐지하는 소프트웨어를 개발했다. 우리는 이 소프트웨어를 이용해 나머지 패치 작업을 완료하고 이 기능을 구글의 표준 보안 모니터링에 추가했다.

구글이 이 이슈에 대응하면서 잘했던 (그리고 잘하지 못했던) 사항들은 다른 팀과 조직에 수많은 교훈을 남겼다.

- **최대한 소프트웨어 배포를 표준화하라.** 그러면 패치를 적용해 쉽고 간단하게 복원할 수 있다. 또한 서비스 소유자는 비표준이며 지원하지 않는 배포를 선택하는 위험을 이해하고 받아들여야 한다. 서비스 소유자는 대체 방안을 유지하고 패치하는 것에 대한 책임을 가져야 한다.
- **공개 배포 표준을 사용하라.** 이상적인 상황이라면 롤아웃할 패치는 이미 올바른 형식이어야 한다. 그러면 팀은 특정 환경을 위한 패치를 다시 작업할 필요 없이 패치를 신속하게 검증하고 테스트할 수 있다.
- **제로데이 취약점 같은 긴급한 변화를 내보내기 위한 메커니즘을 가속화할 수 있도록 하라.** 이 메커니즘은 영향을 받는 시스템에 완전히 롤아웃하기 전에 평소보다 빠르게 검증을 수행할 수 있어야 한다. 여러분의 환경이 여전히 동작하는지에 대한 검증은 건너뛰라고 권하고 싶지는 않다. 다만 문제를 완화해야 하는 필요성에 따라 이 단계를 어떻게 수행할 것인지에 대한 균형을 맞춰야 한다.
- **롤아웃 과정을 추적하고, 패치가 적용되지 않은 시스템과 여전히 취약한 부분을 식별하는 모니터링을 갖춰라.** 취약점이 여전히 영향을 미치는지를 확인하는 도구를 이미 갖추고 있다면 현재 당면한 위험에 따라 패치를 적용하는 속도를 조절하는 데 도움이 될 것이다.
- **대응 조치를 최대한 빨리 외부에 전달할 수 있도록 준비하라.** 대응 과정에 대한 미디어의 문의가 빗발치는 와중에 내부 PR 승인을 받느라 지체되는 상황을 원치는 않을 것이다.
- **재사용 가능한 장애 또는 취약점 대응 계획의 초안을 작성하라.** 이 초안은 사전에 외부와의 소통을 위한 언어로 작성해야 한다(보다 자세한 내용은 17장 참고). 어떤 내용을 추가해야 할지 확실치 않다면 이전

사례의 포스트모템부터 시작하자.

- **어떤 시스템이 비표준인지 또는 특별한 주의가 필요한지 확인하라.** 범주에서 벗어나는 부분을 계속 추적하면 어떤 시스템이 사전 알림 및 패치 지원이 필요한지 알 수 있을 것이다(앞서 첫 번째로 우리가 권했듯이 소프트웨어 배포 절차를 표준화했다면 범주에서 벗어나는 부분은 그리 많지 않을 것이다).

7.4.2 중기적 변화: 보안 상태의 향상

보안 팀은 종종 어떤 환경의 전체적인 보안 상태를 향상시키고 위험을 줄이기 위한 변화를 구현한다. 이런 사전적 변화는 내외부의 요구사항과 마감 기한에 의해 관리되며 따라서 갑자기 롤아웃해야 하는 경우는 거의 드물다.

보안 상태의 향상을 위한 변화를 계획할 때는 어떤 팀과 시스템이 영향을 받을지 확인하고 변경을 시작할 최적의 장소를 결정해야 한다. 7.2절 '변화의 설계'에서 설명했던 SRE 원칙을 따르되 점진적인 롤아웃을 위한 실행 계획에 모두 포함시키자. 각 단계는 반드시 다음 단계로 넘어가기 전에 만족해야 할 성공의 조건을 명시해야 한다.

보안 변경사항에 영향을 받는 시스템이나 팀은 롤아웃이 완료된 비율로 표현할 필요는 없다. 변화의 롤아웃은 누가 영향을 받으며 어떤 변화를 만들어야 하는지에 따라 단계적으로 진행할 수 있다.

누가 영향을 받는지에 따라 롤아웃 그룹 단위로 진행하자. 여기서 그룹은 개발 팀, 시스템 또는 최종 사용자 등이 될 수 있다. 예를 들어 장치 정책의 변화는 영업 팀처럼 대부분 바깥에서 일하는 사용자를 대상으로 먼저 롤아웃할 수 있다. 이렇게 하면 가장 빈번한 사용 사례를 빠르게 테스트해서 실제 상황의 피드백을 얻을 수 있다. 롤아웃에 영향을 받는 사용자 수에 따라 서로 경쟁 관계에 있는 2가지 지침이 있다.

- 가장 쉬운 사용 사례부터 시작하면 변화의 가치를 가장 큰 추진력을 얻을 수 있으며 변화의 가치를 증명할 수 있다.
- 가장 어려운 사용 사례부터 시작하면 대부분의 버그와 예외 상황을 찾을 수 있다.

여전히 조직의 승인을 기다리는 중이라면 가장 쉬운 사용 사례부터 시작하는 편이 낫다. 만일 경영진leadership의 지원과 투자가 선행된다면 구현 버그와 문제점을 조기에 찾아내는 것이 더 중요하다. 조직적 문제 외에도 장단기적으로 위험을 가장 큰 폭으로 감소할 수 있는 전략을 고려해야 한다. 어떤 경우든, 성공적인 개념 증명은 최선의 개선 방법을 결정하는 데 도움이된다. 또한 변화를 수행하는 팀은 '개밥먹기dogfooding'를 생활화해서 사용자 경험을 이해해야 한다.

변경사항 자체를 점진적으로 롤아웃할 수도 있다. 예를 들어 점진적으로 더 엄격한 요구사항을 구현할 수도 있고, 초기에는 필수가 아닌 선택적인 변화를 구현할 수도 있다. 가능하다면 변화를 강제적으로 적용하기에 앞서 알림 또는 감사 모드에서 시범 시행하는 것을 고려할 수도 있다. 이렇게 하면 사용자는 이 변화가 필수로 적용되기 전에 어떤 영향을 받게 되는지 미리 경험해볼 수 있다. 또한 이 과정에서 해당 범위에서 부적절하게 식별된 사용자나 시스템은 물론 규정을 준수하기가 특히 어려운 사용자나 시스템을 찾을 수 있다.

사례: FIDO 보안 키를 이용한 강력한 투팩터 인증

구글은 피싱을 심각한 보안 위협으로 간주한다. 일회용 비밀번호(OTP)를 사용한 투팩터 인증을 폭넓게 구현하고 있기는 하지만 OTP는 여전히 피싱 공격으로 인한 탈취에 취약하다. 그래서 심지어 가장 꼼꼼한 사용자가 피싱의 의도를 잘 이해하고 준비가 되어 있다 하더라도 사용자 인터페이스나 사용자 에러 때문에 헷갈려서 계정을 탈취당할 수 있다고 가정한다. 이 위험을 처리하기 위해 구글은 2011년부터 보다 강력한 투팩터 인증(2FA) 방법을 개발하고 실험해왔다.[9] 결국 구글은 보안성과 사용성을 고려해 유니버설 투팩터universal two-factor(UTF) 하드웨어 보안 토큰을 선택했다. 전 세계에 분산된 구글의 거대한 조직을 위한 보안 키를 구현하기 위해서는 사용자 정의 통합과 더불어 전직원이 일제히 사용하기 시작하는 과정을 조율해야 했다.

여러 후보 솔루션을 평가하고 최종적인 선택을 내리는 것은 우리의 변화 절차 중 일부다. 먼저 보안, 개인 정보 보호, 사용성 요구사항은 사전에 정의했다. 그런 후 사용자와 함께 후보 해결책을 검증해서 어떤 것이 바뀌었는지 이해하고 실제 사례에 바탕을 둔 피드백을 얻고 매일 일과에 어떤 변화의 영향이 있는지 측정했다.

후보 솔루션은 보안과 개인 정보 보호에 관한 요구사항과 더불어 매끄러운 도입을 위한 사용성 요구사항도 만족해야 했다. 사용성은 보안과 신뢰성 문화를 구축하기 위한 또 다른 핵심 요소

---

9 다음을 참고. Lang, Juan et al. 2016. "Security Keys: Practical Cryptographic Second Factors for the Modern Web." Proceedings of the 2016 International Conference on Financial Cryptography and Data Security: 422–440 (https://oreil.ly/S2ZMU).

다(21장 참고). 2FA는 '부정확하거나' '불안정해도' 사용할 수 있을만큼 빠르고 쉬운 솔루션이 필요했다. 이런 요구사항은 특히 SRE에게 중요하다. 만에 하나 장애가 발생하더라도 2FA 때문에 대응 절차가 늦어져서는 안 되기 때문이다. 게다가 내부 개발자는 간단한 API로 2FA 솔루션을 자신의 웹사이트에 손쉽게 통합할 수 있어야만 했다. 우리는 이상적인 사용 요구사항을 고려해 여러 계정을 가진 사용자로도 확장할 수 있고 어떠한 추가 하드웨어도 필요치 않으며 물리적으로도 수월하고 쉽게 배울 수 있으며 분실 시 쉽게 복구할 수있는 효율적인 솔루션을 원했다.

우리는 몇 가지 옵션을 평가한 후 FIDO 보안 키(https://oreil.ly/UHbVu)를 함께 설계했다. 하지만 이 키도 우리의 이상적인 요구사항을 모두 충족하지는 못했지만 초기 파일럿으로 구현한 보안 키는 전체적인 인증 시간의 감소와 매우 낮은 인증 실패율을 보였다.

일단 솔루션을 찾았으니 이제는 보안 키를 모든 사용자에게 롤아웃하고 구글 전체적으로 OTP 지원을 중단해야 했다. 보안 키는 2013년부터 사용되었다. 그리고 최대한 많은 사용자가 도입할 수 있도록 가입은 자율적으로 시행되었다.

- 초기에는 많은 사용자가 자율적으로 보안 키를 사용하기 시작했다. 기존의 OTP 도구보다 이 키가 훨씬 사용이 간편했기 때문이다. 사용자는 자신의 폰에 표시된 코드를 입력하거나 물리적인 OTP 장치를 사용할 필요가 없었다. 사용자에게는 노트북의 USB 드라이브에 저장할 수 있는 '나노nano' 보안 키가 제공되었다.

- 보안 키를 얻으려는 사용자는 구글 사무실에 배치된 테크스톱TechStop으로 가기만 하면 됐다.[10] (전 세계 사무실로 장치를 배포하는 것은 복잡할뿐더러 법무 팀이 수출을 처리하고 세관에서 수입하는 과정이 필요했다).

- 사용자는 셀프서비스 등록 웹사이트에 보안 키를 이용해 가입하기 시작했다. 테크스톱은 초창기 가입자와 기타 다른 도움이 필요한 사람을 지원했다. 사용자는 최초에는 기존의 OTP 시스템을 통해 인증을 받아야 했으므로 키는 처음 사용할 때부터 이미 신뢰할 수 있는 것trusted on first use(TOFU)이었다.

- 사용자는 여러 보안 키를 등록할 수 있었으므로 키를 분실해도 걱정이 없었다. 이 방법은 전체적인 비용의 증가로 이어졌지만 사용자가 별도의 하드웨어를 지니고 다닐 필요가 없어야 한다는 목적을 달성할 수 있었다.

그러다가 배포 시점에 낮은 버전의 낮은 버전의 펌웨어 오류 같은 이슈를 몇 가지 발견했다. 우리는 가능하다면 셀프 서비스 형식으로 이슈를 해결해나갔다. 예컨대 펌웨어 버전이 낮다면 사

---

10 테크스톱은 구글의 IT 헬프데스크다. 자세한 내용은 지저스 루고(Jesus Lugo)와 리사 마욱(Lisa Mauck)이 작성한 블로그 포스트 (https://oreil.ly/BWn0-) 참고.

용자가 직접 보안 키 펌웨어를 업데이트하도록 했다.

하지만 사용자가 접근할 수 있는 보안 키를 구현하는 것은 문제의 절반에 해당할 뿐이었다. OTP를 사용하는 시스템 또한 보안 키를 사용하도록 바꿔야했기 때문이다. 2013년에는 현재 개발된 기술을 지원하는 애플리케이션이 많지 않았다. 그래서 팀은 먼저 내부 코드 검토 도구나 대시보드 등 구글러들이 매일 사용하는 애플리케이션 중 보안 키를 지원하는 애플리케이션에 우선 도입했다. 보안 키를 지원하지 않는 부분(예를 들면 일부 하드웨어 장치 인증서 관리나 서드파티 웹 애플리케이션)은 구글이 직접 벤더에 지원을 요청했다. 덕분에 많은 애플리케이션이 보안 키를 지원하게 됐다. OTP는 모두 중앙에서 생성되었으므로 OTP 요청을 보낸 클라이언트를 추적해서 어떤 애플리케이션에 보안 키 지원을 추가해야 할 지 판단할 수 있었다.

2015년, 팀은 배포를 완료하고 OTP 서비스를 종료했다. 또한 보안 키 대신 OTP를 사용하는 사용자에게도 OTP 접근이 결국 제한될 것임을 알렸다. OTP를 사용하던 애플리케이션은 거의 모두 보안 키로 전환했지만 여전히 모바일 장치 셋업 같은 몇 가지 서비스가 남아있었다. 우리는 이런 예외적인 서비스를 위해 웹 기반 OTP 생성기를 구현했다. 사용자는 자신의 보안 키로 인증을 받을 수 있었으며 인증 타임아웃 시간을 살짝 늘리고 적절한 실패 모드도 추가했다. 이렇게 해서 2015년에 조직 전체에 대한 배포를 성공적으로 마무리했다.

이 과정에서 보안과 신뢰성 문화의 구축에 보편적으로 적용할 수 있는 여러 교훈을 얻었다(21장 참고).

모든 사용자에게 적용할 수 있는 솔루션을 선택하자

시각 장애인도 2FA 솔루션을 사용할 수 있어야 한다는 요구 조건이 핵심이었다.

새로운 방식에 대한 학습이 최대한 쉬워야 한다

이 항목은 새로운 솔루션이 예전 솔루션보다 더 사용자 친화적일 때 특히 더 의미가 있다. 조금만 불편해도 사용자에게 상당한 부담이 될 수 있으므로 사용자가 자주 실행할 것으로 예상되는 작업이나 변경에는 특히 중요하다.

중앙 IT 팀의 부담을 덜기 위해 셀프 서비스 형태로 변경하자

모든 사용자의 일상적인 행위를 변경할 때는 사용자가 쉽게 가입/탈퇴할 수 있고 스스로 문제를 해결할 수 있도록 하는 것이 중요하다.

사용자에게 솔루션이 실제로 동작하는 것을 보여주고 흥미를 유발하자

보안 및 위험 감소 측면에서 변화의 영향을 명확하게 설명하고 사용자가 피드백을 제공할 수 있는 기회를 제공한다.

정책의 미준수에 대한 피드백 루프는 최대한 빨리 만들자

이 피드백 루프는 인증 실패, 시스템 에러 또는 독촉 이메일 등이 될 수 있다. 사용자에게 자신의 행위가 정책을 준수하지 않는다는 점을 수분에서 수시간 내에 알려주면 문제를 해결하기 위한 조치를 취할 것이다.

진행 상황을 파악하고 뒤처진 부분들을 어떻게 처리할지 결정하자

우리는 애플리케이션을 이용해 사용자의 OTP 요청을 추적한 덕분에 어떤 애플리케이션을 수정해야 할지 알아낼 수 있었다. 대시보드를 이용해 진행 상황을 확인하고 변경에 뒤처진 부분에 유사한 보안 속성을 제공할 수 있는 대체 솔루션이 있는지 확인하자.

7.4.3 장기적 변화: 외부의 수요

어떤 상황에서는 변화를 출사하는 데 훨씬 많은 시간이 들거나 필요할때가 있다. 예를 들면 내부에서 주도하며 상당한 아키텍처나 시스템 변경이 필요한 변화나 업계 전반에 규제가 변경되는 경우 등이다. 이런 변화는 외부의 마감기한이나 요구사항에 의해 발단이 되거나 제약을 받기도 하며 구현에 수년이 걸리는 경우도 있다.

수년에 걸쳐 많은 노력을 들여야 할 때는 목표 대비 진행 상황을 정의하고 측정해야 한다. 특히 필요한 설계 고려사항을 모두 고려하고(7.2절 '변화의 설계' 참고) 지속성을 유지하기 위해서는 문서화가 중요하다. 지금 변화에 관련한 작업을 수행하던 사람이 회사를 떠나게 된다면, 하던 업무를 다른 사람에게 인계해야 한다. 문서에 가장 최신의 계획과 상태를 반영해 두는 것은 경영진의 지원을 지속적으로 받기 위한 중요한 수단이다.

진행 상황을 측정하려면 적절한 측정과 대시보드를 구축할 필요가 있다. 이상적으로는 설정 검사나 테스트를 이용해 변화를 자동으로 측정하고 사람이 개입해야 할 필요성을 제거해야 한다. 인프라스트럭처의 코드에 대해 상당한 수준의 테스트 커버리지를 확보하려 노력하는 것처럼 변화에 영향을 받는 시스템의 커버리지도 규정을 만들어 검사해야 한다. 효율적으로 적절한 수준의 커버리지를 갖추려면 메트릭은 반드시 자율화되어서 팀이 변화와 계측을 모두 구현할 수 있도록 해야 한다. 그리고 그 결과를 투명하게 추적하면 사용자에게 동기를 부여할 수 있고 의사소통과 내부 보고를 간소화할 수 있다. 또한 경영진과의 의사소통도 중복 작업을 하는 대신 같은 데이터를 기준으로 이뤄져야 한다.

조직 내에서 경영진의 지속적인 지원을 받으면서 대규모의 장기 변화를 실행하는 것은 매우 어렵다. 시간이 지나도 업무의 추진력을 유지하기 위해서는 이 변화를 구현하는 개인이 계속해서 동기 부여가 되어야 한다. 완료할 수 있는 목표를 제시하고 진행 상황을 추적하며 그 변화의 영향을 확실히 보여준다면 팀이 업무를 지속하는 데 도움이 된다. 구현을 하다 보면 항상 그 변화를 따라오지 못하고 뒤처지는 부분이 있을 수밖에 없다. 따라서 현재 여러분의 상황에 가장 적절한 전략을 찾아야 한다. (규제나 혹은 다른 이유로) 변화가 필요하지 않은 경우 80~90% 정도만 완료해도 보안 위험의 감소에 어느 정도 영향을 미쳤는지 측정할 수 있을 것이므로 성공적으로 완료했다고 봐도 무방할 것이다.

예시: HTTPS 사용의 증가

구글 크롬 팀, Let's Encrypt(`https://letsencrypt.org`) 그리고 다른 조직이 합심해 주도한 덕분에 지난 10년간 웹에 HTTPS를 도입하는 사례가 급격히 증가했다. HTTPS는 사용자와 웹사이트에 중요한 기밀성과 무결성을 보장해줬으며 웹 생태계의 성공에 중요한 역할을 했다. 그리고 이제 HTTP/2에서는 필수 조건이 되었다.

우리는 웹에서 HTTPS를 사용하도록 하기 위한 전략을 수립하기 위해 엄청난 연구를 했으며 여러 지원 채널을 통해 사이트 소유주와 연락을 취하고 HTTPS로의 마이그레이션을 권장하기 위한 강력한 장려책을 구상했다. 장기적이며 생태계 전반에 걸친 변화는 모두를 배려한 전략과 상당한 계획을 필요로 한다. 그래서 이해관계자 그룹별로 최적의 접근법을 결정하기 위해 데이터를 활용하기로 했다.

- 대상 지역을 선택하기 위해 전 세계 HTTPS 사용성과 관련된 데이터를 수집했다.
- 최종 사용자가 브라우저상의 HTTPS UI를 어떻게 생각하는지 이해하기 위한 설문을 진행했다.

- 사용자 개인 정보 보호를 위해 HTTPS로 제한할 수 있는 웹 플랫폼 기능을 식별하기 위해 사이트의 행위를 분석하고 측정했다.
- HTTPS에 대한 개발자의 우려사항과 이를 돕기 위해 우리가 구현할 수 있는 도구의 종류를 이해하기 위한 사례 연구를 진행했다.

이는 그저 한 번의 노력으로 끝날 일이 아니었다. 우리는 수년에 걸쳐 수치를 모니터하고 데이터를 수집했으며 필요에 따라 전략을 수정해갔다. 예를 들어 우리는 크롬에 수년에 걸쳐 점진적으로 안전하지 않은 페이지에 대한 경고 기능을 롤아웃하고 UI의 변화가 예상치 못한 부정적인 효과(예를 들면 웹의 사용이나 도입이 줄어드는 등)를 유발하지 않는지 확인하기 위해 사용자의 행동 지수를 모니터링했다.

과하다 싶을 정도의 의사소통이 성공의 핵심이었다. 매번 변화를 롤아웃하기 전 우리는 블로그, 개발자 메일링 리스트, 언론, 크롬 도움말 게시판, 파트너와의 관계 등 가능한 지원 채널은 모두 이용했다. 덕분에 최대한 널리 변화의 롤아웃을 알릴 수 있었고 사이트 운영자들은 우리가 HTTPS로의 이전을 밀어붙이고 있다는 사실을 몰랐다가 낭패를 보는 일이 없었다. 또한 지역별로 맞춤 지원도 제공했다. 예를 들어 일본의 경우, 유명한 사이트들의 HTTPS 도입이 늦어져 전체적으로 지연되고 있다는 것을 확인한 후에는 특별히 더 신경을 썼다.

궁극적으로 우리는 비즈니스가 HTTPS로 마이그레이션 해야할 이유를 제공하기 위해 이를 장려하는 정책을 수립하고 강조했다. 마이그레이션이 비즈니스 사례와 연결되어 있지 않았다면 심지어 보안을 중요시 하는 개발자도 조직을 설득하는 데 어려움을 겪었다. 예를 들어 HTTPS를 활성화하면 웹사이트가 서비스 워커^{Service Worker}(https://oreil.ly/W5t4I), 오프라인 접근을 가능하게 하는 백그라운드 스크립트, 푸시 알림, 정기적 백그라운드 동기화 같은 웹 플랫폼 기능을 이용할 수 있다. 이런 기능은 HTTPS 웹사이트만 제한적으로 사용할 수 있어 성능과 가용성을 향상시킬 수 있었으며 비즈니스의 수익에 직접적인 영향을 미칠수도 있다. 조직은 이런 전환이 자신의 사업적 이익과 연결되었다고 느낄 때 HTTPS로의 전환에 더 많은 자원을 활용할 의사를 내비쳤다.

[그림 7-1]을 보면 예전에는 HTTPS 사이트 이용시간이 윈도우용 크롬 사용자는 70%, 안드로이드 크롬 사용자는 37%로 낮았지만 이제는 각 플랫폼별로 90% 이상으로 증가했음을 볼 수 있다. 웹브라우저 벤더, 인증 기관, 웹 퍼블리셔 등 많은 조직으로부터 셀수 없을 정도로 많은 사람이 이 수치의 달성에 기여했다. 이런 조직을 조율할 수 있었던 것은 표준 구현체와 각종 연구 콘퍼런스 그리고 매 도전 과제와 성공 사례에 대한 열린 의사소통이 있었기에 가능했다.

HTTPS로 이전하는 것에 크롬의 역할은 생태계 전반에 걸친 변화에 기여하는 것에 대한 중요한 교훈을 남겼다.

전략을 수립하기에 앞서 생태계를 이해하기

각국에서 다양한 장치를 사용하는 웹 개발자와 최종 사용자를 포함한 광범위한 이해관계자에 집중하며 양적, 질적으로 많은 연구를 통해 전략을 수립했다.

최대한 널리 전파하기 위해 과하다 싶을 정도로 의사소통하기

최대한 많은 이해관계자에게 변화를 전달하기 위해 다양한 지원 채널을 활용했다.

보안 변화를 비즈니스의 이익과 연결짓기

조직의 리더는 비즈니스 측면에서 그럴만한 이유를 찾았을 때 HTTPS 마이그레이션을 더 잘 받아들였다.

업계의 합의를 도출하기

여러 브라우저 벤더와 조직이 웹의 HTTPS로의 이전을 동시에 지원했다. 덕분에 개발자는 HTTPS를 업계의 트렌드로 보게 됐다.

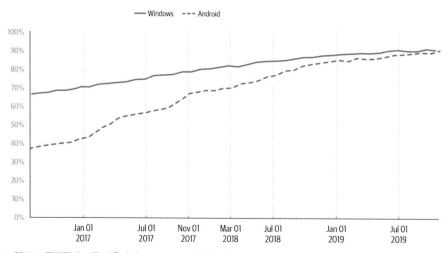

그림 7-1 플랫폼별 크롬 사용자의 HTTPS 브라우징 시간

7.5 분란: 계획이 변경될 때

보안 팀과 SRE가 세운 계획도 틀어질 때가 있다. 변화의 속도를 높여야 하거나 늦춰야 하는 이유는 여러 가지가 있다.

변화의 속도를 높여야 하는 이유는 보통 변화가 외부 요인에 의한 것일 때가 많다. 예컨대 여전히 활발히 이용되는 취약점도 이런 요인에 해당한다. 이런 경우에는 시스템 패치를 최대한 빨리 롤아웃해야 하므로 속도를 높여야 한다. 하지만 한 가지 주의할 점은 속도를 높이다가 오히려 시스템을 망가뜨리는 것은 시스템의 보안과 신뢰성 측면에서 좋지 않은 상황이다. 위험도가 높은 시스템에 더 일찍 변경을 적용하기 위해 롤아웃 순서를 바꿀 수 있는지를 먼저 고려하자. 그렇지 않다면 작업에 대한 접근율을 제한해서 공격자의 접근을 막거나 특정 주요 시스템을 오프라인으로 만들어야 한다.

때에 따라서는 변화의 속도를 늦춰야 한다. 속도를 늦추는 주된 이유는 예상보다 높은 에러율이나 다른 변화의 롤아웃이 실패하는 등 패치에 문제가 발생한 경우다. 만일 변화의 속도를 늦춰도 문제를 해결할 수 없거나 변화를 완전히 롤아웃하기 위해 어쩔 수 없이 시스템이나 사용자에게 부정적인 영향을 감수해야 한다면 고통스럽더라도 변화를 롤백하고 이슈를 디버깅한 후 다시 롤아웃하는 것이 안전한 방법이다. 간혹 비즈니스의 요구사항이 바뀌면서 변화의 속도를 늦춰야 할 때도 있다. 예를 들어 내부 마감 기한이 바뀌거나 업계 표준의 제정이 지연되는 경우 등이다.

최적의 시나리오는 실제 구현에 앞서 변화를 계획하는 것이다. 그러면 외부 요인이 바뀌었을 때 계획만 바꾸면 된다! 계획을 변경하게 될 잠재적인 이유와 그에 따른 전술을 소개한다.

외부 요인에 의해 변화를 지연해야 하는 경우

취약점에 대한 엠바고가 해지되는 즉시 패치를 시작할 수 없다면(7.4절 '변화의 종류: 서로 다른 속도, 서로 다른 일정' 참고) 취약점 팀과 함께 어떤 시스템이 현 상황에 영향을 받는지, 그리고 일정을 변경할 수 있는지를 먼저 확인하자. 어떤 경우든 여러분의 계획에 영향을 받게 될 사용자와의 의사소통은 반드시 준비해야 한다.

공식 발표에 따라 변화의 속도를 높여야 하는 경우

취약점이 엠바고 상태인 경우라면 공식 발표 전까지는 패치를 진행할 수 없다. 그런데 만일 발표 내용이 유출되거나 공개적으로 알려져 공격이 가능해지거나 또는 취약점이 다른 곳에서 사용된다면 일정이 바뀌게 된다. 이런 경우에는 가능한 빨리 패치를 진행해야 한다. 엠바고가 무효화된 경우에는 매 단계의 실행 계획을 갖춰야 한다.

영향도가 심하지 않은 경우

취약점이나 변화가 외부 사용자가 직접 사용하는 서비스에 영향을 주지만 여러분의 조직이 이런 서비스를 거의 보유하고 있지 않다면 전체 인프라스트럭처를 서둘러 패치할 필요는 없을 것이다. 일단 영향을 받는 부분만 패치하고 시스템의 나머지 부분은 천천히 패치해도 된다.

서드파티에 의존하고 있는 경우

대부분의 조직은 취약점에 대한 패치가 적용된 패키지와 이미지의 배포를 서드파티에 의존하거나 소프트웨어와 하드웨어 전달에 인프라스트럭처 변화가 필요한 경우가 있다. 만일 OS용 패치가 없거나 필요한 하드웨어의 재고가 없이 이월된 경우라면 딱히 여러분이 할 수 있는 일이 없다. 이런 경우에는 원래 의도했던 것보다 늦게 변화를 적용할 수밖에 없을 것이다.

7.6 예시: 범위의 증가 – 하트블리드

2011년 겨울, OpenSSL에 SSL/TLS의 하트비트heartbeat 기능에 대한 지원이 추가되었다. 이때 서버나 클라이언트가 다른 서버나 클라이언트의 비공개 메모리 중 64KB에 접근할 수 있는 버그(https://xkcd.com/1354)가 함께 발생한 것을 미처 인지하지 못했다. 2014년 4월 구글러 중 한 명인 닐 메타Neel Mehta와 (사이버 보안 기업인) Codenomicon의 엔지니어가 이 버그를 발견해 OpenSSL 프로젝트에 보고했다. OpenSSL 팀은 이 버그를 수정하는 코드를 커밋했고 외부에 공개할 계획을 준비했다. 그 과정에서 많은 보안 커뮤니티가 놀라움을 금치못했고 Codenomicon은 공식 발표와 함께 취약점을 설명하기 위한 heartbleed.com을 개설했다. 그런데 최초로 취약점을 표현하는 적절한 이름과 로고를 사용한 덕분에 예상치 못하게 엄청난 미디어의 관심을 끌게 됐다.

구글 인프라스트럭처 팀은 엠바고 상태였던 취약점 패치에 일찌감치 접근할 수 있었다. 그래서 예정된 공개 발표 전에 조용히 TLS 트래픽을 직접 처리하며 외부에 노출된 핵심 시스템 중 몇 개를 패치했다. 하지만 내부의 팀은 이 이슈에 대해 전혀 몰랐다.

일단 버그가 일반에 공개되면 이를 악용한 공격법이 Metasploit(`https://www.metasploit.com`) 같은 프레임워크에 빠르게 개발되어 적용된다. 일정이 당겨지자 구글의 다른 많은 팀이 이제 급하게 자신의 시스템을 패치해야만 했다. 구글의 보안 팀은 자동화된 스캐닝을 이용해 취약점에 영향을 받는 시스템을 찾아내고 담당 팀에게 패치 방법을 알려준 후 진행 상황을 추적했다. 이 메모리 관련 버그의 의미는 비공개 키가 유출될 수 있다는 뜻이고 이는 곧 수많은 서버의 키를 재설정해야 한다는 것을 의미했다. 보안 팀은 영향을 받은 팀에 이 사실을 알리고 공유 스프레드시트로 그 진행사항을 추적했다.

하트블리드는 몇 가지 중요한 교훈을 남겼다.

엠바고가 무의미해지거나 일정이 당겨지는 등 최악의 상황에 대한 계획을 마련하자

적절한 일정에 맞춰 공개하는 것이 이상적이긴 하지만 사고(그리고 미디어의 관심을 끄는 귀여운 로고)는 언제든 발생할 수 있다. 가능한 사전 작업은 최대한 많이 해두고 (엠바고 상태의 정보에 대해 내부적으로 보안을 유지해야 하는) 공개 합의에 구애받지 말고 가장 취약점에 영향을 받는 시스템은 빨리 패치하자. 패치를 미리 얻을 수 있다면 공식 발표 전에 배포할 수 있을 것이다. 그렇지 않더라도 테스트를 통해 패치를 검증해서 배포 절차를 더 안전하게 실시할 수 있다.

대규모 환경에 대한 신속한 배포에 대비하자

언제든 재컴파일할 수 있는 지속적 빌드를 사용하고 카나리 전략을 이용해 악영향 없이 검증하자.

암호화 키를 비롯한 다른 암호는 정기적으로 로테이션하자

키 로테이션(`https://oreil.ly/TFb4b`)은 키 유출 사례의 영향을 최소화할 수 있는 가장 좋은 방법이다. 이 작업을 정기적으로 연습하고 시스템이 여전히 정상적으로 동작하는지 확인하자. 자세한 내용은 SRE 워크북의 9장을 참고하기 바란다. 이렇게 하면 키가 유출됐을 때 큰 노력 없이 다른 키로 바꿀 수 있다.

내부 및 외부의 최종 사용자와 의사소통 채널을 갖추자

변화가 실패하거나 예상치 못한 결과를 일으키면 업데이트를 빨리 제공할 수 있어야 한다.

7.7 마치며

서로 다른 종류의 보안 관련 변경사항을 구분하는 것이 정말 중요한 이유는 영향을 받는 팀이 그 영향을 올바르게 파악하고 여러분이 어떤 지원을 제공할 수 있는지 판단할 수 있기 때문이다.

다음에 인프라스트럭처에 보안 관련 변경사항을 배포하는 일을 맡게 된다면 숨을 크게 들이쉬고 계획을 세우기 바란다. 작은 부분부터 시작하거나 변화를 테스트해 줄 지원자를 찾는 것부터 시작하자. 피드백 루프를 갖춰 사용자 입장에서 제대로 동작하지 않는 부분을 이해하고 변화를 스스로 적용할 수 있게 만들자. 계획이 변경되더라도 당황하거나 놀라지 말자.

사전 예방적인proactive 개선과 긴급 상황에서의 마이그레이션을 더 쉽게 진행할 수 있도록 빈번한 롤아웃, 컨테이너화, 마이크로서비스 같은 설계 전략을 채택하되 소수의 잘 관리되며 외부와 접촉하는 부분에는 계층형 접근법을 도입하자. 변화를 염두에 두고 세심하게 설계하며 지속적으로 문서화하고, 시스템의 상태를 정상적으로 유지하며 팀의 업무 부하를 조금 더 잘 관리하면 (다음 장에서 살펴보겠지만) 회복성이 크게 좋아진다.

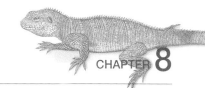

CHAPTER 8

회복성을 위한 설계

비탈리 시피친Vitaliy Shipitsyn, 밋치 애들러Mitch Adler, 졸탄 에제드Zoltan Egyed, 폴 블랭킨십Paul Blankinship,

지저스 클라이멘트Jesus Climent, 제시 양Jessie Yang, 더글라스 콜리시Douglas Colish, 크리스토프 캐른Christoph Kern

좋은 시스템 설계는 항상 회복성을 고려한다. 회복성이란 공격에서 스스로를 보호하고 시스템에 부담을 주거나 신뢰성에 영향을 끼치는 예외 상황을 견디는 능력을 의미한다.

여러 장애가 동시에 발생했을 때 시스템을 어떻게 완전히 또는 부분적으로라도 동작 가능하게 만들지는 설계 단계의 초기부터 고민해야 한다.

이번 장에서는 심층방어만으로 시스템을 보호할 수 있었던 시절부터 이야기를 시작한다. 그 후 현대의 심층방어 전략을 구글 애플리케이션 엔진Google App Engine의 사례로 설명한다.

이번 장에서 설명하는 솔루션은 구현에 드는 비용도 각기 다르며 조직 규모에 따라 적합성 여부도 다를 것이다. 여러분이 비교적 작은 조직에 속해 있다면 성능의 저하를 제어하는 방법, 장애 확산을 제어하는 방법, 시스템을 별도의 장애 도메인으로 나누는 방법 등을 먼저 중점적으로 살펴볼 것을 권한다. 그리고 조직의 규모가 점차 커지면 시스템의 회복성을 확인하고 개선할 수 있는 지속적 검증continuous validation을 활용할 것을 권한다.

시스템 설계 요소 중에서 '회복성'은 시스템이 심각한 오동작이나 장애를 견뎌내는 능력을 말한다. 회복성이 있는 시스템은 시스템 일부에 (또는 시스템 전체에) 장애가 발생해도 자동으로 복구하고 정상적인 상태로 돌아간다. 이런 시스템을 구성하는 서비스는 장애가 발생해도 여전히 동작하는 것이 이상적이지만, 간혹 다소 성능이 저하된 상태에서 동작하기도 한다.

회복성을 위한 시스템 설계는 복구를 위한 설계(자세한 내용은 9장 참고)와는 다르다. 회복성과 복구는 밀접하게 연관되어 있지만 복구는 시스템에 문제가 발생한 후 이를 **고치는** 것에 집중하는 반면 회복성은 장애의 영향을 **지연시키거나 견뎌내는** 것을 의미한다. 회복성과 복구를 모두 고려해 설계한 시스템은 장애로부터 훨씬 잘 복구되며 그 과정에서 사람의 개입도 최소화되어 있다.

8.1 회복성을 위한 설계 원리

시스템의 회복성은 2부 앞에서 설명했던 원리를 기초로 만들어진다. 시스템의 회복성을 평가하려면 시스템의 설계와 구현 원리를 반드시 잘 이해하고 있어야 한다. 또한 이 책에서 설명했던 최소 권한, 이해 가능성, 적응성adaptability, 복구 등 다른 설계 원리도 밀접하게 연관 지어야 시스템의 안정성과 회복성을 강화할 수 있다.

이번 장에서 심도 있게 살펴볼 다음의 접근법은 회복성 있는 시스템의 특징을 결정짓는다.

- 시스템의 각 계층이 독립적으로 회복성을 갖도록 설계한다. 이 방법은 각 계층에 심층방어를 구현하는 것이다.
- 각 기능의 우선순위를 정하고 그 비용을 계산해서 시스템의 부하가 얼마가 되든 지속적으로 동작하도록 해야 하는 주요 기능이 무엇인지, 리소스가 제한적일 때 사용을 제한하거나 비활성화 해도 괜찮은 기능은 무엇인지 판단한다.
- 경계를 명확히 정의해서 개별 기능의 독립성을 증가시켜 시스템을 완전히 구획화한다. 이렇게 하면 구획별로 방어 행위를 구현하기도 쉬워진다.
- 지역적 장애에 대응하기 위해 구획마다 이중화를 적용한다. 전역적 장애에 대비해서는 구획마다 서로 다른 신뢰성과 보안 속성을 구현하면 된다.
- 최대한 안전을 고려하되 최대한 많은 회복성 지표를 자동화해서 시스템의 반응 시간을 줄인다. 또한 계속해서 새로운 장애 모드를 찾아내면 새로 자동화해야 할 부분이나 기존의 자동화를 개선할 수 있는 부분을 알게 된다.
- 자동으로 측정한 회복성 지표와 기타 시스템의 회복성 속성을 검증해서 시스템의 효율성을 유지한다.

8.2 심층방어

심층방어는 여러 겹의 방어 계층을 구축해서 시스템을 보호하는 방법이다. 그러면 공격자가 시스템 전체를 파악하고 취약점을 제대로 공격하기가 어려워진다.

8.2.1 트로이 목마

베르길리우스의 서사시 아이네이스^{Aeneid}에 등장하는 트로이 목마^{Trojan Horse} 이야기는 적절치 못한 방어의 위험성에 대한 교훈을 주는 이야기다. 트로이에 10년간 과일이 재배되지 않자 그리스 군대는 거대한 목마를 만들어 트로이에 선물로 보낸다. 트로이는 이 목마는 장벽 안으로 가지고 들어가고 이때 목마 안에 숨어있던 공격자들이 뛰어나와 도시의 방어체계를 내부에서부터 무력화시키고 성문을 열게 된다. 결국 그리스 군대 전체가 쳐들어와 도시를 함락시킨다.

만일 이 도시가 심층방어를 계획했다면 이야기가 어떻게 달라질지 생각해보자. 먼저 트로이의 방어군은 트로이 목마를 더 자세히 검사해서 속임수를 간파했을 수도 있다. 설령 목마가 도시 안으로 들어왔더라도 그리스 군은 또 다른 방어 계층에 맞닥뜨렸을 수도 있다. 예를 들어 목마를 도시와 격리된 안전한 안뜰로 가져갔을 수도 있다.

그런데 3천년 전 이야기가 대체 대규모 시스템의 보안 또는 보안 자체와 무슨 관계가 있을까? 시스템을 보호하고 방어할 전략을 이해하고자 한다면 공격 자체를 먼저 이해해야 한다. 트로이의 도시를 시스템이라고 생각해보면 공격자의 공격 순서를 되짚어보며 심층방어로 해결할 수 있는 취약 지점이 어딘지 파악할 수 있다.

일단 개략적으로 생각해보면 트로이 공격을 4단계로 구분할 수 있다.

1. **위협 모델링**^{thread modeling}**과 취약점 탐색**: 목표를 설정하고 방어 체계와 취약점을 면밀히 살펴본다. 공격자는 도시의 성문을 외부에서 열 수 없지만 안에서 열어버린다면 어쩌겠는가?
2. **배포**: 공격의 소선을 설정한다. 공격자는 트로이 군이 결국 성문 안으로 가져가는 목마를 구축해 전달했다.
3. **실행**^{execution}: 이전 단계에서 확보한 조건을 토대로 실질적인 공격을 감행한다. 군사들이 트로이 목마에서 뛰쳐나와 성문을 열어 그리스 군대가 침투할 수 있었다.
4. **탈취**^{compromise}: 공격이 성공해서 피해가 발생했고 이를 완화하기 위한 노력이 시작됐다.

트로이 군은 도시를 탈취당하기 전 모든 단계에서 공격을 저지할 기회가 있었지만 이를 놓치면서 엄청난 대가를 치렀다. 마찬가지로 시스템을 심층적으로 방어하면 설령 시스템을 탈취당했더라도 피해를 줄일 수 있다.

위협 모델링과 취약점 탐색

공격자와 방어자는 모두 대상의 약점을 평가할 수 있다. 공격자는 대상을 정찰해서 약점을 찾고 공격을 모델링한다. 반면 방어자는 공격자가 시스템을 정찰하는 동안 노출되는 정보를 최소화하기 위해 할 수 있는 모든 것을 해야 한다. 하지만 방어자가 공격자의 정찰을 완전히 막을 수는 없으므로 반드시 정찰을 탐지하고 신호로 이용해야 한다. 트로이 목마의 사례에서 방어자는 낯선 사람이 문을 어떻게 지키는지 물었을 때 이를 경계했었을 수도 있다. 이렇게 의심스러운 행위를 포착했더라면 나무로 만들어진 거대한 말이 도시의 문을 통과할 때 더욱 조심하도록 훈련이 되었을 것이다.

이런 낯선 질의를 기록해두면 위협에 대한 더 많은 정보를 수집할 수 있다. 직접 보유한 시스템에서 위협에 대한 정보를 수집하는 방법은 매우 다양하며 심지어 일부는 외부에서 확보할 수도 있다. 예를 들어 다음 사항을 살펴보자.

- 시스템 포트와 애플리케이션 스캔을 위한 모니터링
- 보유한 URL과 유사한 DNS 등록 추적: 공격자는 대부분 유사한 URL로 피싱 공격을 시도한다.
- 위협 정보 데이터 구매
- 위협 정보 팀을 구성해 알려진 행위와 인프라스트럭처에 위협이 되는 행위에 대해 연구하고 적극적으로 모니터링한다. 소규모 기업의 경우 이 정도의 투자를 권장하지는 않지만 회사가 성장하면 비용면에서 효율적일 수도 있다.

여러분은 시스템 내부에 대한 가장 많은 지식을 가졌으므로 공격자의 정찰보다는 여러분의 평가가 더 상세할 수 있다. 바로 이 점이 중요하다. 시스템의 약점을 잘 이해하고 있다면 훨씬 효율적으로 이를 방어할 수 있다. 그리고 현재 공격자가 사용하는 방법이나 그 영향을 더 잘 이해할수록 방어의 효율성은 더 높아진다. 다만 한 가지 주의할 점은 가능성이 전혀 없는 공격 벡터attack vector에 대한 사각지대를 개발하는 것이다.

공격의 배포

만일 공격자가 시스템에 대한 정찰을 시도했다는 것을 알게 됐다면 공격을 탐지하고 멈추게 하려는 노력이 중요하다. 만일 트로이 군대가 목마를 신뢰할 수 없는 사람이 만들었다는 이유로 성문을 통과하지 못하게 저지했다고 생각해보자. 아니면 성문을 통과시키기 전에 트로이 목마를 철저히 확인하거나 아니면 그냥 불을 질렀을 수도 있다.

현대에는 네트워크 트래픽 점검, 바이러스 탐지, 소프트웨어 실행 제어, 보호된 샌드박스[1], 이상 사례 신호를 위한 권한의 적절한 프로비저닝 등으로 잠재적인 공격을 탐지할 수 있다.

공격의 실행

적들이 배포하는 모든 공격 형태를 방어할 수 없다면 잠재적인 공격의 영향 반경을 제한해야 한다. 방어자가 트로이 목마를 격리해서 노출을 제한시켰다면 공격자는 자신의 숨겨진 의도가 파악되지 않도록 하는 데 큰 어려움을 겪었을 것이다. 사이버전에서는 이런 전략을 **샌드박싱**이라고 한다 (보다 자세한 내용은 8.2.2절 속 '런타임 계층'을 참고하자).

탈취

트로이 사람들이 침대밑에 적이 서 있는 것을 발견한다면 자신의 도시가 이미 탈취됐음을 알게 됐을 것이다. 이러한 인식은 이미 탈취가 발생한 후에나 가능한 것이다. 2018년에는 여러 은행이 이터널블루^{EternalBlue}(https://oreil.ly/wNI2u)와 워너크라이^{WannaCry}(https://oreil.ly/irovS)에 의해 인프라스트럭처에 침입과 탈취가 이뤄진 후에야 자신들이 이런 상황에 처했다는 것을 알게 됐다.

이 시점에서 어떻게 대응하는가에 따라 탈취된 인프라스트럭처가 얼마나 오래 그 상태로 남아 있을지 결정된다.

8.2.2 구글 애플리케이션 엔진 분석

심층방어가 적용된 더 현대적인 사례의 예로 구글 애플리케이션 엔진을 생각해보자. 구글 애플리케이션 엔진은 사용자가 애플리케이션 코드를 호스트하고 네트워크, 머신, 운영체제 등을 관리하지 않고도 부하의 증가에 따라 확장할 수 있는 클라우드 서비스다. [그림 8-1]은 애플리케

---

[1] 보호된 샌드박스는 신뢰할 수 없는 코드와 데이터에 대한 격리된 환경을 제공한다.

이션 엔진 초기의 아키텍처를 간소화해서 다이어그램으로 표현한 그림이다. 애플리케이션 코드를 보호하는 것은 개발자의 책임인 반면 파이썬/자바 런타임과 기반 OS를 보호하는 것은 구글의 책임이다.

그림 8-1 구글 애플리케이션 엔진 아키텍처를 간소화한 다이어그램

구글 애플리케이션 엔진의 원래 구현체는 프로세스 격리를 각별히 신경써야 했다. 당시 구글은 기본 전략으로 (사용자 프로세스를 구분하는) 전통적인 POSIX 사용자 격리를 사용하고 있었지만, 각 사용자의 코드를 독립적인 가상 머신에서 실행하는 것은 계획했던 도입 단계에서는 너무 비효율적이라고 결론내렸다. 그래서 서드파티가 작성한 신뢰할 수 없는 코드를 다른 작업과 같은 방법으로 구글의 인프라스트럭처에서 실행할 수 있는 방법을 찾아야했다.

위험한 API

애플리케이션 엔진의 초기 위협 모델링은 몇 가지 우려스러운 부분이 있었다.

- 네트워크 접근에 문제가 있었다. 그 전까지는 구글 프로덕션 네트워크에서 실행 중인 모든 애플리케이션은 신뢰할 수 있으며 인증된 인프라스트럭처 컴포넌트로 취급했었다. 하지만 임의의 신뢰할 수 없는 서드파티 코드가 이 환경에서 실행되면서 애플리케이션 엔진에서 내부 API와 애플리케이션 엔진의 네트워크 노출을 격리할 수 있는 전략이 필요했다. 또한 애플리케이션 엔진 자체도 같은 인프라스트럭처에서 실행되므로 같은 API에 대한 접근 디펜던시를 가지고 있다는 점도 고려해야 했다.
- 사용자 코드를 실행하는 머신은 로컬 파일 시스템에 접근할 수 있어야 했다. 최소한 파일 시스템에 접근은 해당 사용자가 소유한 디렉터리만으로 제한되었으므로 실행 환경을 보호하고 사용자가 제공한 애플리케이션이 같은 머신에서 실행 중인 다른 사용자의 애플리케이션을 방해하는 위험을 줄일 수 있었다.

- 리눅스 커널을 사용한다는 것은 애플리케이션 엔진이 공격에 노출되는 부분이 많다는 것을 의미했다. 반면 우리는 이런 노출을 최소화하고 싶었다. 예를 들어 지역 권한 확대가 필요한 경우를 최소한으로 방지하고 싶었다.

우리는 이런 문제를 해결하기 위해 먼저 각 API에 대한 사용자 접근을 제한했다. 네트워킹을 위한 I/O 작업을 수행하고 런타임에 파일 시스템을 사용하는 내장 API를 제거했다. 그리고 런타임 환경을 직접 조작하는 API는 다른 클라우드 환경을 호출하는 '안전한' 버전의 내장 API로 대체했다.

또한 인터프리터에서 의도적으로 제거된 기능이 사용자가 다시 활성화하지 못하게 하기 위해 사용자가 제공하는 컴파일된 바이트코드나 공유 라이브러리는 허용하지 않았다. 사용자는 제공한 메서드와 라이브러리만을 사용해야 했으며 필요에 따라 허용된 런타임 전용 오픈 소스 구현체만 사용할 수 있었다.

런타임 계층

우리는 여러 기능을 위해 구현했지만 메모리 변질^{corruption} 버그를 유발하기도 하는 런타임 기반 데이터 객체도 광범위하게 감사했다. 이 감사 덕분에 실행했던 각 런타임 환경의 업스트림 버그 몇 가지를 수정할 수 있었다.

우리는 선택한 런타임의 모든 공격 조건을 찾거나 예측할 수 없었으므로 이런 방어 조치 중 최소 몇 가지는 실패할 것이라고 가정했다. 특히 파이썬 런타임은 네이티브 클라이언트^{Native} ^{Client}(NaCL) 비트코드로 정리하기로 했다. NaCL로 변환하면 여러 종류의 메모리 변질과 심층 코드 감사 및 강제를 우회할 수 있는 제어흐름 교란 공격$^{control-flow\ subversion\ attack}$을 차단할 수 있었다.

우리는 모든 위험한 코드에 대한 상세 정보와 버그가 NaCL에 온전히 들어있다는 것에 완전히 만족할 수 없었으므로 예상치 못한 시스템 호출과 파라미터를 필터링하고 성고를 보내기 위한 ptrace 샌드박싱 계층을 추가했다. 예상과 다른 행위가 발생하면 해당 런타임은 즉시 종료^{terminated}되고 관련 행위의 로그와 함께 최우선 순위로 설정된 경고가 발송된다.

그 후로 5년간 팀은 런타임 중 하나에 공격 조건을 생성하는 몇 가지 이례적인 행위를 잡아낼 수 있었다. 그 때마다 샌드박스 계층 덕분에 공격자(보안 연구원들이 그 역할을 했다)보다 훨씬 우위에 있을 수 있었으며 예정된 파라미터와 함께 공격 행위가 고스란히 겹겹이 쌓은 샌드박스 계층에 쌓였다.

기능적으로 애플리케이션 엔진의 파이썬 구현은 [그림 8-2]와 같은 샌드박싱 계층을 갖추고
있다.

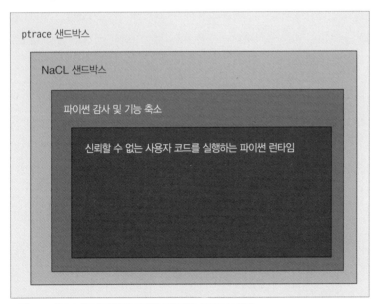

그림 8-2 애플리케이션 엔진의 파이썬 구현체용 샌드박싱 계층

애플리케이션 엔진의 각 계층은 상호보완적이어서 각 계층은 그 이전 계층의 약점이나 장애의
발생가능성을 예상하고 있다. 방어 활성화는 계층을 따라 이동하므로 탈취의 신호가 더 강해질
수록 가능한 공격에 더 집중할 수 있었다.

구글 애플리케이션 엔진의 포괄적이며 계층화된 보안 접근법을 채택하기는 했지만 환경 보호
에 관해서는 외부 도움도 많이 받았다.[2] 팀이 이상 행위를 찾기도 하지만 외부 연구원들도 여러
공격 벡터를 찾아냈다. 이런 문제점을 찾아내 준 연구원들에게 감사를 전한다.

---

2 구글은 버그 바운티 리워드 프로그램도 진행한다(https://oreil.ly/ZQGNW).

8.3 성능 저하의 제어

심층방어를 설계할 때 시스템 컴포넌트 또는 심지어 전체 시스템에 장애가 발생할 수 있다고 가정한다. 장애가 발생하는 이유는 물리적인 손상, 하드웨어 또는 네트워크의 오동작, 소프트웨어의 설정 오류나 버그, 또는 보안상의 침입 등 다양하다. 컴포넌트에 장애가 발생할 경우 그 영향은 컴포넌트에 의존하는 모든 시스템으로 확대될 수 있다. 유사한 리소스의 전역 풀global pool도 작아진다. 예를 들어 디스크 장애가 발생하면 전체적인 스토리지 용량이 줄어들며 네트워크 장애가 발생하면 대역폭이 줄어들고 지연 응답이 증가한다. 소프트웨어 장애가 발생하면 시스템 전체의 연산 용량이 줄어들게 된다. 장애는 복합적으로 발생하기도 한다. 스토리지 장애가 소프트웨어 장애를 유발하기도 한다.

이렇게 리소스가 부족해지거나 슬래시닷slashdot 효과(https://oreil.ly/Z1UL8) 같은 문제를 유발할 정도로 유입되는 요청의 양이 갑자기 늘어나거나 설정 오류 또는 서비스 거부 공격 등은 시스템에 과부하를 유발한다. 시스템의 부하가 용량을 초과하면 필연적으로 응답 성능이 저하되고 결국에는 시스템이 완전히 응답 불가능한 상태가 된다. 이런 시나리오를 사전에 대비해두지 않는다면 시스템의 어느 부분에 문제가 발생할 지 알 수 없다. 바로 이 부분이 시스템의 가장 취약한 부분이다.

성능 저하를 제어하려면 심각한 상황이 발생했을 때 비활성화하거나 조정할 시스템 속성을 선택하고 시스템을 보호하기 위해 최선을 다해야 한다. 이런 상황을 대비해 **의도적**으로 여러 응답 옵션을 설계한다면 중단점breakpoint을 제어해서 시스템이 완전히 무너지지 않도록 할 수 있다. 연쇄적 장애가 발생해서 아수라장이 된 상황을 처리하지 않아도 시스템이 **우아한 퇴보**를 진행하는 상황이 되는 것이다. 시스템의 우아한 퇴보를 구현하는 방법은 여러 가지가 있다.

- 리소스를 해제하고 빈번하게 사용하는 기능, 비교적 덜 중요한 기능 또는 비용이 높은 서비스 용량 등을 비활성화해서 작업의 실패율을 낮춘다. 그러면 해제된 리소스를 중요한 기능에 적용할 수 있다. 예를 들어 대부분의 시스템은 타원 곡선Elliptic Curve(ECC)과 RSA 암호화 시스템을 모두 지원하는 TLS 연결을 허용한다. 시스템의 구현에 따라 둘 중 하나는 충분한 보안을 더 낮은 비용에 제공할 수 있다. 소프트웨어의 경우에는 ECC가 비공개 키 작업에 리소스를 상대적으로 덜 사용한다.[3] 시스템에 리소스가 부족할 때 RSA 지원을 비활성화하면 더 낮은 ECC 비용으로 더 많은 연결을 허용할 여력이 생긴다.

....

[3] 다음을 참고. Singh, Soram Ranbir, Ajoy Kumar Khan, and Soram Rakesh Singh. 2016. "Performance Evaluation of RSA and Elliptic Curve Cryptography." Proceedings of the 2nd International Conference on Contemporary Computing and Informatics: 302–306. doi:10.1109/IC3I.2016.7917979.

- 시스템 응답 측정을 자동으로 빠르게 적용하도록 한다. 서버를 직접 제어할 수 있어서 운영 파라미터를 필요에 따라 임의로 조정할 수 있다면 가장 쉬운 방법이다. 사용자 클라이언트는 제어하기가 더 어렵다. 사용자 클라이언트는 사용자가 장치 업데이트를 연기하거나 업데이트 수신이 불가능할 수 있어 롤아웃 주기가 길기 때문이다. 게다가 클라이언트 플랫폼은 다양하므로 예상치 못했던 호환성 문제로 응답 측정을 롤백해야 하는 가능성도 높은 편이다.

- 회사에 중요한 시스템뿐만 아니라 그 시스템 간의 관련 중요성과 상호의존성 또한 이해해야 한다. 이런 시스템은 상대적인 가치 대비 최소한의 기능만이라도 유지해야 한다. 예를 들어 구글의 지메일은 사용자가 멋들어진 UI 스타일링과 검색 자동완성 같은 기능을 비활성화한 메일 메시지만 간단하게 확인할 수 있는 '간단 HTML 모드'를 지원한다. 한 지역에서 대역폭을 제한하는 네트워크 장애가 발생했을 경우 이 지역의 사용자 데이터를 보호하기 위해 네트워크 보안 모니터링을 계속할 수만 있다면 심지어 이 간단 HTML 모드마저도 우선순위가 낮아질 수 있다.

이런 조정을 통해 시스템의 부하나 장애 흡수 능력을 충분히 개선할 수 있다면 다른 모든 복원 메커니즘에 대한 중요한 보완 기능을 제공할뿐더러 사고 대응 담당자가 대처할 수 있는 시간을 벌 수 있다. 사고 중에 문제 해결에 대한 압력을 받는 것보다는 사전에 필수적이면서도 어려운 선택을 하는 편이 낫다. 개별 시스템마다 명확한 성능 저하 전략을 개발하면 여러 시스템이나 제품 영역에 걸쳐 더 큰 범위에서 성능 저하의 우선순위를 결정하기가 더 쉬워진다.

보안과 신뢰성 절충: 성능 저하의 제어

서비스의 중요도를 평가할 때는 보안의 역할을 고려해야 한다. 즉 위험의 증가를 어느 정도까지 허용할지 결정해야 한다. 예를 들어 로그인 과정에서 2FA(https://oreil.ly/aiKg0)가 중단되는 것을 허용할 것인가? 2FA가 새로운 기술이고 이를 도입하는 사용자가 늘어나고 있는 때라면 2FA 없이 사용자가 로그인하는 것을 허용할 수도 있을 것이다. 반면 중요한 서비스는 2FA를 사용할 수 없는 경우 모든 로그인을 비활성화하고 완전히 실패하는 방법을 선택하기도 한다. 예를 들어 은행은 고객 계정에 대한 무단 접근을 허용하는 것보다는 서비스를 중단하는 편을 선호할 수도 있다.

8.3.1 장애 비용의 구분

어떤 작업이 실패하면 그에 따른 비용이 발생하게 된다. 예를 들어 모바일 장치로부터의 애플리케이션 백엔드로의 업로드가 실패하면 RPC를 셋업하고 데이터를 전송하는 과정에서 컴퓨팅 리소스와 네트워크 대역폭을 소비하게 된다. 만일 더 이른 시점에 실패하거나 비용을 더 적게 소비하는 형태로 리팩터링할 수 있다면 일부 장애의 경우는 이렇게 낭비되는 비용을 줄이거나 없앨 수 있다. 장애의 비용을 책정하는 방법은 다음과 같다.

개별 작업의 전체 비용을 측정한다

예를 들어 특정 API에 대한 부하 테스트 과정에서 CPU, 메모리 또는 대역폭에 영향을 미치는 지표를 수집한다. 만일 시간이 부족하다면 (심각성 혹은 빈도 상) 가장 영향이 큰 작업에 우선 집중해도 좋다.

작업의 어느 단계에서 비용이 발생하는지 판단한다

소스 코드를 살펴보거나 개발자 도구(예를 들면 웹 브라우저는 요청 단계를 추적하는 기능을 제공한다)를 이용해 내부 데이터를 확인한다. 코드를 활용해서 단계마다 장애가 발생한 상황을 모방할 수도 있다.

작업의 비용과 장애 지점에 대한 정보를 수집했다면 시스템이 성공적으로 동작할 때까지 비용이 높은 작업을 미룰 수 있도록 시스템을 변경할 수 있다.

컴퓨팅 리소스

실패한 작업이 (작업의 시작부터 실패할 때까지) 소비하는 컴퓨팅 리소스는 다른 작업에 사용될 수 없다. 이런 현상은 작업이 실패했을 때 클라이언트가 적극적으로 재시도를 시도하면 몇 배가 될 수도 있으며 그에 따라 연쇄적인 시스템 장애를 유발할 수도 있다. 실행 과정에서 에러를 미리 확인하면 컴퓨팅 리소스를 적절히 해제할 수 있다. 예를 들어 시스템이 메모리를 할당하기 전이나 데이터의 읽기/쓰기 작업을 시작하기 전에 데이터 접근 요청의 유효성을 확인하면 된다. 신쿠키syncookie(https://oreil.ly/EaL2N)를 이용하면 가짜 IP 주소에서 생성한 TCP 연결 요청에 메모리가 할당되는 상황을 방지할 수 있다.

좀 더 넓게 보면 서버가 (모니터링 시스템의 신호 등을 통해) 자신의 상태가 나빠지고 있음을 안다면 서버를 레임덕lame-duck 모드[4]로 바꿀 수 있다. 레임덕 모드란 서비스가 계속해서 응답을

---

4 SRE 도서의 20장 참고.

제공하면서 호출자에게 호출 빈도를 낮추거나 더 이상의 요청을 보내지 말것을 함께 요청하는 동작을 말한다. 이렇게 하면 환경 전체에 신호를 보낼 수 있을 뿐 아니라 에러 응답을 보내기 위해 사용되는 리소스도 최소화할 수 있다.

또한 외부 요인에 의해 여러 개의 서버 인스턴스가 대기상태에 놓이기도 한다. 예를 들어 보안 문제로 실행 중인 서비스가 '과부하'상태거나 격리되는 경우가 있다. 이런 상황을 모니터링하고 있다면 다른 서비스가 사용할 수 있도록 해당 서버의 리소스를 일시적으로 해제할 수 있다. 하지만 리소스를 재분배하기 전에 과학수사 팀 조사에 도움이 될만한 데이터를 안전하게 보호해야 한다.

사용자 경험

시스템은 성능이 저하된 상태에서도 용납 가능한 수준으로 사용자와 상호작용할 수 있어야 한다. 이상적인 시스템이라면 사용자가 계속해서 서비스를 사용하게 하면서 서비스가 오작동할 수도 있다는 사실을 알려준다. 이 과정에서 시스템은 지속적인 동작을 위해 다른 연결이나 인증, 승인 프로토콜이나 엔드포인트를 사용하기도 한다. 장애로 인한 데이터 손실이나 보안 위험은 반드시 사용자에게 명확하게 안내해야 한다. 또한 더 이상 안전하지 않은 기능은 명시적으로 비활성화해야 한다.

예를 들어 온라인 협업 애플리케이션에 오프라인 모드를 추가하면 온라인 스토리지에 일시적인 손실이나 다른 사용자의 수정사항을 실시간으로 갱신하는 기능, 채팅 기능 등에 문제가 발생하더라도 핵심 기능은 계속해서 동작할 수 있다. 종단간 암호화를 적용한 채팅 애플리케이션의 경우 사용자가 자신의 대화 내용을 보호하기 위해 빈번하게 암호화 키를 변경하는 경우가 있다. 이런 애플리케이션에서 암호화 키의 변경은 사용자 인증에 아무런 영향을 주지 않으므로 이전의 대화 내용은 모두 접근이 가능하도록 유지한다.

반면, 백엔드 서비스 중 하나와의 RPC 통신에서 타임아웃이 발생했을 때 전체 GUI가 응답 없음 상태가 되는 상황은 잘못된 설계라고 볼 수 있다. 시작 시점에 백엔드에 연결해서 가장 최신의 콘텐츠를 보여주는 모바일 애플리케이션을 생각해보자. 이런 애플리케이션은 사용자가 의도적으로 장치의 온라인 연결을 끊기만 해도 백엔드와 통신이 불가능해진다. 그러면 이전에 캐시된 데이터마저 볼 수 없게 된다.

성능이 저하된 상태에서도 사용성과 생산성을 제공할 수 있는 UX 솔루션을 구현하려 한다면 사용자 경험$^{user\ experience}$(UX)에 대한 연구와 설계에 대한 노력이 필요하다.

장애 완화의 속도

장애가 발생한 이후에 시스템 복구 속도는 해당 장애 비용에 영향을 미친다. 장애의 대응 시간에는 사람이나 자동화된 작업이 장애를 완화할 수 있는 변경을 만드는 시점부터 장애에 영향을 받은 컴포넌트의 마지막 인스턴스가 업데이트되어 복구되기까지의 시간까지 포함된다. 제어가 상대적으로 어려운 클라이언트 애플리케이션 같은 컴포넌트에 심각한 장애를 일으키지 않도록 해야 한다.

앞서 시작할 때 백엔드에 연결해 새로운 데이터를 가져오는 모바일 애플리케이션의 예를 다시 생각해보자. 이 애플리케이션의 설계 때문에 백엔드에 대한 연결성이 중요한 디펜던시가 되어 버렸다. 이런 경우 제어불가능한 애플리케이션 업데이트 속도로 인해 기본적인 문제가 더 큰 문제로 확대된다.

8.3.2 응답 메커니즘의 배포

이상적인 시스템은 상황이 악화되고 있는 와중에도 보안과 신뢰성에 대한 위험을 최소화하고, 응답 효율성을 극대화하기 위한 안전하며 사전에 프로그래밍된 조치에 적극적으로 대응해야 한다. 보통 이런 조치는 사람이 직접 실행하는 것보다는 자동화하는 편이 낫다. 사람은 응답 속도가 비교적 느리고 필요한 작업을 완료하기 위한 충분한 네트워크의 확보나 안전한 접근이 여의치 않을 수 있으며 여러 변수를 처리하는 데 자동화된 조치만큼 뛰어나지 못하기 때문이다. 그렇지만 사람은 확인과 조율, 그리고 예측하지 못했거나 복잡한 상황에서 의사결정을 수행하기 위해 반드시 필요하다.

이제 과부하 관리를 보다 상세히 알아보자. 과부하는 서비스 용량의 저하, 점진적인 트래픽 상승 또는 DoS 공격 등에 의해 발생한다. 사람은 과부하에 충분히 빠르게 대응하지 못할 수 있으며 트래픽은 서버에 과부하를 일으킬 수 있어 연쇄적 장애를 유발하는 것은 물론 결국에는 전체 서버 크래시로 이어질 수 있다. 그렇다고 서비스를 과도하게 프로비저닝하는 안전 장치를 도입한다면 비용만 낭비될 뿐 안전한 응답을 보장하지 못한다. 그래서 서버는 현재 상태에서 부하에 어떻게 응답할 것인지를 조정해야 한다. 그러려면 2가지 자동화 전략을 사용하면 된다.

- 요청을 처리하는 대신 에러를 리턴하는 로드 셰딩
- 요청 처리 기한에 가까워질 때까지 응답을 지연하는 클라이언트 쓰로틀링throttling

[그림 8-3]은 용량을 넘어서는 트래픽의 증가를 보여주고 있다. [그림 8-4]는 부하 증가를 관리하기 위해 로드 셰딩과 쓰로틀링을 적용했을 때의 효과를 보여준다. 이 두 그림을 확인할 때 다음을 염두에 두자.

- 곡선은 초당 요청 수를 의미하며 곡선 아래의 면적은 전체 요청 수를 의미한다.
- 공백은 장애 없이 처리된 트래픽을 의미한다.
- 역슬래시로 표시된 면적은 저하된(일부 요청이 실패하는) 트래픽을 표현한다.
- 교차선으로 표시된 면적은 거부된(전체 요청이 실패하는) 트래픽을 표현한다.
- 슬래시로 채워진 면적은 우선순위가 높은(중요한 요청이어서 성공적으로 처리한) 트래픽을 표현한다.

[그림 8-3]은 볼륨(손실된 요청의 수)과 시간(트래픽 증가 후 장애가 지속된 시간)에 큰 영향을 주는 크래시가 어떻게 발생하는지를 보여주고 있다. 또한 시스템 크래시가 발생하기 전에 저하된 트래픽(역슬래시로 채워진 면적)이 제대로 처리되지 못한다는 점도 보여주고 있다. [그림 8-4]는 로드 셰딩이 적용된 시스템이 [그림 8-3]보다 훨씬 적은 트래픽을 거부(교차선으로 표시된 면적)하고 있음을 보여준다. 게다가 나머지 트래픽도 실패없이 처리하거나(공백 면적) 우선순위가 낮은 경우 거부(슬래시로 채워진 면적)하고 있다는 점도 알 수 있다.

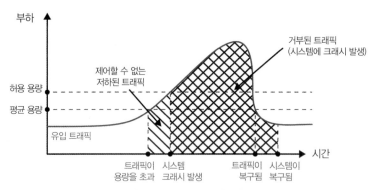

그림 8-3 부하 증가로 인한 완전한 장애 및 연쇄적 장애의 가능성

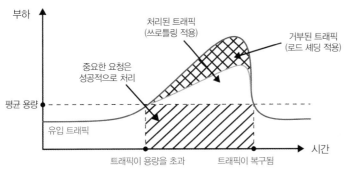

그림 8-4 로드 셰딩과 쓰로틀링을 이용해 부하 증가를 관리할 때의 모습

로드 셰딩

로드 셰딩의 주요 회복성 목표(SRE 도서 22장 참고)는 보안이 중요한 기능을 지속적으로 제공할 수 있도록 극한의 부하에도 컴포넌트의 안정성을 유지하는 것이다. 컴포넌트의 부하가 용량을 넘어서기 시작하면 컴포넌트에 크래시가 발생하는 것보다는 용량을 초과하는 요청에 대해 에러를 리턴하도록 해야 한다. 크래시가 발생한다는 것은 단순히 용량을 초과한 요청을 처리할 수 없다는 것이 아니라 컴포넌트의 **모든** 용량을 사용할 수 없다는 뜻이다. 모든 처리 용량이 사라지면 부하는 다른 곳으로 이동해서 결국 연쇄적 장애를 유발하게 된다.

로드 셰딩을 적용하면 서버의 부하가 최대 용량에 도달하기 전에 서버 리소스를 해제하고 해제된 리소스를 보다 가치있는 작업에 활용할 수 있다. 어떤 요청을 셰딩할 것인지 선택하려면 요청의 중요도와 처리 비용의 개념을 이해해야 한다. 요청의 중요도와 처리 비용 그리고 현재 서버의 활용도에 따라 어떤 종류의 요청을 얼마나 많이 셰딩할 것인지를 결정할 수 있는 정책을 정의할 수 있다. 요청의 중요도는 해당 요청이나 그 의존 기능(예컨데 보안 관련된 기능은 반드시 높은 우선순위를 가져야 한다)이 가지는 비즈니스적 중요도에 따라 결정하면 된다. 요청의 처리 비용은 별도로 측정하거나 경험을 바탕으로 예측할 수 있다.[5] 처리 비용은 어떤 방법으로 측정하든 CPU와 (가능한) 메모리 사용량 같은 서버 활용도 지표와 비교할 수 있어야 한다. 물론 요청 처리 비용은 금액으로 계산해야 한다.

---

5 SRE 도서의 21장 참고.

쓰로틀링

쓰로틀링(SRE 도서 21장 참고)는 나중에 유입되는 작업을 연기하기 위해 현재 작업을 지연시켜 클라이언트의 동작을 간접적으로 바꾸는 것이다. 서버는 요청을 받으면 이 요청을 처리하기 전에 일정 시간을 기다리거나, 요청이 처리가 완료되었다면 클라이언트에 응답을 보내기 전 일정 시간을 기다린다. 이 방법은 서버가 클라이언트로부터 요청을 받는 속도를 줄이는 것이다(클라이언트가 요청을 순서대로 보내는 경우). 즉 대기 시간 동안 리소스를 다른 작업에 활용할 수 있다는 뜻이다.

로드 셰딩과 마찬가지로 너무 요청을 많이 보내는 클라이언트나 심지어 모든 클라이언트에 쓰로틀링을 적용하는 정책을 정의할 수 있다. 요청의 우선순위와 비용에 따라 쓰로틀링을 적용하면 된다.

자동화된 응답

로드 셰딩이나 쓰로틀링 등을 적용할 때는 서버 활용 통계를 이용하면 결정을 내리는 데 도움이 된다. 서버의 부하가 늘어날수록 서버가 처리할 수 있는 트래픽이나 부하는 줄어든다. 만일 요청 제어를 활성화하는 데 너무 오랜 시간이 걸리면 우선순위가 높은 요청마저도 처리나 쓰로틀링 적용에 실패할 수 있다.

대규모 환경에서 효율적으로 성능 저하를 관리하려면 중앙 내부 서비스가 필요할 것이다. 중요한 기능의 비즈니스적 고려사항과 실패시의 비용을 정책으로 변환해 이 서비스에 신호를 보내면 된다. 이 내부 서비스는 클라이언트와 서비스의 사용량을 집계해서 모든 서버에 대한 분산 업데이트 정책을 거의 실시간으로 적용할 수 있다. 그러면 서버는 서버의 활용도에 따른 규칙을 바탕으로 정책을 적용하면 된다.

자동화된 응답을 구현할 수 있는 부분은 다음과 같다.

- 쓰로틀링 신호에 반응해 서버로의 트래픽을 부하가 적은 곳으로 보내는 로드 밸런싱 시스템을 구현할 수 있다.
- 쓰로틀링이 비효율적이거나 피해를 받는 경우 악의적인 클라이언트에 대응하기 위해 DoS 보호 기능을 제공한다.
- 중요 서비스의 로드 셰딩이 높아질 때 만들어지는 보고서를 사용해 대체 컴포넌트로의 장애 조치를 준비하도록 한다 (이 전략은 이번 장의 후반부에서 설명한다).

또한 자립적self-reliant 장애 탐지도 자동화할 수 있다. 자립적 장애 탐지란 서버가 일부 또는 전체 요청을 처리할 수 없음을 결정하고 완전한 로드 셰딩 모드로 스스로 성능을 저하시키는 방식이다. 이때 자체 탑재self-contained 또는 자체 호스트self-hosted 탐지를 사용하는 편이 좋다. 그 이유는 전체 서버를 정지 상태로 돌리는 것을 (공격자가 흉내낼 수 있는) 외부 신호에 의존하고 싶지는 않을 것이기 때문이다.

우아한 퇴보를 구현하는 데 있어 중요한 것은 문제의 원인이 무엇이든 시스템 성능 저하의 수준을 결정하고 기록하는 것이다. 이 정보는 분석과 디버깅에 매우 유용하다. 로드 셰딩이나 (자체 처리든 외부 지시에 의한 것이든) 쓰로틀링의 실제 상태를 보고하는 기능을 구현하면 전체적인 상태와 용량을 평가하고 버그나 공격을 탐지하는 데 도움이 된다. 또한 현재 남아있는 시스템 용량과 사용자에 대한 영향도 평가에 필요하다. 다시 말하면 개별 컴포넌트와 전체 시스템의 성능이 어느 정도 저하되어 있는지 그리고 어떤 행동을 수동으로 처리해야 할지 알수 있다. 일단 사건이 일어난 후에는 성능 저하 메커니즘의 효율성도 평가할 수 있다.

8.3.3 자동화에는 책임이 따른다

자동화된 응답 메커니즘을 구현할 때는 시스템의 보안과 신뢰성 수준이 의도하지 않은 수준까지 저하되지 않도록 충분한 주의를 기울여야 한다.

실패 시 안전과 실패 시 보안의 비교

실패를 처리하는 시스템을 설계할 때는 (안전한safe) 실패 시 개방fail open으로 신뢰성을 최적화하는 방법과 (보안상 안전한secure) 실패 시 폐쇄failing closed로 보안을 최적화하는 방법간의 균형을 갖춰야 한다.[6]

- 신뢰성을 극대화하려면 시스템은 실패에 내성을 가지고 불확실성을 가진 상황에서도 최대한 많은 요청을 처리해야 한다. 시스템의 무결성이 손상됐다고 해도 시스템의 설정이 무사하다면 가용성에 최적화된 시스템은 가능한 작업을 계속 수행할 수 있다. ACL 로드에 실패하면 기본 ACL은 '모두 허용'으로 간주한다.

---

6 '실패 시 개방'과 '실패 시 폐쇄'의 개념은 각각 서비스를 동작 가능한 상태로 유지하는(신뢰성을 갖추는)것과 폐쇄하는(안전성을 갖추는) 것을 의미한다. 1장에서도 설명했지만 '실패 시 개방'과 '실패 시 폐쇄'라는 단어는 '실패 시 안전(fail safe)'과 '실패 시 보안'(fail secure)이라는 단어와 동의어로 사용하기도 한다.

- 보안을 극대화하려면 시스템은 불확실성을 가진 상황이 발생했을 때 완전히 잠겨야 한다. 디스크에 장애가 발생해서 설정의 일부를 읽을 수 없거나 공격자가 설정을 변경하는 등 이유가 무엇이든 시스템이 무결성을 검증할 수 없다면 운영을 계속하는 것을 신뢰할 수 없으며 최대한 스스로를 보호해야 한다. ACL 로드에 실패하면 기본 ACL은 '모두 거부'로 간주한다.

신뢰성과 보안을 위한 두 원리는 분명히 서로 상충한다. 이 문제를 해결하려면 각 조직은 절대 타협할 수 없는 최소한의 보안 속성을 먼저 결정한 후 보안 서비스의 주요 기능이 제공해야 할 신뢰성을 제공할 수 있는 방법을 찾아야 한다. 예를 들어 서비스 품질$^{quality-of-service}$ (QoS)에 대한 우선순위가 낮은 요청을 거부하도록 설정된 네트워크가 패킷을 거부하지 않기 위해 특히 서비스 품질 우선순위가 높은 보안용 RPC 트래픽을 필요로 할 수도 있다. 게다가 보안용 RPC 서버는 워크로드 스케줄러 때문에 CPU 용량 부족에 시달리지 않기 위한 특별한 태깅이 필요할 수도 있다.

신뢰성과 안전의 절충: 응답 메커니즘

보안상 중요한 작업은 실패 시 개방적이어야 한다. 하지만 실패 시 개방 정책을 도입하면 예컨데 공격자가 DoS 공격만으로 시스템의 보안 수준을 떨어뜨릴 수 있다. 그렇다고 해서 보안상 중요한 작업이 제어로 인한 성능 저하가 일어나도 괜찮은 것을 의미하는 것은 아니다. 평상시의 보안 제어가 실패하면 비용이 낮은 대체용 컴포넌트(8.5.2절 '컴포넌트의 종류' 참고)로 대체하면 된다. 만일 이 컴포넌트에 더 강력한 보안 제어가 적용되어 있다면 공격자가 평상시의 보안 제어를 깨뜨리는 데 오히려 역효과를 줄 수 있다. 그렇게 되면 효과적으로 시스템의 회복성을 높일 수 있다.

사람이 설 자리

때로는 서비스 성능 저하에 대한 결정에 사람이 반드시 개입해야 하는 경우가 있다. 예를 들어 규칙 기반 시스템은 본질적으로 미리 정해진 규칙에 의해서만 결정을 내릴 수밖에 없는 제한이 있다. 자동화는 미리 정해둔 시스템의 응답과 매핑되지 않는 예측하지 못한 상황에는 제대로 반응할 수 없다. 게다가 자동화된 응답은 프로그래밍 오류에 의해 예상치 못한 상황을 만들어낼 수도 있다. 이런 상황에서 사람이 적절하게 개입할 수 있도록 하기 위해서는 시스템 설계 단계에서 많은 고민이 필요하다.

먼저 자동화된 절차가 직원들이 인프라스트럭처를 복구하는 데 사용하는 서비스를 비활성화지 못하도록 해야 한다 (9.3절 '긴급 접근' 참고). 이런 시스템은 심지어 DoS 공격을 당해도 시스템에 대한 접근이 막히는 경우가 없도록 보호 장치를 설계하는 것이 중요하다. 예를 들어 SYN 공격 때문에 대응자가 SSH 세션을 위한 TCP 연결을 열지 못하는 상황은 절대 없어야 한다. 반드시 디펜던시가 낮은 대안을 구현하고 이 대안의 기능을 지속적으로 검증해야 한다.

더불어 대규모 환경(예를 들면 한 서버가 **모든** RPC 요청을 세딩하는 경우)이나 일정 범위(**모든** 서버가 일부 RPC를 세딩하는 경우)에 해당하는 환경이든 자동화가 제대로 관리되지 않은 정책 변화를 유발해서는 안 된다. 그 대신 자동화가 이 예산을 넘어서면 더 이상 자동적인 리프레시refresh가 발생하지 못하도록 하는 변경 예산change budget을 구현하자. 그러려면 사람이 반드시 예산을 늘이거나 기타 다른 결정을 내려야 한다. 중요한 것은 사람이 개입하고 있음에도 여전히 자동화가 그 역할을 수행한다는 점이다.

8.4 영향 반경의 제어

시스템의 각 부분의 범위를 제한하면 심층방어 전략에 또 다른 계층을 추가할 수 있다. 예를 들어 네트워크 분할을 생각해보자. 과거에는 모든 리소스(머신, 프린터, 스토리지, 데이터베이스 등)를 가진 단일 네트워크를 가진 조직이 이 방법을 주로 활용했다. 네트워크상의 사용자나 서비스라면 누구나 이 리소스의 존재를 확인할 수 있으며 접근은 리소스 자체에서 제어했다.

요즘 보안을 향상시키는 보편적인 방법은 네트워크를 **분할**하고 특정한 종류의 사용자와 서비스만 각 세그먼트에 접근할 수 있도록 허용하는 것이다. 그러려면 네트워크 ACL을 적용해 가상 LANvirtual LAN (VLAN)을 사용하면 된다. VLAN은 쉽게 설정이 가능한 업계 표준 솔루션이다. 그렇게 하면 트래픽을 각 네트워크 세그먼트로 보낼 수 있으며 어떤 세그먼트에 통신을 허용할 것인지도 제어할 수 있다. 또한 각 세그먼트가 '알아야 할' 정보에만 접근할 수 있도록 제한할 수도 있다.

네트워크 분할은 6장에서 설명한 구획화의 좋은 예라고 할 수 있다. **구획화**는 의도적으로 개별 운영 단위(구획)을 작게 나누고 서로에 대한 접근을 제한하는 것이다. 서버, 애플리케이션, 스토리지 등 시스템의 모든 부분을 구획화하는 것이 좋다. 단일 네트워크를 사용 중이라면 사용자의 자격 증명을 획득한 공격자는 네트워크상의 모든 장치에 접근이 가능하다. 하지만 구획화를 적용한다면 한 구획 내의 보안 유출이나 트래픽 과부하가 다른 구획에 영향을 주지 않는다.

영향 반경을 제어한다는 것은 마치 배 전체가 가라앉지 않도록 여러 구획으로 나누는 것과 마찬가지 방법으로 사건이 발생했을 때 그 영향을 받는 범위를 제한한다는 뜻이다. 회복성을 염두에 둔 설계를 하고 있다면 공격자와 실수에 의한 장애 **모두**를 배제할 수 있도록 구획화할 수 있는 경계를 만들어야 한다. 그러면 장애에 더 잘 대응할 수 있으며 자동화도 가능하다. 또한 이 경계를 이용해 8.5절 '더 알아보기: 장애 도메인과 이중화'에서 설명할 장애 도메인을 만들어 컴포넌트 이중화와 장애 격리를 구현할 수도 있다.

또한 구획화는 격리에도 보탬이 되서 공격에 대한 대응자가 방어와 증거의 확보 사이의 균형을 찾아야 하는 노력을 줄일 수 있다. 예컨데 일부 구획은 분석을 위해 격리해서 변경 불가능 상태로 만들고 나머지 구획만을 복구하는 것이 가능하다. 게다가 구획은 장애에 대응하는 동안 교체와 수리를 위한 경계를 자연스럽게 만들어서 나머지 시스템을 보호하기 위해 특정한 구획을 포기하는 등의 선택이 가능해진다.

침입에 의한 영향의 반경을 제어하려면 반드시 경계를 수립하는 방법을 정의해야 하며 이 경계는 안전해야 한다. 한 구획으로써 프로덕션 환경에서 실행 중인 어떤 작업을 생각해보자.[7] 이 작업에는 (이 구획이 의미있는 작업을 수행할 수 있도록) 어느 정도의 접근은 허용할 수 있지만 (다른 구획을 보호하기 위해) 무제한적인 접근을 허용할 수는 없다. 이 작업에 대한 접근 권한의 제한은 프로덕션 환경이 제공하는 엔드포인트를 인지하고 여기에 접근을 시도하는 계정을 확인할 수 있는 역량에 달려있다.

그러려면 하나의 연결로 이어진 양쪽을 모두 식별할 수 있는 인증된 원격 프로시저 호출authenticated remote procedure call을 사용하면 된다. 이 RPC는 스푸핑으로부터 양쪽의 계정을 모두 보호하고 네트워크상에서 양쪽의 콘텐츠를 모두 은폐하기 위해 서비스에 연결된 양쪽의 계정을 모두 확인할 수 있는 상호간에 인증된 연결을 사용한다. 엔드포인트가 다른 구획에 대해 충분한 정보를 가지고 결정을 내릴 수 있도록 엔드포인트가 양쪽의 계정과 더불어 함께 게시할 부가 정보를 추가할 수 있다. 예를 들어 인증서에 대한 위치 정보를 추가해서 로컬에서 발생한 요청이 아닌 경우에는 이를 거부하도록 할 수 있다.

일단 구획화를 위한 메커니즘을 도입했다면 아주 어려운 절충에 당면할 것이다. 즉 작업을 적

---

7 구글의 프로덕션 환경에 대한 설명은 SRE 도서의 2장 참고.

절한 크기의 구획을 제공하기에 충분한 크기로 분할하면서도 **너무 잘게** 분할하지 않도록 주의해야 한다. 예를 들어 균형잡힌 구획화를 이루는 방법 중 하나는 모든 RPC 메서드를 별개의 구획으로 간주하는 것이다. 이렇게 하면 논리적인 애플리케이션 경계에 따라 구획을 나눌 수 있으며 구획의 수도 시스템 기능의 수만큼 만들어진다.

RPC 메서드가 받아들일 파라미터의 값을 제어할 수 있도록 구획을 분리하려면 더 신중해야 한다. 이렇게 하면 더 견고한 보안 제어가 가능하지만 RPC 메서드별로 이를 위반하게 될 경우의 수는 RPC 클라이언트의 수에 비례해 늘어나게 된다. 반면 (RPC 서비스나 메서드의 수와 무관하게) 전체 서버를 하나의 구획으로 구분하면 관리는 훨씬 쉽지만 그 가치는 비교적 낮다. 이 절충이 균형을 맞춘다면 사고 관리 부서 및 운영 팀과 협의해 구획화의 종류를 선택하고 그 가능성을 검증해야 한다.

설령 모든 예외 사례를 완전히 커버하지 못하는 불완전한 구획화라도 그 가치는 충분히 존재한다. 예를 들어 예외 사례를 찾다보면 공격자가 자신의 존재를 드러내는 실수를 저지를 수도 있다. 이때 공격자가 구획을 탈출하는 데 걸리는 시간만큼 장애 대응 팀이 대응할 시간을 벌게된다.

사고 관리 팀은 침입이 발생했거나 나쁜 의도를 가진 행위자가 활동 중인 구획을 봉인할 수 있는 전략을 계획하고 훈련해야 한다. 프로덕션 환경의 일부를 끈다는 것은 매우 극단적인 조치다. 구획화가 잘 이루어졌다면 사고 관리 팀은 장애에 비례해 필요한 조치를 취할 수 있어 전체 시스템을 오프라인으로 만들 필요가 없다.

구획화를 구현할 때는 어떤 서비스의 한 인스턴스를 모든 고객이 공유할 것인지[8] 아니면 개별 고객이나 고객의 일부 그룹만을 지원하는 별도의 서비스 인스턴스를 실행할 것인지 사이의 절충을 마주하게 된다.

예를 들어 (상호간에 서로 신뢰하지 않는 엔티티가 제어하는) 두 개의 가상 머신을 같은 하드웨어 실행하는 것은 어떤 위험을 동반한다. 즉 가상화 계층이 제로데이 취약점에 노출되면 VM 간 정보 유출이 발생할 수 있다. 일부 고객은 물리적 하드웨어를 기반으로 배포를 구획화해서 이런 위험을 제거하려 할 수도 있다. 이런 방법을 지원하기 위해 여러 클라우드 서비스가 고객별 전용 하드웨어에 배포하는 기능[9]을 제공한다. 이 경우 리소스 사용률의 감소 비용은 가격 프리미엄에 반영된다.

....

8 보통 이런 경우는 서비스의 복제본(replica)가 있지만 결국은 하나의 논리적 구획으로 동작한다.

9 예를 들어 구글 클라우드 플랫폼은 단일 테넌트(sole-tenant) 노드(https://oreil.ly/anLXq)를 지원한다.

시스템이 분리를 유지할 메커니즘을 보유하고 있다면 구획 분리는 시스템에 회복성을 가져올 수 있다. 구획 분리의 어려운 점은 이 메커니즘을 추적하고 제대로 동작하도록 유지하는 것이다. 회귀 테스트가 실패하지 않도록 하려면 구분 경계를 벗어나는 것이 허용되지 않은 작업이 실제로 실패하는지를 검증해야 한다(8.6절 '더 알아보기: 지속적 검증' 참고). 다행히 운영 이중화는 구획화에 의존하고 있으므로(8.5절 '더 알아보기: 장애 도메인과 이중화' 참고) 검증 메커니즘은 작업에 대한 금지 동작과 작업의 예상 동작을 모두 검증할 수 있다.

구글은 역할과 위치 그리고 시간에 다른 구획화를 실시한다. 그래서 공격자가 구획화된 시스템을 공격할 때는 한 번의 공격으로 영향을 받을 수 있는 범위가 무척 좁아진다. 만일 공격자가 시스템을 탈취한다면 사고 관리 팀은 그 영향을 최소화하기 위해 다른 시스템은 계속 운영 가능한 상태로 유지하면서 공격을 당한 시스템만 비활성화할 수 있는 옵션을 갖게 됐다. 지금부터 몇 가지 종류의 구획화를 자세히 알아보자.

8.4.1 역할 분리

대부분의 마이크로서비스 아키텍처 시스템은 사용자가 작업을 특정 역할로써 실행하는 방법을 지원한다. 이 역할은 서비스 계정service account이라고도 한다. 이 작업에는 네트워크상의 다른 마이크로서비스상에도 해당 역할을 가지고 있는지 인증하는 데 사용할 자격 증명도 함께 제공된다. 그래서 공격자가 하나의 작업을 탈취하면 네트워크에서 그 작업에 할당된 역할을 위장할 수 있게 된다. 그러면 해당 역할이 접근할 수 있는 다른 작업이 실행 중인 데이터에도 모두 접근할 수 있게 되므로 결국 공격자가 다른 작업도 탈취하게 되는 셈이다.

이런 공격의 영향 반경을 제한하기 위해 대부분 다른 작업은 다른 역할로 실행한다. 예를 들어 2가지 다른 종류의 데이터(예컨데 사진과 채팅 메시지)에 접근해야 하는 두 마이크로서비스를 보유하고 있다고 가정하자. 설령 같은 팀이 두 마이크로서비스를 모두 개발했다 하더라도 두 서비스를 서로 다른 역할로 실행하면 시스템의 회복성이 향상된다.

8.4.2 위치 분리

위치 분리location separation는 또 다른 측면인 마이크로서비스가 실행되는 위치에 따라 공격자의 영향을 제한하는 데 도움이 된다. 예를 들어 공격자가 물리적으로 한 데이터센터를 탈취해서 다른 데이터센터의 데이터를 읽게 되는 상황은 막고 싶을 것이다. 마찬가지로 내부자 위험을 완화하기 위해 가장 강력한 관리 권한을 가진 사용자의 접근 권한도 특징 지역으로 제한하기도 한다.

위치 분리를 구현하는 가장 명확한 방법은 같은 마이크로서비스를 다른 위치(다른 데이터센터나 보통은 물리적으로 다른 곳에 위치한 다른 클라우드 리전 등)에서 다른 역할로 실행하는 것이다. 그런 후 보통의 접근 제어 메커니즘을 이용해서 다른 역할로 실행 중인 다른 서비스를 보호하는 것과 같은 방법으로 다른 위치에서 실행 중인 같은 서비스 인스턴스를 서로 보호할 수 있다.

위치 분리는 한 위치에서 다른 위치로 옮겨가는 공격을 방어하는 데 도움이 된다. 위치 기반으로 암호화 구획을 분리하면 애플리케이션 및 애플리케이션에 저장된 데이터에 대한 접근을 로컬 공격의 영향 반경 안으로 제한할 수 있다.

발생할 수 있는 문제의 상당수는 물리적 위치와 연결되어 있으므로 물리적 위치는 본질적으로 구획화의 경계이다. 예를 들어 자연 재해는 광섬유 절단, 전력 장애 혹은 화재 같은 지역적 사건과 마찬가지로 해당 지역에만 국한된다. 공격자가 물리적으로 존재해야 하는 악의적인 공격역시 공격자가 실제로 갈 수 있는 지역으로 국한되며 가장 능력이 뛰어난 (예를 들면 주^{state} 단위의 공격자)가 아닌 이상에는 공격자를 한 번에 많은 위치로 보낼 능력은 없다.

마찬가지로 위험의 노출 정도 역시 물리적 위치의 본질에 따라 다르다. 예를 들어 특정 종류의 자연 재해의 위험은 지리적인 환경에 따라 다르다. 또한 직원 수와 방문객이 많은 사무실의 경우는 물리적인 접근을 강하게 제어하는 데이터센터와는 달리 공격자가 건물에 따라 들어와 공개된 네트워크 포트를 찾아낼 위험도 높아진다.

이런 점을 염두에 둔다면 어느 지역의 영향이 그 지역의 시스템에만 국한되도록 하고 나머지 다중지역 인프라스트럭처는 계속 운영할 수 있도록 시스템을 설계할 때 위치도 고려해야 한다. 예를 들어 여러 지역에 위치한 서버가 제공하는 서비스가 한 데이터센터에 존재하는 백엔드에 크게 의존하는 일은 없도록 해야 한다. 마찬가지로 어느 한 물리적 위치를 탈취한 공격자가 다른 위치에 쉽게 침투하지 못하게 해야 한다. 즉 공격자가 사무실에 따라 들어와 회의실의 빈 포트를 확보하더라도 이런 불법적인 방법으로 데이터센터의 프로덕션 서버에 접근할 수 없도록 해야 한다.

물리적인 아키텍처와 논리적인 아키텍처를 맞추기

아키텍처를 논리적인 장애 및 보안 도메인으로 구획화할 때는 관련된 물리적 경계를 논리적 경계와 맞추는aligning 것이 좋다. 예를 들어 네트워크 수준의 위험(네트워크를 악의적일 수 있는 인터넷 트래픽에 노출하는 것과 신뢰할 수 있는 내부 네트워크에만 노출하는 것)과 물리적인 공격에 대한 위험을 모두 고려해 네트워크를 분리하는 것이 좋다. 이상적으로는 기업용 네트워크와 물리적으로 분리된 건물에 구축된 프로덕션 환경 간의 네트워크를 분리하면 좋다. 그 외에도 기업 네트워크 역시 컨퍼런스나 미팅 구역 같은 방문객 트래픽이 높은 구역도 분리할 수 있다.

대부분의 경우 서버의 탈취나 백도어의 악용 같은 물리적 공격이 성공하면 공격자는 비밀번호나 암호화 키 또는 시스템에 더 깊이 침투할 수 있는 자격 증명 등에 접근할 수 있게 된다. 이를 고려한다면 비밀번호, 키, 자격 증명 등을 물리적인 서버에 구분해 분산해서 물리적 탈취의 위험을 최소화하는 것이 좋다.

예를 들어 물리적으로 분산된 여러 데이터센터에서 웹 서버를 운영 중이라면 하나의 인증서를 **모든** 서버와 공유하는 것보다는 서버별로 다른 인증서를 배포하거나 한 위치의 서버에서만 인증서를 공유하는 것이 좋다. 그러면 물리적으로 한 곳의 데이터센터에 침입이 발생해도 더 신속하게 대응할 수 있다. 문제가 발생한 데이터센터의 트래픽만 빼내거나 그 데이터센터에 배포한 인증서만 폐지하거나 사고 대응과 복구를 위해 해당 데이터센터를 오프라인으로 만들고 트래픽은 나머지 데이터센터에서 처리할 수 있다. 만일 모든 서버에 하나의 인증서만 배포했다면 심지어 문제와는 무관한 다른 서버의 인증서도 매우 신속하게 교체해야 할 것이다.

신뢰의 격리

서비스가 정상적으로 동작하기 위해서는 위치 경계를 넘는 통신이 필요할 때도 있지만 통신이 필요치 않은 곳으로부터의 요청은 거부할 수도 있어야 한다. 그러려면 기본적으로 통신을 제한하고 위치 경계를 넘을 필요가 있는 통신만 허용하면 된다. 그렇다고 보유한 서비스의 모든 API에 같은 위치 제한을 적용할 필요는 없다. 사용자가 직접 호출하는 API는 보통 전역적으로 공개되어 있는 반면 제어판 API는 대부분 제한되어 있다. 이렇게 하면 필요에 따라 허용된 위치를 더 세밀하게(API 호출 단위로) 제어할 수 있다. 특정 서비스가 개별 API에 대한 위치 제한을 쉽게 측정하고 정의하며 적용할 수 있는 도구를 개발하면 팀이 각 서비스에 대한 지식을 활용해 위치 격리를 구현할 수 있다.

위치에 따라 통신을 제한하려면 각 계정이 위치 메타데이터를 포함해야 한다. 구글의 작업 제어 시스템은 프로덕션 환경의 작업을 인증하고 실행한다. 시스템은 해당 구획에서 작업을 실행할지를 인증할 때 작업의 인증서와 함께 구획의 위치 메타데이터를 참조한다. 각 위치에는 해당 위치에서 실행할 작업을 인증하는 개별 작업 제어 시스템을 갖추고 있으며 해당 위치의 머신은 그 시스템에서 보내온 작업만 처리한다. 이런 설계는 공격자가 구획 경계에 구멍을 내서 다른 위치까지 영향을 미치는 것을 방지하기 위한 것이다. 이 방법은 중앙식 단일 인증과는 대조적이다. 만일 구글의 모든 시스템이 하나의 작업 제어 시스템만 사용한다면 그 위치는 공격자가 군침을 흘릴만한 곳일 것이다.

일단 신뢰 격리를 적용했다면 위치 제약을 포함하도록 저장된 데이터의 ACL을 확장할 수 있다. 이렇게 하면 (데이터를 저장하는) 스토리지의 위치를 (데이터를 조회하거나 변경하는) 접근 위치로부터 분리할 수 있다. 또한 이 방법은 API에 대한 접근을 신뢰하는 것보다 물리적 보안을 신뢰할 수 있는 가능성을 열어준다. 때로는 원격 공격의 가능성을 제거할 수 있으므로 물리적인 운영에 대한 요구사항을 추가하는 편이 좋은 때도 있다.

구글은 구획 위반을 제어하기 위해 각 위치에 신뢰 루트^{root of trust}를 가지고 있으며 신뢰 루트와 해당 위치의 모든 머신을 대표하는 위치를 분산하고 있다. 이렇게 하면 각 머신은 여러 위치 간의 스푸핑을 탐지할 수 있다. 또한 위치를 신뢰할 수 없다고 선언한 모든 시스템에 업데이트된 목록을 배포해 위치의 신원을 취소할 수도 있다.

위치 기반 신뢰의 제약

구글은 위치가 어떤 신뢰 관계도 나타낼 수 없도록 기업 네트워크 인프라스트럭처를 직접 설계하기로 결정했다. 그래서BeyondCorp 인프라스트럭처(5장 참고)의 제로트러스트 네트워킹 패러다임하에서 각 워크스테이션은 개별 머신의 위치 대신 머신이 발행한 인증서와 (최신 버전의 소프트웨어 등)그 설정에 대한 검증을 기반으로 신뢰를 얻는다. 신뢰할 수 없는 머신을 사무실 바닥의 네트워크 포트에 꽂으면 신뢰할 수 없는 방문자용 VLAN에 연결된다. (802.1x 프로토콜로 인증을 받은)승인된 워크스테이션만 적절한 워크스테이션 VLAN에 연결된다.

또한 물리적인 위치만으로 데이터센터의 서버를 신뢰하는 방법도 채택하지 않기로 결정했다. 이런 결정을 하게 된 이유는 데이터센터 환경에 대한 레드 팀 훈련 결과에서 알 수 있다. 이 훈련에서 레드 팀은 랙 위에 무선 장치를 올려놓고 재빠르게 한 포트에 연결했다. 덕분에 건물 외부에서 데이터센터의 내부 네트워크로 더 깊이 침투할 수 있었다. 훈련이 종료된 후 청소를 위해 돌아왔을 때 팀은 한 데이터센터 기술자가 접근 지점의 케이블을 깔끔하게 묶어 놓은 것을 발견했다. 듣자하니 그 기술자는 설치 작업이 깔끔하지 못했던 것을 못마땅하게 여긴데다 이 장치가 합법적인 장치라고 생각했던 것 같았다. 이 사례는 물리적으로 안전한 지역 안에서도 물리적인 위치를 토대로 신뢰를 부여하는 것이 어렵다는 것을 보여주는 사례다.

구글의 프로덕션 환경에는 BeyondCorp 설계와 마찬가지로 프로덕션 서비스 간의 인증은 개별 머신의 자격 증명을 기반으로 한 머신 대 머신 신뢰를 토대로 한다. 그래서 인증되지 않은 장치를 악의적으로 집어넣는다고 해도 구글 프로덕션 환경의 신뢰를 얻을 수는 없다.

기밀성의 격리

신뢰를 격리하는 시스템을 확보했다면 한 위치에서 암호화 루트를 통해 보호된 데이터가 다른 위치에서 암호화 키 유출로 인해 손상되지 않도록 암호화 키를 격리해야 한다. 예를 들어 회사의 한 지점이 공격을 당하더라도 공격자는 회사의 다른 지점의 데이터를 읽을 수 없어야한다.

구글은 키 트리를 보호하는 기반 암호화 키를 가지고 있다. 이 키는 결국 키 래핑과 키 유도^{derivation}를 통해 유휴 시에 데이터를 보호한다.

암호화와 키 래핑을 위치로부터 격리하기 위해 위치에 대한 루트 키를 올바른 위치에서만 사용할 수 있도록 보장해야 했다. 그러기 위해서는 루트 키만을 가진 분산 시스템이 올바른 위치에 있어야만 했다. 그래서 키 접근 시스템은 신뢰 격리를 활용해 적절한 위치에 있지 않은 엔티티가 키에 접근하지 못하도록 한다.

이 원리를 통해 특정 위치는 로컬 키의 ACL을 사용해 원격 공격자가 데이터를 복호화하는 것을 방지한다. 심지어 공격자가 (내부 침입이나 탈출을 통해) 암호화된 데이터에 접근이 가능하더라도 복호화는 불가능하다.

전역 키 트리에서 지역 키 트리로의 전환은 반드시 점진적이어야 한다. 트리의 어떤 부분도 전역에서 지역으로 독립적인 전환이 가능하지만 트리상의 어떤 분기 노드나 자식 노드는 그 상위 키가 지역 키로 모두 전환되기 전까지는 완전하게 격리되지 않는다.

8.4.3 시간 분리

마지막으로 시간에 따라 공격자를 제한할 수 있는 역량을 갖추는 것이 좋다. 시간의 분리를 고려할 수 있는 가장 보편적인 시나리오는 공격자가 시스템을 탈취해서 키나 자격 증명을 훔쳐가는 경우다. 일정 시간이 지나면 키와 자격 증명을 로테이션하고 오래된 것은 만료처리하면 공격자는 새로운 비밀번호를 얻기 위해 다시 침입해야 하므로 도둑을 잡아낼 수 있는 기회가 더 많아진다. 설령 도둑을 잡아내진 않더라도 비밀번호의 로테이션이 중요한 이유는 (취약점 패치를 진행하는 등)의 보편적인 보안 관련 작업을 수행하는 중에도 공격자가 키나 자격 증명을 얻기 위해 만들어 둔 통로를 차단할 수 있기 때문이다.

9장에서도 다시 살펴보겠지만 키와 자격 증명의 로테이션과 만료의 적용은 당연하겠지만 신중한 절충이 따른다. 예를 들어 단순히 시간을 기준으로 자격 증명을 만료하는 방식은 기존 자격 증명이 만료되기 전에 새로운 자격 증명으로 로테이션하려하는 경우 실패하므로 문제가 될 수 있다. 적절한 시간 분리를 제공하려면 로테이션 빈도와 메커니즘이 실패했을 때의 다운타임이나 데이터 손실이 발생하는 위험 사이의 균형이 필요하다.

8.5 더 알아보기: 장애 도메인과 이중화

지금까지 공격 시점에 행동을 조정하고 구획화를 이용해 공격을 차단하는 시스템 설계 방법을 살펴봤다. 시스템 컴포넌트의 완전한 장애를 처리하려면 시스템 설계는 반드시 이중화를 도입하고 장애 도메인를 구분해야 한다. 이런 전략을 도입하면 장애의 영향을 제한하고 완전한 시스템 다운을 회피할 수 있다. 장애가 발생한 주요 컴포넌트에 의존하는 시스템 역시 완전한 장애의 위험이 되므로 주요 컴포넌트의 장애를 완화하는 것이 특히 중요하다.

항상 모든 종류의 장애를 방지하려고 노력하기보다는 다음의 방법을 조합해 조직에 적합한 솔루션을 마련하는 것이 좋다.

- 시스템을 독립적인 장애 도메인으로 나눈다.
- 장애의 한 가지 원인이 여러 장애 도메인에 영향을 미칠 가능성을 줄이는 데 초점을 맞춘다.
- 장애가 발생한 부분을 대체할 수 있도록 이중화된 리소스나 컴포넌트 또는 절차를 만든다.

8.5.1 장애 도메인

장애 도메인은 영향 반경 제어의 일종이다. 장애 도메인은 역할, 위치, 시간 등을 구조적으로 분리하는 것이 아니라 시스템을 동일하지만 완전히 독립적인 여러 개의 복사본으로 나누어 기능을 완전히 격리한다.

기능적 격리

장애 도메인은 클라이언트 입장에서는 단일 시스템처럼 보인다. 필요하다면 장애를 처리하는 동안 다른 파티션이 전체 시스템의 역할을 대체할 수 있다. 하지만 파티션은 전체 시스템 리소스의 일부만 활용하므로 시스템 전체 용량의 일부만 지원할 수 있다. 역할, 위치, 시간 분리를 관리하는 것과 달리 장애 도메인을 운영하고 계속해서 격리하는 것은 지속적인 노력이 필요하다. 하지만 장애 도메인은 다른 영향 반경 제어를 제공하지 않는 방식으로 시스템의 회복성을 향상시킨다.

장애 도메인은 전역적인 장애의 영향으로부터 시스템을 보호하는 데도 도움이 된다. 보통은 한 가지 장애가 발생한다고 전체 장애 도메인에 한 번에 영향을 미치지는 않기 때문이다. 하지만 극단적인 경우 심각한 장애로 인해 여러 개의 또는 모든 장애 도메인이 영향을 받기도 한다. 예를 들어 스토리지 어레이^{storage array}의 기반 장치(HDD나 SSD)를 하나의 장애 도메인이라고 생각해보자. 장치 중 하나에 장애가 발생하더라도 전체 스토리지 시스템은 계속해서 제 기능을 수행한다. 왜냐하면 다른 곳에 새로운 데이터 복사본을 생성하기 때문이다. 하지만 만일 스토리지 장치 대부분에 장애가 발생하고 데이터 복사본을 유지할 충분한 여분의 장치가 없다면 장애가 지속될 경우 스토리지 시스템의 데이터 유실로 이어진다.

데이터 격리

데이터 원본이나 개별 장애 도메인 안에 좋지 않은 데이터가 유입될 가능성에도 대비해야 한다. 그래서 각 장애 도메인 인스턴스는 다른 장애 도메인과는 독립적으로 기능하기 위해 독자적인 데이터의 복사본을 소유해야 한다. 데이터 격리에는 두 가지를 조합한 방법을 도입할 것을 권한다.

먼저 데이터 갱신이 장애 도메인으로 들어오는 방법을 제한할 수 있다. 시스템은 보편적이며 안전한 변경을 위해 모든 검증을 통과한 데이터만 받아들인다. 물론 예외적으로 타당성을 확인해야 하는 경우와 유리 깨기 메커니즘[10]에 의해 장애 도메인으로 새로운 데이터가 유입되기도 하지만, 데이터 갱신 제한으로 공격자가 소프트웨어 버그를 이용하여 문제를 유발하는 변경을 적용하는 상황을 거의 방지할 수 있다.

예를 들어 ACL 변경을 생각해보자. 사람의 실수나 ACL 생성 소프트웨어의 버그로 인해 빈 ACL이 만들어지면 모든 사람의 접근이 거부되어 시스템이 오동작할 수 있다.[11] 마찬가지로 공격자는 ACL에 '모두 허용' 권한을 추가하는 공격을 시도할 수 있다.

구글에서 개별 서비스는 보통 새로운 데이터와 신호의 유입을 위한 RPC 엔드포인트를 가지고 있다. 12장에서 소개하겠지만 구글의 프로그래밍 프레임워크는 데이터 스냅숏의 버전을 관리하고 그 유효성을 확인하는 API도 포함하고 있다. 클라이언트 애플리케이션은 프로그래밍 프레임워크의 로직을 활용해 새로운 데이터의 안전성 여부를 검증한다. 중앙식 데이터 푸시 서비스는 데이터 갱신의 품질 제어를 구현한다. 데이터 푸시 서비스는 데이터를 어디에서 가져오고 어떻게 패키징하며 언제 패키징한 데이터를 푸시할 것인지를 확인한다. 자동화가 광범위한 장애를 유발하는 것을 막기 위해 구글은 사용률 제한 기능으로 전역적인 변경은 애플리케이션별로 할당량을 제한한다. 여러 애플리케이션을 변경하거나 애플리케이션의 수용량을 너무 빈번하게 변경하는 행위는 금지하고 있다.

둘째로 시스템이 가장 최신의 안전한 설정을 디스크에 기록할 수 있게 함으로써 설정 API로의 접근이 불가능하여 설정을 저장할 수 없을 때에도 시스템의 회복성을 확보할 수 있다. 구글 시스템의 대부분은 새로운 데이터가 여러 가지 이유로 손상되는 경우를 대비해 일정 시간 동안 기존 데이터를 보유한다. 이는 장기적인 회복성을 제공하는 데 도움이 되는 심층방어의 또 다른 예라고 할 수 있다.

실전적인 관점

시스템을 그저 두 개의 장애 도메인으로만 분리시켜도 상당한 이점을 얻을 수 있다.

- 두 개의 장애 도메인은 A/B 회귀regression 역량을 제공하며 한 장애 도메인의 시스템 변경에 의한 영향 반경을 제한한다. 이런 장점을 활용하려면 한 장애 도메인은 카나리로 사용해서 동시에 두 장애 도메인을 모두 업데이트하지 않는 정책을 도입하면 된다.

---

10 유리 깨기 메커니즘은 개발자가 장애를 신속히 처리하도록 정책을 우회하는 방법이다. 5.3.2절 '유리 깨기 메커니즘' 참고.
11 ACL을 사용하는 시스템은 반드시 ACL 엔트리에 의해서만 접근을 명시적으로 허용하는 실패 시 폐쇄 정책을 사용해야 한다.

- 지리적으로 장애 도메인을 분리하면 자연 재해가 발생해도 영향을 덜 받을 수 있다.
- 장애 도메인별로 다른 버전의 소프트웨어를 사용할 수 있다. 그러면 하나의 버그로 모든 서버에서 장애가 발생하거나 모든 데이터가 손상되는 위험을 줄일 수 있다.

데이터 격리와 기능적 격리를 조합하면 전반적인 회복성과 사고 관리가 향상된다. 이 방법은 유입된 데이터를 확인하지 않고 바로 수정하게 되는 위험도 줄일 수 있다. 적절한 격리를 구축했다면 이슈가 발생했을 때 그 이슈가 개별 기능 단위로 전파되는 속도를 늦출 수 있다. 그러면 다른 방어 메커니즘이 이슈를 탐지하고 대응할 수 있는 시간을 벌 수 있어서 혼란스럽고 장기화되는 장애에 대응할 때 특히 유용하다. 여러 개의 수정 후보를 개별 장애 도메인에 병렬로 배포하면 어떤 수정사항이 원하는 효력을 발휘하는지를 개별적으로 평가할 수 있다. 그렇게 하면 오류가 있는 수정사항을 실수로 전체 시스템에 배포해 모든 시스템에서 문제가 발생하는 상황을 모면할 수 있다.

물론 장애 도메인을 도입하면 운영 비용은 증가한다. 장애 도메인이 몇 개 되지 않는 간단한 서비스라도 장애 도메인 식별자를 키로 사용하는 여러 서비스 설정을 관리해야 한다. 그러려면 다음과 같은 작업이 필요하다.

- 설정을 일관되게 관리해야 한다.
- 모든 설정이 동시에 손상되지 않도록 보호해야 한다.
- 실수로 특정한 장애 도메인과 결합되지 않도록 클라이언트 시스템으로부터 장애 도메인의 분리해 관리한다.
- 한 공유 디펜던시의 변경이 실수로 모든 장애 도메인에 전파될 수 있으므로 잠재적으로는 모든 디펜던시를 파티셔닝해야 한다.

한 가지 알아둘 점은 중요 컴포넌트 중 하나에만 장애가 발생해도 장애 도메인 전체에 장애가 발생할 수 있다는 점이다. 결국에는 처음부터 원래 시스템을 여러 장애 도메인으로 파티셔닝해야 장애 도메인의 복사본 중 하나가 완전히 다운되도 시스템이 계속 동작할 수 있다. 하지만 장애 도메인은 단순히 문제를 한 수준 아래로 옮기는 것일 뿐이다. 이후 절에서는 모든 장애 도메인이 완전히 다운되는 위험을 줄이기 위해 대체 컴포넌트를 사용하는 방법을 설명한다.

8.5.2 컴포넌트의 종류

장애 도메인의 회복성 품질은 그 컴포넌트 및 컴포넌트 디펜던시의 결합된 신뢰성으로 나타난다. 전체 시스템의 회복성은 장애 도메인 수에 따라 증가한다. 하지만 이렇게 향상된 회복성에는 더 많은 장애 도메인을 유지 보수해야 하는 운영 오버헤드라는 대가가 따른다.

새로운 기능 개발 속도를 늦추거나 멈추고 그 대가로 안정성을 확보해서 회복성을 더 향상시킬수 있다. 새로운 디펜던시를 추가하지 않으면 잠재적인 장애도 피할 수 있다. 코드의 갱신을 중단하면 새로운 버그가 발생할 확률도 줄어든다. 하지만 새로운 기능 개발을 멈춘다 하더라도보안 취약점과 사용자 수요의 증가 등 간헐적인 상태의 변화에는 지속적으로 대응해야 한다.

당연한 말이겠지만 새 기능 개발의 중단은 대부분의 조직이 받아들일 수 없는 전략이다. 그래서 신뢰성과 가치의 균형을 맞추기 위한 대안을 제공하고자 한다. 보편적으로 서비스의 신뢰성은 크게 세 가지로 구분한다. 고용량high capacity, 고가용성high availability, 그리고 낮은 디펜던시low dependency가 그것이다.

고용량 컴포넌트

보편적인 비즈니스 흐름을 위해 구현하고 실행하는 컴포넌트를 **고용량** 서비스라고 한다. 그 이유는 이런 컴포넌트가 사용자에게 필요한 기능을 제공하는 주요 컴포넌트이기 때문이다. 그리고 이런 컴포넌트가 사용자 요청의 증가를 처리하거나 새 기능에 의한 리소스를 주도적으로 소비한다. 게다가 고용량 컴포넌트는 DoS 완화 작업이 효력을 발휘하거나 우아한 퇴보가 적용되기 전까지 DoS 트래픽마저도 받아들인다.

이런 컴포넌트는 서비스에서 가장 중요한 부분이므로 여기에 집중해야 한다. 예를 들어 SRE 도서의 3부와 SRE 워크북의 2부에서 다뤘던 수용량 계획, 소프트웨어와 설정의 롤아웃 등과 관련된 모범 사례를 충실히 따라야 한다.

고가용성 컴포넌트

시스템 중 장애가 발생했을 때 전체 사용자에게 영향을 미치거나 그 영향의 범위가 상당히 넓은 컴포넌트(이전 절에서 설명했던 고용량 컴포넌트)가 있다면 이런 컴포넌트의 복사본을 배포해서 그 영향을 완화할 수 있다. 이런 컴포넌트의 복사본이 장애의 가능성을 낮출 수 있음을 증명할 수 있다면 **고가용성** 컴포넌트라고 할 수 있다.

컴포넌트 복사본은 장애의 가능성을 낮추기 위해 더 적은 수의 디펜던시를 가지며 변경률에도 제한이 있어야 한다. 이렇게 하면 인프라스트럭처 장애나 컴포넌트 장애를 유발하는 운영 에러를 줄일 수 있다. 예를 들어 다음과 같은 방법을 도입할 수 있다.

- 원격 데이터베이스에 대한 디펜던시를 없애기 위해 로컬 스토리지에 캐시된 데이터를 사용한다.
- 새로운 버전에 최근 발생한 버그를 회피하기 위해 이전 코드와 설정을 사용한다.

고가용성 컴포넌트를 운영하는 데 드는 운영 오버헤드는 크지 않지만 추가적인 리소스가 필요하므로 전체 시스템의 규모 증가에 비례해 비용이 증가한다. 고가용성 컴포넌트가 전체 기반 사용자를 감당하게 할 것인지 아니면 일부 사용자만을 감당하게 할 것인지는 비용 대비 장점을 비교해 결정해야 한다. 개별 고용량 컴포넌트와 고가용성 컴포넌트 간에도 같은 방법으로 우아한 퇴보 기능을 설정하자. 그렇게 하면 더 적은 리소스로 더 적극적인 우아한 퇴보를 구현할 수 있다.

낮은 디펜던시 컴포넌트

고가용성 컴포넌트의 장애를 도저히 용납할 수 없다면 **낮은 디펜던시** 서비스로 그 다음 단계의 회복성을 노려볼 수 있다. 낮은 디펜던시를 달성하려면 최소한의 디펜던시만으로 구현을 변경해야 한다. 이 최소한의 디펜던시 역시 낮은 디펜던시라고 볼 수 있다. 언제든 장애가 발생할 수 있는 서비스, 프로세스 또는 작업은 비즈니스 수요와 비용을 감당할 수 있는만큼 작아진다. 고용량과 고가용성 서비스는 대규모 기반 사용자를 감당할 수 있으며 협력cooperate 플랫폼 (가상화, 컨테이너화, 스케줄링, 애플리케이션 프레임워크) 계층 덕분에 풍부한 기능을 제공한다. 이런 계층은 서비스에 신속하게 노드를 추가하거나 이동해서 확장성을 제공할 수 있지만 협력 플랫폼 때문에 추가되는 에러 예산으로 인해 높은 비율로 장애가 발생하기도 한다.[12] 반면 낮은 디펜던시 서비스는 스택의 총 에러 예산을 초과하지 않도록 서비스 스택을 간소화해야 한다. 사실 서비스 스택을 간소화하다 보면 기능을 제거해야 할 수도 있다.

낮은 디펜던시 컴포넌트를 도입하려면 여러분은 중요 컴포넌트의 대안을 구현할 가능성이 있는지를 결정해야 하며 이 중요 컴포넌트와 대안 컴포넌트는 장애 도메인을 공유하지 않아야 한다. 결국 이중화의 성공은 하나의 장애 요인이 두 컴포넌트에 모두 영향을 미칠 가능성과 반비례한다.

---

12 SRE 도서의 3장 참고.

스토리지 공간은 분산 시스템을 위한 기본 빌딩 블록으로 생각해야 한다. 데이터 스토리지 역할을 하는 RPC 백엔드가 사용불가능 상태일 때를 대비해 로컬 데이터 복사본을 저장할 수도 있다. 하지만 로컬 데이터 복사본을 저장하는 보편적인 방법은 항상 실용적이지는 않다. 이중화 컴포넌트를 제공한다면 운영 비용은 증가하는 반면 추가 컴포넌트의 이점은 거의 제로에 가깝다.

실제로는 사용자의 수와 기능, 비용이 제한적이지만 일시적인 부하 또는 복구에 안심하고 사용할 수 있는 낮은 디펜던시 컴포넌트를 작은 규모로 운영하게 될 것이다. 대부분의 유용한 기능은 주로 여러 디펜던시에 의존하지만 서비스가 사용불가능 상태가 되는 것보다는 성능이 상당히 저하되더라도 서비스를 제공할 수 있는 편이 낫다.

소규모 서비스의 예로 네트워크를 통해 쓰기 전용 또는 읽기 전용 작업을 수행하는 장치를 상상해보자. 가정 보안home security 시스템의 경우는 이벤트 로그의 기록(쓰기 전용)과 긴급 전화번호 조회(읽기 전용) 같은 작업을 실행한다. 침입자는 이 가정에 침입할 때 인터넷 연결을 끊어버려서 보안 시스템을 무력화하는 계획을 세울 수 있다. 이런 종류의 장애에 대체하려면 보안 시스템이 원격 서비스가 제공하는 것과 같은 API를 구현하는 로컬 서버를 사용하도록 설정할 수 있다. 로컬 서버는 이벤트 로그를 로컬 스토리지에 기록한 후 원격 서비스에 업데이트하며 이 시도가 실패하면 재시도한다. 또한 긴급 전화 번호 조회 요청도 처리한다. 이 전화 번호 목록은 원격 서비스로부터 정기적으로 갱신한다. 가정 보안 콘솔의 관점에서보면 이 시스템은 로그를 기록하고 긴급 번호를 조회하는 등 원하는대로 동작하고 있다. 게다가 콘솔의 관점에서는 보이지 않고 디펜던시까지 낮은 전화선은 무선 연결을 사용할 수 없을 때의 백업으로 전화를 거는 기능까지 제공한다.

비즈니스 규모의 경우 가장 무서운 종류의 장애는 글로벌 네트워크 장애다. 서비스 기능과 대응자가 장애를 수정하기 위한 역량 모두에 영향을 미치기 때문이다. 대규모 네트워크는 동적으로 관리되어 글로벌 장애의 위험이 더 크다. 주 네트워크와 같은 네트워크 요소(링크, 스위치, 라우터, 라우팅 도메인 또는 소프트웨어 정의 네트워킹software-defined networking (SDN) (https://oreil.ly/Row8c) 소프트웨어 등)를 사용하지 않는 대체 네트워크를 구축하려면 주의깊게 설계해야 한다. 이 설계는 반드시 특정적이며 제한적인 사용 사례와 운영 파라미터만을 지원해야한다. 그러면 여러분은 간결성simplicity과 이해 가능성에 초점을 맞출 수 있다. 사용빈도가 낮은 네트워크에 지출을 최소화하는 것에 주력하다 보면 사용 가능한 기능과 대역폭에도 자연스럽게 제한이 생긴다. 하지만 그런 제약에도 불구하고 효과는 상당하다. 목적은 대부분의 주요 기능을 지원하되 일상적인 대역폭은 일부만 지원하는 것이다.

8.5.3 이중화의 제어

이중화 시스템은 자신의 디펜던시에 대한 하나 이상의 옵션을 갖도록 설정한다. 이런 옵션 간의 선택을 관리하는 것은 항상 직관적이지는 않으며 공격자는 이중화 시스템 간의 차이점을 노려 침투를 시도할 수 있다. 예컨데 시스템이 덜 안전한 옵션을 선택하도록 조직할 수 있다. 회복성을 고려한 설계는 서로를 희생하지 않고도 보안과 신뢰성을 **모두** 달성할 수 있다는 점을 기억하자. 오히려 낮은 디펜던시 대체 옵션이 더 강력한 보안을 갖추고 있다면 여러분의 시스템을 노리던 공격자가 의욕을 상실할 수도 있다.

장애 극복 전략

통상 로드 밸런싱 기술을 이용해 백엔드 세트를 제공하면 백엔드 장애에 대비한 회복성을 얻을 수 있다. 예를 들어 하나의 RPC 백엔드에만 의존하는 것은 실용적이지 못하다. 언제든 백엔드를 재시작해야 하면 시스템이 멈출 것이다. 시스템은 간소화를 위해 모든 백엔드가 같은 기능을 제공한다면 보통 이중화 백엔드는 **상호교체가 가능한** 것으로 간주한다.

(기능은 같지만) 다른 **신뢰성** 기능이 필요한 시스템은 필요한 신뢰성 기능을 제공하는 별도의 교체 가능한 백엔드 세트에 의존해야 한다. 시스템 자체는, 예를 들면 플래그^{flag}를 이용해 언제 어떤 세트를 선택할 것인지를 결정하는 로직을 반드시 구현해야 한다. 이렇게 하면 특히 복구 과정에서 시스템의 신뢰성을 완전히 제어할 수 있다. 반면 이 방법은 고가용성 백엔드에 낮은 디펜던시를 요구한다. RPC 파라미터를 이용하면 백엔드가 사용불가능한 런타임 디펜던시에 연결하지 못하게 할 수 있다. 만일 런타임 디펜던시가 시작^{startup} 디펜던시이기도 하다면 여러분의 시스템은 여전히 재해 시에 재시작해야 하는 하나의 프로세스일 뿐이다.

언제 더 나은 안정성을 제공하는 컴포넌트로 장애를 극복할 것인지는 상황에 따라 다르다. 만일 자동 장애 극복이 목적이라면 8.3절 '성능 저하의 제어'에서 설명했던 수치를 이용해 가용한 용량의 차이를 관리해야 한다. 장애 극복이 완료된 후에는 쓰로틀링과 로드 셰딩 정책을 이용해 스위칭하는 시스템은 대체 컴포넌트로 전환된다. 장애가 발생한 컴포넌트가 복구된 후에 시스템이 원래 상태로 복원되기를 원한다면 이 복원을 비활성화할 기능도 제공해야 한다. 여러분은 컴포넌트의 전환을 안정화하거나 또는 경우에 따라 장애 극복을 세밀하게 제어해야 할 수도 있다.

보편적인 위험

우리는 고가용성 컴포넌트든 낮은 디펜던시 컴포넌트든, 대체 컴포넌트를 운영할 때 몇 가지 보편적인 위험이 있다는 점을 발견했다.

예를 들어 시간이 지나면서 정상적인 운영을 대체 컴포넌트에 의존하는 경우가 늘어날 수 있다. 대체 시스템을 백업으로 취급하는 모든 종속 시스템은 장애가 발생했을 때 대체 시스템에 과부하를 일으켜 서비스를 거부하게 되는 예상치 못한 상황이 발생할 수 있다. 이와 반대되는 문제로는 대체 컴포넌트를 정기적으로 사용하지 않다가 정작 필요할 때 갑작스런 장애가 발생하는 경우다.

또 다른 위험은 다른 서비스의 디펜던시나 필요한 컴퓨트 리소스가 늘어나는 것을 따로 확인하지 않는 것이다. 시스템은 사용자의 수요가 바뀌고 개발자가 새로운 기능을 추가하면서 발전한다. 시간이 지나면서 디펜던시와 의존 시스템이 증가하면 시스템이 리소스를 덜 효율적으로 사용할 수 있다. 고가용성 복사본이 고용량 컴포넌트를 따라가지 못하거나 낮은 디펜던시 서비스에 필요한 운영 제약을 지속적으로 모니터링하고 검증하지 않아 컴포넌트의 일관성과 재현성reproducibility이 손실되기도 한다.

대체 컴포넌트로 장애를 극복할 때 시스템의 무결성이나 보안에 문제가 생기지 않는 것이 중요하다. 지금부터 살펴볼 시나리오에서는 여러분이 속한 조직의 상황에 따라 어떤 선택을 할 것인지가 달라진다.

- 보안상의 이유(최근에 발생한 버그 때문)로 6주 전의 코드를 실행 중인 고가용성 서비스가 있다. 하지만 같은 서비스에 긴급 보안 픽스를 적용해야 한다. 어떤 위험을 선택할 것인가? 픽스를 적용하지 않을 것인가 아니면 코드에 잠재적인 문제가 발생할 것을 감수하고 픽스를 적용할 것인가?
- 원격 키 서비스에서 데이터를 복호화하기 위한 비공개 키를 가져오는 시작 디펜던시가 로컬 스토리지에 비공개 키를 저장하는 낮은 디펜던시 컴포넌트이다. 이 방식은 비공개 키 관리 측면에서 용납할 수 없는 위험을 초래할까 아니면 키 회전율을 높여서 이 위험에 대처할 수 있을까?
- 드물게 수정되는 데이터(예를 들면 ACL, 인증서 회전 목록 또는 사용자 메타데이터 등)에 대한 갱신율을 줄여서 여유 리소스를 확보할 수 있다고 판단했다. 그렇게 할 경우 공격자가 해당 데이터를 수정할 시간을 더 벌게 되거나 더 오랜 시간 동안 데이터가 변경됐다는 것을 알아채지 못할 수도 있는데, 그럼에도 불구하고 여유 리소스를 확보하는 편이 좋을까?

마지막으로 엉뚱한 시간에 시스템이 자동복구되는 일이 없도록 해야 한다. 만일 회복성 지표가 자동으로 시스템의 성능을 하향조정한다면 같은 지표를 이용해 자동으로 상향조정해도 된다.

하지만 수동으로 장애를 극복한다면 자동화 요소들이 장애극복을 오버라이드하지 않도록 해야한다. 과부하가 걸린 시스템이 보안 취약점 때문에 격리되거나 팀이 연쇄적 장애에 대한 조치를 취하고 있는 중일 수도 있다.

8.6 더 알아보기: 지속적 검증

신뢰성과 보안 관점에서 우리는 시스템이 평상시와 예상치 못한 상황하에서 모두 원하는대로 동작하기를 원한다. 또한 새로운 기능이나 버그 픽스가 시스템의 계층적 회복성 메커니즘에 점진적으로 악화시키는 일이 없기를 원한다. 그러자면 시스템을 계속 확인하면서 의도대로 동작하는지 검증하는 것 말고는 방법이 없다.

여기서 검증이란 한 시스템 혹은 여러 시스템 간의 특정 워크플로에 대해 시스템을 **현실적**realistic 이면서도 **계획된**controlled 상황하에 두고 관찰하는 것에 중점을 둔다.[13] 본질적으로 탐구에 해당하는 카오스 엔지니어링chaos engineering (`https://oreil.ly/Fvx4L`)과는 달리 검증은 이번 장과 5장, 6장, 9장 등에서 설명하는 시스템의 특정 속성과 동작을 확인하는 과정이다. 정기적으로 시스템을 검증할 때는 원하는 결과가 도출되고 검증 사례자체도 제대로 기능하도록 유지하는 것에 주력해야 한다.

검증을 **유의미하게**meaningful 만드는 몇 가지 조건이 있다. 먼저 15장에서 설명하는 개념과 사례 중 일부를 사용할 수 있다. 예를 들면 검증 대상을 정하는 방법과 시스템 특성을 효율적으로 측정하는 방법 등이 그것이다. 그런 다음 확인사항을 추가하거나 수정하거나 필요하면 삭제해서 검증의 범위를 점차 넓혀갈 수 있다. 또한 실제 발생했던 장애에서 유용한 상세 정보를 추출할 수도 있다. 이런 상세 정보는 시스템 동작의 궁극적 진리이며 필요한 설계 변경이나 검증 범위의 간극을 발견하게 되곤 한다. 마지막으로 비즈니스 요건이 바뀌면 개별 서비스 역시 개선되거나 바뀌므로 API가 호환되지 않거나 예상하지 않았던 디펜던시를 갖게 되기도 한다는 점을 기억하는 것이 중요하다.

보편적인 검증 관리 전략은 다음과 같다.

---

13 이는 13장에서 설명하는 단위 테스트, 통합 테스트, 부하 테스트와는 다르다.

1. 새로운 장애를 발견한다.
2. 각 장애별로 검증기^{validator}를 구현한다.
3. 모든 검증기를 반복적으로 실행한다.
4. 관련 기능이나 동작이 더 이상 존재하지 않게 되면 검증기를 단계적으로 폐지한다.

관련된 장애는 다음과 같은 부분에서 발견할 수 있다.

- 사용자와 직원들이 보고하는 버그 리포트
- 퍼징 및 퍼징과 유사한 방법들(13장 참고)
- 실패 주입^{failure-injection} 방식(카오스 몽키 도구(`https://oreil.ly/fvSKQ`) 활용).
- 시스템을 운영하는 담당 전문가의 분석에 의한 판단.

자동화 프레임워크를 구축하면 호환되지 않는 점검사항을 다른 시점에 실행할 수 있어 서로 충돌하는 일을 피할 수 있다. 또한 잘못된 동작이나 공격을 당한 동작을 잡아낼 수 있도록 자동화 프레임워크를 모니터링하고 정기적으로 감사를 진행해야 한다.

8.6.1 검증 집중 분야

물론 시스템 전체와 서비스간에 종단간 협업을 검증할 수 있다면 좋을 것이다. 하지만 실제 사용자에게 서비스를 제공하는 시스템 전체의 실패 응답을 검증하는 것은 비용이 높을 뿐만 아니라 위험하기도 하므로 타협안을 찾아야 한다. 더 작은 규모의 시스템 복사본을 검증하는 방법은 더 적절하면서도 개별 시스템 컴포넌트를 따로 검증해서는 얻을 수 없는 통찰을 얻을 수 있다. 예를 들어 다음과 같은 방법을 생각해볼 수 있다.

- 호출자가 느리게 응답하거나 접근할 수 없게 된 RPC 백엔드에 어떻게 대응하는지 설명해본다.
- 리소스 부족이 발생했을 때 어떤 일이 벌어지는지. 그리고 리소스 소비가 극한에 달했을 때 긴급 리소스 할당량을 얻을 수 있는지 여부를 확인한다.

또 다른 실용적인 방법은 로그를 이용해 시스템 및 그 컴포넌트 간의 상호 작용을 분석하는 것이다. 만일 시스템 구획화를 구현했다면 역할, 위치 또는 시간 분리 경계를 넘는 작업 시도는 실패해야 한다. 만일 로그에 예상치 못한 성공 사례가 기록되었다면 그 사례는 반드시 확인해야 한다. 로그 분석은 항상 활성화되어 있어야 검증 과정에서 실제 시스템의 동작을 관찰할 수 있다.

최소 권한, 이해 가능성, 적응성, 복구 등 보안 설계 원칙도 반드시 검증해야 한다. 복구의 검증이 특히 중요한데 그 이유는 복구에는 사람의 개입이 필요하기 때문이다. 사람은 예측할 수 없으며 단위 테스트는 사람의 기술과 습관을 확인할 수 없다. 복구 설계를 검증할 때는 복구 절차의 가독성과 효율성, 그리고 서로 다른 복구 워크플로의 상호운용성을 모두 검토해야 한다.

보안 특성의 검증은 시스템 응답이 올바른지 확인하는 것 이상이다. 또한 코드나 설정에 알려진 취약점이 포함되어 있지는 않은지도 확인해야 한다. 배포된 시스템에 대한 적극적인 침투 테스트를 통해 블랙박스와도 같은 시스템 회복성을 들여다볼 수 있으며 개발자가 고려하지 못했던 공격 요건을 드러내기도 한다.

낮은 디펜던시 컴포넌트의 상호작용에는 특별한 주의가 필요하다. 낮은 디펜던시 컴포넌트는 본질적으로 가장 중요한 상황에 배포된다. 이런 컴포넌트는 지원군도 없다. 다행히 잘 설계된 시스템상에는 낮은 디펜던시 컴포넌트의 수가 적다. 따라서 모든 중요 기능과 상호작용을 위한 검증기를 정의하는 것이 가능하다. 우리는 낮은 디펜던시 컴포넌트에 대한 투자는 이 컴포넌트가 필요할 때 **동작할때만** 의미가 있다는 점을 깨달았다. 복구 계획은 낮은 디펜던시 컴포넌트에 의존해야 하며 시스템이 그 정도 수준으로 저하될 수 있는 상황에서 사람이 복구 계획을 사용하는 상황을 검증해야 한다.

8.6.2 검증 사례

이번 절에서는 지속적 검증 방식을 얼마나 광범위하게 적용할 수 있는지 보여주기 위해 구글에서 사용했던 몇 가지 검증 시나리오를 소개한다.

적절한 동작의 변경을 주입하기

로드 셰딩과 쓰로틀링에 대한 시스템의 응답을 검증하려면 서버에 적절한 동작의 변경을 주입하고 그 영향을 받는 모든 클라이언트와 백엔드가 적절하게 응답하는지 확인하면 된다.

예를 들어 구글은 RPC 서버에 임의의 지연이나 실패를 주입하는 서버 라이브러리와 제어 API를 구현했다. 이 기능을 정기적인 장애 대비 훈련에 사용하며 팀은 언제든 실험을 쉽게 실행할 수 있다. 이 방법을 사용해 독립적인 RPC 메서드, 전체 컴포넌트 또는 대형 시스템을 연구하며 특히 연쇄적 장애의 징후를 찾는다. 먼저 응답 지연을 살짝 증가시키는 것부터 시작해서 완전한 장애를 흉내내는 단계적 기능을 구현했다. 그래프를 모니터링하면 각 단계별 문제가 실제로 발생했을 때 응답 지연의 변화가 분명하게 반영되는 것을 볼 수 있다. 이 타임라인과 클라이언트 및 백엔드 서버에서 모니터링했던 신호와의 상관관계를 살펴보면 영향의 전파도 관찰할 수 있다. 만일 장애율이 이전 단계에서 관찰했던 패턴과 달리 불규칙하게 치솟으면 이전 단계로 돌아가 잠시 검증을 중단하고 이 동작이 예상하지 못한 것인지 조사한다.

주입된 동작을 신속하고 안전하게 취소할 수 있는 안정적인 메커니즘을 갖추는 것이 중요하다. 설령 검증과 관련이 없어 보이는 원인으로 장애가 발생해도 먼저 실험부터 실행한 후 언제 검증을 다시 재개하는 것이 안전한지 결정하는 것이 올바른 결정이다.

일반적인 워크우플로상에서 긴급 컴포넌트 연습하기

낮은 디펜던시 또는 고가용성 시스템이 제대로 동작하는지 그리고 시스템이 원하는 기능을 수행하는지 확인했을 때 프로덕션 환경에 롤아웃할 준비가 됐는지도 확인할 수 있다. 테스트를 준비하려면 실제 사용자로부터 발생한 실제 트래픽의 일부를 검증할 시스템으로 밀어넣으면 된다.

고가용성 시스템(그리고 때로는 낮은 디펜던시 시스템)은 요청을 미러링해서 검증한다. 즉 클라이언트가 완전히 동일한 요청을 고용량 컴포넌트와 고가용성 컴포넌트에 각각 하나씩 보낸다. 클라이언트 코드를 수정하거나 하나의 입력 트래픽 스트림을 동일한 출력 스트림 두 개에 복제할 수 있는 서버[14]를 주입하면 응답을 비교하고 다른 부분을 확인할 수 있다. 모니터링 서비스는 용납할 수 없는 수준의 응답 차이점을 발견하면 알람을 보낸다. 다만 일부 차이점은 존재할 수 있다. 예를 들어 대체 시스템이 오래된 데이터나 기능을 가지고 있는 경우다. 그래서 클라이언트는 에러가 발생하거나 명시적으로 무시하도록 설정된 것이 아니라면(이 두 상황은 긴급 상황에서 발생할 수 있다) 고용량 시스템의 응답을 사용해야 한다. 요청을 미러링하려면 클라이언트의 코드 변경은 물론 미러링 동작을 재정의할 수 있는 기능이 필요하다. 따라서 이 전략은 최종 사용자가 사용하는 장치보다는 프론트엔드 또는 백엔드 서버에 배포하는 것이 더 쉽다.

낮은 디펜던시 시스템(및 간혹 고가용성 시스템)은 요청 미러링보다는 실제 사용자로 검증하는 것이 더 적합하다. 그 이유는 낮은 디펜던시 시스템은 기능, 프로토콜, 시스템 용량 면 등에

---

14 이는 유닉스에서 stdin에 tee 명령을 실행하는 것과 유사한 방법이다.

서 덜 안정적인 대응 시스템과는 확연히 다르다. 구글에서 긴급 대기 엔지니어는 긴급 대기 업무에 낮은 디펜던시 시스템을 필수적으로 사용한다. 이 전략을 사용하는 이유는 다음과 같다.

- 많은 엔지니어가 긴급 대기 임무에 참여하지만 어느 한 시점에 긴급 대기를 수행하는 엔지니어의 수는 극히 적다. 그래서 검증에 참여할 수 있는 사람이 제한적이다.
- 엔지니어가 긴급 대기를 수행 중일 때는 긴급 대응 절차를 따라야 한다. 낮은 디펜던시 시스템의 사용이 잘 훈련되어 있다면 긴급 대기 엔지니어가 실제 긴급 상황에서 낮은 디펜던시 시스템을 사용하도록 바꾸는 데 걸리는 시간이 줄어들며 예상치 못한 설정 오류의 위험도 피할 수 있다.

긴급 대기 엔지니어가 낮은 디펜던시 시스템만 사용하도록 전환하는 것은 점진적으로 구현할 수 있다. 다른 의미로 설명하면 각 시스템의 비즈니스 중요도에 따라 구현할 수 있다.

트래픽 미러링이 불가능할 경우 분리하기

요청 미러링의 대안으로는 요청을 분리된 서버로 나누는 방법이 있다. 이는 요청 미러링이 적절하지 않은 경우에 사용하는 방법이다. 예를 들어 클라이언트 코드를 제어할 수 없는 상황에서 요청 라우팅 수준의 로드 밸런싱은 가능한 경우 등이다. 결과적으로 요청의 분리는 고용량 및 고가용성 버전의 컴포넌트가 그렇듯이 대체 컴포넌트가 같은 프로토콜을 사용하는 경우에만 동작한다.

이 전략의 또 다른 활용법은 여러 장애 도메인으로 트래픽을 분산하는 것이다. 로드 밸런싱이 하나의 장애 도메인을 대상으로 한다면 그 도메인을 집중적으로 실험할 수 있다. 장애 도메인의 용량이 낮으므로 적은 부하로도 이 도메인을 공격하고 회복성 응답을 유도할 수 있다. 그런 후 이 도메인의 모니터링 신호와 다른 장애 도메인의 신호를 비교하면 실험의 영향을 정량화할 수 있다. 로드 셰딩과 쓰로틀링을 추가하면 실험의 결과 품질을 더 높일 수 있다.

오버서브스크라이브 하되 안주하지 말기

고객에게 할당은 되었지만 사용되지 않는 할당량은 리소스를 낭비하는 셈이다. 그래서 많은 서비스가 리소스 활용률을 극대화하기 위해 적절한 마진을 두고 리소스를 오버서브스크라이브oversubscribe[15]한다. 회복성을 갖춘 시스템은 우선순위를 추적해서 높은 우선순위 리소스에 대

---

15 옮긴이_ 발행된 주식 대비 수요가 더 높은 현상을 일컫는 경제용어로, 여기서는 가용한 리소스 대비 더 많은 리소스를 사용하는 것을 말한다.

한 수요를 충족하도록 낮은 우선순위 리소스를 릴리스한다. 하지만 시스템이 실제로 그런 리소스를 안정적으로, 그리고 납득할 수 있는 시간 안에 릴리스할 수 있는지 검증해야 한다.

구글은 한 때 배치 처리를 위해 엄청난 디스크 공간을 필요로 하는 서비스를 보유한 적이 있다. 사용자 서비스는 배치 처리보다 높은 우선순위를 가지며 사용량이 급증하는 경우를 대비해 상당한 예약 디스크를 할당한다. 배치 처리 서비스를 허락했던 이유는 특정 조건하에서 사용자 서비스가 사용하지 않는 디스크를 활용하기 위한 것이었다. 여기서 특정한 조건이란 특정 클러스터 안의 디스크는 무조건 **X** 시간 후에 완전히 릴리스되어야 한다는 것이다. 우리가 개발한 검증 전략은 정기적으로 배치 처리 서비스를 클러스터 외부로 옮기고 이 작업이 얼마나 오래 걸리는지 측정하여 이때마다 매번 발견되는 새로운 이슈를 수정하는 것이었다. 이는 시뮬레이션이 아니었다. 우리의 검증 전략 덕분에 **X** 시간의 SLO를 약속한 엔지니어는 진짜 증거와 진짜 경험을 갖게 되었다.

이런 검증 전략은 비용이 많이 들지만 대부분의 비용은 자동화 때문에 발생한다. 로드 밸런싱을 도입하면 원본 및 목적지 위치의 리소스 프로비저닝 관리 비용을 어느 정도 관리할 수 있다. 만일 리소스 프로비저닝이 대부분 자동화되어 있다면 (예를 들어 클라우드 서비스를 사용하는 경우) 라면 필요한 일련의 자동화 요청을 보내는 스크립트나 플레이북playbook을 실행하기만 하면 된다.

소규모 서비스나 기업이라면 정기적으로 밸런싱을 다시 실행하는 전략으로도 비슷한 효과를 낼 수 있다.

키 로테이션 주기의 측정

키 로테이션은 이론적으로는 간단하지만 실질적으로는 전체 서비스 장애를 포함한 당황스러운 결과로 이어지기도 한다. 키 로테이션이 동작하는지 검증할때는 최소 두 가지 명확한 결과를 확인해야 한다.

키 로테이션 속도
한 번의 로테이션 사이클이 완료되기까지 걸린 시간

접근 상실의 확인
로테이션 후 기존 키가 완전히 무용지물이 되었는지에 대한 확실성 보안 문제로 인해 무조건 긴급 키 로테이션을 실행해야 할 경우를 대비해 주기적으로 키를 로테이션할 것을 권한다. 즉 굳이 할 필요가 없더라도 키를 로테이션하라는 뜻이다. 키 로테이션에 비용이 너무 많이 든다면 그 비용을 낮출 수 있는 방법을 찾아서라도 로테이션하자.

구글에서는 키 로테이션 속도를 측정하는 것이 여러 의미에서 도움이 된다는 것을 경험했다.

- 키를 사용하는 모든 서비스가 실제로 그 설정을 변경할 수 있는지 알 수 있다. 어떤 서비스는 키 로테이션을 고려하지 않고 만들어졌거나 고려하긴 했지만 한 번도 테스트를 해보지 않아서 키 로테이션 이후 잘 동작하던 기능에 문제가 생기기도 한다.
- 각 서비스의 키 로테이션에 얼마나 오랜 시간이 걸리는지 알 수 있다. 키 로테이션은 파일을 바꾸고 서버를 재시작하는 것만큼 쉬울 수도 있고 전 세계에 걸쳐 점진적으로 적용해나가는 것만큼의 노력이 필요할 수도 있다.
- 다른 시스템이 어떻게 키 로테이션 프로세스를 지연시키는지 알 수 있다.

키 로테이션 속도를 측정한 덕분에 평상시와 긴급 상황에서 전체 사이클에 대한 현실적인 기대치를 갖출 수 있었다. 키 로테이션은 (키 로테이션 때문이든 아니면 다른 이유 때문이든) 롤백이 필요해진 상황, 에러 예산을 초과한 서비스의 변경 정지, 장애 도메인으로 인한 연속된 롤아웃 등과 함께 실행할 수 있다.

기존 키를 이용해서 더 이상 접근할 수 없음을 검증하는 것은 상황에 따라 다르다. 모든 인스턴스에서 기존 키가 폐기됐다는 것을 검증한다는 것은 쉽지 않으므로 기존 키를 폐기한 후에는 그 키를 사용한 시도가 실패한다는 것을 보여주는 방법이 가장 좋다. 이 방법이 실용적이지 않다면 키 거부 목록 메커니즘(예를 들면 CRL)을 활용할 수 있다. 중앙식 인증 기관과 좋은 모니터링 도구를 갖추고 있다면 어떤 ACL이 기존 키의 흔적이나 시리얼 번호를 가지고 있는 경우 알람을 보내도록 설정할 수 있다.

8.7 실용적인 조언: 어떻게 시작할 것인가

회복성을 갖춘 시스템의 설계는 쉬운 일이 아니다. 시간과 노력이 필요하며 다른 가치있는 작업을 위한 노력도 끌어와야 한다. 원하는 수준의 회복성에 따라 절충을 주의깊게 고려한 후 우리가 소개한 다양한 옵션 중에서 필요하다면 몇 가지 또는 더 많은 솔루션을 선택하면 된다.

비용 면에서 살펴보면

1. 장애 도메인과 영향 반경 제어의 비용이 가장 낮다. 다른 방법에 비해 상대적으로 정적이면서도 상당한 개선을 이룰 수 있다.
2. 고가용성 서비스는 그 다음으로 비용 효율적인 방법이다.

그 다음으로는 다음의 옵션을 고려하자.

1. 여러분이 속한 조직이 회복성의 적극적으로 자동화에 대한 투자를 감수할 정도로 위험을 싫어하거나 규모가 있는 조직이라면 로드 셰딩과 쓰로틀링을 배포한다.
2. DoS 공격에 대한 방어의 효율성을 평가한다 (10장 참고).
3. 낮은 디펜던시 솔루션을 구축한다면 시간이 지나도 낮은 디펜던시를 유지할 수 있는 절차나 메커니즘을 도입한다.

회복성을 향상시키기 위한 투자에 대한 거부감을 극복하기가 어려울 수 있다. 왜냐하면 회복성을 갖춘다면 문제가 일어나지 않기 때문에 회복성을 향상시키는 것이 어떤 이점을 가져다주는지 잘 보이지 않기 때문이다. 이럴 때는 다음과 같은 논점이 도움이 될 수 있다.

- 장애 도메인과 영향 반경 제어를 배포하면 미래의 시스템에도 효과가 있다. 격리 기법은 운영 가능한 장애 도메인에 대해 적절한 분리를 권장하거나 강제할 수 있다. 일단 격리 기법이 자리를 잡으면 필연적으로 불필요하게 결합되거나 문제가 생기기 쉬운 시스템을 설계하거나 배포하는 것이 어려워진다.
- 정기적인 키 변경과 로테이션 기법의 도입과 훈련은 보안 사고에 대처할 수 있을 뿐 아니라 보편적인 암호화에 대한 신속성을 갖출 수 있다. 예를 들어 암호화 요건을 업그레이드 할 수 있다.
- 서비스의 고가용성 인스턴스를 배포하는 것은 상대적으로 추가 비용이 낮으므로 서비스의 가용성을 얼마나 향상시킬 수 있는지를 저렴한 비용으로 확인해볼 수 있다. 또한 폐기하는 비용도 낮다.
- 8.3절 '성능 저하의 제어'에서 설명한 다른 방법과 더불어 로드 셰딩과 쓰로틀링 기능을 도입하면 회사가 유지해야 할 리소스의 비용이 줄어든다. 그 결과 가장 가치있는 제품 기능에 사용자가 인지할만한 향상이 이뤄진다.
- 성능 저하를 한계까지 제어하면 DoS 공격에 대응할 때 첫 대응의 속도와 효율성이 증가한다.
- 낮은 디펜던시 솔루션은 상대적으로 비용이 높으면서도 실질적으로는 잘 사용되지 않는다. 비용 대비 효과를 판단할 때는 주요 비즈니스 서비스가 모든 디펜던시를 로드하는 데 어느 정도의 시간이 드는지 알면 도움이 된다. 그런 후에는 비용을 비교해 여러분의 시간을 다른 곳에 투자하는 것이 나을지를 결정하면 된다.

어떤 회복성 솔루션을 조합해 도입하든 지속적으로 검증하고 그 효율성에 해가 될 수 있는 비용 절감을 피할 수 있는 적절한 방법을 찾아야 한다. 검증에 대한 투자로 얻을 수 있는 장점은 락인$^{lock-in}$이며 장기적으로는 다른 모든 회복성에 대한 투자로 얻어진 가치를 결합할 수 있다. 이런 기법을 자동화한다면 엔지니어링과 지원 팀은 온전히 새로운 가치를 전달하는 것에 집중할 수 있다. 이상적으로는 자동화와 모니터링의 비용은 여러분의 회사가 추구하는 다른 노력과 제품이 분담하게 될 것이다.

주기적으로 회복성에 투자할 수 있는 비용이나 시간이 점점 부족해질 것이다. 이런 제한적인 리소스를 소비할 수 있는 기회를 다시 잡는다면 이미 배포한 회복성 메커니즘을 능률화하는 비용을 먼저 고려하자. 이미 갖춘 메커니즘의 품질과 효율성에 확신을 갖는다면 그 때 또 다른 회복성 옵션을 고려하면 된다.

8.8 마치며

이번 장에서는 설계 단계에서부터 시스템의 보안과 신뢰성에 회복성을 구축하는 여러 가지 방법에 대해 알아봤다. 회복성을 제공하려면 반드시 사람이 선택을 해야 한다. 몇 가지 선택은 자동화를 통해 최적화할 수 있지만 다른 선택은 여전히 사람의 개입이 필요하다.

신뢰성 속성의 회복성은 시스템의 과부하나 광범위한 장애에도 시스템의 가장 중요한 기능을 유지하는 데 도움이 된다. 만일 시스템에 장애가 발생하더라도 이 기능 덕분에 장애 대응자가 조직을 정비하고 더 큰 피해를 예방하거나 필요할 경우 수동으로 복구를 수행할 수 있는 시간을 벌 수 있다. 회복성은 시스템이 공격을 견뎌내고 장기적 접근을 얻으려는 시도를 방어하는 데 도움을 준다. 공격자가 시스템에 침입하면 영향 반경 제어 같은 설계 기능이 피해를 최소화한다.

설계 전략에 심층방어 도입을 검토하자. 시스템의 업타임과 신뢰성을 확인하는 것과 같은 방법으로 시스템의 보안을 살펴보자. 심층방어의 핵심은 방어를 위한 N+1 이중화 같은 것이다. 하나의 라우터나 스위치가 제공하는 모든 네트워크 용량은 신뢰하지 않으면서 왜 단일 방화벽이나 다른 방어 수단은 신뢰하는가? 심층방어를 설계할 때는 항상 보안의 다른 계층에서 장애가 발생할 수 있다고 가정하고 확인하자. 여기서 다른 계층이란 외부 경계의 보안, 엔드포인트로의 침입, 내부자의 공격 등이 있다. 이런 확산 행위를 막기 위한 목적을 가지고 계획하자.

회복성 있는 시스템을 설계하더라도 어느 시점에 회복력이 떨어져 시스템이 손상될 수 있다. 다음 장에서는 이런 일이 벌어진 **이후**에 대해 설명한다. 손상된 시스템을 어떻게 복구할 것이며 장애에 의한 피해는 어떻게 최소화할 것인가?

CHAPTER 9

복구를 위한 설계

에런 조이너Aaron Joyner, 존 맥쿤Jon McCune, 비탈리 시피친Vitaliy Shipitsyn,

콘스탄티노스 네오피투Constantinos Neophytou, 제시 양Jessie Yang, 크리스티나 베넷Kristina Bennett

모든 복잡한 시스템은 신뢰성 이슈를 겪는다. 그리고 공격자는 분명히 시스템 장애를 일으키거나 의도된 동작을 못하도록 하려고 한다. 제품 개발 초기에는 이런 장애를 예측하고 후속 조치로써 필수적인 복구 절차를 계획해야 한다.

이번 장에서는 사용률 제한과 버전 넘버링 같은 전략을 설명한다. 또한 시스템을 정상 상태로 되돌릴 수 있지만 보안 취약점 또한 다시 되돌릴 수도 있는 롤백과 폐기revocation 메커니즘 같은 절충에 대해 자세히 살펴본다. 어떤 복구 전략을 사용하든 시스템을 어떤 상태로 되돌릴지 그리고 기존의 방식으로 시스템을 원래 상태로 되돌릴 수 없을 경우 어떻게 해야 할지를 정확히 아는 것이 중요하다.

현대의 분산 시스템은 의도치 않은 에러는 물론 의도적으로 행해진 악의적인 공격까지 많은 종류의 장애를 다뤄야 한다. 축적된 에러, 드물게 나타나는 장애 모드 또는 공격자의 악의적인 공격 등에 노출되면 아무리 안전하고 회복성이 있는 시스템이라도 복구를 위해 사람이 반드시 개입할 수밖에 없다.

장애나 침입이 발생한 시스템을 안정적이며 안전한 상태로 복구하는 것은 적절히 대처하지 않으면 매우 복잡해진다. 예를 들어 불안정한 릴리스를 롤백하다가 보안 취약점이 재발할 수도 있다. 보안 취약점을 패치하는 새로운 릴리스를 롤아웃하다가 신뢰성 이슈가 발생하기도 한다. 이렇게 위험을 내포한 완화 작업은 더 세세한 절충으로 가득하다. 예컨데 얼마나 자주 변경을 배포할 것인지 결정하는 경우 신속하게 롤아웃하면 공격자와의 경합에서 우위에 설 수 있지만 반대로 해당 배포를 충분히 테스트하지 못하기도 한다. 결국 시스템의 상당 부분에 새로운 코드를 배포한 후에야 심각한 안정성 버그가 있음을 알게 되기도 한다.

긴박한 보안이나 신뢰성 장애 상황에서 이런 세세한 부분(과 시스템이 이를 처리할 준비가 되어 있지 않은 것)까지 신경쓰는 것은 이상적인 방법과는 거리가 멀다. 이런 점을 미리 고려해 설계를 결정해야만 복구에 필요한 다양한 조건을 시스템이 자연적으로 지원하는 데 필요한 신뢰성과 유연성을 가질 수 있다. 이번 장에서는 조금 더 편하게 복구가 가능한 시스템을 효율적으로 준비할 수 있는 몇 가지 설계 원칙을 설명한다. 이 중 상당수의 원칙은 범지구적 규모의 시스템부터 개별 머신의 펌웨어에 이르기까지 다양한 규모에 적용할 수 있다.

9.1 어떤 상태로부터 복구하는가?

용이한 복구를 위한 설계 전략에 앞서 시스템을 복구해야 하는 몇 가지 시나리오에 대해 먼저 살펴보자. 이 시나리오는 랜덤 에러, 실수에 의한 에러, 악의적인 공격 그리고 소프트웨어 에러 등으로 분류할 수 있다.

9.1.1 랜덤 에러

분산 시스템은 물리적인 하드웨어에 의해 구현되며 장애는 모든 물리적 하드웨어에서 발생할 수 있다. 물리적 장치는 본질적으로 불안정하며 운영하는 환경도 예측이 불가능해서 랜덤 에러가 발생하곤 한다. 시스템을 뒷받침하는 물리적 하드웨어의 양이 증가할수록 분산 시스템에서 랜덤 에러가 발생할 확률도 높아진다. 게다가 노후된 하드웨어는 더 많은 에러를 유발한다.

일부 랜덤 에러는 다른 에러에 비해 복구가 쉬운 편이다. 파워 서플라이나 중요한 네트워크 라우터같이 완전히 장애가 발생하거나 시스템의 일부가 격리되는 경우는 처리하기 가장 쉬운 장애 중 하나다.[1] 예상치 못한 비트플립[bit flip][2]에 의한 단기 손실이나 멀티코어 CPU중 한 코어가 명령 실행에 실패해 발생하는 장기 손실 등은 처리하기가 훨씬 복잡하다.

기본적으로 시스템 외부에서 발생한 예기치 못한 장애는 현대의 디지털 시스템에 랜덤 에러를 유발하기도 한다. 태풍이나 지진으로 인해 시스템의 일부를 갑자기 영구적으로 잃는 경우도 있다. 발전소나 변전소의 문제 또는 UPS나 배터리의 이상도 하나 혹은 그 이상의 머신에 전력을 공급에 문제가 된다. 그러면 전압이 저하되거나 상승해 메모리 손상이나 다른 일시적 에러를 유발한다.

9.1.2 실수에 의한 에러

모든 분산 시스템은 직간접적으로 사람에 의해 운영되며 사람이라면 누구나 실수를 한다. 구글은 사람이 의도와 달리 유발한 에러를 **실수에 의한 에러**[accidental error]라고 정의하고 있다. 대체로 작업의 복잡도가 증가하면 에러율도 증가한다.[3] 구글이 2015년부터 2018년까지 발생했던 장애를 자체 분석한 결과 (대부분은 아니지만) 장애의 상당 부분이 엔지니어링이나 절차적 안정성 검사를 통하지 않은 일방적인 사람의 행위였음이 드러났다.

사람의 실수는 시스템의 어떤 부분과도 관련이 있을 수 있으므로 도구, 시스템, 시스템 수명 주기 내의 작업 프로세스 등 전체 스택에 사람이 어떻게 에러를 유발할 수 있는지 고려해야 한다. 실수에 의한 에러는 시스템의 범위에 포함되지 않는 임의의 방법으로 시스템에 영향을 주기도 한다. 예를 들어 아무 관련 없는 공사에 투입된 굴착기가 광섬유 케이블을 끊어버리는 경우다.

9.1.3 소프트웨어 에러

지금까지 설명했던 종류의 에러는 설계를 변경하거나 소프트웨어를 이용해 처리할 수 있다. 오래된 격언[4]와 그 계론[5]에 따르면 모든 에러는 소프트웨어를 이용해 해결할 수 있다. 소프트웨

---

1 CAP 이론(https://oreil.ly/WP_FI)은 분산 시스템의 규모에 적용되는 몇 가지 절충과 그 영향을 설명하고 있다.

2 예상치 못한 비트플립은 장애가 발생한 하드웨어나 다른 시스템으로부터의 잡음 또는 심지어 우주방사선에 의해서 발생하기도 한다.

3 인간 신뢰성 분석(Human Reliability Analysis)(HRA)은 주어진 작업에 대해 사람이 실수할 가능성에 대한 연구 분야이다. 보다 자세한 내용은 미국 원자력 규제 위원회의 확률론적 위험도 평가(probabilistic risk assessment)(https://oreil.ly/fGTHa) 참고

4 컴퓨터 과학의 모든 문제는 또 다른 수준의 추상화를 통해 해결할 수 있다 – 데이비드 휠러(David Wheeler)

5 너무 과한 추상화는 오히려 독이다 – 미상

어 자체의 버그를 제외한다면 말이다. 소프트웨어 에러는 사실 소프트웨어 개발 과정에서 만들어진 특별하며 뒤늦게 발현되는, 실수에 의한 에러다. 여러분이 작성한 코드에는 버그가 있기 마련이며 스스로 이런 버그를 수정해야 한다. 모듈형 소프트웨어 설계, 테스트, 코드 검토, 입력 및 의존 API의 출력에 대한 검증 같은 기본적이면서도 잘 정돈된 설계 원리를 적용하면 버그를 다루는 데 도움이 된다. 보다 자세한 내용은 6장과 12장을 참고하기 바란다.

때때로 소프트웨어 버그는 다른 종류의 에러처럼 보이기도 한다. 예를 들어 안정성 검사를 하지 않은 자동화가 악의적인 공격자의 행위처럼 보이는 갑작스러우면서도 급격한 변화를 프로덕션 환경에 유발하기도 한다. 소프트웨어 에러는 다른 종류의 에러를 확대하기도 한다. 예를 들어 소프트웨어가 처리할 수 없는 예상치 못한 값을 리턴하는 센서 에러나 사용자가 평상시의 작업을 수행하는 과정에서 오류가 있는 메커니즘을 우회할 때 악의적인 공격처럼 보이는 예상치 못한 행위 등이 이에 해당한다.

9.1.4 악의적인 행위

사람은 의도적으로 시스템에 반하는 행위를 하기도 한다. 이런 사람은 시스템을 해하려는 의도로 자신의 권한과 지식을 활용하는 내부자일 수도 있다. 악의적인 공격자란 시스템의 보안 제어와 신뢰성을 뒤엎으려 하거나 랜덤, 실수 또는 다른 종류의 에러인 것처럼 보이게 하는 행위를 적극적으로 행하는 모든 사람을 가리킨다. 자동화를 이용하면 완전히 배제할 수는 없더라도 사람의 개입을 최대한 줄일 수 있다. 운영하는 분산 시스템의 규모와 복잡도가 증가하면 이런 시스템을 운영하는 조직의 규모 또한 시스템과 함께 증가해야 한다 (부선형적으로 증가하는 것이 이상적이다). 그와 동시에 조직 내의 누군가가 여러분이 부여한 신뢰를 위반하는 가능성 역시 증가한다.

이런 신뢰 위반은 자신에게 부여된 권한을 남용해 본인의 작업에 필요치 않은 사용자 데이터를 읽거나 회사의 기밀을 외부로 유출하거나 장기적 장애를 유발하는 내부자의 소행일 수 있다. 이 내부자는 좋은 결정을 실수로 지연시키거나 진심으로 시스템에 어떤 해를 가하려 할 수도 있고, 소셜 엔지니어링 공격의 희생양일 수도 있고 심지어는 외부의 공격자에게 협박을 당했을 수 있다(https://xkcd.com/538).

시스템이 서드파티에 의해 침입을 당했을 때도 악의적인 에러가 나타난다. 2장에서는 이런 악의적인 행동의 범위를 잘 설명하고 있다. 시스템 설계 관점에서 이런 에러의 완화 전략은 악의적인 공격자가 내부자이든 시스템 자격 증명을 탈취한 서드파티 공격자이든 관계없이 동일하게 적용해야 한다.

9.2 복구를 위한 설계 원리

지금부터는 필자가 수년간 분산 시스템을 운영하며 쌓은 경험을 바탕으로 복구를 위한 몇 가지 설계 원리를 설명하고자 한다. 여기서 설명하는 것을 모두 적용할 필요는 없으며 앞으로를 위해 더 학습할 추천 자료를 제공할 것이다. 여기서 소개할 원리는 구글과 같은 규모의 조직에만 해당하는 것이 아니라 다양한 규모의 조직에 적용할 수 있다. 전체적으로 복구를 고려해 설계할 때는 앞으로 발생할지도 모를 문제의 범위와 다양성을 열린 마음으로 고려하는 것이 중요하다. 다시 말하면 에러가 발생할지도 모를 예외 상황에 대해 고민하느라 시간을 허비하지 말고 그런 에러로부터 복구할 준비를 하는 데 집중하기 바란다.

9.2.1 최대한 빠르게 움직이기 위한 설계(정책에 의한 보호)

시스템에 침입이나 장애가 발생하면 최대한 빨리 시스템을 의도대로 동작하는 상태로 복구해야 한다는 부담에 시달리게 된다. 하지만 시스템을 빠르게 변경하기 위해 사용하는 메커니즘은 잘못된 변경을 너무 성급하게 적용할 위험이 있어 오히려 문제를 확대할 수도 있다. 마찬가지로 시스템이 악의적으로 탈취당했을 때 어설픈 복구나 정화cleanup 작업이 오히려 다른 문제를 유발할 수도 있다. 예를 들어 여러분의 복구 행위가 공격자에게는 오히려 힌트가 되는 경우까지 있다.[6] 우리는 다양한 속도의 복구를 지원하기 위한 시스템 설계와 관련된 절충의 균형을 효과적으로 맞추는 몇 가지 방법을 발견했다.

앞서 소개한 네 가지 종류의 에러로부터 시스템을 복구하거나 복구가 필요한 상황을 모면하려면 시스템의 상태를 변경할 수 있어야만 한다. 업데이트 메커니즘(예를 들면 소프트웨어/펌웨어 롤아웃 절차, 설정 변경 관리 절차 또는 배치 스케줄링 서비스 등)을 구현할 때는 업데이트

---

6 침입에 대응하는 방법과 복구 시스템 자체가 탈취되었는지를 결정하는 메타 문제에 대한 자세한 내용은 18장을 참고하자. 7장에서도 추가적인 설계 패턴과 더불어 적정 비율을 선택하는 방법을 예제로 소개하고 있다.

시스템이 요구할만한 상상할 수 있는 최대한의 빠르기로 (또는 현실적으로 최대한 빠르게) 동작하도록 설계할 것을 권한다. 그런 다음 현재의 위험 및 장애 정책에 따라 변경 횟수를 제한할 수 있는 기능을 추가한다. 여러분이 원하는 속도로 롤아웃을 수행하는 능력과 롤아웃 빈도 정책을 분리하면 여러 가지 장점을 얻을 수 있다.

모든 조직의 롤아웃 수요와 정책은 시간이 지나면서 변하기 마련이다. 예를 들어 초기에는 회사가 월 단위로 배포를 수행하되 밤이나 주말은 피하는 정책을 가져갈 수 있다. 만일 정책이 바뀌는 시점에 배포 시스템을 설계한다면 정책의 변화로 인해 시스템의 리팩터링이 어려워지고 원치않는 코드의 변경이 필요할 수도 있다. 하지만 배포 시스템의 변경 시점이나 속도를 행위와 변화의 내용으로부터 완전히 분리하면 변화의 시점과 속도에 영향을 미치는 필연적인 정책의 변화를 훨씬 쉽게 받아들일 수 있다.

때로는 배포 도중에 얻게 된 새로운 정보가 대응 방식에 영향을 줄 수 있다. 내부적으로 발견된 보안 취약점에 대응해 내부에서 개발한 패치를 롤아웃하는 중이라고 가정해보자. 보통은 서비스의 안정성을 떨어뜨릴 위험을 감수하고 이 변경을 신속하게 배포할 필요는 없을 것이다. 하지만 변화의 범위에 따라 위험에 대한 평가 결과가 바뀌기도 한다(7장 참고). 만일 롤아웃 도중에 이 취약점이 이제 공개적으로 알려졌으며 외부에서 적극적으로 공략하기 시작했다면 롤아웃 절차를 더 빨리 완료하고 싶을 것이다.

갑작스러운 또는 예상치 못한 사건에 의해 여러분이 감수하기로 한 위험의 영향이 바뀌어서 변경사항을 매우 신속하게 배포해야 하는 경우는 필연적으로 발생하기 마련이다. 이러한 상황의 예로는 보안 버그(셸쇼크ShellShock[7], 하트블리드Heartbleed[8] 등)부터 현재 일어나고 있는 침입의 탐지까지 다양하다. **우리는 그저 평상시에 사용하는 배포 시스템의 성능을 극한으로 끌어올려 긴급 상황에서의 배포 시스템으로 활용할 수 있도록 설계하기를 권한다.** 즉, 평상시의 롤아웃 시스템과 긴급 롤백 시스템이 하나이며 같은 시스템이라는 뜻이다. 우리는 종종 긴급 절차를 제대로 테스트하지 않으면 실제로 필요한 시점에 사용하지 못한다는 점을 강조해왔다. 평상시에 사용하는 시스템을 긴급 상황에서도 사용할 수 있다면 두 개의 배포 시스템을 별개로 유지할 필요도 없으며 긴급 릴리스 시스템을 사용하는 훈련도 계속하게 되는 것이다.[9]

---

7 CVE-2014-6271(https://oreil.ly/mRhGN), CVE-2014-6277(https://oreil.ly/yyf6K), CVE-2014-6278(https://oreil.ly/7ii2u), CVC-2014-7169(https://oreil.ly/0ZD04) 참고.

8 CVE-2014-0160(https://oreil.ly/cJTQ8) 참고.

9 이 원리로부터 깨달을 수 있는 것은 (대부분의 경우 의존도가 낮아서) 긴급 상황에서 사용하는 방법이 있다면 표준 절차로 만들라는 것이다.

변경을 배포할 필요없이 사용률 제한만으로 현재 상황에 대응할 수 있다면 롤아웃 도구가 원하는대로 동작할 것이라는 점을 더욱 확신할 수 있을 것이다. 그러면 신속하게 배포했던 변경의 잠재적인 버그같은 다른 위험을 처리하거나 공격자가 여러분의 시스템에 접근하기 위해 사용했던 취약점을 해결했는지 확인하는 데 여러분의 에너지를 집중할 수 있다.

신뢰성 향상을 위해 사용률 제한 메커니즘 격리하기

여러분의 시스템이 변경사항을 엄청나게 빨리 **배포할 수 있다**면 원치 않는 배포가 실행되는 것으로부터는 어떻게 보호할 수 있을까? 한 가지 전략은 사용률 제한 메커니즘을 이용해 특정 시스템에 대한 변경 속도를 제한하는 독립형의 단일 목적 마이크로서비스로 구현하는 것이다. 이 마이크로서비스를 최대한 간단하게 구현하고 철저히 테스트하는 것이다. 예를 들어 사용률 제한 마이크로서비스는 자신이 어느 시간에 어떤 특정한 변경을 검토하고 승인했음을 확인하기 위해 단기간에만 유효한 암호화 토큰을 발급할 수도 있다.

또한 사용률 제한 서비스는 감사 목적으로 변경 로그를 수집할 수 있는 훌륭한 지점이기도 하다. 이렇게 추가 서비스를 도입하면 전체 롤아웃 시스템에 하나의 디펜던시를 더 추가하는 셈이지만 우리는 그 정도 절충을 감수할 가치가 있음을 깨달았다. 시스템이 분리됨으로써 변경의 적용은 (안전을 위해) 변경의 속도와는 별개여야 한다는 것을 명확하게 전달할 수 있기 때문이다. 또한 유사한 사용률 제한을 적용하는 다른 코드는 당연히 안전하지 않은 설계처럼 인식되어 엔지니어가 사용률 제한 서비스를 우회하지 않도록 한다.

구글은 이런 점을 내부 리눅스 배포판의 롤아웃을 개선하면서 깨달았다. 그래서 최근까지 미리 정해진 정적 파일을 가지고 있는 '기본^{base}' 또는 '골든^{golden}' 이미지를 데이터센터의 모든 머신에 설치했다. 사용자가 커스터마이징할 수 있는 것은 머신별 호스트 이름, 네트워크 설정, 자격 증명 등 몇 가지뿐이었다. 또한 매달 전체 머신을 위한 새로운 '기본' 이미지를 배포하는 것이 정책이었다. 구글은 수년의 시간을 들여 정책과 워크플로를 적용하기 위한 도구와 소프트웨어 업데이트 시스템을 구축했다. 이 시스템은 모든 파일을 압축한 파일과 시니어 SRE가 검토한 변경사항을 하나로 묶어 점진적으로 머신에 새로운 이미지를 배포했다.

또한 이 정책에 근거해 롤아웃 도구를 구축한 후 특정 기본 이미지를 머신 속 컬렉션에 매핑하는 도구를 설계했다. 또한 이 매핑이 몇주에 걸쳐 어떻게 바뀔 것인지를 표현하는 설정 언어도 설계한 후 기본 이미지를 바탕으로 몇 가지 메커니즘을 적용해 예외를 계층화했다. 그 중 한 예외에 점점 더 많은 개별 소프트웨어 패키지에 대한 보안 패치가 포함되었다. 예외 목록이 복잡해질수록 이 도구로 월별 배포 패턴을 따르는 의미가 점점 퇴색해갔다.

그래서 기본 이미지를 매월 업데이트한다는 가정을 깨버렸다. 그리고 각 소프트웨어 패키지에 대응하는 더 세분화된 릴리스 단위를 설계했다. 또한 현재 롤아웃 메커니즘상에서 한 번에 한 머신에 설치할 정확한 패키지 목록을 선언하기 위한 새로운 API도 구현했다. [그림 9-1]에서 보듯이 이 API 덕분에 소프트웨어를 여러 부분으로 분리할 수 있었다.

- 롤아웃과 각 패키지가 변경될 속도를 관리하는 부분
- 모든 머신의 현재 설정을 정의하는 설정 스토어
- 각 머신에 업데이트의 적용을 관리하는 롤아웃 실행기

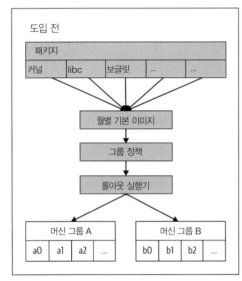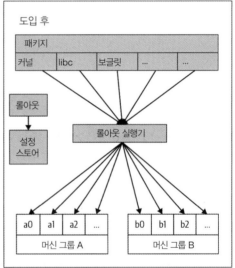

그림 9-1 머신에 패키지를 배포하는 워크플로의 개선 방향

덕분에 각 부분을 독립적으로 개발할 수 있었다. 그런 후에는 기존의 설정 스토어가 각 머신에 적용된 모든 패키지의 설정을 정의하도록 변경했고 각 패키지의 개별 롤아웃을 추적하고 업데이트하는 배포 시스템도 구축했다.

우리는 이미지 빌드를 월별 롤아웃 정책과 분리해서 패키지마다 다른 릴리스 속도를 광범위하게 지원할 수 있었다. 동시에 보유한 머신 대부분에 안정적이며 일관된 배포를 제공하면서도

일부 테스트 머신에는 모든 소프트웨어의 최신 빌드를 롤아웃할 수도 있게 됐다. 더 좋은 점은 정책과 분리되면서 전체 시스템을 새로운 방식으로 사용할 수 있는 길이 열렸다는 점이다. 구글은 이제 이 시스템을 활용해 철저하게 확인한 파일을 전체 머신에 정기적으로 배포한다. 또한 일부 사용률 제한을 조정하고 한 종류의 패키지 릴리스를 평소보다 빠르게 진행하도록 설정을 변경하는 것만으로 평소에 사용하던 도구를 긴급 릴리스에도 사용할 수 있게 됐다. 결과적으로 더 간편하고 더 유용하며 안전한 배포가 가능해졌다.

9.2.2 외부 시간에 대한 디펜던시의 제거

시간(손목시계나 벽시계 같은 장치에서 볼 수 있는 하루 중 어느 시점을 말하는 보통의 시간)은 일종의 상태이다. 여러분은 시스템이 시간의 흐름을 어떻게 처리하는지 변경할 수 없으므로 여러분의 시스템이 시계가 가리키는 시간을 사용하고 있는 부분은 완전히 시스템을 복구하는 데 잠재적인 위협이 될 수 있다. 여러분이 복구에 착수한 시간과 시스템이 가장 최근까지 정상적으로 운영 중이었던 시간이 일치하지 않는다면 예상치 못한 시스템 동작을 유발할 수 있다. 예를 들어 복구 과정에서 전자 서명된 트랜잭션을 재연해야 하는 경우 인증서를 점검할 때 원래 트랜잭션이 발생했던 시간을 고려하도록 복구 절차를 설계하지 않았다면 일부 트랜잭션은 만료된 인증서 때문에 실패하게 될 것이다.

시스템의 시간 디펜던시가 여러분이 직접 제어할 수 없는 외부 시간에 의존한다면 보안이나 신뢰성 이슈를 유발할 가능성도 높다. 이 패턴은 여러 종류의 에러로 나타난다. 예를 들면 Y2K(`https://oreil.ly/zV9E0`)나 유닉스 에폭 롤오버^{epoch rollover}(`https://oreil.ly.heY_0`) 같은 소프트웨어 에러일 수도 있고 개발자가 인증서의 만료 시간을 '앞으로 인증서 갱신 때문에 귀찮을 필요가 없을 정도로' 먼 미래의 시간을 설정하는 실수에 의한 에러 등일 수도 있다. 공격자가 네트워크를 제어할 수 있게 되면 평문이나 인증되지 않은 NTP(`https://oreil.ly/9IG8s`) 연결 또한 위험이 될 수 있다. 코드에 고정된 날짜나 시간 오프셋도 하나의 코드 스멜^{code smell}(`https://oreil.ly/zxfz2`)이며 이것이 나중에 시한 폭탄이 될지도 모를 일이다.

8장에서 설명했듯이 구글의 ALTS 전송 보안 시스템은 디지털 서명에 만료 시간 대신 폐기 시스템을 사용한다. 사용 중인 폐기 목록은 유효성을 정의하는 요소와 폐기된 인증서의 시리얼 번호로 구성되며 시계상의 시간에 구애받지 않고 동작한다. 갱신된 폐기 목록을 정기적으로 밀어넣으면 시간 분리를 통한 시스템 격리 목표도 달성할 수 있다. 만일 공격자가 기반 키로의 접근을 얻었다는 의심이 든다면 새로운 폐기 목록을 긴급하게 배포할 수도 있고 이상이 감지되었을 때 디버깅이나 수사를 위해 정기 배포를 중단할 수도 있다. 이 주제에 대한 보다 자세한 내용은 9.2.4절 '명시적 폐기 메커니즘 사용'를 참고하기 바란다.

시계상의 시간에 의존하는 설계는 보안상 약점도 노출할 수 있다. 여러분은 신뢰성과 관련된 제약 때문에 복구를 수행하기 위해 인증서의 유효성 검사를 비활성화하려는 충동을 느낄 수도 있다. 하지만 이런 경우에는 오히려 독이 된다. 유효성 검사를 건너뛰는 것보다는 (서버 클러스터에 로그인 접근을 허용하는 SSH 키 쌍에서) 인증서의 만료 날짜를 생략하는 편이 낫다. 한 가지 예외가 있다면 의도적으로 시간적 제한을 두는 접근에는 시간을 기준으로 **하는 것**이 유용하다. 예를 들어 대부분의 직원이 매일 인증을 다시 받도록 하고 싶을 수 있다. 이런 경우라면 시간에 구애받지 않고 시스템을 수리할 수 있는 경로를 마련하는 것이 중요하다.

반대로 절대 시간에만 의존하면 크래시로부터 복구하거나 데이터베이스가 손실된 데이터를 복구하기 위해 시간이 일정하게 증가해야 하는 경우에 또 다른 문제가 될 수 있다. 복구를 위해 트랜잭션을 전부 재연해야 하거나 (이 경우 데이터셋이 증가하면 급격히 실행 불가능해진다) 여러 시스템을 조율해 시간을 롤백해야 할 수도 있다. 간단한 예시를 살펴보자. 시간이 부정확한 여러 시스템의 로그를 서로 연관지으려면 엔지니어는 불필요한 추상화 계층을 다루게 되는 셈이라 실수에 의한 에러를 유발하게 된다.

에폭이나 버전 증가를 사용하면 시계상의 시간에 대한 디펜던시를 없앨 수 있다. 이 방법은 '유효' 상태에서 '만료' 상태로 변해가는 상태를 표현하는 정수 값을 시스템의 모든 부분에서 사용해야 한다. 에폭은 록 서비스 같은 분산 시스템 컴포넌트에 저장된 정수 값이거나 또는 정책에 따라 정방향으로만 변화하는 머신의 로컬 상태일 수 있다. 시스템이 최대한 빠르게 릴리스를 수행하게 하려면 시스템이 에폭 증가를 빠르게 수행할 수 있도록 설계해야 한다. 즉, 하나의 서비스가 현재 에폭 값을 전달하거나 에폭 증가를 담당하게 하는 방법이다. 문제가 발생하면 이슈를 이해하고 수정할 때까지 에폭 값 증가를 멈출 수 있다. 앞서 언급했던 공개키 예제를 다시 생각해보자. 설령 인증서가 오래됐더라도 이제는 에폭 값 증가를 멈출 수 있으므로 인증서 검증을 완전히 비활성화할 필요가 없어졌다. 에폭은 9.2.3절 속 '최소 허용 보안 버전 번호Minimum Acceptable Security Version Number (MASVNs)'에서 설명하는 MASVN 스키마와 비슷한 점이 있다.

> **NOTE_** 에폭 값이 너무 공격적으로 증가하면 값이 전복roll over되거나 오버플로overflow가 발생할 수 있다. 시스템이 얼마나 빨리 변경사항을 배포하는지 그리고 얼마나 많은 중간 에폭 값이나 버전 값을 안심하고 건너뛸 수 있는지를 미리 알아두자.

공격자가 일시적으로 여러분의 시스템을 제어할 수 있게 되면 에폭 값을 대폭으로 증가하거나 에폭 값 전복을 유발해 시스템에 지속적인 손상을 입힐 수 있다. 이 문제에 대한 일반적인 솔루션은 충분히 큰 범위의 에폭 값을 채택하고 기반 백스톱backstop 속도 제한을 구축하는 것이다. 예를 들어 64비트 정수의 증가 속도를 초당 한 번으로 제한하는 것이다. 이 백스톱 속도 제한을 하드코딩하는 것은 변경사항을 최대한 빨리 배포하고 변화의 속도를 지정하는 정책을 추가하기 위해 앞서 권장했던 설계와는 맞지 않는다. 하지만 이 경우에는 시스템 상태를 1초에 한 번 이상 변경하면 수십억년의 시간을 처리해야 하므로 초당 한 번 이상 변경을 허용할 이유가 없다. 또한 64비트 정수는 현대의 하드웨어라면 쉽게 처리할 수 있으므로 합리적인 전략이라 할 수 있다.

설령 시계상의 시간의 경과를 기다려야 하는 상황이라도 하루 중의 실제 시간보다는 경과된 시간을 측정하는 방법을 고려하자. 백스톱 속도 제한은 시스템이 시계상의 시간을 인지하지 못하는 상황에서도 동작한다.

9.2.3 더 알아보기: 롤백은 보안과 신뢰성 사이의 절충이다

장애 대응 과정에서 복구를 시도하기 위한 첫 번째 단계는 장애를 완화하는 것이다. 대부분은 장애를 유발한 것으로 의심되는 변경사항을 안전하게 롤백하는 것으로 복구를 시도한다. 사람이 개입해야 하는 프로덕션 이슈의 상당 부분은 스스로 자초한 이슈다(9.1.2절 '실수에 의한 에러'와 9.1.3절 '소프트웨어 에러' 참고). 즉 의도적으로 시스템을 변경했는데 실수로 버그나 설정 오류를 만들어 낸 상황이다. 이런 경우 신뢰성을 고려한 기본 원칙은 시스템을 최대한 안전하고 신속하게 문제가 없던 상태로 롤백하는 것이다.

그 외의 경우라면 롤백은 **피해야 한다.** 보안 취약점을 패치할 때는 이 취약점을 노리는 공격자와 경쟁하는 상황, 즉 공격자가 취약점을 공격하기 전에 패치를 배포해야 하는 상황일때가 대부분이다. 일단 패치를 성공적으로 배포했고 시스템이 안정적인 것을 확인했다면 롤백 때문에 해당 보안 취약점이 다시 드러나는 경우를 방지하면서도 여러분 스스로 롤백을 할 수 있는 여지는 남겨둬야 한다. 왜냐하면 보안 패치 자체도 코드의 변경이므로 패치에도 버그나 취약점이 있을 수 있기 때문이다.

이런 상황을 고려하면 적절한 롤백 조건을 결정하는 것은 꽤나 복잡하다. 애플리케이션 계층 소프트웨어는 이보다 더 직관적인 경우다. 운영체제나 권한을 가진 패키지 관리 데몬 같은 시스템 소프트웨어는 작업이나 프로세스를 쉽게 종료하고 재시작할 수 있다. 원치 않는 버전의 이름(보통은 유일한 레이블 문자열이나 숫자 또는 해시[10]를 사용한다)을 거부 목록에 추가한 후 이를 배포 시스템의 릴리스 정책에 적용하면 된다.

아니면 허용 목록을 관리하고 이미 배포된 애플리케이션 소프트웨어를 이 목록에 포함하는 자동화 솔루션을 개발할 수도 있다.

스스로 업데이트를 처리하는 권한을 갖는 컴포넌트나 저수준 시스템 컴포넌트의 경우는 조금 더 어렵다. 이런 컴포넌트는 **자체갱신**self-updating 컴포넌트라고도 한다. 실행 파일을 스스로 덮어쓰고 자신을 재시작하는 패키지 관리 데몬이나 BIOS처럼 대체 이미지를 다시 기록하고 강제로 재부팅하는 펌웨어 등이 좋은 예다. 이런 컴포넌트는 악의적으로 수정된 경우 적극적으로 자신의 업데이트를 막는다. 하드웨어 전용 구현에 대한 요구사항도 어려움에 한몫 한다. 롤백 제어 메커니즘은 이런 컴포넌트도 지원해야 하지만 어떻게 지원할 것인지를 결정하는 것 자체가 어려울 것이다. 문제를 더 잘 이해하기 위해 두 가지 정책의 예시와 각각의 문제점을 살펴보자.

---

10 예를 들면 프로그램이나 펌웨어 이미지 전체에 대한 (SHA256 같은) 암호화 해시

임의적인 롤백을 허용하는 정책

여러분이 롤백을 해야 하는 모든 요소가 이미 알려진 보안 취약점을 다시 유발할 수 있으므로 이 방법은 안전secure하지 않다. 취약점이 오래되었거나 더 잘 드러날수록 그 취약점을 안정적으로 무기화하는 공격에 이용당할 가능성이 더 높아진다.

롤백을 절대 허용하지 않는 정책

이 방법은 예전의 안정적인 상태로 돌아갈 수 있는 방법 자체를 차단하고 오로지 새로운 상태로만 변경할 수 있게 하는 방법이다. 이 방법은 업데이트 후에 버그가 발견된 경우 이전 버전으로 절대 돌아갈 수 없으므로 불안정적unreliable이다. 또한 이 방법을 지원하려면 빌드 시스템에서 배포할 새로운 버전을 생성하고 시간과 우회 가능한 디펜던시를 빌드와 릴리스 엔지니어링 인프라스트럭처에 추가할 수 있어야 한다.

이 두 가지 극단적인 방법 대신 현실적인 절충을 제공하는 여러 대안을 선택할 수 있다. 다음의 대안을 고려해보기 바란다.

- 거부 목록 사용하기
- 보안 버전 번호Security Version Number(SVN) 및 최소 허용 보안 버전 번호(MASVNs) 사용하기
- 서명 키signing key 로테이션

지금부터는 모든 업데이트가 암호학적으로 서명되어 있으며 서명은 컴포넌트 이미지 및 버전 메타데이터에 모두 적용되어 있다고 가정한다.

앞서 언급한 세 가지 기법을 조합하면 자체 갱신 컴포넌트의 보안과 신뢰성 사이의 절충을 최선으로 관리할 수 있을 것이다. 하지만 이 방법을 조합했을 때의 복잡성과 ComponentState에 대한 디펜던시로 인해 이 방법을 도입하기란 상당히 까다롭다. 그래서 한 번에 한 가지만 적용하고 충분한 시간을 들여 새로 도입한 컴포넌트의 버그나 코너 케이스corner case를 확인할 것을 권한다. 궁극적으로 키 로테이션은 모든 조직이 사용해야 하지만 거부 목록과 MASVN은 빠른 속도로 대응해야 하는 경우에 유용하다.

거부 목록

릴리스 버전에서 버그나 취약점이 발견되면 문제가 있는 버전을 (다시) 배포할 일이 없도록 거

부 목록에 추가해야 한다. 이때 컴포넌트 자체를 거부 목록에 하드코딩할 것이다. 다음 예제는 거부 목록을 Release[[DenyList]]에 저장하고 있다. 컴포넌트가 새로 릴리스된 버전으로 업데이트되면 함수는 거부 목록에 등록된 버전의 업데이트를 거부한다.

```
def IsUpdateAllowed(self, Release) -> bool:
    return Release[Version] not in self[DenyList]
```

안타깝게도 이 방법은 실수에 의한 에러만 처리할 수 있다. 왜냐하면 하드코드된 거부 목록에는 해결할 수 없는 보안 및 신뢰성 절충이 존재하기 때문이다. 거부 목록에 적어도 문제가 없었던 이미지 중 바로 이전 버전으로 롤백할 수 있는 여력을 남겨놓는다면 그 스키마는 언집^{unzip}에 취약하다. 즉 공격자가 자신이 원하는 취약점을 가진 버전이 배포될 때까지 이전 버전을 계속해서 롤백할 수 있다. 이 시나리오는 근본적으로 중간 과정을 모두 따르면 결국 '임의 롤백을 허용하는' 극단적인 방법과 마찬가지가 된다. 반면 거부 목록이 중요한 보안 업데이트에 대한 업데이트를 막도록 구성하면 안정성 문제를 수반하는 '롤백을 허용하지 않는' 극단적인 방법과 마찬가지가 된다.

서버군에 여러 업데이트를 진행 중인 상황에서 보안이나 신뢰성 장애로부터 복구를 시도하는 경우라면 하드코드한 거부 목록은 실수에 의한 에러 없이 시스템을 셋업할 수 있는 좋은 선택이다. 목록에 버전 하나를 더 추가하는 것은 다른 버전의 유효성에 영향이 거의 없거나 아예 없으므로 상대적으로 쉽고 빠르다. 하지만 악의적인 공격에 대비할 수 있는 보다 견고한 전략이 필요하다.

거부 목록을 사용하는 더 나은 방법은 거부 목록을 자체갱신 컴포넌트의 외부에 인코딩하는 것이다. 다음 예제 코드는 거부 목록을 ComponentState[DenyList]에 저장한다. 이 거부 목록은 릴리스에 독립적이므로 컴포넌트를 업그레이드하거나 다운그레이드^{downgrade}해도 계속 유지된다. 하지만 거부 목록을 관리하는 로직은 여전히 컴포넌트 안에서 동작한다. 각 릴리스는 해당 릴리스 시점에 가장 포괄적인 거부 목록을 인코딩할 것이다. 예제에서 각 릴리스의 거부 목록은 Release[DenyList]에 저장되어 있다. 그러면 거부 목록 관리 로직은 이 두 목록을 결합해 로컬에 저장하면 된다(예제에서 Release[DenyList] 대신 self[DenyList]를 사용한 이유는 'self'라는 단어가 로컬에 설치되어 운영 중이라는 점을 의미하기 때문이다).

```
ComponentState[DenyList] = ComponentState[DenyList].union(self[DenyList])
```

목록에 대한 임시 업데이트의 유효성을 확인하고 거부 목록에 있는 업데이트라면 이를 거부하자 (이때 'self'가 거부 목록에 있으면 심지어 나중 버전이 설치된 후라도 이미 ComponentState에 반영되어 있으며 명시적으로 참조할 필요는 없다).

```
def IsUpdateAllowed(self, Release, ComponentState) -> bool:
    return Release[Version] not in ComponentState[DenyList]
```

이제 의도적으로 보안 및 신뢰성 절충을 정책으로 처리할 수 있게 되었다. Release[DenyList]에 무엇을 추가할지 결정할 때 불안정한 릴리스의 위험 대한 언집 공격의 위험도를 평가할 수 있다.

자체갱신 컴포넌트의 외부에서 유지되는 ComponentState 데이터 구조에 거부 목록을 인코딩하더라도 이 방법에는 단점도 존재한다.

- 중앙식 배포 시스템에 의해 거부 목록을 외부에 설정했다 하더라도 여전히 모니터하고 관리해야 한다.
- 거부 목록에 실수로 엔트리를 추가한 경우에는 이 엔트리를 삭제하고 싶을 것이다. 하지만 삭제 기능을 제공하면 언집 공격에 대한 물꼬를 터주는 것이나 다름없다.
- 거부 목록이 무제한으로 커져서 결국에는 스토리지의 한계에 다다를 수 있다. 거부 목록의 가비지 컬렉션(https://oreil.ly/_TsjS)은 어떻게 관리할 것인가?

최소 허용 보안 버전 번호

거부 목록은 시간이 지나면 크기가 커지며 엔트리가 계속 추가되면 다루기가 어려워진다. 거부 목록에 추가된 지 오래된 엔트리는 별도의 보안 버전 번호를 할당해 Release[SVN]에 추가하고 계속해서 다시 설치가 되지 않도록 관리할 수 있다. 하지만 그렇게 하면 결국 사람이 시스템에 대한 인지 부하를 다시 떠안는 셈이다.

Release[SVN] 목록을 다른 버전과 독립적으로 유지하는 것은 거부 목록에 할당해야 하는 공간에 대한 오버헤드 없이 많은 수의 릴리스를 논리적으로 따를 수 있는 컴팩트하며 수학적으로 비교 가능한 방법을 확보하는 것이다. 중요한 보안 픽스를 적용하고 그 안정성을 확인할 때마다 Release[SVN]을 증가시켜 나중에 롤백에 대한 결정을 통제할 때 사용할 수 있는 보안 마일스톤으로 표시해둘 수 있다. 각 버전의 보안 상태에 대한 직관적인 표시를 갖게 되므로 보편적인 릴리스 테스트와 검사를 수행할 수 있는 유연성을 갖게 되며 버그나 안정성 이슈가 발견되면 안심하고 빠르고 안전하게 롤백을 결정할 수 있다.

한 가지 기억할 것은 악의적인 공격자가 어떤 식으로든 시스템을 문제가 있거나 취약점을 가진 버전으로 롤백하지 못하도록 해야 한다는 점이다.[11] 공격자가 여러분의 인프라스트럭처에 침입해서 복구를 못하게 하는 것을 방지하려면 MASVN를 사용해 시스템이 작동해서는 안 되는 지점을 정의할 수 있다.[12] 이 번호는 순서를 가진 (하지만 암호학적 해시는 적용하지 않은) 값이며 간단한 정수가 적절하다. MASVN은 거부 목록을 관리하는 것과 비슷한 방법으로 관리할 수 있다.

- 각 릴리스 버전은 릴리스 시점에 허용한 버전을 반영하는 MASVN 값을 포함한다.
- 배포 시스템 외부에 전역 값을 관리하고 ComponentState[MASVN]에 기록한다.

업데이트를 적용하기 전의 전제 조건으로 모든 릴리스는 임시 업데이트의 Release[SVN]값이 적어도 ComponentState[MASVN]의 가장 높은 값과 같거나 큰지 확인하는 로직을 포함해야 한다. 이 로직을 의사코드pseudocode로 표현해보면 다음과 같다.

```
def IsUpdateAllowed(self, Release, ComponentState) -> bool:
    return Release[SVN] >= ComponentState[MASVN]
```

전역 객체인 ComponentState[MASVN]를 관리하는 작업은 배포 절차에 포함되어 있지 않다. 이 작업은 새로운 릴리스를 처음 초기화할 때 실행한다. 즉 각 릴리스의 목표 MASVN을 하드 코딩하는 것이다. 릴리스를 생성하는 시점에 컴포넌트에 적용할 MASVN은 Release[MASVN]에 기록한다.

새 릴리스를 배포하고 처음으로 실행할 때 그 컴포넌트는 (현재 설치되어 실행 중인 릴리스를 참조하기 위해 self[MASVN]에 기록된) Release[MASVN]의 버전을 ComponentState[MASVN]과 비교한다. Release[MASVN]의 버전이 ComponentState[MASVN]의 버전보다 높다면 ComponentState[MASVN]을 새 버전 번호로 업데이트한다. 사실 이 로직은 컴포넌트를 초기화할 때마다 실행하지만 ComponentState[MASVN]은 더 높은 버전을 가진 Release[MASVN]이 성공적으로 업데이트된 후에만 바뀌게 된다.

---

11 성공적으로 배포되었지만 주요 스키마 변경 또는 버그나 취약점에 의해 그 변경을 되돌릴 수 없게 되는 경우도 '문제가 있는' 버전이라 할 수 있다.

12 세심하게 관리하는 보안 버전 번호의 잘 알려진 예로는 인텔의 마이크로코드 SVN이 있다. 이는 보안 이슈 CVE-2018-3615(https://oreil.ly/fN9f3)를 완화하는 예시로도 사용되었다.

이 과정을 의사코드로 표현해보면 다음과 같다.

```
ComponentState[MASVN] = max(self[MASVN], ComponentState[MASVN])
```

이 스키마는 앞서 설명한 두 개의 극단적인 정책을 모두 모방할 수 있다.

- Release[MASVN]을 절대 수정하지 않으면 임의 롤백 허용 정책이 된다.
- Release[MASVN]을 Release[SVN]과 같이 수정하면 롤백을 절대 허용하지 않는 정책이 된다.

실질적으로 Release[MASVN]의 업데이트는 보안 문제를 해결하는 릴리스에 이어 릴리스 i + 1에서 자주 발생한다. 그러면 i - 1 혹은 그보다 이전 버전은 절대 다시 실행되지 않도록 한다. ComponentState[MASVN]은 릴리스 절에 포함되어 있지 않으므로 버전 i는 처음 배포됐을 때는 i - 1로 다운그레이드를 허용하지만 i + 1 버전이 설치되면 더 이상 i - 1로 다운그레이드를 허용하지 않는다. [그림 9-2]는 세 개의 연속된 릴리스를 의미하는 값과 ComponentState[MASVN]의 변화를 보여주고 있다.

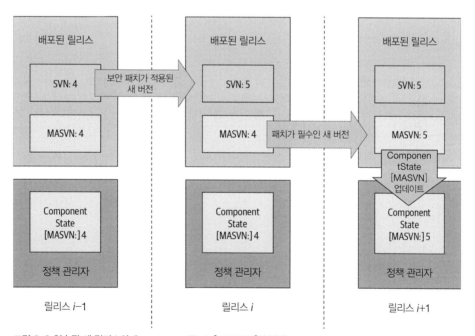

그림 9-2 연속된 세 릴리스와 ComponentState[MASVN]의 변화

릴리스 i에는 릴리스 i − 1의 보안 취약점을 해결하기 위한 보안 패치와 버전이 올라간 Release[SVN]이 포함되어 있다. 보안 패치에도 버그가 존재할 수 있으므로 Release[MASVN]은 릴리스 i에서는 변경되지 않는다. 운영 환경에서 릴리스 i의 안정성이 검증되면 다음 릴리스인 i + 1이 MASVN을 증가시킨다. 이로써 보안 패치가 필수이며 보안 패치를 포함하지 않는 릴리스는 허용하지 않는다는 것을 의미한다.

MASVN 스키마는 '최대한 빨리 적용한다'는 설계 원칙을 고수하기 위해 적절한 롤백 대상을 결정하는 정책을 롤백을 실행하는 인프라스트럭처로부터 분리한다. 기술적으로는 자체갱신 컴포넌트에 특정 API를 추가하고 중앙 배포 관리 시스템으로부터 ComponentState[MASVN] 값을 증가시키는 명령을 수신하는 것이 가능하다. 이 명령이 유입되면 릴리스가 원하는대로 동작하는지 확신하기에 충분한 장치에서 검증한 후 배포 파이프라인 후반에 업데이트를 수신하는 컴포넌트에서 ComponentState[MASVN] 값을 올릴 수도 있다. 현재 공격자의 침입이 진행 중이거나 심각한 취약점에 대응 중이어서 대응 속도가 매우 중요하고 위험감수도가 보통의 가용성 이슈 보다 높을 때 이런 API가 유용하다.

지금까지 이 예제는 ComponentState를 업데이트하는 전용 API를 사용하지 않았다. ComponentState는 업데이트나 롤백을 통해 시스템을 복구하는 능력에 영향을 미치는 단순한 값의 컬렉션이다. 컴포넌트 입장에서는 로컬 값이며 이를 직접 제어하는 중앙식 자동화의 입장에서는 외부 요소다. 개별 컴포넌트 입장에서 소프트웨어/펌웨어 버전의 실질적인 순서는 동시적 개발, 테스트, 카나리 분석 및 롤아웃 등에 따라 유사하거나 같은 장치의 그룹 내에서도 다를 수 있다. 일부 컴포넌트나 장치는 전체 릴리스 세트를 수행할 수 있지만 다른 컴포넌트나 장치는 더 자주 롤백될 수도 있다. 그 밖의 컴포넌트에는 최소한의 변경만 일어나며 버그나 취약점이 있는 버전에서 안정화 및 검증을 마친 그 다음의 릴리스로 직접 건너뛰기도 한다.

그래서 MASVN을 사용하는 것은 자체갱신 컴포넌트를 위한 거부 목록과 함께 조합하면 유용한 기법이다. 이 경우에는 거부 목록을 특히 장애 대응 상황에서 꽤 자주 실행하게 될 것이다. 그런 후 상황이 안정되면 MASVN을 관리하면 된다. 즉 거부 목록의 가비지 컬렉션을 수행하고 취약점이 있거나 너무 오래된 릴리스 및 해당 컴포넌트 인스턴스에서 두 번 다시 실행되지 않을 버전을 (각 컴포넌트 인스턴스 단위로) 제거하는 것이다.

서명 키 로테이션

자체갱신 컴포넌트의 상당수는 취약한 업데이트를 암호학적으로 인증하는 기능을 지원한다. 다시 말하면 컴포넌트의 릴리스 주기에 해당 릴리스를 암호학적으로 서명하는 부분이 포함되어 있다는 뜻이다. 이런 컴포넌트는 보통 ComponentState에 알려진 공개 키나 독립형 키 데이터베이스의 목록을 하드코딩된 형태로 가지고 있다. 예를 들면 다음과 같다.

```python
def IsUpdateAllowed(self, Release, KeyDatabase) -> bool:
        return VerifySignature(Release, KeyDatabase)
```

컴포넌트가 신뢰하는 공개 키를 수정하면 롤백을 실행하지 못하게 할 수 있다. 여기서 공개 키의 수정이란 주로 오래되거나 탈취된 키를 제거하거나 또는 향후의 릴리스를 위해 서명한 새로운 키를 추가하는 것을 의미한다. 새로운 릴리스는 오래된 릴리스의 서명을 검증하기 위해 필요한 공개 서명 검증 키를 더 이상 신뢰하지 않으므로 오래된 릴리스는 무효화된다. 하지만 키 로테이션은 세심하게 관리해야 한다. 한 서명 키를 다른 것으로 갑자기 로테이션하면 시스템이 신뢰성 이슈에 노출될 위험이 있기 때문이다.

아니면 기존 검증 키 **k** 외에 새로운 업데이트 서명 검증 키 **k** + 1을 점진적으로 추가하고 인증 과정에서는 두 키 중 하나만 일치해도 성공으로 간주하는 방법도 있다. 그리고 새 업데이트의 안정성이 검증되면 오래된 키 **k**를 제거하면 된다. 이 스키마를 활용하려면 릴리스 결과물은 다중 서명을 지원해야 하며 업데이트 후보를 인증하는 시점에 다중 서명 키를 지원해야 한다. 또한 이 방법은(암호화된 키 관리의 정석인) 서명 키 로테이션을 정기적으로 훈련할 수 있으므로 장애 시점에 키 로테이션이 필요할 경우에 문제가 생길 확률이 낮아진다는 장점도 있다.

키 로테이션은 공격자가 릴리스 관리를 일시적으로 제어하면서 Release[MASVN] 값을 최댓값으로 설정하고 릴리스를 서명해 배포하는 식의 매우 심각한 침입으로부터 복구하는 데도 도움이 된다. 이런 종류의 공격은 공격자가 ComponentState[SVN] 값을 최대로 설정해서 어쩔 수 없이 다음 번 릴리스를 위해 Release[SVN] 값을 최댓값으로 설정하도록 만듦으로써 MASVN 스키마 전체를 무용지물로 만드는 공격이다. 이런 공격에 대응하려면 새로운 키로 서명된 새 릴리스의 탈취된 공개 키를 폐기하고 이상하리만치 높은 ComponentState[MASVN] 값을 인지해 원래대로 리셋하는 로직을 추가하면 된다. 이 로직은 그 자체로 교묘하고 잠재적으로 위험하므로 조심해서 사용하되 릴리스가 정상적으로 동작한다 싶으면 곧바로 이 로직을 가진 릴리스를 적극적으로 폐기해야 한다.

이번 장에서는 대상을 특정한 심각한 침입에 대한 장애 대응 과정의 복잡함을 모두 다루진 않는다. 보다 자세한 내용은 18장을 참고하기 바란다.

펌웨어의 롤백과 기타 하드웨어 중심의 제약

머신과 BIOS 또는 네트워크 인터페이스 카드network interface card(NIC)와 그 펌웨어처럼 하드웨어와 그에 상응하는 펌웨어를 가진 장치는 자체갱신 컴포넌트의 공통적인 특성이다. 지금부터 잠깐 살펴보겠지만 이런 장치는 견고한 MASVN이나 키 로테이션 스키마를 구현하기가 더 어렵다. 지금부터 살펴볼 내용은 상당히 중요하다. 왜냐하면 컴포넌트의 확장성을 갖추거나 악의적인 공격으로부터 자동으로 복구하는 데 도움이 되기 때문이다.

때때로 퓨즈fuse 같은 OTP 장치는 롬이나 펌웨어에 ComponentState[MASVN]을 저장하고 정방향forward-only MASVN 스키마를 구현한다. 이런 스키마는 롤백이 불가능하므로 심각한 신뢰성 위험을 가지고 있다. 하지만 추가적인 소프트웨어 계층을 이용해 물리적 하드웨어의 제약을 다룰 수 있다. 예를 들어 OTP를 활용하는 ComponentState[MASVN]은 자체 MASVN 로직과 더불어 상태를 변경할 수 있는 MASVN 스토리지에 대한 배타적 접근이 가능한 작은 크기의 단일 목적 부트로더bootloader를 가지고 있다. 이 부트로더를 이용해 상위 수준의 소프트웨어 스택에 더 견고한 MASVN을 지원할 수 있다.

하드웨어 장치는 서명한 업데이트의 인증에 사용할 공개 키(혹은 키의 해시)와 더불어 키와 관련된 폐기 정보를 OTP 메모리에 저장하는 경우도 있다. 이 방법은 키 로테이션 및 폐기 가능한 횟수가 상당히 제한적이다. 이 경우에는 크기가 작은 부트로더를 검증하기 위해 OTP가 인코딩한 공개 키와 폐기 정보를 사용하지 않는 것이 일반적이다. 대신 부트로더가 MASVN 예제와 유사한 검증 계층과 키 관리 로직을 내장한다.

이런 메커니즘을 적극적으로 활용하는 하드웨어 장치를 대규모로 다룰 때는 예비 부품을 관리하는 것 역시 쉽지 않다. 예비 부품이 창고에 수년간 보관되어 있었다면 실제로 사용하는 시점에는 펌웨어 버전이 매우 낮을 것이다. 이런 오래된 펌웨어는 반드시 업데이트 해야 한다. 만일 오래된 키를 완전히 폐기했다면 새로운 릴리스는 예비 부품이 처음 만들어졌을 때는 존재하지 않았던 새로운 키로만 서명될 것이며 따라서 새로운 업데이트를 검증할 수 없게 된다.

NOTE_ 한 가지 해결 방법은 장치가 일련의 업그레이드를 거치게 하면서 키 로테이션 시점에 예전 키와 새 키를 모두 신뢰하는 릴리스를 만나면 업그레이드를 중단하도록 하는 것이다. 새로운 이미지(와 이 새로운 이미지를 실행하도록 업데이트된 장치)는 예전 검증 키를 신뢰하지 않지만 예전 키에 의한 서명을 여전히 인식한다. 이 경우에는 예전 버전의 펌웨어만 예전 키의 서명을 검증할 수 있다. 이는 업데이트가 잘못된 경우 복구를 위해 필요한 기능이다.

장치의 수명 동안 얼마나 많은 키를 사용하게 될지 생각해보고 장치에 키와 서명을 저장할 충분한 공간을 마련하자. 예를 들어 일부 FPGA 제품은 인증이나 비트스트림의 암호화를 위한 다중 키를 지원한다.[13]

9.2.4 더 알아보기: 명시적 폐기 메커니즘 사용

폐기 시스템의 주요 목적은 어떤 종류의 접근이나 기능을 멈추는 것이다. 지금 당장 침입이 이루어지고 있는 상황이라면 공격자가 제어하는 자격 증명을 신속하게 폐기하고 시스템의 제어를 복구할 수 있는 폐기 시스템은 구세주나 다름없다. 하지만 일단 폐기 시스템을 갖췄다면 실수나 악의적인 공격에 의해 신뢰성과 보안에 영향을 미치는 결과를 초래할 수도 있다. 가능하다면 이런 이슈는 설계 단계에서 미리 고려하자. 이상적이라면 폐기 시스템은 너무 많은 보안 및 신뢰성 위험을 노출하지 않고도 항상 그 역할을 수행할 수 있어야 한다.

폐기 과정을 보여주기 위해 유감스럽지만 보편적으로 발생하는 시나리오[14]를 예를 들어보자. 공격자가 어떤 방법으로 유효한 자격 증명(예를 들면 서버 클러스터에 로그인할 수 있는 SSH 키 쌍)을 제어할 수 있는 권한을 얻었음을 발견하고 이 자격 증명을 폐기하고자 한다.

NOTE_ 폐기는 회복성, 보안, 복구의 여러 면을 건드려야 하는 복잡한 주제다. 이번 절에서는 복구에 관련된 내용만 설명한다. 그 외에 다룰 주제는 승인 목록과 거부 목록을 선택하는 방법, 크래시에 회복성을 갖기 위해 인증서를 깔끔하게 로테이션하는 방법 그리고 롤아웃 과정에서 새로운 변경을 안전하게 카나리 테스트 하는 방법 등에 대해 설명한다. 이 책의 다른 장에서는 이런 주제에 대한 다양한 가이드를 제공하지만 책 한 권만으로는 이런 주제를 다루기는 어렵다는 점을 염두에 두기 바란다.

---

13 Xilinx Zynq Ultrasacle+ 장치(https://oreil.ly/hfydr)의 하드웨어 신뢰 루트(root of truth) 지원이 좋은 예다.
14 이 경우 즉시 자격증명을 폐기하는 것이 항상 옳은 선택은 아니다. 이런 침입에 대응하는 더 자세한 내용은 17장 참고.

인증서를 폐기하는 중앙식 서비스

인증서의 폐기는 중앙식 서비스가 담당할 수 있다. 이 메커니즘은 시스템이 인증서의 검증 정보를 저장하는 중앙식 인증서 검증 데이터베이스와 통신해야 하므로 보안이 최우선이다. 이 데이터베이스는 유효한 인증서에 대한 기록을 관장하는 저장소이므로 시스템을 안전하게 유지하려면 이 데이터베이스를 주의깊게 모니터링하고 관리해야 한다. 이 방법은 이전 장에서 변경을 결정하기 위해 설계한 서비스와 사용률 제한 서비스를 별개로 분리하는 것과 비슷하다. 하지만 인증서 검증 데이터베이스와 통신하는 방법에는 단점이 있다. 만일 데이터베이스가 다운되면 그에 의존하는 모든 시스템도 다운된다. 인증서 검증 데이터베이스가 사용 불가능해져서 나머지 서비스까지 사용 불가능해지지 않도록 실패 시 개방 정책을 도입하고 싶은 욕구가 강하게 들 것이다. 모쪼록 조심해서 이 정책을 도입하기 바란다.

실패 시 개방

실패 시 개방 정책은 서비스가 폐쇄lockout되는 경우를 모면할 수 있고 복구가 간단해지지만 그만큼 상당한 위험을 내재하고 있다. 이 전략은 잘못된 사용이나 공격에 대한 중요한 접근 보호를 우회하는 셈이다. 설령 실패 시 개방을 부분적으로 적용하더라도 여전히 문제가 내포되어 있을 수 있다. 예를 들어 인증서 검증 데이터베이스가 의존하는 서비스가 다운됐다고 가정해보자. 가령 데이터베이스가 시간이나 에폭 서비스에 의존하고 있지만 제대로 서명된 자격 증명이라면 모두 받아들인다고 생각하자. 만일 인증서 검증 데이터베이스가 시간/에폭 서비스와 통신할 수 없게 된 상황에서 공격자가 상대적으로 간단한 (시간/에폭 서비스에 과도한 네트워크 트래픽을 보내는 등의) 서비스 거부 공격을 수행하면 아주 오래전에 폐기된 자격 증명도 재사용할 수 있게 된다. 이 공격이 유효한 이유는 DoS 공격이 진행 중인 동안에 데이터베이스가 시간/에폭 서비스에서 시간을 확인할 수 없으므로 이미 폐기된 자격 증명 마저도 다시 유효한 것으로 판단하게 되기 때문이다. 여러분이 복구를 진행하는 동안 공격자는 네트워크에 침입하거나 또는 네트워크를 통해 전파할 수 있는 새로운 방법을 찾을 수도 있다.

실패 시 개방 정책 대신 폐기 서비스의 현재 데이터를 폐기 목록으로 추출해 개별 서버에 배포하고 각 노드의 로컬에 캐시하도록 하자. 그러면 각 노드는 더 최신의 데이터를 얻기 전까지는 현재 보유하고 있는 데이터로 필요한 작업을 계속 실행할 수 있다. 이 선택은 타임아웃 후 실패 시 개방 정책보다 훨씬 안전하다.

긴급상황을 직접 처리하기

키와 인증서를 신속하게 폐기하기 위해 서버의 authorized_users나 키 폐기 목록^{Key Revocation} ^{List}(KRL) 파일[15]에 변경사항을 배포해서 긴급 상황을 직접 처리할 수 있는 인프라스트럭처를 설계하고 싶을 것이다. 하지만 이 방법은 여러 가지로 복구에 문제가 될 뿐 좋은 방법이 아니다.

> **NOTE_** 노드의 수가 적을 때는 authorized_keys나 known_hosts 파일을 직접 관리하는 편이 낫겠다
> 는 생각이 특히 더 들겠지만 그렇게 하면 확장성이 떨어질 뿐만 아니라 전체 서버군의 실측 정보가 중구난방
> 이 된다. 특히 이 파일이 유일한 신뢰할 수 있는 원본이라면 어떤 키를 모든 서버의 파일에서 제거하기가 매
> 우 어렵다.

authorized_keys나 unknown_hosts 파일을 직접 관리하는 것보다는 키와 인증서를 중앙에서 관리하고 폐기 목록을 통해 서버로 상태를 배포해서 업데이트 프로세스가 안정적으로 동작하도록 하는 편이 좋다. 사실 명시적인 폐기 목록을 배포하는 것은 최대한 빨리 움직여야 하는 위험한 상황에서 발생할 수 있는 불확실성을 최소화할 수 있는 기회다. 그렇게 하면 평상시에 사용하던 (사용률 제한 메커니즘을 포함한) 파일의 업데이트 및 모니터링 메커니즘을 개별 노드에서 사용할 수 있다.

정확한 시점에 디펜던시 제거하기

명시적 폐기를 사용하면 또 다른 장점이 있다. 이 방법은 인증서를 검증할 때 정확한 시점에 디펜던시를 제거할 수 있다. 실수에 의한 것이든 악의적인 목적에 의한 것이든 부정확한 시간은 인증서 검증에 큰 피해를 입힌다. 예를 들어 오래된 인증서가 갑자기 다시 유효해져서 공격자가 이를 이용해 시스템에 침입할 수 있으며 올바른 인증서가 갑자기 검증에 실패해 서비스 장애를 유발할 수 있다. 여러분은 심각한 침입이나 서비스 장애가 발생한 상황에서 이런 문제까지 일어나는 것을 절대 원치 않을 것이다.

시스템의 인증서 검증은 루트 기관 공개 키를 가진 파일이나 폐기 목록을 가진 파일을 내보내는 등 여러분이 직접 제어할 수 있는 방법으로 수행하는 편이 좋다. 시간을 분배해 관리하는 것보다 파일을 내보내는 시스템과 내보낼 파일 그리고 중앙의 신뢰할 수 있는 원본^{source of truth}을

---

15 KRL 파일은 인증 기관(CA)가 발급했으며 폐기된 키를 작은 크기의 바이너리로 표현한 것이다. 보다 자세한 내용은 ssh-keygen(1) 맨페이지(https://oreil.ly/rRqkZ) 참고.

훨씬 안전하게 보호, 유지 관리 및 모니터링할 수 있기 때문이다. 그러면 간단히 파일을 내보내는 것만으로 복구가 가능해지며 필요한 파일을 내보냈는지만 모니터링하면 된다. 이는 여러분의 시스템이 이미 사용하고 있는 표준 프로세스다.

대규모 환경에서 자격 증명 폐기하기

명시적인 폐기를 사용할 때는 확장성의 의미를 고려하는 것이 중요하다. 확장성 있는 폐기를 구현하려면 특별한 주의가 필요하다. 왜냐하면 공격자가 여러분의 시스템의 일부를 탈취한 후 나머지 서비스를 거부하는 강력한 도구로 사용할 수 있기 때문이다. 심지어 전체 인프라스트럭처의 모든 유효한 자격 증명을 폐기할 수도 있다. 앞서 설명했던 SSH 예시를 계속 들어보자. 공격자가 모든 SSH 호스트 인증서를 폐기하려 해도 여러분의 머신은 새로운 폐기 정보를 적용하려면 KRL 파일의 업데이트 같은 지원 업무가 수반되어야 한다. 이런 업무가 남용되지 않도록 어떻게 보호할 수 있을까?

KRL 파일을 업데이트할 때 단순히 기존 파일을 새 파일로 덮어쓰는 것은 문제의 소지가 많다.[16] 파일을 한 번 내보내는 것만으로 전체 인프라스트럭처의 모든 유효한 자격 증명을 폐기할 수도 있기 때문이다. 한 가지 방법은 대상 서버가 새로운 KRL 파일을 적용하기 전에 미리 평가하고 업데이트가 만일 자신의 자격 증명을 폐기한다면 처리를 거부하면 된다. 공격자의 최선의 전략은 여러분의 머신 중 절반을 폐기하는 것이므로 이 방법을 사용하면 최악의 경우라도 보유한 머신의 절반은 KRL을 내보낸 후에도 여전히 동작한다. 인프라스트럭처상의 전체 머신보다 확실히 절반만 복수하는 것이 훨씬 쉽다.[17]

위험한 예외 피하기

대규모 분산 시스템은 그 규모 때문에 폐기 목록을 배포하는 과정에서 문제가 발생할 수 있다. 이런 문제 때문에 새로운 폐기 목록을 배포하는 속도에 영향을 받아 탈취된 자격 증명을 제거할 때 대응이 느려진다.

------

16 이번 장은 **복구**에 초점을 맞추고 있지만 이런 작업의 **회복성**을 고려하는 것이 중요하다. 리눅스같은 POSIX 시스템의 중요한 설정 파일을 교체할 때는 크래시 또는 기타 관리가 필요한 장애가 발생했을 때를 대비해 견고한 작업 절차를 마련해야 한다. RENAME_EXCHANGE 플래그로 renameat2 시스템 호출을 사용하는 방법을 고려하기 바란다.

17 악의적인 KRL 파일이 적용되면 부정적인 영향이 커지겠지만 영향을 받는 속도와 범위의 제약 덕분에 대응할 수 있는 시간은 실질적으로 늘어난다.

여러분은 이런 단점을 극복하기 위해 '긴급 상황' 전용 폐기 목록을 만들어두고 싶을 수도 있다. 하지만 이 방법은 이상적인 방법이 아닐 수도 있다. 이 긴급 전용 목록은 거의 사용하지 않을 것이므로 실제로 필요할 때 이 메커니즘이 제대로 동작할 가능성 자체가 낮다. 더 나은 방법은 증분 방식으로 폐기 목록을 업데이트할 수 있도록 샤드를 구성하는 것이다. 그렇게하면 긴급 상황에서 자격 증명을 폐기할 때 데이터의 일부만 업데이트하면 된다. 샤딩을 일관적으로 사용 한다는 것은 여러분의 시스템이 항상 복수의 폐기 목록을 사용한다는 뜻이며 평상시든 긴급상 황이든 여러분은 같은 메커니즘을 사용할 수 있다는 뜻이다.

특히 폐기 메커니즘을 우회하는 (시니어 직원에 직접 접근을 제공하는 계정 같은) '특별한' 계 정을 추가하는 것은 각별히 주의해야 한다. 이런 계정은 공격자가 군침을 흘릴만한 대상이다. 이런 계정에 대한 공격이 성공하면 모든 폐기 메커니즘이 무용지물이 될 수 있다.

9.2.5 의도한 시스템의 상태를 바이트 수준까지 이해하자

랜덤, 실수, 악의적인 공격 또는 소프트웨어 에러 등 어떤 종류의 에러든 복구를 하려면 시스템 을 원래 정상적이던 상태로 되돌려야 한다. 이때 의도한 시스템의 상태를 잘 알고 있고 현재 배 포된 상태를 파악할 수 있다면 이 작업이 훨씬 쉬울 것이다. 어떻게 보면 당연한 말이겠지만 사 실 의도한 상태를 잘 모른다는 점이 문제의 공통적인 근본 원인이다. 의도한 상태를 철저히 인 코드encode하고 각 계층(서비스별, 호스트별, 장치별 등)에서 바뀔 수 있는 상태를 최소화하면 원래 정상적이던 상태로 돌아갔는지 알아채기가 더 쉽다. 결국 원하는 상태를 철저하게 인코딩 해두는 것은 훌륭한 자동화, 보안, 침입 탐지 및 원래 상태로의 복구를 위한 기본이다.

상태란 무엇인가?

시스템의 **상태**에는 시스템이 의도한 기능을 수행하는 데 필요한 모든 정보를 포함한다. 설령 '상 태가 없는stateless' 시스템(예를 들면 제공한 숫자가 홀수인지 짝수인지 리턴하는 간단한 REST 웹 서비스)도 기본적인 상태는 가지고 있다. 예를 들면 코드의 버전, 서비스가 리스닝하는 포트, 서 비스가 호스트/VM/컨테이너에서 자동으로 실행하는지의 여부 등이 상태에 해당한다. 이번 장 의 목적상 **상태**는 시스템이 요청에 응답하는 작업만을 의미하는 것이 아니라 서비스 자체의 설 정과 환경 셋업도 포함하고 있다.

호스트 관리

여러분이 물리적 머신, 가상 머신 또는 심지어 간단한 도커 컨테이너 같은 개별 호스트를 관리한다고 생각해보자. 여러분은 복구 자동화를 수행하기 위한 인프라스트럭처를 셋업해서 SRE 도서의 7장에서 자세히 설명한 것과 같은 여러 문제를 효율적으로 처리할 수 있게 되어 큰 혜택을 얻게 되었다. 자동화를 가능하게 하기 위해 여러분은 개별 머신의 상태는 물론 실행 중인 워크로드까지 함께 인코드했다. 이 정보를 충분히 인코드했으므로 자동화 도구가 안전하게 머신을 정상 상태로 되돌릴 수 있었다. 구글에서는 이런 패러다임을 하드웨어부터 소프트웨어 스택에 이르는 모든 추상화 계층에 적용하고 있다.

9.2.1절 '최대한 빠르게 움직이기 위한 설계(정책에 의한 보호)'에서 언급했던, 호스트 소프트웨어 패키지를 머신에 배포하는 구글의 시스템은 독특한 방법으로 시스템의 전체 상태를 끊임없이 모니터링한다. 각 머신은 계속해서 자신의 로컬 파일 시스템을 모니터링하면서 파일 시스템상의 각 파일의 이름과 암호화된 체크섬을 포함한 맵을 관리한다. 우리는 이 맵을 중앙식 시스템에 수집한 후 각 머신의 할당된 패키지 집합(이것이 원하는 머신의 상태다)과 비교한다. 의도한 상태와 현재 상태가 일치하지 않으면 이 정보를 편차 목록에 추가한다.

이 시스템은 복구의 다양한 부분을 하나의 프로세스로 통합하므로 머신의 상태를 캡쳐하는 전략은 시스템의 복구에 큰 장점을 가져다준다. 가령 우주방사선cosmic ray이 디스크에 문제를 유발하면 우리는 체크섬이 일치하지 않는 것을 발견하고 그 차이를 수정할 수 있다. 한 컴포넌트의 소프트웨어 롤아웃이 실수로 다른 컴포넌트의 파일을 바꿔서 파일의 콘텐츠가 변경되면서 시스템의 의도한 상태가 바뀌어도 그 차이를 파악해 수정할 수 있다. 만일 누군가 머신의 로컬 설정을 (실수든 의도적이든)통상적인 관리 도구와 검토 절차를 거치지 않고 변경해도 이런 차이 역시 수정할 수 있다. 물론 전체 시스템의 이미지를 다시 만들어서 편차를 수정해도 된다. 이 방법은 구현은 쉽지만 정교함이 떨어지므로 대규모 환경에서의 확장성을 떨어뜨린다.

많은 애플리케이션이 디스크상의 파일 상태를 캡쳐하는 것 외에도 그에 상응하는 인메모리 상태를 갖는다. 자동화된 복구는 이 두 가지 상태를 반드시 모두 복구할 수 있어야 한다. 예를 들어 SSH 데몬은 시작할 때 디스크에서 설정을 한 번 읽으면 명시적으로 설정을 다시 로드하도록 지시하기 전까지는 설정을 다시 로드하지 않는다. 각 패키지는 인메모리 상태를 최신 상태로 유지하기 위해 멱등성을 지원하는 post_install 명령[18]을 제공해야 한다. 이 명령은 패키지에 포함된 파일이 불일치할 때 이를 수정하기 위해 실행한다. OpenSSH 패키지의 post_install 명령은 SSH 데몬을 재시작한다. 마찬가지로 pre_rm 명령은 파일을 제거하기 전에 인메모리 상태를 정리한다. 메커니즘이 간단하므로 머신의 인메모리 상태를 모두 관리할 수 있고 차이점이 발견될 경우 이를 보고하고 수정할 수도 있다.

이 상태를 인코딩하면 자동화를 통해 악의적인 목적으로 유발한 차이점을 모두 확인할 수 있다. 여러분의 머신 상태는 풍부한 정보를 가지고 있으므로 보안 사고에 따른 법의학적 분석에도 큰 도움이 되며 공격자의 공격 행태와 의도를 이해하는 데도 도움이 된다. 예를 들어 공격자가 악의적인 셸코드shellcode를 머신 일부에 심는 방법을 알아냈지만 모니터링과 수리 시스템을 리버스 엔지니어링할 수 없다면 하나 혹은 그 이상의 머신에서 발생한 예상치 못한 변경을 모두 되돌릴 수 있다. 중앙식 서비스가 호스트가 보고하는 차이점을 알아채고 기록하므로 공격자가 자신의 경로를 숨기기도 훨씬 어려워진다.[19]

요약하자면 이 정도 수준의 추상화를 갖추면 모든 상태의 변경을 동일시 할 수 있다. 모든 상태의 변경을 비슷한 방법으로 자동화하고 보호하며 검증할 수 있고 카나리 분석에 실패한 바이너리의 롤백과 업데이트된 배시 바이너리의 긴급한 롤아웃까지도 보통의 변경사항처럼 처리할 수 있다. 같은 인프라스트럭처를 사용하면 각 변경을 얼마나 빨리 적용할 것인지에 대한 정책 결정도 일관성 있게 내릴 수 있다. 여기에 사용률 제한까지 갖춘다면 변경의 종류 간에 의도치 않은 충돌도 보호할 수 있으며 용인할 수 있는 변경율을 극대화할 수 있다.

장치 펌웨어

펌웨어 업데이트의 경우 스택의 더 깊은 곳 상태도 캡쳐할 수 있다. 현대 컴퓨터를 구성하는 개별 하드웨어는 각자의 소프트웨어와 설정 파라미터를 갖는다. 안전성과 신뢰성을 고려한다면 최소 각 장치의 펌웨어 버전은 추적해야 한다. 이상적이라면 펌웨어가 지원하는 모든 셋팅을 캡쳐하고 원하는 값으로 설정되었는지 확인할 수 있어야 한다.

---

18 post_install 명령과 pre_rm 명령은 데비안(Debian)(https://oreil.ly.H9q9p) 계열의 preinst, postinst, prerm, postrm 등을 참고한 개념이다. 구글의 패키지 관리 시스템은 데비안의 명령보다 강압적인 방법을 채택하고 있다. 즉 패키지의 설정과 설치를 분리하는 것을 지원하지 않거나 문제가 있는 상태에서 설치를 강행하는 것을 지원하지 않는다. 패키지의 모든 변경은 반드시 성공이 보장되어야 하며 그렇지 않으면 머신은 완전히 이전 상태로 롤백한다. 롤백이 실패하는 경우에는 머신을 수리 절차로 보내 다시 설치하고 필요하다면 하드웨어도 교체한다. 이 방법 덕분에 패키지 상태의 복잡도를 크게 낮출 수 있다.

19 침입에 대응하는 방법에 대한 보다 자세한 내용은 17장 참고.

구글이 보유한 머신의 펌웨어와 그 설정을 관리할 때는 호스트 소프트웨어의 업데이트 관리와 차이점 분석(9.2.5절 속 '호스트 관리' 참고)을 위해 사용하는 시스템 및 절차를 따를 것을 권한다. 이 시스템과 절차란 자동화를 이용해 모든 펌웨어의 의도한 상태를 패키지로 안전하게 배포하고 차이점을 발견하면 보고하며 사용률 제한 정책 및 문제 처리 정책에 따라 이 차이점을 개선하는 것이다.

의도한 상태는 파일 시스템을 모니터링하며 장치 펌웨어에 대해 전혀 알지 못하는 로컬 데몬에는 직접 노출되지 않는 경우가 대부분이다. 우리는 각 패키지가 활성화 검사activation check를 참조하도록 해서 이 데몬이 하드웨어와 상호작용해야 하는 복잡성을 제거했다. 활성화 검사란 패키지가 제대로 설치됐는지 확인하기 위해 정기적으로 실행할 목적으로 패키지에 포함된 스크립트나 바이너리를 말한다. 이 스크립트나 바이너리는 하드웨어와 상호작용하기 위해 필요한 작업을 수행하며 펌웨어 버전과 설정 파라미터를 비교하고 예상치 못한 차이점이 발견되면 이를 보고한다. 이 기능은 특히 복구에 유용하다. 특정 전문가(예를 들면 서브시스템 소유자)가 문제를 각자의 전문성을 살려 문제 해결을 위한 적절한 단계를 취하는 데 도움이 되기 때문이다. 예를 들어 자동화는 목표 상태와 현재 상태, 그리고 그 차이점을 계속 추적한다. 만일 BIOS 버전 3을 실행해야 하는 머신이 BIOS 버전 1을 실행하면 자동화는 BIOS 버전 2는 고려하지 않는다. 패키지 관리 스크립트는 BIOS를 버전 3으로 업그레이드할 수 있는지 아니면 서브시스템이 여러 버전을 차례로 설치해야 하는 독특한 제약이 존재하는지를 판단한다.

지금까지 살펴본 구체적인 사례는 보안과 신뢰성 관점에서 의도한 상태를 관리하는 것이 왜 중요한지 보여주고 있다. 구글은 프로덕션 환경에서 스패너spanner[20]의 실행에 필요한 정확한 시간 관리를 위해 특별한 벤더로부터 외부 시간 원본(예를 들면 GNSS/GPS 시스템과 아토믹 클럭atomic clock)을 다루는 하드웨어를 제공받아 사용한다. 하드웨어는 두 개의 서로 다른 칩에 두 가지 버전의 펌웨어를 탑재하고 있다. 이 시간 원본을 제대로 다루기 위해서는 펌웨어 버전을 신중하게 설정해야 한다. 펌웨어의 일부 버전은 윤초leap second 및 다른 예외 상황을 처리하는 데 영향을 미치는 몇 가지 알려진 버그를 가지고 있다는 문제가 있다. 펌웨어와 장치의 셋팅에 주의하지 않으면 프로덕션 환경에 정확한 시간을 제공할 수 없다. 상태 관리에는 대비책, 보조secondary도 포함된다는 점이 중요하다. 그렇지 않으면 비활성화된 코드나 설정이 복구 과정에서 갑자기 활성화되기도 한다. 당연히 비활성화된 이미지에 내재된 버그를 복구 중에 확인하는 것

---

20 스패너(https://orei.ly/YGCjO)는 외부에 안정적인 분산 트랜잭션을 지원하는 구글의 전역 분산 데이터베이스다. 이 시스템은 데이터센터 간에 매우 강력한 시간 동기화를 필요로 한다.

은 좋은 시점이 아니다. 이런 경우, 머신이 부팅을 성공해도 클럭 하드웨어가 서비스를 실행하기에 충분히 정확한 시간을 제공하지 못한다면 시스템이 완전히 복구된 것이 아니다.

또 다른 예로, 현대의 BIOS는 부팅 중인(그리고 부팅된) 시스템 보안에 중요한 수많은 파라미터를 정의하고 있다. 예컨데 데이터센터 내의 악의적인 공격자가 USB 드라이브를 이용해 시스템을 부팅하지 못하도록 부팅 가능한 USB 장치보다 SATA 장치에서 우선적으로 부팅하도록 부팅 순서를 정한다. 더 개선된 배포 시스템은 키 로테이션을 관리하고 부당 변경tampering을 방지하기 위해 BIOS 업데이트의 서명에 사용한 키의 데이터베이스를 추적하고 관리한다. 복구 중에 주 부트 장치에서 하드웨어 장애가 발생했을 때 보조 부트 장치를 모니터링하고 필요한 설정을 제공하는 것을 잊어버린 까닭에 BIOS가 실행을 멈추고 키보드 입력을 기다리고 있음을 발견하는 상황은 누구나 피하고 싶다.

전역 서비스

서비스에서 가장 높은 수준의 추상화 계층이자 인프라스트럭처에서 가장 지속성이 높은 부분(예를 들면 스토리지, 네이밍naming 및 계정)은 복구하기가 가장 어려운 부분일 것이다. 상태를 캡쳐하는 패러다임은 스택의 상위 계층에도 적용할 수 있다. 스패너나 하둡Hadoop(`https://hadoop.apache.org`)같이 전역 싱글턴singleton 서비스를 구축하거나 배포할 때는 설령 한 개 이상의 인스턴스를 사용할 계획이 전혀 없고 최초로 배포하는 상태라 하더라도 여러 인스턴스를 지원해야 한다. 백업과 복원 외에도 시스템의 데이터를 복구하기 위해 전체 시스템의 새 인스턴스를 다시 빌드해야 할 수도 있다.

서비스를 손수 셋업하는 것보다는 명령식 턴업turnup 자동화를 작성하거나 선언식 고수준 설정 언어(예를 들면 테라폼Terraform같은 컨테이너 오케스트레이션 설정 도구)를 사용할 것이다. 이런 경우 서비스가 생성되는 상태를 캡쳐해야 한다. 이는 테스트 주도 개발이 코드의 의도한 동작을 캡쳐해서 구현 코드를 가이드하고 공개 API를 명확히 정의하는 데 도움이 되는 것과 같은 이치다. 두 가지 모두 시스템의 유지 보수성 향상에 도움이 된다.

소스로부터 실행 환경을 담아 빌드하고 배포하는 컨테이너가 대중화되었다는 것은 전역 서비스의 여러 빌딩 블록의 상태를 기본적으로 캡쳐했다는 뜻이다. 서비스의 상태 '대부분'을 자동으로 캡쳐한다는 것은 좋은 일이지만 보안 상 문제가 없을 것이라고 안심하지는 말자. 인프라스트럭처를 새로 복구하려면 복잡하게 연결된 디펜던시를 다뤄야 한다. 그러다보면 예상치 못한 용량 문제나 순환circular 디펜던시 문제가 발견될 수도 있다. 물리적 인프라스트럭처를 운영 중이라면 스스로에게 물어보자. 인프라스트럭처의 복사본을 마련할 수 있을 정도로 충분한 여분의 머신, 디스크 공간, 네트워크 용량을 갖추고 있는가? GCP나 AWS 같은 대형 클라우드 플랫폼에서 실행 중이라면 필요한만큼 물리적 리소스를 구매할 수 있지만 급할 때 사용할 수 있도록 충분한 양의 리소스를 확보하고 있는가? 시스템을 처음부터 새로 시작하는 데 방해가 되는 상호의존성이 유기적으로 증가하지는 않았는가? 예상치 못한 상황에 대비하기 위해 완벽히 제어할 수 있는 환경에서 재해 테스트를 수행할 수 있다면 좋을 것이다.[21]

영구 데이터

> 아무도 백업은 신경쓰지 않는다. 그저 복구에만 신경쓸 뿐이다.[22]

지금까지 우리는 서비스 실행에 필요한 인프라스트럭처를 안전하게 복구하는 것을 중점적으로 다뤘다. 상태가 없는 서비스라면 지금까지 다룬 내용으로 충분하겠지만 많은 서비스가 영구 데이터를 저장한다. 이런 서비스에는 또 다른 난제가 기다리고 있다. 물론 영구 데이터의 백업과 복구 문제를 다루는 훌륭한 정보들은 수도 없이 많다.[23] 그래서 이 책에서는 보안 및 신뢰성과 관련된 몇 가지 핵심만 짚어보기로 한다.

앞서 언급했던 종류의 에러(특히 악의적인 에러)에 대응하려면 백업도 주 스토리지와 같은 수준의 무결성 보호가 필요하다. 악의적인 목적을 가진 내부자가 백업의 콘텐츠를 바꾼 후 손상된 백업을 이용해 강제로 복구를 수행할 수도 있다. 강력한 암호화 서명을 이용해 백업을 보호한다 하더라도 복구 도구가 복구 절차 중에 서명을 검증하지 않는다거나 내부 접근 제어가 사람이 수동으로 서명을 만드는 것을 제대로 제한하지 않는다면 이런 서명은 무용지물이다.

언제든 가능하다면 영구 데이터의 보안 보호를 구분해서 관리하는 것이 중요하다. 현재 서비스 중인 데이터의 손상이 탐지되면 최소한의 데이터만 영향을 받도록 격리해야 한다. 영구 데이터

---

21 다음을 참고. Krishnan, Kripa. 2012. "Weathering the Unexpected." ACM Queue 10(9) (`https://oreil.ly/vJ66c`).

22 유명한 엔지니어가 이 문장을 다양한 형태로 언급해왔다. 아마 문서 상에서 찾을 수 있는 가장 오래된 버전은 저자의 서재에서 찾아낸 책에 기록된 것으로 W. 커티스 프레스톤(W. Curtis Preston)이 집필한 『Unix Backup and Recovery』(O'Reilly, 1999)에 언급됐던 문장이다. 이 저자는 론 로드리게즈(Ron Rodriguez)의 말을 빌려 '당신이 백업을 할 수 있는지는 아무도 관심이 없다. 그저 복구를 할 수 있는지만 중요하게 생각할 뿐이다'라고 언급했다.

23 가장 우선적으로 다음을 참고. Kristina Bennett's SREcon18 talk "Tradeoffs in Resiliency: Managing the Burden of Data Recoverability".

의 0.01%가 손상된 경우 백업 데이터의 서브셋을 특정하고 나머지 99.99%의 데이터를 읽고 검증하지 않아도 무결성을 검증하면 훨씬 빠르게 복구할 수 있다. 이런 역량은 특히 영구 데이터의 크기가 커질수록 중요하며 대규모 분산 시스템 설계 권장 사례를 충실히 따른다 해도 구획화가 자연스럽게 일어날 수밖에 없다. 각 구획의 크기를 계산하려면 스토리지와 컴퓨트 오버헤드 간의 절충을 고려해야 하지만 구획의 크기가 MTTR에 미치는 영향도 고려해야 한다.

얼마나 자주 시스템을 부분적으로 복구해야 하는지도 고려해야 한다. 여러분의 시스템이 복구와 데이터 마이그레이션에 사용하는 인프라스트럭처를 얼마나 많이 공유하고 있는지 생각해보자. 보통 데이터 마이그레이션은 우선순위가 낮은 부분적 복구와 매우 유사하다. (다른 머신, 랙, 클러스터 또는 데이터센터로의) 모든 데이터 마이그레이션에 대한 훈련이 잘 되어 있고 여러분의 복구 시스템의 중요 부분에 대한 확신이 있다면 가장 필요한 시점에 팀이 복구에 필요한 인프라스트럭처를 제대로 이해하고 있으며 복구가 정상적으로 동작할 것이라는 점을 확신할 수 있을 것이다.

데이터 복구는 그 자체로 보안과 개인 정보 이슈의 원인이 될 수도 있다. 데이터의 삭제는 필수적이며 특히 법적인 이유로 많은 시스템에 필요한 기능이기도 하다.[24] 여러분의 데이터 시스템이 실수로 파기되었어야 할 데이터를 복구하는 일이 없도록 하자. 암호화 키를 삭제하는 것과 암호화된 데이터를 삭제하는 것은 분명히 다르다는 점도 인지하자. 데이터와 관련된 암호화 키를 파기해서 데이터에 접근을 못하도록 하는 것이 효율적일 수도 있지만 이 방법을 도입하려면 세분화된 데이터 삭제의 요구사항에 맞도록 데이터의 종류에 따라 키를 구분해서 사용해야 한다.

9.2.6 테스트와 지속적 검증을 위한 설계

8장에서 설명하겠지만 지속적 검증은 시스템을 견고하게 유지하는 데 도움이 된다. 테스팅 전략에 복구를 고려한다면 복구 절차에 대한 테스트도 포함해야 한다. 본질적으로 복구 절차는 익숙하지 않은 상황에서 통상적이지 않은 태스크를 실행하므로 테스트를 제대로 하지 않으면 예상치 못한 과제에 봉착하게 된다. 예를 들어 새 시스템 인스턴스를 생성하는 과정을 자동화할 때 제대로 설계한 테스트가 있다면 어느 특정 서비스는 하나의 전역 인스턴스만 존재할 것

---

24 예를 들어 구글의 데이터 유지 정책(`https://oreil.ly/abNZP`)을 참고하자.

이라고 가정하는 부분을 찾아내서 해당 서비스를 복구할 때 두 번째 인스턴스를 생성하지 못하는 상황을 미리 파악할 수 있다. 가능한 복구 시나리오를 모두 테스트해서 테스트 효율성과 프로덕션의 실체 사이의 올바른 균형을 갖추는 것을 고려하자.

복구가 특히 어려운 상황에 맞춘 테스트의 진행도 고려해야 한다. 예를 들어 구글에서는 암Arm 및 x86 CPU, UEFI, 베어메탈 펌웨어, 마이크로소프트 비주얼 C++(MSVC), Clang, GCC 컴파일러 등 여러 환경에 따라 암호화 키 관리 프로토콜을 구현하고 있다. 우리는 이 로직의 장애 모드를 모두 확인하는 것은 어려울 것이라는 점을 알고 있었다. 종단간 테스트에 상당한 투자를 하더라도 실질적으로 하드웨어 장애나 통신 장애를 흉내내기가 어렵기 때문이다. 그래서 우리는 이식가능한 컴파일러 및 비트 폭에 중립적인 방식으로 한 번만 구현했다. 그후 이 로직의 단위 테스트를 철저히 수행한 후 외부 컴포넌트에 추상화를 제공하기 위한 인터페이스 설계에 특히 신경을 썼다. 예를 들어 가상의 개별 컴포넌트를 준비하고 장애가 난 상황을 연습하기 위해 암호화 키 스토리지이면서 성능 모니터링 요소도 기록하는 플래시 디스크의 바이트를 읽고 쓰는 인터페이스를 만들었다. 이렇게 환경적 조건을 테스트하는 방법은 복구하려는 장애 등급을 명시적으로 캡처할 수 있었기에 여전히 잘 사용하고 있다.

마지막으로 지속적인 검증을 통해 우리가 만든 복구 방법에 확신을 가질 수 있는 방법을 찾았다. 복구는 결국 사람의 행위에 의해 이루어지는데 사람은 기계보다 불확실하며 돌발적이다. 단위 테스트만으로는, 또는 설령 지속적 통합/전달/배포를 도입하더라도 사람의 기술이나 습관에 의한 실수는 잡아내기 어렵다. 예컨대 여러분은 복구 워크플로의 효율성과 상호운용성을 검증하는 것은 물론 복구 절차가 읽고 이해하기 쉬운지도 반드시 검증해야 한다.

9.3 긴급 접근

이번 장에서 설명한 복구 방법은 대응자가 시스템을 다루는 역량에 의존하고 있으며 우리는 기본 서비스를 평상시에 운영하는 상황과 같은 상황에서 복구 절차를 연습해야 한다고 권해왔다. 하지만 평상시의 접근 방법이 **완전히** 불가능해졌을 때 배포할 수 있는 특별한 목적의 솔루션도 설계해야 한다.

> ### 신뢰성과 보안 관점에서 긴급 접근은 매우 중요하다
>
> 긴급 접근은 우리가 신뢰성과 보안의 중요성을 더 이상 과장해서 설명할 수 없을 정도의 극단적인 예이다. 즉, 장애를 흡수할 수 있는 계층이 더 이상 존재하지 않는 상황을 의미한다. 긴급 접근은 대응자가 회사의 핵심 관리 인터페이스(예를 들면 네트워크 장치, 머신 OS나 애플리케이션 관리 콘솔 등에 루트 사용자로 접근하는 등)에 접속하고 가장 심각한 장애 상황에서 다른 대응자와 의사소통하기 위해 사용할 수 있는 모든 기술은 최소한으로 지원하면서도 최대한 접근을 제어할 수 있어야 한다. 이와 관련된 자산으로는 대응자가 연결할 수 있는 네트워크와 도입한 모든 접근 제어 시스템은 물론 필요한 복구 도구 등이 포함된다.

보통 조직은 긴급 접근에 대한 독자적인 수요와 옵션을 가지고 있다. 그래서 핵심은 접근을 유지하고 보호할 메커니즘을 계획하고 구현하는 것이다. 게다가 직접 제어할 수 없는 시스템 계층도 고려해야 한다. 이런 계층에서 발생하는 장애는 직접적인 피해가 오더라도 어떻게 할 도리가 없다. 이런 경우에는 회사가 의존하는 시스템을 누군가 수리하는 동안 그저 멍하니 기다릴 수밖에 없을 것이다. 서드파티의 장애에 의한 피해를 최소화하려면 시스템 인프라스트럭처에 효율적인 비용으로 배포할 수 있는 이중화 옵션을 마련해야 한다. 물론 비용 효율적인 대안이 없거나 서비스 제공자가 보장하는 최선의 SLA에 도달했을 수 있다. 이런 경우 가용성은 모든 디펜던시의 합이라는 점을 기억하자.[25]

구글의 원격 접근 전략은 독립성을 갖는 주요 서비스를 지리적으로 분산된 랙에 배포하는 것에 중점을 둔다. 우리는 이 전략에 복구와 관련된 노력을 결합하기 위해 원격 접근 제어, 효율적인 로컬 통신, 대체 네트워킹 및 주요 지점을 강화한 인프라스트럭처를 제공한다. 전역적 장애가 발생해도 적어도 대응자의 일부는 각 랙에 접근할 수 있으므로 자신이 접근할 수 있는 랙의 서비스를 수정하는 것부터 시작해서 신속하게 복구 절차를 확산할 수 있다. 다시 말해 전역적인 협업이 실질적으로 불가능하면 그보다 작은 지역에서 해결할 수 있는 이슈는 스스로 해결하는 것이다. 이 방법은 대응자가 가장 필요한 부분을 파악할 수 있는 콘텍스트가 부족하고 지역이 분산될 위험이 있다는 사실에도 불구하고 복구를 의미있게 가속화할 수 있다.

---

25 다음을 참고. Treynor, Ben et al. 2017. "The Calculus of Service Availability." ACM Queue 15(2) (https://oreil.ly/It4-h)

9.3.1 접근 제어

조직의 접근 제어 서비스는 모든 원격 접근에 대한 단일 장애점이 되서는 안 된다는 점이 중요하다. 이상적이라면 같은 디펜던시를 갖지 않는 대체 컴포넌트를 구현할 수 있어야 하지만 이런 대체 컴포넌트의 신뢰성은 다른 보안 솔루션을 필요로 할 수도 있다. 접근 정책 자체는 반드시 같은 수준의 강력함을 갖춰야 하지만 기술적 또는 실용성의 이유로 편의성이 떨어지거나 또는 기능이 뒤떨어질 수 있다.

원격 접근 자격 증명은 사용이 불가능한 디펜던시에 의존하므로 보편적인 자격 증명 서비스에 의존할 수 없다. 그래서 원격 접근 자격 증명은 낮은 디펜던시로 구현된 컴포넌트로 대체할 수 없다면 싱글 사인온(SSO)이나 통합 계정 제공자 같은 접근 인프라스트럭처의 동적 컴포넌트에서 파생해서는 안 된다. 게다가 이런 자격 증명의 수명 관리는 어려운 위험 관리 절충을 가지고 있다. 사용자나 장치가 수명이 짧은 자격 증명을 사용하도록 하는 것이 좋지만 이 방법은 장애가 그 수명보다 길어지면 시한폭탄이 되므로 추가적인 보안 위험을 감수하더라도 장애의 예상 지속 시간보다 긴 수명을 가져야 한다(8.4.3절 '시간 분리' 참고). 게다가 원격 접근 자격 증명을 장애가 시작됐을 때 자격 증명을 활성화하지 않고 정해진 일정에 따라 미리 발급하면 자격 증명이 만료되는 시점에 장애가 다시 발생할 수도 있다.

네트워크 접근에 사용자나 장치의 승인이 필요하면 동적 컴포넌트의 디펜던시는 자격 증명 서비스가 당면할 위험과 유사한 종류의 위험에 당면하게 된다. 동적 프로토콜[26]을 사용하는 네트워크가 늘고 있으므로 보다 정적인 대안을 제공해야 할 수도 있다. 하지만 사용 가능한 네트워크 제공자에 따라 옵션은 제한적이다. 만일 정책 네트워크 접근 제어를 이용한 전용 네트워크 연결이 가능하다면 정기적인 네트워크 업데이트 때문에 라우팅이나 승인에 문제가 생기지 않도록 해야 한다. 네트워크 내부에서 접근이 중단되는 지점을 감지하거나 네트워크 접근 문제와 그 상위 계층의 문제를 구분하는 데 도움이 될만큼 충분한 모니터링을 구현하는 것이 특히 중요하다.

---

26 예를 들면 소프트웨어 정의 네트워킹(software-defined networking)(SDN)

9.3.2 의사소통

긴급 대응에서 그 다음으로 중요한 요소는 긴급 의사 소통 채널이다. 평소에 사용하던 채팅 서비스가 다운되었거나 접근이 안 된다면 긴급 대응 엔지니어는 어떻게 해야 할까? 공격자가 채팅 서비스를 탈취하거나 도청 중이라면 어떨까?

가능한 디펜던시가 적고 대응 팀의 규모에 적합한 의사소통 기술(구글 챗, 스카이프 또는 슬랙)을 선택하자. 만일 이 기술이 외부에서 제공하는 서비스라면 여러분이 직접 제어할 수 없는 계층의 시스템에 문제가 생기더라도 대응자가 그 시스템을 계속 사용할 수 있는가? 효율성은 떨어지고 요즘은 인터넷에 의존하는 IP 전화 형태로 배포되는 경우가 많이 늘었지만 여전히 폰 브릿지phone bridge라는 오래된 방법도 사용할 수 있다. 인터넷 릴레이 채팅(IRC) 인프라스트럭처는 안정적이며 회사가 자체 솔루션을 배포하기를 원할 때 사용할 수 있는 독립성도 갖추고 있지만 보안 관점에서는 충분하지 않다. 게다가 네트워크에 장애가 발생해도 IRC 서버는 접근할 수 있도록 유지할 방법도 찾아야 한다. 의소소통 채널을 인프라스트럭처 외부에서 호스팅한다면 서비스 제공자가 회사의 요구에 부합하는 인증 및 기밀성을 보장하는지도 고려해야 한다.

9.3.3 대응자의 습관

긴급 접근 기술의 독특함은 종종 실질적으로 평상시의 운영과는 다른 결과를 낳는다. 이런 기술의 종단간 사용성에 우선순위를 두지 않으면 대응자가 긴급 상황에 사용법을 몰라 그 혜택을 제대로 보지 못할 수 있다. 낮은 디펜던시를 갖는 대안을 통합하기가 어려울 수도 있지만 이 방법은 그게 유일한 문제다. 대응자가 부담을 느끼고 있는 상황에서 거의 사용해 본 적이 없는 절차와 도구를 사용하게 되면 그 복잡성 때문에 모든 접근에 문제가 생기게 된다. 다시 말해 기술보다는 사람으로 인해 유리 깨기 도구가 비효율적으로 보인다.[27]

평상시의 절차와 긴급시의 절차 간의 차이점을 최소화할수록 대응자가 습관에 더 많이 의지하게 된다. 그러면 더 많은 인지적 능력을 **차이가 있는 부분**에 집중할 수 있다. 그래서 장애에 대한 조직적인 회복력이 좋아진다. 예를 들어 구글에서는 크롬 및 크롬 확장 기능 그리고 관련된 모든 제어와 도구를 원격 접근에 충분한 하나의 중앙식 플랫폼으로 만들었다. 크롬 확장 기능에 긴급 모드를 추가함으로써 인지적 부하의 증가를 사전에 최소화하면서도 향후에 더 많은 확장 기능을 통합할 수 있는 옵션을 유지할 수 있었다.

대응자가 긴급 접근을 정기적으로 훈련하도록 하려면 긴급 대응 직원의 일일 업무에 긴급 접근을 통합하고 관련 시스템의 사용성을 지속적으로 검증해야 한다. 예를 들어 필요한 훈련 간 최소한의 수행 주기를 정의하고 적용한다. 팀 리드는 팀 구성원이 자격 증명 재설정이나 훈련 작업을 완료해야 할 때 이메일로 공지를 보내거나 팀원이 정기적으로 유사한 업무에 투입이 된다면 해당 훈련을 보류할 수 있다. 이렇게하면 장애가 발생했을때도 나머지 팀도 관련된 자격 증명을 보유하고 있으며 필요한 훈련도 최근에 완료한 상태일 것이므로 당황하지 않게된다. 아니면 유리 깨기 과정 및 필요한 관련 절차를 직원들이 훈련하도록 해야 한다.

마지막으로 정책, 표준안, 가이드 등 관련 문서도 언제든 참조할 수 있도록 하자. 사람은 자주 사용하지 않으면 자세한 내용은 잊어버리는 경향이 있으므로 이런 문서를 활용하면 압박을 느끼는 상황에서도 스트레스와 의심을 줄일 수 있다. 아키텍처 개요와 다이어그램 또한 장애 대응자에게는 매우 유용하며 아직 익숙하지 않은 사람들도 대응 과정에 포함시키되 관련 전문가에게 너무 의존하지는 않도록 해서 익숙해질 수 있는 기회를 주자.

---

27 유리 깨기 메커니즘은 엔지니어가 장애를 신속하게 처리하도록 정책을 우회하는 메커니즘을 말한다. 더 자세한 내용은 5.3.2절 '유리 깨기 메커니즘' 참고

9.4 예상치 못한 장점

이번 장에서 설명한 설계 원리는 회복성 설계 원리를 토대로 한 것이며 시스템의 복구 능력을 향상시키기 위한 것이다. 신뢰성과 보안 외에 예상치 못한 다른 장점도 조직에 이 원리를 적용하도록 설득하는 데 도움이 될 것이다. 서버에 펌웨어 업데이트 인증, 롤백, 락킹^{locking}, 증명$_{attestation}$ 메커니즘을 갖추는 것을 고려하자. 이런 요소를 갖춘다면 머신에 침입이 발생해도 충분히 자신 있게 복구할 수 있을 것이다. 이제 이 머신을 제공자가 자동화를 이용해 머신을 정리하고 재판매하고자 하는 '베어 메탈' 클라우드 호스팅 서비스에 사용하는 것도 고려해보자. 복구를 염두에 두고 만들어진 머신에는 이미 보안과 자동화된 솔루션이 탑재되어 있다.

이 장점은 공급망 보안과도 결합할 수 있다. 머신을 서로 다른 컴포넌트로 조립한다면 자동화된 방식으로 무결성을 복구하는 컴포넌트에 대해서는 공급망 보안을 조금 덜 신경써도 된다. 처음 머신을 수령할 때 할 일은 복구 프로시저를 실행하는 것뿐이다. 게다가 복구 프로시저의 용도를 변경하면 주요 복구 역량을 주기적으로 훈련할 수 있으므로 장애가 발생했을 때 팀원이 대응할 준비가 되어 있다는 것을 의미한다.

복구를 위해 시스템을 설계한다는 것은 시스템이 의도한 상태를 벗어나는 상황이 되어야 비즈니스 가치를 증명할 수 있는 고급 주제이다. 하지만 그렇기에 우리는 비용 효율성의 극대화를 위해 에러 예산을 사용해서 시스템을 운영할 것[28]을 권하며 이런 시스템은 주기적으로 에러 상태에 놓일 것이라고 예상한다. 그러면서 여러분의 팀이 조금씩 사용률 제한이나 롤백 메커니즘을 개발 과정의 초기부터 고려하길 바란다. 조직 내에서 영향력을 갖기 위해 필요한 내용은 21장을 참고하기 바란다.

9.5 마치며

이번 장에서는 복구를 고려해 시스템을 설계하기 위한 다양한 측면을 살펴봤다. 먼저 변경사항을 배포하는 주기를 유연하게 가져가야 하는 이유에 대해 설명했다. 이런 유연성을 갖추면 필요할 때 변경을 천천히 롤아웃하면서 연관된 장애를 피할 수도 있지만 반대로 보안 목표를 만족하기 위해 위험을 감수하더라도 변경을 신속하게 롤아웃할 수도 있다. 변경의 롤백은 신뢰할

---

28 에러 예산에 대한 보다 자세한 내용은 SRE 도서 3장 참고

수 있는 시스템을 구현하는 데 있어 기본적인 역량이지만 때로는 보안상 안전하지 않거나 너무 오래된 버전으로 롤백하는 것은 지양해야 한다. 소프트웨어 버전, 메모리, 시계상의 시간 등을 이용해 시스템의 상태를 최대한 이해하고 모니터링하며 재현하는 것은 시스템을 예전에 안정적으로 작동하던 상태로 복구하고 현재 머신의 상태가 보안 요구사항에 부합하도록 하기 위한 핵심이다. 최후의 수단으로 긴급 접근을 통해 대응자는 연결 상태를 유지하고 시스템을 평가하며 상황에 대처할 수 있다. 정책과 절차, 중앙형 신뢰 원본과 로컬 기능, 시스템의 원하는 상태와 시스템의 실제 상태를 신중하게 관리하면 회복성과 일상 업무의 견고함을 확보하면서도 복구가 가능한 시스템을 구축할 수 있다.

CHAPTER 10

서비스 거부 공격의 완화

데미안 멘셔Damian Mensher, 비탈리 쉬피친Vitaliy Shipitsyn, 벳시 바이어Betsy Beyer

공격자가 서비스 거부denial-of-service(DoS) 공격을 이용해 장애를 유발하면 보안과 신뢰성에 모두 위협이 된다. 서비스 거부는 공격자의 행위는 물론 (광섬유 케이블의 절단이나 서버의 크래시를 유발하는 비정상 요청 등) 예상치 못한 상황에 의해 발생할 수도 있으며 기술 스택의 어떤 계층도 그 대상이 될 수 있다. 대부분의 경우 이 공격은 사용량의 급증으로 나타난다. 기존 시스템에도 이를 완화할 수 있는 장치를 적용할 수 있기는 하지만 DoS 공격의 영향을 최소화하려면 시스템을 주의깊게 설계해야 한다. 이번 장에서는 DoS 공격을 방어할 수 있는 전략에 대해 소개한다.

보안 담당자는 **공격** 및 **방어** 측면에서 시스템을 보호하는 방법을 주로 생각한다. 하지만 전형적인 서비스 거부 공격을 생각해보면 경제 용어가 더 도움이 되는 경우가 많다. 즉, 공격자가 어느 특정 서비스의 **공급**supply 용량을 넘어설 정도의 **수요**demand를 유발하는 것이다.[1] 그 결과 해당 서비스는 적법한 사용자에게 서비스를 제공할만큼 충분한 용량을 갖지 못하게 된다. 그러면 조직은 공격까지도 수용할 수 있을 정도의 용량을 위해 비용을 들일지 아니면 공격이 멈출 때까지 다운타임(및 경제적 손실)을 감수할지 결정해야 한다.

---

1 이 책의 논의에서는 공격자가 물리적인 접근이나 백도어 또는 버그를 유발할만한 지식이 없는 보편적인 경우를 주로 다룬다.

몇몇 업계는 다른 업계에 비해 DoS 공격의 대상이 되는 경우가 더 빈번하지만 어떤 서비스도 같은 공격의 대상이 될 수 있다. 공격자가 서비스를 훼손하고 피해자로부터 금전적 이익을 요구하는 **DoS 강탈**DoS extortion이 더 무차별적으로 일어나고 있다.[2]

10.1 공격과 방어를 위한 전략

공격자와 방어자 모두 목적을 위해 사용할 수 있는 리소스는 제한적이므로 효율적으로 사용해야 한다. 방어 전략을 수립할 때는 여러분의 방어 전략이 가진 약점을 공격자보다 먼저 찾아내기 위해 공격자의 전략을 이해하는 것부터 시작하는 편이 좋다. 그러면 이미 알려진 공격에 대한 방어 전략을 수립할 수 있는 것은 물론 새로운 공격도 신속하게 완화할 수 있는 유연성을 갖춘 시스템을 설계할 수 있다.

10.1.1 공격자의 전략

공격자는 제한된 리소스를 효율적으로 사용해서 목표가 가진 용량을 넘어서는 데 집중한다. 영리한 공격자라면 자신보다 더 강력한 상대의 서비스도 무너뜨리는 것이 가능하다.

대부분의 서비스는 몇 가지 디펜던시를 가지고 있다. 다음과 같은 사용자 요청의 흐름을 생각해보자.

1. DNS 쿼리로 사용자의 트래픽을 받게 될 서버의 IP 주소를 알아낸다
2. 네트워크를 통해 서비스 프론트엔드로 요청을 보낸다
3. 서비스 프론트엔드는 사용자 요청을 해석한다
4. 서비스 백엔드는 데이터베이스 기능으로 응답을 생성한다

이 단계 중 하나라도 성공적으로 가로챈 공격자는 서비스에 지장을 줄 수 있다. 초보 공격자라면 엄청난 양의 애플리케이션 요청이나 네트워크 트래픽을 보내려 시도할 것이다. 조금 더 실력을 갖춘 공격자라면 응답을 생성하는 데 비용이 가장 많이 드는 요청을 만들려고 할 것이다.

---

2 일부 공격자는 피해자가 금액을 지불하게 만들기 위해 작은 규모의 '보여주기식 공격'을 진행한다. 거의 모든 경우 이런 공격자는 대규모 공격을 수행할 능력이 없으며 금액 지불을 거부하면 피해자에 대한 협박을 거두는 경우가 많다.

예컨데 많은 웹사이트가 제공하는 검색 기능을 악용하는 식이다.

하나의 머신으로 (보통 여러 머신으로 구성된) 대규모 서비스를 공격하는 것은 효율성이 낮으므로 공격자는 여러 머신을 활용하는 분산 서비스 거부(DDoS) 공격을 시도할 것이다. 공격자는 DDoS 공격을 위해 취약한 머신을 탈취해서 봇넷에 가입시키거나 **증폭 공격**amplification attack 을 시도한다.

더 알아보기: 증폭 공격

어떤 커뮤니케이션이든 대부분은 요청을 보내면 응답을 받는다. 비료를 판매하는 농장 용품점에서 트럭으로 비료를 주문받았다고 가정해보자. 이 용품점의 비즈니스는 주문을 접수한 주소에 비료(소똥)을 부어주는 것이다. 하지만 요청자의 신원이 가짜라면 어떤 일이 벌어질까? 요청에 대한 응답이 엉뚱한 곳으로 가게 되고 물건을 배송받은 수신자는 마냥 즐겁지만은 않을 것이다.

증폭 공격은 기본적으로 이런 원리를 이용하지만 하나의 요청이 아니라 공격자가 스푸핑을 이용해 한 주소에서 수천 대의 서버로 같은 요청을 보내는 것이다. 그러면 이에 대한 응답 트래픽이 스푸핑된 IP 주소로 몰리면서 분산된 DoS 공격을 유발하는 것이다.

아웃바운드 패킷의 (리턴 주소와 유사한)원본 IP가 스푸핑되는 일이 없도록 고객을 보호하는 것은 네트워크 제공자가 해야 할 일이긴 하지만 모든 제공자가 이런 장치를 갖추고 있는 것은 아니며 모든 제공자가 이런 제약을 일관적으로 적용하지도 않는다. 악의적인 공격자는 이런 정책의 공백을 이용해서 개방형 서버의 작은 요청을 가로채 피해자에게 훨씬 큰 응답을 리턴한다. 증폭 효과를 허용하는 프로토콜로는 DNS, NTP 그리고 멤캐시memcache[3] 등이 있다.

그나마 다행인 것은 증폭된 트래픽은 잘 알려진 포트를 통해 유입되므로 대부분의 증폭 공격을 쉽게 간파할 수 있다는 점이다. 그러면 악용 가능한 프로토콜의 UDP 트래픽을 쓰로틀링하는 네트워크 ACL을 이용해 시스템을 효과적으로 보호할 수 있다.[4]

---

3 다음을 참고. Rossow, Christian. 2014. "Amplification Hell: Revisiting Network Protocols for DDoS Abuse." Proceedings of the 21st Annual Network and Distributed System Security Symposium. doi:10.14722/ndss.2014.23233.

4 TCP 기반의 프로토콜도 이 공격의 영향을 받을 수 있다. 보다 자세한 내용은 다음을 참고. Kührer, Mark et al. 2014. "Hell of a Handshake: Abusing TCP for Reflective Amplification DDoS Attacks." Proceedings of the 8th USENIX Workshop on Offensive Technologies (https://oreil.ly/0JCPP).

10.1.2 대응자의 전략

충분한 리소스를 갖추고 있다면 대응자는 그저 전체 스택을 과도하게 프로비저닝해서 공격 트래픽을 흡수해버릴 수도 있지만 비용은 상당하다. 전력에 허덕이는 머신으로 가득찬 데이터센터의 비용은 어마무시하기 때문에 대규모 공격을 흡수하기 위한 용량을 지속적으로 프로비저닝하는 것은 불가능하다. 클라우드 플랫폼에 구현한 서비스라면 자동 스케일링을 이용해 용량을 확장할 수도 있겠지만 대부분의 대응자는 서비스를 보호할 수 있는 다른 비용 효율적인 방법을 활용할 필요가 있다.

가장 적합한 DoS 방어 전략을 찾을 때는 엔지니어링 시간을 반드시 염두에 둬야 한다. 즉 효과가 가장 큰 전략에 우선순위를 둬야한다. 어제 있었던 장애를 해결하는 데 더 집중하고 싶겠지만 시간적 편향에 의해 우선순위는 빠르게 바뀔 수 있다. 그래서 우리는 디펜던시 체인의 가장 취약한 연결부위에 여러분의 역량을 집중할 수 있도록 위협 모델 방법을 도입할 것을 권한다. 공격자가 사용자에게 영향을 줄 수 있는 공격을 시도하는 데 필요한 머신의 수를 기준으로 위협을 비교하면 된다.

> **NOTE_** DoS 공격이 분산 형식이며 대규모 봇넷이나 증폭 공격을 사용하는 경우라면 이를 **DDoS**라고 불러도 무방하다. **DoS**는 하나의 호스트에서 시작되는 공격을 말한다. DoS 공격에 대한 방어는 주로 애플리케이션 계층에서 처리하는 반면 DDoS 공격의 방어는 인프라스트럭처 내에서 필터링을 활용하는 경우가 많으므로 방어 전략을 설계할 때는 DoS와 DDoS를 구별하는 것이 중요하다.

10.2 방어를 위한 설계

이상적인 공격은 네트워크 대역폭, 애플리케이션 서버 CPU나 메모리 또는 데이터베이스 같은 백엔드 서비스 등 제한된 하나의 리소스에 자신의 모든 역량을 집중한다. 여러분의 목표는 이런 각각의 리소스를 가장 효율적인 방법으로 보호하는 것이다.

공격 트래픽이 시스템 깊숙이 침투할수록 이를 완화하기 위해 더 많은 집중력과 비용이 들게된다. 그래서 각 계층이 자기 뒤의 계층을 보호하는 계층적 방어layered defense가 설계의 기본 원리다. 지금부터 공유 인프라스트럭처와 개별 서비스라는 두 가지 핵심 계층을 방어할 수 있는 시스템의 구현에 적용할 설계 원리를 살펴본다.

10.2.1 방어적 아키텍처

대부분의 서비스는 대등 용량peering capacity, 네트워크 로드 밸런서, 애플리케이션 로드 밸런서 등 인프라스트럭처의 일부를 공유한다.

공유 인프라스트럭처는 자연스럽게 방어 전략을 공유할 수 있는 부분이다. 엣지 라우터는 고대역폭 공격에 쓰로틀링을 적용해 백본 네트워크를 보호할 수 있다. 네트워크 로드 밸런서는 패킷 범람 공격packet-flooding attack을 쓰로틀링해서 애플리케이션 로드 밸런서를 보호한다. 애플리케이션 로드 밸런서는 트래픽이 서비스 프론트엔드에 도달하기 전에 특정 애플리케이션을 대상으로 하는 공격을 쓰로틀링할 수 있다.

방어를 계층화하면 DoS 공격에 의해 바깥 계층의 방어가 뚫렸을 때를 대비하기 위해 안쪽 계층의 용량 계획만 세우면 되므로 비용 효율적이다. 공격 트래픽을 최대한 일찍 제거하면 대역폭과 프로세싱 파워를 모두 절약할 수 있다. 예를 들어 네트워크 엣지에 ACL을 배포하면 의심스러운 트래픽이 내부 네트워크의 대역폭을 소비하기 전에 제거할 수 있다. 캐싱 프록시를 네트워크 엣지에 가까이 배포하면 마찬가지로 비용을 절약하면서도 사용자의 응답 지연을 줄일 수 있다.

> **NOTE_** 인바운드 연결을 수신하는 프로덕션 시스템의 일선 방어 도구로 상태가 있는 방화벽 규칙을 사용하는 것은 적절하지 않다.[5] 방화벽의 연결 추적 기능이 활성화된 경우 공격자가 방화벽의 메모리를 사용하지 않는 다수의 연결로 채워버리는 **상태 고갈 공격**staet exhaustion attack을 시도할 수 있기 때문이다. 그래서 데이터 경로에 상태가 있는 시스템을 추가하지 않고 필요한 포트로만 트래픽을 제한하는 라우터 ACL을 사용하는 편이 좋다.

공유 인프라스트럭처의 방어를 구현하면 확장성 면에서도 경제적으로 큰 도움이 된다. 개별 서비스에 충분한 방어 역량을 프로비저닝하는 것은 비용 효율적이지 않을 수 있지만 공유 방어 역량을 구현하면 한 번의 프로비저닝으로 넓은 범위의 서비스를 커버할 수 있다. 예를 들어 [그림 10-1]은 어떤 사이트를 목표로 한 공격이 평소보다 훨씬 높은 양의 트래픽을 유발했지만 프로젝트 실드Project Shield(`https://projectshield.withgoogle.com`) 덕분에 모든 사이트가 수신하는 트래픽 양과 비교해 훨씬 대응이 용이함을 보여주고 있다.

---

5 연결 추적을 수행하는 상태가 있는 방화벽은 아웃바운드 트래픽을 유발하는 서버를 보호하는 데 적합하다.

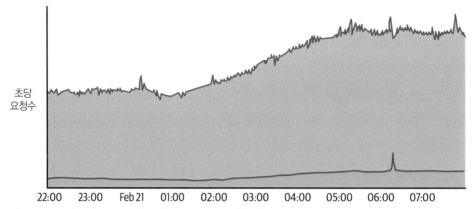

그림 10-1 프로젝트 실드로 보호하는 사이트의 DDoS 공격 추이. 위쪽의 그래프는 개별 사이트의 관점에서 본 트래픽이며 아래쪽의 그래프는 프로젝트 실드 로드 밸런서의 관점에서 본 트래픽이다.

특히 규모가 큰 DDoS 공격은 돋보기로 태양빛을 이용해 불을 낼 수 있는 것처럼 데이터센터 용량을 넘어설 수 있다. 모든 방어 전략은 분산 공격으로 이끌어 낼 수 있는 공격력이 단일 컴포넌트에 집중되지 않도록 해야 한다. 이런 종류의 과부하를 방지하려면 네트워크와 애플리케이션 로드 밸런서를 이용해 지속적으로 유입 트래픽을 모니터링하고 용량이 충분한 가까운 데이터센터로 트래픽을 분산시켜야한다.[6]

여러 위치에서 하나의 IP 주소를 사용하는 기법인 **애니캐스트**[anycast](`https://oreil.ly/m0HRU`)를 사용하면 반응형 시스템에 의존하지 않고도 공유 인프라스트럭처를 방어할 수 있다. 이 기법을 사용하면 사용자의 트래픽을 가까운 지역으로 보낼 수 있다. 그 결과 분산 공격이 전 세계로 흩어져 하나의 데이터센터에 공격을 집중할 수 없게 된다.

10.2.2 방어형 서비스

웹사이트 애플리케이션의 설계는 서비스의 방어 역량에 큰 영향을 미친다. 물론 과부하 상황에서 서비스가 우아한 퇴보를 수행하는 것이 최선의 방어겠지만 몇 가지 간단한 변화만으로도 공격에 대한 회복력을 향상시키는 동시에 일반적인 운영 상황에서 비용을 크게 절감할 수 있다.

---

6 이 때 서비스가 전역 워크로드를 처리 중이라면 일부 트래픽이 유실될 수 있다.

캐싱 프록시의 사용

Cache-Control 및 관련 헤더를 사용하면 프록시가 서비스하는 콘텐트에 대한 요청이 반복되더라도 모든 요청이 애플리케이션 백엔드로 유입되지 않는다. 대부분의 정적 이미지에 적용할 수 있으며 홈페이지에도 적용이 가능하다.

불필요한 애플리케이션 요청의 제거

모든 요청은 서버의 리소스를 소비하므로 필요한 요청의 수를 최소화하는 것이 좋다. 만일 웹페이지가 여러 개의 작은 아이콘을 사용한다면 하나의 (보다 큰) 이미지로 서비스하는 것이 효율적이다. 이런 기법을 **스프라이팅**spriting[7]이라고 한다.

유출 대역폭의 최소화

전통적인 공격은 유입ingress 대역폭이 포화되도록 하는 것이지만 대용량 리소스를 요청해서 대역폭을 포화시키는 종류의 공격도 가능하다. 이미지의 크기를 필요한 정도로만 조정하면 유출egress 대역폭을 절약하고 사용자의 페이지 로드 시간을 줄일 수 있다. 또 다른 방법은 사용률 제한을 적용하거나 어쩔 수 없이 큰 응답 데이터를 제공해야 하는 경우 해당 요청의 우선순위를 낮추는 것이다.

10.3 공격의 완화

방어형 아키텍처를 도입하면 많은 DoS 공격을 견뎌낼 수 있지만 대규모로 진행되거나 정교한 공격을 완화하기 위해서는 보다 적극적인 방어 전략이 필요하다.

10.3.1 모니터링과 알람

장애 해결 시간은 평균 진단 시간(MTTD)과 평균 복구 시간(MTTR)이라는 두 가지 요소로 결정된다. DoS 공격으로 서버 CPU 사용량이 치솟거나 요청을 처리하는 동안 애플리케이션의

---

7 구글의 서비스 디자인 중 한 가지는 모든 UI 요소의 모서리를 동그랗게 구현하는 것이다. 사이트가 원을 다운로드한 후 클라이언트 측에서 이미지를 분할하도록 해서 일별 1백만 요청을 절약할 수 있었다.

메모리가 고갈된다. 원인을 신속하게 진단하려면 CPU와 메모리 사용량은 물론 요청량도 모니터링해야 한다.

요청량이 이상하게 높아질 때 알람을 보낼 수 있으면 장애 대응 팀이 공격을 명확하게 인지할 수 있다. 하지만 알람을 너무 자주 보내면 오히려 이를 무시하게 된다. 만일 공격이 사용자에게 직접적인 피해를 일으키지 않는다면 차라리 공격을 흡수하는 편이 낫다. 그러므로 수요가 서비스 용량을 초과해서 자동 DoS 방어 장치가 작동하는 경우에만 알람을 보낼 것을 권한다.

알람의 기본적인 원칙은 사람이 처리해야 하는 부분이 네트워크 계층 공격에 똑같이 적용될 때만 보내는 것이다. 대부분의 신플러드synflood 공격은 흡수가 가능하지만 신쿠키가 발생하면 알람이 뜰 수도 있다.[8] 마찬가지로 높은 대역폭 공격은 링크가 포화상태가 됐을 때만 알람을 보내는 것이 좋다.

10.3.2 우아한 퇴보

만일 공격을 흡수하는 것이 적절하지 못한 경우 사용자의 피해를 최대한 줄여야 한다.

대규모 공격이 진행 중이라면 네트워크 ACL을 이용해 의심스러운 트래픽을 쓰로틀링하면 공격 트래픽을 즉각적으로 제한할 수 있다. 이때 의심스러운 트래픽을 모두 막지는 말아야 한다. 그러면 시스템에 대한 가시성을 유지하고 공격 트래픽처럼 보이지만 사실은 적법한 트래픽이 막히는 위험도 최소화할 수 있다. 똑똑한 공격자는 적법한 트래픽을 흉내낼 수 있으므로 쓰로틀링만으로는 충분하지 않을 수도 있다. 게다가 서비스 품질 제어를 이용해 중요한 트래픽의 우선순위를 높일 수 있다. 배치 복사처럼 중요도가 낮은 트래픽에 낮은 QoS를 적용하면 필요할 때 더 높은 QoS 큐에 대역폭을 더 할당할 수 있다.

과부하가 발생하면 애플리케이션은 퇴보degraded 모드로 전환할 수 있다. 예를 들어 구글은 다음과 같은 방법으로 과부하를 처리한다.

- 블로거blogger 서비스는 읽기 전용 모드로 돌입하고 댓글을 비활성화한다.
- 웹 검색은 기능은 줄어들지만 계속 서비스한다.

---

8 신플러드 공격이 일어나면 핸드셰이크 과정 없이 TCP 연결 요청의 수만 높아진다. 이 요청을 서비스하는 서버에 방어 메커니즘이 구현되어 있지 않다면 모든 인바운드 연결을 추적하다가 메모리가 고갈될 수 있다. 이에 대한 보편적인 방어 방법은 상태가 없는 방법으로 새로운 연결을 검증하는 신쿠키를 사용하는 것이다.

- DNS 서버는 최대한 많은 요청에 응답하지만 어떤 규모의 부하가 발생해도 크래시가 일어나지 않도록 설계되어 있다.

과부하에 대비하기 위한 더 자세한 내용은 8장을 참고하기 바란다.

10.3.3 DoS 완화 시스템

최상위 IP 주소를 쓰로틀링하거나 자바스크립트 또는 CAPTCHA 챌린지를 서비스하는 등의 자동화된 방어 도구는 신속하면서도 지속적으로 공격을 완화할 수 있다. 그러면 장애 대응 팀은 문제를 이해하고 필요한 완화 조치를 취할 시간을 벌 수 있다.

자동화된 DoS 완화 시스템은 크게 두 컴포넌트로 나뉜다.

진단

시스템은 반드시 유입 트래픽 상세 내용에 대해 최대한의 가시성을 가져야 한다. 그러려면 모든 엔드포인트에 대해 통계적 샘플링을 실행해 집계값을 중앙 제어 시스템에 올릴 수 있어야 한다. 제어 시스템은 공격을 나타내는 변칙적인 요청을 진단하면서 시스템의 용량을 이해하는 로드 밸런서와 협력해 응답의 적법성 여부를 결정한다.

응답

시스템은 방어 메커니즘을 구현할 수 있어야 한다. 예컨대 요청 유입을 막을 IP 주소 목록을 제공할 수 있어야 한다.

대규모 시스템에서는 위정(혹은 위부false negative)은 어쩔 수 없이 일어난다. 특히 여러 장치가 하나의 네트워크 주소를 공유하는 경우(예를 들면 네트워크 주소 변환을 사용하는 경우)가 대부분이므로 IP 주소를 기준으로 블록하는 경우는 더욱 그렇다. 같은 IP 주소를 사용하는 다른 사용자의 부수적인 피해를 최소화하려면 CAPTCHA를 사용해 실제 사용자가 애플리케이션 수준 블록을 우회할 수 있도록 지원해야 한다.

DoS 완화 시스템의 장애 모드도 반드시 고려해야 한다. 장애는 공격, 설정 변경, 관련이 없는 인프라스트럭처 장애나 기타 다른 이유로 발생한다.

DoS 완화 시스템은 반드시 공격에 대한 회복성을 가져야 한다. 따라서 DoS 공격에 영향을 받는 프로덕션 인프라스트럭처에 대한 디펜던시를 가져서는 안 된다. 이는 서비스뿐만 아니라 장애 대응 팀이 사용하는 도구와 의사소통 절차에도 적용해야 한다. 예를 들어 지메일이나 구글 독스Google Docs는 DoS 공격에 영향을 받을 수 있으므로 구글은 별도의 의사소통 방법과 문서 저장소를 갖추고 있다.

공격은 종종 즉각적인 장애를 유발한다. 우아한 퇴보를 적용하면 서비스 과부하에 의한 영향을 줄일 수는 있지만 DoS 완화 시스템이 수분이 아닌 수초 내에 대응할 수 있다면 그것이 최선일 것이다. 이런 특성은 본질적으로 장애에 대비해 변경을 천천히 배포하라는 권장 사례와 충돌을 일으킨다. 그래서 (자동화된 응답을 포함한) 모든 변경사항을 전체 프로덕션 인프라스트럭처에 배포하기 전에 일부에만 배포하는 카나리 테스트를 수행하는 절충을 적용한다.

만일 중앙식 컨트롤러가 실패하는 상황이라면 (모든 트래픽을 블록하고 장애 모드로 전환하는) 실패 시 폐쇄 정책도 (유출 트래픽을 허용하는) 실패 시 개방 정책도 적용하지 않는다. 그 대신 정적으로 실패한다. 즉, 정책을 바꾸지 않는다는 뜻이다. 그렇게 하면 제어 시스템이 공격이 진행되더라도 장애로 이어지지 않고 실패만 할 수 있다(실제로 구글이 그렇게 하고 있다!).

정적으로 실패하므로 DoS 엔진이 프론트엔드 인프라스트럭처만큼 고가용적일 필요가 없어 그만큼 비용도 절감할 수 있다.

10.3.4 전략적 대응

장애에 대응하다 보면 어떤 일이 발생해도 그에 적절히 반응하면서 현재 공격 트래픽을 필터링하고 싶은 생각이 들 것이다. 이 방법은 빠를 수는 있지만 최적의 방법은 아니다. 공격자의 첫 번째 시도가 실패했을 때 바로 공격을 포기할 수도 있지만 만일 그렇지 않다면? 공격자가 단한 명이라도 방어 장치의 존재를 파악하고 이를 우회하는 방법을 찾을 수 있는 기회는 무제한적이다. 전략적 대응은 공격자가 여러분의 시스템을 분석할만한 정보를 주지 않는 것이다. 예를 들어 공격을 받았는데 요청에 `User-Agent: I AM BOTNET` 값이 요청에 포함되어 있어 쉽게 공격임을 알 수 있는 상황을 가정해보자. 단순히 이 문자열을 가진 트래픽을 거부하면 공격자에게 크롬 같이 좀 더 그럴듯한 `User-Agent` 문자열을 사용하라고 가르쳐주는 꼴이다. 따라서 해당 트래픽을 보내는 IP를 나열하고 그곳에서 보내는 **모든** 요청에 CAPTCHA를 적정 기간 적용하는 편이 낫다. 이렇게 하면 공격자는 공격 트래픽이 왜 다르게 처리되는지 알아내기 위해 A/B 테스팅(`https://oreil.ly/xuQrD`)을 수행해야 하므로 이유를 알아내기가 훨씬 어려워질 것이다. 또한 봇넷이 다른 `User-Agent` 문자열을 사용하더라도 사전에 블록할 수 있다.

공격자의 역량과 목적을 이해하면 방어 전략 수립에 도움이 된다. 작은 규모의 증폭 공격은 공격자가 스푸핑한 패킷을 보낼 수 있는 서버가 하나밖에 없음을 시사하는 반면 HTTP DDoS 공격이 같은 페이지를 반복적으로 호출한다는 것은 공격자가 봇넷을 이용한다는 뜻이다. 하지만 때로는 그 '공격'이라는 것이 의도적이지 않을 때가 있다. 즉 공격자가 불안정한 비율로 단순히 웹사이트를 스크래핑하고 있는 것이다. 이런 경우에 가장 적합한 해결책은 웹사이트를 쉽게 스크랩하지 못하게 하는 것이다.

마지막으로 여러분은 혼자가 아님을 기억하기 바란다. 다른 사람들도 비슷한 위협을 당하고 있다. 따라서 다른 조직과의 협업을 통해 방어 전략과 대응 역량을 향상시키는 것을 고려하기 바란다. DoS 완화 서비스 제공자는 몇몇 종류의 트래픽을 제거할 수 있으며 네트워크 제공자는 업스트림 필터링을 수행할 수 있고 네트워크 운영자 커뮤니티는 공격의 근원을 확인하고 필터링할 수 있다.

10.4 자체 유발 공격에 대응하기

대규모 장애 때문에 아드레날린이 치솟는 상황이라도 대응의 본질은 공격자를 무찌른다는 목적에 집중하는 것이다. 하지만 무찌를 공격자가 없다면? 트래픽이 갑자기 증가하는 보편적인 몇 가지 원인에 대해 살펴보자.

10.4.1 사용자의 행위

대부분의 경우 사용자는 독립적인 결정을 내리며 그들의 행위는 평균적으로 완만한 곡선의 형태를 가진다. 하지만 외부의 이벤트가 사용자 행위에 반영되는 경우도 있다. 예를 들어 밤새 지진때문에 인구 밀집 지역의 모든 사람이 깨어나 다급하게 각자의 장치로 재해 정보를 탐색하거나 소셜 미디어에 포스트를 올리거나 친구의 안위를 확인하는 등의 행위를 할 수 있다. [그림 10-2]에서 보듯이 이런 동시적 행위는 서비스 사용량의 급증을 일으킨다.

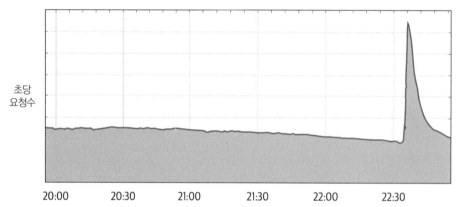

그림 10-2 2019년 10월 14일 진도 4.5의 지진이 샌프란시스코 베이 지역을 강타했을 때 구글 인프라스트럭처가 서비스한 사용자의 초당 HTTP 요청 수로 측정한 웹 트래픽

그래서 우리는 사용자가 검색어를 입력하면 추천 단어를 제안하는 기능을 추가해 그 '공격 아닌 공격'을 처리할 수 있었다.

10.4.2 클라이언트의 재시도 행위

몇몇 '공격'은 의도치 않게 이루어지며 단순한 소프트웨어의 오동작으로 인한 것이기도 하다. 클라이언트가 서버로부터 리소스를 가져오는데 서버가 에러를 리턴한다면 어떻게 해야 할까? 어쩌면 개발자는 재시도를 하는 것이 적절하다고 생각해 서버가 에러를 리턴하는 동안 계속 요청을 재시도할 수도 있다. 많은 클라이언트가 이렇게 반복적으로 재시도 요청을 보내면 장애로부터 서버를 복구하기가 더 어려워질 것이다.[9]

클라이언트 소프트웨어는 이처럼 무조건적인 재시도를 수행하지 않도록 조심해서 설계해야 한

---

9 SRE 도서 22장 참고

다. 만일 서버가 실패하면 클라이언트가 재시도를 할 수는 있겠지만 점차적으로 재시도 횟수를 줄일 수 있도록 구현해야 한다. 예컨데 재시도 전에 대기 시간을 두 배씩 증가하는 식이다. 이렇게 하면 서버로 보낼 요청의 수를 제한할 수 있지만 그것만으로는 충분하지 않다. 모든 클라이언트가 장애에 영향을 받아 동시에 재시도를 반복하면 트래픽이 치솟을 수 있기 때문이다. 이렇게 동시적인 재시도를 방지하려면 각 클라이언트가 재시도 전에 임의의 대기 시간을 갖도록 해야하며 이를 **지터**^jitter라고 한다. 구글에서는 거의 대부분의 클라이언트 소프트웨어에 지터를 적용하고 있다.

클라이언트를 제어할 수 없다면 어떤 방법이 있을까? 이 질문은 지배적인 DNS 서버를 운영하는 사람은 보편적으로 가진 고민이다. 만일 DNS 서버에 장애가 발생하면 적법하게 요청을 반복하는 DNS 서버의 재시도만으로도 트래픽이 상당히 증가할 수 있으며 보통의 사용량보다 30배 이상 증가하는 경우도 허다하다. 이 정도로 요청이 늘어나면 장애로부터 복구하기가 어려워질 뿐만 아니라 장애의 원인을 찾으려는 시도 자체를 무산시키는 경우도 있다. 운영자가 현상을 DDoS 공격으로 오인할 수도 있기 때문이다. 이런 경우 가장 적절한 해결책은 업스트림 요청 쓰로틀링을 이용해 서버를 정상 상태로 유지하면서 최대한 많은 요청에 응답하는 것이다. 성공적인 응답을 받은 클라이언트는 재시도를 반복하지 않을 것이며 따라서 문제는 곧 해결될 것이다.

10.5 마치며

모든 온라인 서비스는 자신이 공격 대상이 될 것이라고 생각하지 않아도 DoS 공격에 대비해야 한다. 조직이 흡수할 수 있는 트래픽에는 한계가 있으며 방어자의 역할은 용량을 넘어서는 공격을 최대한 효율적인 방법으로 완화하는 것이다.

DoS 방어 장치의 경제적인 제약을 기억하는 것이 중요하다. 모든 공격을 흡수하는 것은 가장 비효율적인 방법이다. 따라서 비용 효율적인 완화 기법을 설계 단계에서부터 활용해야 한다. 공격이 발생하면 (일부 실사용자가 영향을 받더라도) 문제를 유발하는 호스팅 프로바이더를 블록하거나 일시적인 장애를 용인하면서 사용자에게 상황을 설명하는 등 가능한 모든 옵션을 생각해야 한다. 또한 '공격'이 의도치 않은 것일 수 있음도 명심하자.

서비스를 구성하는 계층마다 방어 장치를 적용하려면 여러 팀과의 협업이 필요하며 일부 팀에게 DoS 공격에 대한 방어는 최우선 순위가 아닐 수 있다. 이런 팀의 지원을 얻으려면 DoS 완화 시스템을 도입해 절감할 수 있는 비용과 조직적인 간소화에 집중해야 한다. 그러면 수용량 계획 역시 각 계층이 흡수할 수 있는 가장 큰 규모의 공격에 대해 고민하기보다 실제 사용자의 트래픽에만 집중할 수 있다. 웹 애플리케이션 방화벽^{web application firewall}(WAF)을 이용해 알려진 악의적인 요청을 필터링하면 보안 팀은 더 심각한 수준의 위협에 집중할 수 있다. 애플리케이션 수준의 취약점을 발견했을 경우 웹 애플리케이션 방화벽으로 침투 공격을 막을 수 있어 개발 팀이 패치를 준비할 시간을 벌수도 있다.

세심한 준비를 통해 공격자가 아닌 여러분만의 방식으로 정상적인 서비스 기능 및 장애 모드를 결정하자.

III

시스템의 구현

일단 시스템을 분석하고 설계했다면 이제는 계획에 따라 구현할 차례다. 경우에 따라 이미 구현된 솔루션을 구매할 수도 있다. 11장에서는 구글에서 커스텀 소프트웨어 솔루션을 구현하기로 결정할 때의 사고 절차에 대한 한 예시를 보여준다.

이 책의 3부는 소프트웨어 개발 수명 주기 중 구현 단계에 보안과 신뢰성을 통합하는 것에 중점을 둔다. 12장은 시스템을 간단하게 구현할 수 있는 프레임워크에 대해 다시 한번 생각해본다. 13장에서 설명하는 것처럼 테스팅 과정에 정적 분석과 퍼징을 도입하면 더 견고한 코드를 작성할 수 있다. 14장에서는 검증가능한 빌드와 더 많은 제어가 필요한 이유에 대해 알아본다. 코딩, 빌드, 테스트와 관련된 안전장치는 공격자가 프로덕션 환경에 침입해 우회할 수 있다면 그 효과가 미비하기 때문이다.

설령 전체 소프트웨어 공급 체인이 보안과 신뢰성 문제에 회복성을 갖는다 하더라도 문제가 발생하면 프로그램을 분석해야 하는 것은 필연적이다. 15장에서는 적절한 디버깅 접근을 허용하는 것과 로그의 저장 및 접근과 관련된 보안 요구사항 사이에서 반드시 마주하게 될 적절한 균형을 갖추는 방법에 대해 살펴본다.

Part III

시스템의 구현

CHAPTER 11

사례 연구: 공개적으로 신뢰할 수 있는 CA의 설계와 구현 그리고 유지 보수

앤디 워너Andy Warner, 제임스 카스텐James Kasten, 롭 스밋츠Rob Smits,

피오트르 쿠차르스키Piotr Jucharski, 세르게이 시마코브Sergey Simakov

SRE, 개발자 그리고 운영자는 인증 기관(CA)에서 암호화와 인증을 구현하거나 VPN과 코드 서명 같은 기능을 다룰 때 필요한 인증서를 얻어야 할 때가 있다. 이번 사례 연구에서는 구글이 이 책에서 소개하는 권장 사례를 활용해 공개적으로 신뢰할 수 있는publicly trusted CA를 설계하고 구현하며 유지 보수하게 된 과정에 초점을 맞춘다. 이 과정에는 내부 확장성 요구사항, 규제 요구사항 그리고 보안 및 신뢰성 요구사항에 대한 고려가 모두 포함되어 있다.

11.1 공개적으로 신뢰할 수 있는 인증 기관에 대한 배경

공개적으로 신뢰할 수 있는 인증 기관은 전송 계층 보안Transport Layer Security (TLS)[1], S/MIME[2] 및 기타 다양한 분산 신뢰 시나리오를 위한 인증서를 발급해서 인터넷의 전송 계층 간에 신뢰를 연결한다. 공개적으로 신뢰할 수 있는 인증 기관은 브라우저, 운영체제, 장치가 기본적으로 신

---

[1] 가장 최신 버전의 TLS는 RFC 8446(https://oreil.ly/dB0au)에 설명되어 있다.

[2] Secure/Multipurpose Internet Mail Extension은 메일 내용 암호화에 사용하는 보편적인 방법이다.

뢰하는 CA의 집합이다. 따라서 공개적으로 신뢰할 수 있는 CA를 구현하고 운영하다 보면 보안과 신뢰성에 대해 고려해야 할 것들이 늘어난다.

공개적으로 신뢰하는 CA라면 여러 플랫폼과 사용 사례에 적용하는 수많은 조건을 반드시 통과해야 한다. 최소한 공개적으로 신뢰할 수 있는 CA는 웹트러스트WebTrust(https://oreil.ly/ubToZ) 같은 표준과 유럽 텔레커뮤니케이션 표준 협회European Telecommunications Standards Institute(ETSI, https://www.etsi.org) 같은 조직이 정해둔 감사를 반드시 수행해야 한다. 또한 CA/Browser 포럼 기준 요구사항(https://oreil.ly/gfdBF) 목표를 반드시 만족해야 한다. 이런 부분은 논리 및 물리적 보안 제어, 절차 및 관행을 평가하며 대부분 공개적으로 신뢰할 수 있는 CA는 적어도 매년 한 분기에는 이런 감사를 수행한다. 게다가 대부분의 브라우저와 운영체제는 CA를 기본적으로 신뢰하기 전에 만족해야 할 각자의 요구사항을 가지고 있다. 요구사항이 변경되면 CA는 여기에 맞춰 변경된 프로세스나 인프라스트럭처에 적응하고 수용할 수 있어야 한다.

사실 여러분이 속한 조직이 공개적으로 신뢰할 수 있는 CA를 구현해야 할 필요는 없을 것이다.[3] 대부분의 조직은 서드파티를 이용해 공개 TLS 인증서, 코드 서명 인증서 및 기타 사용자가 신뢰할 수 있는 다른 종류의 인증서를 확보한다. 그러므로 이번 사례 연구의 목적은 공개적으로 신뢰할 수 있는 CA를 구현하는 방법을 보여주려는 것이 아니라 여러분의 프로젝트에서 고려해야 할 법한 몇 가지 사항을 재조명하기 위한 것이다. 여기에는 다음과 같은 것이 포함되어 있다.

- 우리가 선택한 프로그래밍 언어와 서드파티가 생성한 데이터를 처리할 때는 세그멘테이션segmentation이나 컨테이너를 사용하기로 한 결정은 전체 환경을 더 안전하게 만들었다.
- 테스트를 엄격히 하고 (직접 작성한 것은 물론 서드파티가 작성한) 코드를 더욱 견고히 하는 것은 기본적인 신뢰성과 보안 이슈를 해결하는 데 매우 중요한 부분이었다.
- 설계 복잡도를 낮추고 수동으로 처리할 과정을 자동화함으로써 인프라스트럭처의 안전성과 신뢰성을 더욱 향상시킬 수 있었다.
- 위협 모델을 잘 이해한 덕분에 사전에 장애에 더 잘 대처할 수 있기 위한 검증과 복구 메커니즘을 구현할 수 있었다.

---

3 우리는 많은 조직이 마이크로소프트의 AD 인증 서비스 같은 보편적인 솔루션을 활용해 비공개 CA를 구현하고 운영한다는 것을 알아냈다. 이는 대부분 내부적으로만 사용하기 위한 것이다.

11.2 공개적으로 신뢰할 수 있는 CA가 필요했던 이유

공개적으로 신뢰할 수 있는 CA에 대한 비즈니스 수요는 시간이 지나면서 변해왔다. 구글의 초창기에는 서드파트 CA로부터 공개 인증서를 모두 구입했다. 하지만 이 방법에는 크게 세 가지 문제점이 있었다.

서드파티에 대한 의존도

더 높은 수준의 신뢰를 필요로 하는 비즈니스 요구사항(예를 들면 고객에게 클라우드 서비스를 제공하는 등)이 발생하면서 더 강력한 검증과 인증서의 발급 및 처리를 더 강력하게 제어할 수 있어야 했다. CA 생태계에 반드시 필요한 감사를 진행하더라도 서드파티가 더 높은 안전성 표준을 만족할 수 있을지 확신할 수 없었다. 게다가 공개적으로 신뢰할 수 있는 CA의 보안 결함이 발견되면서 안전에 대한 우리의 견해는 더욱 확고해졌다.[4]

자동화의 필요성

구글은 전 세계 사용자를 위해 수천 개의 도메인을 보유하고 있다. 우리는 여러 조직과 연계해 TLS 사용의 보편화를 위해 노력(7.4.3절 속 '예시: HTTPS 사용의 증가' 참고)하면서 우리가 보유한 모든 도메인을 보호하고 인증서를 자주 로테이션하고자 했다. 또한 고객이 TLS 인증서를 더 쉽게 발급받을 수 있도록 하고 싶었다. 하지만 공개적으로 신뢰할 수 있는 서드파티 CA는 확장성 있는 API를 제공하지 않거나 우리가 요구했던 것보다 낮은 수준의 SLA를 제공하고 있었으므로 새로운 인증서의 발급을 자동화하는 것이 쉽지 않았다. 그 결과 인증서 발급 요청의 상당수는 문제가 생기기 쉬운 수동 작업이 필요했다.

비용

구글은 웹 자산과 사용자를 위해 수백만 개의 TLS 인증서를 사용해야 했으며 비용을 분석해본 결과 서드파티 루트 CA로부터 필요한 인증서를 계속 구입하는 것보다 자체 CA를 설계, 구현, 운영하는 것이 더 비용 효율적이라는 계산이 나왔다.

---

4 DigiNotar는 공격자가 CA를 탈취해 오용하면서 결국 비즈니스를 그만두게 되었다(https://oreil.ly/nwNnG).

11.3 자체 구축과 솔루션 구입 방식의 비교

일단 구글이 공개적으로 신뢰할 수 있는 CA를 운영하기로 결정한 후에는 CA를 운영하기 위한 상용 소프트웨어의 구입과 자체 소프트웨어를 구현하는 방법을 비교해야 했다. 결국 우리는 필요하다면 오픈 소스와 상용 솔루션을 통합한다는 전제하에 자체적으로 CA의 핵심 기능을 개발하기로 했다. 의사결정에 영향을 미친 몇 가지 요인 중 가장 중요한 영향을 미친 요인은 다음과 같다.

투명성과 검증

상용 CA 솔루션은 적정한 수준의 코드 감사성이나 우리가 이런 중요한 인프라스트럭처에 필요하다고 생각하는 공급 체인을 제공하지 않았다. 오픈 소스 라이브러리나 서드파티의 상용 코드와 통합한다고 해도 직접 CA 소프트웨어를 구축하고 테스트할 수 있다면 우리가 구축하는 시스템에 더 큰 확신을 가질 수 있었다.

통합 역량

우리는 구글의 중요한 보안 인프라스트럭처를 통합해서 CA의 구현과 운영을 단순화하고 싶었다. 예를 들면 설정 파일에 한 줄만 추가해서 스패너(`https://oreil.ly/ZnhV-`)에 정기적인 백업을 셋업하길 원했다.

유연성

더 많은 인터넷 커뮤니티가 생태계에 향상된 보안을 제공할 수 있는 새로운 계획을 개발하고 있었다. (인증서를 모니터링하고 감사할 수 있는 방법인) 인증서 투명성certificate transparency(`https://www.certificate-transparency.org`)과 DNS, HTTP 및 기타 다른 방법[5]을 이용한 도메인 검증 방법이 좋은 예이다. 우리는 이런 계획을 비교적 일찍 도입하고 싶었으며 이런 유연성을 빠르게 도입하는 데는 자체 CA를 구현하는 것이 최선의 선택이었다.

---

5 도메인 검증 가이드라인에 대한 좋은 참고 자료를 원한다면 CA/브라우저 포럼 기초 요구사항(`https://oreil.ly/OkYRq`) 참고.

11.4 설계, 구현 및 운영에 대한 고려

우리는 CA를 보호하기 위해 3계층 아키텍처를 고안했다. 이 아키텍처에서 각 계층은 인증서 요청 파싱parsing, 기관 등록registration authority 기능(라우팅과 로직), 인증서 서명 등 서로 발급 절차를 담당한다. 각 계층은 책임이 명확히 분리된 마이크로서비스로 구성했다. 또한 신뢰할 수 없는 입력을 중요한 작업이 아닌 별도의 환경에서 처리하는 이중 신뢰 존dual trust zone 아키텍처도 도입했다. 이런 구획화는 신중하게 정의한 경계를 제공하므로 이해 가능성을 높이고 검토를 용이하게 할 수 있었다. 이 아키텍처 덕분에 공격도 상당히 어려워졌다. 컴포넌트가 제한된 기능만을 수행하므로 공격자가 어떤 컴포넌트에 접근하더라도 그 컴포넌트의 기능에만 영향을 미치기 때문이다. 공격자는 더 많은 컴포넌트에 접근하려면 더 많은 감사 지점을 통과해야 했다.

각 마이크로서비스는 간결함을 최우선으로 설계하고 구현했다. 뿐만 아니라 CA를 운영하는 동안에도 각 컴포넌트를 간결함을 우선으로 계속 리팩터링했다. 게다가 (내부에서 작성한 것은 물론 서드파티가 작성한) 코드와 데이터에 대해 견고한 테스트와 검증을 수행했다. 그러면서 코드를 컨테이너화 해서 안전성을 높였다. 이번 섹션에서는 좋은 설계와 구현을 통해 보안과 신뢰성을 확보했던 방법에 대해 더 자세히 설명한다.

설계와 구현의 발전

이번 사례 연구는 제대로 한 시스템 설계의 이상적인 모습을 보여주고 있지만 현실적으로 지금까지 논의한 설계 방식은 거의 10년 동안 3번의 설계 과정을 거쳐 발전되어 온 것이다. 상당히 긴 시간에 걸쳐 새로운 요구사항과 사례가 등장했기 때문이다. 프로젝트를 시작할 때부터 모든 관점에서 보안과 신뢰성을 고려해 설계하고 구현하는 것은 거의 불가능하다. 하지만 시작부터 좋은 원리를 확립하는 것이 중요하다. 먼저 작게 시작해서 꾸준히 시스템의 보안과 신뢰성 속성을 반복적으로 구현해 장기적으로 지속성을 확보하는 것이 좋다.

11.4.1 프로그래밍 언어 선택

시스템에서 다양한 입력을 받아들이는 부분을 구현하는 프로그래밍 언어를 선택하는 것은 설계에서 중요한 부분이다. 우리는 고Go와 C++를 혼합해서 CA를 구현하기로 하고 목적에 따라 하위 컴포넌트를 구현할 언어를 선택하기로 했다. 고와 C++는 서로 상호운용성을 지원하며 잘 테스트한 암호화 라이브러리를 보유하고 있고 성능 또한 훌륭하며 보편적인 작업을 구현하기 위한 프레임워크와 도구 생태계가 강력하다는 장점이 있다.

고는 메모리 안전성memory-safety을 지원하므로 다양한 입력을 처리해야 하는 CA가 고려해야 할 보안 관점에서 추가적인 장점이 있다. 예를 들어 인증서 서명 요청certificate signing request(CSR, `https://oreil.ly/8YkPI`)은 CA로 신뢰할 수 없는 입력이 유입된다는 점을 보여주고 있다. CSR은 상대적으로 안전한 내부 시스템에서 유입될 수도 있지만 인터넷 사용자(어쩌면 악의적인 공격자)로부터 유입되기도 한다. 이미 오래전부터 인증서에 사용하는 인코딩 포맷인 DER^{Distinguished Encoding Rules}[6]을 파싱하는 코드에 메모리 관련 취약점이 발생하곤 했으므로 우리는 보안을 위해 메모리 안전성을 지원하는 언어를 사용하고자 했다. 고(`https://oreil.ly/WM_zw`)는 이 요구사항에 잘 부합하는 언어였다.

C++는 메모리에 대해 안전한 언어는 아니지만 시스템의 주요 서브컴포넌트, 특히 구글의 핵심 인프라스트럭처의 일부 컴포넌트와 상호운용성이 뛰어나다. 이 코드를 안전하게 작성하기 위해 우리는 보안 존에서 코드를 실행하고 이 존으로 향하는 모든 데이터는 사전에 검증을 수행했다. 예를 들어 CSR 처리를 위해 C++ 서브시스템으로 요청을 전달하기 전에 고로 먼저 요청을 파싱하고 그 결과를 비교했다. 결과가 서로 다르면 해당 요청은 처리되지 않는다.

게다가 모든 C++ 코드는 적용 전에 좋은 보안 사례와 가독성(`https://oreil.ly/m8dug`) 정책을 실시했으며 구글의 중앙식 도구 체인으로 컴파일 및 런타임에 다양한 방법으로 문제를 완화할 수 있었다. 여기에는 다음과 같은 사항이 포함되어 있다.

W^X (`https://oreil.ly/9gNIa`)

셸코드를 복사해서 해당 메모리에 접근하기 위해 **mmapping**에 **PROT_EXEC**를 적용하는 보편적인 공격 방법을 방지한다. 이 방법은 CPU나 메모리 성능에 영향을 미치지 않는다.

Scudo Allocator (`https://oreil.ly/xpo5t`)

사용자 모드에서 실행하는 안전한 힙 할당기allocator다.

---

6 Mitre CVE 데이터베이스(`https://cve.mitre.org`)에는 다양한 DER 핸들러에서 발견된 수백가지 취약점이 나열되어 있다.

SafeStack (https://oreil.ly/EPwod)

스택 버퍼 오버블로를 기반으로 공격에 대응하는 보안 완화 기법이다.

11.4.2 복잡도와 이해 가능성의 비교

우리는 방어를 고려해 표준에 정의된 모든 옵션이 아니라 제한된 기능만 CA에 구현하기로 명시적으로 결정했다 (6.2절 '이해 가능한 시스템의 설계' 참고). 우리의 주 사용 사례는 보편적인 특성과 확장기능을 갖는 표준 웹서비스를 위한 인증서를 발급하는 것이었다. 앞서 평가했던 상용 및 오픈 소스 CA 소프트웨어는 우리에게 필요하지 않은 난해한 특성과 확장 기능을 구현하고 있어 시스템의 복잡도가 높고 소프트웨어를 검증하기가 어려우며 에러가 발생할 확률이 더 높았다. 그래서 우리는 원하는 입력과 출력을 더 쉽게 감사할 수 있도록 제한된 기능과 더 높은 이해 가능성을 갖춘 CA를 직접 구현한 것이다.

우리는 더 나은 이해 가능성과 유지 보수성을 위해 CA 아키텍처를 지속적으로 단순화했다. 한 번은 아키텍처에 서로 다른 마이크로서비스를 너무 많이 만들어서 유지 보수 비용이 높아졌다. 서비스의 경계를 잘 구분해서 모듈화를 통한 이점을 얻고 싶었지만 시스템의 일부는 통합하는 것이 더 간단하다는 점을 깨달았다. 또 한 번은 RPC 호출에 대한 ACL 검사가 각 인스턴스에 수동으로 구현되어 있어 개발자와 검토자reviewer가 실수를 저지를 가능성이 있다는 것도 깨달았다. 그래서 새로운 RPC를 ACL에 추가하지 않는 실수를 방지하도록 중앙식으로 ACL 검사를 수행하도록 코드를 리팩터링했다.

11.4.3 서드파티와 오픈 소스 컴포넌트의 보안

우리가 구현한 CA는 오픈 소스 라이브러리와 상용 모듈 등 서드파티 코드에 의존하고 있다. 그래서 이 코드를 검증하고 보완해서 컨테이너화해야 했다. 첫 번째 단계로 CA에 도입할 오픈 소스 패키지를 인지도와 활용도를 고려해 선정했다. 보안 측면에서 강력한 보안 지식을 갖춘 개인이나 조직이 만들어 널리 쓰이는 오픈 소스 패키지라 하더라도 취약점에 민감했다. 그래서 각 패키지에 대한 심도깊은 보안 검토를 거쳐 우리가 발견한 이슈를 처리할 패치를 적용했다. 또한 가능한 경우 모든 서드파티와 오픈 소스 컴포넌트를 다음 절에서 설명할 테스트 절차를 거치게 했다.

신뢰할 수 없는 데이터를 처리하는 존과 중요한 작업을 처리할 존 등 두 개의 보안 존을 갖춘 덕분에 버그나 코드에 대한 악의적인 주입 공격을 계층적으로 보호할 수 있게 됐다. 앞서 언급했던 CSR 파서는 오픈 소스 X.509 라이브러리에 의존하며 보그 컨테이너 내의 신뢰할 수 없는 존에서 마이크로서비스로써 실행하고 있다.[7] 덕분에 이 코드에서 발생할 수 있는 이슈에 대한 또 다른 보호 계층을 확보할 수 있었다.

게다가 우리는 서드파티가 소유권을 보유한 클로즈드소스 코드도 안전하게 만들어야 했다. 공개적으로 신뢰할 수 있는 CA를 운영하려면 상용 벤더가 CA의 키를 보호할 볼트로 사용하기 위해 제공하는 암호화 전용 프로세서인 하드웨어 보안 모듈(HSM)을 사용해야 했다. 우리는 이 HSM과의 상호작용을 위해 벤더가 제공한 코드에도 별도의 검증 계층을 추가하고 싶었다. 벤더가 제공하는 솔루션이 대부분 그렇듯 우리가 수행할 수 있는 테스트의 종류는 제한적이었다. 그래서 메모리 누수같은 문제로부터 시스템을 보호하기 위해 다음의 단계를 수행했다.

- HSM 라이브러리와 상호작용하는 부분은 입력과 출력을 신뢰할 수 없으므로 보다 방어적으로 구현했다.
- 서드파티 코드를 경량 프로세스 격리 메커니즘인 **nsjail**(https://oreil.ly/QaE4s)에서 실행했다.
- 이슈를 발견하면 벤더에 보고했다.

11.4.4 테스트

프로젝트를 안정적으로 관리하기 위해 우리는 광범위한 시나리오를 고려한 단위 및 통합 테스트(13장 참고)를 작성했다. 팀원은 개발 과정에서 이런 테스트를 함께 작성하고 코드를 검토하는 팀원은 테스트 코드도 작성했는지를 확인하면서 이 절차를 정착시켜나갔다. 테스트는 원하는 동작뿐만 아니라 부정적인 조건에 대해서도 테스트했다. 그래서 수분 마다 적절한 조건과 심각한 에러를 내포한 조건을 내포한 테스트용 인증서 발급 조건을 생성했다. 일례로 인증되지 않은 사람이 인증서 발행을 요청하면 알람을 보내는 에러 메시지의 정확성까지 꼼꼼하게 테스트했다. 적절한 조건과 부적절한 조건을 모두 갖춘 덕분에 새로운 CA 소프트웨어 배포에 대한 종단간 테스트를 매우 빠르게 수행할 수 있었고 그 결과에 대한 확신도 훨씬 높아졌다.

---

7 보그 컨테이너는 다음 논문에 소개되어 있다. Verma, Abhishek et al. 2015. "Large-Scale Cluster Management at Google with Borg." Proceedings of the 10th European Conference on Computer Systems: 1–17. doi:10.1145/2741948.2741964.

구글의 중앙식 소프트웨어 배포 도구를 사용한 덕분에 적용 전과 빌드 결과물 생성 이후에 통합 자동 코드 테스트를 수행할 수 있는 장점까지 덤으로 얻었다. 13.5.2절 '개발자 워크플로에 정적 분석 통합하기'에서도 설명하지만 구글의 모든 코드 변경은 정적 분석 플랫폼인 트라이코더Tricoder가 검사한다. 또한 CA 코드에 대해 AddressSanitizer(ASAN)과 ThreadSanitizer 등 여러 검증 절차를 적용해 보편적인 에러를 잡아냈다(13.3절 '더 알아보기: 동적 프로그램 분석' 참고). 게다가 CA 코드만을 대상으로 한 퍼징(13.4절 '더 알아보기: 퍼즈 테스트' 참고)도 수행했다.

픽스잇를 사용해 CA를 강화하기

우리는 시스템을 강화하기 위한 지속적인 노력의 일환으로 전체 엔지니어링 조직에 픽스잇fixit 훈련을 도입했다. 픽스잇은 구글 엔지니어링 조직의 전통으로, 공통의 목표를 달성하기 위해 일정 시간 동안 수행하는 보통의 작업과 함께 수행하는 작업이다. 픽스잇 중 하나는 CA를 집중적으로 테스트하는 퍼징에 집중하는 것이었다. 그렇게 해서 고 언어의 X.509 파서에 애플리케이션 크래시를 유발할 수 있는 이슈가 있음을 알아내기도 했다. 이를 통해 한 가지 중요한 것을 알았다. 고 언어의 최신 X.509 파싱 라이브러리는 (OpenSSL과 BoringSSL 같은) 기존의 라이브러리와 같은 수준으로 정밀하게 검증되지 않았다는 점이다. 또한 한 가지에 집중한 픽스잇(이 경우에는 퍼즈잇fuzzit)으로 테스트가 더 필요한 라이브러리를 찾아낼 수 있다는 점을 보여줬다.

11.4.5 CA 키 머티리얼

CA에게 있어 가장 심각한 위험은 키 머티리얼material을 누군가 훔쳐가거나 오용하는 것이다. 공개적으로 신뢰할 수 있는 CA를 위한 대부분의 보안 제어는 이런 오용으로 발생할 수 있는 보편적인 문제를 처리하며 HSM이나 제한적 접근 제어를 사용하라는 등의 표준 권고사항도 갖추고 있다.

우리는 CA의 루트 키 머티리얼을 오프라인으로 보관하고 다중 물리적 보호 계층으로 보호하며 각 접근 계층에는 투팩터 인증을 적용했다. 매일 벌어지는 인증서 발급에는 온라인에서 사용할 수 있는 중간 키를 사용하고 있으며 이는 업계에서 표준으로 여겨지는 방법이다. 공개적으로 신뢰할 수 있는 CA를 생태계(즉, 브라우저, 텔레비전, 휴대폰 등)에 널리 도입하는 절차는 수년이 소요되므로 침입에 대한 복구 과정에서 키를 로테이션하는 것(9.2.3절 속 '서명 키 로테이션' 참고)은 직관적이지 않거나 시간이 많이 소요되는 절차다. 그래서 키 머티리얼을 분실하거나 도둑맞으면 심각한 혼란을 초래한다. 이런 상황을 방지하기 위해 우리는 (암호화 연결을 사용하는 브라우저와 다른 클라이언트에 머티리얼을 배포함으로써) 생태계에 다른 루트 키 머티리얼을 투입해서 필요한 경우 대체 머티리얼로 교체할 수 있게 했다.

11.4.6 데이터 검증

키 머티리얼의 분실 외에 CA에서 발생할 수 있는 가장 심각한 문제는 발급 에러다. 우리는 사람의 개입이 검증이나 발급에 영향을 미치지 않도록 시스템을 설계했다. 그래서 CA 코드와 인프라스트럭처의 정확함과 견고함에만 오롯이 집중할 수 있었다.

지속적 검증(8.6절 '더 알아보기: 지속적 검증' 참고)은 시스템이 예상대로 동작하는지 확인한다. 구글의 공개적으로 신뢰할 수 있는 CA에 이 개념을 구현하기 위해 우리는 발급 절차의 여러 단계에서 린터linter[8]를 이용해 인증서를 자동으로 실행했다. 린터는 에러 패턴을 확인한다. 예컨대 인증서의 수명이 유효한지 또는 `subject:commonName` 필드의 길이가 유효한지 등을 확인한다. 일단 인증서를 검증하면 대중이 검증할 수 있도록 인증 투명성 로그certificate transparency log에 기록한다. 또한 악의적인 인증서 발급에 대비한 마지막 방어 장치로써 독립적인 여러 로깅 시스템을 사용해서 일관성을 확인할 수 있도록 두 시스템의 엔트리를 개별적으로 비교했다. 이 로그는 필요할 경우 추가적인 안전성과 사후 검증을 위해 로그 리포지토리에 저장하기 전에 서명한다.

11.5 마치며

인증 기관은 보안과 신뢰성 요구사항이 상당한 인프라스트럭처의 예시다. 이 책에서 설명하는 권장 사례를 고려해 인프라스트럭처를 구현하면 장기적으로 보안과 신뢰성에 대한 긍정적인 결과물을 도출할 수 있다. 이런 원리는 설계 과정에서 최대한 이른 시점에 도입해야 하지만 시스템이 성장함에 따라 개선을 위해서도 사용해야 한다.

---

8 예를 들어 ZLint(https://github.com/zmap/zlint)는 고로 작성한 린터로, RFC 5280과 CA/Browser 포럼 요구사항으로 구성된 인증서의 콘텐츠를 검증한다.

CHAPTER 12

코드 작성

미하우 크차핀슈키Michał Czapiński, 줄리앙 뱅거트Julian Bangert,

토마스 마우퍼Thomas Maufer, 카비타 줄리아니Kavita Guliani

코드에는 필연적으로 버그가 있다. 하지만 보편적인 보안 취약점과 신뢰성 이슈는 이런 문제에 회복성을 갖도록 설계된 견고한 프레임워크와 라이브러리를 이용하면 피할 수 있다.

이번 장에서는 프로젝트를 구현하는 동안 적용해야 할 소프트웨어 개발 패턴을 제시한다. 먼저 RPC 백엔드 예제를 살펴본 후 프레임워크를 이용해 자동으로 원하는 수준의 보안 속성을 보편적인 신뢰성 안티패턴을 완화하는 방법을 살펴본다. 또한 기술 부채의 누적을 제어하고 필요에 따라 기반 코드를 리팩터링해서 코드의 간결성을 확보하는 방법도 중점적으로 다룬다. 마지막으로 올바른 도구를 선택하고 도입한 개발 언어를 최대한으로 사용하는 방법에 대한 팁을 소개한다.

소프트웨어의 보안과 신뢰성을 보강하는 것은 쉽지 않으므로 소프트웨어 설계 중 최대한 빠른 단계에 도입하는 것이 중요하다. 소프트웨어를 롤아웃한 이후에 이런 기능을 적용하는 것은 매우 어려우며 효율도 떨어질 뿐 아니라 기반 코드의 근본적인 가정을 바꿔야 할 수도 있다(이 주제에 대한 보다 자세한 내용은 4장을 참고하자).

보안과 신뢰성 이슈를 줄이기 위한 첫 번째 단계이자 가장 중요한 단계는 개발자를 가르치는 것이다. 물론 잘 훈련된 엔지니어도 실수를 저지른다. 보안 전문가도 안전하지 않은 코드를 작성할 수 있고 SRE도 신뢰성 이슈를 놓칠 수 있다. 안전하고 신뢰성 있는 시스템을 구축하는 데 필요한 수많은 고려사항과 절충을 동시에 염두에 두는 것은 어려운 일이다. 특히 여러분이 소프트웨어를 제작하는 책임을 지고 있다면 더욱 그렇다.

안전하고 신뢰성 있는 코드 작성을 개발자에게만 의존하는 것보다는 코드와 소프트웨어 설계의 검토에 SRE와 보안 전문가의 도움을 받는 편이 좋다. 물론 이 방법도 완벽하지는 않다. 사람이 코드를 검토한다고 해서 모든 이슈를 찾아낼 수는 없으며 어떤 검토자도 잠재적인 공격 가능성을 내포한 보안 문제를 **모두** 찾아낼 수는 없다. 게다가 검토자는 자신의 경험이나 관심에 편향될 수밖에 없다. 예를 들어 검토자는 본질적으로 새로운 종류의 공격, 고수준 설계 이슈 또는 암호화 프로토콜의 흥미로운 결함 등에 관심이 끌릴 수밖에 없다. 반면 수백 개의 HTML 템플릿에서 크로스 사이트 스크립팅(XSS) 결함을 찾거나 애플리케이션의 모든 RPC 호출의 에러 처리 로직을 검사하는 것에는 흥미를 덜 느끼기 마련이다.

코드 검토로 모든 취약점을 찾아낼 수는 없지만 다른 장점이 있다. 강력한 검토 문화는 개발자가 보안 및 신뢰성 속성을 쉽게 검토할 수 있는 방법으로 코드를 작성하도록 장려한다. 이번 장에서는 검토자가 명확하게 보안 및 신뢰성 속성을 확인할 수 있고 개발 절차에 자동화를 통합하기 위한 전략을 설명한다. 이 전략을 도입하면 팀이 다른 이슈에 집중하고 보안과 신뢰성 문화를 구축할 수 있는 여력을 확보할 수 있다(21장 참고).

12.1 보안과 신뢰성을 강제하는 프레임워크

6장에서도 설명했지만 애플리케이션의 보안과 신뢰성은 도메인 전용 불변성domain-specific invariant 에 의존한다. 예를 들어 애플리케이션의 모든 데이터베이스 쿼리가 개발자가 제어할 수 있는 코드와 쿼리 파라미터 바인딩을 통해 제공되는 외부 입력값으로만 구성되어 있다면 SQL 주입 공격에 대해 안전하다. 웹 애플리케이션은 HTML 폼에 입력하는 모든 사용자 입력을 제대로 처리하거나 실행 가능한 코드를 모두 제거한다면 XSS 공격을 방지할 수 있다.

> ### 공통적인 보안, 신뢰성, 불변성
>
> 거의 모든 다중 사용자 애플리케이션은 어떤 사용자가 데이터에 어떤 작업을 수행할 수 있는지를 관리하는 애플리케이션 전용 보안 불변성을 가지고 있다. 모든 작업은 이런 불변성을 일관적으로 유지해야 한다. 분산 시스템의 연쇄적 장애를 방지하려면 각 애플리케이션은 실패한 RPC 요청의 재시도를 중단하는 등 중요한 정책을 반드시 준수해야 한다. 마찬가지로 C++ 프로그램은 메모리 손상 크래시와 보인 이슈를 방지하기 위해 유효한 메모리에만 접근해야 한다.

이론적으로 이런 불변성을 유지하면서 애플리케이션 코드를 주의해서 작성하면 안전하면서도 신뢰할 수 있는 소프트웨어를 개발할 수 있다. 하지만 필요한 속성의 수와 기반 코드의 크기가 늘어나면 이 방법은 거의 불가능해진다. 모든 개발자가 이런 모든 분야에 전문가가 되거나 지속적으로 보안 및 신뢰성을 염두에 두고 코드를 작성하거나 검토하기를 기대한다는 것은 비합리적이다.

만일 사람이 모든 변경을 직접 검토해야 한다면 그 사람은 전역적인 불변성을 유지하기가 어렵다. 검토자가 전역 콘텍스트를 항상 염두에 두고 있을 수는 없기 때문이다. 호출자가 사용자 입력을 어떤 함수 파라미터로 전달하는지 그리고 어떤 파리미터가 개발자가 제어하는 신뢰할 수 있는 값을 전달하는지 검토자가 알려면 이 함수를 호출하는 모든 호출 코드를 알아야만 한다. 검토자가 장기적으로 이런 상태를 유지하기란 상당히 어려운 일이다.

더 나은 방법은 공통 프레임워크, 언어, 라이브러리를 이용해 보안과 신뢰성을 처리하는 것이다. 이상적으로 라이브러리는 보안 취약점이 없는 공통 클래스만을 이용해 코드를 작성하도록 인터페이스를 노출해야 한다. 여러 애플리케이션이 각 라이브러리나 프레임워크를 사용한다. 이 엔지니어링 방식은 도메인 전문가가 이슈를 수정할 때 프레임워크가 지원하는 모든 애플리케이션에서 해당 이슈를 제거할 수 있으므로 더 나은 확장성을 제공한다. 사람이 직접하는 검토와 비교해보면, 중앙형의 견고한 프레임워크를 도입했을 때 향후 취약점이 발생할 가능성도 줄어든다. 물론 모든 보안 취약점을 보호할 수 있는 프레임워크는 존재하지 않으며 공격자가 예상치 못한 종류의 공격을 발견하거나 프레임워크의 구현체에서 실수를 찾아낼 가능성은 여전히 존재한다. 하지만 새로운 취약점을 발견하면 전체 기반 코드가 아닌 한 곳(또는 두어 곳)만 손봐도 된다.

구체적인 사례로서 OWASP(`https://wiki.owasp.org/images/b/bd/OWASP_Top_10-2017`

-ko.pdf)와 SANS(`https://oreil.ly/RWvPF`)의 보편적인 보안 취약점 목록 중 상위를 차지하는 SQL 주입^{SQL injection}(SQLI)에 대해 살펴보자. 우리의 경험상 TrustedSqlString(12.2.1절 'SQL 주입 취약점: TrustedSqlString' 참고)같은 견고한 데이터 라이브러리를 사용하면 이런 종류의 취약점은 더 이상 문제가 되지 않았다. 타입을 명시적으로 사용하므로 컴파일러가 자동적으로 이런 취약점의 발생을 억제하기 때문이다.

12.1.1 프레임워크를 사용할 때의 장점

대부분의 애플리케이션은 보안(인증과 승인, 로깅, 데이터 암호화) 및 신뢰성(사용률 제한, 로드 밸런싱, 재시도 로직)과 관련해 유사한 빌딩 블록을 제공한다. 이런 빌딩 블록을 모든 서비스에 처음부터 작성하고 관리하는 것은 상당한 노력이 필요할 뿐만 아니라 모든 서비스의 서로 다른 버그에 대한 수정도 필요하다.

반면 프레임워크를 사용하면 코드를 재사용할 수 있다. 개발자는 특정 기능에 영향을 주는 모든 보안 및 신뢰성 이슈를 고려하는 것이 아니라 해당 빌딩 블록을 커스터마이징하기만 하면 된다. 예를 들어 어떤 정보가 유입될 경우 이 정보의 신뢰성은 걱정할 필요없이 유입된 요청의 자격 증명에 필요한 권한을 승인하기 위한 중요 정보가 무엇인지만 알아내면 된다. 정보의 신뢰성은 프레임워크가 검증하기 때문이다. 마찬가지로 스토리지나 복제에는 신경쓰지 않고 어떤 데이터를 로깅할지만 결정하면 된다. 또한 프레임워크를 사용하면 한 곳에만 업데이트를 적용하면 되므로 업데이트도 쉽게 전파할 수 있다.

프레임워크를 사용하면 조직 내 모든 개발자의 생산성이 높아지며 보안 및 신뢰성 문화를 구축할 때도 도움이 된다(21장 참고). 특히 개별 팀이 개별적으로 보안과 신뢰성 기능 자체를 구현하는 것보다 도메인 전문가 팀이 프레임워크에 빌딩 블록을 설계하고 설계할 수 있어 효율적이다. 예를 들어 보안 팀이 암호화를 처리해주면 다른 모든 팀이 보안 팀의 지식을 활용할 수 있게 되는 셈이다. 프레임워크를 사용하는 개발자라면 상세한 내부 구현에 대해 염려할 필요없이 애플리케이션의 비즈니스 로직에만 집중하면 된다.

프레임워크는 쉽게 통합할 수 있는 도구를 제공해서 생산성을 향상시킨다. 예컨데 프레임워크는 총 요청 수, 에러의 종류를 기준으로 분류한 실패한 요청 수, 각 처리 단계의 응답지연 등 기본적인 운영 지표를 자동으로 노출하는 도구를 제공한다. 그러면 이 데이터를 사용해 자동화된 모니터링 대시보드와 서비스 알람을 제공하는 것이다. 게다가 프레임워크는 로드 밸런싱 인프라스트럭처도 쉽게 통합해서 서비스로의 트래픽이 증가하면 자동으로 다른 서비스로 돌리거나 또는 새로운 서비스 인스턴스를 생성할 수도 있다. 그래서 프레임워크를 이용해 개발한 서비스는 상당히 높은 신뢰성을 제공한다.

또한 프레임워크를 사용하면 공통 기능과 비즈니스 로직을 깔끔하게 분리해 코드를 쉽게 유추할 수 있다. 덕분에 개발자는 더욱 확신을 가지고 서비스의 보안이나 신뢰성을 검증할 수 있다. 통상적으로 프레임워크는 복잡도도 낮춘다. 여러 서비스의 코드가 획일적일수록 공통의 권장 사례를 따르기가 더 쉬워진다.

프레임워크를 자체적으로 개발하는 것이 항상 옳은 것은 아니다. 대부분의 경우 최선의 전략은 기존의 솔루션을 재사용하는 것이다. 예를 들어 거의 모든 보안 전문가는 암호화 프레임워크를 자체적으로 설계하고 구현하는 것에 동의하지 않는다. 대신 팅크처럼 제대로 구현되어 널리 사용 중인 프레임워크를 사용하기를 권한다(6.4.3절 속 '예시: 안전한 암호화 API와 팅크 암호화 프레임워크' 참고).

어떤 특정 프레임워크의 도입을 결정하기에 앞서 프레임워크의 보안 상태를 평가하는 것이 중요하다. 또한 활발하게 유지 중인 프레임워크를 사용하고 코드 디펜던시를 지속적으로 업데이트해서 여러분의 코드가 의존하는 코드에 대한 최신의 보안 픽스를 적용하기를 권한다.

앞으로 살펴볼 사례 연구는 프레임워크를 사용할 때의 장점을 보여주는 실용적인 예시다. 이 예제에서는 RPC 백엔드를 구현하기 위한 프레임워크를 예로 든다.

12.1.2 예시: RPC 백엔드 프레임워크

대부분의 RPC 백엔드는 비슷한 구조를 가지고 있다. 이런 서비스는 특정 요청에 대한 로직을 처리하며 보통은 다음의 작업을 수행한다.

- 로깅
- 인증
- 승인
- 쓰로틀링(사용률 제한)

매 RPC 백엔드마다 이런 기능을 다시 구현하는 것보다는 이런 빌딩 블록의 상세 구현을 숨기는 프레임워크를 사용하기를 권한다. 그러면 개발자는 서비스의 필요에 따라 각 단계를 커스터마이징하기만 하면 된다.

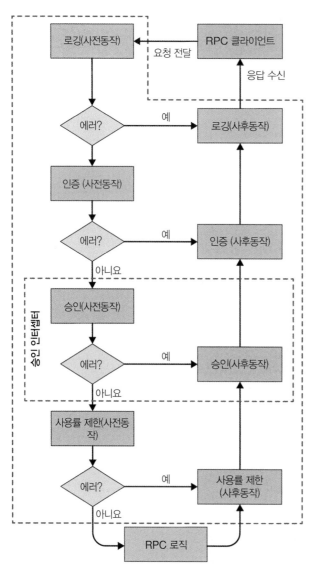

그림 12-1 RPC 백엔드 프레임워크의 흐름 제어. 공통적인 단계는 미리 정의한 인터셉터에 캡슐화되어 있으며 승인 과정이 예시로 강조되어 있다

[그림 12-1]은 앞서 언급한 각 단계를 처리하는 **인터셉터**interceptor를 도입한 프레임워크의 예시를 보여주고 있다. 또한 커스텀 단계를 위한 인터셉터도 사용할 수 있다. 각 인터셉터는 실제 실행할 RPC 로직의 **사전** 동작과 **후속** 동작을 정의한다. 각 단계는 에러 조건을 보고해서 이후의 인터셉터가 실행되지 않도록 할 수 있다. 하지만 이런 일이 벌어지면 이미 호출된 인터셉터의 **후속** 단계가 역순으로 실행된다. 인터셉터 사이의 프레임워크는 에러율 보고나 지표 실행 같은 추가적인 동작을 투명하게 실행한다. 이 아키텍처는 각 단계에서 실행하는 로직을 깔끔하게 분리하므로 간결성과 신뢰성을 향상시킨다.

이 예제에서 로깅 인터셉터의 **사전** 단계는 호출을 로그에 기록하고 **사후** 단계는 작업의 상태를 로그에 기록할 수 있다. 이제 요청이 권한을 갖지 않으면 RPC 로직은 실행되지 않지만 '권한 없음' 에러가 제대로 로그에 기록된다. 그 후 시스템은 인증과 로깅 인터셉터의 **사후** 단계를(설령 빈 작업을 수행하더라도) 호출하고 그 이후에 클라이언트에 에러를 보낸다.

인터셉터는 서로 **콘텍스트 객체**context object를 주고받아 상태를 공유한다. 예를 들어 인증 인터셉터의 **사전** 단계는 인증서 처리와 관련된 모든 암호화 작업을 처리한다(암호화 라이브러리를 다시 구현하는 것보다는 특정 암호화 라이브러리를 재사용해서 보안을 향상시킨다는 점에 주목하자). 그런 후 시스템은 호출자에 대한 추출해서 검증한 정보를 원하는 객체에 담아 콘텍스트에 추가한다. 그러면 이후의 인터셉터가 이 객체에 쉽게 접근할 수 있다.

프레임워크는 이 콘텍스트 객체를 이용해 요청의 실행 시간을 추적한다. 만일 어떤 단계에서든 요청이 원하는 시간 안에 실행되지 않을 것이 분명해지면 시스템은 자동으로 요청을 취소한다. 이를 클라이언트에 빨리 알려주면 자원도 아끼면서 서비스의 신뢰성도 향상시킬 수 있다.

좋은 프레임워크는, 예컨대 로그의 저장을 담당하는 다른 백엔드 등 RPC 백엔드의 디펜던시와도 연계할 수 있도록 해준다. 이런 디펜던시는 소프트 혹은 하드 디펜던시로 등록하면 프레임워크는 지속적으로 그 가용성을 모니터링한다. 프레임워크는 하드 디펜던시가 가용하지 않음을 탐지하면 서비스를 중단하고 자신도 가용하지 않음을 보고한 후 자동으로 트래픽을 다른 인스턴스에 전달한다.

때때로 과부하, 네트워크 이슈 또는 기타 다른 이슈로 디펜던시가 불가용 상태가 될 수 있다. 대부분의 경우 요청을 재시도하는 것이 적절하지만 (도미노를 넘어뜨리는 것과 유사한) **연쇄적 장애**[1]를 방지하기 위해서는 재시도를 신중하게 구현해야 한다. 가장 보편적인 재시도 솔루션은

---

1 연쇄적 장애에 대한 자세한 내용은 SRE 도서의 22장 참고.

지수적 후퇴exponential backoff다.[2] 좋은 프레임워크라면 모든 RPC 호출에 대한 로직을 개발자가 구현하는 것이 아니라 그런 로직을 제공해줘야 한다.

불가용 상태의 디펜던시를 적절하게 처리하고 서비스나 디펜던시의 과부하를 방지하기 위해 트래픽을 돌리는 프레임워크는 서비스는 물론 전체 생태계의 신뢰성을 자연스럽게 향상시키면서 개발자의 개입도 최소화할 수 있다.

예제 코드 조각

[예제 12-1]부터 [예제 12-3]까지는 보안이나 신뢰성에 중점을 둔 프레임워크를 사용하는 RPC 백엔드 개발자의 관점을 보여준다. 이 예제는 고와 구글의 프로토콜 버퍼(https://oreil.ly/yzES2)를 이용해 구현했다.

예제 12-1 기본적인 타입 정의 (인터셉터의 사전 단계는 콘텍스트를 수정한다. 에를 들어 승인 인터셉터는 호출자에 대해 검증한 정보를 콘텍스트에 추가할 수 있다)

```
type Request struct {
    Payload proto.Message
}

type Response struct {
    Err error
    Payload proto.Message
}

type Interceptor interface {
    Before(context.Context, *Request) (context.Context, error)
    After(context.Context, *Response) error
}

type CallInfo struct {
    User string
    Host string
    ...
}
```

---

2 이것 역시 SRE 도서 22장에 설명되어 있다.

예제 12-2 허용 목록에 등록된 사용자의 요청만 처리하는 승인 인터셉터 예제

```go
type authzInterceptor struct {
    allowedRoles map[string]bool
}

func (ai *authzInterceptor) Before(ctx context.Context, req *Request) (context.
Context, error) {
    // callInfo는 프레임워크가 생성한다
    callInfo, err := FromContext(ctx)
    if err != nil { return ctx, err }

    if ai.allowedRoles[calInfo.User] { return ctx, nil }
    return ctx, fmt.Errorf("Unauthorized request from %q", callInfo.User)
}

func (*authzInterceptor) After(ctx context.Context, resp *Response) error {
    return nil // RPC를 처리한 후에는 더 수행할 작업이 없다
}
```

예제 12-3 유입되는 모든 요청(사전 단계)과 실패한 요청 및 그 상태(사후 단계)를 로그에 기록하는 로깅 인터셉터의 예제.
WithAttemptCount는 프레임워크가 제공하는 RPC 호출 옵션으로 지수적 후퇴를 구현하고 있다.

```go
type logInterceptor struct {
    logger *LoggingBackendStub
}

func (*logInterceptor) Before(ctx context.Context, req *Request) (context.Context,
error) {
    // callInfo는 프레임워크가 생성한다
    callInfo, err := FromContext(ctx)
    if err != nil { return ctx, err }
    logReq := &pb.LogReqeust{
        timestamp: time.Now().Unit(),
        user: callInfo.User,
        request: req.Payload,
    }
    resp, err := logger.Log(ctx, logReq, WithAttemptCount(3))
    return ctx, err
}

func (*logInterceptor) After(ctx context.Context, resp *Response) error {
```

```
    if resp.Err == nil { return nil }

    logErrorReq := &pb.LogErrorRequest{
        timestamp: time.Now().Unix(),
        error: resp.Err.Error(),
    }
    resp, err := logger.LogError(ctx, logErrorReq, WithAttemptCount(3))
    return err
}
```

12.2 보편적인 보안 취약점

대규모 기반코드에서는 개발자를 교육하고 코드 검토를 도입하는 지속적인 노력에도 불구하고 단지 몇 가지 종류의 보안 취약점이 대부분을 차지한다. OWASP와 SANS는 보편적인 취약점 종류의 목록을 공개하고 있다. [표 12-1]은 OWASP가 공개한 가장 보편적인 취약점 위험 10가지(https://wiki.owasp.org/images/b/bd/OWASP_Top_10-2017-ko.pdf)를 나열하며 프레임워크 수준에서 각 취약점을 완화하는 방법도 함께 나열하고 있다.

표 12-1 OWASP가 공개한 가장 보편적인 취약점 위험 10가지

OWASP 취약점	프레임워크 수준의 완화법
[SQL] 주입	TrustedString (다음 절 참고)
인증 오류	요청을 애플리케이션에 전달하기 전에 OAuth 같은 검증된 인증 메커니즘을 사용한다 (12.1.2절 '예시: RPC 백엔드용 프레임워크' 참고)
민감한 데이터 노출	신용카드 번호 같은 민감한 데이터는 (단순한 문자열 대신) 전용 타입을 만들어 저장하고 처리한다. 이 방법은 데이터 유출을 방지하기 위해 직렬화를 제한하고 적절한 암호화의 사용을 유도한다. 프레임워크는 LetsEncrypt를 이용한 HTTPS 같이 전송 중에 투명한 보호 장치를 적용한다. 팅크(https://oreil.ly/38Vpd)같은 암호화 API를 이용하면 키를 설정 파일이 아닌 클라우드 키 관리 시스템에서 가져오는 등 적절한 비밀번호 스토리지를 도입할 수 있다.
XML 외부 엔티티 (XXE)	XXE를 비활성화한 XML 파서를 사용한다. XXE를 지원하는 라이브러리를 사용할 때는 이 기능을 비활성화한다.[3]

---

3 옮긴이_ 더 자세한 내용은 XXE 방지 치트 시트(https://oreil.ly/AOYev) 참고.

접근 제어 오류	이 문제는 애플리케이션에 특정한 문제일 경우가 많아 다소 까다롭다. 모든 요청 핸들러나 RPC에 접근 제어 제한을 사용하는 프레임워크를 사용한다. 가능하다면 최종 사용자 자격 증명을 백엔드에 보내서 접근 제어 정책을 백엔드에서 적용한다.
보안 설정 오류	기본적으로 안전한 설정을 제공하는 기술 스택을 사용하고 위험성이 있는 설정 옵션을 제한하거나 허용하지 않는다. 예를 들어 에러 정보를 프로덕션 환경에서 출력하지 않는 웹 프레임워크를 사용하는 것이다. 모든 디버깅 기능은 하나의 플래그로 활성화하고 배포 및 모니터링 인프라스트럭처를 마련해 이 플래그가 공개 사용자에게는 적용되지 않도록 한다. Rails의 environment 플래그가 이 방법의 예 중 하나다.
크로스 사이트 스크립팅 (XSS)	XSS에 잘 대응하는 템플릿 시스템을 사용한다 (12.2.2절 'XSS 방지: SafeHtml' 참고)
안전하지 않은 역직렬화deserialization	프로토콜 버퍼(https://orei.ly/hlezU) 같이 신뢰하지 않은 입력을 처리하기 위해 만들어진 역직렬화 라이브러리를 사용한다.
취약점을 가진 컴포넌트의 사용	대중적이고 활발하게 관리 중인 라이브러리를 선택한다. 보안 이슈를 수정하지 않거나 너무 늦게 수정한 이력이 있는 컴포넌트는 사용하지 않는다. 12.3절 '프레임워크의 평가와 구현'을 참고한다.
불충분한 로깅과 모니터링	일시적인 로깅에 의존하지 말고 요청과 다른 이벤트를 저수준 라이브러리를 이용해 로깅과 모니터링을 구축한다. 이전 절에서 설명했던 로깅 인터셉터 예제 참고

12.2.1 SQL 주입 취약점: TrustedSqlString

SQL 주입(https://xkcd.com/327)은 매우 보편적인 보안 취약점이다. 신뢰할 수 없는 문자열이 SQL 쿼리에 십입되면 공격자가 데이터베이스에 명령을 주입할 수 있게 된다. 다음 코드는 비밀번호를 재설정하는 간단한 쿼리를 실행하는 코드다.

```
db.query("UPDATE users SET pw_hash = '" + request["pw_hash"]
            + "' WHERE reset_token = '" + request.params["reset_token"] + "'")
```

이 예시에서 백엔드로 전달된 사용자의 요청은 reset_token 변수에 예측할 수 없는 값을 가지고 있다. 하지만 문자열 결합 덕분에 악의적인 사용자가 reset_token 변수에 (' or username='admin 같은) SQL 명령을 **주입**해서 백엔드로 보낼 수 있다. 그러면 다른 사용자, 예제의 경우 admin 사용자의 비밀번호 해시를 재설정할 수도 있게 되는 것이다.

SQL 주입 취약점은 기반 코드가 복잡할수록 잡아내기가 어렵다. 데이터베이스 엔진은 파라미터와 프리페어드 스테이트먼트prepared statement를 이용해 SQL 주입 취약점을 방지하는 기능을 제공한다.

```
Query q = db.createQuery(
    "UPDATE users SET pw_hash = @hash WHERE token = @token");
q.setParameter("hash", request.params["hash"]);
q.setParameter("token", request.params["token"]);
db.query(q);
```

하지만 그저 프리페어드 스테이트먼트를 사용하는 가이드라인을 갖추는 것만으로는 확장성 있는 보안 프로세스를 갖추지 못한다. 모든 개발자가 이 규칙을 지키도록 교육해야 하며 보안 검토자도 모든 애플리케이션 코드가 일관되게 프리페어드 스테이트먼트를 사용하는지 확인해야 하기 때문이다. 이런 경우에는 사용자의 입력과 SQL을 섞어쓰는 것이 아예 불가능하도록 데이터베이스 API를 설계하는 편이 좋다. 예를 들어 TrustedSqlString이라는 별도의 타입을 선언하고 모든 SQL 쿼리 문자열을 생성할 때 개발자가 제어할 수 있는 입력값만을 사용하도록 강제하는 것이다. 고 언어의 경우는 이 타입을 다음과 같이 구현할 수 있다.

```
struct Query {
    sql strings.Builder;
}

type stringLiteral string;

// 이 함수는 반드시 문자열 리터럴 파라미터로만 호출할 수 있다
func (q *Query) AppendLiteral(literal stringLiteral) {
    q.sql.writeString(literal);
}
// q.AppendLiteral("foo") 처럼 호출하면 동작하지만 q.AppendLiteral(foo)처럼 호출하
면 동작하지 않는다
```

이렇게 타입을 구현하면 생성 시점에 소스 코드에 존재하는 문자열 리터럴을 이용해 q.sql의 콘텐츠를 결합하게 되어 사용자가 문자열 리터럴을 제공할 수 없게 된다. 대규모 환경에서 이런 제약을 적용하려면 AppendLiteral 함수를 문자열 리터럴로만 호출할 수 있는 언어적 메커니즘을 사용하면 된다. 각 언어별 예시는 다음과 같다.

고

패키지 상 비공개 타입 별칭alias(stringLiteral)을 사용한다. 패키지 외부의 코드는 이 별칭을 참조할 수 없지만 문자열 리터럴은 묵시적으로 이 타입으로 변환된다.

자바

파라미터에 `@CompileTimeConstant` 애노테이션을 사용하게 해주는 ErrorProne (`https://errorprone.info`) 코드 검사기를 사용한다.

C++

문자열 내의 개별 문자에 의존하는 템플릿 생성자를 사용한다.

다른 언어도 이와 유사한 메커니즘을 제공한다.

설계에 따라 데이터를 소유한 사용자가 제공하는 임의의 SQL 쿼리를 실행해야 하는 데이터 분석 애플리케이션 같은 몇 가지 기능은 컴파일 시점의 제약만으로는 구현할 수 없다. 구글은 보다 복잡한 사용 사례를 다루기 위해 보안 엔지니어의 승인하에 타입 제약을 우회할 수 있는 방법을 제공한다. 예를 들어 데이터베이스 API는 안전하지 않은 쿼리를 다룰 수 있도록 별도의 패키지를 통해 안전하지 않은 `query.String` 타입을 제공하며 이를 이용해 SQL 쿼리에 임의의 문자열을 덧붙일 수 있다. 하지만 이 안전하지 않은 API를 사용하는 쿼리는 극히 일부일 뿐이다. 본질적으로 안전하지 않은 SQL 쿼리의 사용과 제약을 가진 다른 API 패턴을 사용하는 새로운 사례를 검토해야 하는 부담은 수십만명의 다른 개발자를 위해 파트타임 방식으로 한 명의 엔지니어가 (돌아가며) 담당한다. 검토를 통해 예외를 허용함으로써 얻을 수 있는 장점에 대해서는 12.3절 '프레임워크의 평가와 구현' 절을 참고하기 바란다.

12.2.2 XSS 방지: SafeHtml

이전 절에서 설명했던 타입 기반의 안전성은 SQL 주입에만 국한되는 것은 아니다. 구글은 같은 설계의 조금 더 복잡한 버전을 사용해 웹 애플리케이션의 크로스 사이트 스크립팅 취약점[4]을 줄이고 있다.

XSS 취약점은 웹 애플리케이션이 신뢰할 수 없는 입력값을 적절히 걸러내지 않고 렌더링할 때 발생한다. 예를 들어 애플리케이션이 공격자가 주입한 `$address` 값을 `<div>$address</`

---

4 이 시스템에 대한 보다 자세한 설명은 다음을 참고. Kern, Christoph. 2014. "Securing the Tangled Web." Communications of the ACM 57 (9): 38-47 (`https://oreil.ly/drZss`).

div> 같은 HTML 코드에 삽입해 다른 사용자에게 보여주려 한다고 가정해보자. 공격자는 이 $address 변수에 <script>exfiltrate_user_data();</script> 같은 코드를 대입해 다른 사용자가 보고 있는 페이지의 콘텍스트 안에서 자신이 원하는 코드를 실행할 수 있다.

HTML은 쿼리 파라미터를 바인딩하는 기능을 제공하지 않는다. 대신 신뢰할 수 없는 값은 HTML 페이지에 삽입하기 전에 적절하게 걸러내야 한다. 게다가 HTML 특성attribute과 요소element는 각기 다른 의미를 가지고 있으므로 애플리케이션 개발자는 값을 어디에 쓰는가에 따라 다르게 취급해야 한다. 예컨데 공격자가 주입한 URL이 javascript: 스키마를 가진 코드를 실행하게 될 수도 있다.

타입 시스템은 어떤 값이 각각의 콘텍스트에서 갖는 의미를 별도의 타입으로 선언해서 이와 같은 문제를 해결한다. 예컨데 SafeHtml은 HTML 요소의 콘텐츠를 표현하고 SafeUrl은 안전하게 방문할 수 있는 URL을 표현하는 식이다. 각 타입은 문자열을 둘러싸는 (불변) 래퍼wrapper일 뿐이다. 값에 적용해야 할 계약은 각 타입의 생성자가 담당한다. 생성자 덕분에 애플리케이션의 보안 속성을 보장하기 위한 신뢰할 수 있는 기반 코드를 작성할 수 있다.

구글은 사용 사례에 따라 활용할 수 있는 여러 빌더 라이브러리를 구현했다. 개별 HTML 요소는 올바른 타입의 값을 특성에 적용할 수 있는 빌더 메서드를 이용해 만들 수 있고 요소의 콘텐츠는 SafeHtml 타입을 이용한다. 그리고 콘텍스트를 엄격히 구분하는 템플릿 시스템이 SafeHtml 타입의 계약을 보장하므로 더 복잡한 HTML도 구현할 수 있다. 이 시스템은 다음과 같은 동작을 수행한다.

1. 템플릿에서 HTML의 일부를 파싱한다.
2. 값을 대체해야 하는 지점의 콘텍스트를 결정한다.
3. 프로그램에 올바른 타입의 값을 전달하도록 요구하거나 신뢰할 수 없는 문자열 값을 적절히 걸러낸다.

예를 들어 다음의 클로저 템플릿Closure Template을 가정해보자.

```
{template .foo kind="html"}<script src="{$url}"></script>{/template}
```

$url 변수에 문자열을 사용하면 이 코드에서는 오류가 발생한다.

```
templateRenderer.setMapData(ImmutableMap.of("url", some_variable));
```

대신 개발자는 TrustedResourceUrl 값 같은 다른 값을 제공해야 한다.

```
templateRenderer.setMapData(
  ImmutableMap.of("x", TrustedResourceUrl.fromConstant("/script.js"))
).render();
```

만일 HTML 자체를 신뢰할 수 없는 곳에서 가져왔다면 애플리케이션의 웹 UI에 포함시킬 수 없다. 그렇게 하면 XSS 취약점에 쉽게 노출될 수 있기 때문이다. 따라서 HTML 새니타이저^{sanitizer}를 사용해서 HTML을 파싱하고 각 값이 계약을 준수하는지 결정하기 위한 런타임 검사를 수행해야 한다. 새니타이저는 계약을 준수하지 않는 요소나 런타임에 계약을 검사할 수 없는 요소를 제거한다. 새니타이저는 안전한 타입을 사용하지 않는 다른 시스템과의 공동작업에도 사용할 수 있다. 대부분의 HTML 조각은 새니타이저를 이용해도 바뀌지 않기 때문이다.

서로 다른 개발자 생산성과 코드 가독성을 목표로 하는 여러 HTML 구성 라이브러리 간에는 절충이 존재한다. 하지만 이런 라이브러리는 모두 같은 계약을 강제하며 (그 현상에 버그가 있을지언정) 같은 수준으로 신뢰할 수 있어야 한다. 사실 구글은 유지 보수 부담을 줄이기 위해 선언적 설정 파일로부터 다양한 언어를 위한 빌더 함수의 코드를 자동으로 생성한다. 이 파일은 HTML 요소의 목록과 각 요소의 특성에 알맞는 값이 갖춰야 할 제약을 제공한다. HTML 새니타이저 중 일부와 템플릿 시스템은 같은 설정 파일을 사용한다.

HTML을 위한 안전한 타입을 잘 구현한 오픈 소스가 바로 클로저 템플릿(https://oreil.ly/6x6Yb)이며 타입 기반 보안(https://oreil.ly/VrN4w)를 웹 표준으로 제정하기 위한 노력도 계속되고 있다.

12.3 프레임워크의 평가와 구현

이전 절에서는 보안과 신뢰성 속성을 확보하기 위해 라이브러리를 구조화하는 방법에 대해 설명했다. 하지만 API 설계만으로 이런 모든 속성을 명쾌하게 표현할 수는 없으며, 웹 브라우저가 노출하는 표준화된 DOM API처럼 API를 쉽게 바꾸지 못할 경우도 있다.

이럴 때는 개발자가 위험한 API를 사용하지 못하도록 컴파일 시간 검사를 수행해야 한다. 자바의 Error Prone (`https://errorprone.info`)나 타입스크립트의 Tsetse (`https://tsetse.info`) 같은 유명한 컴파일러 플러그인은 위험한 코드 패턴의 사용을 금지하고 있다.

필자의 경험상 컴파일러 에러는 즉각적이면서도 대처가 가능한 피드백을 제공한다. (린터처럼) 옵트인opt-in 방식으로 동작하거나 코드 검토 시점에 실행하는 도구의 피드백은 이보다 훨씬 늦다. 대부분 개발자가 코드 검토를 요청하는 시점에는 이미 코드는 거의 마무리되어 동작하는 상태이다. 개발 프로세스의 마무리 단계에서 더 엄격한 타입을 사용하는 API를 사용하기 위해 아키텍처링을 다시 수행하는 것은 상당히 당혹스럽다.

개발자에게 컴파일 에러나 문제가 있는 코드에 밑줄을 그어주는 IDE 플러그인 같은 더 빠른 피드백 메커니즘을 사용하게 하는 것이 훨씬 쉽다. 대부분의 개발자는 컴파일 문제를 해결하기 위해 이미 컴파일을 반복해서 단순한 오타와 문법 에러 같은 다른 컴파일러가 분석하는 에러들을 수정했을 것이다. 개발자는 이미 에러의 영향을 받은 특정 라인의 코드를 손보고 있는데다가 그 코드를 완전히 이해하고 있으므로, 예컨데 문자열의 타입을 `SafeHtml`로 바꾸는 등의 코드 수정을 훨씬 쉽게 할 수 있다.

안전한 솔루션의 시작점으로써 자동으로 수정사항을 제안하는 기능을 활용하면 개발자 경험을 더욱 향상시킬 수 있다. 예를 들어 SQL 쿼리 함수를 호출하는 것을 감지하면 자동으로 `TrustedSqlBuilder.fromConstant`에 쿼리 매개변수를 넣어줄 수 있다. 설령 생성된 결과 코드가 (쿼리가 상수가 아닌 문자열 변수라서) 컴파일이 되지 않더라도 개발자는 자신이 어떻게 코드를 작성해야 하는지 알게 되고 올바른 함수를 찾을 수 있어 API의 기술적 상세 내용을 파악할 필요가 없이 올바른 임포트import 구문을 추가하는 등 여러 가지 장점을 얻게 된다.

필자의 경험상 개발자는 피드백 주기가 빠르고 각 패턴을 수정하는 것이 상대적으로 쉬우면 본질적으로 안전한 API를 더 잘 수용한다. 심지어 우리가 그 코드가 안전하지 않다는 것을 증명할 수 없거나 안전하지 않은 API로도 충분히 안전한 코드를 작성할 수 있는 개발자라도 그런 특성을 보인다. 우리의 이런 경험은 위정과 위부 비율을 줄이는 데 초점을 맞춘 기존의 연구 문헌과는 대조적이다.[5]

우리는 그런 비율에 집중하다 보면 검사기가 복잡해져서 결과를 보기까지의 시간이 훨씬 더 오래 걸린다는 점을 깨달았다. 예를 들어 검사기가 복잡한 애플리케이션의 전체 프로그램 데이

---

5 다음을 참고. Bessey, Al et al. 2010. "A Few Billion Lines of Code Later: Using Static Analysis to Find Bugs in the Real World." Communications of the ACM 53(2): 66–75. doi:10.1145/1646353.1646374.

터 흐름을 분석해야 할 수도 있다. 그러면 검사기의 작업이 간단한 구문적 속성보다 설명하기가 훨씬 어려워져 정적 분석기가 발견한 이슈를 제거하는 방법을 개발자에게 설명하기가 훨씬 어려워진다. 결과를 이해하려면 GDB(GNU 디버거)에서 버그를 추적하는 것만큼이나 많은 작업이 필요하다. 반면 새로운 코드를 작성하면서 컴파일 타임에 타입 안전성 에러를 수정하는 것은 전형적인 타입 에러를 수정하는 것보다 특별히 더 어렵진 않다.

12.3.1 간단하고 안전하며 신뢰할 수 있는 공통 작업 라이브러리

발생 가능한 모든 사용 사례를 안정적으로 처리할 수 있는 안전한 라이브러리를 구현하는 것은 상당히 어려운 일이다. 예를 들어 애플리케이션 개발자가 HTML 템플릿 시스템을 이용해 다음과 같은 템플릿을 작성했다고 생각해보자.

```
<a onclick="showUserProfile('{{username}}');">Show profile</a>">
```

username 변수가 공격자가 제어하는 것이라면 템플릿 시스템은 XSS 공격에 안전하기 위해 작은 따옴표로 둘러싼 문자열, 자바스크립트 코드 그리고 HTML 요소의 특성에 지정한 문자열 등 서로 다른 세 개의 콘텍스트 계층을 반드시 중첩해야 한다. 드물게 발생하는 사례의 조합을 모두 처리할 수 있는 템플릿 시스템을 구현하는 것은 복잡한 일이며 그런 시스템을 완성했다 해도 사용법이 직관적이지 않을 것이다. 게다가 이 이슈는 다른 도메인에서는 더 복잡해지기도 한다. 예컨데 비즈니스가 어떤 동작을 사용할 수 있는 사용자를 지정하기 위한 복잡한 규칙을 요구한다고 가정해보자. 승인 라이브러리가 다른 범용 목적 프로그래밍 언어만큼 표현력이 풍부하지 않으면 (그리고 그만큼 분석이 어렵지 않으면) 모든 개발자의 요구사항을 수렴할 수 없다.

그러므로 공통 작업만을 처리하면서도 쉽고 올바르게 사용할 수 있는 간단하면서도 작은 라이브러리부터 개발을 시작하면 된다. 간단한 라이브러리는 설명하는 것도, 문서화하는 것도 그리고 사용하는 것도 쉽다. 덕분에 개발자의 거부감을 줄일 수 있고 개발자가 보안을 고려해 설계한 라이브러리를 도입하도록 설득하는 데도 도움이 된다. 경우에 따라서는 사용 사례에 따라 더 최적화된 다른 라이브러리를 제공해야 할 수도 있다. 예를 들어 복잡한 페이지를 위한 HTML 템플릿 시스템과 작은 코드 조각을 위한 빌더 라이브러리를 모두 제공하는 것이다.

안전성 보장을 우회하는 제한이 없고 위험성을 내포한 라이브러리를 사용하는 다른 사용 사례의 경우는 전문가의 검토를 거쳐 수용할 수 있다. 만일 사용 사례에 유사한 요청이 반복된다면 해당 기능을 본질적으로 안전한 라이브러리에 추가하면 된다. 12.2.1절 'SQL 주입 취약점: TrustedSqlString'에서 살펴봤듯이 검토에 대한 부담은 대부분 관리가 가능한 수준이다.

검토 요청의 양은 상대적으로 적기 때문에 보안 검토자는 코드를 상세히 살펴보고 필요에 따라 개선사항을 제안할 수 있다. 또한 검토는 보통 독립적인 사용 사례에 해당하는 경우가 많으므로 검토자가 반복적인 작업에 피로를 느껴 실수를 하지 않고 지속적으로 검토할 수 있다. 면제 사항도 피드백 메커니즘처럼 동작한다. 개발자가 작업하는 데 있어 어떤 사용 사례에 대해 반복적으로 면제가 필요하다면 라이브러리 작성자는 이 사용 사례를 지원하기 위한 기능을 라이브러리에 구현하는 것을 고려해야 한다.

12.3.2 롤아웃 전략

우리의 경험상 보안 속성을 타입으로 구현하는 방식은 새 코드를 작성할 때 매우 유용했다. 사실, HTML을 위한 안전한 타입을 제공할 목적으로 개발된 구글의 내부 웹 프레임워크를 이용해 개발한 애플리케이션은, 아무리 주의깊게 검토를 하더라도 안전한 타입 없이 작성한 애플리케이션에 비해 XSS 취약점이 발견되는 사례가 (마치 자석의 서로 다른 극처럼) 훨씬 적었다. 그나마 발견된 취약점의 경우도 안전한 타입을 사용하지 않는 애플리케이션 컴포넌트에 의해 발생한 것이었다.

기존 코드에 안전한 타입을 도입하는 것은 훨씬 더 까다로운 일이다. 설령 완전히 새로운 기반 코드를 작성하더라도 기존의 레거시legacy 코드를 마이그레이션하기 위한 전략이 필요하다. 보호해야 할 새로운 종류의 보안 및 신뢰성 이슈를 발견할 수도 있고 기존의 계약을 재구성해야 할 수도 있기 때문이다.

우리는 기존 코드를 리팩터링하는 몇 가지 전략을 실험해봤다. 지금부터 2개 절에 걸쳐 가장 성공적이었던 전략을 설명하고자 한다. 이 전략을 도입하려면 애플리케이션의 전체 소스 코드에 대한 접근 및 수정이 가능해야 한다. 구글은 대부분의 소스 코드를 하나의 리포지토리[6]에 저

---

6 다음을 참고. Potvin, Rachel, and Josh Levenberg. 2016. "Why Google Stores Billions of Lines of Code in a Single Repository." Communications of the ACM 59(7): 78–87. doi:10.1145/2854146.

장하며 변경의 적용과 빌드, 테스트를 중앙식 프로세스로 처리한다. 또한 코드 검토자는 가독성 및 표준 코드 정리 지침을 지키도록 장려함으로써 익숙하지 않은 기반 코드를 변경할 때의 복잡도를 낮추고 있다. 다른 환경이라면 대규모 리팩터링은 쉽지 않을 수 있다. 그러므로 최대한 많은 동의를 얻어 모든 코드 소유자가 소스 코드의 변화를 수용하고 보안 및 신뢰성 문화를 구축하려는 목적에 기여하도록 하는 것이 도움이 된다.

> **NOTE_** 구글이 회사 전반에 적용하는 스타일 가이드는 엔지니어가 구글의 권장 사례와 주어진 언어의 코딩 스타일을 이해할 수 있다는 것을 증명하기 위한 언어의 **가독성**readability의 개념도 포함하고 있다. 엔지니어는 자신이 다루는 언어의 코드를 읽고 이해할 수 있어야 하거나 또는 코드를 이해하는 다른 사람으로부터 코드 검토를 받아야 한다. 아주 복잡하거나 매우 중요한 코드의 경우 사람이 직접 코드 검토를 하는 것이 가장 생산적이면서도 여러분의 기반 코드의 품질을 향상시킬 수 있는 효과적인 방법이다.

증분 롤아웃

경우에 따라서는 전체 기반 코드를 한 번에 수정할 수 없다. 컴포넌트가 각기 다른 리포지토리에 있을 수도 있고 여러 애플리케이션을 동시에 건드리는 하나의 변경을 작성하고 검토하고 테스트하고 적용하는 과정 자체가 불안정하며 에러를 유발할 수 있기 때문이다. 그래서 구글에서는 기본적으로 레거시 코드에는 정책을 강제하지 않고 안전하지 않은 API의 기존 클라이언트를 하나씩 개별적으로 처리한다.

예를 들어 doQuery(String sql) 함수를 가진 데이터베이스 API를 가지고 있다면 오버로드된 버전의 doQuery(TrustedSqlString sql) 함수를 새로 정의하고 안전하지 않은 버전의 함수는 기존의 호출자만 사용하도록 제한하는 것이다. ErrorProne 프레임워크를 사용하면 @RestrictedApi(whitelistAnnotation={LegacyUnsafeStringQueryAllowed.class}) 애노테이션을 추가하고 기존의 호출자 모두에 @LegacyUnsafeStringQueryAllowed 애노테이션을 추가하면 된다.

다음으로 모든 커밋을 분석하는 **깃 훅**Git hook을 도입해서 새로운 코드가 기존의 함수를 호출하지 못하도록 할 수 있다. 또 다른 방법은 안전하지 않은 API를 가시성을 제한하는 것이다. 예컨데 바젤Bazel의 가시성 허용목록(https://oreil.ly/ajmrr)을 활용하면 보안 팀원이 풀 리퀘스트pull request(PR)를 승인한 경우에만 호출자가 API를 호출할 수 있다. 만일 기반 코드를 활발하게 개발 중이라면 이 방법을 통해 조직적으로 안전한 API로 전환할 수 있다. 어느 시점엔가 아주 적은 수의 호출자만 문자열 기반 API를 사용한다면 나머지는 직접 정리하면 된다. 그러면 그 시점부터 여러분의 코드는 SQL 주입에 면역력을 갖는 설계를 갖게되는 것이다.

레거시 변환

면제 메커니즘을 현재 읽고 있는 소스 코드에서 명시적으로 알 수 있도록 하나의 함수로 통합하는 것이 나은 경우도 종종 있다. 예컨데 임의의 문자열을 전달받아 안전한 타입을 리턴하는 함수를 하나 생성하는 것이다. 그리고 이 함수를 이용해 문자열 기반 API를 호출하는 코드를 더욱 정확한 타입을 사용하는 호출로 바꾼다. 대부분의 경우 함수가 사용하는 것보다는 훨씬 적은 수의 타입만 정의하면 된다. 수많은 레거시 API(예컨데 특정 URL을 호출하는 모든 DOM API)를 제거하는 동안 각종 제약을 걸고 모니터링하는 것보다는 타입 당 하나의 레거시 변환 함수만 제거해야 한다.

12.4 간결함은 안전하며 신뢰할 수 있는 코드로 이어진다

가능하다면 여러분의 코드는 최대한 깔끔하게 간단하게 유지하자. 수많은 도서들이 이 주제를 다루고 있으므로[7] 여기서는 구글 테스팅 블로그(`https://testing.googleblog.com`)에 출판된 2가지 가벼운 포스트를 다뤄보도록 한다. 두 포스트는 모두 기반 코드 복잡도의 빠른 증가를 방지하기 위한 전략을 조명하고 있다.

12.4.1 다중 중첩의 방지

다중 중첩multilevel nesting은 실수를 유발할 수 있는 대표적인 안티패턴이다. 가장 공통적인 코드 경로에서 에러가 발생한다면 단위 테스트에서 발견될 가능성이 높다. 하지만 단위 테스트는 다중 중첩 코드의 에러 처리 경로를 항상 확인하지 않는다. 에러로 인해 (서비스가 에러를 잘못 처리해서 크래시하는 경우) 신뢰성이 저하될 수도 있고 (권한 승인 검사 에러를 잘못 처리하는 경우) 보안 취약점이 될 수도 있다.

---

7 일례로 존 어스터바우트가 집필한 『A Philosophy of Software Design』(Yaknyam Press, 2021)을 참고하자.

[그림 12-2]의 코드에서 버그를 찾아낼 수 있겠는가? 두 버전의 코드는 완전히 동일하다.[8]

```
response = stub.Call(rpc, request)        response = stub.Call(request, rpc)

if rpc.status.ok():                       if !rpc.status.ok():
  if response.GetAuthorizedUser():          raise RpcError(rpc.ErrorText())
    if response.GetEnc() == 'utf-8':
      if response.GetRows():              if not response.GetAuthorizedUser():
        vals = [ParseRow(r) for r in        raise ValueError('wrong encoding')
                response.GetRows()]
        avg = sum(vals) / len(vals)       if response.GetEnc() != 'utf-8':
        return avg, vals                    raise AuthError('unauthorized')
      else:
        raise ValueError('no rows')       if not response.GetRows():
    else:                                   raise ValueError('no rows')
      raise AuthError('unauthorized')
  else:                                   vals = [ParseRow(r) for r in
    raise ValueError('wrong encoding')            response.GetRows()]
else:                                     avg = sum(vals) / len(vals)
  raise RpcError(rpc.ErrorText())         return avg, vals
```

그림 12-2 다중 중첩된 코드에서는 버그를 찾아내기가 훨씬 어렵다

코드를 보면 'wrong encoding'과 'unauthorized' 에러가 바뀐 것을 알 수 있다. 리팩터링한 버전의 코드를 보면 검사를 하자마자 에러를 처리하고 있으므로 이 버그를 알아채기가 훨씬 쉽다.

12.4.2 YAGNI 스멜의 제거

개발자는 종종 나중에 '혹시라도' 쓸모가 있을지 모를 기능을 추가하느라 과도한 엔지니어링을 행하곤 한다. 이런 행위는 당장 필요한 코드만 구현하는 것을 권장하는 YAGNI(You Aren't Gonna Need It) 원리(https://oreil.ly/K40an)를 위배하는 행위다. 하지만 YAGNI 코드는 문서화, 테스트, 유지 보수가 필요하므로 불필요한 복잡도를 추가한다. 다음 예제 코드를 살펴보자.[9]

```
class Mammal { ...
  virtual Status Sleep(bool hibernate) = 0;
};
class Human : public Mammal { ...
  virtual Status Sleep(bool hibernate) {
```

---

8 엘리엇 카플라보스키(Elliott Karpilovsky)의 블로그 포스트 'Code Health: Reduce Nesting, Reduce Complexity'(https://oreil.ly/PO1QR)에서 발췌

9 마크 에디(Marc Eaddy)의 블로그 포스트 'Code Health: Eliminate YAGNI Smells'(https://oreil.ly/NYr7y)에서 발췌

```
  age += hibernate ? kSevenMonths : kSevenHours;
  return OK;
  }
};
```

Human::Sleep 코드는 설령 모든 호출자가 hibernate 변수에 false를 전달해야만 하더라도 반드시 이 변수의 값이 true인 경우도 처리해야 한다. 게다가 호출자는 설령 리턴된 상태값이 항상 OK라 하더라도 반드시 리턴된 상태값을 처리해야 한다. 그러므로 Human 클래스 외에 다른 클래스가 필요하지 않다면 이 코드는 다음과 같이 간소화해야 한다.

```
class Human { ...
  void Sleep() { age += kSevenHours; }
};
```

개발자가 예상했던 미래의 기능 요구사항이 사실화되면 필요한 기능은 **증분 개발과 설계**incremental development and design 원리에 따라 쉽게 해당 기능을 추가할 수 있다. 이 예제의 경우 기존의 몇 가지 클래스를 기반으로 일반화하면 더 나은 Mammal 인터페이스를 쉽게 구현할 수 있다.

요약하자면 YAGNI 코드를 방지하면 신뢰성이 향상되며 코드가 간결할수록 보안 버그는 물론 실수를 할 가능성도 낮아지며 사용하지 않는 코드를 유지 보수하기 위해 개발자가 허비하는 시간도 줄일 수 있다.

12.4.3 기술 부채의 해소

보통 개발자는 나중에 다시 살펴봐야 할 부분이 있는 코드에 TODO나 FIXME 같은 주석을 덧붙인다. 단기적으로는 가장 중요한 기능을 제공하기 위해 속도를 내서 팀이 마감 기한보다 일찍 일을 끝내는 데 도움이 되지만 한편으로는 **기술 부채**를 만들어내기도 한다. 하지만 이런 부채를 상환할 수 있는 분명한 절차(와 할당된 시간)를 확보하고 있다면 이런 주석을 붙이는 것을 굳이 나쁘게 볼 필요는 없다.

예외적인 상황을 잘못 처리한다거나 불필요하게 복잡한 코드(대부분 다른 부분의 기술 부채를 우회하려다 발생한다)도 기술 부채에 해당한다. 두 가지 모두 테스트 과정에서 (드물게 발생하는 상황을 충분히 커버하지 못하므로) 발견하기 힘든 보안 취약점과 신뢰성 이슈를 유발하며 결국 프로덕션 환경으로 배포되어 버린다.

기술 부채를 해결하는 방법은 여러 가지가 있다. 몇 가지 예를 살펴보자.

- 코드 상태 지표를 보여주는 대시보드를 확보한다. 테스트 커버리지나 TODO로 표시한 코드가 얼마나 오래 유지되고 있는지를 보여주는 단순한 대시보드부터 **순환복잡도**cyclomatic complexity(`https://oreil.ly.pXJBL`)나 **유지 관리성 지수**maintainability index(`https://oreil.ly/_N25V`) 같은 지표를 보여주는 정교한 대시보드까지도 갖출 수 있다.
- 린터 같은 분석 도구를 이용해 도달할 수 없는 코드, 불필요한 디펜던시 또는 사용 중인 개발 언어의 특성 같은 공통적인 코드 결함을 탐지한다. 대부분 이런 도구는 코드를 자동으로 수정하기도 한다.
- 코드 상태 지표가 사전에 설정한 수준 이하로 떨어지거나 자동으로 탐지한 이슈의 수가 너무 높을 때 알람을 보내도록 설정한다.

더불어 코드의 상태를 건강하게 유지하는 것을 포용하고 관심을 두는 팀 문화를 유지하는 것이 중요하다. 리더는 여러 가지 방법으로 이런 문화를 장려할 수 있다. 예컨데 개발자가 새로운 기능을 구현하는 것이 아니라 코드의 상태를 향상시키고 중요한 버그를 수정하는 데 더 집중할 수 있는 픽스잇 주간을 정기적으로 갖게 하는 방법이 있다. 또한 팀에서 코드 상태에 지속적으로 기여하는 팀원에게 보너스를 주거나 기타 다른 형태의 보상을 할 수도 있다.

12.4.4 리팩터링

리팩터링refactoring은 기반 코드를 깔끔하고 간결하게 유지하기 위한 가장 효과적인 방법이다. 설령 문제가 없는 기반 코드라도 기존의 기능을 확장하거나 백엔드를 변경하는 등의 이유로 리팩터링을 해야할 때가 있다.

리팩터링은 오래된 기반 코드를 다룰 때 특히 유용하다. 리팩터링의 첫번째 단계는 코드 커버리지를 측정하고 이를 적절한 수준으로 끌어올리는 것이다.[10] 보통 커버리지가 높을수록 리팩터링의 안전성에 대한 확신도 높아진다. 하지만 안타깝게도 100%의 테스트 커버리지라도 성공을 보장할 수는 없다. 그 이유는 무의미한 테스트가 포함되어 있을 수 있기 때문이다. 이런 이슈는 13장에서 설명한 **퍼징** 같은 다른 종류의 테스트로 해결할 수 있다.

---

10 이 때 다양한 코드 커버리지 도구를 사용할 수 있다. Stackify(`https://oreil.ly/~w6DM`)에서 선택 가능한 옵션을 확인할 수 있다.

> **NOTE_** 어떤 이유로 리팩터링을 하든지 반드시 지켜야 할 규칙을 하나 꼽자면 **리팩터링과 기능의 변경은 코드 리포지토리에 하나로 커밋해서는 안 된다**는 것이다. 리팩터링 변경은 보통 규모가 크며 이해가 어려울 수 있다. 이 커밋에 기능의 변경이 포함되어 있다면 작성자나 검토자가 버그를 못보고 지나칠 위험이 높아진다.

리팩터링 기법을 모두 다루는 것은 이 책의 범위를 벗어난다. 보다 자세한 내용은 마틴 파울러 Martin Fowler가 집필한 훌륭한 서적[11]과 라이트Wright[12], 와서만Wasserman[13], 포트빈Potvin과 레벤버그 Levenberg 등이 작성한 자동화된 대규모 리팩터링 도구에 대한 논의를 참고하기 바란다.

12.5 기본적인 보안과 신뢰성

강력한 보장성을 제공하는 프레임워크를 사용하는 것과 더불어 애플리케이션의 보안과 신뢰성뿐만 아니라 팀의 문화까지 자동적으로 향상시킬 수 있는 여러 가지 기법을 사용할 수 있다. 이 기법은 21장에서 더 자세히 설명한다.

12.5.1 올바른 도구의 선택

올바른 언어, 프레임워크, 라이브러리를 선택하는 것은 복잡한 일이며 다음과 같은 여러 가지 요인이 복합적으로 작용한다.

- 기존 기반 코드와의 통합
- 라이브러리의 가용성
- 개발 팀의 스킬이나 선호도

언어의 선택이 프로젝트의 보안과 신뢰성에 엄청난 영향을 미친다는 점은 확실히 인지하기 바란다.

------

11 리팩터링 2판(한빛미디어, 2020)

12 다음을 참고. Wright, Hyrum et al. 2013. "Large-Scale Automated Refactoring Using Clang." Proceedings of the 29th International Conference on Software Maintenance: 548-551. doi:10.1109/ICSM.2013.93.

13 다음을 참고. Wasserman, Louis. 2013. "Scalable, Example-Based Refactorings with Refaster." Proceedings of the 2013 ACM Workshop on Refactoring Tools: 25-28 doi:10.1145/2541348.2541355.

메모리 안전한 언어를 사용하자

2019년 2월 이스라엘의 블루햇BlueHat에서 마이크로소프트의 맷 밀러Matt Miller는 70%에 달하는 보안 취약점이 메모리 안전성 문제에 기인한다는 사실을 밝혔다.[14] 이 통계는 적어도 지난 12년간 균일하게 유지되어 왔다.

구글의 닉 크랄레비치Nick Kralevich는 2016년 프리젠테이션에서 (커널 및 다른 컴포넌트를 포함한) 안드로이드의 전체 버그 중 85%가 메모리 관리 에러 때문에 발생했다고 보고했다(슬라이드 54쪽).[15] 크랄레비치는 '메모리 안전한 언어를 도입할 필요가 있다'며 결론을 냈다. (C/C++처럼) 메모리 할당 관리가 어려운 언어보다 (자바나 고처럼) 더 높은 수준의 메모리 관리 기능을 제공하는 언어를 사용하면 자연적으로 모든 종류의 보안(및 신뢰성) 취약점을 피할 수 있다. 아니면 코드 새니타이저를 이용해 대부분의 메모리 관리 오류를 탐지할 수도 있다(12.5.3절 '코드 새니타이징' 참고)

강력한 타입 및 정적 타입 검사를 사용하자

강력한 타입strongly typed 언어에서는 '호출하는 함수가 호출되는 함수로 객체를 전달할 때 그 객체의 타입은 호출되는 함수가 선언한 타입과 반드시 호환성을 가져야 한다'.[16] 이런 기능을 갖추지 않은 언어는 **약한**weakly 또는 **느슨한 타입**loosely typed 언어라고 부른다. 타입 검사는 컴파일 시점(**정적 타입 검사**static type checking)이나 런타임(**동적 타입 검사**dynamic type checking)에 실행할 수 있다.

강력한 타입과 정적 타입 검사의 장점은 여러 개발자가 대규모 기반 코드를 공유할 때 특히 잘 드러난다. 불변 규칙을 잘 적용할 수 있고 런타임이 아닌 컴파일 시점에 다양한 에러를 잡아낼 수 있기 때문이다. 따라서 프로덕션 환경에서 시스템은 더 안전해지고 보안 이슈는 줄어들며 코드는 더욱 잘 실행된다.

반면 (파이썬처럼) 동적 타입 검사를 사용하면 테스트 커버리지가 100%가 아닌 이상에는 코드로부터 추론할 수 있는 것이 거의 없다. 100%의 테스트 커버리지는 이론상으로는 훌륭하지

---

14 다음을 참고. Miller, Matt. 2019. "Trends, Challenges, and Strategic Shifts in the Software Vulnerability Mitigation Landscape." BlueHat IL. (`https://goo.gl/vKM7uQ`).

15 다음을 참고. Kralevich, Nick. 2016. "The Art of Defense: How Vulnerabilities Help Shape Security Features and Mitigations in Android." BlackHat. (`https://oreil.ly/16rCq`).

16 다음을 참고. Liskov, Barbara, and Stephen Zilles. 1974. "Programming with Abstract Data Types." Proceedings of the ACM SIGPLAN Symposium on Very High Level Languages: 50–59. doi:10.1145/800233.807045.

만 현실적으로 달성한 사례는 극히 드물다. 약한 타입 언어에서는 코드를 이해하기가 더 어려우며 종종 깜짝 놀랄만한 동작으로 이어지기도 한다. 예를 들어 자바스크립트는 모든 리터럴을 기본적으로 문자열로 취급한다. 그래서 `[9, 8, 10].sort()`를 실행하면 `[10, 8, 9]`라는 결과가 나온다.[17] 이런 경우에는 불변 규칙이 컴파일 시점에 적용되지 않으므로 실수를 테스트 과정에서만 잡아낼 수 있다. 그 결과 개발 단계가 아닌 프로덕션 환경에서 신뢰성 및 보안 이슈를 더 자주 접하게 되며, 특히 자주 실행되지 않는 코드에서는 더 빈번하게 이슈가 발생한다.

만일 동적 타입 검사나 약한 타입 언어를 사용하고자 한다면 코드의 신뢰성을 향상시킬 수 있는 확장 기능을 사용하기를 권한다. 이런 확장 기능은 보다 엄격한 타입 검사를 지원하며 기존의 기반 코드에 점진적으로 추가할 수 있다.

- 파이썬 Pytype(https://oreil.ly/_AAvo)
- 자바스크립트의 수퍼셋인 타입스크립트(https://www.typescriptlang.org)

12.5.2 강력한 타입의 사용

타입이 없는 (문자열이나 정수같은) 기본자료형을 사용하면 다음과 같은 문제가 발생할 수 있다.

- 개념적으로 잘못된 파라미터를 함수에 전달
- 원치않는 묵시적implicit 타입 변환
- 타입 계층 구조 이해의 어려움[18]
- 측정 단위의 혼선

첫 번째 상황(의미적으로 잘못된 파라미터를 함수에 전달)은 기본자료형 타입을 사용하는 함수의 파라미터가 충분한 문맥을 제공하지 않아 호출할 때 혼선을 빚는 경우를 의미한다. 예를 들어 다음의 상황을 가정해보자.

- `AddUserToGroup(string, string)` 함수의 경우 그룹 이름을 첫 번째 인자로 전달해야 할지 두 번째 인자로 전달해야 할지 명확하지 않다.

----

17 자바스크립트와 루비의 이런 특성을 더 자세히 알고 싶다면 개리 베른하데트(Gary Bernhardt)가 2012년 'CodeMash'에서 진행했던 발표를 참고(https://oreil.ly/M69rg).
18 2017년 마크 에디가 작성한 'Code Health: Obsessed with Primitives?' 블로그 포스트 참고(https://oreil.ly/0DvJI).

- Rectangle(3.14, 5.67)처럼 생성자를 호출할 경우 높이와 너비의 순서는 어떻게 될까?
- Circle(double)함수의 파라미터는 반지름을 의미하는 것일까 지름을 의미하는 것일까?

문서를 잘 작성하면 이런 혼선을 줄일 수는 있지만 개발자가 실수를 할 가능성은 여전하다. 이런 에러의 대부분은 단위 테스트로 잡아낼 수 있지만 일부 에러는 런타임에서만 발생하기도 한다.

강력한 타입을 사용하면 컴파일 시점에 이런 실수를 잡아낼 수 있다. 앞서 예시로 살펴봤던 함수에 강력한 타입을 사용하면 다음과 같을 것이다.

- Add(User("alice"), Group("root-users"))
- Rectangle(Width(3.14), Height(5.67))
- Circle(Radius(1.23))

여기서 `User`, `Group`, `Width`, `Height`, `Radius` 등은 문자열이나 배정도 실수 기본자료형을 래핑한 강력한 타입이다. 이 방법은 에러가 발생할 확률이 낮으며 코드 자체를 문서화하는 역할도 수행한다. 첫 번째 예제의 경우 함수 이름을 **Add**라고만 정의해도 충분하다.

두 번째로 묵시적 타입 변환은 다음과 같은 결과를 초래할 수 있다.

- 큰 정수값에서 작은 정수값으로 변환할 때 값의 일부가 유실되는 현상
- 큰 실수값에서 작은 실수값으로 변환할 때 정확도가 낮아지는 현상
- 예상치 못한 객체 생성

경우에 따라 컴파일러가 처음 두 가지 경우를 잡아낼 수는 있지만(예를 들어 C++의 {} 초기화 문법을 사용하는 경우) 대부분의 경우는 간과하게 된다. 강력한 타입을 사용하면 컴파일러가 미처 잡아내지 못하는 에러로부터 코드를 보호할 수 있다.

이제 타입 계층 구조 이해의 어려움에 해당하는 예시를 살펴보자.

```cpp
class Bar {
 public:
    Bar(bool is_safe) {...}
};

void Foo(const Bar& bar) {...}

Foo(false); // 나쁘지 않지만 Bar 객체가 생성되었음을 알고 있을까?
Foo(5); // 의도치 않게 Bar(is_safe := true) 객체가 생성된다.
Foo(NULL); // 역시 의도치 않게 Bar(is_safe := false) 객체가 생성된다.
```

이 세 함수 호출은 모두 컴파일 및 실행이 되지만 실행 결과가 개발자의 의도에 부합할까? 기본적으로 C++ 컴파일러는 파라미터를 함수의 인자 타입과 맞추기 위해 묵시적 변환을 수행한다. 이 경우 컴파일러는 bool 타입을 생성자 파라미터로 사용하는 Bar 타입으로 맞추려고 한다. 그런데 C++의 대부분의 타입은 bool 타입으로 묵시적 변환이 된다.

생성자에서의 묵시적 타입 변환은 의도적인 경우(예를 들면 단정도 실수를 std::complex 클래스로 변환하는 등)도 있지만 대부분의 경우 위험한 현상이다. 위험한 결과를 방지하기 위해서는 앞서 예시의 Bar(bool is_safe)처럼 최소한 하나의 값을 사용하는 명시적인 생성자를 만들면 된다. 한 가지 유의할 점은 마지막 호출 예시에서 NULL 대신 nullptr를 사용하면 bool로 묵시적 타입 변환이 일어나지 않으므로 컴파일 에러가 발생하게 된다는 점이다.

마지막으로 단위의 혼선은 끝없는 실수의 온상이다. 이에 의한 실수는 다음과 같은 분류로 나눌 수 있다.

무해한 실수

예컨데 개발자가 Timer(30) 과 같이 코드를 호출했을 때 타이머가 사용하는 단위를 몰라서 30분 대신 30초로 타이머를 설정하는 종류가 이에 해당한다.

위험한 실수

에어캐나다AirCanada의 지상근무자가 '김리 글라이더Gimli Glider' 항공기(https://oreil.ly/5r61w)의 연료를 킬로그램 대신 파운드 단위를 사용해 계산한 까닭에 필요한 연료의 절반만 채워 결국 비상 착륙을 해야 했던 사례가 있다.

대가가 큰 실수

두 엔지니어링 팀에서 서로 다른 측정 단위(파운드법과 미터법)를 사용한 까닭에 과학자가 1400억 원 정도의 화성 기후 탐사선(https:// oreil.ly/ZMbIO)을 잃어버린 사례가 있다.

이런 이슈의 해결책은 강력한 타입을 사용하는 것이다. 강력한 타입은 단위를 캡슐화하며 타임스탬프, 기간, 무게 같은 추상화된 개념만을 제공한다. 이런 타입은 주로 다음과 같은 기능을 구현한다.

실용적인 작업

예컨데 두 타임스탬프를 더하는 것은 보통 유용한 작업은 아니지만 둘을 빼서 기간을 리턴하는 것은 상당히 유용한 작업이다. 두 기간이나 무게를 더하는 것 역시 마찬가지로 유용하다.

단위 변환

예를 들어 `Timestamp::ToUnix`, `Duration::ToHours`, `Weight::ToKilograms` 같이 단위를 변환할 수 있다.

일부 언어는 이런 추상화를 네이티브로 지원한다. 고 언어의 `time` 패키지(`https://golang.org/pkg/time`)과 곧 출시될 C++20 표준의 `chrono` 라이브러리(`http://www.wg21.link/p0355`)가 좋은 예이다. 다른 언어에서는 아마 직접 구현해야 할 것이다.

Fluent C++ 블로그(`https://oreil.ly/Urmzl`)에서는 C++에서 구현하는 강력한 타입과 예제 구현 코드에 대한 훨씬 더 많은 내용을 찾아볼 수 있다.

12.5.3 코드 새니타이징

코드가 보편적인 메모리 관리나 비동기 문제를 겪지 않도록 자동으로 검증하는 방법은 매우 유용하다. 변경사항을 적용하기 전 단계나 지속적 빌드 및 테스트 자동화의 일부로 이런 검사를 수행할 수 있다. 검사해야 할 문제는 언어마다 다르다. 이번 절에서는 C++과 고 언어에 대한 해결책 몇 가지를 제시한다.

C++: Valgrind 또는 구글 새니타이저

C++는 저수준 메모리 관리를 지원한다. 앞서 설명했듯이 메모리 관리 에러는 보안 이슈의 주된 원인이며 다음과 같은 문제를 유발할 수 있다.

- 할당되지 않은 메모리 읽기 (`new` 전 또는 `delete` 후)
- 할당된 메모리 외의 영역 읽기 (버퍼 오버플로 공격 시나리오)
- 초기화되지 않은 메모리 읽기
- 시스템이 할당된 메모리 주소를 잃거나 사용하지 않는 메모리를 먼저 해제하지 않아 메모리 누수가 발생

Valgrind(`http://www.valgrind.org`)는 설령 단위 테스트로도 잡아내지 못하는 메모리 오류를 개발자가 잡아낼 수 있도록 도와주는 보편적인 프레임워크다. Valgrind는 사용자의 바이너리를 해석하는 가상 머신을 제공하므로 사용자는 코드를 사용하기 위해 재컴파일할 필요가 없다. Valgrind 도구 helgrind(`https://oreil.ly/mBSSw`)는 다음과 같은 공통적인 동기화 오류도 추가로 탐지할 수 있다.

- POSIX pthreads API의 잘못된 사용(예를 들면 잠기지 않은 뮤텍스mutex를 잠금 해제하거나 뮤텍스가 다른 스레드를 보유하는 경우)
- 잠금 순서 문제로 발생하는 잠재적인 데드락deadlock
- 적절한 잠금이나 동기화없이 메모리에 접근해서 발생할 수 있는 데이터 경합

그 외에 구글 새니타이저 수트Google Sanitizers suite(`https://oreil.ly/qqdMy`)는 Valgrind의 Callgrind(캐시 및 브랜치 예측 프로파일러)가 탐지할 수 있는 것과 같은 종류의 이슈를 모두 탐지할 수 있는 다양한 컴포넌트를 제공한다.

- AddressSanitizer(ASan)는 (버퍼 오버플로, 메모리 해제 후 사용, 잘못된 초기화 순서 같은) 메모리 오류를 탐지한다.
- LeakSanitizer(LSan)는 메모리 누수를 탐지한다.
- MemorySanitizer(MSan)는 시스템이 초기화되지 않은 메모리를 읽는 경우를 탐지한다.
- ThreadSanitizer(TSan)는 데이터 경합과 데드락을 탐지한다.
- UndefinedBehaviorSanitizer(UBSan)은 (잘못 할당된 포인터, 부호있는 정수 오버플로, 오버플로를 유발하는 실수 타입 변환) 같은 정의되지 않은 동작이 발생하는 상황을 탐지한다.

구글 새니타이저 수트를 사용할 때의 가장 큰 장점은 속도다. Valgrind보다 무려 10배나 빠르기 때문이다(`https://oreil.ly/iyxQ1`). CLion(`https://oreil.ly/yGhh-`)같은 IDE는 구글 새니타이저를 기본적으로 지원한다. 새니타이저와 다른 동적 프로그램 분석 도구에 대해서는 다음 장에서 더 자세히 알아보자.

고: 경합 탐지기

고 언어는 C++에서는 보편적인 메모리 손실 이슈를 허용하지 않도록 설계되었지만 여전히 데이터 경합은 발생할 수 있다. 고 언어의 경합 탐지기Go Race Detector(`https://oreil.ly/RU46m`)는 이런 상황을 탐지한다.

12.6 마치며

이번 장에서는 개발자가 보다 안전하고 신뢰할 수 있는 코드를 설계하고 구현하기 위한 몇 가지 원리를 설명했다. 특히 우리는 프레임워크를 강력한 전략으로 사용하기를 권장했다. 프레임워크는 인증, 승인, 로깅, 사용률 제한, 분산 시스템의 통신 등 신뢰성 및 보안 이슈가 발생할 수 있는 몇 가지 영역의 코드를 작성하는 데 도움이 되는, 재사용 가능한 검증된 빌딩 블록을 제공하기 때문이다. 또한 프레임워크는 개발자(프레임워크 작성자와 프레임워크 사용자 모두)의 생산성도 증가시키며 코드의 기능을 유추하기가 훨씬 쉬워진다. 간결하면서도 안전하고 신뢰할 수 있는 코드를 작성할 수 있는 또 다른 전략은 올바른 도구를 선택하고 기본자료형보다는 강력한 타입을 사용하며 기반 코드를 지속적으로 새니타이즈하는 것이다.

소프트웨어를 작성하는 동안 보안과 신뢰성을 향상시키기 위한 추가적인 노력에 계속 투자하면 장기적으로 보상을 받을 수 있으며 애플리케이션을 검토하거나 배포 후 이슈를 수정하느라 허비하는 시간과 노력을 줄일 수 있다.

CHAPTER 13

코드 테스트

필 아메스Phil Ames, 프란죠 이반치치Franjo Ivančić, 베라 하스Vera Haas, 옌 바르나손Jen Barnason

> 신뢰할 수 있는 시스템은 장애에 탄력적이며 보안 관련 보장사항을 포함해 공문화된 서비스 수준 목표(SLO)를 만족한다. 견고한 소프트웨어 테스트와 분석은 장애의 위험을 줄이는 유용한 도구이므로 프로젝트 구현 단계에서 특히 더 중점을 둬야 한다.
>
> 이번 장에서는 단위 및 통합 테스트를 포함한 몇 가지 테스트 방법을 소개한다. 또한 정적 및 동적 프로그램 분석과 입력값에 대한 소프트웨어의 탄력성을 강화하는 데 도움이 되는 퍼즈 테스팅같이 보안과 관련이 깊은 주제도 다룬다.

엔지니어가 얼마나 주의를 기울여 소프트웨어를 개발하든 실수나 미처 알아채지 못한 예외 상황은 존재하게 마련이다. 예상치 못한 입력값 때문에 데이터가 파손되거나 SRE 도서 22장의 '죽음의 쿼리' 예시처럼 가용성 이슈를 일으키기도 한다. 코딩 에러는 버퍼 오버플로와 크로스 사이트 스크립팅 취약점 같은 보안 문제를 야기하기도 한다. 간단히 말하자면 실세계에서 소프트웨어는 여러 이유로 장애에 취약하다.

이번 장에서 설명하는 기법은 소프트웨어 개발의 여러 단계와 문맥에서 사용되며 비용 대비 효과도 다양하다.[1] 예를 들어 (임의의 요청을 시스템에 보내는) **퍼징**은 시스템의 보안과 신뢰성

---

[1] 신뢰성과 관련된 내용은 SRE 도서 17장 참고.

을 강화하는 데 도움이 된다. 이 기법은 잠재적인 정보의 유출을 잡아내고 서비스가 여러가지 예외 상황에 노출되서 에러를 리턴하게 되는 현상을 줄여준다. 쉽고 빠르게 수정할 수 없는 시스템의 잠재적인 버그를 찾아내려면 사전 테스트를 철저히 수행해야 한다.

13.1 단위 테스트

단위 테스트는 릴리스 전에 개별 소프트웨어 컴포넌트의 다양한 버그를 짚어낼 수 있어 시스템의 보안과 신뢰성을 향상시킨다. 이 기법은 소프트웨어 컴포넌트를 작고 외부 디펜던시가 없는 독립적인 '단위'로 분리한 후 각 단위를 테스트하는 방법이다. 단위 테스트는 테스트를 작성하는 엔지니어가 해당 테스트 단위에 제공할 여러 입력값을 직접 선택해 실행하는 코드로 구성한다. 많은 언어가 대중적인 단위 테스트 프레임워크를 제공한다. xUnit(https://oreil.ly/jZgl5) 아키텍처에 기반한 시스템이 특히 보편적이다.

xUnit 패러다임을 따르는 프레임워크는 개별 테스트 메서드를 실행할 때 공통적으로 사용할 셋업과 해제 코드를 지원한다. 이런 프레임워크는 개별 테스트 프레임워크 컴포넌트의 역할과 책임도 정의해서 테스트 결과 형식을 표준화할 수 있다. 그래서 다른 시스템이 정확히 뭐가 잘못됐는지에 대한 상세한 정보를 얻을 수 있다. 가장 보편적인 예시로는 자바의 JUnit, C++의 구글테스트GoogleTest, 고 언어의 go2xunit 그리고 파이썬의 내장 unittest 모듈 등이 있다.

[예제 13-1]은 구글테스트 프레임워크로 작성한 간단한 단위 테스트(https://oreil.ly/4Dkod)의 예시다.

예제 13-1 인자로 전달한 값이 소수인지를 확인하는 함수를 테스트하기 위해 구글테스트 프레임워크로 작성한 단위 테스트

```
TEST(IsPrimeTest, Trivial) {
EXPECT_FALSE(Isprime(0));
EXPECT_FALSE(IsPrime(1));
EXPECT_TRUE(IsPrime(2));
EXPECT_TRUE(IsPrime(3));
}
```

단위 테스트는 보통 엔지니어링 워크플로의 일부로 로컬에서 실행하며 개발자는 기반 코드에 변경을 적용하기 전에 빠르게 피드백을 얻어볼 수 있다. 지속적 통합/지속적 전달continuous integration/continuous delivery (CI/CD) 파이프라인에서는 주로 커밋commit을 리포지토리 메인 브랜치에 머지merge하기 전에 실행한다. 이렇게 하면 변경된 코드가 다른 팀이 의존하는 동작에 문제를 일으키는 것을 방지할 수 있다.

13.1.1 효율적인 단위 테스트의 작성

단위 테스트의 품질과 포괄성은 소프트웨어의 견고함에 상당한 영향을 미친다. 단위 테스트는 엔지니어의 변경사항이 원하는 동작을 제대로 수행하는지에 대한 즉각적인 피드백을 제공할 수 있도록 빠르고 안정적으로 실행되어야 한다. 단위 테스트를 작성하고 유지하면 엔지니어가 새로운 기능과 코드를 추가해도 테스트로 확인 중인 기존의 동작에 문제를 유발하지 않는다는 점을 보장할 수 있다. 9장에서도 설명했지만 테스트는 격리되어야 한다. 만일 격리된 환경에서 테스트를 반복 실행한 결과가 같지 않다면 그 테스트 결과를 믿을 수 없기 때문이다.

어떤 데이터센터나 특정 지역에 팀이 사용하는 스토리지의 바이트를 관리하는 시스템이 있다고 가정해보자. 또한 이 시스템은 데이터센터에 가용한 공간이 있을 경우 팀이 추가 할당량을 요청할 수 있는 기능도 제공한다. 이때, 가상의 팀이 일정 수준 이상의 용량을 사용 중인 가상의 클러스터를 대상으로 할당량 요청을 검증하는 간단한 단위 테스트를 작성할 수 있다. 또한 보안을 고려해 원하는 바이트 수가 음수로 전달되었을 때 요청을 어떻게 처리하는지나 할당량 값을 표현하기 위한 변수 타입의 최대치에 근접한 값을 전달했을 때 오버플로를 어떻게 처리하는지 등을 확인하는 테스트도 작성할 수 있다. 그 외에도 악의적이거나 잘못된 입력을 보냈을 때 시스템이 적절한 에러 메시지를 리턴하는지 확인하는 테스트도 작성할 수 있다.

같은 코드를 다른 파라미터나 환경 데이터로 반복해 테스트하는 것도 도움이 된다. 앞선 예시의 경우라면 이미 사용 중인 할당량 값을 바꿔가면서 테스트할 수 있다. 단위 테스트 프레임워크나 언어는 중복 코드의 양을 최소화하기 위해 같은 테스트에 다른 파라미터를 전달해 실행하는 방법을 제공한다. 이 방법을 사용하면 중복 코드가 늘어나 리팩터링이 어려워지는 상황을 방지할 수 있다.

13.1.2 단위 테스트의 적절한 사용 시점

보통은 코드를 작성한 바로 테스트를 작성한 후 테스트를 이용해 코드가 원하는대로 동작하는지 검증한다. 이런 테스트는 주로 새로운 코드와 같은 커밋에 포함되며 코드를 작성한 엔지니어가 손수 확인한 사례를 포함하는 경우가 많다. 예를 들어 앞서 예로 든 스토리지 관리 애플리케이션의 경우 '서비스를 보유한 그룹의 빌링billing 관리자만 추가 할당량을 요청할 수 있다' 같은 요구사항이 있을 수 있다. 이 요구사항을 여러 개의 단위 테스트로 나누어 구현할 수 있다.

코드 검토를 수행하는 조직에서는 검토자가 테스트를 점검해서 새로운 코드가 기반 코드의 품질을 유지하기에 충분한 수준으로 견고한지 확인할 수 있다. 예를 들어 새로 작성한 테스트가 변경사항에 대한 것이지만 코드를 제거하거나 새 코드가 실행되지 않은 상황에서도 테스트가 통과한다는 것을 알아챌 수 있다. 만일 검토자가 새 코드의 if (condition_1 ¦¦ condition_2) 조건을 if (false)나 if (true)로 바꿨는데도 새로운 테스트가 전혀 실패하지 않으면 그 테스트가 중요한 테스트 사례를 놓치고 있다는 것을 의미한다. 구글이 이런 **변형 테스트**mutation test를 적용하면서 얻은 경험에 대한 보다 자세한 내용은 페트로빅Petrović과 이반코빅Ivanković의 논문[2]을 참고하기 바란다.

테스트 주도 개발test-driven development (TDD)은 코드를 작성한 **이후**에 테스트를 작성하는 것이 아니라 엔지니어가 코드를 작성하기 **이전**에 요구사항과 원하는 행동을 기반으로 단위 테스트를 먼저 작성하는 것을 권장한다. 새로운 기능이나 버그를 수정하는 코드의 테스트를 작성할 때는 해당 동작을 완전히 구현하기 전까지 테스트가 계속 실패하므로 일단 기능을 구현하고 테스트를 통과하면 엔지니어는 다음 기능을 구현하게 되고 이 과정을 계속 반복하게 된다.

TDD 모델을 이용하지 않은 기존의 프로젝트에는 버그를 처리하거나 시스템에 대한 더 높은 확신을 갖기 위해 노력할 때 천천히 테스트 커버리지를 통합하고 개선하는 것이 보통이다. 하지만 노력의 결과로 완전한 커버리지에 도달한다고 해도 프로젝트가 버그로부터 완전히 자유롭다고 볼 수는 없다. 알려지지 않은 예외 상황이나 완벽하지 않은 에러 처리로 인해 여전히 잘못된 동작을 수행할 가능성이 있기 때문이다.

내부의 수동 테스트나 코드 검토에 들이는 노력을 줄이기 위한 목적으로 단위 테스트를 작성할 수도 있다. 이런 테스트는 표준 개발 과정이나 검토 단계 또는 출시 전 보안 검토 같은 마일스

----

2 다음을 참고. Petrović, Goran, and Marko Ivanković. 2018. "State of Mutation Testing at Google." Proceedings of the 40th International Conference on Software Engineering: 163–171. doi:10.1145/3183519.3183521.

톤^{milestone}을 진행하는 동안 작성하게 된다. 새로운 단위 테스트는 버그 수정 코드가 원하는대로 동작하는지 검증하기도 하지만 나중에 코드를 리팩터링해도 같은 버그가 출현하지 않는다는 점을 검증할 수도 있다. 이런 종류의 테스트는 코드의 기능을 유추하기가 어렵고 잠재적인 버그가 보안에 영향을 미칠 때 특히 중요하다. 예컨대 복잡한 퍼미션 모델을 갖춘 시스템의 접근 제어 로직을 작성하는 경우가 그렇다.

> **NOTE_** 가능한 많은 시나리오를 고려하기 위해 실제 코드보다 테스트 코드를 작성하느라 더 많은 시간을 보내는 경우가 허다하다. 특히 중요한 시스템을 다루는 경우는 더 그렇다. 이때 들이는 추가적인 노력과 시간은 장기적인 관점에서는 보상으로 이어진다. 테스트를 일찍 할수록 기반 코드의 품질이 높아서 디버깅할 예외 상황이 적어지기 때문이다.

13.1.3 단위 테스트가 코드에 미치는 영향

더 포괄적인 단위 테스트를 작성하려면 테스트를 고려해 새로운 코드를 설계하거나 아니면 기존 코드를 더 테스트에 친화적으로 만들기 위해 리팩터링해야 한다. 보통 리팩터링을 하다 보면 외부 시스템 호출을 가로채는 방법을 제공해야 한다. 이런 방법을 사용하면 코드가 인터셉터를 정확히 원하는 수만큼 호출하는지 또는 올바른 인자를 전달하는지 등 다양한 방법으로 코드를 테스트할 수 있다.

어떤 조건이 맞으면 원격 이슈 트래커에 새 티켓을 생성하는 코드를 테스트하는 경우를 가정해보자. 단위 테스트를 실행할 때마다 매번 실제 티켓을 생성하는 것은 불필요한 결과라고 할 수 있다. 게다가 더 심각한 것은 이슈 트래커 시스템에 문제가 생기면 이 테스트 전략이 랜덤하게 실패하게 되고 빠르면서도 신뢰할 수 있는 테스트 결과라는 목적을 상실하게 된다.

이 코드를 리팩터링하려면 이슈 트래커 서비스를 직접 호출하는 코드를 제거하고 추상화된 호출로 대체하는 것이다. 예컨대 IssueTrackerService 객체를 위한 인터페이스를 정의하는 것이다. 그리고 테스트를 위한 코드를 구현할 때 '새 이슈 생성'이라는 호출을 받으면 실제 티켓을 생성하지 않고 그 데이터를 어딘가에 기록하고 테스트 코드는 그 데이터를 확인함으로써 성공과 실패를 결론짓는 것이다. 그런 후 프로덕션용 코드는 실제 원격 시스템에 접근해 API 메서드를 호출하도록 구현하면 된다.

이렇게 리팩터링하면 실제 시스템에 의존하는 테스트가 '쉽게 깨질 수 있는' 우려를 덜 수 있다. 의존하는 기능이 항상 동작할 것이라는 보장이 없으므로 (외부 디펜던시나 일부 컨테이너 타입으로부터 아이템을 순서대로 전달받을 때처럼) 깨지기 쉬운 테스트는 도움이 된다기보다는 오히려 성가신 존재일 뿐이다. 이런 테스트는 발견하자마자 수정해야 한다. 그렇지 않으면 개발자가 변경사항을 확인하면서 테스트 결과를 믿지 않고 무시하는 습관을 갖게 될 것이다.

> **NOTE_** 이런 추상화와 그에 대응하는 구현체를 **목**mock, **스텁**stub 또는 **페이크**fake라고 한다. 이 세 가지 구현 복잡도와 기능을 생각하면 서로 다른 개념이지만 가끔 엔지니어는 이 세 가지를 같은 의미로 취급하곤 한다. 그러므로 조직내의 모든 개발자가 같은 용어를 사용하도록 하는 편이 좋다. 코드 검토를 실행하거나 스타일 가이드를 이용한다면 팀에 적절한 정의를 제공해 혼선을 줄일 수 있다.

하지만 추상화 수준이 너무 과도하면 테스트 코드로 함수의 호출 순서나 그 인자를 확인하는 등의 역학적인 사실을 테스트하게 되는 함정에 빠지기 쉽다. 과도하게 추상화된 테스트는 큰 가치를 제공하지 못하는 경우가 많다. 이런 테스트는 시스템의 동작보다는 언어의 제어 흐름 구현 자체를 '테스트'하게 되는 경향이 있기 때문이다.

만일 메서드를 변경할 때마다 테스트를 완전히 다시 작성해야 한다면 그런 테스트 또는 어쩌면 시스템 아키텍처 자체를 다시 생각해봐야 한다. 테스트를 계속 재작성하지 않으려면 서비스 경험이 풍부한 엔지니어에게 중요한 테스트 요구사항을 위한 적합한 모조 구현체를 제공해줄 것을 요구해야 한다. 이 방법은 시스템에 대한 팀의 책임과 코드를 테스트하는 엔지니어 모두에게 좋은 방법이다. 추상화를 구현한 팀은 서비스가 개선되면서 추가된 기능을 계속 추적할 수 있고 추상화를 사용하는 팀은 보다 실제적인 컴포넌트를 테스트에서 사용할 수 있기 때문이다.[3]

---

3 구글이 마주했던 단위 테스트의 보편적인 함정에 대한 보다 자세한 내용은 다음을 참고. Wright, Hyrum, and Titus Winters. 2015. "All Your Tests Are Terrible: Tales from the Trenches." CppCon 2015. (https://oreil.ly/idleN).

정확성 검증

주의깊게 설계한 테스트 수트는 같은 작업을 수행하는 소프트웨어의 서로 다른 부분의 정확성을 평가할 수 있다. 이 기능은 특정 도메인에서는 매우 유용하다. 예를 들어 컴파일러는 프로그래밍 언어의 아주 난해한 예외 상황을 위한 테스트 수트를 갖고 있는 경우많다. GNU C 컴파일러의 'torture test' 수트(https://oreil.ly/nn6u0)가 좋은 예이다.

또 다른 예로는 몇 가지 알려진 공격에 대한 암호화 알고리즘 구현의 정확성을 검증하는 Wycheproof(https://oreil.ly/ecCr9) 테스트 벡터 세트도 있다. Wycheproof은 JCA^Java Cryptography Architecture라는 자바의 표준화된 인터페이스를 활용해 암호화 함수에 접근한다. 암호화 소프트웨어의 작성자는 JCA에 맞춰 구현을 하고 JCA의 암호화 프로바이더는 암호화 함수의 호출을 처리한다. 이 테스트 벡터는 다른 프로그래밍 언어에서도 사용할 수 있다.

심지어 특정 미디어 포맷을 파싱하는 RFC의 모든 규칙을 확인하기 위한 테스트 수트도 있다. 대체 파서를 작성하는 엔지니어는 이 테스트를 이용해 기존의 구현체와 새로운 구현체가 호환이 가능하며 동일한 결과를 생성하는지 확인할 수 있다.

13.2 통합 테스트

통합 테스트는 개별 단위와 추상화의 경계를 넘어 데이터베이스나 네트워크 서비스 등에 대한 페이크나 스텁 대신 실제 구현체를 사용하는 테스트다. 따라서 통합 테스트로 더 완전한 코드 실행 경로를 테스트할 수 있다. 통합 테스트를 위해서는 다른 디펜던시를 반드시 초기화하고 구성해야 하므로 단위 테스트보다는 느리거나 더 깨지기 쉬울 수 있다. 통합 테스트는 여러 서비스가 서로 통신을 수행하므로 네트워크 지연 응답같은 실세계의 변수가 그대로 반영된다. 개별적인 코드의 저수준 단위를 테스트하는 것이 아니라 여러 컴포넌트를 서로 조합했을 때 어떻게 상호작용하는지를 테스트하는 것이므로 통합 테스트의 결과는 시스템이 원하는대로 동작하는지에 대한 더 높은 수준의 확신을 제공할 수 있다.

디펜던시의 복잡도에 따라 통합 테스트는 여러 형태를 가진다. 통합 테스트에 필요한 디펜던시가 상대적으로 간단하다면 기반 클래스를 이용해 몇 가지 공유 디펜던시(예를 들면 미리 설정한 상태의 데이터베이스)를 셋업하고 다른 테스트는 이 클래스를 확장해서 구현할 수 있다. 하지만 서비스의 복잡도가 증가하면 통합 테스트는 그보다 훨씬 더 복잡해지며 관리 시스템을 이용해 테스트에 필요한 초기화나 셋업을 조율해야 한다. 구글은 심지어 공통 인프라스트럭처 서비스를 위한 표준화된 통합 테스트 셋업만 수행하는 팀을 보유하고 있다. 젠킨스Jenkins(https://jenkins.io) 같은 지속적 빌드와 전달 시스템을 보유하고 있다면 기반 코드의 크기와 프로젝트에 작성한 테스트의 수에 따라 통합 테스트를 단위 테스트와 함께 실행하거나 별도로 실행할 수도 있다.

> **NOTE_** 통합 테스트를 빌드할 때는 5장에서 설명했던 원칙을 염두에 두기 바란다. 즉, 테스트 때문에 늘어난 데이터와 시스템에 접근해야 하는 요구사항 때문에 보안 위협이 발생해서는 안 된다. 데이터베이스에 실제 데이터가 풍부하므로 테스트 환경에도 실제 데이터베이스의 복제본을 사용하고 싶겠지만 그렇게하면 이 데이터베이스를 이용해 테스트를 실행하는 누구에게라도 민감한 데이터가 노출될 수 있으므로 이런 안티 패턴은 지양해야 한다. 이런 구현은 최소 권한 원칙에 위배되며 보안 위협이 될 수 있다. 대신 중요하지 않은 테스트 데이터로 시스템을 초기화해야 한다. 이렇게 하면 테스트 환경을 원하는 상태로 되돌리기도 쉬워서 통합 테스트가 깨질 가능성도 줄어든다.

13.2.1 효율적인 통합 테스트의 작성

단위 테스트와 마찬가지로 통합 테스트도 코드의 설계 방향에 영향을 받는다. 티켓을 생성하는 이슈 트래커 예제를 이어서 생각해보면 단위 테스트를 위한 목은 단순히 원격 서비스에 티켓을 생성하는 메서드를 호출했는지만 검증이 필요하다. 반면 통합 테스트는 실제 클라이언트 라이브러리를 사용한다. 이때 통합 테스트는 단순히 프로덕션 환경에 테스트용 모의 버그를 생성하는 것이 아니라 QA용 엔드포인트를 사용할 수 있다. 테스트 케이스가 QA용 인스턴스를 호출하는 입력값을 가지고 애플리케이션 로직을 실행하는 것이다. 그러면 관리용 로직은 QA 인스턴스를 질의해 외부에 노출된 동작이 성공적으로 실행됐는지를 확인하면 된다.

모든 단위 테스트가 성공했는데 통합 테스트가 실패했다면 그 이유를 찾는 데 드는 시간과 에너지는 엄청날 수 있다. 통합 테스트 내에 논리적인 결합이 일어나는 지점에 로깅을 잘 해두면 문제가 발생한 부분을 디버깅하고 이해하는 데 큰 도움이 된다. 또한 통합 테스트는 컴포넌트 간의 상호 작용을 확인하기에 개별 단위의 경계를 넘어서는 것이므로 다른 시나리오에서 각 컴포넌트가 얼마나 잘 융화되어 동작하는지에 대해 제공할 수 있는 정보가 제한적이라는 점도 염두에 두자. 개발 주기에서 여러 종류의 테스트 기법을 사용해야 하는 많은 이유 중 한 가지가 바로 이 점이다. 한 가지 종류의 테스트로 다른 테스트를 대체할 수는 없다.

13.3 더 알아보기: 동적 프로그램 분석

프로그램 분석program analysis을 활용하면 사용자는 성능 프로파일링, 보안 관련 정확성 확인, 코드 커버리지 보고, 죽은 코드의 제거 등 여러 유용한 작업을 할 수 있다. 이번 장 후반부에서 설명 하겠지만 **정적으로** 프로그램 분석을 수행해 소프트웨어를 실행하지 않고도 그 동작을 확인할 수 있는 방법도 있다. 여기서는 **동적** 방식에 대해서만 설명한다. 동적 프로그램 분석은 가상화 또는 에뮬레이터 환경에서 프로그램을 실행해 소프트웨어를 분석하며 단순한 테스트만을 목적 으로 하는 것은 아니다.

(프로그램의 성능 문제를 찾기 위해 사용하는) 성능 프로파일러와 코드 커버리지 보고서 생성 기는 동적 분석의 잘 알려진 예이다. 앞장에서 동적 프로그램 분석 도구인 Valgrind(`http://www.valgrind.org`)를 소개했는데 이 도구는 가상 머신과 바이너리를 해석하는 여러 도구를 제공하며 프로그램을 실행해 다양한 공통 버그의 존재 여부를 확인한다. 이번 섹션에서는 메 모리 관련 에러를 찾기 위해 컴파일러의 지원(보통 **계측**instrumentation이라고 한다)을 활용한 동적 분석 방법에 대해 설명한다.

컴파일러와 동적 프로그램 분석 도구는 컴파일러가 바이너리에 생성한 성능 프로파일링 정보, 코드 커버리지 정보, 프로파일 기반 최적화 등의 런타임 통계를 수집하기 위한 계측을 설정한 다. 컴파일러는 추가 명령과 바이너리가 실행될 때 관련된 정보를 찾아 수집하는 백엔드 런타 임 라이브러리를 위한 콜백을 삽입한다. 여기서는 C/C++ 프로그램의 보안 관련 메모리 오 용misuse을 중점적으로 살펴본다.

구글 새니타이저 수트는 컴파일 기반의 동적 분석 도구를 제공한다. 원래는 보편적인 프 로그래밍 실수를 잡아내기 위해 LLVM(`https://llvm.org`) 컴파일러 인프라스트럭 처의 일부로 개발했지만 이제는 GCC와 다른 컴파일러도 지원하고 있다. 예를 들어 AddressSanitizer(ASan)(`https://oreil.ly/NkxYL`)은 C/C++ 프로그램에서 경계 외 부out-of-bound 메모리 접근 같은 보편적인 메모리 관련 버그를 찾아낸다. 그 외에도 대표적인 새 니타이저로는 다음과 같은 것을 지원한다.

UndefinedBehaviorSanitizer

정의되지 않은 동작에 대한 런타임 표시^{flagging}를 수행한다(https://oreil.ly/fRXLV).

ThreadSanitizer

경합 상태를 탐지한다(https://oreil.ly/b6-wy).

MemorySanitizer

초기화되지 않은 메모리의 읽기 시도를 탐지한다(https://oreil.ly/u9Jfh).

LeakSanitizer

메모리 및 다른 종류의 누수를 탐지한다(https://oreil.ly/Z905m).

새로운 하드웨어 기능으로 메모리 주소에 표시가 가능해지면서 이 새로운 기능을 이용해 ASan의 성능을 더욱 향상시키기 위한 제안(https://oreil.ly/8BXt4)도 등장하고 있다.

ASan은 분석 과정에서 프로그램을 기구화^{instrumented}한 커스텀 바이너리를 생성해서 빠른 성능을 제공한다. ASan은 컴파일 과정에서 새니타이저 런타임의 콜백을 실행하기 위한 명령을 추가한다. 런타임은 유효하게 접근할 수 있는 메모리 주소 등, 프로그램 실행과 관련된 메타데이터를 관리한다. ASan은 섀도 메모리$^{shadow\ memory}$를 이용해 프로그램이 해당 바이트에 안전하게 접근할 수 있는지 기록하고 컴파일러가 삽입한 명령을 이용해 프로그램이 그 바이트를 읽거나 쓸 때 섀도 메모리를 검사한다. 또한 커스텀 메모리 할당^{allocation}과 해제^{deallocation} 구현체(malloc 함수와 free 함수)도 제공한다. 예를 들어 malloc 함수는 요청한 메모리 영역을 리턴하기 바로 직전과 직후에 추가 메모리를 할당한다. 그러면 버퍼 메모리 영역이 생성되어 ASan이 버퍼 오버플로와 언더플로를 어디서 어떤 부분이 잘못되었는지에 대한 정확한 정보와 함께 보고할 수 있다. 이를 위해 ASan은 이 영역(**레드존**^{redzone}이라고 부른다)을 **훼손된**^{poisoned} 영역으로 표시한다. 마찬가지로 ASan은 여러분이 해제 후 사용$^{use-after-free}$ 버그를 쉽게 잡아낼 수 있도록 해제된 메모리도 훼손된 것으로 표시한다.

다음 예제는 클랭^{Clang} 컴파일러를 이용해 ASan을 실행했을 때의 예시를 보여주고 있다. 셸 명령은 이전에 해제된 메모리 영역에 포함된 메모리 주소를 읽으려고 할 때 발생하는 해제 후 사용 버그를 내포한 특정한 소스 파일을 지정해 실행한다. 이런 종류의 메모리 접근은 빌딩 블록을 사용해서 보안 공격을 유발할 수도 있다. -fsanitize=address 옵션은 ASan 계측을 적용하기 위한 것이다.

```
$cat -n use-after-free.c
1 #include <stdlib.h>
2 int main() {
3   char *x = (char*)calloc(10, sizeof(char));
4   free(x);
5   return x[5];
6 }

$clang -fsanitize=address -01 -fno-omit-frame-pointer -g use-after-free.c
```

컴파일이 완료된 후 ASan이 생성된 바이너리를 실행할 때 만들어 낸 에러 보고서는 다음과 같다(예시를 간소화하기 위해 전체 ASan 에러 메시지는 생략했다). ASan 에러 보고서는 클랭 문서의 'Symbolizing the Reports' 섹션(https://oreil.ly/0VfIH)에서 설명한 것처럼 LLVM 심볼라이저symbolizer를 이용해 줄 번호 등 소스 파일의 정보를 제공한다. 결과 보고서를 보면 알 수 있겠지만 ASan은 1바이트의 메모리가 해제 후 사용되고 있음을 찾아냈다. 에러 메시지에는 할당과 해제가 일어난 부분 그리고 그 이후에 잘못 사용하고 있는 부분에 대한 정보가 포함되어 있다.

```
% ./a.out ================================================================
==142161==ERROR: AddressSanitizer: heap-use-after-free on address 0x602000000015
at pc 0x00000050b550 bp 0x7ffc5a603f70 sp 0x7ffc5a603f68
READ of size 1 at 0x602000000015 thread T0
 #0 0x50b54f in main use-after-free.c:5:10
 #1 0x7f89ddd6452a in __libc_start_main
 #2 0x41c049 in _start

0x602000000015 is located 5 bytes inside of 10-byte region
[0x602000000010,0x60200000001a)
freed by thread T0 here:
   #0 0x4d14e8 in free
   #1 0x50b51f in main use-after-free.c:4:3
   #2 0x7f89ddd6452a in __libc_start_main
previously allocated by thread T0 here:
   #0 0x4d18a8 in calloc
```

```
   #1 0x50b514 in main use-after-free.c:3:20
   #2 0x7f89ddd6452a in __libc_start_main
SUMMARY: AddressSanitizer: heap-use-after-free use-after-free.c:5:10 in main
[...]
==142161==ABORTING
```

> ### 동적 프로그램 분석의 성능 절충
>
> 새니타이저같은 동적 프로그램 분석 도구는 코드의 정확성은 물론 성능과 코드 커버리지 같은
> 유용한 피드백을 개발자에게 제공한다. 하지만 이런 피드백을 얻기 위해서는 성능의 희생이 따
> 른다. 컴파일러의 명령이 삽입된 바이러리는 네이티브 바이너리에 비해 많이 느리다. 그 결과 많
> 은 프로젝트가 새니타이저를 활용하는 파이프라인을 기존의 CI/CD 시스템에 추가하되 그 파이
> 프라인의 실행 빈도를 낮게 가져간다. 예컨대 나이틀리^{nightly} 빌드에만 사용하는 식이다. 이렇게
> 하면 메모리 변질로 인해 발생하는 인지하기 어려운 버그를 찾아낼 수 있다. 다른 프로그램 분석
> 을 수행하는 CI/CD 파이프라인은 나이틀리 코드 커버리지 지표 같은 추가적인 개발자 정보를
> 수집할 수도 있다. 시간이 지나면 이런 정보를 이용해 코드의 상태를 보여주는 다양한 지표를 얻
> 을 수 있다.

13.4 더 알아보기: 퍼즈 테스트

퍼즈 테스팅^{Fuzz testing}(보통 **퍼징**이라고 한다)은 지금까지 설명했던 테스팅 전략을 보완하는 기법
이다. 퍼징은 **퍼즈 엔진**^{fuzz engine}(또는 **퍼저**^{fuzzer})을 이용해 대량의 입력값 후보를 생성하고 이를
퍼즈 드라이버^{fuzz driver}를 통해 **퍼즈 대상**^{fuzz target}(입력을 처리하는 코드)에 보낸다. 그런 후 퍼저는
시스템이 입력값을 처리하는 방법을 분석한다. 모든 종류의 소프트웨어가 처리하는 복잡한 입
력값이 가장 대중적인 퍼징의 대상이 된다. 예컨대 파일 파서, 압축 알고리즘 구현, 네트워크
프로토콜 구현, 오디오 코덱 등이 좋은 예이다.

> ## 보안 및 신뢰성 관점에서 퍼징의 장점
>
> 퍼징을 사용하는 계기 중 하나는 보안에 영향을 주는 메모리 변질 같은 버그를 찾기 위함이다. 또한 퍼징은 자바나 고 같은 언어에서 연쇄적 서비스 거부를 일으키는 런타임 예외를 유발하는 입력값을 찾기 위한 용도로도 사용한다.
>
> 퍼징은 서비스의 회복력을 테스트하기에도 좋다. 구글은 수동 및 자동 재해 복구 테스트 프로그램을 정기적으로 수행한다. 자동화된 테스트는 잘 제어된 방법으로 회귀를 찾는 좋은 방법이다. 만일 어떤 잘못된 입력으로 시스템에 크래시가 발생하거나 특수 문자를 사용할 때 시스템이 에러를 리턴한다면 그 결과는 에러 예산[4]에 심각한 영향을 줄 수 있으며 사용자의 불만족으로 이어지기도 한다. 이런 경우 카오스 엔지니어링(https://oreil.ly/SfYxy)으로 알려진 테스트 방법을 사용하면 지연 응답이나 서비스 실패 같은 여러 종류의 장애를 시스템에 주입해서 이런 약점을 자동으로 찾아낼 수 있다. 넷플릭스[Netflix]의 시미안 아미[Simian Army](https://oreil.ly/GZmUW)는 이런 테스트를 수행하는 도구를 구현한 초창기의 사례라고 볼 수 있다. 이 도구의 일부 컴포넌트는 이제 스피내커[Spinnaker](https://oreil.ly/HpYx2) 같은 다른 릴리스 엔지니어링 도구로 통합되었다.

퍼징은 같은 기능에 대한 다른 구현체를 평가할 때도 사용할 수 있다. 예를 들어 라이브러리 A에서 라이브러리 B로 변경하고자 할 때 퍼저를 이용해 입력을 생성하고 각 라이브러리에 이를 전달해 처리한 후 결과를 비교하면 된다. 퍼저는 일치하지 않는 결과는 '크래시'라고 보고하며 이는 엔지니어가 두 라이브러리의 동작의 미묘한 차이를 확인하는 데 도움을 준다. 출력이 다를 때 크래시를 나타내는 동작은 보통 OpenSSL의 BigNum 퍼저(https://oreil.ly/jWQsI)[5]처럼 퍼즈 드라이버에 구현한다.

퍼징은 무한정 실행할 수 있으므로 테스트 결과에 나타난 모든 커밋을 블록하는 것은 적절하지 않다. 즉 퍼저가 버그를 찾아냈다는 것은 이미 그 코드가 체크인되어 있을 수도 있다는 뜻이다. 이상적이라면 다른 테스트나 분석 전략에 의해 버그의 유입이 차단되었을 것이므로 퍼징은 엔지니어가 미처 고려하지 못했을 테스트 케이스를 생성하는 보완책으로 사용하는 편이 좋다. 또한 퍼즈 대상의 버그를 찾아낸 입력값을 다른 단위 테스트에 사용해 나중에 다른 변경에 의해 같은 버그가 발생하지 않도록 방지할 수 있다는 장점도 있다.

---

4 SRE 워크북 2장 참고.
5 퍼즈 대상은 OpenSSL내에 멱등성을 갖도록 구현된 두 개의 모듈을 테스트한 결과를 비교하고 결과가 다르면 실패한다.

13.4.1 퍼즈 엔진의 동작 원리

퍼즈 엔진의 복잡도와 완성도는 각기 다르다. 퍼즈 엔진의 수준이 낮았던 때는 단순히 난수 생성기로부터 바이트를 읽어 버그를 찾을 퍼즈 대상에 전달하는 일명 **덤 퍼징**^{dumb fuzzing}이라는 기법이 대부분이었다. 그 후로 퍼즈 엔진은 컴파일러 도구와 통합하면서 훨씬 똑똑해졌다. 이제는 앞서 설명했던 컴파일러의 계측 기능을 활용해 더 흥미롭고 의미있는 샘플을 생성할 수 있게 됐다. 이제 업계에서는 빌드 도구에 가능한 많은 퍼즈 엔진을 통합하고 코드 커버리지 비율 같은 지표를 모니터링하는 것이 좋은 사례로 여겨지고 있다. 어느 시점에 코드 커버리지가 안정화되면 다른 분야에서 퍼저를 사용할 방법을 연구하는 것도 좋다.

몇몇 퍼즈 엔진은 잘 정의된 프로토콜, 언어, (HTTP, SQL, JSON 같은) 포맷의 명세나 문법으로부터 추출한 키워드 사전을 활용하기도 한다. 이런 퍼즈 엔진이 생성하는 입력값이 적합하지 않은 키워드를 포함하는 경우에는 파서 코드에 의해 단순 거부될 수 있으므로 테스트 중인 프로그램이 수용할 가능성이 높은 입력값을 생성할 수 있다. 사전을 제공하면 실제로 퍼징을 이용해 테스트하고자 하는 코드까지 도달할 확률이 높아진다. 그렇지 않으면 유효하지 않은 토큰으로 입력을 거부하는 코드가 실행되어 실질적인 버그는 결코 찾지 못할 수도 있다.

피치 퍼저^{Peach Fuzzer} 같은 퍼즈 엔진은 퍼즈 드라이버 개발자가 프로그래밍적으로 입력의 형식과 원하는 필드 간의 관계를 정의하는 것을 허용하고 이런 관계를 위반하는 테스트 케이스를 생성할 수도 있다. 또한 퍼즈 엔진은 보통 **시드 코퍼스**^{seed corpus}[6]라고 부르는 샘플 입력 파일의 집합을 활용하며 이 샘플은 퍼즈 테스트의 대상이 되는 코드에 전달될 값을 표현한다. 그러면 퍼즈 엔진은 지원하는 입력값 생성 전략과 함께 이 입력값도 변형해 사용한다. 일부 소프트웨어 패키지는 테스트 수트에 (오디오 라이브러리의 MP3 파일이나 이미지 처리 소프트웨어의 JPEG 파일 같은) 샘플 파일을 제공하기도 한다. 이런 샘플 파일은 시드 코퍼스로 사용하기에 좋다. 아니면 실제 사례나 직접 손으로 시드 코퍼스를 생성해도 된다. 보안 연구원도 다음의 도구가 제공하는 것처럼 보편적인 파일 형식에 대한 시드 코퍼스를 제공하기도 한다.

- OSS-Fuzz (https://oreil.ly/K39Q2)
- The Fuzzing Project (https://fuzzing-project.org/)
- American Fuzzy Lop (AFL) (https://oreil.ly/mJBh1)

---

6 옮긴이_ 코퍼스란 어떤 언어가 문어체 및 구어체에서 주로 사용하는 방대한 양의 단어를 모아놓은 것이다.

최근 컴파일러의 도구가 발전하면서 더 똑똑한 퍼즈 엔진을 만드는 데 큰 힘이 되고 있다. C/C++의 경우 LLVM 클랭 같은 컴파일러는 (앞서 설명한 것처럼) 코드에 명령을 삽입해서 특정 샘플 입력을 처리하는 동안 퍼즈 엔진이 어떤 코드가 실행되는지 살펴볼 수 있게 됐다. 퍼즈 엔진이 새로운 코드 실행 경로를 찾으면 그 코드를 실행하게 한 샘플을 보관하고 다음의 샘플을 생성할 때 활용한다. 다른 언어나 퍼즈 엔진은 코드 실행 경로를 적절히 추적해 코드 커버리지를 향상시킬 목적으로 특정한 컴파일러를 요구할 수도 있다(AFL(`https://github.com/google/AFL`)은 afl-gcc를 요구하며 go-fuzz 엔진(`https://github.com/dvyukov/go-fuzz`)는 go-puzz-build를 요구한다).

퍼즈 엔진이 생성한 입력값이 새니타이저가 삽입한 코드 경로에서 크래시를 유발하면 엔진은 그 입력값을 크래시 상태의 프로그램에서 추출한 메타데이터와 함께 기록한다. 이 메타데이터에는 어떤 코드가 크래시를 유발했는지 가리키는 스택 추적 정보나 당시의 프로세스 메모리 구성 같은 정보가 포함되어 있다. 이 정보는 엔지니어에게 크래시의 원인에 대한 상세한 내용을 제공하므로 크래시의 본질을 이해하고 수정을 준비하거나 버그의 우선순위를 조정하는 데 도움이 된다. 예를 들어 조직에서 여러 종류의 이슈를 수정하는 것에 대해 우선순위를 두고 있다면 메모리 읽기 접근 위반은 쓰기 접근 위반만큼 심각하다고 보지는 않을 것이다. 이렇게 우선순위를 정하는 것도 보안과 신뢰성 문화에 기여한다 (21장 참고).

퍼즈 엔진이 잠재적인 버그를 유발했을 때 프로그램이 반응하는 방식은 상황에 따라 크게 다르다. 퍼즈 엔진은 버그가 발견되었을 때 어떤 신호를 수신하거나 메모리 손상 또는 정의되지 않은 행위가 발생했을 때 특정 함수를 호출 하는 등 일관적이고 잘 정의된 이벤트가 발생한다면 더욱 효율적으로 버그를 탐지할 수 있다. 이런 함수는 시스템이 특정 에러 상태가 되면 명확하게 퍼즈 엔진에 신호를 보낼 수 있다. 앞서 설명한 새니타이저의 상당수는 이런 식으로 동작한다.

일부 퍼즈 엔진은 일부 특정 입력값을 처리하는 시간의 상한값을 설정하는 것을 지원한다. 예컨대 데드락이나 무한 루프로 입력값이 제한된 시간 내에 처리되지 않으면 퍼저는 이런 샘플을 '크래싱crashing'으로 분류한다. 게다가 나중에 그 현상을 조사할 수 있도록 샘플값을 보관하므로 개발 팀은 서비스가 사용 불가능 상태가 되는 DoS 이슈를 방지할 수 있다.

> ### '알려진 안전한' 함수
>
> 때때로 심각하지 않은 버그가 퍼징의 지연을 유발하기도 한다. 이런 경우는 특히 C/C++ 프로그램에서 정의되지 않은 동작을 실행하는 코드에서 발생한다. 예를 들어 C++는 부호있는 정수 오버플로(https://oreil.ly/LmLCV)가 발생했을 때의 동작을 정의하지 않고 있다. 어떤 함수가 UndefinedBehaviourSanitizer 크래시를 유발할 수 있는 부호있는 정수에 쉽게 접근할 수 있다고 가정해보자. 이 값이 할당 크기를 결정하거나 인덱스에 접근하는 등의 경우에 사용되지 않는다면 오버플로가 보안이나 신뢰성 문제로 이어지지는 않는다. 하지만 이 '심각하지 않은 크래시' 때문에 퍼징이 더 중요한 코드에 도달하지 못할 수도 있다. 만일 부호없는 타입으로 바꾸거나 값의 경계를 고정하는 등의 방법으로 코드를 패치할 수 없다면 이 함수를 '알려진 안전한known safe' 코드로 표시해서 특정 새니타이저를 비활성화할 수 있다. 예를 들어 __attribute((no_sanitize("undefined"))) 애노테이션을 추가해 다른 더 심각한 버그를 찾아낼 수 있다. 이 방법은 잘못하면 위부로 이어지므로 이런 애노테이션은 충분히 검토하고 고민한 후에만 적용하도록 하자

웹서버의 (TLS 인증서나 쿠키가 저장된 메모리를 포함한) 메모리 누수를 유발했던 하트블리드 버그(CVE-2014-0160)는 적절한 퍼즈 드라이버와 새니타이저를 사용했다면 상대적으로 빠르게 찾아낼 수 있는 것이었다. 구글의 fuzzer-test-suite 깃허브 리포지토리(https://oreil.ly/f1J7X)에는 이 버그를 성공적으로 찾아내는 것을 보여주는 예제 Dockerfile을 보유하고 있다. 다음은 하트블리드 버그에 대한 ASan 보고서를 요약한 것으로, 새니타이저 컴파일러 플러그인이 삽입한 __asan_memcpy 함수로 해당 버그를 찾아낸 것을 알 수 있다.

```
==19==ERROR: AddressSanitizer: heap-buffer-overflow on address 0x629000009748 at pc
0x0000004e59c9 bp 0x7ffe3a541360 sp 0x7ffe3a540b10
READ of size 65535 at 0x629000009748 thread T0
 #0 0x4e59c8 in __asan_memcpy /tmp/final/llvm.src/projects/compiler-rt/lib/asan/
asan_intercep- tors_memintrinsics.cc:23:3
 #1 0x522e88 in tls1_process_heartbeat /root/heartbleed/BUILD/ssl/t1_lib.c:2586:3
 #2 0x58f94d in ssl3_read_bytes /root/heartbleed/BUILD/ssl/s3_pkt.c:1092:4
 #3 0x59418a in ssl3_get_message /root/heartbleed/BUILD/ssl/s3_both.c:457:7
 #4 0x55f3c7 in ssl3_get_client_hello /root/heartbleed/BUILD/ssl/s3_srvr.c:941:4
 #5 0x55b429 in ssl3_accept /root/heartbleed/BUILD/ssl/s3_srvr.c:357:9
 #6 0x51664d in LLVMFuzzerTestOneInput /root/FTS/openssl-1.0.1f/target.cc:34:3
[...]
```

```
0x629000009748 is located 0 bytes to the right of 17736-byte region
[0x629000005200, 0x629000009748)
allocated by thread T0 here:
 #0 0x4e68e3 in __interceptor_malloc /tmp/final/llvm.src/projects/compiler-rt/lib/
asan/ asan_malloc_linux.cc:88:3
 #1 0x5c42cb in CRYPTO_malloc /root/heartbleed/BUILD/crypto/mem.c:308:8
 #2 0x5956c9 in freelist_extract /root/heartbleed/BUILD/ssl/s3_both.c:708:12
 #3 0x5956c9 in ssl3_setup_read_buffer /root/heartbleed/BUILD/ssl/s3_both.c:770
 #4 0x595cac in ssl3_setup_buffers /root/heartbleed/BUILD/ssl/s3_both.c:827:7
 #5 0x55bff4 in ssl3_accept /root/heartbleed/BUILD/ssl/s3_srvr.c:292:9
 #6 0x51664d in LLVMFuzzerTestOneInput /root/FTS/openssl-1.0.1f/target.cc:34:3
[...]
```

이 출력의 첫 부분은 이슈의 종류를 설명하고 있으며(이 경우 힙 버퍼 오버플로로 **heap-buffer-overflow**가 발생했으며 특히 읽기 접근을 위반하고 있다) 읽기 쉽도록 심볼화된 스택 추적 정보가 할당된 버퍼 크기를 넘어서는 메모리를 읽는 코드의 정확한 줄을 가리키고 있다. 두 번째 부분은 주변 메모리 영역의 메타데이터와 메모리가 어떻게 할당되어 있는지 보여줌으로써 엔지니어가 이슈를 분석하고 프로세스가 어떻게 유효하지 않은 상태가 됐는지 이해하는 데 도움을 주고 있다.

이런 분석이 가능한 것은 컴파일러와 새니타이저가 삽입한 계측장치 덕분이다. 하지만 이 계측장치에는 한계가 있다. 성능상의 이유로 소프트웨어 일부를 어셈블리로 직접 작성한 부분이 있다면 새니타이저를 이용한 퍼징은 제대로 동작하지 않는다. 새니타이저 플러그인은 어셈블리 언어보다 높은 수준에서 동작하므로 컴파일러가 어셈블리 코드를 계측할 수 없기 때문이다. 그래서 위정이나 탐지하지 못한 버그가 발생할 수 있다.

퍼징은 새니타이저를 전혀 사용하지 않고도 가능하지만 그렇게되면 프로그램의 유효하지 않은 상태를 탐지할 수있는 역량과 크래시를 분석할 수 있는 메타데이터가 줄어든다. 예를 들어 새니타이저를 사용하지 않을 때 퍼징이 뭔가 유의미한 정보를 제공하려면 프로그램이 반드시 '정의되지 않은 동작'이 발생하는 시나리오에 진입해야하며 (보통 크래시를 내거나 프로그램을 종료해서) 에러 상태를 외부 퍼즈 엔진에 알려야 한다. 그렇지않으면 정의되지 않은 동작은 탐지되지 않는다. 마찬가지로 ASan이나 유사한 계측장치를 사용하지 않으면 퍼저는 메모리가 손상되었지만 운영체제가 프로세스를 강제 종료하지 않는 상황은 탐지하지 못한다.

바이너리 형태로만 사용할 수 있는 라이브러리를 사용하고 있다면 컴파일러 계측장치는 적절한 선택이 아니다. AFL같은 일부 퍼즈 엔진은 QEMU같은 프로세서 에뮬레이터와 통합해서 CPU로부터 필요한 명령을 계측한다. 이런 종류의 통합은 바이너리 전용 라이브러리를 사용하는 경우에 활용할 수 있지만 속도를 희생하게 된다. 이 방법을 사용하면 퍼즈 엔진은 생성한 입력값을 비교해서 어떤 입력값이 어떤 경로의 코드를 실행하는지 알아낼 수 있지만 컴파일러가 새니타이저 명령을 추가한 소스 코드만큼 버그를 잘 탐지하지는 못한다.

Honggfuzz(https://oreil.ly/b418b)같은 비교적 최신의 퍼즈 엔진은 앞서 설명한 기법 중 몇 가지를 혼합해 사용하거나 변형한 엔진이다. 물론 여러 퍼즈 엔진과 호환되는 하나의 퍼즈 드라이버를 작성하는 것도 가능하다. 여러 퍼즈 엔진을 사용할 때는 한 퍼즈 엔진에서 생성된 입력값을 다른 퍼즈 엔진이 사용하도록 설정된 시드 코퍼스로 정기적으로 옮겨주는 것이 좋다. 한 엔진이 다른 엔진이 생성한 입력값을 가져와 살짝 변형하면 크래시가 발생할 수도 있기 때문이다.

13.4.2 효과적인 퍼즈 드라이버의 작성

퍼징의 개념을 조금 더 익히기 위해 클랭 컴파일러에 포함된 LLVM의 libFuzzer 엔진이 제공하는 프레임워크로 퍼즈 드라이버를 더 자세히 알아보자. 이 프레임워크가 특히 더 편리한 이유는 (Honggfuzz와 AFL 같은) 다른 퍼즈 엔진도 libFuzzer 엔진과 동작하기 때문이다. 이 프레임워크를 사용해 퍼저를 작성한다면 다음의 함수 프로토타입을 구현하는 하나의 드라이버만 작성하면 된다.

```
int LLVMFuzzerTestOneInput(const uint8_t *data, size_t size);
```

그러면 각 퍼즈 엔진은 연속된 바이트를 생성하고 여러분이 작성한 드라이버를 실행해서 테스트하고자 하는 코드에 입력값을 전달한다.

퍼즈 엔진의 목적은 드라이버를 이용해 최대한 빠르게 퍼즈 대상을 실행하고 생성한 입력값을 최대한 많이 전달하는 것이다. 크래시를 반복적으로 유발하고 퍼징을 빠르게 실행하기 위해서는 퍼즈 드라이버에서 다음과 같은 작업은 피하는 것이 좋다.

- 난수 생성기나 특정한 멀티스레딩 동작에 의존하는 비결정적nondeterministic 동작
- 콘솔 로깅이나 디스크 I/O 같은 느린 작업. 이런 느린 작업이 비활성화된 '퍼즈 친화적'인 빌드를 만들거나 메모리 기반 파일 시스템을 사용하는 편이 좋다.

- 의도적인 크래시. 퍼징은 의도하지 않은 크래시를 찾아내는 것이며 퍼즈 엔진은 의도적인 크래시를 구별해낼 수 없다.

이 조건은 이번 장에서 설명하는 다른 테스트에도 적용된다.

또한 (CRC32나 메시지 수신처럼) 특수한 무결성 검사는 공격자가 입력값 샘플을 이용해 이 검사를 '수정'할 수 있기 때문에 피하는 편이 좋다. 퍼즈 엔진이 유효한 체크섬을 생성하고 아무런 특별한 로직없이 무결성 검사를 통과하지는 못한다. 보편적인 규칙은 `-DFUZZING_BUILD_MODE_UNSAFE_FOR_PRODUCTION`같은 컴파일러 전처리preprocessor 플래그를 이용해 퍼즈 친화적인 동작을 활성화하고 퍼징을 통해 찾아낸 크래시를 반복해서 유발할 수 있도록 하는 것이다.

13.4.3 퍼저 구현 예시

이번 절에서는 간단한 오픈 소스 C++ 라이브러리인 Knusperli(`https://oreil.ly/1zV0T`)를 위한 퍼저를 작성하는 단계를 따라해본다. Knusperli는 JPEG 디코더로 사용자가 웹에서 이미지를 업로드하거나 처리하는 과정에서 (잠재적으로는 악의적인 이미지를 포함한) 광범위한 입력값을 마주한다.

Knusperli는 퍼즈를 위한 편리한 인터페이스. 즉 연속된 바이트(JPEG)와 바이트의 크기는 물론 파싱할 이미지의 범위를 표현하는 파라미터를 가진 함수를 제공한다. 소프트웨어가 이처럼 직관적인 인터페이스를 제공하지 않는 경우라면 대상 인터페이스에 유용하게 사용할 수 있는 연속 바이트 값을 생성해주는 `FuzzedDataProvider`(`https://oreil.ly/HnrdZ`) 같은 라이브러리를 사용하면 된다. 지금부터 살펴볼 예제 퍼즈 드라이버는 이 함수(`https://oreil.ly/zTtl-`)를 대상으로 한다.

```
bool ReadJpeg(const uint8_t* data, const size_t len, JpedReadMode mode, JPEGData*
jpg);
```

Knusperly는 바젤 빌드 시스템(`https://bazel.build`)을 이용해 빌드한다. `.bazelrc` 파일을 수정하면 여러 새니타이저를 이용해 대상을 간편하게 빌드할 수 있으며 libFuzzer 기반 퍼저도 직접 빌드할 수 있다. 다음은 ASan을 사용하는 예다.

```
$ cat ~/.bazelrc
build:asan --copt -fsanitize=address --copt -O1 --copt -g -c dbg
build:asan --linkopt -fsanitize=address --copt -O1 --copt -g -c dbg
build:asan --copt -fno-omit-frame-pointer --copt -O1 --copt -g -c dbg
```

이제 ASan이 활성화된 버전을 빌드할 수 있게 됐다.

```
CC=clang-6.0 CXX=clang++-6.0 bazel build --config-asan :knusperli
```

또한 BUILD 파일에 여러분이 작성할 퍼저를 위한 규칙을 추가할 수도 있다.

```
cc_binary(
  name = "fuzzer",
  srcs = [
    "jpeg_decoder_fuzzer.cc",
  ],
  deps = [
    ":jpeg_data_decoder",
    ":jpeg_data_reader",
  ],
  linkopts = ["-fsanitize=address,fuzzer"],
)
```

[예제 13-2]는 퍼즈 드라이버를 간단하게 구현한 소스 코드다.

예제 13-2 jpeg_decoder_fuzzer.cc

```
1 #incldue <cstddef>
2 #include <cstdint>
3 #include "jpeg_data_decoder.h"
4 #include "jpeg_data_reader.h"
5
6 extern "C" int LLVMFuzzerTestOneInput(const uint8_t *data, size_t sz) {
7   knusperli::JPEGData jpg;
8   knusperli::ReadJpeg(data, sz, knusperli::JPEG_READ_HEADER, &jpg);
9   return 0;
10 }
```

이제 다음 명령을 이용해 퍼즈 드라이버를 빌드하고 실행하자.

```
$ CC=clang-6.0 CXX=clang++-6.0 bazel build --config=asan :fuzzer
$ mkdir synthetic_corpus
$ ASAN_SYMBOLIZER_PATH=/usr/lib/llvm-6.0/bin/llvm-symbolizer bazel-bin/fuzzer \
  -max_total_time 300 -print_final_stats synthetic_corpus/
```

이 명령은 빈 입력 코퍼스를 이용해 5분간 퍼저를 실행한다. libFuzzer는 나중의 퍼징 세션에 사용할 입력값 샘플을 synthetic_corpus 디렉터리에 저장한다. 이 명령의 실행 결과는 다음과 같다.

```
[...]
INFO:   0 files found in synthetic_corpus/
INFO: -max_len is not provided; libFuzzer will not generate inputs larger than 4096
bytes
INFO: A corpus is not provided, starting from an empty corpus
#2    INITED cov: 110 ft: 111 cop: 1/1b exec/s: 0 rss: 36Mb
[...]
#3138182    DONE  cov: 151 ft: 418 corp: 30/4340b exec/s: 10425 rss: 463Mb
[...]
Done 3138182 runs in 301 second(s)
stat::number_of_executed_units: 3138182
stat::average_exec_per_sec:    10425
stat::new_units_added:          608
stat:slowest_unit_time_se:      0
stat::peak_rss_mb:             463
```

(여러 색상의 막대 패턴을 가진 TV의 화면조정 스크린같은) JPEG 파일을 시드 코퍼스에 추가하면 더 향상된 결과를 볼 수 있다. 하나의 시드 입력값만 추가해도 실행된 코드 블록(cov 지표)에 10% 이상의 향상을 볼 수 있다.

```
#2    INITED cov: 169 ft: 170 corp: 1/8632b exec/s: 0 rss: 37Mb
```

이보다 더 많은 코드가 실행되도록 하려면 JpegReadMode 파라미터에 다른 값을 대입해보면 된다. 이 파라미터에 사용할 수 있는 값(https://oreil.ly/h4ok1)은 다음과 같다.

```
enum JpegReadMode {
  JPEG_READ_HEADER,   // 기본 헤더만 읽는다
  JPEG_READ_TABLES,   // 헤더와 테이블 (quant, Huffman 등)을 읽는다
  JPEG_READ_ALL,      // 모든 데이터를 읽는다
}
```

이 세 값을 대입해보기 위해 세 가지 다른 퍼저를 작성할 필요는 없으며 하나의 퍼저에서 입력의 서브셋을 해시하고 그 결과를 라이브러리 기능을 다르게 조합해서 실행하는 데 사용할 수 있다. 다만 다양한 해시 결과를 출력하기 위한 충분한 입력값을 사용해야 한다는 점만 유의하자. 만일 파일 포맷 규칙상 입력값의 처음 N개의 바이트가 모두 같아야 한다면 옵션에 영향을 줄 바이트를 결정할 때 N개보다 최소한 하나라도 더 많은 바이트값을 사용해야 한다.

또 다른 방법은 앞서 언급했던 FuzzedDataProvider를 이용해 입력값을 나누거나 라이브러리 파라미터를 설정할 때 입력의 처음 몇 바이트를 빼버리면 된다. 그러면 나머지 바이트만 퍼즈 대상의 입력으로 전달된다. 반면 입력값을 해싱하면 입력값이 조금만 바뀌어도 설정이 크게 바뀌어 버리기도 하므로 입력값을 나눠서 퍼즈 엔진이 선택한 옵션과 코드 동작 간의 관계를 더 잘 추적할 수 있도록 하는 것도 대안이다. 다만 이 방법들은 기존 시드 입력값의 사용성에 영향을 미칠 수 있으므로 조심하자. 입력값의 처음 몇 바이트를 이용해 라이브러리의 옵션을 설정하는 가상의 포맷을 구현한다고 가정해보자. 그러면 파일에 초기화 파라미터를 추가하기 위한 전처리를 하지 않는 한, 세상에 존재하는 모든 JPEG 파일은 더 이상 시드 입력값으로 쉽게 사용할 수 없게 된다.

생성된 입력값 샘플을 이용해 라이브러리를 설정하는 방법을 살펴보기 위해 [예제 13-3]처럼 입력값의 처음 64바이트로부터 비트의 수를 가져와 JpegReadMode 값을 선택해보도록 하자.

예제 13-3 입력값을 분리하는 퍼징

```
#include <cstddef>
#include <cstdint>
#include "jpeg_data_decoder.h"
#include "jpeg_data_reader.h"

const unsigned int kInspectBytes = 64;
const unsigned int kInspectBlocks = kInspectBytes / sizeof(unsigned int);
```

```
extern "C" int LLVMFuzzerTestOneInput(const uint8_t *data, size_t sz) {
  knusperli::JPEGData jpg;
  knusperli::JpegReadMode rm;
  unsigned int bits = 0;
  if (sz <= kInspectBytes) { // 너무 작은 입력값 처리
    return 0;
  }

  for (unsigned int block = 0; block < kInspectBlocks; block++) {
    bits +=
      __builtin_popcount(reinterpret_cast<const unsigned int *>(data)[block]);
  }
  rm = static_cast<knusperli::JpegReadMode>(bits %
                      (knusperli::JPEG_READ_ALL + 1));

  knusperli::ReadJpeg(data, sz, rm, &jpg);
  return 0;
}
```

색상 막대를 가진 이미지 하나만 가진 입력 코퍼스를 5분간 사용했을 때 퍼저의 실행 결과는
다음과 같다.

```
#851071 DONE  cov: 196 ft: 559 corp: 51/29Kb exec/s: 2827 rss: 812Mb
[...]
Done 851071 runs in 301 second(s)
stat::number_of_executed_units: 851071
stat::average_exec_per_sec:   2827
stat::new_units_added:        1120
stat::slowest_unit_time_sec:  0
stat::peak_rss_mb:            812
```

초당 실행 수가 떨어진 이유는 변경으로 인해 라이브러리의더 많은 기능이 활성화되어 퍼즈 드
라이버가 훨씬 많은 코드를 실행하게 됐기 때문이다 (cov 지표가 올라간 것을 확인할 수 있
다). 퍼저를 제한시간 없이 실행하면 코드가 새니타이저 에러 조건을 만날 때까지 무한정 입력
값을 생성할 것이다. 그러면 앞서 살펴봤던 하트블리드 버그의 사례와 유사한 보고서를 볼 수
있을 것이다. 그러면 코드를 변경하고 다시 빌드한 후 저장된 결과와 함께 빌드한 퍼저 라이브
러리를 실행하면 크래시를 재현하거나 코드 변경이 이슈를 수정했는지 확인할 수 있다.

13.4.4 지속적 퍼징

일단 퍼저를 작성했다면, 기반 코드를 개발하면서 정기적으로 퍼저를 실행하면 엔지니어에게 가치있는 피드백 루프를 제공할 수 있다. 지속적 빌드 파이프라인을 이용하면 퍼저를 실행하는 시스템이 활용하는 기반 코드에 매일 퍼저를 빌드하고 크래시 정보를 수집한 후 이슈 트래커에 버그를 기록할 수 있다. 엔지니어링 팀은 이 결과물을 이용해 취약점을 확인하거나 서비스 SLO에 영향을 미치는 근본 원인을 찾아 제거할 수 있다.

예제: 클러스터퍼즈와 OSS퍼즈

클러스터퍼즈^{ClusterFuzz}(`https://oreil.ly/10wuR`)는 구글이 릴리스한 확장형 퍼징 인프라스트럭처의 오픈 소스 구현체이다. 이 시스템은 퍼징 태스크를 실행하는 가상 머신의 풀을 관리하며 퍼저에 대한 정보를 확인할 수 있는 웹 인터페이스를 제공한다. 클러스터퍼즈는 퍼저를 빌드하지 않지만 지속적 빌드/통합 파이프라인이 구글 클라우드 스토리지 버킷에 업로드한 퍼저를 활용한다. 또한 코퍼스 관리, 크래시 중복방지, 이미 확인한 크래시의 수명 주기 같은 서비스를 제공한다. 크래시 중복 방지를 위해 사용하는 휴리스틱^{heuristic} 클러스터퍼저는 크래시가 발생한 시점의 프로그램 상태를 활용한다. 클러스터퍼저는 크래시가 발생했을 때의 샘플을 보관하므로 정기적으로 같은 테스트를 실행해서 그 이슈가 여전히 존재하는지 확인할 수도 있고 최신 버전의 퍼저가 더 이상 크래시를 유발하지 않으면 자동으로 이슈를 닫기도 한다.

클러스터퍼저 웹 인터페이스는 퍼저가 얼마나 잘 동작하는지 이해하는 데 활용할 수 있는 지표를 제공한다. 제공 가능한 지표는 빌드 파이프라인(현재 클러스터퍼저는 libFuzzer와 AFL을 지원한다)에 통합된 퍼즈 엔진이 제공하는 정보에 따라 다르다. 클러스터퍼즈 문서는 클랭 코드 커버리지 지원 기능으로 구현한 퍼저로부터 코드 커버리지 정보를 추출한 후 이 정보를 구글 클라우드 스토리지 버킷에 저장할 수 있는 포맷으로 변환하고 프론트엔드에 표시하는 방법을 설명하고 있다. 이 기능을 이용해서 앞 절에서 작성했던 퍼저가 커버하는 코드를 살펴보면 입력 코퍼스나 퍼즈 드라이버를 더 개선해야할지 판단하는 데 도움이 될 것이다.

OSS 퍼즈(`https://oreil.ly/tWlyz`)는 최신 퍼징 기법(`https://oreil.ly/yIaKz`)과 구글 클라우드 플랫폼에서 호스트되는 클라우드퍼저의 확장형 분산 실행을 결합한 것이다. 이 시스템은 보안 취약점과 안정성 이슈를 찾아내며 개발자에게 직접 보고한다. OSS 퍼즈는 2016년 12월에 출시한 후 5개월이 채 되지 않아 천 개의 버그(`https://oreil.ly/r-jx6`)를 발견했으며 그 이후로 수만 개의 버그를 더 찾아냈다.

일단 프로젝트를 OSS 퍼즈와 통합(https://oreil.ly/AReAc)하면 지속적이고 자동적인 테스트를 사용하는 도구를 이용해 업스트림 리포지토리에 코드를 수정한 후 실제 사용자에게 영향을 미치기전에 이슈를 찾아낸다. 구글은 퍼징 도구를 단일화하고 자동화해서 모든 절차를 OSS 퍼즈 기반의 단일 워크플로로 통합했다. 이렇게 통합된 OSS 프로젝트는 구글의 내부 도구와 외부 퍼징 도구 모두에게 검토를 받을 수 있는 장점(https://oreil.ly/_TiJc)을 가진다. 구글의 통합 전략은 코드 커버리지의 향상과 더 빠른 버그의 발견을 이끌어내며 구글 프로젝트와 오픈 소스 생태계의 보안을 향상시키는 데 기여했다.

13.5 더 알아보기: 정적 프로그램 분석

정적 분석static analysis은 프로그램을 실행하지 않고 소스 코드를 점검해서 분석하고 이해하는 것을 의미한다. 정적 분석기는 소스 코드를 파싱하고 자동화된 분석에 적합하도록 프로그램을 자체적으로 표현하는 결과물을 빌드한다. 이 방법으로 코드가 체크인되거나 프로덕션 환경에 배포되기 전 소스 코드의 잠재적인 버그를 찾아낼 수 있다. 다양한 언어에 대한 여러 도구(https://oreil.ly/p3yP1)를 지원하며 다중 언어 분석을 지원하는 도구도 사용할 수 있다.

정적 분석 도구는 분석의 깊이와 소스 코드 분석 비용 간 여러 가지 절충을 취한다. 예를 들어 가장 간단한 분석기는 단순히 텍스트나 추상 문법 트리abtract syntax tree (AST) 기반의 패턴 매칭을 실행한다. 다른 기법은 프로그램의 상태를 토대로 의미적 구조 유추에 기반하며 이를 바탕으로 프로그램의 흐름 제어와 데이터 흐름을 유추한다.

이런 도구는 위정(올바르지 않은 경고)과 위부(놓친 경고) 간의 서로 다른 분석 절충을 목표로 하기도 한다. 절충은 어쩔 수 없이 발생하며 부분적으로는 정적으로 프로그램을 검증하는 것은 결정 불가능한 문제(https://oreil.ly/4CPo_)라는 정적 분석의 근본적인 제한때문에 발생한다. 즉 어떤 프로그램이 어떤 속성을 위배하지 않고 실행될 것인지를 확인할 수 있는 알고리즘을 개발하는 것은 현실적으로 불가능하다.

이런 제한에도 불구하고 도구는 개발의 여러 단계에서 개발자에게 유용한 신호를 주는 것에 중점을 둔다. 정적 분석 엔진을 통합하는 지점에 따라 분석 속도와 기대하는 분석 피드백 간의 서로 다른 절충이 존재한다. 예를 들어 정적 분석 도구가 코드 검토 시스템에 통합되어 있다면 거의 새로 개발한 소스 코드만을 대상으로 할 것이며 매우 가능성이 높은 이슈에 중점을 두고 정확한 이슈 경고를 발생할 것이다. 반면 안전성이 중요한 프로그램(예를 들면 항공 전자 소프트웨어나 정부 인증이 필요한 의료 장치 소프트웨어)을 위해 최종 사전 배포 릴리스 분석 중인 소스 코드의 경우라면 보다 공식적formal이면서 엄격한 분석[7]이 필요할 것이다.

이후의 절에서는 개발 과정을 구성하는 여러 단계의 다양한 수요를 처리하기 위한 정적 분석 기술을 소개한다. 특히 자동 코드 검사 도구, 추상 해석 기반 도구(이 절차는 때로는 딥deep 정적 분석이라고도 한다) 및 공식 메서드formal method 같은 리소스 집약적인 방법도 소개한다. 또한 정적 분석기를 개발자의 워크플로에 통합하는 방법도 설명한다.

13.5.1 코드 검사 자동화 도구

코드 검사 자동화 도구automated code inspection tool는 언어의 기능과 사용 규칙에 따라 소스 코드의 의미 분석을 수행한다. 이런 도구는 보통 린터라고 부르며 절차 간 데이터 흐름 같은 복잡한 프로그램 동작을 모델링하지는 않는다. 이런 도구는 보통 상대적으로 얕은shallow 분석을 수행하므로 코드 크기에 관계없이 쉽게 확장이 가능하다. 게다가 소스 코드 분석을 코드를 컴파일하는 것과 같은 시간 안에 완료하기도 한다. 코드 검사 도구는 쉽게 확장도 가능하다. 특히 버그가 언어 기능과 관련이 있을 때는 여러 종류의 버그를 찾을 수 있는 새로운 규칙을 추가하기만 하면 된다.

지난 몇 년 동안 코드 검사 도구는 코드의 스타일과 가독성 변경에 중점을 뒀는데 그 이유는 이런 코드 향상은 높은 비율로 개발자가 수용하기 때문이다. 대부분의 조직은 대규모 개발 팀이 쉽게 관리할 수 있도록 기반 코드를 유지하기 위해 기본적인 코드 스타일과 형식을 강제하고 있다. 이런 조직은 정기적으로 검사를 실행해서 잠재적인 코드 스멜(https://oreil.ly/ONE8f)과 가능성이 높은 버그를 찾아내고 있다.

다음 예시는 AST 패턴 매칭이라는 특별한 종류의 분석을 수행하는 도구에 초점을 맞추고 있다. AST는 프로그램의 소스 코드를 프로그래밍 언어의 의미 구조로 표현한 트리이다. 컴파일

---

7 다음을 참고. Bozzano, Marco et al. 2017. "Formal Methods for Aerospace Systems." In Cyber-Physical System Design from an Architecture Analysis Viewpoint, edited by Shin Nakajima, Jean-Pierre Talpin, Masumi Toyoshima, and Huafeng Yu. Singapore: Springer.

러는 보통 소스 코드 파일을 파싱해 트리로 변환한 후 컴파일 과정에서 이 트리 표현을 조작한다. 예를 들어 AST는 세 개의 자식 노드로 `if-then-else` 구조를 표현하는 노드를 가지고 있을 수 있다. 이 세 자식 노드는 `if` 구문의 조건을 위한 것과 `then` 구문을 표현하는 서브 트리 그리고 `else` 구문을 표현하는 서브 트리 등으로 구성된다.

구글의 프로젝트는 자바의 에러프론[ErrorProne](https://errorprone.info)과 C/C++의 클랭-타이디[Clang-Tidy](https://oreil.ly/qFh_k)를 널리 활용하고 있다. 두 분석기 모두 개발자가 임의로 검사 항목을 추가하는 것을 지원한다. 예를 들어 2018년 초 162명의 개발자가 733개의 검사 항목을 에러프론에 추가했다(https://oreil.ly/gKJDy). 에러프론과 클랭-타이디는 특정 타입 버그에 대한 픽스를 제안하는 기능도 갖추고 있다. (클랭과 MSVC 같은) 일부 컴파일러는 커뮤니티가 개발한 C++ 코어 가이드라인(https://oreil.ly/y2Eqd)도 지원한다. 이 가이드라인은 가이드라인 지원 라이브러리[Guideline Support Library](GSL)까지 활용하면 C++ 프로그램에서 발견할 수 있는 다양한 공통적인 실수를 방지한다.

AST 패턴 매칭 도구는 사용자가 파싱된 AST에 규칙을 작성해 새로운 검사 항목을 추가하는 것을 지원한다. 예를 들어 클랭-타이디의 `absl-string-find-startsWith` 경고(https://oreil.ly/3w5sM)를 생각해보자. 도구는 C++의 `string::find` API (https://oreil.ly/tg1HX)를 이용해 문자열 접두어[prefix]가 일치하는지 검사해서 코드의 가독성과 성능을 향상시킨다. 클랭-타이디는 ABSL의 `StartsWith` API(https://oreily/lmrox)를 대신 사용할 것을 권한다. 도구는 분석을 수행하기 위해 C++의 `string::find` API의 출력이 정수값 0인지 비교하는 AST 서브트리 패턴을 생성한다. 클랭-타이디 인프라스트럭처는 분석 중인 프로그램의 AST 표현에서 AST 서브트리 패턴을 찾는 도구를 제공한다.

다음 코드를 살펴보자.

```cpp
std::string s = "...";
if (s.find("Hello World") == 0) { /* 필요한 작업 수행 */ }
```

클랭-타이디의 `absl-string-find-startsWith` 경고는 이 코드를 표시하고 다음과 같이 코드를 변경할 것을 권한다.

```cpp
std::string s = "...";
if (absl::StartsWith(s, "Hello World")) { /* 필요한 작업 수행 */ }
```

클랭-타이디는 수정 방법을 제안하기 위해 (개념적으로 설명하면) AST 서브트리를 주어진 패턴으로 변환하는 기능을 제공한다. [그림 13-1]의 왼쪽은 AST 패턴 매치를 보여준다 (간소화를 위해 AST 서브트리를 간단히 표현했다). 만일 도구가 소스 코드를 파싱한 AST 트리에서 매칭되는 AST 서브 트리를 발견하면 개발자에게 이를 알려준다. AST 노드는 행과 열 정보도 가지고 있어 AST 패턴 매칭이 개발자에게 정확한 경로를 제공한다.

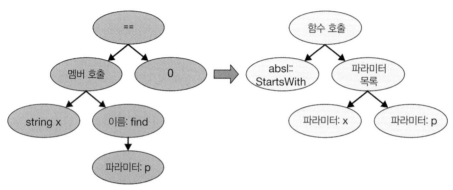

그림 13-1 AST 패턴 매칭과 수정 제안

클랭-타이디는 성능과 가독성 검사는 물론 다양한 공통 버그 패턴도 검사한다. 다음의 소스 코드에 클랭-타이디를 실행한다고 가정해보자.[8]

```
$ cat -n sizeof.c
1 #include <string.h>
2 const char* kMessage = "Hello World!";
3 int main() {
4   char buf[128];
5   memcpy(buf, kMessage, sizeof(kMessage));
6   return 0;
7 }

$ clang-tidy sizeof.c [...]
Running without flags.
1 warning generated.
sizeof.c:5:32: warning: 'memcpy' call operates on objects of type 'const char'
while the size is based on a different type 'const char *'
[clang-diagnostic-sizeof-pointer-memaccess]
```

----

8 클랭-타이디는 표준 패키지 관리자로 설치할 수 있다. 보통 clang-tidy라는 이름을 제공된다.

```
  memcpy(buf, kMessage, sizeof(kMessage));
                ^
  sizeof.c:5:32: note: did you mean to provide an explicit length?
  memcpy(buf, kMessage, sizeof(kMessage));

$ cat -n sizeof2.c
1 #include <string.h>
2 const char kMessage[] = "Hello World!";
3 int main() {
4   char buf[128];
5   memcpy(buf, kMessage, sizeof(kMessage));
6   return 0;
7 }

$ clang-tidy sizeof2.c
[...]
Running without flags.
```

두 입력 파일의 차이점은 kMessage의 타입 선언뿐이다. kMessage를 초기화된 메모리의 포인터로 선언했을 때는 size(kMessage) 함수가 포인터 타입의 크기를 리턴한다. 그래서 클랭-타이디는 clang-diagnostic-sizeofpointer-memaccess 경고(https://oreil.ly/Q3teN)를 발생한다. 반면 kMessage를 const char[] 타입으로 선언했을 때는 sizeof(kMessage) 함수가 적절한 길이를 리턴하므로 클랭-타이디가 경고를 발생하지 않는다.

클랭-타이디는 일부 패턴 검사에 대해 경고만 발생할 뿐만 아니라 수정 방법도 제안한다. 앞서 소개했던 absl-string-find-startsWith 경고가 그 예다. [그림 13-1]의 오른쪽은 코드를 교체했을 때의 AST를 보여주고 있다. 클랭-타이디가 수정을 제안하면 --fix 명령줄 옵션을 이용해 자동으로 입력 파일에 수정사항을 적용하도록 할 수도 있다.

또한 클랭-타이디의 moternize 검사를 이용해 제안된 수정 방법을 자동으로 기반 코드에 적용할 수 있다. 다음 코드는 modernize-use-nullptr 패턴(https://oreil.ly/9K8vD)의 사용법을 보여주는 명령이다. 이 코드는 포인터 할당이나 비교에 상수 0을 사용하는 경우를 찾아 nullptr를 대신 사용하도록 제안한다. 예제 코드에서는 moternize 검사를 모두 실행하기 위해 클랭-타이디에 --checks=modernize-* 옵션을 적용한 후 --fix 옵션을 함께 적용해 입력 파일에 수정 제안을 자동으로 적용하도록 했다. 마지막 부분에서는 변경된 파일에서 자동으로 변경된 부분 네 곳을 표시한 것이다(굵게 표시된 부분).

```
$ cat -n nullptr.css
1 #define NULL 0x0
2
3 int *ret_ptr() {
4  return 0;
5 }
6
7 int main() {
8  char *a = NULL;
9  char *b = 0;
10  char c = 0;
11  int *d = ret_ptr();
12  return d == NULL ? 0 : 1;
13 }

$ clang-tidy nullptr.css -checks=modeernize-* --fix
[...]
Running without flags.
4 warnings generated.
nullptr.cc:4:10: warning: use nullptr [modernize-use-nullptr]
 return 0;
     ^
       nullptr
nullptr.cc:4:10: note: FIX-IT applied suggested code changes
 return 0;
    ^
nullptr.cc:8:13: warning: use nullptr [modernize-use-nullptr]
 char *a = NULL;
      ^
          nullptr
nullptr.cc:8:13: note: FIX-IT applied suggested code changes
 char *a = NULL;
         ^
nullptr.cc:9:13: warning: use nullptr [modernize-use-nullptr]
 char *b = 0;
      ^
          nullptr
nullptr.cc:9:13: note: FIX-IT applied suggested code changes
 char *b = 0;
         ^
nullptr.cc:12:15: warning: use nullptr [modernize-use-nullptr]
 return d == NULL ? 0 : 1;
```

```
                  ^
              nullptr
nullptr.cc:12:15: note: FIX-IT applied suggested code changes
 return d == NULL ? 0 : 1;
               ^

clang-tidy applied 4 of 4 suggested fixes.

$ cat -n nullptr.cc
1 #define NULL 0x0
2
3 int *ret_ptr() {
4 return nullptr;
5 }
6
7 int main() {
8   char *a = nullptr;
9   char *b = nullptr;
10  char c = 0;
11    int *d = ret_ptr();
12   return d == nullptr ? 0 : 1;
13 }
```

다른 언어도 비슷한 코드 검사 자동화 도구를 제공한다. 예를 들어 GoVet(https://oreil.ly/m815w)는 고 언어의 소스 코드를 분석해서 보편적으로 의심할만한 구조를 찾아내며 파이린트^{Pylint}(https://www.pylint.org)는 파이썬 코드를 분석하고 에러프론은 자바 프로그램에 대한 분석 및 자동 수정 기능을 제공한다. 다음의 예제는 바젤 빌드 규칙(강조되어 있다)을 이용해 에러프론을 실행하는 방법을 보여주고 있다. 자바에서는 Short 타입 변수 i에 대한 빼기 작업 i - 1은 int 타입의 값을 리턴한다. 그래서 remove 작업이 성공할 수가 없다.

```
$ cat -n ShortSet.java
1 import java.util.Set;
2 import java.util.HashSet;
3
4 public class ShortSet {
5   public static void main (String[] args) {
6     Set<Short> s = new HashSet<>();
7     for (short i = 0; i < 100; i++) {
8     s.add(i);
9     s.remove(i - 1);
```

```
10    }
11    System.out.println(s.size());
12    }
13 }
```

```
$ bazel build :hello
ERROR: example/myproject/BUILD:29:1: Java compilation in rule '//example/mypro-
ject:hello'
ShortSet.java:9: error: [CollectionIncompatibleType] Argument 'i - 1' should not
be
passed to this method;
its type int is not compatible with its collection's type argument Short
    s.remove(i - 1);
        ^
  (see http://errorprone.info/bugpattern/CollectionIncompatibleType)
1 error
```

13.5.2 개발자 워크플로에 정적 분석 통합하기

업계에서는 개발 주기에서 최대한 이른 시점에 상대적으로 빠른 정적 분석 도구를 실행하는 것을 좋은 사례로 보고 있다. 버그를 일찍 찾는 것이 중요한 이유는 버그가 소스 코드 리포지토리에 병합되거나 사용자에게 배포된 이후에는 버그를 수정하는 데 드는 비용이 상당히 늘어나기 때문이다.

CI/CD 파이프라인에 정적 분석 도구를 통합하는 것은 어렵지 않아 통합하면 잠재적으로 엔지니어 생산성에 긍정적인 영향을 미친다. 예를 들어 개발자는 널 포인터 역참조에 대한 에러부터 어떻게 수정할 것인지에 대한 제안까지 받을 수 있다. 그리고 개발자가 코드를 병합할 수 없다면 이슈를 수정하는 것을 잊어버릴 수 없으므로 따라서 실수로 시스템의 크래시를 유발하거나 정보가 유출될 수 없고 그래서 보안 및 신뢰성 문화에 기여하게 된다(21장 참고).

그래서 구글은 트라이코더 프로그램 분석 플랫폼[9]을 개발했으며 트라이코더의 오픈 소스 버전은 십셰이프Shipshape (https://github.com/google/shipshape)라고 부른다. 트라이코더는 하루에 거의 5만 개가 넘는 코드 검토 변경에 대한 정적 분석을 수행한다. 플랫폼은 여러 종류

---

9 다음을 참고. Sadowski, Caitlin et al. 2018. "Lessons from Building Static Analysis Tools at Google." Communications of the ACM 61(4): 58–66. doi:10.1145/3188720.

의 프로그램 분석 도구를 실행하며 개발자가 제안사항을 평가하는 데 너무 익숙해져 코드 검토를 수행하는 과정에서 그냥 넘어가지 않도록 경고를 보여주기도 한다. 이 도구는 낮은 위정율(대략 10%)로 쉽게 이해하고 수정할 수 있는 코드 검사 결과를 제공하는 것을 목표로 한다.

트라이코더는 사용자가 여러 다른 프로그램 분석 도구를 실행하는 것을 지원하도록 설계되었다. 2018년 초에 이미 플랫폼에는 30개의 프로그래밍 언어를 커버할 수 있는 146개의 분석기가 탑재되었다. 이 분석기의 상당수는 구글 개발자가 개발에 참여한 것이었다. 보통 보편적으로 사용하는 정적 분석 도구는 아주 복잡하지는 않다. 트라이코더가 실행하는 대부분의 검사기는 코드 검사 자동화 도구다. 이 도구는 다양한 언어를 지원하며 코딩 스타일 가이드라인에 부합하는지 검사하고 버그를 찾는다. 앞서 설명했듯이 에러프론과 클랭–타이디는 몇 가지 버그에 대한 수정을 권장할 수 있다. 그래서 코드 작성자가 버튼을 클릭하는 것만으로 수정사항을 반영할 수 있다.

[그림 13-2]는 자바 파일에 대한 트라이코더 분석 결과를 코드 검토자에게 보여주는 화면을 캡쳐한 것이다. 이 결과에는 자바 린터가 출력한 경고와 에러프론이 출력한 경고가 각각 보여지고 있다. 트라이코더는 사용자가 인지할 수 있는 위부율을 측정해서 코드 검토자가 'Not useful' 링크를 이용해 경고를 확인할 수 있는 피드백을 제공할 수 있도록 한다. 트라이코더 팀은 이 신호를 이용해서 개별적인 검사를 비활성화하기도 한다. 또한 코드 검토자는 코드 작성자에게 개별 경고를 '수정해 달라'고 요청을 보낼 수도 있다.

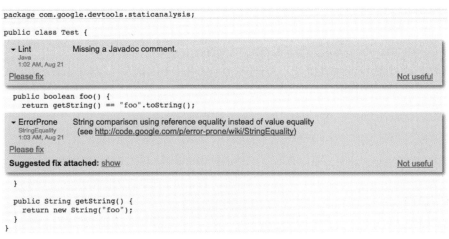

그림 13-2 트라이코더가 코드 검토 과정에서 보여주는 정적 분석 결과 화면

[그림 13-3]은 코드 검토 과정에서 에러프론의 제안사항을 자동으로 코드에 변경하는 모습을 보여주고 있다.

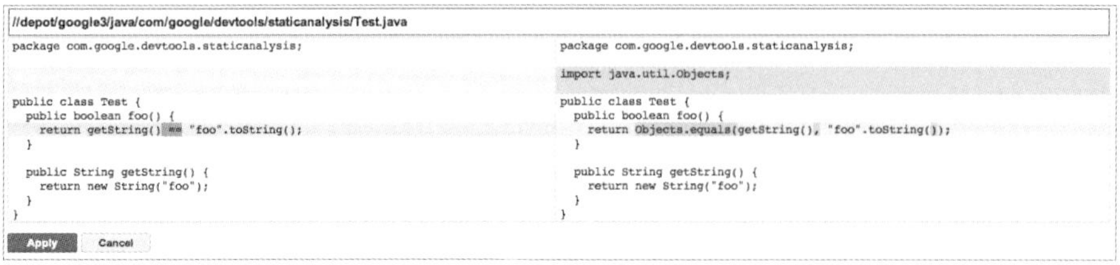

```
//depot/google3/java/com/google/devtools/staticanalysis/Test.java

package com.google.devtools.staticanalysis;          package com.google.devtools.staticanalysis;

                                                       import java.util.Objects;

public class Test {                                    public class Test {
  public boolean foo() {                                 public boolean foo() {
    return getString() == "foo".toString();               return Objects.equals(getString(), "foo".toString());
  }                                                      }

  public String getString() {                            public String getString() {
    return new String("foo");                              return new String("foo");
  }                                                      }
}                                                      }

[Apply]  Cancel
```

그림 13-3 [그림 13-2]의 에러프론 경고가 제안한 수정사항을 미리보는 화면

리버스 엔지니어링과 테스트 입력 생성

정적 및 분석 프로그램 분석 기법은 테스트와 코드의 정확성을 보장하기 위한 것 이상으로 소프트웨어의 리버스 엔지니어링 목적으로도 사용되어 왔다. 리버스 엔지니어링은 소스 코드를 사용할 수 없는 바이너리의 동작을 이해하고자 할 때 유용한 방법이다. 리버스 엔지니어링을 활용하는 보편적인 경우는 보안 엔지니어가 잠재적으로 위협적인 바이너리인지 이해하고자 할 때다. 이 분석은 **역컴파일러**decompiler나 **역어셈블러**disassembler라고 부르는 도구를 활용하기도 한다. 역어셈블러는 기계어를 어셈블리 코드로 재구성하는 반면 역컴파일러는 기계어를 소스 코드로 변환한다. 이 도구는 원래의 소스 코드 자체를 완전히 다시 생성하지는 못한다. 하지만 보안 엔지니어는 생성된 코드만으로도 프로그램과 그 동작을 이해하는 데 큰 도움이 된다. 리버스 엔지니어링에 활용되는 대중적인 도구로 기드라Ghidra(https://ghidra-sre.org)가 있다.

일부 엔지니어는 테스트에 입력으로 활용할 값을 프로그램 분석 기법을 이용해 생성하기도 한다. 최근에 유행하기 시작한 기법 중 하나는 콘콜릭 테스팅concolic testing이라고 부르는 기법으로 보통의 실행(구체적인 값을 사용하므로 구체적concrete 실행이라고 한다) 과정에 심볼릭symbolic 분석 기법을 조합하는 것이다(그래서 concrete에 symbolic을 결합해 concolic이라고 한다). 그러면 사용자는 대상 프로그램의 다른 실행 경로까지 점검할 수 있음을 보장하는 테스트용 입력을 자동으로 생성할 수 있다. 이런 보장이 가능한 이유는 콘콜릭 테스트가 해당 프로그램에 구체적인 입력값(예컨대 정숫값 123)을 대입해 실행하며 관찰한 구문과 브랜치에 대응하는 공식으로 복사해서 실행하기 때문이다. 예를 들어 구쳇값 123을 심볼 a로 대체할 수 있다. 그리고 프로그램이 실행되면 콘콜릭 실행은 if 구문 같은 모든 브랜치 지점에서 제약 해석기constraint solver에 다른 브랜치를 실행할 수 있도록 심볼 a에 입력할 수 있는 다른 값을 찾을 수 있는지를 묻는다.

그래서 입력값을 수집하면 새로운 콘콜릭 테스트를 실행해 더 많은 브랜치를 커버할 수 있다. 대중화된 콘콜릭 테스팅 도구로 클리^{KLEE}(`https://klee.github.io`)가 있다.

13.5.3 추상 해석

추상 해석^{abstract interpretation} 기반 도구는 프로그램 동작에 대한 의미적 분석을 수행한다.[10] 이 기법은 항공기 제어 소프트웨어[11]같이 안전성이 중요한 소프트웨어를 성공적으로 검증해왔다. 가장 작은 양의 정수 10개를 생성하는 간단한 예제 프로그램을 생각해보자. 보통 이 프로그램을 실행하면 2, 4, 6, 8, 10, 12, 14, 16, 18, 20이라는 결과를 출력할 것이다. 우리는 이런 프로그램을 효율적으로 정적 분석하기 위해 관찰한 값을 모두 커버할 수 있는 가벼운 표현을 이용해 가능한 모든 값을 요약하고자 한다. 소위 인터벌^{interval} 또는 범위 도메인^{range domain}이라고 부르는 개념을 이용하면 관찰한 모든 값을 추상 인터벌 값인 [2, 20]으로 대신 표현할 수 있다. 인터벌 도메인을 사용하면 정적 분석기가 도출 가능한 값 중 가장 작은 값과 가장 큰 값을 기억하는 것만으로 모든 프로그램 실행에 대해 효율적으로 유추할 수 있다.

프로그램의 가능한 모든 동작을 캡쳐하려면 추상 해석을 이용해 관측된 모든 값을 커버하는 것이 중요하다. 그러나 이 방법은 **부정확**^{imprecision}하거나 잘못된 경고를 유발할 수 있는 근사치를 도출하기도 한다. 예를 들어 실제 프로그램이 절대 값 11을 리턴하지 않을 것임을 보장하려면 기존 정수 도메인을 사용하는 분석은 잘못된 결과를 출력할 수도 있다.

추상 해석을 사용하는 정적 분석기는 보통 프로그램의 모든 지점에 대한 추상 값을 계산한다. 그러기 위해 정적 분석기는 프로그램의 **제어 흐름 그래프**^{control-flow graph}(CFG) 표현을 활용한다. CFG는 보통 컴파일러의 최적화 작업 중에 사용되며 프로그램을 정적으로 분석하는 데 사용한다. CFG의 각 노드는 항상 순서대로 실행되는 일련의 프로그램 스테이트먼트에 해당하는 기본 블록을 표현한다. 즉 이 일련의 구문 내에서 다른 브랜치로 이동하는 코드가 없으며 다른 코드의 실행이 이 구문 실행 순서 중간으로 점프해 들어오지 않는다는 뜻이다. CFG의 엣지 노드

---

10 다음을 참고. Cousot, Patrick, and Radhia Cousot. 1976. "Static Determination of Dynamic Properties of Programs." Proceedings of the 2nd International Symposium on Programming: 106–130 (`https://oreil.ly/4xLgB`).

11 다음을 참고. Souyris, Jean et al. 2009. "Formal Verification of Avionics Software Products." Proceedings of the 2nd World Conference on Formal Methods: 532–546. doi:10.1007/978-3-642-05089-3_34.

는 프로그램상의 흐름 제어를 표현하며 이 흐름 제어상에는 (if 구문 또는 루프로 인해) 프로시저 흐름 제어 내에서의 점프나 함수 호출로 인한 프로시저 간 점프가 발생할 수 있다. CFG 표현은 커버리지를 따라 동작하는 퍼저(이미 소개한 바 있다)에서도 사용됩니다. 예를 들어, libFuzzer는 퍼징 중에 어떤 기본 블록과 엣지가 커버되는지 추적한다. 그후 퍼저는 이 정보를 활용해 나중에 입력값을 변형할 것인지를 결정한다.

추상 해석 기반 도구는 프로그램의 데이터 흐름과 제어 흐름을 유추하는 의미 분석semantic analysis 을 실행한다. 그래서 앞서 설명했던 코드 검사 자동화 도구보다 실행시간이 훨씬 길다. 코드 검사 자동화 도구는 코드 편집기 같은 대화형 개발 환경에 통합할 수 있긴 하지만 추상 해석은 보통 통합과는 거리가 멀다. 대신 개발자는 커밋한 코드를 대상으로 추상 해석 기반 도구를 간헐적으로 (예를 들면 매일 밤) 실행하거나 코드 검토 과정에서 다양한 설정으로 실행해서 변경되지 않은 코드는 분석 결과를 재사용하면서 변경된 코드만을 분석할 수 있다.

여러 도구가 다양한 언어와 속성의 추상 해석을 활용하고 있다. 예를 들어 Frama-C 도구 (https://frama-c.com)는 버퍼 오버플로, 죽은 포인터나 널 포인터 때문에 발생하는 세그멘테이션 폴트segmentation fault, C로 작성한 프로그램의 0으로 나누기 오류 같은 기본적인 런타임 에러와 검증 위반을 찾아준다. 앞서 설명했지만 이런 종류의 버그(특히 메모리 관련 버그)는 보안에도 영향을 준다. Infer 도구(https://fbinfer.com)는 프로그램이 실행한 메모리와 포인터의 변화를 유추하고 자바, C 및 기타 다른 언어의 죽은 포인터 참조 같은 버그를 찾아준다. AbsInt 도구(https://www.absint.com)는 실시간 시스템의 태스크 실행 시간 중 최악의 경우를 분석한다. 애플리케이션 보안 향상App Security Improvement(ASI) 프로그램(https://oreil. ly/60tlV)은 보안 및 안전성을 위해 구글 플레이 스토어에 업로드된 모든 안드로이드 애플리케이션에 대한 철저한 프로시저 간 분석을 수행한다. ASI는 발견한 취약점을 표시하고 이슈를 처리할 수 있는 제안사항을 보여준다. [그림 13-4]는 보안 경고의 예시를 보여주고 있다. 2019년 초까지 이 프로그램은 삼십만 명 이상의 개발자가 플레이 스토어에 업로드한 백만 개 이상의 애플리케이션을 수정했다(https://oreil.ly/my8fa).

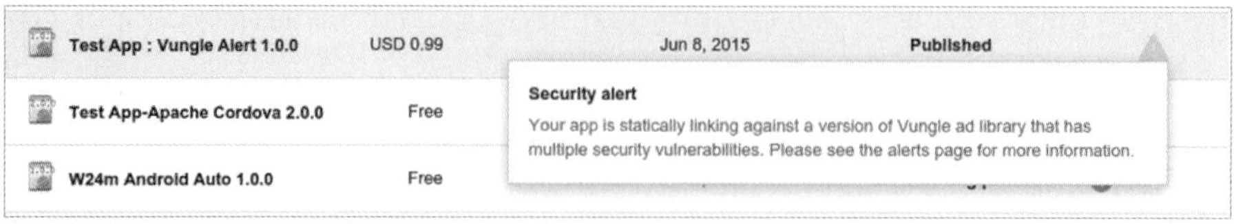

그림 13-4 애플리케이션 보안 향상 경고

13.5.4 공식 메서드

공식 메서드를 사용하면 사용자가 소프트웨어나 하드웨어 시스템에서 집중하고자 하는 속성을 특정할 수 있다. 대부분의 이런 속성은 특정 잘못된 동작을 절대로 관찰할 수 없도록 규정한 소위 말하는 **보안 속성**이라고도 한다. 예를 들어 '잘못된 동작'에는 프로그램의 검증^{assertion}도 포함된다. 다른 속성으로는 원하는 결과를 의미하는 **활성 속성**^{liveness property}을 포함한다. 예를 들면 요청된 프린트 작업이 결국 프린터에서 실행되는 경우를 말한다. 사용자는 공식 메서드를 사용해서 특정 시스템이나 모델의 이런 속성을 검증할 수 있으며 심지어 **생성 시 정정(CoC)** 설계 방식으로 이런 시스템을 개발할 수도 있다. 6.1.2절 '불변성 분석하기'에서 강조했듯이 공식 메서드 기반 접근법은 초기 비용이 상대적으로 높다. 특히 이런 방법은 시스템의 요구사항과 집중해야 하는 속성을 사전에 정의해야 하기 때문이다. 이 요구사항은 수학적으로 엄격하며 공식적인 방법으로 명시해야 한다.

공식 메서드 기반 기법은 하드웨어 설계와 검증 도구에 성공적으로 통합되어 왔다.[12] 하드웨어 설계의 경우에는 전기적 설계 자동화^{electronic design automation}(EDA) 업체가 제공하는 공식 또는 준공식^{semiformal} 도구를 사용하는 것이 표준 절차가 되었다. 이런 기법은 안전성이 중요한 시스템이나 암호화 프로토콜 분석 같은 일부 도메인에 성공적으로 적용되었다. 예를 들어 공식 메서드 기반 접근법은 컴퓨터 네트워크 통신 내의 TLS에 사용하는 암호화 프로토콜을 지속적으로 분석한다.[13]

13.6 마치며

보안과 신뢰성을 위해 소프트웨어를 테스트하는 것은 방대한 주제이며 지금까지 소개한 내용은 겉핥기라고 해도 부족하다. 구글은 이번 장에서 설명한 테스팅 전략과 모든 종류의 버그를 방지할 수 있는 안전한 코드를 작성할 수 있는 원리(12장 참고)를 조합해서 소프트웨어 시스

---

12 다음을 참고. Kern, Christoph, and Mark R. Greenstreet. 1999. "Formal Verification in Hardware Design: A Survey." ACM Transactions on Design Automation of Electronic Systems 4(2): 123–193. doi:10.1145/307988.307989. See also Hunt Jr. et al. 2017. "Industrial Hardware and Software Verification with ACL2." Philosophical Transactions of The Royal Society A Mathematical Physical and Engineering Sciences 375(2104): 20150399. doi: 10.1098/rsta.2015.0399.

13 다음을 참고. Chudnov, Andrey et al. 2018. "Continuous Formal Verification of Amazon s2n." Proceedings of the 30th International Conference on Computer Aided Verification: 430–446. doi:10.1007/978-3-319-96142-2_26.

템을 안정적으로 확장하며 장애와 보안 문제를 최소화하는 핵심 기법으로 활용해오고 있다. 소프트웨어 개발 초기 단계부터 테스트 가능성testability를 고려하고 개발 주기 전체에 걸쳐 포괄적인 테스트를 수행하는 것이 중요하다.

우리는 지금까지 설명한 모든 테스트와 분석 방식을 여러분의 엔지니어링 워크플로와 CI/CD 파이프라인에 완전히 통합하는 것의 가치를 다시 한번 강조하고 싶다. 이런 기법을 조합해서 기반 코드 전체에 일관성 있게 정기적으로 도입하면 버그를 더 빠르게 찾아낼 수 있다. 또한 애플리케이션을 배포할 때 버그를 탐지하거나 방지할 수 있는 여러분의 역량에 대해 스스로 더 확신할 수 있을 것이다. 소프트웨어의 배포에 대해서는 다음 장에서 설명한다.

CHAPTER 14

코드 배포

제레미아 스프래들린Jeremiah Spradlin, 마크 로다토Mark Lodato,

세르게이 시마코브Sergey Simakov, 록사나 로자Roxana Loza

여러분의 프로덕션 코드에서 실행 중인 코드가 여러분이 알고 있는 그 코드가 맞는가? 여러분의 시스템은 안전하지 않은 배포를 방지하거나 탐지할 수 있는 제어 기능이 있어야 한다. 배포 자체는 시스템에 변경을 적용하는 것이며 이런 변경사항은 신뢰성이나 보안 이슈가 될 수도 있다. 안전하지 않은 코드를 배포하는 일이 없으려면 소프트웨어 개발 수명 주기 내에서 최대한 일찍 이런 제어 기능을 구현해야 한다. 이번 장에서는 소프트웨어 공급망 위협 모델을 정의하는 것으로부터 시작해서 이런 위협을 방지할 수 있는 몇 가지 권장 사례를 공유한다. 그런 후에는 검증가능한 빌드verifiable build 같은 고급 완화 전략과 출처 기반의 배포 정책을 깊이있게 살펴보고 마지막으로 변경사항의 배포에 대한 실질적인 조언으로 마무리한다.

이전 장에서는 코드를 작성하고 테스트하는 과정에서 보안과 신뢰성을 고려하는 방법에 대해 알아봤다. 하지만 코드는 실제로 빌드해서 배포하기 전까지는 아무런 영향을 주지 못해 확인할 수가 없다. 그래서 빌드 및 배포 절차의 모든 요소에 대해 보안과 신뢰성을 고려하는 것이 중요하다. 빌드 결과물을 들여다본다고 해서 배포한 빌드 결과물이 완전히 안전한지 판단하는 것은 불가능하다. 하지만 소프트웨어 공급망의 여러 단계를 확실히 제어하면 소프트웨어 결과물의 안전성에 대한 믿음을 얻을 수 있다. 예를 들어 코드 검토를 통해 실수를 줄여 공격자가 악의적으로 코드를 변경하는 것을 단념하게 할 수 있고 자동화 테스트를 이용해 코드가 올바르게 동작한다는 것에 대한 확신을 얻을 수 있다.

하지만 공격자가 시스템에 직접 코드를 배포하는 형태로 소스 코드, 빌드, 테스트 인프라스트럭처상의 제어장치를 위회할 수 있다면 이런 제어장치의 효과는 미미할 것이다. 그래서 시스템은 적절한 소프트웨어 공급망을 통해 실행되지 않은 소프트웨어 배포를 거부할 수 있어야 한다. 그러려면 공급망의 각 단계가 제대로 실행되었다는 것을 증명해야 한다.

14.1 개념과 용어

여기서 **소프트웨어 공급망**software supply chain이라는 용어는 소프트웨어 시스템의 작성, 빌드, 테스트 및 배포하는 과정을 가리키는 용어다. 각 단계에는 버전 관리 시스템version control system (VCS), 지속적 통합(CI) 파이프라인 그리고 지속적 전달(CD) 파이프라인이 보편적으로 가져야 할 책임을 포함하고 있다.

실질적인 구현은 기업과 팀에 따라 상이하겠지만 대부분의 조직은 [그림 14-1]과 유사한 절차를 정의하고 있을 것이다.

1. 코드는 반드시 버전 제어 시스템에 체크인 한다.
2. 체크인한 버전의 코드를 빌드한다.
3. 빌드가 완료되면 바이너리에 대한 테스트를 진행한다.
4. 테스트가 성공하면 설정한 환경에 배포하고 실행한다.

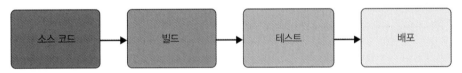

그림 14-1 보편적인 소프트웨어 공급망의 구조

여러분의 공급망은 이 모델보다 좀 더 복잡할 수도 있겠지만 대부분의 경우 이와 같은 기본적인 빌딩 블록으로 표현할 수 있다. [그림 14-2]는 보편적인 배포 파이프라인이 이 단계를 어떻게 실행하는지에 대한 실질적인 예시를 보여주고 있다.

소프트웨어 공급망은 시스템에 대한 위협을 완화하도록 설계해야 한다. 이번 장에서는 의도적으로 악의적인 행위를 하는지 여부와는 관계없이 내부자(또는 내부자로 위장한 악의적인 공격자)로부터의 위협(2장 참고)을 완화하는 것에 중점을 둔다. 예를 들어 선의의 엔지니어가 검토와 검증 절차를 거치지 않은 코드를 의도치 않게 빌드하거나 외부의 공격자가 엔지니어의 계정을 취득해 필요한 권한을 확보하고 백도어가 심어진 바이너리를 배포하려고 할 수도 있다. 우리는 이 두 시나리오를 똑같이 취급할 것이다.

이번 장에서는 소프트웨어 공급망을 구성하는 단계를 보다 광범위하게 정의한다.

빌드는 입력 결과물을 출력 결과물로 바꾸는 모든 종류의 변형 작업을 의미하며 여기서 **결과물**이란 모든 종류의 데이터를 의미한다. 예컨데 파일, 패키지, 깃 커밋 또는 가상 머신 이미지 등이 결과물에 해당한다. **테스트**란 출력 결과물을 파일이나 실행 가능한 형태가 아닌 (주로 '성공' 또는 '실패'를 의미하는) 일종의 논리적 결과로 내놓는 특별한 종류의 빌드를 의미한다.

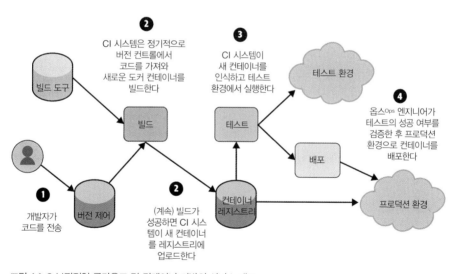

그림 14-2 보편적인 클라우드 및 컨테이너 기반의 서비스 배포

빌드는 서로 연결할 수 있으며 결과물은 여러 테스트를 거칠 수 있다. 예를 들어 릴리스 절차는 먼저 소스 코드에서 바이너리를 '빌드'한 후 바이너리로부터 도커 이미지를 '빌드'하고 개발 환경에서 도커 이미지를 실행해 '테스트'할 수 있다.

배포란 어떤 결과물을 어떤 환경에 할당하는 것이다. 다음의 행위는 모두 배포라고 봐도 무방하다.

- 코드 푸시
  - 서버가 새로운 바이너리를 다운로드하고 실행하도록 하는 명령을 실행
  - 쿠버네티스 배포 객체가 새로운 도커 이미지를 선택하도록 갱신
  - 기본 소프트웨어나 펌웨어를 로드하는 VM이나 물리적 머신을 부팅
- 설정의 갱신
  - 데이터베이스 스키마를 변경하는 SQL 명령을 실행
  - 명령줄 플래그를 변경하도록 쿠버네티스 배포 객체를 갱신
- 패키지나 다른 사용자가 활용할 수 있는 다른 데이터를 발행
  - apt 리포지토리에 deb 패키지를 업로드
  - 컨테이너 레지스트리에 도커 이미지를 업로드
  - 구글 플레이 스토어에 APK 파일을 업로드

배포 이후post-deployment의 변경사항은 이번 장의 범위를 벗어나므로 다루지 않는다.

14.2 위협 모델

위협을 완화하기 위해 소프트웨어 공급망을 강화하기에 앞서 먼저 공격자를 명확하게 인지해야 한다. 이번 장에서는 다음의 세 가지 유형의 공격자를 고려하고 있다. 여러분이 생각하는 공격자는 여러분이 다루는 시스템이나 속한 조직에 따라 다를 수 있다.

- 실수를 저지를 수 있는 선의의 내부자
- 승인 받은 권한보다 더 많은 접근 권한을 얻고자 하는 악의적인 내부자
- 한 명 혹은 그 이상의 내부자 계정이나 머신에 침투하는 외부 공격자

2장에서는 공격자의 프로파일과 내부자 위험을 모델링하는 데 필요한 가이드라인을 제공하므로 필요하다면 다시 한번 살펴보기 바란다.

다음으로는 반드시 공격자처럼 생각하고 시스템을 탈취하기 위해 소프트웨어 공급망을 뒤집어 놓을 수 있는 모든 방법을 찾아내야 한다. 다음은 보편적인 위협 중 몇 가지를 예시로 나열한

것이다. 이 목록을 활용해 여러분의 조직에 위협이 될만한 부분들도 반영해야 한다. 예제의 간소화를 위해 선의의 내부자는 **엔지니어**라고 부르고 악의적인 내부자와 외부 공격자는 모두 **악의적인 공격자**라고 부르기로 하자.

- 엔지니어가 실수로 시스템에 취약점을 유발하는 변경을 적용한다.
- 악의적인 공격자가 백도어를 사용할 수 있거나 시스템에 의도적인 다른 취약점을 유발하는 변경을 적용한다.
- 엔지니어가 검토를 받지 않은 변경사항을 포함한 로컬 버전의 소스 코드를 실수로 빌드한다.
- 엔지니어가 잘못된 설정을 가진 바이너리를 배포한다. 예를 들어 테스트를 위해 디버그 기능을 활성화한 변경을 프로덕션 환경에 배포하는 경우다.
- 악의적인 공격자가 사용자 자격 증명을 노출하도록 변경한 바이너리를 프로덕션 환경에 배포한다.
- 악의적인 공격자가 클라우드 버켓의 ACL을 수정해서 데이터를 유출한다.
- 악의적인 공격자가 소프트웨어를 서명하는 데 사용한 무결성 키를 훔친다.
- 엔지니어가 취약점을 내포한 것으로 알려진 이전 버전의 코드를 배포한다.
- CI 시스템의 설정이 잘못되어 임의의 소스 리포지토리로부터 빌드 요청을 수신하게 됐다. 그 결과 악의적인 공격자가 악의적인 코드를 가진 소스 리포지토리로부터 빌드를 실행할 수 있게 됐다.
- 악의적인 공격자가 서명 키를 유출하도록 작성된 빌드 스크립트를 CI 시스템에 업로드한다. 그런 후 공격자는 키를 이용해 악의적인 바이너리를 서명하고 배포한다.
- 악의적인 공격자가 CD 시스템을 속여 백도어가 내장된 컴파일러를 사용하게 하거나 악의적인 바이너리를 생성하는 빌드 도구를 사용하게 한다.

잠재적인 공격자와 위협에 대한 목록을 확보했다면 각 위협 요소를 이미 갖춰진 완화 장치와 연결해보자. 또한 현재 완화 전략이 가진 제약사항은 모두 문서화해야 한다. 이렇게 하면 시스템상의 잠재적인 위험에 대한 포괄적인 큰 그림을 볼 수 있게 된다. 완화 정책이 연결되지 않았거나 현재의 완화 정책이 심각한 제약사항을 가지고 있는 위협이 있다면 이 부분을 개선하면 된다.

14.3 권장 사례

지금부터 살펴볼 권장 사례는 위협을 완화하고 위협 모델에서 발견한 보안상의 간극을 메꿔주며 소프트웨어 공급망의 보안을 지속적으로 개선하는 데 도움이 된다.

14.3.1 코드 검토를 반드시 실행하자

코드 검토는 다른 개발자 (또는 여러 명의 다른 개발자들)가 변경된 소스 코드를 체크인하고 배포하기 전에 검토하는 절차다.[1] 코드 검토는 코드 보안을 향상시킬 뿐 아니라 소프트웨어 프로젝트에 여러 장점을 가져다 준다. 지식의 공유와 교육을 촉진하고 코딩 표준을 수립하며 코드의 가독성을 향상시켜 실수를 줄여준다.[2] 이 모두는 보안과 신뢰성 문화를 수립하는 데 도움이 된다(보다 자세한 내용은 21장 참고).

보안 관점에서 코드 검토는 일종의 멀티파티 승인[3]과 유사하다. 즉, 개인이 홀로 변경사항을 적용할 수 없다. 5장에서 설명했지만 멀티파티 승인은 여러 가지 보안적 장점을 가져다준다.

코드가 성공적으로 구현되려면 코드 검토는 필수여야 한다. 검토를 쉽게 건너뛴다면 이후 공격자의 공격이 멈추지 않을 것이다. 또한 코드 검토는 문제점을 찾아낼 수 있을 정도로 충분히 포괄적이어야 한다. 검토자는 변경사항의 상세 내용과 이 변경이 시스템에 초래할 영향에 대해 반드시 이해하고 있거나 코드 작성자에게 더 명확한 설명을 요구해야 한다. 그렇지 않으면 이 절차는 겉핥기식으로 진행될 뿐이다.[4]

일반에 공개된 도구 중 상당수가 코드 검토를 필수로 구현하는 기능을 지원한다. 예를 들어 깃허브, 깃랩GitLab, 빗버켓BitBucket은 모든 풀/병합 요청에 대해 일정 수의 승인을 받도록 설정하는 기능을 제공한다. 아니면 게릿Gerrit이나 패브리케이터Phabricator 같은 독자적인 검토 시스템을 소스 리포지토리와 연동해 검토 시스템만이 코드를 푸시할 수 있도록 설정할 수도 있다.

12장에서도 설명했지만 코드 검토는 보안에 관련해서는 어느 정도 제약이 있다. 그래서 12장에서 권장했던 내용과 자동화 테스트(13장에서 설명했다)와 더불어 하나의 '심층방어' 보안 지표로 구현하는 것이 최선이다.

---

1 코드 검토는 설정 파일의 변경에도 적용해야 한다. 14.3.4절 '설정을 코드처럼 관리하자' 참고

2 다음을 참고. Sadowski, Caitlin et al. 2018. "Modern Code Review: A Case Study at Google." Proceedings of the 40th International Conference on Software Engineering: 181 – 190. doi:10.1145/3183519.3183525.

3 설정도 코드로 취급하는 방식과 이번 장에서 설명한 배포 정책을 결합하면 코드 검토는 시스템을 위한 기본적인 멀티파티 승인 시스템 역할을 한다.

4 코드 검토자의 책임에 대한 보다 자세한 내용은 21.1.2절 '검토하는 문화' 참고

14.3.2 자동화를 도입하자

이상적이라면 자동화된 시스템은 소프트웨어 공급망의 대부분의 단계를 스스로 실행해야 한다.[5] 자동화에는 여러 장점이 따른다. 우선 일관적이고 반복가능한 소프트웨어의 빌드, 테스트, 배포 절차를 갖출 수 있다. 게다가 사람이 개입하지 않음으로서 실수를 방지하고 거추장스러운 작업을 줄일 수 있다. 접근을 제재하는 시스템에서 소프트웨어 공급망 자동화를 실행하면 악의적인 공격으로부터 시스템을 강화할 수 있다.

현실적으로 이런 경우는 거의 없겠지만 엔지니어가 필요할 때마다 '프로덕션용' 바이너리를 자신의 머신에서 수동으로 빌드하는 시나리오를 생각해보자. 이 시나리오상에는 에러가 발생할 기회가 너무나 많다. 엔지니어가 엉뚱한 버전의 소스를 빌드하거나 검토 또는 테스트를 거치지 않은 코드가 빌드에 포함될 수 도 있다. 게다가 (엔지니어의 머신을 탈취한 외부의 공격자를 포함한) 악의적인 공격자가 의도적으로 로컬에서 빌드한 바이너리를 자신의 버전으로 덮어쓸 수도 있다. 자동화를 도입하면 이런 결과를 모두 방지할 수 있다.

보안상의 관점에서 보면 자동화 시스템 자체가 보안상의 헛점을 노출할 수도 있기에 자동화의 도입은 자칫 까다로운 일이 될 수 있다. 가장 보편적인 종류의 취약점을 방지하기 위해 우리는 적어도 다음의 사항을 권장한다.

모든 빌드, 테스트, 배포 단계를 자동화 시스템으로 이전

최소한 모든 단계는 스크립트화해야 한다. 그렇게 하면 사람이든 자동화 시스템이든 같은 단계를 일관성 있게 수행할 수 있다. 젠킨스(https://jenkins.io) 같은 CI/CD 시스템을 이용해도 된다. 기존의 시스템에 자동화를 도입하기는 다소 어려울 수 있으므로 새로운 프로젝트는 반드시 자동화를 처음부터 고려하는 정책을 세우는 것도 고려해보자.

소프트웨어 공급망의 모든 설정 변경에 대한 철저한 검토

설정 변경에 대한 검토를 제대로 하려면 (곧 설명하겠지만) 설정을 코드와 같은 것으로 취급하는 것이 최선이다. 검토를 필수 절차로 도입하면 에러나 실수가 발생할 가능성이 훨씬 줄어들며 악의적인 공격을 수행하기가 더 어려워진다.

---

5 단계의 **연결** 자체는 완전히 자동화할 필요는 없다. 예를 들어 사람이 직접 빌드나 배포 단계를 시작해도 된다. 하지만 어떤 방식으로든 해당 단계의 동작에 영향을 줘서는 안 된다.

관리자나 사용자에 의한 변경을 방지하도록 자동화 시스템에 대한 접근 제재

이 단계는 가장 어려운 단계이며 실질적인 상세 구현은 이 책의 범위를 벗어난다. 짧게 설명하자면 관리자가 CI/CD 파이프라인의 구성을 직접 변경하거나 SSH를 이용해 머신상에서 직접 명령을 실행하는 등 검토 없이 변경을 적용할 수 있는 모든 방법을 생각해봐야 한다. 또한, 발견한 모든 방법에 대해서도 검토 없이 접근하지 못하도록 완화 정책을 고민해야 한다.

자동화된 빌드 시스템으로의 접근 제재에 대한 상세한 권장사항은 14.5.3절 '검증가능한 빌드'를 참고하기 바란다.

자동화는 신뢰성과 보안을 지속적으로 향상시킬 수 있으면서도 거추장스러운 일은 줄일 수 있는 원원win-win 전략이다. 가능하다면 자동화를 도입하기 바란다!

14.3.3 사람이 아닌 결과물을 검증하자

소스 코드, 빌드 및 테스트 인프라스트럭처와 관련된 제약사항은 공격자가 프로덕션 환경에 직접 를 배포할 수 있어 이 제약사항을 무시할 수 있으면 효과가 매우 미미하다. 배포를 수행하는 사람이 실수를 저지르거나 악의적인 목적으로 변경한 코드를 의도적으로 배포할 수 있으므로 배포자를 검증하는 것으로는 충분하지 않다.[6] 그래서 배포 환경은 배포할 결과물을 반드시 검증해야 한다.

배포 환경은 배포 절차의 각 자동화 단계가 수행되었는지를 반드시 확인해야 한다. 사람이 자동화 단계를 건너뛸 수 있는 경우는 다른 완화 정책이 해당 동작을 검사할 수 있을 때뿐이다. 예를 들어 구글 쿠버네티스 엔진Google Kubernetes Engine (GKE)을 실행한다면 바이너리 승인binary authorization (`https://oreil.ly/0jsVi`)을 이용해 여러분의 CI/CD 시스템이 서명한 이미지만 자동으로 허용하도록 하고 다른 누군가가 유리 깨기 기능을 이용해 엉뚱한 이미지[7]를 배포할 때 알림을 받을 수 있도록 쿠버네티스 클러스터 감사 로그를 모니터링하면 된다.

이 방법의 한 가지 단점은 여러분이 셋업한 모든 컴포넌트가 안전하다고 가정한다는 점이다.

---

6 그렇다해도 최소 권한 원리에 따라 권한의 확인은 여전히 필요하다.

7 유리 깨기는 개발자가 장애를 빠르게 해결하기 위해 정책을 우회할 수 있는 메커니즘이다. 5.3.2절 '유리 깨기 메커니즘' 참고

즉, CI/CD 시스템은 프로덕션 환경에 배포할 수 있는 시스템으로부터의 빌드 요청만 받아들
인다던가. (사용 중인 경우) 서명 키는 CI/CD 시스템만 접근이 가능하다고 가정한다는 뜻이
다. 14.5절의 '더 알아보기: 고급 완화 전략'을 보면 몇 가지 가정하에 원하는 속성을 직접 검증
하는 더욱 안전한 방법을 설명한다.

14.3.4 설정을 코드처럼 관리하자

서비스의 설정은 서비스의 코드만큼이나 보안 및 신뢰성 관점에서 중요하다. 그래서 코드의 버
저닝과 변경 검토는 설정에도 고스란히 적용해야 한다. 설정의 변경도 다른 변경사항처럼 체크
인하고 검토한 후 배포 전에 테스트해서 코드와 똑같이 관리하자.[8]

예를 들어 프론트엔드 서버에 백엔드를 지정할 수 있는 설정 옵션이 있다고 가정해보자. 만일
누군가 프로덕션 환경의 프론트엔드에 테스트 버전의 백엔드를 지정했다면 엄청난 보안 및 신
뢰성 문제를 경험하게 될 것이다.

아니면 조금 더 구체적인 사례로 쿠버네티스를 사용하며 관련 설정은 버전 제어 시스템에
YAML 파일(https://yaml.org)로 저장하는 시스템이 있다(YAML은 쿠버네티스가 설정
을 정의할 때 사용하는 언어(https://oreil.ly/UKo2t)다). 배포 절차는 kubectl 바이너리
를 호출해 사전에 승인받은 설정을 배포하는 YAML 파일을 전달한다. 배포 절차가 '승인받은'
YAML 파일(즉, 버전 제어 시스템에서 가져왔으며 검토를 통과한 파일)만 사용하도록 제한하
면 서비스에 잘못된 설정을 배포할 가능성이 훨씬 줄어든다.

이번 장에서 지금까지 설명했던 모든 제한사항과 권장 사례는 서비스의 설정을 보호하기 위한
목적으로도 사용할 수 있다. 이런 방법을 재사용하는 것은 대부분 배포 후 안전하게 설정을 변
경하기 위한 다른 방법보다는 훨씬 쉽다. 게다가 배포 후 설정 변경은 완전히 별개의 멀티파티
승인 시스템을 필요로 하는 경우가 대부분이다.

설정에 버전과 검토를 도입하는 방법은 코드에 버전과 검토를 도입하는 것만큼 널리 보편화된
방법은 아니다. 심지어 설정을 코드처럼 관리하는 방법을 구현한 조직조차도 설정을 완전히 코
드와 같은 수준으로 관리하지는 않는다. 예를 들어 엔지니어는 대부분 로컬에서 수정한 소스
코드를 프로덕션 버전용 바이너리로 빌드하면 안 된다는 점을 알고 있다. 하지만 같은 엔지니

---

8 이 개념은 SRE 도서의 8장과 SRE 워크북의 14장 및 15장에서 더 자세히 설명하고 있으며 그 내용은 이 책에 모두 적용되어 있다.

어라도 설정의 변경에 대해서는 버전 제어 시스템에 저장한 후 검토를 받는 과정을 건너뛰고 배포하는 것을 대수롭지 않게 생각하기도 한다.

설정도 코드처럼 관리하려면 문화, 도구 그리고 절차를 바꿔야 한다. 문화적으로는 검토 절차를 중요하게 생각해야 한다. 기술적으로는 (`diff`나 `grep` 같이) 변경사항을 쉽게 비교할 수 있고 긴급한 상황에서 변경을 수동으로 덮어쓸 수 있는 기능을 제공하는 도구가 필요하다.[9]

기밀 정보는 절대 체크인하지 말자

서비스를 운영하다 보면 비밀번호, 암호화 키, 인증 토큰 등 기밀 정보가 필요할 때가 종종 있다. 시스템의 보안은 이런 기밀 정보의 기밀성을 유지하는 것에 달려있다. 기밀 정보를 완전히 보호하는 내용은 이번 장의 범위를 벗어나지만 이와 관련해 몇 가지 중요한 팁을 제공하고자 한다.

- 기밀 정보를 버전 제어 시스템에 체크인 하거나 소스 코드에 기록하면 절대 안 된다. 기밀 정보를 암호화해 소스 코드나 환경 변수에 내장하는 것은 가능할 수도 있다. 예를 들어 빌드 시스템이 복호화해 주입한다면 가능하겠다. 이 방법은 편리하기는 하지만 그만큼 중앙식 기밀 정보 관리가 어려워질 수 있다.
- 가능하다면 기밀 정보는 적절한 기밀 정보 관리 시스템에 저장하거나 클라우드 KMS(`https://cloud.google.com/kms`) 같은 키 관리 시스템을 이용해 기밀 정보를 암호화하자.
- 기밀 정보의 접근 권한을 엄격히 관리하자. 꼭 필요할 때 서비스만 기밀 정보에 접근하도록 허용해야 한다. 절대 사람의 직접적인 접근을 허용해서는 안 된다. 만일 사람이 기밀 정보에 접근해야 한다면 그건 비밀번호지 애플리케이션 기밀 정보가 아니다. 사람이 기밀 정보에 접근해야 한다면 사람과 서비스에 각기 다른 자격 증명을 만들어야 한다.

14.4 위협 모델에 적용하기

이제 몇 가지 권장 사례를 살펴봤으므로 이 절차를 앞서 정의했던 위협과 연결해 적용해보자. 이 절차를 여러분의 위협 모델을 고려해 평가할 때는 스스로 한 번 물어보자. 과연 이 모든 권장 사례가 다 필요한 것일까? 이 모든 사례가 모든 위협을 충분히 완화할 수 있을까? [표 14-1]은 위협의 예시와 그에 대응하기 위한 완화 전략 그리고 완화 전략이 잠재적으로 가질

---

9 수동으로 덮어쓰는 경우는 반드시 로그를 기록하고 감사해야 공격자가 수동으로 덮어쓰는 상황을 구분할 수 있다.

수 있는 제약사항을 나열하고 있다.

표 14-1 위협의 예와 완화 정책 그리고 잠재적인 제약사항

위협	완화 정책	제약사항
엔지니어가 실수로 시스템에 취약점을 유발하는 변경사항을 적용한다.	코드 검토와 자동화 테스트(13장 참고). 이 방법은 실수의 가능성을 현저히 줄여준다.	
악의적인 공격자가 백도어나 다른 의도적인 취약점을 시스템에 심는다.	코드 검토. 이 방법은 공격을 어렵게 하고 공격을 탐지할 수 있는 기회를 준다. 공격자는 변경사항이 코드 검토를 통과할 수 있도록 충분한 주의를 기울여 작성해야 한다.	내부자가 공격자와 공모하거나 외부 공격자가 여러 내부자 계정을 탈취한 경우를 보호하지는 못한다.
엔지니어가 실수로 로컬에서 수정한 코드를 검토 없이 빌드한다.	항상 올바른 소스 리포지토리에서 소스 코드를 가져와 빌드를 수행하는 자동화된 CI/CD 시스템을 도입한다.	
엔지니어가 유해한 설정을 배포한다. 예를 들어 테스트 환경에서만 사용하려고 했던 디버그 기능을 프로덕션 환경에서 활성화하는 변경을 배포한다.	설정을 소스 코드처럼 관리하고 같은 수준의 철저한 검토를 수행한다.	모든 설정을 '코드처럼' 관리할 수는 없다.
악의적인 공격자가 사용자의 자격 증명을 유출하도록 수정한 바이너리를 배포한다.	프로덕션 환경에서는 CI/CD 시스템이 빌드한 바이너리를 증명하도록 한다. CI/CD 시스템은 올바른 소스 리포지토리에서만 소스를 다운로드하도록 구성한다.	공격자가 긴급 배포 유리 깨기 메커니즘(14.6절 '현실적인 조언' 참고)을 이용해 우회할 수 있다. 로그와 감사를 충분히 하면 그 가능성을 줄일 수 있다.
악의적인 공격자가 클라우드 버킷의 ACL을 수정해 데이터를 유출한다.	리소스의 ACL도 설정처럼 관리한다. 클라우드 버킷은 배포 절차를 통해서면 설정을 바꿀 수 있도록 허용해서 사람이 바꿀 수 없도록 한다.	내부자가 공격자와 공모하거나 외부 공격자가 여러 내부자 계정을 탈취한 경우를 보호하지는 못한다.
악의적인 공격자가 소프트웨어를 서명하는 무결성 키를 훔쳐간다.	무결성 키는 CI/CD 시스템만 접근하도록 설정되어 있으며 키 로테이션을 지원하는 키 관리 시스템에 보관한다. 자세한 내용은 9장을 참고하기 바란다. 빌드와 관련해서는 14.5절 '더 알아보기: 고급 완화 전략'의 추천사항을 참고하기 바란다.	

[그림 14-3]은 이 표에서 나열한 위협 및 그 완화 정책을 적용해 수정한 소프트웨어 공급망을 보여주고 있다.

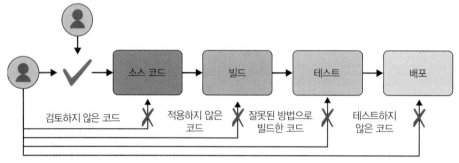

그림 14-3 보편적인 소프트웨어 공급망: 공격자는 이 절차를 우회할 수 없어야 한다

그런데 아직 권장 사례로 제시했던 완화 정책과 연결되지 않은 몇 가지 위협이 더 있다.

- 엔지니어가 취약점을 내포한 것으로 알려진 이전 버전의 코드를 배포한다.
- CI 시스템의 설정이 잘못되어 임의의 소스 리포지토리로부터 빌드 요청을 수신하게 됐다. 그 결과 악의적인 공격자가 악의적인 코드가 포함된 소스 리포지토리에서 빌드를 실행할 수 있게 됐다.
- 악의적인 공격자가 서명 키를 유출하도록 작성된 빌드 스크립트를 CI 시스템에 업로드한다. 그런 후 공격자는 이 키를 이용해 악의적인 바이너리를 서명하고 배포한다.
- 악의적인 공격자가 CD 시스템을 속여 백도어가 내장된 컴파일러를 사용하게 하거나 악의적인 바이너리를 생성하는 빌드 도구를 사용하게 한다.

이런 위협을 처리하려면 다음 절에서 설명할 제약을 추가적으로 구현해야 한다. 여러분의 조직에서 이런 위협을 처리할 필요가 있는지는 여러분만이 판단할 수 있다.

서드파티 코드에 대한 신뢰

요즘은 서드파티와 오픈 소스 코드를 이용해 소프트웨어를 개발하는 것이 보편적이다. 여러분의 조직이 이런 디펜던시를 갖고 있다면 디펜던시가 내포하고 있는 위험을 완화할 방법을 찾아야 한다.

만일 프로젝트 관리자, 코드 검토 절차, 버전 제어 시스템, 부정을 방지할 수 있는 내보내기/가져오기 절차 등을 완전히 신뢰할 수 있다면 마치 퍼스트파티first-party 버전 제어 시스템에서 코드를 가져오듯 서드파티 코드도 여러분의 빌드로 직접 가져올 수 있다.

하지만 프로젝트 관리자나 버전 제어 시스템을 완전히 신뢰할 수 없거나 프로젝트가 코드 검토를 보장하지 않는다면 빌드에 코드를 가져오기에 앞서 어느 정도 자체적인 코드 검토를 실행해야 할 것이다.

어쩌면 자체적으로 서드파티 코드의 복사본을 유지하면서 업스트림으로부터 가져온 모든 패치를 검토해야 할 수도 있다.

검토의 수준은 여러분이 벤더를 어느 정도 신뢰하느냐에 따라 다를 것이다. 여러분이 사용하는 서드파티 코드를 이해하고 서드파티 코드를 퍼스트파티 코드와 같은 수준으로 엄격히 관리해서 디펜던시에 대한 취약점 보고서를 항상 모니터링하고 보안 패치를 빠르게 적용하는 것이 중요하다.

14.5 더 알아보기: 고급 완화 전략

소프트웨어 공급망에 대한 보다 높은 수준의 위협을 처리하려면 복잡한 완화 전략이 필요할 수도 있다. 이번 절에서 권장하는 내용은 아직 업계에서 표준으로 받아들여지고 있지 않으며 이를 적용하려면 직접 인프라스트럭처를 구현해야 할 수도 있다. 이 권장사항은 대규모 조직이나 특히 보안에 민감한 조직에 적합하며 내부자 위협에 대한 노출이 적은 작은 조직에는 맞지 않을 수도 있다.

14.5.1 바이너리 출처

모든 빌드는 바이너리 결과물이 정확히 어떻게 빌드되었는지를 설명하는 바이너리 출처binary provenance를 반드시 생성해야 한다. 여기에는 입력값, 변경 방식 그리고 빌드를 수행한 엔티티 등이 포함된다.

그 이유를 설명하기 위해 다음의 완화 전략을 생각해보자. 여러분이 보안 사고에 대해 조사 중이며 특정 시간대에 배포가 발생했음을 발견했다. 그래서 이 사고가 배포와 관련이 있는지 확인하고자 한다. 리버스 엔지니어링으로 바이너리를 확인하는 것은 엄청난 비용이 소모된다. 그보다는 소스 코드를 살펴보는 것이 훨씬 쉬울 것이며 특히 버전 제어 시스템에서 변경사항을 살펴보는 편이 더 낫다. 하지만 바이너리에 포함된 소스 코드가 어떤 것인지 어떻게 알 수 있을까?

설령 여러분이 스스로 이런 보안 사고를 조사할 일은 없더라도 다음 절에서 설명할 출처 기반 배포 정책을 위해서라도 바이너리 출처는 필요하다.

바이너리 출처에 포함할 것

바이너리 출처에 포함할 정확한 정보는 시스템에 내포된 가정과 최종적으로 그 출처를 사용하는 쪽에서 필요로 하는 정보에 따라 다르다. 배포 정책을 확대하고 즉각적인 분석을 가능케 하기 위해 다음과 같은 필드를 추가할 것을 권한다.

신빙성(필수)

어떤 시스템이 빌드를 생성했는지 그리고 이 출처를 신뢰할 수 있는 이유 등 빌드에 대한 암묵적인 정보를 함축한다. 보통은 이 신빙성을 확보하기 위해 바이너리 출처의 나머지 필드를 암호학적 서명을 이용해 보호한다.[10]

결과물(필수)

이 바이너리 출처를 적용한 결과 결과물을 명시한다. 보통 각 결과물은 결과물의 내용을 암호학적으로 해시해서 식별한다.

입력

빌드에 전해진 것을 표시한다. 검증기는 이 필드를 이용해 소스 코드의 속성을 결과물의 속성과 연결한다. 이 필드는 다음의 항목을 포함해야 한다.

원본

- 최상위 빌드 명령을 실행한 소스 코드 트리 같이 빌드에 전달된 '주요' 입력 결과물을 의미한다. 예를 들어 https://github.com/mysql/mysql-server 리포지토리의 'Git commit 207f...c36d'[11]나 foo.tar.gz 파일의 콘텐츠를 SHA-256 방식으로 해시한 78c5...6649 같은 값을 의미한다.

디펜던시

- 라이브러리나 빌드 도구, 컴파일러 등과 같이 빌드에 필요하지만 원본에 명시되지 않은 다른 모든 결과물을 나열한다. 각각의 입력은 빌드의 무결성에 영향을 줄 수 있다.

---

10 신빙성은 무결성을 의미하기도 한다.
11 깃의 커밋 ID는 전체 소스 트리의 무결성을 제공하는 암호학적 해시다.

명령

예를 들어 bazel build //main:hello-world 같이 빌드를 시작한 명령을 명시한다. 이 필드는 자동 분석이 가능하도록 구성하는 것이 이상적이다. 따라서 보다 이상적인 예는 {"bazel": {"command": "build", "target": "//main:hello_world"}} 처럼 명시하는 것이다.

환경

아키텍처 상세 정보나 환경 변수처럼 빌드를 반복 실행하는 데 필요한 다른 정보를 명시한다.

입력 메타데이터

빌더가 다운스트림 시스템이 유용하게 활용할 수 있는 입력 메타데이터를 읽어야 할 때도 있다. 예를 들어 빌더는 정책 평가 시스템이 배포 시점에 사용할 수 있도록 소스 커밋의 타임스탬프 값을 추가할 수 있다.

디버그 정보

보안을 위해 반드시 필요하지는 않지만 빌드를 실행한 머신 등 디버깅에 도움이 되는 정보를 명시한다.

버저닝

빌드 타임스탬프와 출처 형식 버전 번호를 포함하면 나중에 유용할 수 있다. 예를 들어 오래된 빌드를 무효화하거나 롤백 공격의 위험을 감수하지 않고도 형식을 변경할 수 있다.

명확하지 않거나 소스 자체로 표현할 수 있는 필드는 생략해도 된다. 예를 들어 데비안의 빌드 명령은 항상 dpkg-buildpackage이므로 출처 형식에 명령을 명시하지 않는다.

입력 결과물은 URI 같은 **식별자**^{identifier}와 암호학적 해시 같은 **버전**을 모두 나열한다. 식별자는 보통 빌드가 올바른 소스 리포지토리에서 실행되었는지 등 빌드의 신빙성을 검증하기 위해 사용한다. 버전은 즉각적인 분석, 재실행 가능한 빌드^{reproducible build}, i 단계의 출력이 $i + 1$ 단계의 입력으로 사용되는 연결된 빌드 단계의 검증 등 여러 가지 목적으로 활용할 수 있다.

하지만 여기에는 공격에 노출되는 부분이 있다는 점을 알아두자. 빌드 시스템이 검사하지 않거나(그래서 서명에 표시되어 있거나) 다운스트림 소스 코드에 포함되어 있는(그래서 검토를 거친) 것이라면 모두 검증해야 한다. 빌드를 실행한 사용자가 임의의 컴파일러 플래그를 지정할 수 있다면 검증자는 반드시 그 플래그를 확인해야 한다. 예를 들어 사용자는 GCC의 -D 플래그를 이용해 임의의 심볼을 덮어써 바이너리의 행동을 완전히 바꿀 수 있다. 마찬가지로 사용자가 커스텀 컴파일러를 지정할 수 있으면 검증자는 반드시 '올바른' 컴파일러를 사용했는지 확인해야 한다. 보통 빌드 과정에서는 최대한 많은 것을 검증하는 것이 좋다.

바이너리 출처의 좋은 예로는 데바인의 deb-buildinfo(`https://oreil.ly/WNUw_`) 형식을 들 수 있다. 보다 자세한 내용은 재실행 가능한 빌드 프로젝트의 문서(`https://oreil.ly/Y5VFW`)를 참고하기 바란다. 이 정보를 서명하고 인코딩하는 표준 방법으로는 JSON 웹 토큰_{JSON Web Token}(JWT)(`https://jwt.io`)을 사용하면 된다.

코드 서명

코드 서명_{code signing}(`https://oreil.ly/f4gdr`)은 주로 바이너리에 대한 신뢰도를 향상시키는 보안 메커니즘으로 사용한다. 하지만 이 기법을 도입할 때는 주의를 기울여야 한다. 왜냐하면 서명값이 무엇을 표현하는지 그리고 서명 키가 얼마나 보호되고 있는지 알 수 없기 때문이다.

윈도우용 바이너리에 유효한 인증 코드 서명이 있다면 무조건 신뢰하는 경우를 생각해보자. 이 제약사항을 우회하려면 공격자는 수십만원에서 수백만원 정도 하는 유효한 서명 인증서를 (인증서의 종류에 따라) 구입하거나 훔치면(`https://oreil.ly/j_0Co`) 된다. 이 방법은 보안상의 가치를 제공하지만 그 이점은 제한적이다.

코드 서명의 효율성을 높이려면 허용할 서명자의 목록을 명시적으로 지정하고 서명 키와 관련된 접근을 확실히 제재할 것을 권한다. 또한 공격자가 악의적인 바이너리를 서명하기 위해 악용할 수 없도록 코드 서명을 수행하는 환경을 견고히 해야 한다. 유효한 코드 서명을 획득하는 절차를 '배포'라고 생각하고 이 배포를 보호하기 위해 이번 장에서 제시하는 권장 사례를 반드시 따르기 바란다.

14.5.2 출처 기반 배포 정책

14.3.3절의 '사람이 아닌 결과물을 검증하자'에서는 공식적인 빌드 자동화 파이프라인이 배포하려는 결과물을 검증하도록 권장했다. 하지만 이 파이프라인이 제대로 구성되어 있는지는 어떻게 검증할까? 그리고 특정 배포 환경이 다른 환경에 영향을 주지 않도록 보장하려면 어떻게 해야 할까?

이 문제를 해결하려면 각 배포 환경의 속성을 설명하는 명시적인 배포 정책을 사용하면 된다. 그러면 배포 환경은 배포하려는 결과물의 바이너리 출처와 그 정책을 연결지을 수 있다.

이 방법은 서명에만 의존하는 방법에 비해 몇 가지 장점을 갖는다.

- 소프트웨어 공급망에 묵시적으로 존재하는 가정의 수를 줄여 분석이 용이하며 정확성을 확인하기 쉽다.
- 소프트웨어 공급망의 각 단계의 계약이 명확해져 잘못 설정할 가능성이 줄어든다.
- 배포 여부 결정에 바이너리 출처를 사용하므로 배포 환경이 아닌 빌드 단계 당 하나의 서명 키를 사용할 수 있다.

예를 들어 마이크로서비스 아키텍처를 도입했으며 각 마이크로서비스를 해당 마이크로서비스의 소스 리포지토리에 있는 코드로만 빌드할 수 있다고 가정해보자. 코드 서명을 이용하면 소스 리포지토리 당 하나의 키만 있으면 되며 CI/CD 시스템은 소스 리포지토리를 이용해 올바른 서명 키를 선택해야 한다. 이 방법의 단점은 CI/CD 시스템이 이 요구사항을 만족하도록 설정되어 있는지 검증하기가 어렵다는 점이다.

출처 기반 배포 정책을 사용하면 CI/CD 시스템이 원본 소스 리포지토리를 명시한 바이너리 출처를 생성할 수 있으며 이 출처는 항상 하나의 키로만 서명할 수 있다. 각 마이크로서비스의 배포 정책은 사용할 소스 리포지토리의 목록을 가지고 있다. 그래서 이 배포 정책이 각 마이크로서비스의 속성을 한 곳에 명시하고 있으므로 코드 서명에 비해 정확성을 검증하기가 훨씬 쉽다.

배포 정책에 포함된 규칙은 시스템에 대한 위협을 완화할 수 있어야 한다. 시스템을 분석해 마련한 위협 모델을 고려해보자. 이 위협을 완화하기 위해 어떤 규칙을 정의할 수 있을까? 다음은 여러분에게 필요할 것 같은 몇 가지 규칙의 예시이다.

- 소스 코드는 버전 제어 시스템에 적용하고 검토해야 한다.
- 소스 코드는 전용 빌드 대상 및 리포지토리 같은 특정한 위치에서 가져와야 한다.
- 빌드는 공식 CI/CD 파이프라인을 통해서만 가능하다 (14.5.3절 '검증가능한 빌드' 참고)

- 모든 테스트를 통과해야 한다.
- 바이너리가 이 배포 환경에 명시적으로 허용되어 있어야 한다. 예를 들어 '테스트'용 바이너리는 프로덕션 환경에서 허용되지 않는다.
- 코드나 빌드의 버전이 충분히 최신 버전이어야 한다.[12]
- 코드에는 최근의 보안 스캔 결과에 따라 알려진 취약점이 없어야 한다.[13]

in-toto 프레임워크(https://in-toto.github.io)는 출처 정책을 구현할 수 있는 표준화된 한 가지 방법을 제공한다.

정책 결정의 구현

출처 기반 배포 정책을 위한 엔진을 직접 구현하려면 다음 세 단계가 필요하다는 점을 기억하자.

1. **출처가 진짜임**을 검증한다. 또한 이 단계에서는 공격자가 부적절하게 변경하거나 위조할 수 없도록 출처의 무결성 역시 검증한다. 보통 그러려면 출처가 암호학적으로 출처가 서명이 되어있는지 검증하면 된다.
2. **출처가 결과물을 적용하고 있는지** 검증한다. 또한 이 단계에서는 공격자가 다른 '제대로 된' 출처에 '악의적인' 결과물을 적용할 수 없도록 결과물의 무결성도 검증한다. 그러려면 결과물의 암호학적 해시값을 출처의 페이로드에 명시된 값과 비교하면 된다.
3. **출처가 모든 정책 규칙을 만족하는지 검증한다.**

이 절차의 가장 간단한 예시는 결과물을 특정한 키로 서명해야 한다는 규칙이다. 이 하나의 규칙만으로 세 가지 단계를 모두 구현할 수 있다. 즉 서명 자체가 유효한지, 그리고 결과물에 서명이 적용되어 있는지, 그리고 서명이 존재하는지를 모두 검증한다.

조금 더 복잡한 사례, '도커 이미지는 mysql/mysql-server 깃허브 리포지토리에서 빌드해야 한다'를 살펴보자. 이때 빌드시스템이 빌드 출처를 **K(B)** 키를 이용해 JWT 형식으로 서명한다고 가정해보자. 이 경우 토큰의 페이로드 스키마는 다음과 같을 것이다. 여기서 sub는 RFC 6920 URI(https://oreil.ly/_8zJm) 형식이다.

---

12 취약점이 드러난 버전을 롤백하는 것에 대한 내용은 9.2.3절 속 '최소 허용 보안 버전 번호' 참고

13 예를 들면 클라우드 보안 스캐너(https://oreil.ly/mrTi7)로 특정 버전을 실행하는 테스트 인스턴스를 검사한 결과를 증거로 제출하도록 할 수 있다.

```
{
  "sub": "ni:///sha-256;...",
  "input": {"source_uri": "..."}
}
```

엔진은 다음의 절차를 통해 결과물이 이 규칙을 만족하는지 평가할 수 있다.

- K(B) 키를 이용해 JWT 서명을 검증한다.
- sub 키값이 결과물의 SHA-256 해시와 일치하는지 확인한다.
- input.source_uri 키값이 'https://github.com/mysql/mysql-server'인지 확인한다.

14.5.3 검증가능한 빌드

빌드를 거쳐 생성한 바이너리 출처가 신뢰할 수 있는 경우 이를 **검증가능한**verifiable 빌드라고 한다.[14] 검증가능성verifiability은 보는 시각에 따라 다르다. 빌드 시스템을 신뢰할 것인지 여부는 여러분이 정의한 위협 모델과 여러분의 빌드 시스템이 조직의 보안 정책에 적합한지에 달려 있다.

다음의 비기능적nonfunctional 요구사항에 대한 예시가 여러분의 조직에 적합한지 확인하고[15] 필요하다면 다른 요구사항도 추가하도록 하자.

- 한 개발자의 워크스테이션이 탈취되더라도 바이너리 출처나 결과 결과물의 무결성에는 문제가 없어야 한다.
- 탐지 장치 없이도 공격자가 바이너리 출처나 결과 결과물에 손댈 수 없어야 한다.
- 병렬로 실행하든 순서대로 실행하든, 한 빌드가 다른 빌드의 무결성에 영향을 줘서는 안 된다.
- 빌드는 잘못된 정보를 가진 바이너리 출처를 생성해서는 안 된다. 예를 들어 출처 깃 커밋 123...456으로부터 빌드한 결과물이 커밋 abc...def로 빌드한 것이라고 표기해서는 안 된다.
- 비관리자는 이 목록의 어떤 요구사항이든 위반하는 방식으로 Makefile이나 젠킨스 그루비Groovy 스크립트 같은 사용자 정의 빌드 단계를 설정할 수 없다.
- 나중에 필요한 조사를 위해서 원본 결과물의 스냅숏은 빌드 이후 최소 N 개월 동안은 유지해야 한다.
- 빌드는 재생산가능reproducible해야 한다(14.5.3절 속 '밀폐성, 재생산가능성 또는 검증가능성?' 참고). 다음 절에서 설명하듯이 이 방법은 검증가능한 빌드 아키텍처에 필요하지 않더라도 고려해야 한다. 예를

---

14 앞 절에서 설명했듯이 순수한 서명도 '바이너리 출처'에 해당한다.

15 4.1절 '설계 목표와 요구사항' 참고

들어 재생산가능 빌드는 보안 장애나 취약점이 발견된 후 결과물의 바이너리 출처를 독립적으로 재검증할 때 유용할 수도 있다.

검증가능한 빌드 아키텍처

검증가능한 빌드 시스템의 목적은 빌드 시스템이 생산한 바이너리 출처에 대한 검증자의 신뢰를 높이는 것이다. 검증가능성을 위한 요구사항에 관계없이 주요 아키텍처는 세 가지 정도가 존재한다.

신뢰할 수 있는 빌드 서비스

검증자는 자신이 신뢰하는 빌드 서비스에서 원래 빌드가 실행되기를 원한다. 이것은 신뢰할 수 있는 빌드 서비스가 자신만이 접근할 수 있는 키를 이용해 바이너리 출처를 서명한다는 것을 의미한다. 이 방법은 재생산가능성이 필수는 아니지만 빌드가 한번만 실행되어야 할 경우에 적합하다(14.5.3절 속 '밀폐성, 재생산가능성 또는 검증가능성?' 참고). 구글은 이 모델을 이용해 내부 빌드를 구현했다.

직접 실행하는 다시 빌드

검증자가 바이너리 출처의 검증을 위해 필요에 따라 빌드를 재생산하는 방법이다. 예를 들어 바이너리 출처가 깃 커밋 abc...def에서 생산된 것이라면 검증자가 해당 깃 커밋을 패치한 후 바이너리 출처에 명시된 빌드 명령을 다시 실행하고 그 결과물이 특정 결과물과 비트 단위로 동일한지 확인한다. 재생산가능성에 대한 보다 자세한 내용은 아래 박스를 참고하기 바란다. 보통 사람은 자신을 믿기 때문에 이 방법에 매력을 느끼겠지만 안타깝게도 이 방법은 확장성이 떨어진다. 빌드는 수분에서 수시간이 걸리는 반면 배포 결정은 밀리초 단위로 내려져야 할 때도 있기 때문이다. 또한 빌드가 완전히 재생산가능해야 하는데 이 방법이 항상 실용적인 것은 아니다. 보다 자세한 내용은 역시 아래 박스를 참고하기 바란다.

리빌딩 서비스

검증자가 '리빌더rebuilder'의 과반이 빌드를 재생산하고 바이너리 출처의 진위여부를 테스트하도록 하는 방법이다. 이 방법은 앞서 설명한 두 가지 방법을 혼합한 것이다. 실질적으로 이 방법은 각 리빌더가 패키지 리포지토리를 모니터하고 새로운 버전을 미리 다시 빌드해서 그 결과를 일종의 데이터베이스 저장하는 형태로 구현한다. 그런 후 검증자는 검증할 결과물의 암호학적 해시를 키로 사용해 N개의 서로 다른 데이터베이스에서 결과물을 조회한다. 데비안(https://oreil.ly/zNZ7G) 같은 오픈 소스 프로젝트는 중앙식 권한 모델이 적합하지 않거나 필요치 않은 경우 이 모델을 사용한다.

밀폐성, 재생산가능성 또는 검증가능성?

재생산가능한 빌드와 밀폐성 빌드^{hermetic build}의 개념은 검증가능한 빌드와 밀접한 관련이 있다. 이 분야의 용어는 아직 표준화되지 않았다.[16]

다음의 정의를 따르기를 권한다.

밀폐성

빌드에 필요한 모든 입력을 사전에 완전히 빌드 절차 외부에 정의하는 방법이다. 소스 코드는 물론 모든 컴파일러, 빌드 도구, 라이브러리 및 기타 빌드에 영향을 줄 수 있는 모든 입력을 같은 식으로 처리해야 한다. 모든 참조는 반드시 완전히 유일한 버전 번호나 암호학적 해시를 이용해 명확히 구분할 수 있어야 한다. 밀폐성 정보는 소스 코드에 포함해서 체크인하지만 데비안의 .buildinfo 파일(https://oreil.ly/07ElS)처럼 외부에 보관할 수 있다.

밀폐성을 갖는 빌드는 다음과 같은 장점을 제공한다.

- 빌드 입력 분석과 정책 적용이 가능하다. 구글에서는 공통 취약점 및 노출^{Common Vulnerabilities and Exposure}(CVE) 데이터베이스를 이용해 패치가 필요한 취약한 소프트웨어를 탐지, 오픈 소스 라이선스의 준수 여부를 확인. 이미 안전하지 않은 것으로 알려진 라이브러리 같이 허용되지 않은 정책을 소프트웨어가 사용하지 못하도록 방지하는 등에 활용하고 있다.

- 서드파티를 가져올 때 무결성을 보장한다. 예를 들어 디펜던시의 암호학적 해시를 검증하거나 가져올 때 신뢰할 수 있는 리포지토리로부터 HTTPS를 이용해 가져오도록 할 수 있다.

- 체리피킹^{cherry-picking}을 지원한다. 코드를 패치해서 버그를 수정하고 바이너리를 재빌드한 후 서로 다른 컴파일러 버전에 의한 동작의 변경 같은 추가적인 동작 변화없이 프로덕션 환경으로 롤아웃할 수 있다. 체리피킹은 정식 릴리스만큼 테스트와 검토를 거치지 못하고 긴급히 릴리스할 때 관련된 위험을 상당히 줄여준다.

---

16 예를 들어 SRE 도서에서는 **밀폐성**과 **재생산가능성**을 같은 의미로 사용하고 있다. 재생산가능한 빌드 프로젝트(https://reproducable-builds.org)는 **재생산가능성**을 이번 장에서 설명하는 것과 같은 방식으로 정의하지만 때때로 **재생산가능성은 검증가능성**을 의미하기도 한다.

밀폐성 빌드의 예로는 바젤(https://bazel.build)을 들 수 있다. 이 도구는 package-lock.json 파일을 사용하면 샌드박스 모드에서 npm(https://www.npmjs.com)을 실행한다.

재생산성

같은 입력으로 같은 빌드 명령을 실행하면 비트 단위로 완전히 같은 출력물의 생산을 보장한다. 재생산가능성을 확보하려면 밀폐성을 반드시 확보해야 한다.[17]

재생산가능한 빌드는 다음과 같은 장점을 제공한다.

- **검증가능성**: 14.5.3절 '검증가능한 빌드'에서 설명했듯이 검증자가 빌드를 재생산하거나 또는 리빌더의 과반을 이용해 결과물의 바이너리 출처를 확인할 수 있다.
- **밀폐성**: 재생산이 불가능하는 것은 밀폐성이 없다는 것을 의미한다. 재생산가능성을 지속적으로 테스트하면 밀폐성이 없음을 일찍 확인할 수 있고 그래서 앞서 설명한 밀폐성의 모든 장점을 지속적으로 유지할 수 있다.
- **빌드 캐시**: 재생산가능한 빌드는 바젤같이 빌드 그래프가 방대할 경우 중간 빌드 결과물을 더 잘 캐시할 수 있다.

재생산가능한 빌드를 확보하려면 반드시 비결정성의 원인을 모두 제거해야 하며 빌드를 재생산하는 데 필요한 모든 정보(**buildinfo** 라고 한다)를 제공해야 한다. 예를 들어 컴파일러가 출력 결과물에 타임스탬프를 포함한다면 반드시 이 타임스탬프에 고정된 값을 사용하거나 빌드 정보에 타임스탬프를 포함해야 한다. 대부분의 경우 반드시 모든 도구와 운영체제를 명시해야 한다. 버전이 달라지면 대부분 조금은 다른 출력을 생산하기 때문이다. 보다 현실적인 조언은 재생산 가능한 빌드 웹사이트(https://reproducible-builds.org)를 참고하기 바란다.

검증가능성

결과물의 바이너리 출처(빌드가 실행된 원본 같은 정보)를 신뢰할 수 있는 방법으로 확인할 수 있다. 검증가능한 빌드가 재생산도 가능하며 밀폐성을 확보하기 위해서는 (반드시는 아니지만)거의 대부분 검증가능성을 확보해야 한다.

---

17 반대의 예시로 빌드 절차가 빌드 과정에서 디펜던시의 최신 버전을 다운로드하지만 그렇지 않을 경우에는 완전히 같은 결과물을 생산한다고 가정하자. 이 절차로 두 빌드를 거의 같은 시간에 실행하면 동일한 결과물을 얻을 수 있지만 밀폐성을 갖지는 않는다.

검증가능한 빌드의 구현

검증가능한 빌드 서비스가 '신뢰할 수 있는 빌드 서비스'든 '리빌딩 서비스'든 반드시 기억해야 할 중요한 요소가 몇 가지 있다.

기본적으로 거의 모든 CI/CD 시스템은 [그림 14-4]의 단계를 거친다. 즉, 서비스가 요청을 받으면 필요한 입력을 가져와 빌드를 실행하고 그 결과를 스토리지 시스템에 저장하는 단계를 거치게 된다.

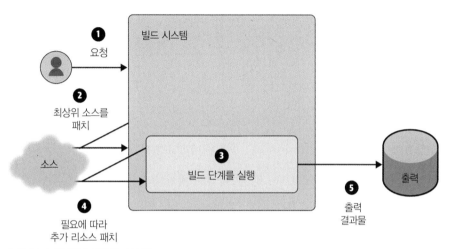

그림 14-4 기본적인 CI/CD 시스템

이런 시스템을 갖추고 있다면 [그림 14-5]에서와 같이 상대적으로 쉽게 출력 결과물의 출처를 서명해 추가할 수 있다. '중앙식 빌드 서비스' 모델을 사용하는 작은 규모의 조직이라면 이 서명 단계만으로도 보안 문제를 감당하기에 충분할 것이다.

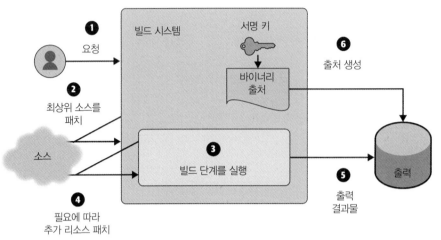

그림 14-5 기존 CI/CD 시스템에 서명 단계를 추가한 모습

하지만 조직의 규모가 커지고 보안 관점에서 살펴봐야 할 리소스가 많아진다면 신뢰할 수 없는 입력과 인증받지 않은 입력이라는 두 가지 보안 위험을 더 고려해야 한다.

신뢰할 수 없는 입력: 공격자가 빌드 과정을 방해하기 위해 임의의 입력값을 주입할 수 있다. 대부분의 빌드 서비스는 **Jenkinsfile**, **travis.yml**, **Makefile** 또는 **BUILD** 등을 이용해 비관리자도 빌드 과정에서 원하는 명령을 실행할 수 있도록 허용한다. 이 기능은 대부분 조직이 필요로 하는 다양한 형태의 빌드를 지원하기 위해 필요한 부분이기는 하다. 하지만 보안 관점에서 보면 이 기능은 거의 '설계에 의한 원격 코드 실행^{remote code execution}(RCE)'나 마찬가지다. 악의적인 빌드 명령을 권한이 필요한 환경에서 실행하게 되면 다음과 같은 일이 벌어질 수 있다.

- 서명 키의 도난
- 바이너리 출처에 잘못된 정보를 주입
- 이후 빌드에 영향을 주도록 시스템 상태를 변경
- 병렬로 실행 중인 다른 빌드의 조작

설령 사용자가 빌드 단계를 정의하지 못하게 하더라도 컴파일은 RCE 취약점을 악용할 가능성이 높은 매우 복잡한 작업이다.

이 문제는 권한을 분리하면 어느 정도 해소할 수 있다. 신뢰할 수 있는 오케스트레이터^{orchestrator} 절차를 이용해 시스템 상태를 초기화하고 빌드를 시작한 후 빌드가 완료되면 출처에 서명하는 과정을 셋업하면 된다. 오케스트레이터는 필요에 따라 다음 절에서 설명할 위협을 처리하기 위해 필요한 다른 입력값도 패치할 수 있다. 사용자가 정의한 모든 빌드 명령은 서명 키에 대한 접근이나 기타 다른 권한이 없는 환경 안에서만 실행하도록 하자. 이런 환경은 다양한 방법으로 생성할 수 있다. 예컨대 오케스트레이터와 같은 머신에 샌드박스를 설치하거나 별도의 머신을 운영하면 된다.

인증받지 않은 입력: 사용자와 빌드 단계를 모두 신뢰할 수 있다 하더라도 대부분의 빌드는 다른 결과물에 대한 디펜던시를 갖는다. 이런 디펜던시는 공격자가 잠재적으로 빌드를 방해할 수 있는 지점이다. 예를 들어 빌드 시스템이 TLS 없이 HTTP 프로토콜을 이용해 디펜던시를 가져온다면 공격자가 중간자 공격^{man in the middle}(MITM)을 이용해 디펜던시를 조작할 수 있다.

그래서 우리는 밀폐성을 가진 빌드를 권장한다(14.5.3절 속 '밀폐성, 재생산가능성 혹은 검증 가능성?' 참고). 빌드 단계는 모든 입력을 사전에 선언해야 하고 오케스트레이터만이 이 입력값을 패치할 수 있어야 한다. 밀폐성 빌드는 출처에 명시된 입력이 올바르다는 것에 대해 훨씬 높은 신뢰감을 줄 수 있다.

여러분의 시스템이 신뢰할 수 없는 입력과 인증받지 않은 입력을 처리할 수 있게 만들면 [그림 14-6]과 비슷할 것이다. 이 모델은 [그림 14-5]의 간단한 모델보다 공격에 훨씬 잘 대응할 수 있는 모델이다.

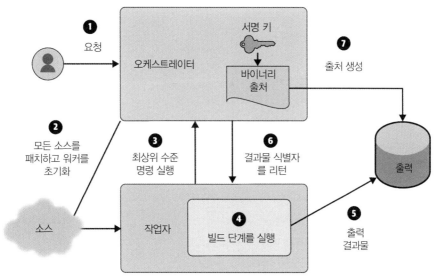

그림 14-6 신뢰할 수 없는 입력과 인증받지 않은 입력의 위험을 처리할 수 있는 '이상적인' CI/CD 설계

14.5.4 배포 관문

'사람이 아닌 결과물을 검증'하기 위해서는 배포 환경 내의 적절한 관문 지점에서 배포 결정이 내려져야 한다. 여기서 **관문 지점**choke point이란 모든 배포 요청이 반드시 지나야 하는 지점을 말한다. 배포 결정이 관문 지점에서 내려지지 않는다면 공격자가 얼마든지 우회할 수 있기 때문이다.

[그림 14-7]에 도식화된 쿠버네티스의 배포 관문 지점을 예로 들어보자. 특정 쿠버네티스 클러스터의 팟으로 향하는 모든 배포를 검증하고 싶다고 가정해보자. 이 경우 모든 배포 요청은 마스터 노드를 지나야 하므로 마스터 노드를 관문 지점으로 볼 수 있다. 마스터 노드가 관문 지점의 역할을 하게 하려면 워커 노드가 마스터 노드로부터의 요청만 받아들이도록 설정하면 된다. 그러면 공격자는 워커 노드로 직접 배포를 실행할 수 없다.[18]

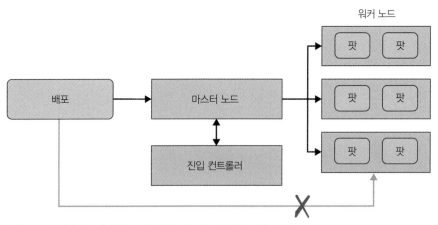

그림 14-7 쿠버네티스 아키텍처: 모든 배포는 반드시 마스터 노드를 지난다.

이상적이라면 관문 지점에서 직접 혹은 RPC를 이용해 정책 결정을 수행해야 한다. 쿠버네티스는 바로 이런 목적으로 진입 컨트롤러admission controller (`https://oreil.ly/Bm04C`) 웹훅webhook을 지원한다. 구글 쿠버네티스 엔진을 사용한다면 진입 컨트롤러를 호스트하는 바이너리 승인 (`https://oreily/YxiJX`)을 비롯해 많은 기능을 활용할 수 있다. 설령 쿠버네티스를 사용하지 않더라도 여러분의 '진입' 지점에서 배포 결정을 내리도록 수정할 수 있을 것이다.

....

18 실질적으로는 노드로 직접 (부트로더, 운영체제, 쿠버네티스 소프트웨어 등)소프트웨어를 배포할 수 있는 방법이 있어야 한다. 그리고 이런 소프트웨어의 배포는 반드시 독자적인 정책을 적용해야 하며 이 정책은 팟에서 사용하는 것과는 완전히 다른 형태로 구현해야 한다.

[그림 14-8]과 같이 관문 지점 앞에 '프록시'를 설치하고 프록시에서 정책 결정을 내리는 것도 좋은 방법이다. 이 방법을 도입하려면 프록시를 통해서만 '진입' 지점에 접근하도록 설정해야 한다. 그렇지 않으면 공격자가 진입 지점을 직접 공격해 프록시를 우회할 수 있기 때문이다.

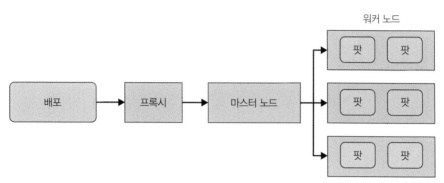

그림 14-8 프록시에서 정책 결정을 내리는 아키텍처

14.5.5 배포 사후 검증

배포 시점에 대포 정책이나 서명 확인 등을 적용하더라도 다음과 같은 이유로 로깅과 배포 사후 검증은 거의 항상 필요하다.

- **정책은 변경될 수 있다.** 이런 경우 검증 엔진은 반드시 기존 배포가 여전히 새로운 정책에 준하는지 다시 평가해야 한다. 이는 정책을 처음 적용할 때 특히 중요하다.
- 의사결정 서비스에 장애가 발생해서 요청이 계속 처리될 수도 있다. 이렇게 **실패 시 개방** 설계를 적용하려면 특히 강제 기능을 처음 롤아웃할 때 서비스의 가용성을 확인해야 한다.
- 다음 절에서 설명하듯이 운영자가 긴급 상황에 대응하기 위해 **유리 깨기 메커니즘**을 이용해 의사결정을 우회할 수 있다.
- 사용자가 새롭게 변경한 정책을 적용하기에 앞서 기존의 상태가 새로운 정책을 위배하지 않는지 **테스트**할 방법이 필요할 수도 있다.
- '실패 시 개방'과 비슷한 이유로 사용자가 **모의 테스트**를 해보고자 할 수도 있다. 이 경우 시스템은 배포 요청을 항상 허용하지만 잠재적인 문제를 발견할 수 있도록 모니터링은 하고 있어야 한다.
- **법의학**적인 이유로 투자자들이 장애 후 관련 정보를 요청할 수 있다.

강제에 대한 의사결정 지점은 반드시 검증자가 배포 후 정책을 평가할 수 있도록 충분한 로그를 기록해야 한다.[19] 대체로 요청 전체를 로깅할 수 있지만 그런다고 항상 요건을 만족시킬 수는 없다. 만일 정책 평가에 다른 상태를 참조할 필요가 있다면 그 상태도 로그에 포함되어야 한다. 예를 들어 우리는 보그의 배포 사후 검증을 구현할 때 이 문제를 경험한 적이 있다. '작업' 요청에 기존의 '할당'과 '패키지'가 포함되어 있어서 작업, 할당, 패키지 로그 세 가지를 결합해야 의사결정에 필요한 완전한 상태를 갖출 수 있었다.[20]

14.6 현실적인 조언

우리는 지난 수년간 검증가능한 빌드와 다양한 상황을 고려한 배포 정책을 구현하면서 많은 일을 겪었다. 그 중 대부분은 기술적 선택에 대한 것보다는 더 신뢰할 수 있고 쉽게 디버깅하고 이해할 수 있는 배포를 구현하는 방법에 대한 것이었다. 이번 절에서는 여러분에게 도움이 될 법한 현실적인 조언을 제공하고자 한다.

14.6.1 한 번에 한 단계씩 진행하자

매우 안전하고 신뢰할만하며 일관적인 소프트웨어 공급망을 제공하려면 빌드 단계를 위한 스크립트부터 빌드 출처를 구현하고 코드처럼 관리하는 설정의 구현까지 많은 부분을 바꿔야 한다. 이런 변경을 제대로 관리하는 것은 어려운 일이다. 게다가 기능의 구현을 잊거나 버그가 발생하면 엔지니어링 생산성에 큰 위험 요소가 될 수도 있다. 최악의 경우 에러로 인해 서비스의 장애를 유발할 수도 있다.

------

19 이 로그는 장애나 침입이 발생한 상황에서도 신뢰성이 높고 쉽게 조작이 불가능해야 한다. 예를 들어 쿠버네티스 마스터가 로깅 시스템이 중단된 상황에서 요청을 받았다고 가정해보자. 이 때 마스터는 임시적으로 로컬 디스크에 로그를 기록할 수 있다. 하지만 로깅 시스템이 재동작하기 전에 마스터 노드를 실행 중인 머신에 문제가 생긴다면 어떨까? 아니면 마스터 노드의 머신에 충분한 디스크 공간이 없다면 어떨까? 이 문제에 대한 해결책은 여전히 연구 중이다.

20 보그 할당은 컨테이너에서 실행되는 하나 혹은 그 이상의 리눅스 프로세스를 위해 예약된 리소스 집합을 말한다. 패키지는 보그 작업 바이너리와 데이터 파일을 담고 있다. 보그에 대한 자세한 내용은 다음을 참고. Verma, Abhishek et al. 2015. "Large-Scale Cluster Management at Google with Borg." Proceedings of the 10th European Conference on Computer Systems: 1-17. doi:10.1145/2741948.2741964.

공급망 중에서 한 번에 한 가지의 보안에만 집중하면 성공할 확률이 높다. 그렇게 하면 일이 잘 못될 위험은 최소화하면서 동료들이 새로운 워크플로를 학습하는 데 도움이 된다.

14.6.2 대처 가능한 에러 메시지를 제공하자

배포를 거부할 때의 에러 메시지는 반드시 어디가 잘못됐는지 그리고 어떻게 수습할 수 있는지 명확히 설명해야 한다. 예를 들어 결과물이 잘못된 소스 URI에서 빌드되어서 거부되었으며 해 당 URL을 허용하도록 정책을 수정하거나 올바른 URI로 다시 빌드해서 문제를 수정할 수 있다 고 알려줄 수 있다. 여러분의 정책 결정 엔진은 사용자에게 이처럼 제안을 제공하는 대처 가능 한 피드백을 제공해야 한다. 단순히 '정책에 부합하지 않는다'라고만 하면 사용자 입장에서는 혼란스러울 수밖에 없다.

아키텍처와 정책 언어를 설계할 때는 사용자의 입장을 고려해야 한다. 간혹 어떤 설계 방침은 사용자에게 대처 가능한 피드백을 제공하는 것을 어렵게 만들기도 하므로 이런 문제는 최대한 일찍 잡아내야 한다. 예컨대 우리의 초기 정책 언어 프로토타입은 정책을 표현하는 데 있어서 는 상당한 유연성을 제공했지만 대처 가능한 에러 메시지를 제공할 수 없었다. 우리는 결국 이 방법을 포기하고 더 나은 에러 메시지를 제공하기 위해 매우 제한적인 언어를 사용할 수밖에 없었다.

14.6.3 출처를 명확히 하자

구글의 검증가능한 빌드 시스템은 원래는 바이너리 출처를 비동기식으로 데이터베이스에 업로 드했다. 그런 후 배포 시점에 정책 엔진이 결과물의 해시를 키로 삼아 데이터베이스에서 출처 를 조회하는 방식이었다.

이 방법은 **대체로** 잘 동작했지만 결국 큰 문제에 봉착했다. 사용자가 결과물을 여러 번 빌드할 수 있었던 까닭에 같은 해시를 갖는 아이템이 여러 개 생성된 것이다.

빈 파일의 경우도 고려해야 한다. 우리는 여러 빌드가 출력으로 빈 파일을 생성하는 바람에 빈 파일에 연결된 해시를 가진 바이너리 출처 레코드가 수백만개나 생성되는 상황을 경험했다. 이 런 파일을 검증하기 위해 구글의 시스템은 출처 레코드 중 **하나라도** 정책을 만족하는지 검사해야 했다. 이 방법은 결국 다음의 두 가지 문제를 유발했다.

- 정책을 만족하는 레코드를 찾지 못하면 대처 가능한 에러 메시지를 제공할 수 없었다. 예를 들어 '정책이 원하는 소스 URI는 **Y**'인데 출처상의 '소스 URI는 **X**로 표기되어 있다' 같은 메시지를 제공하지 못하고 '497,129개의 레코드 중 정책을 만족하는 레코드가 없다'는 에러를 보여줄 수밖에 없었다. 이는 좋은 사용자 경험이라고 볼 수 없다.
- 리턴된 레코드 수에 따라 검증 시간이 선형적으로 증가했다. 그래서 100ms라는 지연 응답 SLO를 상당한 차이로 보장하지 못했다.

또한 데이터베이스로의 비동기식 업로드에도 문제가 있었다. 업로드가 소리소문없이 실패하면서 정책 엔진이 배포를 거부했고 사용자는 왜 배포가 거부되었는지 이해하지 못하는 상황이 발생한 것이다. 업로드 방식을 동기식으로 변경해서 이 문제를 해결할 수는 있었지만 그 때문에 빌드 시스템의 신뢰성이 떨어졌다.

그래서 출처를 명확하게 정의할 것을 강력하게 권장한다. 최대한 데이터베이스를 배제하고 **결과물과 출처를 함께 전파**하도록 하자. 그렇게하면 전체 시스템의 신뢰성이 향상되고 지연 응답도 낮아지며 디버깅도 쉽다. 예를 들어 쿠버네티스를 사용하는 시스템에 진입 컨트롤러 웹훅을 전달하는 애노테이션을 추가할 수 있다.

14.6.4 정책을 명확히 정의하자

결과물의 출처에 대해 권장했던 방법과 마찬가지로 특정 배포에 적용할 정책 또한 명확해야 한다. 우리는 어느한 배포에 대해 하나의 정책만 적용하도록 시스템을 설계하기를 권한다. 다른 방법도 생각해보자. 만일 두 정책을 적용한다면 이 두 정책을 모두 만족해야 할까 아니면 하나만 만족해도 될까? 고민하다 보면 오히려 이 문제를 모두 외면해버리는 편이 더 쉽다는 결론을 내리기도 한다. 전역 정책을 조직 전체에 적용하고자 한다면 메타 정책meta-policy을 도입하면 된다. 즉, 모든 정책이 일정한 전역 조건을 만족하는지 확인하는 것이다.

14.6.5 배포 유리 깨기 메커니즘을 포함하자

긴급 상황에서는 배포 정책을 우회해야 할 경우도 있을 것이다. 예를 들어 백엔드에 장애가 있어 엔지니어가 프론트엔드 트래픽을 다른 곳으로 우회하도록 재설정해야 하는데, 코드처럼 관리하는 설정을 보통 CI/CD 파이프라인을 통해 배포하려면 시간이 너무 오래 걸리는 경우가 있다. 이 정책을 우회하는 유리 깨기 메커니즘이 마련되어 있다면 엔지니어가 장애를 빨리 해결하면서도 보안과 신뢰성 문화를 증진할 수 있다(21장 참고).

공격자가 유리 깨기 메커니즘을 악용할 수도 있으므로 모든 유리 깨기 배포는 반드시 알람을 울리고 신속히 감사할 수 있어야 한다. 감사를 좀 더 현실적으로 하려면 유리 깨기는 정말 필요할 때만 사용해야 한다. 너무 자주 사용하면 정상적인 사용과 악의적인 사용을 구별할 수 없게 된다.

14.7 다시 한번 위협 모델에 적용하기

지금까지 살펴본 고급 완화 기법을 앞서 살펴봤던 처리하지 못했던 위협에 적용해보면 [표 14-2]와 같다.

표 14-2 복잡한 위협 예시에 고급 완화 기법을 적용한 내용

위협	완화 정책
엔지니어가 취약점을 내포한 것으로 알려진 이전 버전의 코드를 배포한다	최근 N일 내에 보안 취약점 검사를 수행한 코드만 배포하는 정책을 적용한다
CI 시스템의 설정이 잘못되어 임의의 소스 리포지토리로부터 빌드 요청을 수신하게 됐다. 그 결과 악의적인 공격자가 악의적인 코드를 가진 소스 리포지토리로부터 빌드를 실행할 수 있게 됐다	CI 시스템이 소스 코드를 가져온 리포지토리를 명시한 바이너리 출처를 생성한다. 프로덕션 환경에는 배포한 결과물이 승인받은 소스 리포지토리에서 빌드한 것인지를 증명할 수 있는 출처의 배포만 처리하도록 설정한다
악의적인 공격자가 서명 키를 유출하도록 작성된 빌드 스크립트를 CI 시스템에 업로드한다. 그런 후 공격자는 이 키를 이용해 악의적인 바이너리를 서명하고 배포한다	검증가능한 빌드 시스템에 별도의 권한을 적용해 커스텀 빌드 스크립트를 실행하는 컴포넌트는 서명 키에 접근하지 못하게 한다
악의적인 공격자가 CD 시스템을 속여 백도어가 내장된 컴파일러를 사용하게 하거나 악의적인 바이너리를 생성하는 빌드 도구를 사용하게 한다	밀폐성 빌드를 도입해 개발자가 명시적으로 소스 코드의 컴파일러와 빌드 도구를 지정하게 한다. 그리고 다른 코드와 마찬가지로 검토를 수행한다.

소프트웨어 공급망에 적절한 보안 제어 장치를 도입하면 고급 기법을 활용하는 복잡한 위협도 얼마든지 완화할 수 있다.

14.8 마치며

이번 장에서 권장한 내용은 다양한 내부자 위협으로부터 소프트웨어 공급망을 더욱 견고히 하는 데 도움이 된다. 코드 검토와 자동화는 실수를 방지하고 공격을 더 어렵게 하기 위한 기본적인 전략이다. 설정을 코드처럼 관리하면 지금까지 코드만큼의 관심을 받지 못했던 설정에도 이런 장점을 적용할 수 있다. 그러면서도 결과물 기반 배포 제어에 바이너리 출처와 검증가능한 빌드까지 적용하면 아주 치밀한 공격자에도 대응할 수 있으며 조직의 성장에 따른 확장성까지 확보할 수 있다.

이 권장사항을 모두 적용하면 프로덕션 환경에 배포한 코드가 (12장과 13장의 내용에 따라) 여러분이 작성하고 테스트한 바로 그 코드라는 것을 확실히 할 수 있다. 하지만 여러분이 최선의 노력을 했더라도 코드는 언제나 기대했던대로 동작하지는 않는다. 그럴 경우에는 다음 장에서 설명할 디버깅 전략 중 몇 가지를 활용하면 된다.

CHAPTER 15

시스템 조사

피트 누탈Pete Nuttal, 맷 린톤Matt Linton, 데이비드 사이드먼David Seidman, 베라 하스Vera Haas,

줄리 사라치노Julie Saracino, 아마야 부커Amaya Booker

> 대부분의 시스템에서는 장애가 발생한다. 그런 상황에서 복잡한 시스템을 조사할 수 있는 능력
> 은 몇 가지 요인에 기반한다. 적절한 로그에 대한 접근 권한과 디버깅을 위한 정보는 물론 전문
> 성을 겸비해야 한다. 또한 보호 장치와 접근 제어를 염두에 두고 로깅 시스템을 설계할 필요가
> 있다. 이번 장에서는 디버깅 기법을 살펴보고 해법을 찾을 수 없을 때 시도해볼 수 있는 몇 가지
> 전략을 제공한다. 그 후에는 시스템 이슈를 디버깅하는 것과 보안에 대한 우려사항을 조사하는
> 것 사이의 차이점을 살펴보고 그 차이점을 고려해 어떤 로그를 남겨둘지 참고할 수 있도록 둘 사
> 이의 절충도 알아본다. 마지막으로 이 가치있는 정보의 근원을 안전하고 신뢰할 수 있게 유지하
> 는 방법을 설명한다.

이상적인 세계라면 우리 모두는 완벽한 시스템을 구축하고 사용자는 좋은 의도로만 그 시스템
을 사용할 것이다. 하지만 현실적으로 우리는 늘 버그를 마주하며 보안 관련 조사도 수행해야
한다. 프로덕션 환경에서 실행 중인 시스템을 시간을 두고 관찰해보면 시스템을 개선해야 할
부분과 능률화 및 최적화가 필요한 부분을 발견할 수 있을 것이다. 이 모든 작업에는 디버깅과
조사 기법 그리고 적절한 시스템 접근 권한이 필요하다.

하지만 디버깅을 위해 읽기 전용 접근 권한을 허용한다해도 이를 악용한다면 그 또한 위험 요소가 될 수 있다. 이 위험 요소를 처리하려면 적절한 보안 메커니즘을 도입해야 한다. 또한 개발자 및 운영 요원이 디버깅을 해야 하는 필요성과 민감한 데이터를 저장하고 접근하는 것에 대한 보안 요구사항 사이의 균형도 주의해서 맞춰야한다.

> **NOTE_** 이번 장에서 **디버거**^{debugger}라는 단어는 GDB(GNU 디버거)(https://oreil.ly/Fl82Z) 및 유사한 도구가 아니라 소프트웨어의 문제점을 디버깅하는 사람을 의미한다. 또한 별도의 언급이 없다면 '우리'라는 단어는 구글이라는 조직이 아닌 이번 장을 집필한 저자를 지칭한다.

15.1 디버깅부터 조사까지

내 인생의 상당 부분을 내가 작성한 프로그램의 오류를 찾는 데 쓰게 될 거라는 강한 확신이 들었다.

> – 모리스 윌케스^{Maurice Wilkes}, 『Memoirs of a Computer Pioneer』(MIT Press, 1985)

디버깅에 대한 평판은 그다지 좋지 않다. 버그는 가장 좋지 않은 시기에 드러난다. 버그를 언제 고칠 수 있는지 또는 언제 시스템의 많은 사람이 사용하기에 '괜찮은' 상태가 될지 예측하는 것은 매우 어렵다. 개발자 대부분은 기존 프로그램을 디버깅하는 것보다는 새로운 코드를 작성할 때 더 재미를 느낀다. 게다가 디버깅은 아무런 보상이 없는 작업이라고 치부되기도 한다. 하지만 디버깅은 꼭 필요한 작업이며 새로운 사실과 도구를 배울 수 있다는 시각으로 바라보면 사실은 재미있는 작업이라는 점을 발견할 수 있을지도 모른다. 우리의 경험상 디버깅을 통해 우리를 더 나은 개발자가 될 수 있었으며 종종 우리가 생각만큼 똑똑하지는 않다는 점을 상기시켜주곤 했다.

15.1.1 예시: 임시 파일

우리가 2년 전에 디버깅했던 장애를 예로 들어보자.[1] 장애에 대한 조사는 스패너 데이터베이스 (https://oreil.ly/ZYr1W)의 스토리지 공간이 부족하단 알람이 발생하면서 시작됐다. 우리는 디버깅을 시작하면서 스스로 다음과 같은 질문을 던져봤다.

1. **데이터베이스의 스토리지가 부족하게 된 이유는 무엇인가?**

   문제를 신속하게 분류해본 결과 이 문제는 구글의 대용량 분산 파일 시스템인 콜로서스 Colossus (https://oreil.ly/dkocj)에 수많은 작은 파일이 생성되어 누적되었기 때문에 발생했고 사용자 요청 트래픽의 변화로 인해 파일이 생성된 것으로 보였다.

2. **이 작은 파일을 생성한 컴포넌트는 무엇인가?**

   서비스 지표를 살펴보니 이 파일은 스패너 서버가 실행 중인 머신의 가용 메모리가 낮아져서 생성된 것이었다. 보통의 동작을 보면 최근에 발생한 쓰기 작업(업데이트)는 메모리에 버퍼링되었다가 메모리가 낮아지면 데이터를 콜로서스의 파일에 기록했다. 안타깝게도 스패너 존의 각 서버는 업데이터를 처리하기 위해 할당된 메모리의 양이 작은 편이었다. 그래서 관리가 용이하도록 더 크고 압축된 파일을 생성[2]한 것이 아니라 각 서버가 수많은 작은 파일을 콜로서스에 플러시flush[3]한 것이다.

3. **메모리는 어떤 작업에 사용되었는가?**

   각 서버는 (컨테이너 안에서) 보그 태스크로 실행되고 있으며 가용한 메모리에 제한이 있었다.[4] 커널 메모리가 어떤 작업에 사용되었는지 파악하기 위해 우리는 프로덕션 머신에서 직접 slaptop 명령을 실행했다. 그 결과 디렉터리 엔트리directory entry (dentry) 캐시가 가장 많은 메모리를 소비하고 있음을 알아냈다.

4. **덴트리 캐시가 왜 이렇게 커졌을까?**

   우리는 경험상 스패너 데이터베이스 서버가 수많은 임시 파일을 생성하고 삭제하는 과정을 거쳤을 것이라고 추측했다. 그 파일 중 일부는 플러시 작업을 위한 것이었을테다. 매번 플러시 작업이 일어나면서 덴트리 캐시의 크기가 커져 문제가 더 악화된 것이다.

5. **이 가설을 어떻게 증명할 수 있을까?**

   우리는 이 가설을 테스트하기 위해 루프를 이용해 파일을 생성하고 삭제하기를 반복하면서 버그를 재현할 수 있는 프로그램을 보그에서 실행했다. 수백만 개의 파일을 테스트하자 덴트리 캐시가 컨테이너의 모든 메모리를 소비하면서 이 가설이 옳았음을 증명할 수 있었다.

---

1 이 장애는 대규모 분산 시스템에서 발생했지만 이보다 규모가 작으며 독립적인 시스템을 운영하는 사람도 상당한 유사점을 발견할 수 있을 것이다. 예컨대 하드디스크 공간이 부족해진 단일 메일 서버도 장애를 유발한다.

2 스패너는 데이터를 로그 구조 머지(Log-structured Merge)(LSM) 트리에 기록한다. 이 형식에 대한 보다 자세한 내용은 다음을 참고. Luo, Chen, and Michael J. Carey. 2018. "LSM-Based Storage Techniques: A Survey." arXiv preprint arXiv:1812.07527v3 (https://oreil.ly/DjWJn).

3 옮긴이_ 메모리상의 데이터를 디스크에 기록하는 작업

4 보그에 대한 자세한 내용은 다음을 참고. Verma, Abhishek et al. 2015. "Large-Scale Cluster Management at Google with Borg." Proceedings of the 10th European Conference on Computer Systems: 1–17. doi:10.1145/2741948.2741964.

6. 이 문제는 커널 버그였을까?

리눅스 커널의 동작을 조사한 결과 우리는 커널이 존재하지 않는 파일을 캐시한다는 점을 알아냈다. 일부 빌드 시스템은 어느 정도의 성능을 위해 이 기능을 필요로 했다. 통상적인 작업에서는 컨테이너가 가득차면 커널이 덴트리 캐시의 엔트리를 지워버렸다. 하지만 스패너 서버는 반복적으로 업데이트를 플러시했으므로 컨테이너가 이 삭제 작업을 유발할 정도로 완전히 가득차지 않은 것이다. 이 문제는 임시 파일을 캐시할 필요가 없는 것으로 지정해서 해결했다.

이 디버깅 절차는 이번 장에서 설명할 많은 개념을 보여주고 있다. 하지만 이 예시에서 가장 중요한 부분은 **우리가 이 이슈를 디버깅했다**는 점이며 여러분도 할 수 있다! 문제를 해결하고 수정하기 위해 마법을 부릴 필요는 없다. 단지 느리지만 구조화된 조사 과정을 거치면 된다. 우리가 수행했던 조사의 특징을 구분해보면 다음과 같다.

- 시스템의 성능 저하가 일어나면서 우리는 기존의 로그를 활용하고 인프라스트럭처를 모니터링하면서 문제를 디버깅했다.
- 이슈가 커널 공간에서 발생했으며 디버거가 관련 코드를 본 적이 없었음에도 디버깅을 할 수 있었다.
- 이 이슈는 수년간 존재했지만 이 장애가 있기 전에는 이슈를 전혀 눈치채지 못했다.
- 시스템 중 문제가 생긴 부분은 없었다. 모든 부분이 의도했던 대로 동작하고 있었다.
- 스패너 서버의 개발자는 임시 파일이 삭제된 후 한참이 지나도 메모리를 점유할 수 있다는 사실에 놀라움을 금치못했다.
- 커널 개발자가 제공해 준 도구를 이용해 커널의 메모리 사용 방식을 디버깅할 수 있었다. 이 도구를 사용해 본 적이 없었음에도 디버깅 기법에 대한 교육과 실습이 잘 되어 있던 덕분에 상대적으로 빠르게 진척을 이뤄낼 수 있었다.
- 초기에는 버그를 사용자 에러로 잘못 진단했다. 데이터를 살펴본 후에야 생각을 바꿀 수 있었다.
- 어떤 가설을 세우고 그 이론을 테스트하는 방법을 마련함으로서 시스템을 변경하기 전에 이슈의 원인을 확인할 수 있었다.

15.1.2 디버깅 기법

이번 절에서는 체계적인 디버깅을 위한 몇 가지 기법을 제공한다.[5] SRE 도서의 12장을 보면 성공적인 디버깅을 위한 두 가지 요구사항을 설명하고 있다.

---

5 줄리아 에반스(Julia Evans)의 'What Does Debugging a Program Look Like?' 블로그 포스트(`https://oreil.ly/J2U1R`)도 참고하자.

- 시스템이 어떻게 동작해야 하는지 알자.
- 체계적이어야 한다. 데이터를 수집하고 원인에 대한 가설을 수립한 후 이를 테스트하자.

여기서 첫 번째 요구사항은 다소 까다롭다. 고전적인 예로 단 한 명의 개발자가 시스템을 개발했는데 이 개발자가 아무런 인수인계없이 회사를 떠났다고 생각해보자. 이 시스템은 향후 몇 달간은 동작하겠지만 어느날 갑자기 알 수 없는 이유로 동작을 멈추면 누구도 이 문제를 수정할 수 없다. 이런 상황에 도움이 되는 조언이 몇 가지 있긴 하지만 사전에 시스템에 대해 이해해야 한다는 점을 대체할 수 있을 만한 실질적인 방법은 없다(6장 참고).

얼룩말과 말을 구분하기

말발굽 소리를 들으면 가장 먼저 떠올리는 것은 말일까 얼룩말일까? 이 질문은 교수가 의과대학생에게 질병을 구분하고 분석하는 방법을 가르칠 때 종종 묻는 질문이다. 이 질문은 대부분의 질병이 공통점을 갖는다는 것을 상기한다. 대부분의 말발굽 소리는 얼룩말이 아닌 말에 의한 것이다. 왜 이 조언이 의과대 학생에게 도움이 되는지 상상이 될 것이다. 의사는 실제로 상태가 흔하고 치료가 간단한 상황이라면 다른 증상이 더해진다고 희귀한 질병이 된다는 가정을 원치 않기 때문이다.

시스템이 큰 규모라면 시니어 엔지니어는 흔한 이벤트와 희귀한 이벤트를 **모두** 관찰해야 한다. 컴퓨터 시스템을 구축하는 사람은 모든 문제를 완전히 제거할 수 있다(그리고 그래야 한다). 시스템의 규모가 커지고 시간이 지나면서 운영자가 흔한 문제를 모두 없앴다면 흔치않았던 문제만 일어나게 된다. 브라이언 캔트릴Bryan Cantrill(https://oreil.ly/eYfU0)의 말을 빌리면 '시간이 흘러 말을 모두 찾아내면 얼룩말만 남는다'.

비트플립에 의해 메모리가 손상되는 아주 희귀한 이슈를 생각해보자. 최신 메모리 에러 수정 모듈은 시스템 크래시를 유발하는 수정불가능한 비트플립을 경험할 확률이 연간 1% 이내다.[6] 예상치 못한 크래시를 디버깅하는 엔지니어는 바로 '이 문제는 극히 드물게 발생하는 메모리 칩의 전기적 오동작이 원인일거야'라고는 생각 못 할 것이다. 하지만 초대규모 환경에서는 이런 희귀성이 확실성이 된다. 25,000개의 머신이 400,000개의 RAM 칩을 활용하는 가상의 클

---

6 다음을 참고. Schroeder, Bianca, Eduardo Pinheiro, and Wolf-Dietrich Weber. 2009. "DRAM Errors in the Wild: A Large-Scale Field Study." ACM SIGMETRICS Performance Evaluation Review 37(1). doi:10.1145/2492101.1555372.

라우드 서비스를 생각해보자. **칩당** 수정 불가능한 에러가 발생할 확률이 0.1%라고 하면 이 클라우드 서비스의 규모를 고려하면 연간 400회의 에러가 발생한다는 뜻이다. 이 클라우드 서비스를 운영하는 사람은 거의 매일 메모리 장애를 관찰하게 될 것이다.

이처럼 드문 일을 디버깅하는 것은 어려운 일이지만 올바른 데이터를 확보한다면 조금은 쉬워진다. 일례로 한번은 구글 하드웨어 엔지니어가 어떤 RAM 칩이 다른 것보다 더 자주 장애를 일으킨다는 점을 깨달았다. 확보한 데이터 덕분에 장애가 난 DIMMs(메모리 모듈)의 원인을 추적할 수 있었고 단일 프로바이더의 모듈을 추적할 수 있었다. 광범위한 디버깅과 조사를 거쳐 엔지니어는 그 원인을 찾을 수 있었다. 그 원인이란 DIMM을 생산하는 단 한 곳의 공장에 있는 클린룸^{cleanroom}의 환경적 오류로 인한 것이었다. 이 문제는 오로지 대규모 환경에서 희귀하게 발생하는 버그인 '얼룩말'이었다.

서비스가 성장하다 보면 오늘 발견했던 익숙치 않은 버그가 내년에는 정기적으로 발생하는 버그가 될 수 있다. 2000년에는 구글도 메모리 하드웨어 손상을 보면서 놀랐다(https://oreil.ly/CicjH). 요즘은 그런 하드웨어 장애는 정기적으로 발생하며 우리는 이제 종단간 무결성 검사를 비롯해 다른 신뢰성 지표를 이용해 대처하고 있다.

최근 몇 년간 우리는 또 다른 종류의 얼룩말과 조우했다.

- 두 웹 검색 요청이 동일한 64비트 캐시 키로 해시되어 한 요청의 검색 결과가 다른 요청의 응답으로도 사용되었다.
- C++이 int64 값을 (32비트인) int로 변환하면서 232개의 요청 이후 문제가 발생했다(이 버그에 대한 보다 자세한 내용은 15.1.3절 속 '코드를 정리하자'를 참고하기 바란다).
- 코드가 수백 대의 서버에서 동시에 실행될 때만 분산 재균형 알고리즘의 버그가 발생했다.
- 누군가 일주일간 부하 테스트를 실행 중인 상태로 두는 바람에 성능이 천천히 낮아졌다. 우리는 머신이 천천히 메모리 할당 이슈로 괴로워하다 결국 성능이 저하됐다고 판단했다. 이 얼룩말은 보통은 짧은 시간만 실행하던 테스트를 훨씬 오래 실행되도록 놔둔 덕분에 발견할 수 있었다.
- C++ 테스트가 느려져 조사를 해보니 동적 링커의 로딩 시간이 로드하는 공유 라이브러리의 수에 비례한다는 점을 알아냈다. 10,000개의 공유 라이브러리를 로드하면 main 함수가 실행되기까지 몇 분이 소요될 수도 있었다.

작고 비교적 새로운 시스템을 다룬다면 말(흔한 버그)이 많을 것이다. 하지만 오래되고 규모가 크며 상대적으로 안정적인 시스템을 다룬다면 얼룩말(희귀한 버그)이 많을 것이다. 시간이 지나면서 운영자는 기존 시스템의 흔한 버그를 발견하고 수정하게 된다. 결국에 이슈는 새로 개발한 부분에서 주로 발생할 것이다.

데이터 손상과 체크섬

메모리는 여러 가지 이유로 손상될 수 있다. 환경적 요인에 의한 하드웨어 문제가 그 중 하나다. (한 스레드가 읽기 작업을 수행하는 동안 다른 스레드가 쓰기 작업을 하는 등) 소프트웨어 문제 또한 메모리 손상을 유발할 수 있다. 소프트웨어 엔지니어가 이상한 버그는 모조리 하드웨어 문제로 치부하는 것은 위험한 발상이다.

현대의 DRAM은 메모리 손상을 방지할 수 있는 몇 가지 방어장치를 제공한다.

- 에러 수정 코드error-correcting code(ECC) RAM은 대부분의 손상을 수정한다.
- 에러를 발견했지만 수정이 불가능한 경우에는 머신 체크 예외를 유발해서 운영체제가 이를 처리하도록 한다.
- 운영체제는 손상된 메모리를 참조하는 프로세스에서 패닉을 유발하거나 또는 강제 종료할 수 있다. 이 두 가지 조치는 시스템은 유효하지 않은 메모리 콘텐츠를 사용하지 못하게 하기 위함이다.

체크섬은 데이터의 변경을 탐지할 목적으로 데이터로부터 추출한 숫자를 의미한다. 체크섬은 예상하지 못한 하드웨어와 소프트웨어 장애로부터 보호하기 위한 것이다. 체크섬을 사용할 때는 다음과 같은 사항을 고려해야 한다.

- 체크섬을 확인할 때 드는 CPU 비용과 체크섬이 제공하는 보호 수준 사이의 절충
- 순환 이중 체크cyclic redundancy check(CRC)는 하나의 비트플립에 대한 보호를 제공하는 반면 암호화 해시는 인간의 공격에 대한 보호를 제공한다. CRC는 CPU 시간 면에서 훨씬 저렴한 방법이다.
- 체크섬의 범위

예를 들어 네트워크를 통해 서버로 키와 값을 보낸 후 그 값을 디스크에 기록하는 클라이언트를 생각해보자. 파일 시스템 수준의 체크섬은 파일 시스템이나 디스크 버그에 대한 보호만 제공한다. 클라이언트가 생성한 값에 대한 체크섬은 네트워크와 서버 버그에 대한 보호를 제공한다. 클라이언트가 키를 보냈는데 서버가 버그로 인해 디스크에서 엉뚱한 값(과 그 값의 체크섬)을 읽어 그 값을 클라이언트로 리턴했다고 가정해보자. 이 경우 체크섬의 범위는 단지 그 값으로 제한되어 있으므로 버그와는 무관하게 체크섬 확인은 여전히 성공한다. 더 나은 방법은 값과 체크섬 모두에 키를 포함하는 것이다. 이 방법은 키와 리턴값이 체크섬과 맞지 않는 경우까지 처리할 수 있다.

디버깅과 조사에 필요한 시간을 확보하기

보안 조사(나중에 다시 설명한다)와 디버깅은 모두 많은 시간을 필요로 한다. 보통은 수 시간을 연속으로 집중해야 한다. 앞 절에서 소개했던 임시 파일의 경우 디버깅에 5~10시간 정도 소요되었다. 대형 장애를 처리할 때는 디버거와 조사원이 너무 자주 보고하지 않게 하여 격리하고 집중할 수 있는 충분한 시간을 주자.

디버깅은 서두르지 않고 체계적이며 일관된 방법을 채택해야 의미가 있다. 즉 사람이 실행한 작업과 유추한 내용을 수차례 확인해야 하고 필요하다면 더 깊이 조사해야 한다. 임시 파일 문제도 디버깅에 대한 부정적인 사례를 보여주고 있다. 최초 대응자는 이 장애가 사용자 트래픽에 의해 유발되었다고 판단하고 사용자의 시스템 동작이 형편없다고 비난했다. 당시 팀은 긴급하지 않았던 알람이 계속 울리는 바람에 운영 부하와 알람에 대한 피로도가 상당했던 상태였다.

> **NOTE_** SRE 워크북의 17장은 운영 부하를 줄이는 방법을 설명하고 있다. SRE 도서의 11장에서는 엔지니어가 이슈에 집중할 수 있도록 티켓과 알람의 양을 근무조당 2개 이하로 유지할 것을 권하고 있다.

여러분이 관찰한 내용과 기대한 내용 모두 기록하자

일단 눈으로 확인한 모든 것은 기록해두자. 그와 별개로 설령 잘못 짚은 것 같더라도 여러분의 가설 역시 적어두자. 그렇게하면 여러 가지 장점을 얻을 수 있다.

- 조사를 체계적으로 할 수 있고 그 과정에서 시도했던 단계들을 기억하는 데 도움이 된다. 디버깅을 시작할 때는 이 이슈를 처리하는 데 얼마나 오래 걸릴지는 알 수 없다. 5분이 걸릴 수도 있고 5개월이 걸릴 수도 있다.
- 다른 디버거가 여러분의 노트를 읽고 여러분이 어떻게 관찰했는지 이해한 후 신속히 참여하거나 또는 조사를 이어받을 수 있다. 여러분의 노트는 팀원이 중복 작업을 하지 않도록 도와주며 다른 사람이 조사를 새로운 방향으로 진행할 수 있는 영감을 주기도 한다. 이 주제에 대한 보다 자세한 내용은 SRE 도서의 12장 중 '부정적인 결과는 마법과도 같다' 절을 참고하기 바란다.
- 잠재적인 보안 이슈가 발생했다면 각 접근 단계와 조사 단계의 로그를 기록하는것이 도움이 된다. 향후 공격자가 어떤 행위를 했는지 그리고 조사관으로써 어떤 작업을 수행했는지 (때로는 법정에서) 증명해야 할 수도 있다.

관찰한 내용을 기록한 다음에는 어떤 관찰 결과를 기대했는지 그리고 그 이유가 무엇인지도 기록하자. 버그는 시스템에 대한 여러분의 멘털 모델과 실제 구현 사이의 차이점에 숨어있는 경우가 많다. 임시 파일 사례에서 개발자는 파일을 삭제하면 그 파일에 대한 참조가 모두 제거될 것이라고 예상했었다.

시스템의 정상 동작을 이해하고 있자

대부분 디버거는 시스템의 예상 동작이 실제로 어떤 동작인지부터 디버깅을 시작하곤 한다. 우리도 다음과 같은 사례를 경험했었다.

- 바이너리가 shutdown 코드 거의 말미에 abort를 호출했다. 새로 합류한 개발자가 로그에서 abort 호출을 보고 찾아볼 장애의 원인은 사실 shutdown 호출이 원인이었다는 것을 알지 못한 채 디버깅을 시작했다.
- 크롬 웹브라우저가 시작했을 때 네트워크가 DNS를 불법으로 조작했는지 확인하기 위해 (cegzaukxwefark.local 같은) 세 개의 임의의 도메인을 해석하려고 시도했다. 심지어 구글의 자체 조사 팀도 이 DNS 해석이 멀웨어가 지휘 및 통제를 위한 호스트이름을 해석하기 위해 실행한 것으로 오해했다.

디버거는 보통 이런 정상적인 이벤트는 설령 의심스러워보이더라도 걸러내야 한다. 보안 조사원의 입장에서는 보통 공격자가 자신의 행위를 숨기려고 하는데 조사원이 바라보는 이벤트에는 쓸데없는 잡음도 지속적으로 섞여있다는 문제까지 있다. 여러분은 자동화된 SSH 로그인 브루트포스 공격, 사용자가 비밀번호를 잘못 입력해 발생한 인증 에러, 더 심각한 이슈를 관찰하기 전에 발생했던 포트 스캐닝 등 정기적으로 발생하는 행위는 걸러내야 한다.

시스템의 정상적인 동작을 이해하는 방법 중 하나는 어떤 문제에 대한 의심을 품기 전에 시스템 동작의 기준치를 설정하는 것이다. 이미 문제에 당면했다면 문제가 발생하기 전의 로그를 살펴보고 기준치를 유추할 수 있다.

일례로 1장에서는 공통 로깅 라이브러리를 변경했다가 유투브에서 글로벌 장애가 발생했던 사례를 언급하고 있다. 이 변경으로 서버에서 메모리 부족 에러(OOM)가 발생했다. 이 라이브러리는 구글에서 널리 사용되고 있었으므로 장애 사후 조사 과정에서 이 문제가 다른 보그 태스크의 OOM 숫자에도 영향을 미치진 않았을지에 대한 의문이 제기되었다. 로그를 보니 그날 수많은 OOM 상태가 기록되어 있었지만 다행히 우리는 그 데이터를 지난 2주간의 기준치 데이터와 비교할 수 있었다. 덕분에 구글은 **매일** 수많은 OOM 에러가 발생하고 있음을 알 수 있었다. 버그는 상당히 심각한 것이었지만 보그 태스크의 OOM 지표에 어떤 의미있는 영향을 미치지는 않았다.

권장 사례로 볼 수 없는 일이 일반화되는 것에 주의해야 한다. 버그는 시간이 지나면 '정상적인 행동'이 되기 쉬우며 그렇게 되면 더 이상 버그를 눈치채지 못하게 될 것이다. 예를 들어 우리는 10% 정도의 힙 메모리heap memory에서 단편화fragmentation가 발생하는 서버에서 한 번 작업한 적이 있었다. 수년이 지나자 그 10%는 이제 기대치가 되어 그 정도의 메모리 손실은 당연한 것으로 받아들이게 됐다. 우리는 단편화 프로파일을 조사해서 메모리를 절약할 수 있는 방법을 빠르게 찾아냈다.

운영 부하(https://oreil.ly/L144H)와 알람 피로가 계속되면 사각 지대가 생겨나고 그래서 악습을 일반화하게 된다. 우리는 일반화된 악습을 처리하기 위해 팀에 새로 합류하는 사람의 의견을 적극적으로 경청했고 새로운 시각을 받아들이기 위해 긴급 대응 로테이션과 대응 팀에 합류할 사람을 주기적으로 로테이션했다. 덕분에 문서를 작성하는 작업과 시스템을 다른 사람에게 설명하는 일을 반복하면서 스스로 시스템을 얼마나 잘 이해하고 있는지 파악할 수 있게 됐다. 더불어 사각 지대를 테스트하기 위한 레드 팀(20장 참고)도 활용하고 있다.

버그 줄이기

가능하다면 프로덕션 환경이 아닌 곳에서 버그를 줄이려는 노력을 기울여야 한다. 이 방법은 크게 두 가지 장점을 제공한다.

- 실제 서비스를 제공하는 시스템에 영향을 주지 않으므로 원하는만큼 시스템에 크래시를 유발하거나 데이터를 손상시킬 수 있다.
- 민감한 데이터가 노출되지 않으므로 데이터 보안 이슈를 일으키지 않고도 필요한 사람을 충분히 조사에 참여시킬 수 있다. 또한 실제 사용자 데이터나 추가 로깅 같이 용량을 초과하는 작업도 수행할 수 있다.

때로는 프로덕션 환경 외부에서의 디버깅이 적절하지 않을 수 있다. 버그가 대규모 환경에서만 발생하거나 버그의 원인을 격리할 수 없는 경우가 그렇다. 임시 파일 예시 역시 이런 상황 중 하나여서 우리는 완전한 서비스 스택에서도 그 버그를 재현할 수 없었다.

문제의 격리

이슈를 재현할 수 있다면 그 다음 단계는 문제를 격리하는 것이다. 이상적이라면 버그를 재현할 수 있는 가장 작은 크기의 코드만을 격리해야 한다. 그러려면 문제가 해결될 때까지 컴포넌트를 비활성화하거나 임시로 서브루틴을 주석 처리하면 된다.

임시 파일 예시에서 일단 모든 서버의 메모리 관리가 이상하게 동작하는 것을 감지한 후부터는 더 이상 버그의 영향을 받은 머신의 모든 컴포넌트를 디버깅할 필요가 없었다. 다른 예로 (시스템의 대형 클러스터를 구성하는 서버 중) 하나의 서버에서 갑자기 높은 지연 응답이나 에러가 발생했다고 가정해보자. 이 시나리오는 우리의 모니터링, 로그 및 기타 관측용 시스템을 위한 표준 테스트다. 여러분은 시스템을 구성하는 수많은 서버 중 오동작을 일으킨 하나의 서버를 신속히 찾아낼 수 있겠는가? 보다 자세한 내용은 15.1.3절 '막혔을 때 할 수 있는 것들'을 참고하자.

코드 내에서도 문제를 격리할 수 있다. 구체적인 예를 들어보자. 우리는 최근에 매우 제한적인 메모리를 사용하는 프로그램의 메모리 사용량을 조사한 적이 있다. 특히 스레드 스택의 메모리 매핑을 조사했었다. 우리의 멘털 모델 상으로는 모든 스레드가 같은 크기의 스택을 가져야 했는데 놀랍게도 여러 스레드 스택이 각기 다른 크기를 갖는다는 점을 발견했다. 최초의 디버깅 범위에는 커널과 구글의 스레딩 라이브러리인 glibc를 비롯해 스레드를 시작하는 모든 코드가 포함되어 있었다. 하지만 glibc의 `pthread_create` 함수가 같은 크기의 스레드 스택을 생성한다는 것을 확인한 후로는 커널과 glibc은 대상에서 제외되었다. 그런 후에는 스레드를 시작하는 코드를 조사하기 시작했고 많은 라이브러리가 임의의 크기를 가진 스레드 스택을 생성한다는 것을 발견했다. 덕분에 스택 크기가 큰 몇 개의 스레드에만 집중하면서 메모리를 절약할 수 있게 되었다.

상관관계와 인과관계의 차이점을 염두에 두자

때때로 디버거는 두 이벤트가 동시에 시작되었거나 비슷한 증상을 보이면 같은 원인에 의한 것이라고 간주할 때가 있다. 하지만 상관관계correlation를 항상 인과관계causation로 볼 수는 없다. 흔한 문제 두 가지가 동시에 발생하더라도 그 원인은 다른 것일 수 있다.

몇몇 상관관계는 단순하다. 예를 들어 응답 지연이 증가하면 사용자가 시스템의 응답을 더 오래 기다려야 하므로 사용자 요청이 줄어들게 될 수 있다. 만일 과거에 이미 소소한 것이라고 판단했던 상관관계가 계속 드러난다면 어쩌면 시스템의 실제 동작과 팀이 이해하고 있는 동작 사이에 차이가 있을 수도 있다. 임시 파일 사례에서 파일 삭제의 실패가 디스크 용량부족으로 이어질 것을 알았다면 그와 연관된 문제가 발생해도 놀랄 일은 아닐 것이다.

우리의 경험상 상관관계를 조사하는 것은 상당히 유용하다. 특히 상관관계가 장애가 시작되는 시점에 발생하면 더욱 그렇다. 'X에 문제가 생겼고 Y에도 문제가 생겼고 Z에도 문제가 생겼네. 그렇다면 이 셋의 공통점이 무엇일까?'를 생각해서 원인 파악에 전념할 수 있다. 또한 상관관계에 기반한 도구를 사용해서 성공적으로 문제를 해결한 사례도 있다.

일례로 우리는 머신에서 실행 중인 보그 태스크를 머신의 문제와 자동으로 연관짓는 시스템을 배포했다. 그 결과 광범위한 문제를 유발한다고 의심되는 보그 태스크를 발견할 수 있었다. 이런 종류의 자동화 도구는 사람이 관찰하는 것보다 훨씬 효율적이고 통계적으로 탄탄하며 훨씬 빠른 상관관계를 생산해 낼 수 있다.

SRE 도서 12장에서 언급하듯이 에러는 배포 중에도 발생할 수 있다. 간단히 생각하면 새로 배포되는 코드에 문제가 있을 수도 있지만 배포 역시 기존 시스템에 내재되어 있던 버그가 발생하는 계기가 될 수 있다. 이런 경우 디버거는 잠재된 문제가 아니라 새로 배포한 코드가 문제라고 오인할 수 있다. 이런 경우에는 (어떤 일이 왜 일어났는지 판단하는) 시스템적인 조사가 도움이 된다. 우리가 목격했던 사례 중 기존 코드가 새 코드보다 성능이 훨씬 떨어져서 시스템 전체에 돌발적으로 쓰로틀링이 발생한 사례가 있었다. 성능이 향상되면 시스템의 나머지 부분에 부하가 걸린다. 이 경우 장애가 새 배포와 상관관계는 있었지만 배포 자체가 직접적인 원인은 아니었다.

실제 데이터로 가설을 테스트하자

디버깅을 하다 보면 시스템을 실제로 들여다보기 전에 이슈의 원인을 짐작하려는 욕구가 생길 경우가 있다. 성능 이슈를 다루는 경우 보통은 디버거가 오랫동안 들여다보지 않은 코드에 문제가 있으므로 이런 욕구는 결국 사각 지대를 만들어낸다. 일례로 우리는 실행 속도가 느린 웹 서버를 디버깅한 적이 있다. 우리는 이 문제가 백엔드의 문제라고 생각했지만 프로파일러 (https://oreil.ly/3YrvQ)를 살펴보니 가능한 입력을 디스크에 로깅하고 sync를 호출하는 과정에서 상당한 양의 지연이 발생했다. 우리가 최초에 짐작했던 것을 버리고 시스템을 더 깊이 살펴봤을 때 비로소 이 점을 발견할 수 있었다.

관측 가능성은 시스템의 출력을 보고 그 동작을 판단할 수 있기 위한 속성이다. 대퍼 ^{Dapper}(https://oreil.ly/9qDWj)와 집킨^{Zipkin}(https://zipkin.io) 같은 추적 솔루션은 이런 종류의 디버깅에 매우 유용하다. 이런 솔루션을 갖추고 있다면 '대퍼 추적 로그 중에 느려진

것이 있나?'를 먼저 살펴보면서 디버깅을 시작할 수 있다.[7]

> **NOTE_** 초급자에게는 작업에 가장 적합한 도구를 선택하거나 심지어 어떤 도구를 쓸 수 있는지 알아보는 것이 어려울 수 있다. 브렌든 그렉[Brendan Gregg]이 집필한 『Systems Performance』(Prentice Hall, 2013)는 이 런 도구와 기법에 대한 포괄적인 해설을 제공하므로 성능 디버깅과 관련해 좋은 참고자료가 될 것이다.

문서를 다시 정독하자

파이썬 문서의 가이드(https://oreil.ly/PudXU)를 살펴보자.

> 비교 연산자 간에는 어떠한 숨은 관계도 없다. x==y가 참이라 해서 x!=y가 반드시 false 가 되진 않는다. 따라서 __eq__() 메서드를 구현할 때는 반드시 __ne__()도 구현해 야 연산자가 원하는대로 동작한다

구글 팀은 최근에 내부 대시보드 최적화에 대한 디버깅에 상당한 시간을 투자했다. 상당한 시 간 투자에도 디버깅에 진전이 없자 팀은 문서를 다시 한번 읽었고 거기서 왜 그 최적화가 전혀 동작하지 않았는지를 제대로 설명하는 경고 메시지를 발견했다. 사람들은 대시보드의 느린 속 도에 너무 익숙해져 있어서 최적화가 효력이 전혀 없다는 점을 눈치채지 못했다.[8] 처음에 이 버 그는 주목할만한 것처럼 보였다. 팀은 이 이슈가 파이썬 자체의 문제라고 생각했다. 하지만 경 고 메시지를 발견한 후에는 이 이슈가 얼룩말이 아니라 말이었다는 것을 알았다. 자신들의 코 드가 전혀 동작하지 않고 있었기 때문이다.

그리고 실습!

디버깅 스킬은 자주 사용해야 계속 높은 수준을 유지할 수 있다. 관련된 도구와 로그에 계속 익 숙해 있어야 조사 시간도 줄이고 여기서 설명한 팁도 계속 기억할 수 있다. 디버깅을 정기적으 로 연습하면 절차 중 공통된 부분과 자잘한 부분을 스크립트화할 수 있는 기회도 찾을 수 있다. 예컨대 로그의 분석을 자동화할 수도 있다. 디버깅을 더 잘하려면(또는 스킬을 계속 유지하려 면) 실습을 하고 디버깅 세션 동안 여러분이 작성한 코드를 계속 주시해야 한다.

---

7 이런 도구는 일종의 셋업이 필요하다. 보다 자세한 내용은 15.1.3절 '막혔을 때 할 수 있는 것들'을 참고하자.

8 사람들이 최적화되지 않은 동작에 익숙해지는 것도 일반화된 악습의 또다른 예다.

구글에서는 정기적인 대규모 재해 복구 테스트(재해 복구 테스트 프로그램(DiRT)라고 한다)[9]와 보안 침투 테스트(16장 참고)를 이용해 정기적으로 디버깅을 실습한다. 한 두명의 엔지니어가 한 방에서 한 시간 정도 소요하는 소규모 테스트는 셋업이 훨씬 쉬우면서도 실행할 가치가 있다.

15.1.3 막혔을 때 할 수 있는 것들

며칠을 투자해 이슈를 조사했는데 여전히 문제의 원인을 찾지 못했다면 어떻게 해야 할까? 어쩌면 그 이슈는 프로덕션 환경에서만 발생해서 실제 사용자에게 영향을 주지 않으면서 버그를 재현할 수 없을지도 모른다. 아니면 문제를 완화하는 동안 로그가 로테이션되면서 여러분이 중요한 디버깅 정보를 놓쳤을 수도 있다. 또 어쩌면 문제의 본질이 유용한 로깅을 방해하고 있는지도 모를 일이다. 한 번은 메모리 컨테이너의 RAM이 바닥나서 커널이 컨테이너의 모든 프로세스에 SIGKILL 신호를 보내 모든 로깅이 정지되는 이슈를 디버깅한 적 있다. 로그가 없었기에 우리는 이슈를 디버깅할 수 없었다.

이 상황에 대한 핵심 전략은 디버깅 절차를 개선하는 것이다. 때로는 포스트모템postmortem을 개발하는 방법(18장 참고)으로 디버깅 절차를 개선할 수 있다. 프로덕션 환경의 많은 시스템이 수년에서 수십 년 묵은 것이므로 디버깅을 개선하는 노력은 거의 항상 가치가 있다. 이번 절에서는 디버깅 방법을 개선할 수 있는 몇 가지 방법을 소개한다.

관측 가능성의 개선

때로는 이 코드가 무슨 동작을 하는지 살펴봐야 할 때가 있다. 이 코드 브랜치는 실제로 사용되고 있는가? 이 함수는 실제로 호출되고 있는가? 이 데이터 구조의 크기가 커질 수 있는가? 이 백엔드는 99번째 퍼센타일에서 느려질 수 있는가? 이 쿼리는 대체 어떤 백엔드가 실행하는가? 이런 상황이라면 시스템을 더 잘 들여다 볼 수 있는 방법이 필요하다.

경우에 따라 구조화된 로깅을 추가하는 등의 방법으로 관측 가능성을 개선할 수 있다. 한 번은 모니터링 시스템에서 404 에러를 너무 많이 리턴하는 것으로 보이는 시스템을 조사한 적이 있

---

9 다음을 참고. Krishnan, Kripa. 2012. "Weathering the Unexpected." ACM Queue 10(9) (https://oreil.ly/xFPfT).

는데[10] 웹서버가 이 에러를 로그에 기록하고 있지 않았다. 웹서버에 로그를 추가하자 멀웨어가 시스템으로부터 잘못된 파일을 가져가려고 시도하고 있음을 발견할 수 있었다.

디버깅을 개선하기 위한 다른 방법들은 상당한 엔지니어링을 요구한다. 예를 들어 빅테이블[Bigtable](https://oreil.ly/31cv1) 같은 복잡한 시스템을 디버깅하려면 철저한 과정이 필요하다. 빅테이블 마스터는 빅테이블 존을 조율하는 중앙 노드다. 그래서 RAM에 서버와 태블릿의 목록을 저장하고 몇 겹의 뮤텍스가 이 크리티컬 섹션[critical section]을 보호하고 있다. 시간이 지나면서 구글의 빅테이블 배포 횟수가 증가하자 이 뮤텍스가 확장성의 병목이 되었다. 우리는 발생 가능한 문제를 더 잘 확인하기 위해 큐의 깊이와 특정 스레드가 뮤텍스를 소유하고 있는 시간 같은 상태를 노출하는 뮤텍스에 래퍼를 구현했다.

대퍼와 집킨 같은 추적 솔루션은 이런 복잡한 디버깅에 매우 유용하다. 예를 들어 여러분이 세 개의 RPC를 운영 중이며 프론트엔드가 서버를 호출하면 서버가 또 다른 서버를 호출하는 식으로 구현되어 있다고 가정해보자. 각 RPC 트리의 루트에는 유일한 ID가 할당되어 있다. 그러면 각 서버는 자신이 수신하거나 발신한 RPC의 경로를 로그에 기록할 수 있다. 대퍼는 이 경로를 중앙에서 수집해서 ID별로 조인한다. 덕분에 디버거는 사용자 요청이 처리되면서 지나간 모든 백엔드를 볼 수 있다. 우리의 경험상 대퍼는 분산 시스템의 지연 응답을 이해하는 데 필수적인 도구다. 마찬가지로 구글은 각 바이너리의 동작을 확인하기 위해 거의 모든 바이너리에 간단한 웹서버를 내장한다. 이 서버는 카운터, 실행 중인 모든 스레드의 심볼 덤프, 처리 중인 RPC 같은 정보를 제공하는 디버깅 엔드포인트를 제공한다. 보다 자세한 내용은 핸더슨[Henderson] (2017)에게 들어보기 바란다.[11]

> **NOTE_** 관측 가능성을 확보했다고 해서 여러분이 시스템을 이해할 필요가 없어지지는 않는다. 또한 (슬프지만) 디버깅할 때 비판적 사고를 하지 않아도 된다는 것을 의미하지도 않는다. 우리는 종종 시스템의 동작을 확인하기 위해 미친듯이 로그와 카운터를 추가하는 자신을 발견하곤 하지만 결국은 한 발짝 물러나 문제에 대해 다시 생각해볼 때 비로소 모든 것이 분명히 보이기 시작한다. 관측 가능성은 광범위하고 빠르게 혁신 중인 주제이며 디버깅보다 유용하다.[12] 조직의 규모가 작아 개발자 자원이 적다면 오픈 소스 시스템이나 서드 파티 관측 솔루션의 구매를 고려해볼 수 있다.

---

10 404는 '파일을 찾을 수 없음'을 의미하는 표준 HTTP 에러 코드다.

11 다음을 참고. Henderson, Fergus. 2017. "Software Engineering at Google." arXiv preprint arXiv:1702.01715v2. (https:// oreil.ly/2-6pU).

12 이 주제에 대한 포괄적인 설문 조사 결과는 신디 스리다란(Cindy Sridharan)의 블로그 포스트 'Monitoring in the Time of Cloud Native'(https://oreil.ly/n6-j9) 참고

휴식을 취하자

스스로 이슈와 잠깐 거리를 두는 시간을 가지면 다시 이슈를 접했을 때 새로운 시각으로 볼 수 있다. 디버깅으로 머리를 싸매고 있다가 소강상태가 되면 잠깐 쉬어가는 시간을 갖자. 물을 마신다거나 잠시 바깥 바람을 쐬거나 운동을 하거나 책을 읽어도 된다. 때로는 한 잠 잘 자고 일어나면 버그가 갑자기 눈에 띄기도 한다. 법의학 조사 팀의 한 시니어 개발자는 팀의 연구실에서 첼로를 가져다뒀다. 이 친구는 문제가 난관에 봉착하면 연구소에 들어가 20분 정도 첼로를 연주한다. 그렇게 스스로를 재충전하고 돌아오는 것이다(https://oreil.ly/axc_Y). 다른 조사원은 기타를 항상 손에 닿는 곳에 두기도 하고 또 다른 사람은 정신을 가다듬는 동안 그림이나 낙서를 그리고 그걸로 웃긴 GIF 애니메이션을 만들어 팀과 공유하곤 한다.

또한 팀 의사소통도 원활해야 한다. 여러분이 휴식을 취하러 자리를 비울 때는 재충전이 필요하다는 것을 팀이 알도록 하고 팀도 권장 사례를 따르도록 하자. 그리고 조사 과정과 난관에 봉착한 이유를 문서화하는 것도 도움이 된다. 그러면 다른 조사원이 여러분의 작업을 이어받거나 휴식이 끝나고 조사를 재시작할 때 편리하다. 디버깅에 대한 의욕을 계속 유지하는 방법에 대한 조언은 17장을 참고하자.

코드를 정리하자

때로는 코드 어딘가에 버그가 있다고 의심되지만 당췌 찾을 수 없는 경우도 있다. 이럴 때는 점진적으로 코드 품질을 높이는 것이 도움이 될 수 있다. 이번 장의 초반부에서도 언급했지만 우리는 프로덕션 환경의 C++가 int64를 (32비트인) int 타입으로 변환한 까닭에 232개의 요청 이후로 실패하는 코드를 디버깅한 적이 있다. -Wconversion 스위치(https://oreil.ly/BUPuH)를 이용하면 컴파일러가 이런 변환에 대한 경고를 제공하긴 하지만 코드에 워낙 그런 류의 변환이 많아 이 경고를 사용하지 않고 있었다. 코드를 정리함으로써 컴파일러 경고를 이용해 가능성이 높은 버그를 사전에 탐지하고 타입 변환과 관련된 새로운 버그가 발생하는 것을 막을 수 있었다. 코드를 정리할 때 유용한 팁 몇 가지를 나열해보면 다음과 같다.

- 단위 테스트 커버리지를 개선한다. 버그가 있는 것으로 의심되거나 버그가 있었던 함수를 우선 대상으로 한다(보다 자세한 내용은 13장 참고).
- 동시성 프로그램의 경우 새니타이저(https://oreil.ly/GJJq9) (12.5.3절 '코드 새니타이징' 참고)하고 뮤텍스를 달아준다(https://oreil.ly/z1BQk).
- 에러 처리를 개선한다. 에러에 콘텍스트를 추가하기만 해도 문제를 식별하는 데 충분한 경우가 많다.

지워버려!

간혹 버그는 레거시 시스템에 숨어있다. 개발자가 기반 코드에 익숙해질 시간이 없거나 유지 보수가 더 이상 일어나지 않는 경우에는 특히 더 버그가 숨어있을 가능성이 높다. 또한 레거시 시스템은 이미 손상되었거나 새로운 버그를 유발할 수도 있다. 레거시 시스템을 디버깅하거나 견고히 하는 것보다는 그냥 지워버리는 것도 고려해보자.

레거시 시스템을 제거하면 보안도 개선할 수 있다. 예를 들어 (20장에서 설명할 구글의 취약점 보상 프로그램을 통해) 보안 연구원 중 한 명이 우리 팀의 레거시 시스템에서 보안 이슈를 발견하고는 저자 중 한 명에게 연락해 온 적이 있다. 팀은 이전에 이 시스템을 자체 네트워크로 격리했지만 한동안 시스템을 업그레이드하지 않았다. 팀에 새로 합류한 팀원은 이 레거시 시스템의 존재조차 인식하지 못한 상태였다. 우리는 연구원이 발견한 이슈를 해결하기 위해 이 시스템을 제거하기로 했다. 이 시스템이 제공하는 기능의 상당 부분은 이미 더 이상 필요하지 않았으며 훨씬 간단한 최신 시스템으로 교체할 수 있었다.

> **NOTE_** 레거시 시스템을 재작성할 때는 충분히 고민해야 한다. 새로 작성한 시스템이 어떻게 레거시 시스템보다 더 잘 동작할 수 있는지 스스로에게 물어보자. 때로는 오래된 코드를 디버깅하는 것보다는 새 코드를 작성하는 것이 더 재미있어서 시스템을 새로 작성하고 싶을수도 있으니까. 시스템을 교체할 때는 더 그럴듯한 이유가 있어야 한다. 예컨대 시스템 요구사항이 바뀌었는데 약간의 작업으로 오래된 시스템을 제거할 수 있는 경우다. 아니면 첫 번째 시스템으로부터 얻은 교훈으로 두 번째 시스템을 더 잘 만들 수 있는 경우도 그렇다.

뭔가 잘못되기 시작하면 멈춰라

버그의 상당수가 찾기 어려운 이유는 시스템 내에서 버그의 원인과 그 영향이 서로 가깝지 않기 때문이다. 우리는 최근 네트워크 장비가 수백 대의 머신에 대한 내부 DNS 응답을 손상시킨 이슈를 경험했다. 예를 들어 프로그램이 exa1 이라는 머신의 DNS를 조회했는데 exa2 머신의 주소를 받게 된 것이다. 이 두 시스템은 이 버그에 대해 다른 반응을 보였다.

- 아카이브 서비스 시스템은 의도하지 않았던 exa2 머신에 연결했다. 하지만 자신이 연결한 머신이 원하는 머신인지 확인하는 과정을 거쳤다. 당연히 머신 이름이 일치하지 않았으므로 아카이브 서비스 작업이 실패했다.
- 머신 지표를 수집하는 또 다른 시스템은 엉뚱한 시스템인 exa2 머신으로부터 지표를 수집하고는 exa1

머신을 수리하려고 했다. 우리는 기술자가 이 시스템이 5개의 디스크를 갖지 않은 시스템의 5번째 디스크를 수리하려고 했다는 점을 짚어줬을 때야 이 동작을 인지할 수 있었다.

이 두 가지 반응 중 우리는 당연히 아카이브 시스템의 반응을 선호한다. 이슈와 그 영향이 시스템 내에서 서로 가깝지 않을 경우(예를 들면 네트워크가 애플리케이션의 에러를 유발하는 경우) 애플리케이션이 최대한 문제와 가까운 곳에서 실패하면 후속 효과(예컨대 엉뚱한 머신의 디스크 장애를 의심하는 등)를 방지할 수 있다. 이런 경우 실패 시 개방 정책을 취할 것인지 아니면 실패 시 폐쇄 정책을 취할 것인지에 대한 주제는 8장에서 다루고 있다.

민감하지 않은 시스템의 접근 및 권한 제어도 개선하자

'배에 사공이 너무 많은' 경우가 발생할 수 있다. 즉 많은 사람이 버그를 유발해서 디버깅을 수행하는 경우도 있다는 말이다. 이 경우에는 원인을 구분하기가 상당히 어렵다. 우리는 데이터베이스의 행이 손상되어 유발된 장애에 대처한 적이 있는데 어느 데이터가 손상되었는지 그 원인을 특정지을 수 없었다. 누군가 실수로 프로덕션 데이터베이스에 쓰기 접근을 할 가능성을 막기 위해 우리는 접근이 가능한 역할의 수를 최소화하고 사람이 접근할 경우 그 이유를 반드시 제시하도록 제한했다. 민감한 데이터는 아니었지만 표준화된 보안 시스템을 구현한 덕분에 향후의 버그를 방지하고 버그가 발생한 경우에는 제대로 조사할 수 있었다. 다행히 손상된 데이터는 백업으로부터 복구할 수 있었다.

15.1.4 협력적 디버깅: 가르치는 방법

많은 엔지니어링 팀이 현재 발생 중인 실제 이슈에 대해 사람이 직접 (또는 온라인 회의로) 협업하면서 디버깅을 가르친다. 협력적 디버깅collaborative debugging은 경험이 풍부한 디버거의 스킬을 유지하면서도 새로운 팀원의 심리적 안전성을 제공하는 데 도움이 된다. 새로운 팀원은 팀 내 최고의 디버거가 중간에 막히기도 하고 다시 시도하기도 하며 때로는 고생하는 모습을 볼 기회를 얻는다. 그리고 이 기회는 스스로 디버깅할 때 뭔가 실수하거나 어려움을 겪어도 괜찮다는 것을 보여주기도 한다.[13] 보안 교육에 대한 보다 자세한 내용은 21장을 참고하기 바란다.

----

13 줄리아 로조브스키(Julia Rozovsky)의 블로그 포스트 'The Five Keys to a Successful Google Team'(`https://oreil.ly/gpxoL`)과 찰스 두히그(Charles Duhigg)의 뉴욕타임즈 기사 'What Google Learned from Its Quest to Build the Perfect Team'(`https://oreil.ly/YJmwk`) 참고

우리는 교육 경험을 최적화할 수 있는 몇 가지 규칙을 발견했다.

- 단 두 명만 노트북을 사용한다.
    - '진행자'는 다른 사람이 해야 할 작업을 수행한다.
    - 그리고 옆 사람은 그 내용을 기록하는 '노트 기록자note taker'의 역할을 담당한다.
- 모든 행위는 관찰하고 있는 사람들이 결정한다. 진행자와 노트 기록자만 컴퓨터를 사용할 수 있지만 이두 사람은 어떤 행위를 수행할 것인지 결정할 수 없다. 그렇게 하면 보고 참여자가 혼자 디버깅을 수행하지 않으며 자신이 문제를 해결하는 과정과 문제해결 단계를 일일이 설명할 필요없이 답만 제시하면된다.

팀은 서로 협력해서 하나 혹은 그 이상의 문제를 조사하지만 방 안의 그 누구도 이슈의 해결법에 대해 사전에 알고 있어서는 안 된다. 각 개인은 진행자에게 이슈를 해결하기 위한 행위를 수행해 달라고 요청할 수 있다(예를 들면 대시보드 열기, 로그 살펴보기, 서버 재부팅하기 등). 모든 사람이 문제 해결을 위해 제안한 사항의 증인이 되므로 모든 사람이 참여자가 제안한 도구와 기법에 대해 학습할 수 있다. 심지어 매우 경험이 풍부한 팀원도 이 방법을 통해 새로운 것을 배우곤 한다.

SRE 도서 28장에서도 설명하듯이 일부 팀은 '불운의 추첨Wheel of Misfortune' 시뮬레이션 연습을 하곤 한다. 이 연습은 문제 해결을 말로 설명하는 이론적인 것일 수도 있고 테스트 제공자가 시스템에 장애를 유발하는 실용적인 것일 수도 있다. 이 시나리오에는 두 가지 역할이 필요하다.

- '테스트 제공자test giver'는 테스트를 설계하고 제공한다.
- '테스트 수행자test taker'는 필요에 따라 팀원의 도움을 받아 문제를 해결한다.

몇몇 팀은 안전한 환경에서 연습하는 것을 선호하지만 실질적인 불운의 추첨 연습을 셋업하려면 상당한 준비가 필요한 반면 대부분의 시스템은 거의 항상 협력적 디버깅이 필요한 실제적인 이슈를 가지고 있다. 방법이 무엇이든 모두가 안전하다고 느끼며 적극적으로 참여할 수 있는 교육 환경을 유지하는 것이 중요하다.

협력적 디버깅과 불운의 추첨 연습은 팀에 새 기술을 소개하고 권장 사례를 보강하기 위한 훌륭한 방법이다. 모두가 실제 상황에서 까다로운 문제를 해결할 때 어떤 기법이 얼마나 유용한지 확인할 수 있다. 또한 여러 팀이 함께 이슈를 디버깅하는 연습도 할 수 있어 실제 장애가 발생했을 때 더욱 효율적으로 움직일 수 있다.

15.1.5 보안 조사와 디버깅의 차이

우리는 모든 엔지니어가 시스템을 빠르게 디버깅하기를 원하지만 시간이 들더라도 훈련과 경험이 풍부한 보안 및 법의학 전문가가 시스템의 손상을 조사할 것을 권한다. '버그 조사'와 '보안 문제'의 차이가 분명하지 않다면 두 전문가 팀이 협업을 할 수 있는 기회도 있다.

버그 조사bug investigation는 보통 시스템에 문제가 발생했을 때 시작한다. 이 조사는 시스템에서 발생하고 있는 일을 알아내는 것에 중점을 둔다. 어떤 데이터가 보내졌는지, 그 데이터를 어떻게 처리했는지 그리고 시스템이 어떻게 의도와는 다르게 동작하기 시작했는지를 알아내는 것이다. **보안 조사**security investigation는 조금 다르게 시작하며 필요에 따라 신속하게 질문을 바꾼다. 이 작업을 요청한 사용자가 어떤 동작을 수행했는가? 이 사용자에게 책임이 있는 다른 동작은 무엇인가? 시스템을 현재 공격 중인 공격자가 있는가? 공격자가 다음엔 어떤 공격을 할까? 간단히 말해 디버깅은 코드에 집중하는 반면 보안 조사는 공격을 주도하고 있는 공격자에게 빠르게 집중한다.

우리가 앞서 권장했던 이슈 디버깅 단계를 보안 조사에 적용하면 오히려 생산성이 저하될 수 있다. 새로운 코드를 추가하고 시스템을 사용하지 못하게 하는 등의 단계는 의도치 않은 부작용을 낳을 수 있다. 우리는 디버거가 시스템의 오동작이 해결되기를 기대하면서 평소 시스템에 필요치 않은 파일을 삭제하는 방식으로 장애에 대응한 적이 몇 번 있는데 알고 보니 그 파일은 공격자가 심어둔 것이어서 오히려 공격자에게 조사가 진행됨을 알리게 됐었다. 한 번은 공격자가 심지어 전체 시스템을 삭제하려고까지 했다.

보안 관련 손상이 의심된다면 조사를 더 급히 진행해야 할 것이다. 시스템이 의도적으로 손상됐을 가능성이 있으면 조사 과정이 더 심각해지고 압박도 느껴질 것이다. 공격자가 찾는게 뭘까? 또 영향을 받은 다른 시스템이 있을까? 법 집행 기관이나 규제 기관에 연락을 해야 할까? 조직이 운영과 관련된 보안 우려를 처리하기 시작하면 보안 조사는 그 본질에 따라 더 복잡해진다 (이 주제에 대한 보다 자세한 내용은 17장을 참고하기 바란다). 어쩌면 여러분이 조사를 시작하기 전에 법무 팀 같은 다른 팀의 전문가가 이미 조사에 합류해 있을 수 있다. 간단히 말해 여러분이 보안 공격을 의심하는 순간이 바로 보안 전문가로부터 도움을 받을 적기이다.

조사를 중단하는 시점을 결정하고 보안 장애가 발생했음을 선언하는 것은 어려운 결정사항이다. 대부분의 엔지니어는 본질적으로 보안과 관련된 것이라고 증명되지 않은 이슈를 상부에 보고해서 '소란을 피우는' 것을 꺼리는 성향이 있다. 뭔가 증거를 찾기 위해 조사를 계속하는 것은 어쩌면 잘못된 선택일 수도 있다. 우리의 '말과 얼룩말'을 기억하라고 조언하고 싶다. 거의 대부분의 버그는 사실상 버그일 뿐 악의적인 행위는 아니다. 하지만 휙 하고 지나가는 검정과 흰색의 줄무늬에 대한 경계 **또한** 계속해야 한다.

15.2 적절하고 유용한 로그의 수집

본질적으로 로그와 시스템 크래시 덤프는 시스템에서 일어나는 일을 이해하고, 실수든 의도적이든 발생한 문제를 조사하기 위해 여러분이 수집할 수 있는 정보일 뿐이다.

서비스를 출시하기 전에는 서비스가 사용자 대신 저장할 데이터의 종류와 데이터에 접근할 수 있는 경로에 대해 고민해 보는 것이 좋다. 데이터나 시스템에 접근할 수 있는 동작이라면 나중에 조사 범위에 포함될 것이며 누군가는 그 행위를 감사해야 할 것이라고 간주하자. 서비스 이슈 **또는** 보안 이슈의 조사는 로그에 대한 의존도가 높다.

이번 절에서 언급하는 '로그'는 구조적^{structured}이며 시스템 시간이 함께 기록된 로그를 의미한다. 분석가는 조사 과정에서 코어 덤프, 메모리 덤프 또는 스택 트레이스 같은 다른 데이터 원본에도 상당히 의존할 수 있다. 우리는 이런 시스템을 최대한 로그처럼 처리하기를 권한다. 구조적 로그는 사용량별 과금 등 다른 비즈니스 목표에도 유용하다. 하지만 여기서는 보안 조사를 위해 지금 수집해서 나중에 이슈가 발생했을 때도 활용할 수 있는 구조적 로그를 주로 다룬다.

15.2.1 불변 로그를 설계하자

로그를 수집하기 위해 구축하는 시스템은 불변이어야 한다. 로그 엔트리를 기록할 때 로그 내용을 변경하기가 어려워야 하며(하지만 불가능해서는 안 된다. 자세한 내용은 15.2.2절 '개인 정보 보호에 대한 고려' 참고) 변경에 대해서는 불변의 감사 흔적을 남겨야 한다. 공격자는 보통 공격의 발판을 마련하면 시스템의 모든 로그로부터 자신의 활동에 대한 흔적을 지운다. 이 작전에 대응하는 보편적인 권장 사례는 로그를 중앙식 분산 로그 서버에 원격으로 기록하는 것이다. 이렇게 하면 공격자의 작업부하가 늘어난다. 원래 시스템에 침투하는 것은 물론 원격 로그 서버에도 침입해야 하기 때문이다. 로그 시스템은 주의해서 견고하게 구현해야 한다.

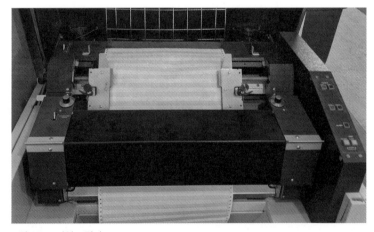

그림 15-1 라인 프린터

현대의 컴퓨팅 시대 전에는 아주 중요한 서버는 [그림 15-1]처럼 직접 연결된 라인 프린터에 기록해서 로그를 곧바로 종이에 인쇄하는 방법을 사용했다. 원격 공격자가 자신의 흔적을 지우려면 누군가 물리적으로 프린터로부터 종이를 꺼내 태워버려야했다.

15.2.2 개인 정보 보호에 대한 고려

개인 정보를 보관해야 하는 기능의 필요성은 시스템 설계의 중요한 부분이 되어 가고 있다. 개인 정보 보호는 이 책에서 주목하는 분야는 아니지만 보안 조사와 디버깅을 위한 로깅을 설계할 때는 지역적인 규제와 여러분의 조직의 개인 정보 보호 정책을 반드시 고려해야 한다. 이 주제에 대해서는 여러분이 속한 조직의 개인 정보 부서와 법무 부서 동료의 조언을 따르기 바란다. 이들과 논의할만한 주제는 다음과 같다.

로그의 깊이

어떤 조사에든 로그를 유용하게 사용하려면 최대한 완결성을 가져야 한다. 보안 조사를 하다 보면 사용자 (또는 그 계정을 도용한 공격자)가 시스템에서 실행한 모든 동작, 공격자가 로그인한 호스트, 사건이 일어난 정확한 시간 등을 살펴봐야 할 필요가 있다. 많은 개인 정보 보호 기술이 민감한 사용자 데이터를 로그에 기록하지 못하도록 막는다는 점을 감안하면 어떤 정보를 기록할 것인지에 대한 조직의 정책을 따르기 바란다.

보관

일부 조사에서는 로그를 오래 보유하는 것이 도움이 될 때가 있다. 2018년의 연구에 따르면 대부분의 조직에서 시스템의 침입을 발견하는 데 평균 200일 정도 소요된다고 한다 (https://oreil.ly/vAunm). 구글의 내부자 위협 조사는 수년간 보관되는 운영 체제 보안 로그를 이용한다. 로그를 얼마나 오래 보관할 것인지는 여러분의 조직에서 매우 중요한 논의 거리다.

접근 및 감사 제어

이 책에서 데이터 보호를 위해 권장했던 다양한 제어 장치는 로그에도 적용할 수 있다. 데이터를 보호하는 것처럼 로그와 메타데이터를 보호하자. 관련된 전략은 제5장을 참고하기 바란다.

데이터 익명화 혹은 가명화

로그를 기록하는 시점이나 기록 후 일정 시간 후에 불필요한 데이터 컴포넌트를 익명화하는 것은 로그를 다루는 보편적인 개인 정보 보호 기술이다. 조사원이나 디버거가 사용자가 누군지 알 수 없도록 이런 기능을 구현할 수도 있지만 그 대신 디버깅을 위해 그 사용자가 세션 내에서 수행한 모든 동작의 연대표를 명확히 구현해야 한다. 익명화는 제대로 하기에는 까다롭다. 그러므로 이 주제에 대해 개인 정보 전문가와의 상담은 물론 각종 매체를 참고할 것을 권한다.[14]

암호화

데이터를 비대칭 암호화asymmetric encryption해서 개인 정보를 보호하는 로깅을 구현할 수도 있다. 이 암호화 방식은 로그 데이터를 보호하는 데 이상적인 방법이다. 민감하지 않은 '공개 키'로 누구나 데이터를 안전하게 기록할 수 있지만 데이터를 복호화할 때는 비밀(비공개)키가 필요하다. 매일 키 쌍을 바꾸는 설계를 적용하면 디버거는 최근의 시스템 동작에서 로그 데이터의 일부만 얻을 수 있어 누군가 엄청난 양의 로그 데이터를 집계해서 빼내는 것을 방지할 수 있다. 키를 저장하는 방법도 주의해서 고려하기 바란다.

15.2.3 기록할 보안 로그 결정하기

보안 엔지니어는 너무 로그를 적게 기록하는 것보다는 차라리 너무 많이 기록하는 편을 선호하지만 여러분은 어떤 정보를 로그에 기록하고 보관할지는 선택해야 한다. 로그를 과도하게 기록하면 비용이 증가할 수 있으며(15.2.4절 '로깅 예산' 참고) 너무 큰 규모의 데이터 셋을 옮겨야 하면 조사 속도가 느려질 뿐만 아니라 많은 양의 자원을 소모한다. 이번 절에서는 기록하고 보관해야 할 몇 가지 종류의 로그에 대해 설명한다.

운영체제 로그

대부분의 최신 운영체제는 내장 로그 기능을 제공한다. 윈도우는 윈도우 이벤트 로그를 제공하

---

14 일례로 다음을 참고. Ghiasvand, Siavash, and Florina M. Ciorba. 2017. "Anonymization of System Logs for Privacy and Storage Benefits." arXiv preprint arXiv:1706.04337 (https://oreil.ly/c_a0N). 또한 GDPR(General Data Protection Regulation)을 위해 개인 정보를 가명화하는 것에 대한 잔 린드퀴스트(Jan Lindquist)가 작성한 기사(https://url.kr/ouwjli)도 참고.

며 리눅스와 맥은 syslog와 auditd 로그를 제공한다. 벤더가 제공하는 장비(카메라 시스템, 환경 제어, 방화 알람 패널 등)도 대부분 내부에는 로그를 기록하는 (리눅스 같은) 표준 운영 체제를 내장하고 있다. 내장 로깅 프레임워크는 조사 시에 매우 유용하며 거의 기본적으로 활성화되어 있거나 쉽게 설정할 수 있으므로 사용하기도 쉽다. auditd 같은 일부 메커니즘은 성능상의 이유로 기본적으로 활성화되어 있지 않지만 실제로 이런 기능을 활성화하는 것은 용납 가능한 절충이다.

호스트 에이전트

많은 기업이 **호스트 침입 탐지 시스템**host intrusion detection system (HIDS)이나 **호스트 에이전트**host agent를 워크스테이션과 서버에 설치해서 추가적인 로그 기능을 활용한다.

안티바이러스 소프트웨어

안티바이러스 소프트웨어는 파일에서 알려진 멀웨어를 나타내는 패턴(예를 들면 특정 바이러스에서만 나타나는 코드 배열)과 의심스러운 동작(예를 들면 민감한 시스템 파일을 수정하려는 시도)을 스캔한다. 전문가는 안티바이러스 소프트웨어의 가치와 현대의 보안 세팅에서 이를 사용하는 것에 항상 동의하지 않는다.[15] 우리는 모든 엔드포인트 컴퓨터에 안티바이러스 소프트웨어를 배포하는 것이 시간이 지나면서 그 유용성이 떨어지고 있다고 생각한다. 그 이유는 위협이 더 치밀해지고 있기 때문이다. 게다가 제대로 구현하지 않은 안티바이러스 소프트웨어는 시스템에 오히려 보안 위험이 되기도 한다.

현대의 (또는 '차세대') 호스트 에이전트는 더욱 치밀해져가는 위협을 탐지하는 것을 목표로 하는 혁신적인 기법을 사용한다. 일부 에이전트는 시스템과 사용자 행위 모델링, 머신 러닝, 위협 인텔리전스를 결합해 아직 알려지지 않은 공격을 알아낸다. 다른 에이전트는 시스템 동작에 대한 추가 데이터를 확보하는 것에 주력한다. 이 정보는 오프라인 탐지와 활동 내역 디버깅에 유용하다. OSQuery(https://osquery.io)와 GRR(https://github.com/google/grr) 같은 일부 도구는 시스템에 대한 실시간 가시성을 제공한다.

호스트 에이전트는 항상 시스템에 영향을 미치며 최종 사용자와 IT 팀 간의 마찰의 원인이 되

---

15 2014년 '44CON'에서 조셉 코렛이 발표한 'Breaking Antivirus Software'(https://oreil.ly/alqtv) 참고.

기도 한다. 일반적으로 에이전트가 더 많은 데이터를 수집할수록 성능에 대한 영향도 커진다. 그 이유는 플랫폼의 통합 수준이 깊을수록 호스트에서 처리해야 할 일이 많아지기 때문이다. 어떤 에이전트는 커널의 일부로 실행되는 반면 사용자 공간 애플리케이션으로 실행되는 에이전트도 있다. 커널 에이전트는 더 많은 기능을 제공하며 보통 그래서 더 효율적이지만 운영체제의 기능 변화를 계속 따라야 하므로 신뢰성과 성능 이슈가 발생할 수 있다. 애플리케이션으로 실행되는 에이전트는 설치와 설정이 훨씬 쉬우며 호환성 문제도 훨씬 적다. 호스트 에이전트의 가격과 성능은 매우 상이하므로 실제로 사용하기 전에 충분히 평가해보길 권한다.

애플리케이션 로그

SAP과 마이크로소프트 쉐어포인트SharePoint 같이 벤더가 제공한 것이든 오픈 소스 시스템이든 아니면 직접 작성한 시스템이든 로깅 애플리케이션은 여러분이 수집하고 분석할 수 있는 로그를 생성한다. 수집한 로그는 커스텀 탐지와 조사 데이터로 사용할 수 있다. 예를 들어 우리는 구글 드라이브(https://oreil.ly/Fhckk)의 애플리케이션 로그를 사용해서 손상된 컴퓨터가 민감한 데이터를 다운로드한 적이 있는지 확인한다.

커스텀 애플리케이션을 개발할 때는 보안 전문가와 개발자가 협업해서 데이터 기록, 소유권이나 상태의 변경, 계정 관련 행위 같이 보안과 관련된 동작을 애플리케이션 로그에 기록할 수 있다. 15.1.3절 속 '관측 가능성의 개선'에서 언급했듯이 애플리케이션에 로깅을 추가하면 난해한 보안 및 신뢰성 이슈도 디버깅할 수 있다.

클라우드 로그

서비스형 소프트웨어software-as-a-service(SaaS) 애플리케이션의 데이터부터 중요한 고객용 워크로드를 실행하는 가상 머신에 이르기까지 비즈니스나 IT 프로세스의 일부를 클라우드 기반 서비스로 이전하는 조직이 늘고있다. 이런 서비스는 모두 고유의 공격 지점을 가지고 있으며 독자적인 로그를 생성한다. 예를 들어 공격자가 클라우드 프로젝트의 계정 자격 증명을 탈취해 프로젝트 내 쿠버네티스 클러스터에 새로운 컨테이너를 배포하고 이 컨테이너를 이용해 클러스터가 접근할 수 있는 스토리지 버킷에서 데이터를 훔쳐갈 수 있다. 클라우드 컴퓨팅 모델은 보통 매일 새 인스턴스를 출시하므로 클라우드상의 침입 탐지가 더 동적이고 복잡하다.

클라우드 서비스는 의심스러운 동작의 탐지와 관련해 장단점이 모두 존재한다. 구글의 빅쿼리 같은 서비스를 사용하면 대용량 로그 데이터를 수집하고 저장하는 것이 상대적으로 쉽고 저렴하며 클라우드에서 직접 탐지 규칙을 실행할 수도 있다. 구글 클라우드 서비스는 또한 클라우드 감사 로그^{cloud audit log}(`https://oreil.ly/XF4ta`)와 스택드라이버^{Stackdriver} 로깅(`https://oreil.ly/6SUwV`) 같은 내장 로깅 솔루션도 제공한다.

반면 클라우드 서비스의 종류는 다양하므로 필요한 로그를 선별하여 활성화하고 중앙 시스템에 수집하는 것이 어려울 수 있다. 개발자가 쉽게 클라우드에 새로운 IT 자산을 생성할 수 있으므로 많은 기업에서 클라우드상의 자산을 확인하고 관리하는 데 어려움을 겪고 있다. 또한 클라우드 서비스 제공자가 여러분이 수집할 수 있는 로그를 미리 정해두고 별도의 설정 기능을 제공하지 않을 수도 있다. 여러분이 사용하는 클라우드 서비스 제공자가 제공하는 로깅 기능의 한계와 여러분의 잠재적 사각 지대를 이해하는 것이 중요하다.

자산에 대한 재고 조사

시스템의 문제를 조사하기 위한 파이프라인을 구현할 때는 여러분이 미처 알지 못하는 자산을 포함해 클라우드상의 자산을 식별하기 위한 데이터를 사용하는 도구를 구현하자. 미처 알지 못하는 자산의 예로 클라우드 제공자에게 지불하는 금액을 처리하는 금융 시스템을 통합하면 더 주의해서 관리해야 할 시스템 컴포넌트를 찾아낼 수도 있다. 구글의 비욘드코프 아키텍처 (`https://oreil.ly/7JXZx`)에 대한 기사를 보면 구글에 속한 (또는 구글의 데이터를 가지고 있는) 자산을 찾아내는 장치 재고 서비스^{Device Inventory Service}를 언급하고 있다. 이와 유사한 서비스를 구현하고 여러분의 클라우드 환경에 맞게 확장하는 것도 이런 종류의 자산을 식별할 수 있는 방법이다.

클라우드 서비스에 대한 공격을 탐지하는 다양한 상용 소프트웨어가 존재하며 그 중 대부분은 클라우드상에서 동작한다. 대부분의 클라우드 제공자는 구글의 이벤트 위협 탐지^{Event Threat Detection}(`https://oreil.ly/yJdVl`) 같은 통합 위협 탐지 서비스를 제공한다. 많은 기업이 이 내장 서비스를 자체 개발한 탐지 규칙이나 서드파티 제품과 통합하고 있다.

클라우드 접근 보안 브로커^{cloud access security broker}(CASB)는 주목할만한 탐지 및 방어 기술이다. CASB는 최종 사용자와 클라우드 서비스의 중간에 위치하며 보안 제어 장치를 적용하고 로깅을 제공한다. 예를 들어 CASB는 사용자가 특정 종류의 파일을 업로드하는 것을 막거나 사용자가 다운로드한 모든 파일을 기록한다. 많은 CASB는 잠재적인 악의적 접근을 탐지하고 탐지 팀에 알림을 발송하는 기능을 제공한다. 또한 CASB 로그를 커스텀 탐지 규칙과 통합할 수도 있다.

네트워크 기반 로깅과 탐지

네트워크 패킷을 캡처해 살펴보는 **네트워크 침입 탐지 시스템**network intrusion detection system (NIDS)과 **침입 방지 시스템**intrusion prevention system (IPS)은 1990년대 후반부터 보편적인 탐지 및 로깅 기술로 사용되었다. 예를 들어 이 시스템은 패킷 크기 같은 제한된 트래픽 정보와 더불어 어떤 IP 주소가 교환된exchanged 트래픽을 가지고 있는지에 대한 정보를 캡처한다. 어떤 IPS는 고위험 시스템에 전달되는 패킷 등 커스터마이징 가능한 조건에 따라 특정 패킷의 전체 콘텐츠를 기록하기도 한다. 다른 IPS는 악의적인 행위를 실시간으로 탐지하고 적절한 대응 팀에게 알람을 보내기도 한다. 이런 시스템은 매우 유용하며 비용 외에 큰 단점이 없으므로 거의 모든 조직에서 이런 시스템을 도입하기를 강력히 권한다. 하지만 이런 시스템이 보내는 알람을 누가 효율적으로 분류할 수 있는지 주의깊게 생각해보자.

DNS 쿼리의 로그 또한 유용한 네트워크 기반 소스다. DNS 로그를 보면 회사의 어떤 컴퓨터가 호스트 이름을 해석했는지 확인할 수 있다. 예를 들어 네트워크상의 어떤 호스트가 알려진 악의적인 호스트 이름에 대한 DNS 쿼리를 실행했는지 살펴보거나 이전에 해석된 도메인을 조사해서 여러분의 시스템을 제어했던 공격자가 침입했던 모든 머신을 식별해낼 수 있다. 보안 운영 팀 또한 알려진 악의적인 도메인을 잘못 해석하는 DNS '싱크홀sinkhole'을 이용해 공격자가 사용할 수 없도록 할 수 있다. 그러면 사용자가 싱크홀에 등록된 도메인에 접근하려고 하면 탐지 시스템이 우선순위가 높은 알람을 보낼 수 있다.

내부 또는 유출 트래픽에 사용하는 웹 프록시의 로그도 활용할 수 있다. 예를 들어 웹 프록시를 이용해 피싱이나 알려진 취약점 패턴을 사용되는 웹 페이지를 스캔할 수 있다. 탐지에 프록시를 사용할 때는 직원 개인 정보를 고려하고 법무 팀과 프록시 로그의 사용 방식에 대해 논의해야 한다. 보통 우리는 알람을 분류하는 동안 보게 될 직원의 데이터 양을 최소화하기 위해 악의적인 콘텐츠와 최대한 가까운 곳에서 탐지를 수행하기를 권한다.

15.2.4 로깅 예산

디버깅과 조사 활동은 자원을 소모한다. 우리가 살펴봤던 시스템 중 하나는 100TB의 로그를 가지고 있었는데 이 로그를 사용하는경우가 거의 없었다. 로깅은 상당한 양의 자원을 소모하며 문제가 없는 경우에는 로그를 들여다보는 기회가 현저히 적으므로 로깅과 디버깅 인프라스트럭처에 대한 투자를 아끼고 싶을 수도 있다. 이런 상황을 피하려면 서비스 이슈나 보안 사고를 해결하기 위해 얼마나 많은 데이터가 필요한지 고려해 로깅에 대한 예산을 사전에 확보하길 권한다.

현대의 로그 시스템은 엘라스틱서치Elasticsearch나 빅쿼리BigQuery 같은 관계형 데이터 시스템을 활용해 쉽고 빠르게 데이터를 실시간으로 쿼리한다. 이 시스템의 비용은 시스템이 저장하고 인덱싱할 이벤트의 갯수, 데이터를 처리하고 쿼리하는 데 필요한 머신의 수, 필요한 스토리지 공간에 따라 증가한다. 그래서 장기간 데이터를 보관할 때는 장기 보관 스토리지의 데이터 소스와 관련된 로그에 우선 순위를 두는 것이 유용하다. 이는 중요한 절충 결정이다. 공격자가 자신의 흔적을 잘 지운다면 사고가 발생했다는 것을 발견하기까지 상당한 시간이 들 수 있다. 만일 일주일 정도의 접근 로그만 저장한다면 침입을 전혀 조사할 수 없을 수도 있다.

보안과 신뢰성의 교집합: 장기 로그 스토리지의 예산

로그 데이터를 장기간 보관해야 한다면 예산상 문제가 생길 수 있다. 필요한 만큼의 로그를 보관할 충분한 로그 스토리지와 처리 아키텍처를 확보할 수 없다면 어떨까? 보관 기간과 스토리지 비용 사이의 균형을 맞추려면 스토리지 용량이 한계에 도달했을 때 로그 수집을 멈추는 것이 아니라 **우아하게 퇴보**하도록 로그를 설계하기를 권한다.

데이터 요약Data summarization은 우아한 퇴보를 구현하는 가장 보편적인 방법이다. 예를 들어 스토리지 용량의 90%는 전체 로그를 보관하는 데 사용하고 나머지 10%는 일부 데이터를 요약한 로그를 위해 남겨두도록 로그 시스템을 구현할 수 있다. 시스템이 이미 기록된 로그를 다시 읽고 파싱(연산적으로 비용이 높은 작업이다)하지 않으려면 수집 시점에 두 로그 파일을 기록하면 된다. 첫 번째 로그에는 완전한 데이터를 기록하는 반면 두 번째 로그에는 요약 데이터를 기록하는 것이다. 스토리지의 용량이 한계에 도달하면 공간을 확보하기 위해 크기가 큰 로그를 지우고 더 작은 파일을 더 오래 보관할 수 있다. 예를 들어 풀 패킷 캡쳐와 넷플로netflow 데이터를 모두 기록한 뒤 N일 뒤에 캡쳐는 삭제하고 넷플로 데이터는 1년간 보관할 수 있다. 그러면 로그에 대한 스토리지 비용은 낮아지는 반면 호스트의 통신 정보에 대한 핵심 정보는 보관할 수 있다.

우리는 보안 중심의 로그 수집을 위해 다음의 투자 전략을 권한다.

- 신호 대 잡음비^{signal-to-noise}가 좋은 로그를 중점적으로 기록한다. 예를 들어 방화벽은 정기적으로 많은 패킷을 블록하며 그 중 대부분은 아무런 해가 없다. 설령 방화벽이 악의적인 패킷을 블록했다 해도 굳이 들여다 볼 필요는 없다. 블록된 패킷에 대한 로그를 수집하면 큰 수확없이 엄청난 대역폭과 스토리지만 낭비하는 셈이다.
- 가능하다면 로그를 압축하자. 대부분의 로그는 상당한 양의 중복 메타데이터를 가지고 있으므로 매우 효율적으로 압축할 수 있다.
- 스토리지를 '웜^{warm}'과 '콜드^{cold}'로 구분한다. 오래된 로그는 좀 더 저렴한 오프라인 클라우드 스토리지(콜드 스토리지)로 옮기고 보다 최신의 로그나 알려진 장애와 관련된 로그만 즉각적인 사용을 위해 로컬 서버에 남겨둔다(웜 스토리지). 마찬가지로 원래 로그는 압축해서 장기간 보관할 수 있지만 최근의 로그는 완전히 인덱싱해서 보다 비용이 높은 관계형 데이터베이스에 보관할 수 있다.
- 로그를 현명하게 로테이션한다. 보통 오래된 로그를 먼저 지우는 것이 최선이지만 중요한 종류의 로그를 오래 보관할 수도 있다.

15.3 견고하고 안전한 디버깅 접근

이슈를 디버깅하려면 시스템과 시스템이 저장한 데이터에 대한 접근이 필요하다. 악의적인 디버거나 공격자에게 협력하는 디버거가 민감한 정보를 볼 수 있는가? 보안 시스템에서 장애가 발생하면(모든 시스템에서는 장애가 발생한다는 점을 기억하라) 해결할 수 있는가? 디버깅 시스템은 기본적으로 신뢰할 수 있고 안전해야 한다.

15.3.1 신뢰성

로깅은 시스템에 장애가 발생할 수 있는 이유 중 하나다. 예를 들어 시스템이 로그를 저장하는 디스크의 여유 공간이 바닥날 수 있다. 이 경우 실패 시 개방 정책을 도입하면 또 다른 절충이 발생한다. 이 방법은 시스템의 회복성을 향상시킬 수 있지만 공격자가 로깅 메커니즘을 와해시킬 수 있는 위험이 있다.

보안 시스템 자체를 디버깅하거나 수정하려는 상황에 대한 계획도 세워야 한다. 여러분 스스로가 시스템에 접근하지 못하는 상황을 만들지 않으면서도 여전히 안전할 수 있도록 하기 위한 절충을 고려해야 한다. 이 경우 긴급 접근용 자격 증명만 안전한 위치에 오프라인으로 보관하고 이 자격 증명을 사용할 때는 신뢰도가 높은 알람을 보낼 수 있다. 일례로 최근 상당한 패킷 손실을 유발했던 구글의 네트워크 장애(https://oreil.ly/hxpj3)에 대해 알아보자. 대응자가 내부 자격 증명을 얻으려 했을 때 인증 시스템이 백엔드 중 하나에 접근할 수 없어 실패 시 폐쇄 방식이 실패했다. 하지만 긴급 자격 증명 덕분에 대응자가 인증을 수행하고 네트워크를 수정할 수 있었다.

15.3.2 보안

우리가 작업했던 시스템 중 하나는 전화 지원에 사용했던 것으로 관리자가 사용자로 가장해 사용자 시점에서 UI를 볼 수 있는 기능을 제공하는 것이었다. 디버거 입장에서 이 시스템은 대단한 것이었다. 사용자의 문제를 분명하고 신속하게 재현할 수 있었기 때문이다. 하지만 이런 종류의 시스템은 악용의 가능성이 매우 높다. 따라서 (가장부터 원본 데이터베이스에 대한 접근까지) 디버깅 엔드포인트를 안전하게 관리해야 한다.

대부분의 장애 상황에서 비정상적인 시스템 동작을 디버깅할 때는 사용자 데이터에 대한 접근이 필요치 않다. 예를 들어 TCP 트래픽 문제를 분석 중이라면 네트워크상의 바이트의 속도와 품질만으로도 문제를 분석하기에 충분하다. 전송 중 데이터를 암호화하면 서드파티가 데이터를 관찰할 수 없도록 보호할 수 있다. 또한 더 많은 엔지니어가 필요할 때 패킷 덤프에 접근할 수 있다는 긍정적인 부수효과도 있다. 하지만 여기서 실수할 수 있는 한 가지는 메타데이터를 민감하지 않은 데이터로 취급하는 것이다. 그러면 악의적인 공격자가 연관 접근 패턴을 추적해서 메타데이터로부터 사용자에 대한 상당히 많은 정보를 추출할 수 있다. 예컨대 한 사용자가 같은 세션 안에서 이혼 전문 변호사와 데이트 사이트를 방문했다는 점을 알아낼 수 있다. 메타데이터를 민감하지 않은 데이터로 취급하는 위험은 주의깊게 평가해야 한다.

또한 분석 시에 실제 데이터가 **필요한** 경우도 있다. 예를 들어 데이터베이스에서 자주 접근하는 레코드를 찾아 왜 이렇게 자주 접근하는지를 알아내려면 실제 데이터가 필요하다.

한 번은 하나의 계정이 한 시간만에 수천 개의 이메일을 수신해서 발생한 저수준 스토리지 문제를 디버깅한 적이 있다. 5.1.2절 '제로 트러스트 네트워킹'은 이런 상황에서의 접근 제어에 대한 보다 많은 정보를 제공한다.

15.4 마치며

디버깅과 조사는 시스템 관리 차원에서 필요한 작업이다. 이번 장에서 다뤘던 내용 중 중요한 부분을 다시 한번 짚어보자.

- **디버깅**은 추측이 아닌 체계적인 기술로 결과를 만들어 내는 필수적인 활동이다. 도구를 구현하거나 시스템을 들여다 볼 수 있는 로깅을 이용해 디버깅을 훨씬 쉽게 수행할 수 있다. 디버깅 스킬은 계속해서 연마해야 한다.
- **보안 조사**는 인력, 전술, 위험 측면에서 디버깅과는 다르다. 조사 팀에는 반드시 경험이 풍부한 보안 전문가가 합류해야 한다.
- **중앙식 로깅**centralized logging은 디버깅 측면에서 유용하고 조사에 필수적이며 비즈니스 분석에도 유용하다.
- 최근의 조사를 살펴보고 이슈의 디버깅이나 우려사항에 대한 조사에 어떤 정보가 유용하게 작용했는지 스스로 물어보는 방법을 **반복**하자. 디버깅은 지속적은 개선을 이루는 절차다. 정기적으로 데이터 원본을 추가하고 관측 가능성을 개선하는 방법을 찾아야 한다.
- **안전을 고려해 설계하자.** 여러분은 로그가 필요하다. 디버거는 시스템 및 시스템에 저장된 데이터에 접근할 필요가 있다. 하지만 저장할 데이터의 양이 늘수록 로그와 디버깅 엔드포인트는 공격자의 목표가 된다. 로깅 시스템으로 필요한 정보는 수집하되 데이터에 대한 견고한 퍼미션과 권한 그리고 정책을 도입해야 한다.

디버깅과 보안 조사는 모두 돌발적인 통찰과 운에 의존하기도 한다. 심지어 최고의 디버거도 앞이 캄캄한 상황에 놓이기도 한다. 기회는 준비된 자에게 찾아온다는 점을 기억하자. 로그가 준비되어 있고 이 로그를 인덱싱하고 조사할 수 있는 시스템이 있다면 이 기회가 찾아왔을 때 잡을 수 있다. 행운을 빈다.

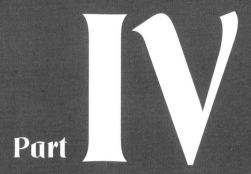

시스템 유지 보수

익숙하지 않은 상황에 대처할 준비가 된 조직은 심각한 사고에도 대처할 기회를 더 잘 찾는다.

비록 여러분의 조직이 문제가 될 모든 시나리오에 대한 계획을 세우기란 불가능하겠지만 16장에서 설명하는 포괄적인 재해 계획 전략을 위한 첫 단계는 실용적이며 접근이 용이하다. 여기에는 사고 대응 팀의 셋업, 사고가 발생하기 전에 시스템과 사람을 준비시키는 과정, 시스템과 대응 계획의 테스트 등이 포함된다. 이 준비 단계는 17장에서 다룰 위기 관리 능력을 갖추는 데도 도움이 된다. 보안 위기를 다룰 때는 다양한 스킬과 역할을 가진 사람이 모여 협력하고 효율적으로 의사 소통해야 시스템을 유지할 수 있다.

공격이 발생하면 여러분의 조직은 복구를 시도하고 사후처리를 잘해야 한다. 이 내용은 18장에서 다룬다. 이 단계에서 몇 가지 계획을 사전에 준비하면 공격에 포괄적으로 대응하고 같은 사고가 다시 발생하지 않기 위해 필요한 것을 학습하는 데 도움이 된다.

이번 파트를 조금 더 완전히 설명하기 위해 각 장의 내용을 간략하게 소개하면 다음과 같다.

- 16장에서는 샌프란시스코 베이 지역의 엄청난 지진에 대처하기 위해 구글이 대응 계획을 세웠던 이야기를 풀어놓는다.
- 17장에서는 자신이 본적도 없는 클라우드 프로젝트에 서비스 계정이 추가된 것을 인지하지 못하고 있음을 발견했던 엔지니어의 이야기를 다루고 있다.
- 18장은 공격자를 내쫓고 공격자의 활동을 완화하는 것과 대규모 피싱 공격 같은 사건이 발생했을 때 장기적 변화를 만드는 것 사이의 절충에 대해 설명한다.

Part IV

시스템 유지 보수

CHAPTER 16

재해 계획

마이클 로빈손Michal Robinson, 숀 누난Sean Noonan, 알렉스 브램리Alex Bramley, 카비타 줄리아니Kavita Guliani

시스템에는 필연적으로 신뢰성 실패나 보안 사고가 발생하므로 이에 대처할 준비가 되어 있어야 한다. 따라서 우리는 구현이 완료된 이후 개발 주기의 마지막 지점에서 재해 계획 활동을 수행할 것을 권한다.

이번 장은 유연한 재해 대응 계획을 개발하기 위해 필요한 단계인 재해 위험 분석에 대한 설명부터 시작한다. 그런 후에는 사고 대응 팀을 셋업하는 과정을 살펴보고 재해가 발생하기 전에 여러분이 수행할 수 있는 프리스테이지prestage 활동을 알아내는 팁을 제공한다. 마지막으로 재해가 발생하기 전에 조직을 테스트하는 방법과 몇 가지 재해 시나리오에 구글이 어떻게 대응했는지 보여주는 몇 가지 예시를 살펴본다.

복잡한 시스템은 단순하게는 서비스 장애 때문에, 복잡하게는 악의적인 공격자가 승인없이 접근을 탈취해서 장애가 발생할 수 있다. 신뢰성 엔지니어링과 보안 권장 사례를 도입해 이런 장애를 예측하고 방지할 수 있지만 장기적으로 장애는 거의 필연적이다.

그저 시스템이 재해나 공격으로부터 살아남거나 동료가 적절한 대응을 하기를 기대하는 것보다는 재해 계획을 세워 재해로부터 복구할 수 있는 능력을 개선하기 위한 지속적인 노력이 필요하다. 다행히 포괄적인 전략을 개발하는 첫 번째 단계는 실용적이면서 접근이 용이하다.

16.1 '재해'의 정의

재해가 한창 진행 중일 때에 재해를 인지하는 경우는 드물다. 오히려 완전히 불길에 휩싸인 빌딩을 목격할 때보다는 연기가 피어오르는 것을 보거나 그 냄새로 화재를 인지하는 경우가 많다. 반대로 이런 작은 현상이 재해처럼 보이지 않을 때도 있다. 화재가 천천히 번지면 불길이 치솟기 전까지는 사태의 심각성을 인지하지 못하는 것처럼 말이다. 마찬가지로 (2장에서 언급했던 계정 에러 같은) 시스템에서 작은 사건 때문에 대규모의 장애 대응이 필요할 수도 있다.

재해는 여러 가지 형태로 나타난다.

- 지진, 태풍, 홍수, 화재 등의 **자연 재해**natural disaster는 보통 분명하며 시스템에 미치는 영향도 다양하다.
- 컴포넌트 장애나 오설정 같은 **인프라스트럭처 재해**infrastructure diaster. 이런 재해는 쉽게 진단할 수 없는 경우도 있으며 크고 작은 영향을 남길 수 있다.
- 고객이나 다른 이해관계자가 인지할 수 있는 **서비스나 제품의 장애**
- 한계치에 가까운 상태에서 운영되는 서비스의 **저하**는 종종 식별하기 어려울 때가 있다.
- **외부 공격자**가 탐지 장치를 피해 승인 없이 더 오랜 시간 동안 접근 권한을 확보할 수 있다.
- 민감한 데이터의 승인 없는 유출
- **긴급 보안 취약점**urgent security vulnerabilitie이 발견되면 이 취약점을 수정하기 위한 패치를 즉시 적용해야 한다. 이런 일은 임박한 보안 공격처럼 취급해야 한다(17.1.2절 '손상과 버그의 비교' 참고).

이번 장과 다음 장에서는 사고의 발생을 선언하고 대응을 강화해야 하는 모든 상황에 대해 **재해**와 **위기**라는 단어를 같은 뜻으로 혼용해 사용한다.

16.2 동적 재해 대응 전략

잠재적인 재해의 범위는 방대하지만 유연한 재해 대응 계획을 세우면 변화하는 상황에 신속하게 대응할 수 있다. 발생 가능한 시나리오를 사전에 생각해두면 그 재해에 대한 준비의 첫 단계를 이미 마친 셈이다. 다른 스킬과 마찬가지로 재해 대응 스킬도 자연스럽게 행할 수 있을 때까지 계획하고 연습하며 절차를 반복해서 개발할 수 있다.

사고 대응은 자전거를 타게 되는 것과는 다르다. 정기적인 연습이 없이는 대응자의 신체가 필요한 과정을 모두 기억할 수 없다. 연습이 부족하면 대응을 제대로 하지 못해 복구 시간이 길어질 수 있으므로 재해 대응 계획을 자주 연습하고 개선해야 한다. 사고 관리 스킬을 제대로 연습해두면 사고에 대응하는 전문가가 자연스럽게 대처할 수 있다. 이 작업을 자연스럽게 행할 수 있다면 전문가는 어려움 없이 절차를 따를 수 있을 것이다.

대응 계획은 즉각적 대응, 단기 복구, 장기 복구 그리고 운영 재개 등의 단계로 구분하는 것이 좋다. [그림 16-1]은 재해 복구의 일반적인 단계를 보여주고 있다.

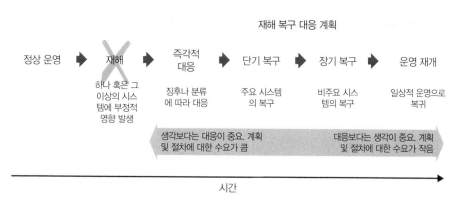

그림 16-1 재해 복구 대응의 단계

단기 복구 단계는 사고에 대한 **종료 조건**exit criteria을 포함해야 한다. 즉 사고 대응이 완료되었음을 선언할 수 있는 조건을 갖춰야 한다. 서비스가 완전히 운영 가능한 상태로 복구하는 것을 성공적인 복구로 볼 수도 있지만 같은 수준의 서비스를 제공하는 새로운 설계를 가진 기반 솔루션을 도입하는 방법도 좋다. 위험 분석으로 식별한 보안 위협을 완전히 완화시키는 것이 조건이 될 수도 있다.

여러분의 조직은 즉각적인 대응, 단기 복구, 장기 복구, 운영 재개 위한 전략을 개발할 때 다음의 사항을 준비할 수 있다.

- 조직에 영향을 미치거나 심각한 영향을 미치는 잠재적인 재해에 대한 분석을 수행한다.
- 대응 팀을 준비한다.
- 대응 계획과 상세한 절차를 마련한다.
- 시스템을 적절히 설정한다.
- 절차와 시스템을 테스트한다.
- 테스트와 평가로부터 받은 피드백을 적용한다.

16.3 재해 위험 분석

재해 위험 분석을 수행하는 것은 조직의 가장 중요한 운영을 결정하는 첫 번째 단계다. 여기서 가장 중요한 운영이란, 이 부분이 제대로 운영되지 않을 경우 절대적인 혼란을 초래하는 부분을 말한다. 핵심 운영 기능에는 중요한 핵심 시스템만 포함되는 것이 아니라 네트워킹과 애플리케이션 계층 컴포넌트처럼 그 시스템이 의존하는 부분도 포함된다. 재해 위험 분석은 다음의 사항을 식별할 수 있어야 한다.

- 손상되거나 오프라인 모드에 돌입한 시스템이 정상 운영이 되지 않는다. 시스템은 정상 운영에 필수적인essential 것과 중요한important 것 또는 비필수적인 것으로 구분할 수 있다.
- 사고에 대응하기 위해 필요할 (기술적인 것이든 사람이든) 자원.
- 각 시스템에서 발생할 법한 재해 시나리오. 시나리오는 발생 가능성, 발생 빈도 그리고 운영에 대한 영향 (낮음, 보통, 높음 또는 치명적 등)으로 구분할 수 있다.

여러분은 직감적으로 운영 상태에 대한 평가를 수행할 수도 있겠지만 조금 더 공식적인 위험 평가 방법은 집단 사고groupthink를 피하고 명확할 필요가 없는 위험을 찾아내는 것이다. 포괄적인 분석을 위해서는 각 위험이 발생할 가능성과 조직에 미칠 영향을 고려해 위험의 등급을 결정하기를 권한다. 부록 A는 조직의 규모와 관계없이 시스템을 정의할 때 활용할 수 있는 위험 평가 매트릭스의 예시를 제공하고 있다.

위험의 등급을 결정하면 먼저 신경써야 할 부분을 선택하기 위한 규칙을 만들 수 있다. 위험의 등급을 정한 후에는 잠재적인 이상치를 확인하기 위해 위험의 목록을 검토해야 한다. 예컨대 발생 가능성이 거의 없지만 그 영향이 커서 치명적 수준의 위험으로 분류되어 있을 수 있다. 또한 알려지지 않은 요인이나 디펜던시를 고려해 위험을 식별할 수 있도록 전문가에게 평가 검토를 요청할 수도 있다.

여러분의 위험 평가는 조직의 자산이 위치한 곳에 따라 다를 수 있다. 예를 들어 일본이나 대만의 지역은 태풍의 영향을 받을 수 있는 반면 미국 남동부 지역은 허리케인의 영향을 받을 수 있다. 위험 등급 또한 조직의 성숙도와 이중 인터넷 서킷curcuit과 백업 전원 공급 같은 장애 허용 시스템의 도입 여부에 따라 바뀔 수 있다. 대규모 조직은 전역 수준과 지역 수준의 위험 평가를 반드시 수행해야 하며 운영 환경의 변화에 따라 이 평가를 검토하고 갱신해야 한다. 어떤 시스템을 보호해야 하는지 식별할 수 있는 위험 평가를 갖췄다면 이제 도구와 절차 그리고 훈련으로 준비된 대응 팀을 만들 준비가 된 것이다.

16.4 사고 대응 팀의 셋업

사고 대응 indident response (IR) 팀을 꾸리는 방법은 여러 가지다. 보통 조직은 다음 중 한 가지 방법으로 대응 팀을 꾸린다.

- 풀타임 IR 전담 팀의 편성
- 이미 특정 업무를 수행 중인 개인에게 IR 임무를 할당
- 서드 파트에 IR 활동을 전담

많은 조직이 예산과 규모 제약에 따라 기존 직원에게 두 가지 임무를 부여해서 직원들이 본래 자신의 업무를 수행하면서도 필요에 따라 사고 대응을 하기도 한다. 요구사항이 복잡한 조직은 IR 전담 팀을 편성해서 대응자가 항상 대응할 수 있고 적절한 교육을 받으며 필요한 시스템 접근 권한과 다양한 사고에 대응할 충분한 시간을 갖도록 할 가치가 있다.

어떤 채용 모델을 구현하든 다음의 기법을 따라 성공적인 팀을 구성할 수 있다.

16.4.1 팀원과 역할의 확인

대응 계획을 준비할 때는 사고에 대응하고 그 역할을 확실히 정할 수 있는 사람으로 핵심 팀을 구성해야 한다. 규모가 작은 조직이라면 여러 팀에서 팀원을 착출하거나 하나의 팀으로 모든 장애에 대응할 수 있지만 자원이 풍부한 조직이라면 각 기능별로 전용 대응 팀을 마련할 수 있다. 예컨대 보안 대응 팀과 개인 정보 보호 팀 그리고 외부에 공개된 사이트의 신뢰성에 집중하는 운영 팀을 별도로 둘 수 있다.

필요한 팀은 내부적으로 운영하면서 다른 부분은 외주에 맡길 수도 있다. 예를 들어 포렌식 팀을 완전히 내재화할만큼 자금과 업무량이 충분하지 않으면 장애 대응 팀만 내부적으로 운영하면서 포렌식 팀은 외주를 주면 된다. 외주 인력을 활용할 때의 즉각적인 대응이 어려울 수 있다는 점이다. 어떤 부분을 내재화하고 어떤 부분을 외주에 맡길 것인지 결정할 때는 긴급 상황에서의 대응 시간을 고려하는 것이 중요하다.

또한 장애 대응 시에는 다음의 역할 중 일부 또는 전부가 필요할 수도 있다.

장애 책임자

개별 장애에 대한 대응을 이끄는 개인.

SRE

시스템에 영향을 줄 수 있는 설정을 바꾸거나 코드를 구현해서 버그를 수정할 수 있는 사람들(https://oreil.ly/IeMvF).

홍보

외부로부터의 질의에 응대하거나 미디어에 보도자료를 내보내는 사람들. 이들은 적절한 메시지로 대응하기 위해 커뮤니케이션 책임자와 함께 일하는 경우가 대부분이다.

고객 지원

고객의 질의에 응대하거나 영향을 받은 고객에게 먼저 연락을 취하는 사람들.

법무 부서

적절한 법규, 법령, 규제 또는 제약 같은 법률적 요소에 대한 조언을 담당하는 변호사.

개인 정보 보호 엔지니어

기술적인 개인 정보 문제를 다룰 수 있는 사람들.

포렌식 전문가

사건의 재구성과 귀속관계의 파악을 수행해서 어떤 일이 어떻게 일어났는지 판단하는 사람들

보안 엔지니어

장애의 보안 영향을 검토하고 SRE나 개인 정보 보호 엔지니어와 함께 시스템을 안전하게 유지하는 사람들

내부 직원을 활용해 이런 역할을 부여할 때는 교대 근무rotational 모델을 구현해 IR 팀이 교대로 업무를 수행하는 방법을 구현해야 한다. 특히 장애 상황에서는 피로도를 줄이고 지속적으로 장

애 대응을 지원하기 위해 구성원을 교대하는 것이 중요하다. 또한 이 모델은 구성원이 본연의 업무에 대한 책임을 계속 가지고 갈 수 있는 유연성도 제공한다. 주의할 점은 이것은 모두 역할이지 특정 개인을 의미하는 것이 아니다. 장애가 발생하면 한 개인이 여러 역할을 수행할 수도 있다.

단일 장애점을 피하자

장애는 회의 요청이나 평일, 여행 계획, 휴가 일정 등과는 무관하게 발생한다. 긴급 대응 교대 업무를 수행하면 장애에 대처할 수 있는 역량이 강화되지만 단일 장애점을 방지하는 것에 특히 더 신경을 써야 한다. 예를 들어 누군가의 휴가 여행이 끝나기를 마냥 기다릴 수 없는 상황이라면 경영진은 앞서 긴급한 코드 수정, 설정의 변경, 커뮤니케이션 메시지를 대리 승인할 수 있는 대리인을 지정해야 한다. 여러분의 조직이 여러 나라에 지사를 두고 있다면 각 시간대timezone마다 이런 대리인이 있어야 한다.

내부적으로 운용할 역할을 결정했다면 최초로 개별 IR 팀으로 활동할 사람의 목록을 만들 수 있다. 이런 역할을 할 사람을 미리 정해두면 대응 시점에 역할과 책임, 소유권을 명확히 할 수 있고 혼돈과 셋업 시간을 최소화할 수 있다. 또한 IR 팀의 **챔피언**을 정해두는 것도 도움이 된다. 챔피언이란 자원을 투입하여 장애물을 제거할 수 있을 정도로 충분한 실력을 갖춘 사람을 말한다. 챔피언은 충돌이 발생한 경우 우선순위에 따라 팀을 구성하고 시니어 리더들과 함께 논의하는 데 도움이 된다. 보다 자세한 내용은 21장을 참고하기 바란다.

16.4.2 팀 헌장의 준비

IR 팀의 헌장은 반드시 팀의 **미션** 즉, 그 팀이 담당할 장애의 종류를 기술하는 하나의 문장으로 시작해야 한다. 그러면 다른 사람이 이 팀의 역할을 빠르게 이해하는 데 도움이 된다.

헌장의 **범위**는 여러분이 작업하는 환경을 서술한다. 이 섹션은 팀이 담당할 장애의 종류, 어떤 장애를 내부 인력이 처리할지 그리고 어떤 장애를 외주 팀에 할당할지를 명확히 정의하고 있어야 한다.

IR 팀이 어느 정도 가치가 있는 장애에 집중하게 하려면 조직의 리더십그룹과 IR 챔피언이 팀의 범위에 대해 서로 동의하는 것이 중요하다. 예를 들어 물론 IR 팀이 시스템 방화벽 설정과 로그의 활성화 여부/검증에 대한 개별 고객 질의에 응답할 수도 있지만 이런 일은 고객 지원 팀이 수행하는 것이 더 적절하다.

마찬가지로 팀의 **성공**에 대해 정의하는 것도 중요하다. 다시 말하면 IR 팀의 업무가 완료되었거나 또는 완료했다고 선언할 수 있는 조건을 정의해야 한다.

16.4.3 심각성와 우선순위 모델의 준비

심각성과 우선순위 모델은 IR 팀이 장애의 심각성과 장애에 대응하기 위한 운영 속도를 판단하고 이해하는 데 도움이 된다. 이 두 모델은 서로 관련이 있으므로 동시에 적용해야 한다.

심각성 모델은 장애가 조직에 미치는 영향을 기준으로 장애를 구분하기 위한 것이다. 장애를 0부터 4등급으로 나누고 0등급은 가장 심각성이 높은 장애로, 4등급은 가장 심각성이 낮은 장애로 정의해도 된다. 조직 문화(색상, 동물 등)에 따라 이 등급의 정의는 적절히 바꾸면 된다. 예를 들어 총 5등급을 정의한다면 네트워크에 인증받지 않은 사용자가 나타난 상황은 심각성 0등급 장애로 분류하는 한편 보안 로그가 일시적으로 사용불가능 상태가 됐을 때는 심각성 2등급 장애 정도로 분류할 수 있다. 모델을 구현할 때는 이전에 수행했던 위험 분석을 다시 검토해서 장애 분류에 적절한 심각성 등급을 적용하도록 하자. 그렇게 하면 모든 장애에 심각이나 중간 등급을 할당하진 않게 될 것이다. 정확한 등급으로 나누면 동시적 장애가 발생했을 때 장애 책임자가 적절한 우선순위를 정할 수 있다.

우선순위 모델은 개인이 얼마나 신속하게 장애에 대응해야 하는지를 정의한다. 이 모델은 장애의 심각성에 대한 여러분의 이해를 바탕으로 구현하며 역시 최고순위를 의미하는 0등급부터 최저순위를 의미하는 4등급까지 5개 등급 체계를 사용할 수 있다. 우선순위는 필요한 작업의 속도를 조절한다. 0등급 장애는 즉각적은 장애 대응이 필요해서 팀원은 다른 작업보다 장애 대응을 우선해야 한다. 4등급 장애는 반복적인 운영 작업처럼 취급해도 된다. 모두의 동의를 얻은 우선순위 모델은 여러 팀과 운영 리드의 업무 조율에도 도움을 준다. 한 팀은 장애를 0등급으로 취급하는데 두 번째 팀은 이 장애에 대한 상황을 완전히 이해 못하고 있어 2등급으로 취급하는 상황을 생각해보자. 이 두 팀은 서로 다른 속도로 장애에 대응하게 되어 적절한 장애 대응이 늦어지게 된다.

통상적으로 장애의 심각성을 완전히 이해했다면 그 심각성은 장애의 전체 대응 과정 동안 바뀌지 않는다. 반면 우선순위는 장애를 처리하면서 바뀔 수 있다. 장애를 분류하고 중요한 수정을 구현하는 동안에는 우선순위는 0등급일 수 있다. 그 후 수정이 완료되면 엔지니어링 팀이 정리 작업을 수행할 수 있도록 우선순위를 1등급이나 2등급으로 낮추면 된다.

16.4.4 IR 팀을 위한 운영 매개변수의 정의

심각성과 우선순위 모델을 정립했다면 장애 대응 팀의 일상 업무를 서술하는 운영 매개변수operating parameter를 정의할 수 있다. 운영 매개변수는 팀이 장애 대응 업무와 더불어 보통의 운영 업무까지 함께 수행 중이거나 가상 또는 외주 팀과 의사소통이 필요할 때 특히 중요하다. 운영 매개변수를 고려하면 심각성 0등급과 우선순위 0등급의 장애를 적시에 대응할 수 있다.

운영 매개변수로는 다음과 같은 요소가 있다.

- 장애가 보고되었을 때 최초 대응까지 걸리는 예상 시간. 예를 들면 5분 이내, 30분 이내, 1시간 이내 혹은 다음 업무일 이내 등으로 정할 수 있다.
- 최초의 분류 평가와 대응 계획 및 실행 일정의 수립에 걸리는 예상 시간.
- 서비스 수준 목표(SLO)(https://oreil.ly/MtL_o). 팀원은 이를 바탕으로 일상 업무를 중단하고 장애에 대응해야 하는지를 판단할 수 있다.

장애 대응 업무를 여러 팀 간이나 일상적으로 진행 중인 작업과 균등하게 배분하기 위해 긴급 대응 교대 근무를 체계화하는 방법은 여러 가지가 있다. 보다 자세한 내용은 SRE 도서의 11장과 14장, SRE 워크북의 8장과 9장 그리고 리몬셀리^{Limoncelli}, 찰럽^{Chalup}, 호건^{Hogan}이 집필한 책[1] 의 14장을 참고하기 바란다.

16.4.5 대응 계획의 개발

심각한 장애 상황에서 대응자는 제한된 정보로 빨리 일을 처리하려고 하므로 의사결정을 내리기가 쉽지 않다. 하지만 대응 계획을 잘 만들어두면 대응자에게 가이드라인을 제시하고 불필요하게 낭비하는 단계를 줄이며 서로 다른 종류의 장애에 대응할 수 있는 중요한 방침을 제공할수 있다. 물론 조직은 회사 전체에 적용되는 장애 대응 정책을 정의하고 있겠지만 IR 팀은 다음의 주제를 포함하는 고유의 대응 계획을 세워 둘 필요가 있다.

장애 보고

장애를 IR 팀에 보고하는 방법

분류

최초 보고에 대응하고 장애의 분류를 시작할 IR 팀원의 목록

서비스 수준 목표

대응자의 대응 속도를 결정하는 데 참고할 수 있는 SLO

역할과 책임

IR 팀 구성원의 역할과 책임에 대한 명확한 정의

외부 원조

엔지니어링 팀과 장애 대응을 도와줄 다른 참여자들에게 연락하는 방법

---

[1] 토마스 리몬셀리(Thomas A. Limoncelli), 스트라타 R. 찰럽(Strata R. Chalup), 크라스티나 J. 호건(Christina J. Hogan)이 출간한 『The practice of Cloud System Administration』(Addison-Wesley, 2014)

의사소통

제대로 된 계획 없이는 장애에 대응하는 동안 효율적으로 의사소통을 할 수 없다. 여러분은 다음의 사항을 수행하기 위한 계획을 수립해야 한다.

- 리더십그룹에 장애 발생과 의사소통에 포함해야 할 정보를 알리는 방법 (예를 들면 이메일, 휴대폰 문자 또는 전화 통화 등).
- 장애에 대응하는 동안 대응 팀 내부 및 대응 팀 간 의사소통을 포함한 조직내 의사소통 방법 (스탠드업 회의실, 비디오 회의, 이메일, 보안 IRC 채널, 버그 추적 도구 등)
- 필요할 경우 규제 담당자나 법 집행기관 같은 외부 이해관계자와 의사소통하는 방법. 이 의사소통을 계획하고 지원하려면 조직의 법무 팀 및 기타 다른 부서와의 협업이 필요하다. 개별 외부 이해관계자의 연락처와 의사소통 방식을 정리해두자. IR 팀의 규모가 충분히 크다면 이런 알림 메커니즘은 적절히 자동화할 수도 있다.
- 고객을 상대하는 지원 팀을 위한 장애 설명 및 안내를 제공한다.
- 의사소통 시스템의 사용이 불가능하거나 의사소통 시스템이 공격당했다고 의심될 때 공격자로부터 안전한 방법으로 대응자와 리더십그룹이 의사소통하는 방법을 확립한다.

보안과 신뢰성 위험: 이메일이나 메시징 시스템이 공격 당했을 때의 의사소통

많은 장애 대응 팀이 장애에 대응할 때 이메일이나 메시징 시스템에 크게 의존하고 있다. 원격지에서 근무하는 팀원은 현재 진행 중인 장애 대응 상태를 파악하기 위해 메시지 스레드를 살펴볼 수 있다. 안타까운 점은 한 가지 의사소통 시스템에만 의존하는 것은 IR 팀의 노력에 반하는 일이 될 수 있다. 다음의 예시를 살펴보자.

- 이메일이나 메시징 서버 또는 도메인 컨트롤러domain controller에 침입한 공격자가 대응을 조율하는 그룹에 참여할 수 있다. 그러면 공격자는 장애에 어떻게 대응하는지 살펴보고 이를 우회할 수 있다. 게다가 장애 완화 조치도 파악하고 IR 팀이 조치 완료됐다고 보고한 시스템에 다시 침입할 수도 있다.
- 의사소통 시스템이 오프라인이 되면 IR 팀이 이해관계자나 다른 지역의 팀에 연락할 방법을 잃을 수 있다. 그렇게 되면 장애 대응의 조율에 지연이 발생하고 조직은 다시 온라인 되기까지 더 많은 시간을 소요하게 된다.

IR 팀을 유지하는 데 방해가 되는 이런 상황을 피하려면 IR 계획의 의사소통 부분에 반드시 예비 의사소통 방식을 정의해야 한다. 운영 보안operational security(OpSec)에 대한 보다 자세한 논의는 17.2.4절 '더 알아보기: 운영 보안'에서 설명한다.

모든 대응 계획은 반드시 숙련된 대응자가 따라할 수 있도록 전체 절차의 개요를 제공해야 한다. 대응자가 특정 행위에 참고할 수 있도록 충분히 상세한 교본에 대한 참조를 제공해야하며 특정 종류의 장애에 대응하는 중요한 방법에 대한 개요도 제공하는 것이 좋다. 예를 들어 네트워크 연결 이슈에 대응할 때 수행해야 할 광범위한 분석과 문제해결 방법에 대한 요약 내용을 제공하고 라우터나 방화벽에 로그인하는 등 적절한 네트워크 장치에 접근하는 절차를 설명하는 교범에 대한 참조를 제공하면 된다. 대응 팀은 언제 시니어 리더십그룹과 로컬 엔지니어링 팀에 장애를 보고할 것인지를 장애 대응자가 결정할 수 있는 조건도 명시할 수 있다.

16.4.6 상세한 교범의 작성

교범은 대응 계획을 보완하며 대응자가 특정 작업을 수행하는 명확한 절차를 처음부터 끝까지 서술한다. 예를 들어 대응자가 긴급 상황에 어떤 시스템의 임시 관리 권한을 획득하는 방법이나 분석 팀의 특정 로그를 가져와 파싱하는 방법 또는 시스템의 장애 조치를 시작하고 언제 우아한 퇴보를 구현할 것인지[2] 등을 서술할 수 있다. 교범은 본래 절차적이며 자주 변경하고 갱신해야 한다. 교범은 보통 팀에 특화된 내용을 제공하므로 여러 팀이 재해에 대응하려면 각 팀이 절차적인 교범을 기준으로 함께 협업해야 한다.

16.4.7 접근 및 업데이트 메커니즘의 도입

여러분의 팀은 재해 상황에서 활용할 수 있도록 문서를 저장할 위치를 정의해야 한다. 재해로 인해 문서의 접근이 영향을 받을 수 있으므로 (예를 들면 회사의 서버가 오프라인이 되서) 긴급 상황에서도 접근이 가능한 위치에 복사본을 두고 복사본도 최신 버전으로 갱신하도록 하자.

시스템을 패치하고 업데이트하고 재설정하면서 위협의 형태도 바뀔 수 있다. 새로운 취약점을 발견할 수도 있고 새로운 공격 방법이 등장할 수도 있다. 정기적으로 대응 계획을 검토해서 이 계획이 정확하고 최근의 설정이나 운영 방법의 변경사항도 반영하고 있는지 확인하자.

장애를 제대로 관리하려면 정보를 빈번하게 확인하고 견고하게 관리해야 한다. 팀은 장애에 대한 정보를 추적하고 장애 데이터를 보관하기에 적합한 시스템을 갖춰야 한다. 보안과 개인 정

---

2 보다 자세한 내용은 SRE 도서 22장 참고.

보 관련 장애를 다루는 팀은 시스템에 접근이 필요할 때마다 접근 제어가 작동하는 시스템을 원하는 반면 서비스나 제품 장애에 대응하는 팀은 회사 전체가 접근 가능한 시스템을 갖추길 원하기도 한다.

16.5 장애가 발생하기 전에 시스템과 사람에 대한 준비사항

위험 분석을 수행했고 IR 팀을 만들어 적절한 절차를 문서화했다면 재해가 발생하기 전에 수행할 수 있는 프리스테이징prestaging[3] 활동을 확인해야 한다. 프리스테이징은 장애 대응 수명 주기의 모든 단계와 관련지어 고려해야 한다. 보통은 시스템에 미리 정의한 로깅 로테이션 주기를 설정, 자동 대응 그리고 사람이 수행할 절차에 대한 명확한 정의 등이 프리스테이징에 포함된다. 대응 팀은 이런 개별 요소를 이해함으로써 데이터의 소스, 자동화된 대응 그리고 사람에 의한 대응의 범위 사이의 간극을 없앨 수 있다. (이전 절에서 설명했던) 대응 계획과 교범은 사람이 대응할 때 필요한 것의 대부분을 서술하고 있지만 대응자에게는 적절한 도구와 인프라스트럭처에 대한 접근도 필요하다.

IR 팀은 장애에 신속하게 대응하기 위해 장애 대응에 적절한 수준의 접근 권한을 미리 결정하고 에스컬레이션 절차를 미리 수립해서 긴급 권한 획득 절차를 신속하고 간편하게 만들어야 한다. IR 팀은 분석과 이벤트 재구성을 위해 로그에 대한 읽기 접근을 가져야 함은 물론 데이터 분석, 보고서의 전송, 포렌식 조사의 수행을 위한 도구에 접근할 수 있어야 한다.

16.5.1 시스템의 설정

IR 팀의 초기 대응 시간을 줄이기 위해 재해나 장애가 발생하기 전에 시스템을 몇 가지 방법으로 조정할 수 있다. 예를 들면 다음과 같다.

- 로컬 시스템에 장애 허용fault tolerance 메커니즘을 구현하고 장애 극복failover 장치를 마련한다. 이 주제에 대한 보다 자세한 내용은 8장과 9장을 참고하자.
- GRR(`https://github.com/google/grr`) 에이전트나 EnCase(`https://oreil.ly/7-gVj`) 리모트 에이전트 같은 포렌식 에이전트를 로그가 활성화된 네트워크에 배포한다. 그러면 장애 대응과 향

---

3 옮긴이_ 프리스테이징은 어떤 작업을 진행하려고 하는 시점을 의미한다.

후의 포렌식 분석에 모두 도움이 된다. 단 15장에서 설명한 것과 같이 보안 로그의 로테이션 주기는 상대적으로 길어질 수 있다는 점(업계 평균을 보면 보통 200일 정도 보관하며 장애가 발생하기 전에 삭제된 로그는 조사에 사용할 수 없다)을 기억하자. 하지만 유럽 같은 몇몇 국가에서는 로그를 유지할 수 있는 기간에 대한 요구사항을 특정하기도 한다. 로테이션 계획을 수립할 때는 조직의 변호사와 상의하기 바란다.

- 만일 여러분의 조직이 백업을 테이프나 다른 미디어에 보관하는 경우 주 백업 시스템 사용이 불가능할 때 백업을 시도할 수 있도록 백업을 생성한 하드웨어나 소프트웨어와 동일한 장비를 마련해두자. 또한 정기적으로 복구 테스트를 수행해서 장비, 소프트웨어 그리고 절차가 제대로 동작하는지 확인해야 한다. IR 팀은 개별 도메인 팀(예를 들면 이메일 팀이나 네트워크 백업 팀)과 테스트, 검증, 장애 시점의 데이터 복구 수행 등의 협업을 할 수 있는 절차를 마련해야 한다.

- 긴급 상황에서의 접근 권한과 복구를 위한 다양한 예비 경로를 준비해두자. 프로덕션 네트워크에 영향을 주는 장애는 네트워크 제어 센터에 안전하게 접근할 수 있는 대체 경로를 찾지 못하면 쉽게 복구하지 못할 수도 있다. 마찬가지로 침입의 흔적을 발견했는데 조직 내에 얼마나 많은 워크스테이션이 영향을 받았는지 확신할 수 없는 경우라 하더라도 확실히 믿고 사용할 수 있는 독립된 시스템이 있다면 훨씬 쉽게 복구가 가능하다.

16.5.2 훈련

IR 팀원은 심각성/우선순위 모델, IR 팀의 운영 모델, 대응 시간, 대응 계획과 교범의 위치 등에 대한 훈련을 받아야 한다. 구글의 장애 대응 방식에 대한 더 자세한 내용은 SRE 워크북의 9장을 참고하기 바란다.

하지만 장애 대응을 위한 훈련 요구사항은 IR 팀의 범위를 벗어난다. 일부 엔지니어는 긴급 상황에서 자신의 행위에 대한 인과관계를 미처 생각하지 못한 상태에서 대응하기도 한다. 이런 위험을 줄이려면 IR 팀을 도와줄 엔지니어에게 다양한 IR 역할과 그 책임에 대해 교육해야 한다. 우리는 장애 통제 시스템(https://oreil.ly/LwmI6)에 기초한 구글 사고 관리 시스템을 사용한다. IMAG 프레임워크는 장애 책임자, 운영 리드, 의사 소통 리드 같은 중요한 역할을 할당한다.

임직원에게 장애를 인지 및 보고하고 에스컬레이션하는 방법을 교육해야 한다. 장애는 엔지니어, 고객/사용자, 자동화된 알람 시스템, 관리자 등 누구든지 발견할 수 있다. 그와 별개로 각자가 장애를 보고 할 수 있는 분명한 채널이 존재해야 하며 회사의 임직원은 언제 어떻게 장애를 IR 팀에게 에스컬레이션할 것인지에 대해 훈련이 되어 있어야 한다.[4] 이 훈련은 조직의 IR 정책에 준해야 한다.

장애를 에스컬레이션하기 전에 엔지니어가 스스로 장애에 대처하기 위한 시간에는 제한이 있어야 한다. 최초 대응자가 스스로 대응할 수 있는 시간은 조직이 용납할 수 있는 위험의 수준에 따라 다르다. 처음에는 15분만 허용하다가 필요에 따라 나중에 다시 조정해도 된다.

대응자가 자신의 즉각적인 감에 의지하는 것이 아니라 더 논리적인 대응을 할 수 있도록 일이 잘못되기 전에 의사결정을 할 수 있는 조건을 반드시 정해둬야 한다. 최초 대응자는 공격 당한 시스템을 오프라인으로 전환할 것인지 또는 어떤 대처 방식을 사용할 것인지에 대한 즉각적인 결정을 해야 하는 상황에 빈번하게 놓이게 된다. 보다 자세한 내용은 17장을 참고하기 바란다.

장애에 대응하다 보면 상호 배타적인 우선순위를 고려해야 하는 경우가 발생할 수도 있다는 점을 이해하도록 엔지니어를 훈련해야 하다. 예를 들어 업타임과 가용성을 최대한 유지해야 하면서도 포렌식 조사를 위해 결과물을 보관해야 하는 경우가 그렇다. 또한 엔지니어의 대응 행위를 기록하도록 하면 나중에 공격자가 남겨둔 결과물의 행위와 구별해낼 수 있다.

16.5.3 과정과 절차

장애가 발생하기 전에 따라야 할 과정process과 절차procedure를 미리 수립하면 대응 시간과 대응자의 인지 부하를 크게 줄일 수 있다. 추천하는 고려사항은 다음과 같다.

- 하드웨어와 소프트웨어를 신속하게 조달하는 방법을 정의한다. 긴급 상황에서 서버나 소프트웨어, 제너레이터를 위한 추가 자원이나 추가 장비가 필요할 수도 있다.

- 외주 서비스의 계약 승인 과정을 수립한다. 규모가 작은 조직의 경우라면 포렌식 조사 서비스 같이 외주 업체가 담당하는 부분이 될 수도 있다.

- 보안 사고가 발생한 동안의 증거와 로그를 보관하고 로그를 덮어쓰는 것을 방지할 수 있는 정책과 절차를 마련한다. 보다 자세한 내용은 15장을 참고하기 바란다.

---

4 SRE 도서의 14장과 SRE 워크북의 9장에서 설명하는 프로덕션 환경에서의 실제 사례를 참고하기 바란다.

16.6 더 알아보기: 시스템과 대응 계획의 테스트

지금까지 설명한 내용에 근거해 조직이 장애에 대처하기 위해 필요한 모든 자료를 준비했다면 이 자료의 효율성을 평가하고 비효율성이 발견되면 개선하는 과정이 필요하다. 여러 측면에서 다양한 테스트를 수행해볼 것을 권한다.

- 자동화 시스템이 정상적으로 동작하는지 평가한다.
- 수행 과정을 테스트해서 최초 대응자와 엔지니어링 팀이 사용하는 절차와 도구의 차이점을 없앤다.
- 장애에 대응해야 할 개인은 그에 필요한 스킬을 확보할 수 있도록 훈련한다.

이 테스트는 정기적으로 (최소 매년) 수행해서 여러분의 시스템, 절차, 대응이 믿을 수 있으며 실제 긴급 상황에도 적합한지 확인해야 한다.

재해에 피해를 입은 시스템을 정상적인 상태로 되돌리는 데는 각 컴포넌트가 모두 결정적인 역할을 한다. IR 팀의 스킬이 아무리 좋아도 제대로 된 절차나 자동화된 시스템이 없다면 재해에 대응할 수 있는 역량을 일관되게 유지할 수 없다. 기술적 절차가 문서화되어 있지만 아무도 접근하거나 사용할 수 없다면 없는 것이나 마찬가지다. 재해 대응 계획을 구성하는 각 계층의 회복성을 테스트하면 이런 위험을 줄일 수 있다.

대부분의 시스템은 위협을 완화하는 기술적 절차를 문서화하고 제어 기능을 정기적으로(예를 들면 매 분기나 매년) 감사해서 이 기능이 여전히 동작하는지 확인하고 약점을 발견한 경우에는 엔지니어가 수정할 수 있도록 그 목록을 제공해야 할 필요가 있다. 이제 막 IR 계획을 시작한 조직이라면 재해 복구와 관련된 인증에 대해 조사하고 그 결과를 바탕으로 비즈니스의 영구성을 계획하기를 원할 것이다.

16.6.1 감사 자동화 시스템

중요한 시스템과 백업 시스템, 로깅 시스템, 소프트웨어 업데이터, 알람 생성기, 의사소통 시스템 등을 포함한 의존 시스템은 모두 감사해서 올바르게 동작하는지 확인해야 한다. 완전한 감사를 수행하면 다음과 같은 사항을 확인할 수 있다.

백업 시스템이 제대로 동작하고 있다

백업은 올바르게 생성되어야 하고 안전한 위치에 보관해야 하며 적절한 기간동안 보관해야 하고 올바른 권한을 갖춰야 한다. 데이터를 복구하고 검증하는 훈련을 정기적으로 수행하면 백업으로부터 데이터를 조회하고 사용할 수 있다는 점을 지속적으로 확인할 수 있다. 구글이 데이터 무결성을 확보하는 방법에 대한 자세한 내용은 SRE 도서의 26장을 참고하기 바란다.

(이전 장에서 설명했던) 이벤트 로그가 제대로 저장되어 있다

이 로그를 갖추면 포렌식 조사가 진행되는 동안 대응자가 이벤트를 재구성할 때 정확한 시계열 이벤트를 구축할 수 있다. 이벤트 로그는 조직의 위험 수준과 기타 다른 사항을 고려해 적절한 기간동안 보관해야 한다.

주요 취약점이 정기적으로 패치되고 있다

자동 및 수동 패치 절차를 감사하면 사람의 개입과 그로 인해 사람이 실수할 수 있는 가능성을 줄일 수 있다.

알람이 제대로 생성되고 있다

시스템은 특정한 조건을 만족할 때 알람(이메일 알람, 대시보드 업데이트, 텍스트 메시지 등)을 생성한다. 각 알람 규칙이 제대로 동작하는지 확인해야 한다. 또한 디펜던시도 고려해야 한다. 예를 들어 네트워크 장애로 인해 SMTP 서버가 오프라인이 되면 알람에는 어떤 영향을 미칠까?

채팅 클라이언트, 이메일, 컨퍼런스 콜 브릿징 시스템, 보안 IRC 같은 의사소통 도구가 제대로 동작하고 있다

의사소통 채널의 기능은 대응 팀에게는 매우 중요한 것이다. 또한 이런 도구의 장애 극복 기능을 감사하고 포스트모템을 작성할 때 필요한 메시지를 보관하고 있는지 확인해야 한다.

16.6.2 비간섭 모의의 수행

모의 훈련tabletop exercise은 문서화한 절차를 테스트하고 대응 팀의 역량을 평가할 수 있는 매우 가치있는 도구다. 이런 훈련을 통해 종단간 장애 대응에 대한 평가를 시작할 수 있으며 (실제 지진을 일으킬 수 없는 것처럼) 실질적인 테스팅이 불가능할 경우에도 유용하다. 시뮬레이션은 작은 범위부터 큰 범위까지 가능하며 보통은 비간섭적nonintrusive이다. 즉 시스템을 오프라인으로 만들지는 않으므로 프로덕션 환경을 방해하지 않는다.

SRE 도서 15장에서 설명한 '불운의 추첨'훈련과 마찬가지로 참가자에게 장애 시나리오와 거기에서 발생할 수 있는 다양한 후속 상황을 제시해서 모의 훈련을 실행할 수 있다. 참가자에게 이 시나리오에 어떻게 대응하고 어떤 절차와 프로토콜을 따를 것인지 설명하도록 한다. 이 방법으로 참가자는 자신의 의사결정 스킬을 보여주고 건설적인 피드백을 받을 수 있다. 이 훈련은 개방형이므로 다음과 같이 다양한 유형의 참가자가 참여할 수 있다.

- 상세한 교범을 따라 기능이 완전히 정지한 시스템을 복구하는 최전방 엔지니어
- 운영 팀을 도와 비즈니스 수준의 의사결정을 실행하는 시니어 리더십그룹
- 외부와의 의사소통을 조율하는 홍보 전문가
- 필요에 따른 법적 조언을 제공하고 대중을 대상으로 한 의사소통 문구의 작성을 돕는 변호사

이 모의 훈련에서 가장 중요한 점은 실제로 장애가 발행하기 전에 대응자에게 도전 과제를 부여하고 모든 이가 관련된 절차와 의사결정 과정의 연습에 참여하는 기회를 제공하는 것이다.

모의 훈련을 구현할 때 고려해야 할 주요 기능은 다음과 같다.

개연성

모의 시나리오는 개연성believability이 있어야 한다. 시나리오가 실제로 일어날 법 하면 참가자가 의구심없이 훈련을 따라할 수 있다. 예를 들어 사용자가 피싱 공격을 당해 공격자가 사용자 워크스테이션의 취약점을 악용하고 있다는 시나리오를 상정할 수 있다. 또한 실제 공격과 알려진 취약점 및 약점을 기준으로 중심점pivot point (공격자가 네트워크를 통해 이동했던 지점)을 만들 수 있다.

상세 정보

모의 시나리오를 구성하는 사람은 시나리오를 미리 연구하고 협조자facilitator는 이벤트의 상세

정보와 해당 시나리오에 대한 보편적인 대응 방식에 정통해야 한다. 모의 시나리오의 구현자는 개연성을 위해서 참가자가 실제 장애 상황에서 마주할 법한 로그 파일, 고객이나 사용자로부터의 보고, 알람 등의 결과물을 만들어둘 수 있다.

결정 지점

『끝없는 게임choose your own adventure』 동화[5]처럼 모의 훈련도 그 결과를 밝힐 수 있는 결정 지점decision point가 있어야 한다. 보통 60분짜리 모의 훈련에서는 참가자가 훈련의 결과에 영향을 미칠 수 있는 의사결정을 수행할 수 있는 결정 지점을 대략 10−20개 정도 갖춘다. 예를 들어 모의 참가자가 공격을 당한 이메일 서버를 오프라인으로 전환하기로 결정했다면 그 이후부터 참가자는 이메일 알림을 보낼 수 없다.

참가자와 협조자

모의 훈련은 최대한 대화형으로 만들어야 한다. 훈련이 시작되면 협조자는 대응자가 실행하는 행위와 명령에 대처해야 할 수도 있다. 참여자는 단순히 장애에 어떻게 대응할 것인지를 논의하는 것이 아니라 어떻게 대응할 것인지를 보여줘야 한다. 예를 들어 IR 교범에 의해 장애 대응자가 랜섬웨어 공격을 포렌식 팀원이 조사하고 네트워크 보안 팀원이 공격을 수행하는 웹사이트로부터의 트래픽을 블록할 수 있도록 에스컬레이션escalate해야 한다고 명시하고 있으면 대응자는 모의 훈련 동안 이 절차를 반드시 따라야 한다. '대응을 실행'하면 장애 대응자의 몸이 기억하게 된다. 협조자는 이미 이 시나리오에 익숙하므로 필요에 따라 대응자가 올바른 방향으로 가도록 도와줄 수 있다. 다시 말하지만 이 훈련의 목적은 참가자가 시나리오를 주도적으로 처리해 해결해 나가는 것이다.

결과

성공적인 모의 훈련은 참여자가 패배감을 느끼도록 내버려두는 것이 아니라 제대로 수행한 부분과 그렇지 못한 부분에 대해 실행 가능한 피드백을 주면서 마무리해야 한다. 참여자와 협조자는 장애 대응 팀이 개선할 수 있는 부분을 구체적으로 권장할 수 있어야 한다. 또한 적절성 여부에 따라 참여자는 자신이 찾아낸 내재적 약점을 수정하도록 시스템과 정책을

---

5 옮긴이_ 아이들을 위한 게임 도서로 독자가 책을 읽으며 주인공의 행동이나 생각을 결정하고 그에 따라 이야기의 결론이 바뀌게 되는 형태의 동화/소설

변경할 것을 권해야 한다. 참여자가 이런 권장사항을 처리하도록 하려면 구체적인 담당자와 함께 실행할 업무를 제공해주면 된다.

16.6.3 프로덕션 환경에서의 대응 테스트

모의 훈련은 여러 장애 시나리오를 시뮬레이션할 때 유용하지만 상황에 따라서는 실제 프로덕션 환경에서 장애 시나리오, 공격 요소, 취약점 등을 테스트할 필요가 있다. 이런 테스트는 IR 팀이 운영적 제한 요소를 이해하고 실제 상황의 매개변수에 대해 훈련하며 자신의 대응이 프로덕션 환경과 업타임에 어떤 영향을 미치는지 확인할 수 있으므로 보안과 신뢰성의 교집합 영역에서 수행하는 것이라고 볼 수 있다.

단일 시스템 테스팅/결함 주입

여러분은 전체 시스템의 종단간 테스트를 수행하지 않고 대규모 시스템을 개별 소프트웨어/하드웨어 컴포넌트로 구분해서 테스트할 수 있다. 테스트의 유형은 다양할 수 있으며 하나의 로컬 컴포넌트 또는 조직 전체가 하나의 컴포넌트를 사용할 수 있다. 예를 들어 악의적인 내부자가 USB 저장 장치를 워크스테이션에 연결해 중요한 콘텐츠를 다운로드한다면 어떨까? 이때 로컬 로그가 로컬 USB 포트의 동작을 추적할 수 있을까? 이 로그는 보안 팀이 신속하게 대응할 수 있을까 정기적으로 적절히 집계 및 에스컬레이션되고 있을까?

필자는 결함 주입$^{fault\ injection}$을 이용해 단일 시스템 테스팅을 수행할 것을 특히 더 권장한다. 시스템에 결함 주입을 구현하면 전체 시스템을 방해하지 않고도 목적에 맞는 테스트를 수행할 수 있다. 게다가 더 중요한 것은 결함 주입 프레임워크는 개별 팀이 디펜던시 없이 자신의 시스템을 테스트하는 것을 지원한다는 점이다. 일례로 로드 밸런싱에 자주 사용하는 오픈 소스 엔보이^{Envoy} HTTP 프록시를 생각해보자. 이 시스템은 다양한 로드 밸런싱 기능을 제공하는 것은 물론 결함 주입 HTTP 필터(https://oreil.ly/rDsp_)를 지원해서 일부 트래픽이 임의의 에러를 리턴하도록 하거나 일정 시간 동안 요청을 지연시키는 것이 가능하다. 이런 결함 주입 기능을 이용하면 여러분의 시스템이 타임아웃을 제대로 처리하는지 그리고 타임아웃이 프로덕션 환경에서 예상치 못한 동작을 유발하는지 테스트할 수 있다.

프로덕션 환경에서 이상 동작을 발견한 경우 결함 주입 프레임워크의 활용 훈련이 잘 되어 있다면 더 구조화된 조사가 가능해서 제어가능한 방법으로 프로덕션 이슈를 재현할 수 있다. 예를 들어 다음 시나리오를 생각해보자. 회사의 사용자가 특정 리소스에 접근하려할 때 인프라스트럭처는 단일 소스를 이용해 모든 인증 요청을 검사한다. 그러면 회사는 다양한 소스를 이용해 여러 인증 검사를 수행하는 시스템으로 마이그레이션해서 비슷한 정보를 얻는다. 그 결과 클라이언트가 이 기능을 호출할 때 설정한 타임아웃 시간을 초과하기 시작한다. 인증 라이브러리가 제공하는 캐싱 컴포넌트의 에러 처리 기능은 이 타임아웃을 (일시적인 장애가 아닌) 영구적인 장애로 판단하고 인프라스트럭처에 수많은 장애를 유발한다. 대응 팀은 결함 주입을 제공하는 장애 대응 프레임워크를 이용해 일부 호출에 처리 지연을 주입하면 이 동작을 쉽게 재현하고 의심스러웠던 부분을 확인한 후 이를 수정하는 코드를 개발할 수있다.

인적 자원 테스팅

여러 테스트가 시스템의 기술적 부분을 처리할 수는 있지만 테스트는 인적 장애도 고려해야 한다. 특정 개인이 연락이 안되거나 대응을 할 수 없다면 어떻게 될까? IR 팀은 절차를 따르는 사람보다는 조직에 대한 폭넓은 지식을 가진 개인에 의지하는 경우가 많다. 만일 장애에 대응하는 동안 핵심 의사결정자나 관리자에게 연락이 안 된다면 나머지 IR 팀은 어떻게 제 기능을 수행할 수 있을까?

다중 컴포넌트 테스팅

분산 시스템을 다룬다는 것은 디펜던시 시스템이나 시스템 컴포넌트 중 다수가 실패할 수 있다는 점을 의미한다. 따라서 다중 컴포넌트 장애에 대한 계획을 세우고 관련된 장애 대응 절차를 만들어야 한다. 개별적으로 테스트했던 여러 컴포넌트에 의존하는 시스템을 생각해보자. 만일 둘 혹은 그 이상의 컴포넌트가 동시에 실패한다면 장애 대응의 어느 부분에서 다른 방법으로 대처해야 할까?

사고 훈련though exercise만으로는 모든 디펜던시를 테스트할 수 없을 수도 있다. 보안 관점에서 서비스의 장애를 고려할 때는 실패 시나리오 외에도 보안에 대한 우려도 고려해야 한다. 예를 들어 장애 극복 장치가 발동하면 그 시스템은 기존의 ACL과 정상적으로 동작할까? 이 동작을 보장하려면 어떤 보호장치가 필요할까? 권한 서비스를 테스팅한다면 그 의존 시스템은 실패 시 폐쇄 방식을 채택하고 있는가? 이 주제에 대한 보다 자세한 내용은 5장을 참고하기 바란다.

시스템 전체 장애 및 장애 극복

단일 컴포넌트와 디펜던시를 테스트하는 것을 넘어 전체 시스템에 장애가 발생했을 때 어떤 일이 벌어질 지 고려하자. 예를 들어 많은 조직이 주 데이터센터와 보조 (또는 재해 복구 용) 데이터센터를 운영한다. 실제 보조 데이터센터로 장애 극복을 수행하기 전까지는 장애극복 전략이 비즈니스와 보안을 보호할 수 있는지 확신할 수 없다. 구글은 장애가 사용자에게 직접적인 영향을 미치는지 테스트하기 위해 전체 데이터센터 빌딩의 전력을 정기적으로 전환한다. 이 훈련을 통해 서비스가 특정 지역의 데이터센터 없이도 지속적으로 동작할 수 있는지는 물론 이 작업을 수행하는 기술자가 전력 중단 및 재공급 절차에 대한 훈련이 잘 되어 있는지 확인할 수 있다.

서비스가 다른 클라우드 제공자의 인프라스트럭처에서 동작하고 있다면 전체 가용성 존^{availability zone}이나 지역적인 장애가 발생했을 때 서비스가 어떤 영향을 받을지도 고려하자.

16.6.4 레드 팀 테스팅

구글은 지금까지 언급했던 테스트 외에도 **레드 팀** 훈련이라고 부르는 재해 대비 훈련을 수행한다. 레드 팀 훈련은 정보 보안 보장 조직이 수행하는 공격적인 테스트다. DiRT(16.7.2절 'DiRT로 긴급 접근 테스트하기' 참고)와 마찬가지로 이 훈련은 공격의 탐지와 대응 역량을 테스트하고 개선하며 보안 이슈의 비즈니스 영향을 보여주기 위해 실제 공격을 흉내낸다.

보통 레드 팀은 시니어 리더십그룹을 제외한 장애 대응자에게는 사전 공지를 하지 않는다. 레드 팀은 구글의 인프라스트럭처를 잘 알고 있으므로 그들의 테스트는 표준 네트워크 침투 테스트보다 훨씬 더 생산적이다. 이 훈련은 내부적으로 수행하는 것이므로 레드 팀은 (공격자가 구글 외부에 있는) 완전한 외부 공격과 (내부자 위험인) 내부 공격 사이의 균형을 맞출 수 있는 기회를 제공한다. 게다가 레드 팀 훈련은 종단간에 보안을 테스트하고 피싱과 소셜 엔지니어링을 통해 사람의 행동을 테스트하므로 보안 검토를 보완할 수도 있다. 레드 팀에 대한 보다 자세한 내용은 20.2.3절 '스페셜 팀: 블루와 레드 팀'을 참고하기 바란다.

16.6.5 대응의 평가

실제 장애와 테스트 시나리오에 대응할 때는 효율적인 피드백 루프를 만들어서 피해자가 같은 상황에 반복적으로 놓이지 않도록 해야 한다. 실제 장애의 경우는 포스트모템을 통해 특정한 실행 항목도 도출해야 한다. 마찬가지로 테스트 후에도 포스트모템과 그에 따른 실행 항목을 도출할 수도 있다. 테스트는 재미있는 경험이자 훌륭한 학습 경험이긴 하지만 철저해야 한다. 즉 테스트의 실행을 추적하는 것과 그 영향과 조직 전체의 사람이 테스트에 어떻게 대응하는지를 비판적으로 평가하는 것이 중요하다. 실제로 경험하고 배울 수 있는 환경을 구현하지 않고 훈련을 수행하는 것은 그저 놀이에 불과할 뿐이다.

장애와 테스트에 대한 조직의 대응을 평가할 때는 다음의 권장 사례를 고려하기 바란다.

- 대응을 측정하자. 평가자는 어떤 부분이 잘 동작했고 그렇지 못했는지 구분할 수 있어야 한다. 각 대응 단계를 구현하는 데 소요한 시간을 측정해서 수정해야 할 부분을 확인하자.
- 비난은 배제하고 시스템, 절차, 과정을 어떻게 개선할 것인지에만 집중하는 포스트모템을 작성하자.[6]
- 기존 계획을 개선하거나 필요에 따라 새로운 계획을 개발할 수 있도록 피드백 루프를 만들자.
- 결과물을 수집하고 이를 신호 탐지에 활용하자. 이때 발견한 모든 차이점을 처리해야 한다.
- 포렌식 분석을 수행하고 차이점을 처리할 수 있도록 적절한 로그 및 다른 관련 지표를 저장하자. 특히 보안 훈련을 할 때 더 중요하다.
- '실패한' 테스트도 평가하자. 어떤 부분이 제대로 동작했으며 어떤 부분에서 개선이 필요한가?[7]
- 20.2.3절 '스페셜 팀: 블루와 레드 팀'에서 설명하듯이 조직이 경험으로부터 배운 점을 적용할 수 있도록 색상을 이용한 팀을 구현하자. 레드 팀이 악용했던 취약점을 블루 팀이 잘 처리해서 공격자가 같은 취약점을 반복적으로 악용하지 못하는지 확인하도록 하이브리드 역할을 하는 퍼플 팀이 필요할 수도 있다. 퍼플 팀은 취약점에 대한 회귀 테스트라고 생각해도 된다.

---

6 SRE 도서 15장 참고.
7 SRE 도서 13장 참고.

16.7 구글의 사례

이번 장에서 설명했던 개념과 권장 사례를 더 구체적으로 설명하기 위해 몇 가지 실제 예시를 살펴보자.

16.7.1 글로벌에 영향을 미치는 테스트

2019년 구글은 샌프란시스코 베이 지역의 대규모 지진에 대응하는 테스트를 진행했었다. 이 시나리오에는 물리적인 공간과 그 시설, 대중 교통 인프라스트럭처, 네트워킹 컴포넌트, 유틸리티와 전력, 통신, 비즈니스 운영 그리고 임원의 의사결정에 미치는 영향을 테스트하는 컴포넌트가 포함되어 있었다. 우리의 목적은 대규모 피해와 글로벌 운영에 영향을 미치는 장애에 구글이 어떻게 대응하는지 테스트하는 것이었다. 특히 우리는 다음과 같은 사항을 테스트했다.

- 지진과 수차례의 여진이 발생했을 때 구글은 부상을 입은 개인에게 어떻게 즉시 구급 약품을 전달할 수 있을까?
- 구글이 대중을 어떻게 도울 수 있을까?
- 직원들이 구글의 리더십그룹에 이 재해 정보를 어떻게 에스컬레이션하는가? 통신에 문제가 발생했을 때 (예를 들면 휴대폰 네트워크가 다운되거나 LAN/MAN/WAN에 문제가 발생했을 때) 구글은 직원에게 어떻게 정보를 전파할까?
- 예컨대 직원이 가족과 집을 돌봐야 하는 등 그 역할 부담이 가중되면 누가 현장 대응을 할 수 있을까?
- 지나갈 수 없는 도로는 지역에 어떤 영향을 미치는가? 주요 도로가 인파로 넘쳐나면 어떤 영향이 발생할까?
- 구글 캠퍼스에 있던 직원, 계약직, 방문자에게 어떻게 도움을 제공할 것인가?
- 배관의 손상, 하수구 문제, 깨진 유리, 전력 유실, 네트워크 연결 단절 등 구글 소유 건물이 입은 피해를 어떻게 평가할 것인가?
- 해당 지역에서 피해를 입은 팀이 그 권한과 책임을 제대로 이전할 수 없을 경우 타 지역의 SRE 및 기타 엔지니어링 팀은 어떻게 시스템을 인계받을 것인가?
- 피해지역 외부의 리더십그룹이 어떻게 비즈니스 운영을 지속하고 비즈니스 관련 결정을 내리게 할 것인가?

16.7.2 DiRT로 긴급 접근 테스트하기

때로는 신뢰성과 보안 운영의 견고함을 동시에 테스트할 수 있다. 우리가 매년 시행하는 훈련

중 하나인 재해 복구 테스트 프로그램(DiRT)[8]을 통해 SRE는 유리 깨기 자격 증명[9]의 절차와 기능을 테스트한다. SRE는 표준 ACL 서비스가 다운됐을 때 기업 및 프로덕션 네트워크에 대한 긴급 접근을 확보할 수 있는가? DiRT 팀은 보안 테스팅 계층을 추구하기 위해 신호 탐지 팀과 협업한다. SRE가 유리 깨기 메커니즘을 시작하면 탐지 팀은 올바른 알람이 전파되는지 그리고 그 요청이 적법한 것인지를 확인한다.

16.7.3 업계 전반의 취약점

2018년 구글은 리눅스 커널에서 발견된 두 개의 취약점에 대해 사전에 통지를 받았다. 이 두 취약점은 프로덕션 인프라스트럭처의 상당 부분에 영향을 미치는 것이었다. 특별히 조작된 IP 단편과 TCP 세그먼트를 전달하면 SegmentSmack(CVE-2018-5390(`https://oreil.ly/MMhA7`))이나 FragmentSmack(CVE-2018-5391(`https://oreil.ly/cwl3J`))을 유발해 서버가 무거운 작업을 수행하게 된다. 공격자는 이 상당한 CPU 부하와 작업 수행 시간을 이용해 보통의 서비스 거부 공격을 훨씬 넘어서는 공격이 가능해진다. 보통 1Mpps 공격을 감당할 수 있는 서비스가 대략 50 Kpps 공격만에 장애 극복을 시도해 회복성이 20배나 줄어드는 것이다.

재해 계획과 준비 덕분에 우리는 이 위험을 기술적 측면과 사고 관리 측면 등 두 가지 측면에서 완화할 수 있었다. 사고 관리 측면에서는 발생할 재해가 너무 커서 구글은 이 문제를 전담할 사고 관리자 팀을 배정했다. 이 팀은 벤더 펌웨어 이미지를 포함해 영향을 받은 시스템을 확인하고 위험을 완화할 포괄적인 계획을 세웠다.

기술적 측면에서는 SRE가 이미 리눅스 커널에 대한 심층방어 지표를 구현해뒀다. **ksplice**라고 부르는 런타임 패치로 함수 리다이렉션 테이블을 이용해 새 커널을 재부팅하지 않아도 많은 보안 이슈를 처리할 수 있었다. 구글은 또한 커널 롤아웃 원리도 갖추고 있다. 우리는 정기적으로 새로운 커널을 전체 머신에 배포하며 이 작업은 30일 이내에 이루어진다. 또한 필요할 경우 이 표준 운영 절차의 롤아웃 속도를 향상시킬 수 있는 메커니즘도 잘 정의하고 있다.[10]

---

8 크리파 크리슈난의 기사 'Weathering the Unexpected'(`https://oreil.ly/cn_il`)와 'USENIX LISA15'에서 발표된 '10 Years of Crashing Google'(`https://oreil.ly/ZRZAI`) 참고.

9 유리 깨기 메커니즘은 엔지니어가 정책을 우회해 장애를 신속하게 해결하기 위한 것이다. 5.3.2절 '유리 깨기 메커니즘' 참고.

10 9장에서는 여러분의 조직이 장애에 신속하게 대응할 준비를 할 수 있는 추가 설계 접근법에 대해 설명하고 있다.

만일 ksplice를 이용해 취약점을 수정할 수 없었다면 신속하게 긴급 롤아웃을 수행했을 것이다. 하지만 이 경우 커널 취약점에 영향을 받은 `tcp_collapse_ofo_queue`와 `tcp_proune_ofo_queue` 함수를 커널 연결을 이용해 처리할 수 있었다. SRE는 공격자가 프로덕션 환경에 영향을 주기 전에 ksplice를 적용할 수 있었다. 롤아웃 절차는 이미 테스트 및 승인이 완료되었으므로 SRE는 신속하게 VP의 승인을 받아 코드 변경 금지를 선언하고 패치를 적용할 수 있었다.

16.8 마치며

재해 복구 테스트와 계획을 처음부터 만드는 방법을 고려 중이라면 가능한 방법이 너무 많아 부담스러울 수 있다. 하지만 이번 장에서 설명한 개념과 권장 사례는 소규모에도 적용이 가능하다.

우선은 가장 중요한 시스템이나 가장 중요한 데이터부터 정하고 여기에 영향을 줄 다양한 재해에 어떻게 대응할지를 생각하면 된다. 또한 서비스 없어 얼마나 오래 운영할 수 있는지 그리고 영향을 받는 사람의 수나 다른 시스템은 무엇인지 결정해야 한다.

중요한 부분을 위한 첫 단계를 성공적으로 구현했다면 견고한 재해 준비 전략으로 확대해 나가면 된다. 문제가 시작되는 시발점을 찾아 방지하는 기본 전략부터 필연적으로 발생할 수밖에 없는 사태에 대응하는 방법까지 만들어 나가길 바란다.

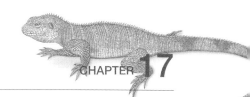

위기 관리

맷 린톤Matt Linton, 닉 소다Nick Soda, 개리 오코너Gary O'Connor

보통 시스템이 실행되면 악의적인 공격자가 조직을 공격하는 상황에서도 시스템의 운영을 계속해서 유지하길 바란다. 시스템의 신뢰성은 조직이 보안 위기를 얼마나 잘 견디는지 측정하는 것이며 신뢰성은 사용자의 행복도에 직접적인 영향을 미친다.

이번 장은 위기를 인지하는 방법부터 시작해서 사고 상황을 지휘하고 사고를 제어하기 위한 상세한 계획을 살펴본다. 이 주제는 운영상의 보안과 포렌식까지 상세히 살펴본다. 의사소통은 중요한 부분임에도 위기 관리 측면에서는 간과하는 경우가 많다. 그래서 의사소통과 관련해 피해야 할 몇 가지 위험을 살펴보고 예시와 템플릿을 제공한다. 마지막으로 예제 위기 시나리오를 통해 사고 대응 방법을 적용하는 방법을 알아본다.

사고 대응은 신뢰성과 보안 사고에 굉장히 중요하다. SRE 도서 14장과 SRE 워크북의 9장에서는 신뢰성 사고와 관련된 사고 대응 방법을 설명하고 있다. 우리도 같은 방법(구글 사고 관리(IMAG) 프레임워크)으로 보안 사고에 대응하는 방법을 살펴본다.

보안 사고는 필연적이다. '세상에는 두 가지 종류의 기업이 있다. 자신이 공격당했는지 아는 기업과 그렇지 않은 기업이다'는 업계에 널리 알려진 격언이다. 보안 사고의 결과는 조직이 얼마나 잘 준비되어 있는지 그리고 얼마나 잘 대응하는가에 따라 다르다. 성숙한 보안 체계를 갖추

17장 위기 관리 477

려면 여러분의 조직은 이전 장에서 설명했던 사고 대응(IR) 역량을 도입하고 훈련해야 한다.

IR 팀은 인증받지 않은 사용자가 시스템에 접근하지 못하게 하고 데이터를 올바른 곳에 보관하도록 하는, 비교적 익숙한 업무를 수행하지만, 요즘에는 새롭고 더 어려운 과제를 수행해야 한다. 보안 업계가 투명성[1]을 강조하는 방향으로 나아가고 있는데다 사용자와의 개방성 향상에 대한 수요가 발생하면서 이에 대한 기대치는 대중의 관심을 받지 않고 운영하는 데 익숙한 IR 팀에게 특별한 과제가 되고 있다. 게다가 EU의 일반 데이터 보호 규제General Data Protection Regulation (GDPR)(`https://eugdpr.org`)같은 규제와 보안에 밝은 고객과의 서비스 계약은 점점 더 사고를 빨리 조사하고 진행해서 완료하도록 팀을 압박하고 있다. 요즘은 고객이 최초 탐지 후 24시간 안에(혹은 그보다 빨리) 잠재적인 보안 문제에 대한 통지notification를 받게 해달라는 요청은 더 이상 무리한 요구가 아니다.

사고 통지는 쉽고 보편적인 클라우드 컴퓨팅의 사용, 업무에 '자신의 장치를 사용하는' 정책의 폭넓은 도입, 사물 인터넷(IoT) 같은 기술적 혜택과 더불어 보안 도메인의 핵심 기능이 되어가고 있다. 이런 혜택은 IT와 보안 직원에게 있어서는 새로운 종류의 과제다. 예컨대 조직의 자산에 대한 제어와 가시성이 제한되는 것이다.

17.1 위기일까 아닐까?

모든 사고를 위기로 치부할 순 없다. 사실 조직이 잘 정비되어 있다면 위기로 이어지는 사고의 수는 상대적으로 적다. 에스컬레이션이 일어나면 에스컬레이션을 결정하기 위한 대응자의 첫 작업은 **분류**triage다. 즉 가용한 지식과 정보를 총동원해 사고의 심각성과 잠재적 결과에 대해 교육적이며 정보에 입각한 가설을 세우는 작업이다.

분류는 긴급 의료 커뮤니티가 잘하고 있는 스킬이다. 교통 사고 현장에 도착한 긴급 의료 기술자emergency medical technician (EMT)는 가장 먼저 현장의 누군가가 더 큰 부상을 입을 수 있는 즉각적인 위험이 없는지부터 확인한 후 분류를 수행한다. 예를 들어 버스와 자동차가 충돌한 경우 이미 논리적으로 가용한 정보가 몇 가지 있다. 먼저 자동차가 훨씬 무거운 버스와 충돌해서 자동차의 손상이 심각할 것이므로 자동차 안의 사람들은 심각한 부상을 입었을 것이다. 버스에는

---

1 일례로 구글 투명성 보고서(Google Transparency Report)(`https://oreil.ly/vQNR3`)

더 많은 승객이 탑승 중이었으므로 여러 승객이 부상을 입었을 것이다. 보통 버스나 자동차에는 유독물질이 없으므로 위험한 화학 작용이 일어날 가능성은 낮다. EMT는 도착 후 1분 안에 앰뷸런스를 불러야 할지, 중환자 실에 알람을 보내야 할지, 소방부서에 연락해서 크기가 더 작은 자동차에 갇힌 탑승자를 구출해야 할지 등을 알 수 있다. 위험물 처리반의 도움은 굳이 필요 없을 것이다.

여러분의 보안 대응 팀은 사고가 발생했을 때 같은 방법으로 분류를 수행해야 한다. 즉 가장 먼저 공격의 잠재적인 심각성을 예상해야 한다.

17.1.1 사고의 분류

사고를 분류할 때 조사를 수행하는 엔지니어는 다음 중 어떤 사고로 보고할 것인지 결정하기 위한 기본적인 사실을 반드시 수집해야 한다.

- 에러 (예를 들면 위정)
- 쉽게 수정할 수 있는 문제 (기회를 틈탄 공격 등)
- (목표로 지정하고 공격하는 등) 복잡하며 잠재적으로 피해를 유발할 수 있는 문제

엔지니어는 사전에 준비한 절차를 통해 예측 가능한 문제나 버그 및 기타 바로 알 수 있는 이슈를 분류할 수 있어야 한다. 목표를 지정한 공격 같은 크고 복잡한 이슈라면 훨씬 조직화되고 체계적인 대응이 필요하다.

모든 팀은 사고가 어떻게 발현되었는지 파악하는 데 도움이 되도록 사전에 계획된 조건을 갖추고 있어야 한다. 이상적이라면 사고가 발생하기 전에 어떤 위험이 심각하며 어떤 위험은 수용할 수 있는지를 미리 정해둬야 한다. 사고에 대한 대응은 사고가 발생한 환경의 종류, 사고를 방지하기 위한 조직의 제어 장치의 상태 그리고 대응 프로그램의 세련됨에 따라 달라질 것이다. 세 개의 서로 다른 조직이 같은 랜섬웨어 공격에 어떻게 대응하는지 살펴보자.

- **조직 1**은 성숙한 보안 절차와 암호학적으로 서명하고 승인을 받은 소프트웨어만 실행하는 제한을 포함한 계층적 방어 체계를 갖추고 있다. 이런 환경이라면 알려진 랜섬웨어가 머신을 감염시키거나 네트워크를 통해 전파될 수 있는 가능성이 매우 낮다. 만일 이런 일이 일어나면 탐지 시스템이 알람을 발생하고 누군가 조사를 시작할 것이다. 성숙한 절차와 계층적 방어 체계 덕분에 한 명의 엔지니어가 이슈를 처리할 수 있다. 이미 시도된 멀웨어 실행 외에 또다른 의심스러운 행위가 없는지 확인하고 표준 절차를 이용해 이슈를 해결할 수 있다. 이 시나리오는 위기 대응 형태의 사고 대응이 필요치 않다.

- **조직 2**는 클라우드 환경에서 고객에게 데모를 제공하는 세일즈 부서가 있다. 이 데모 환경에서는 고객이 조직의 소프트웨어를 설치하고 테스트 인스턴스를 관리하는 방법을 배울 수 있다. 어느 날 보안 팀은 이 환경의 사용자가 시스템에 침입을 유발할 수 있는 보안 설정상의 실수를 저지르는 경향이 있다는 점을 알아챘다. 이렇게 데모 환경을 통해서 침입을 예상할 수 있으므로 사람이 직접 개입해 해결하지 않아도 보안 팀은 침입이 발생한 클라우드상의 테스트 인스턴스를 자동으로 삭제하고 교체하는 메커니즘을 도입할 수 있다. 이 경우 랜섬웨어 공격이 발생했을 때 포렌식 조사나 사고 대응 팀이 필요하진 않다. 조직 2는 (조직 1처럼) 랜섬웨어의 실행을 막지는 못했지만 자동화된 완화 도구로 위험을 처리할 수 있었다.
- **조직 3**은 더 적은 수의 방어 계층을 갖추고 있으며 시스템에 침입이 발생했는지 확인할 수 있는 역량이 제한적이다. 이 조직은 랜섬웨어가 네트워크를 통해 전파되는 위험이 훨씬 크며 신속한 대응이 불가능할 수도 있다. 이런 경우 비즈니스에 중요한 시스템의 상당수가 랜섬웨어의 전파에 영향을 받으며 조직에 심각한 영향을 미치고 상당한 기술 자원을 투입해 감염된 네트워크와 시스템을 재구성해야 한다. 이 경우 랜섬웨어는 조직 3에게는 심각한 위험이다.

이 세 조직은 모두 (랜섬웨어 공격이라는) 같은 위험에 대응하고 있지만 계층 방어 체계와 절차의 성숙도 수준에 차이가 있어 잠재적인 심각성과 공격의 영향이 다르게 나타나고 있다. 조직 1은 간단히 교범에 기반한 대응이 가능한 반면 조직 3은 적절한 사고 관리가 필요한 위기에 직면할 수도 있다. 사고가 조직에 심각한 위험이 될 가능성이 높아지면 다수의 참여자가 조직적으로 대응해야 하는 가능성도 높아진다.

여러분의 팀은 에스컬레이션에 교범 위주의 표준 절차나 위험 관리 절차가 필요한지 여부를 결정할 수 있는 기본적인 평가를 수행할 수 있다. 스스로에게 다음과 같은 질문을 던져보자.

- 여러분이 보유한 데이터 중 시스템상의 누군가가 접근할 수 있는 데이터가 있는가? 그 데이터의 가치나 심각성은 어떤가?
- 잠재적으로 손상된 시스템이 다른 시스템에 가질 수 있는 신뢰 관계가 있는가?
- 공격자가 자신의 발판을 이용하기 위해 침투해야 하는(그리고 손상되지 않은 것처럼 보이게 해야 하는) 보상 제어 시스템이 있는가?
- 공격이 상업적 기회를 엿보는 멀웨어(예를 들면 애드웨어adware)로 보이는가 아니면 더 진보된 혹은 목표를 가진 것(예를 들면 여러분의 조직에 침입할 목적으로 만들어 진 피싱 캠페인)으로 보이는가?

여러분의 조직과 관련된 모든 요소를 생각해보고 발생할 가능성이 가장 높은 조직적 위험을 결정하기 바란다.

17.1.2 손상과 버그의 비교

IR 팀은 오랜 시간 동안 의심스러운 침입과 손상에 대응하는 업무를 해왔다. 하지만 보안 취약점 같은 소프트웨어와 하드웨어 버그는 어떨까? 시스템에서 새로 발견된 보안 취약점을 아직 발견되지 않은 손상으로 취급하는가?

소프트웨어 버그는 필연적이며 (8장에서 설명한 것처럼) 버그에 대한 계획을 세울 수 있다. 방어적 훈련이 잘 되어 있으면 취약점이 문제를 일으키기 전에 잠재적인 부정적 결과를 제거하거나 제한할 수 있다.[2] 계획을 제대로 세우고 보안 계층을 포함한 심층방어을 구현했다면 사고를 처리하는 것과 같은 방식으로 취약점을 처리할 필요가 없다. 그렇다 하더라도 복잡하거나 영향도가 높은 취약점은 여러분이 신속하고 체계적으로 대응할 수 있는 사고 대응 절차를 이용해 관리하는 것이 더 적절할 수도 있다.

구글에서는 보통 취약점도 심각한 위험을 초래할 수 있는 사고로 취급한다. 설령 버그가 당장 발현되지 않았더라도 특별히 심각한 버그는 엄청난 위험이 될 수 있다. 만일 여러분이 아직 외부에 공개(이런 노력은 **조직화된 취약점 공개**coordinated vulnerability disclosure 또는 CVD라고 한다)되지 않은 취약점을 수정하는 작업에 합류했다면 운영 보안 및 기밀 유지 문제에 대한 대응이 강화될 수 있다. 그렇지 않고 대중에 공개된 이후에 시스템의 패치를 서두르고 있다면 복잡한 내부 디펜던시를 가진 시스템을 패치하는 것을 서둘러야 하며 수정사항을 배포하기가 어렵고 시간이 많이 소요될 수 있다.

특히 더 위험했던 취약점의 예로는 스펙트라Spectre와 멜트다운Meltdown(CVE-2017-5715와 5753), glibc(CVE-2015-0235), 무대공포증stagefright(CVE-2015-1538), 셸쇼크(CVE-2014-6271), 하트블리드(CVE-2014-0160) 등이 있다.

조직화된 취약점 공개

CVD는 다양한 의미로 해석되고 있다. 새로운 ISO 표준 29147:2018(https://oreil.ly/GBGam)은 이에 대한 가이드라인을 제시한다. 구글에서는 CVD를 벤더가 보안 패치를 내보내는 데 걸리는 시간과 버그를 발견하거나 보고한 사람의 필요와 수요 그리고 기반 사용자와 고객 수요 간의 신중한 균형을 유지하기 위해 팀이 지켜야 할 절차로 정의한다.

---

2 구글의 설계 검토 중 한 엔지니어가 '세상에는 고스트스크립트를 샌드박스화하는 개발자와 샌드박스화된 고스트스크립트를 사용해야 하는 개발자 등 두 부류의 개발자가 있다.'라고 말했다.

17.2 사고 조치 지휘하기

지금까지는 분류와 위험 평가를 위한 절차를 살펴봤다. 이후의 세 개 절에서는 뭔가 '큰 일'이 일어난 상황을 가정한다. 즉 여러분이 공격의 목표가 되었음을 인지했거나 의심하는 상황에서 완벽한 사고 대응을 수행해야 할 상황을 가정한다.

17.2.1 당황하지 말것

심각한 사고가 에스컬레이션되면 많은 대응자가 당혹감과 아드레날린의 과다분비를 경험한다. 화재와 구조, 의료 분야의 응급 구조대는 기본적인 훈련 과정에서 응급 상황에서 뛰지 말라는 훈련을 받는다. 달리는 행위는 현장에서 사고의 가능성을 높여 문제를 악화시킬 뿐만 아니라 대응자와 대중에게 공포감을 심어주기 때문이다. 마찬가지로 보안 사고가 발생했을 때 서두르면 몇 초를 벌 수는 있겠지만 초기 계획이 실패하면 오히려 잃는 것이 더 많다.

구글의 SRE와 보안 팀은 유사한 사고 관리를 수행하지만 보안 사고와 서비스 중단 같은 신뢰성 사고에 위기 관리 대응을 시작하는 방법에는 차이가 있다. 서비스 중단이 발생하면 긴급 대기 SRE는 자신이 수행할 단계를 준비한다. 긴급 대기 SRE의 목표는 에러를 신속하게 찾아내 수정하고 시스템을 정상 상태로 되돌리는 것이다. 여기서 가장 중요한 것은 SRE가 시스템상에서 수정사항을 반영할 때 방해가 없다는 점이다.

반면 공격자가 시스템을 손상시킨 경우 공격자는 해당 조직의 대응을 주시하고 대응자가 문제를 해결하려는 노력을 무효화하려는 작업을 수행하고 있을 수도 있다. 전수 조사를 먼저 완료하지 않고 시스템을 수정하려는 시도는 치명적일 수 있다. 보통 SRE의 작업은 이런 위험이 없으므로 SRE의 일반적인 대응은 먼저 시스템을 수정한 후 실패로부터 배운 내용을 문서화하는 것이다. 예를 들어 엔지니어가 프로덕션 환경에 문제를 유발한 변경 목록^{change list}(CL)을 적용했다면 SRE는 곧바로 그 CL을 복구해서 문제를 해결할 것이다. 일단 문제가 해결되면 SRE는 그제서야 어떤 일이 벌어졌는지 조사를 시작한다. 하지만 보안 대응은 팀이 뭔가를 수정하기 전에 어떤 일이 벌어졌는지 먼저 조사를 완수해야 한다.

보안 사고 대응자로서 여러분이 취해야 할 첫 번째 작업은 여러분의 감정을 조절하는 것이다. 처음 5분간은 심호흡을 하고 공포심을 유발하는 모든 감정을 가라앉히고 계획을 세워야 한다고 스스로에게 상기한 후 다음 단계에 대해 고민하기 시작하자. 곧바로 뭔가 해야 할 것 같은 느낌이 강하게 들겠지만 실질적으로 포스트모템을 살펴보면 대응자가 5분 일찍 대응했다고 해서 더 효율적인 결과를 가져온 적은 거의 없다. 오히려 사전에 계획을 세우는 것이 훨씬 더 도움이 된다.

17.2.2 대응하기

구글에서는 일단 엔지니어가 이슈를 사고라고 판단하면 표준 절차를 따른다. 구글 사고 관리라고 부르는 이 절차는 SRE 도서 9장에서 우리가 이 절차를 적용했던 서비스 중단 및 사고에 대한 사례 연구와 함께 잘 설명하고 있다. 이번 절에서는 IMAG 프레임워크를 이용해 보안 손상을 관리하는 방법을 설명한다.

먼저 다시 한번 상기하자. 이전 장에서 설명했듯이 IMAG은 전 세계의 화재, 구조 및 경찰 기관이 사용하는 사고 지휘 시스템(ICS)(https://oreil.ly/4cLxY)이라고 부르는 보편적인 절차에 기반한다. ICS처럼 IMAG도 작은 사고를 충분히 관리할 수 있는 가볍고 유연한 대응 프레임워크지만 더 크고 폭넓은 이슈도 관리할 수 있도록 확장할 수도 있다. IMAG 프로그램은 사고 처리의 세 가지 핵심 분야, 즉 지휘, 제어, 의사소통 분야에서의 성공을 극대화하기 위해 형식화된 절차들로 구성되어 있다.

사고를 관리하는 첫 번째 단계는 **지휘** 체계를 갖추는 것이다. IMAG에서는 '우리 팀은 X 상황과 관련된 사고를 선언하며 내가 사고 책임자incident commander(IC)다' 라고 선언하는 것으로 지휘 체계를 갖춘다. '지금은 사고 상황이다'라고 명확히 선언하는 것은 너무 단순하고 불필요한 것처럼 보이겠지만 오해를 피하기 위해 명확하게 설명하는 것은 지휘 및 의사소통 모두의 핵심 원리다. 선언과 함께 사고 처리를 시작하는 것은 모든 사람의 기대치를 맞추는 첫 번째 단계이다. 사고는 복잡하고 드문 상황이며 높은 긴장 상태를 유발하고 빠른 속도로 발생한다. 그래서 집중할 필요가 있다. 임원은 사고 조치가 완료되기 전까지 팀이 보편적인 절차를 무시하거나 우회할 수 있다는 것에 대한 보고를 받아야 한다.

대응자가 지휘 체계를 갖추고 IC가 되었다면 사고 대응을 **통제**control하는 역할을 하게 된다. IC는 위기로 인한 혼란과 불확실성 때문에 팀이 갈팡질팡하지 않도록 대응 방향을 결정하고 항시 사람들이 특정한 목적을 위해 움직이도록 유도한다. IC가 조율을 잘 하려면 IC와 리드가 대응에 참여하는 모든 사람이 최상의 **의사소통**이 가능하도록 유지해야 한다.

구글은 IMAG을 모든 종류의 사고를 위한 다목적 대응 프레임워크로 사용하고 있다. 모든 긴급 대기 엔지니어는 (이상적으로) 같은 기본 훈련을 받고 그 기술을 대규모 환경에 적용하고 전문적으로 대응을 관리하는 방법을 배운다. SRE와 보안 팀은 주목하는 부분이 서로 다르긴 하지만 같은 대응 프레임워크를 사용하면 궁극적으로 두 그룹 모두 프레임워크에 익숙하지 않은 팀과 협업하면서 어려움을 겪는 상황에서도 원활하게 협업할 수 있다.

17.2.3 사고 팀의 구성

IMAG 모델에서는 일단 사고를 선언하면 그 사람이 사고 책임자(IC)가 되거나 다른 사람 중에서 IC를 선택한다. 어떤 방법을 택하든 대응자 간의 오해를 피하기 위해 누가 사고 책임자인지 명확하게 전파해야 한다. IC가 된 사람 또한 자신이 그 역할을 수행하게 되었음을 명확하게 인정해야 한다.

다음으로 IC는 즉시 수행해야 할 작업과 그 역할을 수행할 사람을 판단해야 한다. 대부분의 경우 조사를 수행할 수 있는 숙련된 엔지니어가 필요할 것이다. 대규모 조직은 보안 전담 팀을 보유하고 있을 수 있으며 그보다 더 큰 조직은 아예 전담 사고 대응 팀이 있을 수도 있다. 작은 규모의 조직은 보안 전담 요원 한 명이나 다른 운영 업무를 담당하면서 보안 관련 업무도 잠깐씩 처리하는 사람이 있을 것이다.

조직의 규모와는 별개로 IC는 잠재적이라도 시스템을 잘 아는 직원을 찾아 그 사람을 사고 대응 팀으로 지정해야 한다. 사고의 규모가 더 커져서 더 많은 인력이 필요해지면 조사를 부분적으로 이끌기 위해 리더 몇 명을 선출하는 것도 도움이 된다. 거의 모든 사고의 처리에는 IC의 전략적 상대이자 파트너인 **운영 리드**operations lead(OL)가 필요하다. IC는 사고 대응을 진행하는 데 필요한 전략적 목표를 설정하는 데 집중한다면 OL은 이 목표를 달성하는 것에 집중하며 어떻게 목표를 이룰 것인지를 결정하는 역할을 한다. 조사를 수행하고 시스템을 수정하는 대부분의 기술직 인력은 OL에게 자신의 상황을 보고해야 한다.

그 외에 필요할 수도 있는 리드 역할은 다음과 같다.

관리 담당자

여러분은 어려운 결정을 내릴 누군가가 필요할 것이다. 매출을 발생시키는 서비스를 꺼야 한다면 조직의 누가 그 결정을 내릴 수 있겠는가? 누가 직원을 집에 보내거나 또는 다른 엔지니어의 자격 증명을 폐기하는 결정을 할 수 있는가?

법무 리드

사고를 처리하다 보면 법적인 문제에 봉착할 수 있다. 여러분의 직원은 개인 정보 보호에 힘쓰고 있는가? 예를 들어 누군가 웹브라우저를 이용해 멀웨어를 다운로드했다고 생각한다면 그들의 브라우저 기록을 살펴보기 위한 추가 권한이 필요한가? 만일 그 사람이 개인 브라우저 프로필을 이용해 멀웨어를 다운로드했다고 생각된다면 어떻게 해야 할까?

의사소통 리드

사고의 본질에 따라 고객이나 규제 기관과의 의사소통이 필요할 수도 있다. 전문 의사소통 스킬을 갖춘 사람이 있으면 대응 팀에 큰 도움이 될 것이다.

17.2.4 더 알아보기: 운영 보안

위기 관리 관점에서 **운영 보안**(OpSec)은 대응 활동에 대한 비밀을 유지하는 것을 의미한다. 침입으로 의심되는 상황에 대처하고 있거나 내부자가 조사 과정을 악용하거나 혹은 공개됐을 때 광범위한 공격이 예상되는 위험한 취약점을 발견한다면 적어도 일정 시간은 비밀로 해야 할 정보를 보유하고 있는 셈이다. 우리는 긴박한 순간이 아니라 (사고가 발생하기 전에) OpSec 계획을 오늘 당장 수립하기를 강력히 권한다. 비밀은 한 번 잃으면 다시 얻기 힘들다.

IC는 기밀성을 설정하고 소통하며 따르는 것과 관련된 규칙의 준수를 최종적으로 책임진다. 조사에 합류한 모든 팀원은 이에 대한 브리핑을 받아야 한다. 데이터의 처리 방법이나 어떤 의사소통 채널을 사용해야 하는지에 대한 규칙을 규정할 수도 있다. 예컨대 이메일 서버에 침입이 발생했다면 공격자가 이메일을 볼 수 있으므로 직원들이 서로에게 이메일을 보내지 못하도록 할 수 있다.

구글은 IC가 개별 사고 대응 팀원에 대한 가이드라인을 문서화할 것을 권하고 있다. 각 팀원은 사고 관련 업무를 시작하기 전에 이 가이드라인을 검토하고 승인해야 한다. 관련자와 기밀성 규칙에 대해 명확하게 의사소통하지 않으면 정보가 유출되거나 너무 일찍 공개될 위험이 있다.

제대로 된 OpSec 계획은 대응 활동을 공격자로부터 보호하는 것 외에도 조직을 더 노출하지 않고 대응을 진행하는 방법을 설명한다. 공격자가 직원의 계정 중 하나를 탈취해서 서버의 메모리로부터 패스워드를 훔치려 한다고 가정해보자. 이 공격자는 시스템 관리자가 관리하는 머신에 관리자 자격 증명으로 로그인하면 매우 즐거울 것이다. 이런 일 없이 데이터와 머신에 접근할 수 있는 방법을 미리 계획해두기를 바란다. 한 가지 방법은 원격 포렌식 에이전트를 미리 모든 시스템에 배포해두는 것이다. 이 소프트웨어 패키지는 회사로부터 승인을 받은 대응자가 시스템에 로그인하느라 계정을 위험에 빠뜨리는 일 없이 대응자의 접근 경로를 관리해준다.

공격자가 자신이 들킨 것을 알게되면 더욱 위험해진다. 목적이 분명한 공격자는 여러분의 조사 범위를 벗어나고자 더 조용히 움직일 것이다. 이로 인해 공격자의 침입에 대해 이해할 수 있는 중요한 부분을 잃고 공격자의 발자취를 놓칠 수 있다. 그리고 공격자가 자신의 목적을 달성해서 더 이상 숨을 필요가 없다면 여러분이 공격을 인지했을 때 도망칠 시간을 벌기 위해 여러분의 조직을 최대한 망가뜨릴 것이다.

OpSec 조직이 범하기 쉬운 실수로는 다음과 같은 것들이 있다.

- 사고에 대한 정보 교환이나 문서화에 (이메일 같은) 중간 매체를 이용하는 행위. 그러면 공격자가 대응 활동을 모니터링할 수 있게 된다.
- 손상된 서버에 로그인 하는 행위. 그러면 공격자가 유용한 인증 자격 증명을 얻게 될 수 있다.
- 공격자가 '탈취한' 서버에 연결해 사용하는 행위. 예를 들어 조사에 사용하는 머신에서 공격자의 멀웨어를 다운받아 사용하려고 하면 안 된다. 그런 행위는 공격자의 로그에 이상 행위로 감지되어 조사가 진행 중임을 알게 된다. 또한 공격자의 머신에 대한 포트 스캔이나 도메인 조회도 수행해서는 안 된다(경험이 풍부한 대응자도 이런 실수를 곧잘 저지르곤 한다).
- 조사가 완료되기 전에 영향을 받은 사용자의 계정을 잠그거나 비밀번호를 변경하는 행위.
- 공격의 범위를 완전히 이해하기 전에 시스템을 오프라인화하는 행위
- 공격자가 탈취했을지도 모를 자격 증명을 분석용 워크스테이션에서 허용하는 행위.

OpSec 대응에 다음의 권장 사례를 고려하기 바란다.

- 회의와 논의는 가능하면 직접 만나 진행한다. 채팅이나 이메일을 사용해야 하면 새 머신과 인프라스트럭처를 사용하도록 하자. 예를 들어 조직이 침입의 규모를 가늠할 수 없는 경우라면 임시로 클라우드 기반 환경을 구축하고 보통 사용하던 것과는 다른 머신(예를 들면 크롬북Chromebook)을 배포해서 대응자가 의사소통에 사용하게 한다. 이상적인 경우라면 이 전략은 공격자의 시야에서 벗어나 채팅, 문서, 의사소통을 진행할 수 있는 깨끗한 환경을 제공한다.
- 가능하다면 여러분의 머신이 원격 에이전트나 키 기반 접근 방식을 사용하도록 한다. 그러면 로그인 정

보를 노출하지 않고도 증거를 수집할 수 있다.

- 다른 사람에게 도움을 요청할 때는 기밀성에 대해 구체적이고 명확하게 언급해야 한다. 미리 말해주기 전에는 특정 정보의 기밀성을 유지해야 한다는 사실을 다른 사람은 모르고 있을 수 있다.
- 조사 단계마다 눈치 빠른 공격자가 여러분의 행동을 예상했을 때의 결과를 고려하자. 예를 들어 윈도우 서버를 탈취한 공격자가 그룹 정책을 급하게 보완하는 행위를 알아채고 자신이 발각됐음을 알게 될 수 있다.

도구가 도움이 될 때

현대의 의사소통 및 협업 도구(예를 들면 이메일 및 채팅 클라이언트 또는 협업이 가능한 문서 편집기 등)는 인터넷 콘텐츠처럼 보이는 패턴을 탐지해 링크를 자동으로 생성하는 기능을 이용해 도움이 된다. 일부 도구는 심지어 이 원격 링크에 연결해 찾아낸 콘텐츠를 캐싱해서 필요할 때 더 빠르게 보여주는 기능까지 제공한다. 예를 들어 스프레드시트나 이메일 또는 채팅 창에 'example.com'을 입력하면 별다른 동작을 하지 않아도 그 사이트의 콘텐츠까지 다운로드한다.

분명 이런 동작은 도움이 되지만 여러분이 공격자에 대한 데이터를 수집하는 동안 적절한 운영 보안을 연습하려 한다면 이런 도구는 공격자의 인프라스트럭처와 자동으로 통신하면서 여러분을 배신할 것이다. 심지어 쉽게 확인도 가능하다.

만일 여러 분석가가 자동으로 콘텐츠를 가져오는 비공개 채팅 포럼에서 정보를 공유한다면 다음과 유사한 로그가 공격자의 로그에 기록될 것이다.

```
10.20.38.156 - - [03/Aug/2019:11:30:40 -0700] "GET /malware_c2.gif HTTP/
    1.1" 206 36277 "-" "Chatbot-LinkExpanding 1.0"
```

공격자가 이 로그에 주의를 기울이고 있다면 여러분이 공격자의 malware_c2.gif 파일을 발견했다는 것을 쉽게 눈치챌 것이다.

설령 사고를 조사하는 경우가 아니더라도 여러분이 사용 중인 도구가 자동 완성에 이용하지 않는 방식으로 도메인과 기타 다른 네트워크 기반 지표를 적어두는 습관을 갖자. 예컨데 example.com을 example[dot]com처럼 기록하는 방법을 익히면 조사 과정에서 실수를 할 가능성이 훨씬 적어질 것이다.

17.2.5 제대로 된 OpSec으로 더 나은 결과 얻기

여러분이 사고에 어떻게 대응하고 있는지를 숨겨야 한다는 것은 보편적인 사실이지만 한 가지 확실한 예외가 있다. 여러분이 명확하게 식별할 수 있는 위험이 임박한 경우다. 시스템 손상이 너무 심각해서 중요한 데이터, 시스템 또는 심지어 생명이 위험에 처할 수 있다고 의심된다면 극단적인 조치도 정당화 될 수 있다. 취약점이나 버그도 사고처럼 관리하는 경우, 버그가 악용하기가 쉽고 널리 알려진(예를 들면 셸쇼크[3]처럼) 것이라면 차라리 전체 시스템을 끄거나 비활성화하는 것이 시스템을 보호하는 가장 좋은 방법이 될 것이다. 물론 그렇게 하면 공격자와 다른 사람들이 뭔가 잘못됐음을 명확히 알게 된다.

보안과 신뢰성 절충: 임박한 위험

장기적인 보안 및 신뢰성 목표를 달성하기 위해서는 제품의 다운타임과 사용자의 분노를 감수해야 할 수도 있다. 2019년 초 애플은 쉽게 악용할 수 있는 페이스타임의 개인 정보 관련 버그에 대응한 적이 있다. 당시 애플은 수정사항을 배포하기 전까지 페이스타임 서버에 대한 모든 접근을 차단했었다. 보안 업계는 인기있는 서비스라도 문제 해결을 위해 하루 종일 중단한 방법을 올바른 선택으로 보고 있다. 이 경우 애플은 서비스 가용성을 보장하는 것보다 쉽게 악용할 수 있는 문제로부터 사용자를 보호하는 방법을 택한 것이다.

이런 종류의 큰 결정과 조직의 절충은 (예를 들어 참사를 막기 위해 전력망 제어 시스템을 셧다운 하는 등의) 정말 위험한 상황이 아닌 이상 사고 책임자가 혼자 결정하는 경우는 거의 없다. 대부분 조직의 임원이 최종 결정을 내린다. 하지만 IC는 이런 의사결정에 대해 논쟁이 붙은 상황에서 IC의 조언과 보안 관련 전문 지식이 매우 중대한 상황일 경우 함께 의사결정에 참여한다. 결국 위기 상황에서 조직이 내리는 의사결정은 거의 대부분 **올바른** 결정을 내리기 위한 것이 아니라 차선책 중에서 **가장 적절한** 선택을 위한 것이다.

---

3 셸쇼크(https://oreil.ly/8eDCJ) 버그는 원격에서 너무 간단하게 악용할 수 있어서 버그의 발생 후 며칠이 지났을 때는 수백만 대의 서버가 이미 공격을 당했다.

17.2.6 더 알아보기: 조사의 과정

보안과 관련된 손상을 조사하다 보면 공격자가 공격을 수행한 과정을 그대로 되짚어보는 과정을 거치게 된다. 이상적이라면 (해당 역할을 부여받은 엔지니어로 구성된) IR 팀은 여러 작업 간에 긴밀한 협력을 유지하려 할 것이다.[4] 이 협력은 조직 내에서 영향을 받은 모든 부분을 파악하고 어떤 일이 발생했는지 최대한 많이 알아내는 것에 초점을 맞춘다.

디지털 포렌식digital forensic은 공격자가 장비를 공격하기 위해 수행했던 모든 행위를 찾아내는 과정을 의미한다. 포렌식 분석가(포렌식을 수행하는 엔지니어. 이상적으로는 특별한 훈련과 경험을 두루 갖춘 엔지니어여야 한다)는 사용 가능한 로그를 포함한 시스템의 모든 부분을 분석해서 어떤 일이 발생했는지 판단한다. 이 분석가는 다음 조사 과정의 일부 또는 전부를 수행한다.

포렌식 이미징

손상된 시스템에 연결되어 있던 모든 데이터 스토리지 장치에 대한 안전한 읽기 전용 복사본(과 체크섬)을 만든다. 이렇게하면 실수로 원래 디스크를 덮어쓰거나 손상시키는 일 없이 복사본을 만드는 바로 그 시점의 상태를 가진 데이터를 보유할 수 있다. 법원은 원래 디스크에 대한 포렌식용 이미지를 증거로 제출할 것을 종종 요구하기도 한다.

메모리 이미징

시스템 메모리의 복사본을 만든다(또는 경우에 따라 실행 중인 바이너리의 메모리에 대한 복사본을 만들기도 한다). 메모리는 프로세스 트리, 실행 중이던 실행 파일, 심지어 공격자가 암호화한 파일의 비밀번호 같이 조사에 유용한 여러 가지 디지털 증거를 갖추고 있다.

파일 조작

여러분이 특정한 형식의 파일, 특히 공격자가 삭제하려했던 로그 같이 삭제된 파일을 복구할 수 있는지 확인하기 위해 디스크의 내용을 추출한다. 일부 운영체제는 파일을 삭제할 때 파일의 콘텐츠까지 삭제하지는 않는다. 대신 파일이름의 링크를 제거하고 나중에 사용하기 위해 디스크 공간이 비어있는 것으로 표시만 한다. 그래서 공격자가 삭제하려고 했던 데이터의 복구가 가능할 수도 있다.

---

4 이 긴밀한 협력을 위해서는 작업 단계 간에 지연을 최소화해야 한다. 지연이 발생하면 다른 이가 맡은 일을 마칠 때까지 기다려야 하므로 누구도 자신의 업무를 수행할 수 없다.

로그 분석

시스템상에 있거나 기타 다른 곳의 로그에 나타난 시스템 관련 이벤트를 조사한다. 네트워크 로그를 보면 언제 누가 시스템에 접근했는지 알 수 있다. 다른 서버와 데스크톱의 로그에서도 기타 다른 활동 내역을 발견할 수 있을 것이다.

멀웨어 분석

공격자가 사용했던 도구를 분석해서 어떤 도구이며 어떤 작업이 가능한지 그리고 해당 도구로 어떤 시스템에 연결했는지 등을 알아낸다. 이 분석을 통해 얻은 데이터는 포렌식과 탐지 업무를 수행하는 팀이 시스템의 잠재적인 손상에 대한 보다 나은 통찰을 얻는 데 사용할 수도 있다.

디지털 포렌식에서는 이벤트 간의 관계가 이벤트 자체만큼이나 중요하다.

포렌식 분석가의 업무 중 상당 부분은 **포렌식 타임라인**^{forensic timeline}[5]을 구현하고자 하는 목표를 이루기 위한 결과물을 얻는 것이다.

사례: 이메일 공격

익명의 공격자가 개발자에게 악성 파일을 가진 이메일을 보냈는데 개발자가 아무 의심없이 파일을 열어보는 바람에 성공적으로 그 개발자의 워크스테이션을 손상시키는 가상의 시나리오를 생각해보자. 이 첨부파일은 악성 브라우저 확장 기능을 개발자의 워크스테이션에 설치했다. 그런 후 공격자는 이 악성 확장 기능을 이용해 개발자의 자격 증명을 훔쳐 파일 서버에 로그인했다. 일단 서버에 로그한 공격자는 기밀 파일을 수집하고 이를 자신의 원격 서버로 복사했다. 결국 개발자가 브라우저에 설치된 확장 기능을 검토하다 악성 확장 기능을 발견하고 보안 팀에 이 사실을 보고했다.

사고 대응자로서, 여러분은 본능적으로 개발자의 계정을 잠그려고 시도할 수 있다. 하지만 앞서 설명했던 운영 보안을 기억하자. 모든 조사는 어떻게 대응할 것인지에 대한 결정을 하기에 충분한 정보를 갖추기 전까지는 절대 먼저 손을 쓰지 말고 시작해야 한다. 조사 초기에는 정보가 거의 없다. 그저 개발자의 머신에 악성 브라우저 확장 기능이 있다는 것 밖에는 모르는 상황이다.

---

5 포렌식 타임라인은 시스템에서 발생한 모든 이벤트의 목록이다. 이상적인 타임라인은 조사와 관련된 이벤트를 중심으로 이벤트가 발생한 사건 순으로 정렬된 것이다.

첫 번째 단계는 항상 침착한 마음가짐을 유지하고 공황 상태에 빠지지 않는 것이다. 다음으로는 사고 대응이 시작됐음을 선언하고 운영 리드에게 연락해 더 깊이 조사하는 것이다. 여기서부터 OL은 다음의 질문에 답할 수 있는 팀을 확보해야 한다.

- 백도어는 어떻게 설치되었는가?
- 설치된 백도어는 어떤 기능을 하는가?
- 조직 내의 다른 브라우저에도 이 백도어가 설치되어 있는가?
- 공격자가 개발자의 시스템에서 어떤 일을 했는가?

우리는 이 최초의 질문을 중심점이라고 부른다. 각 질문의 답을 구하면 새로운 질문이 이어서 등장하기 때문이다. 예를 들어 일단 대응 팀이 공격자가 파일 공유를 실행했다는 점을 발견하면 그 파일 공유 역시 새로운 포렌식 조사의 대상이 된다. 조사 팀은 이 파일 공유에 대해 같은 질문은 물론 새롭게 도출되는 질문에 대한 답을 반드시 알아내야 한다. 팀이 공격자의 도구와 기법을 하나씩 알아낼수록 이후의 조사 대상은 어디가 될 것인지를 결정할 수 있는 정보를 갖추게 된다.

조사의 분리

여러 작업을 동시에 수행할 정도로 충분한 인력이 있다면 (17.3.1절 '사고의 병렬처리' 참고) 작업을 조사의 중요한 부분을 담당하는 세 개의 트랙으로 나누는 것을 고려해보자. 예를 들어 OL은 자신의 대응 팀을 다음과 같이 세 그룹으로 나눌 수 있다.

- 시스템을 조사하고 공격자의 영향을 받은 시스템을 찾아내는 **포렌식** 그룹
- 의심가는 바이너리를 연구하고 공격 지표(IOC)가 될만한 특징[6]을 찾아내는 **리버싱**reversing 그룹
- 찾아낸 특징을 모든 시스템에서 검색하는 **헌팅**hunting 그룹. 이 그룹은 의심가는 시스템을 찾으면 언제든 포렌식 그룹에 알린다.

[그림 17-1]은 이 그룹의 관계를 보여준다. OL은 이 팀 간에 강력한 피드백 루프를 유지하는 것이다.

---

6 멀웨어 리버싱은 조금 더 특별한 작업이며 모든 조직이 이 분야에 숙련된 직원을 보유하고 있지는 않다.

리버싱 그룹이 IOC를 찾는다

포렌식 그룹이 결과물을 찾는다

헌팅 그룹이 영향을 받은 호스트를 찾는다

그림 17-1 조사 그룹 간의 관계

결국에는 새로운 자취를 찾는 속도가 느려질 것이다. 이 시점에서 IC는 시스템 복원을 시도할 것인지를 결정한다. 이 과정에서 배울 수 있는 것은 전부 배웠는가? 아마 그렇진 못할 것이다. 하지만 공격자를 성공적으로 내쫓고 공격자가 쫓던 데이터를 보호하기에 충분한 것들은 배웠을 것이다. 아직 명확하지 않은 부분들이 있으므로 언제 시스템 복원을 실행할지 결정하는 것은 어려운 일이다. 이 결정은 팝콘 봉지를 언제 전자렌지에서 꺼낼 것인지 결정하는 것과 매우 유사하다. 아직 팝콘이 튀겨지는 소리가 들리는 간격이 눈에 띄게 늘었다면 팝콘 봉지 전체가 타 버리기 전에 꺼내야 할 것이다. 시스템 복원에 앞서 계획하고 조율해야 할 것들이 너무 많다. 보다 자세한 내용은 18장을 참고하기 바란다.

대규모 환경에서의 디지털 포렌식

이번 장에서는 기본적인 포렌식 분석만을 설명하고 있지만 대규모 환경이나 (필요한 도구가 없거나 도구가 다른 방식으로 동작하는) 클라우드 배포 같이 어려운 환경에서의 포렌식 수행은 매우 광범위하다. 구글이 발행한 포렌식 블로그 포스트(https://oreil.ly/YGbtX)는 이런 주제를 더욱 상세히 다루고 있다.

17.3 사고 대응의 지속적 제어

일단 사고를 선언하고 팀원에 임무를 할당했다면 IC의 임무는 사고 대응의 노력이 원활하게 진행되도록 유지하는 것이다. 그러려면 대응 팀이 필요로 하는 것을 예측하고 그 부분이 문제가 되기 전에 해결해줘야 한다. IC는 효율성을 위해 사고를 제어하고 관리하는 데 자신의 시간을 모두 쏟아부어야 한다. 여러분이 IC인데도 스스로 로그를 검사한다거나 빨리 수행할 수 있는 포렌식 업무를 수행한다거나 또는 스스로 운영 업무에 참여한다면 그 시점이야말로 한 발 물러서 여러분의 우선순위를 다시 생각해볼 시점이다. 아무도 배의 키를 쥐고 있지 않는다면 배는 분명히 항로를 벗어나거나 심지어 어딘가에 충돌할 것이다.

17.3.1 사고의 병렬처리

이상적이라면 실용적인 IR 팀은 사고 대응 절차의 모든 부분을 분리해 동시에 실행해서 효율을 극대화할 수 있도록 사고를 **병렬처리**parallelize할 수 있다. 아직 할당되지 않은 작업이나 사고에 대응하는 동안 필요한 정보가 있다면 작업을 완수하거나 준비할 수 있는 누군가를 할당해야 한다. 예를 들어 포렌식 분석에서 찾은 것을 법률 기관이나 조사를 도와주는 서드파티 기업과 공유할 준비가 아직 되어 있지 않지만 나중에 공유할 생각이라면 처음 조사 과정에서 작성했던 노트는 별다른 도움이 안 될 것이다. 그럴 때는 여러분이 조사를 진행하면서 찾아낸 증거의 목록을 간결하고 공유할 수 있는 형태로 준비하는 작업을 누군가에게 지시하면 된다.

포렌식 조사의 초기 단계가 진행 중인 상황에서 환경을 정리할 준비를 시작한다는 것은 다소 의아스러울 수 있지만 인력이 충분하다면 이 작업을 누군가에게 지시할 적기이다. IMAG 프레임워크에 따르면 언제든 필요한 역할을 만들어도 되므로 사고 대응이 진행되는 중 언제라도 **복구 리드**remediation lead (RL) 역할을 누군가에게 할당할 수 있다. RL은 운영ops 팀이 발견한 손상이 확정된 부분을 연구하기 시작한다. 여기서 찾은 정보를 바탕으로 RL은 나중에 이 부분을 정리하고 수정할 계획을 세울 수 있다. 운영 팀이 조사를 완료하는 시점이면 이미 IC의 손에는 정리 계획이 들려있을 것이다. 이 시점에서는 특정 작업의 다음 스텝step을 결정하는 것이 아니라 작업의 다음 단계phase를 시작할 수 있다. 마찬가지로 인력이 충분하다면 누군가에게 포스트모템을 시작할 것을 지시해도 무방한 시점이다.

프로그래밍상의 구조를 빌려 표현하자면, 대규모 사고에서 IC의 역할은 다음과 같은 스텝을 실행하는 `while` 루프와 유사하다.

```
(사고가 계속 진행 중이다):
    1. 각 리드와 현재 상태를 확인한다.
        a. 현재 어떤 상태인가?
        b. 누군가 대처해야 할 새로운 정보를 발견했는가?
```

    c. 작업에 방해가 되는 부분이 있는가?
    d. 더 많은 인력이나 자원이 필요한가?
    e. 너무 큰 부담을 겪고 있진 않은가?
    f. 나중에 발현하거나 문제를 유발할 이슈를 발견했는가?
    g. 각 리드나 팀의 피로도는 어느 정도인가?
2. 상태 문서, 대시보드 또는 정보의 소스를 업데이트한다.
3. 관련 이해관계자들(임원, 법무 팀, PR 등)에 알렸는가?
4. 나에게 도움이나 추가적인 자원이 필요한가?
5. 동시에 처리할 수 있는 작업이 있는가?
6. 복원 및 정리 결정을 내리기에 충분한 정보를 확보했는가?
7. 다음 업데이트를 적용하기까지 팀에 필요한 시간은 어느 정도인가?
8. 사고 대응이 끝났는가?

처음으로 돌아간다.

OODA 루프는 사고 관련 의사결정에 관련된 또 다른 프레임워크로 대응자가 **관찰**^{observe}, **방향 선택**^{orient}, **결정**^{decide} 및 **실행**^{act}하는 패턴을 정의하고 있다. 이 패턴은 여러분이 새로운 정보를 주의 깊게 고려하도록 스스로 상기하고 그 정보가 사고에 어떤 영향을 주는지 생각한 후, 목적을 가진 행위의 방향을 결정하고 그 후에 실행에 옮기는 데 도움이 된다.

17.3.2 교대

한 가지 문제에 아무 탈 없이 오랜 시간 동안 쉬지않고 매달릴 수 있는 사람은 없다. 우리가 겪는 위기의 대부분은 해결에 상당한 시간이 필요하다. 그래서 대응자는 반드시 서로 원활하게 작업을 주고 받을 수 있어야 하며, 그렇게 하면 보안과 신뢰성 문화 구축에 큰 도움이 된다 (21 장 참고).

커다란 산불과 싸우는 것은 체력적으로나 심적으로 어려운 일이며 며칠, 몇주 심지어 몇달이 걸릴 수 있다. 캘리포니아 산림 보호 및 화재 예방국^{California Department of Forestry and Fire Protection}은 이런 화마와 싸우기 위한 과정을 여러 '영역'로 분리해 각각의 사고 책임자를 할당한다. 해당 영역의 IC는 각자의 영역에 대한 장기적인 목적 세우고 이를 달성하기 위한 단기적인 목표를 수립한다. 또한 보유한 자원을 분리해서 한 팀이 업무를 수행하는 동안 다른 팀은 첫 번째 팀이 지쳤을 때 교대해주기 위해 휴식을 취하도록 한다.

화재를 진압하는 대원이 한계에 다다르면 IC는 모든 팀 리드로부터 현재 상태를 파악하고 교체 투입할 팀의 리드를 선정한다. 그런 후 IC는 새로운 팀의 리드에게 전반적인 목표와 팀의 선정 사실, 달성해야 할 특정한 목표, 가용한 자원, 안전에 위협이 될만한 부분 및 기타 관련 정보를 브리핑한다. 그런 후 새로운 팀 리드와 팀원은 현재 팀으로부터 임무를 인계받는다. 인계 팀의 리드는 혹시라도 놓치는 사실이 없도록 인수 팀의 리드와 신속하게 의사소통한다. 이제 지친 대원들은 화재 진압이 계속되는 상황에서 편하게 쉴 수 있다.

보안 사고 대응은 화재 진압만큼의 체력적인 부담은 없지만 정신적 부담과 스트레드 관련 부담은 비슷한다. 그래서 필요할 때 그들의 업무를 다른 인력에게 전달할 수 있는 계획을 갖추는 것이 중요하다. 결국 대응자가 피로를 느끼면 실수를 하기 시작한다. 충분히 오랜 시간 동안 충분히 열심히 일했다면 여러분의 팀은 뭔가 고쳐가는 것보다 더 많은 실수를 하게 될 것이다. 이런 현상을 **수확 체감의 법칙**law of diminishing return (https://oreil.ly/_1_iU)이라고 한다. 팀원의 피로는 단지 팀을 잘 대하느냐의 문제가 아니다. 피로로 인한 에러와 사기저하는 원활한 사고 대응의 방해물이 된다. 과로의 방지를 위해 12시간 이내에 업무를 교대하도록 하는 것을 권한다.

인력이 충분하고 대응 속도를 높이고 싶다면 대응 팀을 두 개의 작은 그룹으로 나누는 것을 고려해보자. 그러면 사고가 해결될 때까지 24시간 대응할 수 있다. 충분한 인력이 없다면 대응 속도가 늦어지는 위험을 감수하고 팀원들이 집에서 쉴 수 있도록 해야 할 수도 있다. 소규모 팀이 '영웅 심리' 때문에 더 오래 일 할수도 있지만 이런 심리는 불안정하며 그 결과의 품질도 낮아진다. 영웅 심리는 최대한 아껴서 사용할 것을 권한다.

아메리카, 아시아-태평양, 유럽 지역에 팀을 둔 조직을 생각해보자. 이런 조직은 '해 뜨는 곳이 담당follow-the-sun'한다는 로테이션 주기를 둬서 [그림 17-2]와 같이 일정에 따라 지속적으로 새로운 팀이 사고에 대응하도록 할 수 있다. 소규모 조직도 팀이 위치한 지역의 수가 적어 로테이션 주기가 길어지더라도 비슷한 일정으로 대응을 시도하거나, 팀이 하나 뿐이어서 다른 팀원이 휴식을 취하는 동안에도 대응을 계속할 수 있도록 나머지 절반이 야간 운영 업무를 담당하는 형태를 시도할 수 있다.

19:00 GMT
- 사고를 선언
- 팀을 구성하고 업무를 할당
- 23:00 GMT에 교대 예정
- 아메리카에서 사고 대응

22:00 GMT
- 아메리카의 리드가 아시아-태평양 리드를 위한 문서화 및 상태 업데이트에 집중
- 아시아-태평양 리드에 새로운 정보를 전달

23:00 GMT
아시아-태평양 리드와 업무 교대

06:00 GMT
- 아시아-태평양 리드는 유럽에 전달할 문서화에 집중
- 유럽의 리드에게 새로운 정보를 전달

07:00 GMT
유럽의 리드와 업무 교대

13:00 GMT
- 유럽의 리드가 아메리카에 전달할 문서화에 집중
- 아메리카의 리드에게 새로운 정보를 전달

14:00 GMT
아메리카의 리드와 업무 교대
다음 업무 교대까지 계속 작업

범주 ☐ 아메리카   ■ 아시아-태평양 ☐ 유럽

그림 17-2 해 뜨는 곳이 담당하는 로테이션 주기

IC는 사고 대응 교대를 미리 준비해야 한다. 대응 업무를 교대할 때는 추적 문서의 업데이트와 증거 노트 및 파일 그리고 업무 진행 중에 작성한 모든 기록도 함께 전달한다. 교대 계획, 시간, 의사소통 방식을 미리 정해두자. 회의는 현재 사고의 상태와 조사의 방향을 요약한 내용을

공유하는 것으로 시작한다. 또한 각 리드(운영, 의사소통 등)도 각자 교대할 팀의 리드와 정식 업무 교대를 수행해야 한다.

교대 투입될 팀과의 소통에서 전달할 정보는 사고에 따라 다르다. 구글은 업무를 인계하는 팀의 IC가 스스로 '내가 이 조사를 넘기지 않고 계속한다면 다음 12시간 동안 나는 어떤 작업을 할 것인가?'를 스스로에게 물어보는 것이 항상 도움이 된다는 사실을 깨달았다. 업무를 전달받을 팀의 IC는 교대 회의가 끝나기 전까지 이 질문의 답을 마련해야 한다.

예를 들어 다음은 교대 회의 목차의 예시다.

1. [인계 팀 IC] 인수 팀 중 한 명에게 노트를 기록하는 업무를 위임한다.
2. [인계 팀 IC] 현재 상태를 요약한다.
3. [인계 팀 IC] 현재 IC가 대응 업무를 지속할 경우 다음 12시간 동안 할 일을 대략적으로 설명한다.
4. [전 참여자] 이슈를 논의한다.
5. [인수 팀 IC] 자신이 향후 12시간 동안 할 일을 대략적으로 설명한다.
6. [인수 팀 IC] 다음 회의를 위한 시간을 마련한다.

17.3.3 팀의 사기

IC는 심각한 사고 상황에서 팀의 사기를 관리해야 한다. 이 임무는 간과하기 쉽지만 사실은 매우 중요하다. 사고는 스트레스가 큰 업무이며 이런 압박을 느끼는 상황에서의 엔지니어의 반응도 모두 다를 것이다. 누군가는 적극적으로 도전하는 반면 누군가는 너무 어렵고 모호해서 좌절감을 느끼고 그 자리를 떠나 당장 집으로 돌아가고 싶어할 수도 있다.

IC라면 동기를 부여하고 격려하면서 팀의 정신 상태를 유지하는 것이 핵심이라는 점을 잊지 않아야 성공적으로 사고에 대응할 수 있다. 위기 상황에서 사기를 유지하기 위한 몇 가지 팁을 공유한다.

식사

대응 팀이 업무를 진행하다 보면 시장기를 느끼게 될 것이다. 배가 고프면 팀의 효율이 떨어지고 사람을 당황하게 만든다. 조금 쉬면서 가능할 때 식사를 할 수 있는 계획을 미리 세워두자. 그렇게 해서 팀을 기분좋게 유지하고 필요할 때 집중할 수 있도록 하는 데 도움이 된다.

수면

수확 체감의 법칙은 사람에도 적용된다. 시간이 지나면서 팀원이 지치고 피로도가 쌓이면 효율성이 떨어지게 된다. 이 시점에서 업무를 계속하면 오히려 실수를 하면서 사고 대응에 악영향을 미칠 가능성이 있다. 대응자의 피로도를 확인하고 필요할 때 휴식을 취할 수 있도록 하자. 대응자가 휴식의 필요를 스스로 깨닫지 못하면 리더가 직접 개입해서 쉬게 해야 하는 경우도 있다.

스트레스 해소

기회가 생기면(예컨대 팀이 파일 재생성을 기다리고 있어서 병렬적 처리를 할 수 없는 경우) 모두를 모아 스트레스를 해소할만한 일을 하자. 몇년 전 구글은 특히 규모가 크고 시간이 오래 걸린 사고에 대응한 적이 있다. 이 대응 팀은 1시간 정도 고장난 하드 드라이브를 망치와 액체 질소로 박살내는 시간을 가졌다. 몇년 후 이 팀은 그 시간이 사고 대응 중 최고의 시간이었다고 강조했다.

번아웃 주시

여러분은 IC로서 팀(과 본인)에 번아웃의 징후가 나타나는지 적극적으로 주시해야 한다. 중요한 엔지니어가 점점 더 신경이 예민해지고 패배주의적인 언행을 하기 시작하는가? 팀원이 사기가 저하되어 두려움을 표현하고 있는가? 어쩌면 팀원이 심각한 사고를 다루는 경우가 처음이며 엄청난 두려움을 느끼고 있을 수 있다. 이런 팀원과 솔직한 대화를 시도하고 여러분의 기대치가 무엇인지 그리고 어떻게 그 기대에 부응할 수 있는지 이해시켜야 한다. 팀원이 휴식이 필요한데 교대할 다른 인력이 있다면 휴식할 시간을 제시하자.

솔선수범

리더가 현실적이면서도 긍정적인 전망을 공개적으로 표현하면 팀의 성공에 대한 기대를 생성하는 데 큰 도움이 된다. 이런 전망은 팀을 격려하고 목표를 완수할 수 있을 것이라고 느끼게끔 한다. 게다가 대응 팀의 팀원은 IC나 OL이 공개적으로 보여주지 않는다면 (식사나 적절한 수면을 취하는 등)자기 관리를 위한 시간을 갖는 것에 회의적일 수 있다.

17.4 의사소통

사고 대응과 관련된 모든 기술적인 이슈 중에서도 의사소통은 가장 어려운 문제다. 동료 및 직속 그룹 외의 사람과 의사소통은 최상의 상황에서도 어려운 일이다. 스트레스, 촉박한 시간 그리고 위험이 높은 보안 사고를 겪을 때는 이런 어려움이 더욱 심해지고 대응의 지연이나 누락으로 이어질 수 있다. 지금부터 주요 의사소통 이슈와 이를 관리하기 위한 팁을 몇 가지 살펴보자.

> NOTE_ 의사소통이라는 주제를 포괄적으로 다루는 훌륭한 책들이 많다. 의사소통에 대해 보다 잘 이해하고 싶다면 닉 모건Nick Morgan이 집필한 『Can You Hear Me?』(하버드 비즈니스 검토 출판사, 2018)와 앨런 알다Alan Alda의 『If I Understood You, Would I Have This Look on My Face?』(랜덤 하우스, 2017)을 권한다.

17.4.1 오해

대응자 간의 오해는 수많은 의사소통 문제를 낳는다. 함께 일해 본 경험이 있는 사람들은 직접적인 언급이 없는 사항에 대해 유추를 하곤 한다. 하지만 함께 일해 보지 않은 사람은 익숙하지 않은 용어 또는 상대 팀이 다른 의미로 사용하는 줄임말을 사용하거나 실제로는 공통적이지 않은 공통 참조 기준common frame of reference에 따라 추측을 하곤 한다.

예를 들어 '공격이 완화되면 서비스를 원래대로 되돌립시다'라는 문장을 생각해보자. 운영 팀 입장에서 이 문장은 공격자의 도구를 삭제하면 곧바로 시스템이 사용하기 안전한 상태가 된다는 의미다. 보안 팀 입장에서는 조사 전체가 결론이 나고 공격자가 더 이상 공격을 못하거나 다시 침입할 가능성이 없어지기 전까진 시스템이 안전하지 않다는 것을 의미한다.

여러분이 직접 사고를 처리하는 경우라면 최우선시 해야 할 규칙은 항상 **명확하고 충분히 의사소통**하는 것이 도움이 된다는 점이다. 뭔가 부탁을 하거나 기대치를 설정할 때는 설령 다른 사람이 여러분의 의도를 알고 있다고 생각하더라도 명확하게 의도를 설명하자. 앞 문단의 예시는 '침입 경로를 모두 수정해서 공격자가 우리 시스템에 더 이상 접근할 수 없을 거라는 확신이 들면 서비스를 원래대로 되돌립시다'라고 고쳐도 이상할 것이 없다. 의사소통의 책임은 말하는 사람에게 있다는 점을 기억하자. 듣는 사람이 메시지의 의도를 제대로 이해하게 할 수 있는 것은 말하는 사람뿐이다.

17.4.2 얼버무리기

얼버무리기는 또 다른 보편적인 의사소통 실수다. 누군가 스트레스가 심한 상황에서 조언을 주는 입장에 있지만 확신이 없다면 자신의 문장에 수식어를 덧붙이는 경향이 있다. 불확실한 상황에서 '모든 멀웨어를 다 찾은 것 같습니다'라는 식으로 확실성을 부여하면 안전하게 느껴질지 모르겠지만 그렇게 얼버무리면 상황이 더 혼잡스러워지고 의사결정자 간에 불확실성을 야기하게 된다. 다시 말하지만 명확하고 충분한 의사소통이 최선이다. 여러분의 IC가 공격자의 도구를 찾았냐고 물어볼 때 '그런 것 같습니다'라는 답변은 너무 약하다. '서버와 NAS, 이메일, 파일 공유에서는 다 찾았습니다. 하지만 호스트 시스템은 로그를 제대로 볼 수가 없어 충분히 확신할 수 없습니다'라고 답하는 편이 훨씬 낫다.

17.4.3 회의

사고 대응에 큰 진척을 이뤄내려면 여러 사람의 노력을 한데 모으도록 조율해야 한다. 사고 대응 중에 발생 중인 사건에 대한 제어와 가시성을 유지하기 위한 특히 효율적인 방법은 핵심 인력과의 규칙적이고 신속한 동기화를 수행하는 것이다. IC, OL, 회사 변호사, 몇몇 핵심 임원은 2시간에서 4시간 마다 회의를 갖고 새로운 사항에 대해 팀이 신속하게 적응할 수 있도록 해야 한다.

우리는 이 회의의 참여자를 적극적으로 제한할 것을 권한다. 회의실이나 화상 회의에 사람이 잔뜩 있는데 소수만 말을 하고 나머지는 그저 듣고 있거나 메일을 확인하는 등 참여율이 떨어지면 너무 많은 사람을 초대한 것이다. 이상적이라면 나머지 팀원이 사고를 대응하고 리드만 회의에 참여하는 것이 좋다. 일단 회의가 끝나면 리드가 나머지 팀원에게 업데이트를 제공하면 된다.

협업을 위해서 회의는 꼭 필요한 것이지만 회의를 제대로 관리하지 못하면 엉뚱한 방향으로 일이 진행될 위험이 있다. 그래서 IC는 미리 정해진 주제로 회의를 진행할 것을 강력히 권한다. 당연히 그래야 할 것처럼 보이지만 사고에 대응하면서 긴장과 스트레스를 받는 상황에서는 쉽게 잊어버릴 수 있다. 구글에서 보안 사고 대응 시작 회의에서 사용했던 회의 주제를 예시로 살펴보자.

1. **[IC]** 회의록을 작성할 사람을 지명한다.

2. **[IC]** IC부터 참여자가 돌아가며 자기를 소개한다.

   A. 이름

   B. 소속 팀

   C. 직무

3. **[IC]** 대응 규칙

   A. 기밀성을 고려해야 하는가?

   B. 고려해야 할 특별한 운영 보안요구사항이 있는가?

   C. 누가 의사결정을 할 것인가? 의사결정에 누가 참여해야 하는가? 또 참여하지 **말아야 할** 사람은 누군가?

4. **[IC]** 현재 상황을 설명한다: 어떤 문제를 해결 중인가?

5. **[전원]** 이슈를 논의한다.

6. **[IC]** 해야 할 일과 담당자를 요약한다.

7. **[IC]** 그룹과 확인한다.

   A. 더 필요한 자원이 있는가?

   B. 참여해야 할 다른 그룹이 있는가?

   C. 방해 요소는 없는가?

8. **[IC]** 다음 공유 회의 시간과 참여자를 정한다.

   A. 누가 다음 회의에 참여해야 하는가?

   B. 반드시 참여할 필요는 없는 사람은 누군가?

그리고 다음은 진행 중인 공유 회의를 위한 주제다.

1. **[IC]** 회의록을 기록할 사람을 선정한다.

2. **[IC 또는 운영 리드]** 현재 상태를 요약한다.

3. **[IC]** 각 참여자와 진행 상황에 대한 업데이트를 받는다.

4. **[IC]** 다음 스텝을 논의한다.

5. **[운영 리드]** 작업을 할당하고 담당자 각각이 자신이 어떤 임무를 수행해야 하는지 반복해서 말하게 한다.

6. **[IC]** 다음 회의 시간을 정한다.

7. **[운영 리드]** 작업 트래커를 업데이트한다.

두 회의 주제를 보면 IC가 회의록을 기록할 사람을 선정한다. 우리의 경험상 회의록 작성자는 조사 방향을 유지하는 데 필수적이다. 리드는 회의에서 발생하는 모든 이슈를 처리하느라 바쁘므로 제대로 된 회의록을 작성할 여력이 없다. 사고가 발생한 동안에는 잘 기억해 둘 거라고 **생각한** 일들을 잊어버리기 십상이다. 회의록은 포스트모템을 작성할 때 그 가치가 빛을 발한다. 사고가 법적인 영향을 미친다면 법무 팀과 협의해서 이 정보를 관리할 수 있는 최선의 방법을 찾아야 한다.

17.4.4 적절한 사람에게 적정한 수준의 내용 공유하기

의사소통 과정에서 적정한 수준의 내용을 공유하는 방법을 찾아내는 것은 사고 관련 의사소통에서 가장 어려운 일이다. 여러 계층의 여러 참여자가 사고와 관련된 **뭔가**를 알아야 하지만 OpSec 관점에서 볼 때 **모든** 상세 내용을 전부 알 수도 없거나 알아서는 안 된다. 사고를 막연하게 인식한 직원은 사고를 더 잘 아는 것에만 집중할 가능성이 있다.[7] 직원들 사이의 루머는 굉장히 빠르게 문제를 일으키며 조직 외부까지 새어나가면 피해가 발생할 수도 있다.

조사가 길어지면 다음과 같은 사람에게 서로 다른 수준의 상세 정보를 빈번하게 업데이트 해줘야 할 수 있다.

임원 및 회장단

이 그룹에는 진척사항과 방해요소 그리고 잠재적인 결과에 대한 간단명료한 정보를 제공한다.

IR 팀

조사 과정에 대한 최신 정보를 제공한다.

사고 대응에 참여하지 않는 조직의 개인

개인에게 어떤 정보를 공유해야 하는지 조직 차원에서 결정해야 한다. 만일 모든 직원에게 사고에 대해 공유하면 그들의 도움을 요청할 수 있다. 반면 이 사람들은 여러분의 의도와 달

---

7 실제 정보에 접근할 수 없는 사람은 자의대로 해석하는 경향이 있다.

리 정보를 더 널리 퍼트릴 수도 있다. 나머지 직원에게 사고에 대해 공유하지 않았는데 그들이 알아냈다면 루머의 근원지를 찾아야 할 수도 있다.

고객

법적으로 일정 시간 안에 사고에 대한 정보를 고객에게 공유해야 하거나 조직이 자의로 고객과 정보를 공유하기로 결정할 수 있다. 특히 대응 차원에서 고객이 인지할 수 있는 서비스의 중단이 필요하다면 고객의 궁금증을 해소해줘야 한다.

법무/사법 체계 관계자

사고를 법무 기관에 에스컬레이션하면 원래 공유하려고 의도하지 않았던 정보에 대해 묻거나 요청할 수 있다.

IC를 계속 귀찮게 하지 않고 이런 요구사항을 처리하려면 **의사소통 리드**communications lead(CL)를 임명할 것을 권한다. CL의 주요 임무는 사고 대응 과정에서 새로운 사실이 발견될 때마다 지속적으로 이에 대한 업데이터를 받아야 하며 관련된 이해관계자와의 소통을 준비해야 한다. CL의 주요 업무는 다음과 같다.

- 영업, 지원 및 기타 내부 파트너 팀과 함께 이해관계자가 궁금해 할 내용에 대한 답변을 준비한다.
- 임원, 법무 부서, 규제 기관 및 기타 관리 감독 기관을 위한 브리핑을 준비한다.
- 올바른 정보를 가진 사람이 필요할 때 사고에 대해 정확하고 적절 내용을 발표할 수 있도록 언론 및 PR과 협력한다. 대응 팀에 속하지 않은 사람이 혼란을 야기할 내용을 발표하는 일이 없도록 한다.
- 사고에 관련된 정보의 확산을 지속적으로 주의깊게 살펴서 사고에 대응 중인 인력이 '알아야 할' 가이드라인을 준수하도록 한다.

CL은 의사소통 지연을 최소화하기 위해 도메인 전문가, 외부 위기 의사소통 컨설턴트 또는 관련된 정보를 관리하는 데 도움을 줄 수 있는 사람이라면 누구에게라도 연락을 취할 수 있다.

17.5 종합

이번 섹션은 조직의 규모와 관계없이 마주할 수 있는 손상에 대응하는 가상의 시나리오를 통해 이번 장에서 살펴봤던 내용을 종합해본다. 엔지니어가 본적도 없는 모르는 서비스 계정이 클라우드 프로젝트에 추가되어 있는 것을 알아낸 상황을 가정해보자. 엔지니어링 팀은 이 사항을 정오쯤에 보안 팀에 에스컬레이션했다. 보안 팀은 사전 조사 결과 엔지니어의 계정이 공격을 당했다고 판단했다. 이제 앞서 설명했던 조언과 권장 사례들을 사용해 이런 상황에 대한 대응을 처음부터 끝까지 살펴보도록 하자.

17.5.1 분류

사고 대응의 첫 스텝은 분류다. 우선 최악의 가정부터 시작해보자. 엔지니어의 계정이 탈취됐을 거라는 보안 팀의 예상이 맞아떨어진 것이다. 공격자가 그렇게 확보한 접근 권한을 이용해 중요한 내부 정보나 심각한 보안 유출로 이어질 사용자 데이터를 들여다 본 것이 확인되어 사고를 선언했다.

17.5.2 사고의 선언

사고 책임자로서 여러분은 보안 팀의 나머지에게 다음의 사항을 전달해야 한다.

- 사고가 발생했음
- 여러분이 IC의 역할을 수행할 것
- 조사를 위해 보안 팀의 지원이 필요할 것

17.5.3 의사소통과 운영 보안

이제 사고 상황임을 선언했으므로 (임원, 법무 팀 등) 조직의 다른 사람들이 사고가 진행되고 있다는 것을 알아야한다. 공격자가 조직의 인프라스트럭처에 침입했다면 이 사람들과의 이메일 또는 채팅은 위험할 수 있다. 따라서 운영 보안 권장 사례를 따라야한다. 여러분의 조직이 준비해뒀던 비상 계획에 따르면 조직과 무관한 클라우드 환경에 법인 카드를 이용해 비즈니스 계정을 등록하고 사고 조사에 참여하는 각 개인의 계정을 생성해야 한다. 그래서 여러분은 여러분이 속한 조직의 관리 인프라스트럭처에 연결되지 않은 새로운 노트북을 이용해 이 환경을 생성하고 연결했다.

여러분은 이 새로운 환경을 이용해 임원과 핵심 법무부서 직원에게 연락해 그들이 이메일과 채팅을 사용할 수 있도록 안전한 노트북과 클라우드 계정을 확보하는 방법을 설명한다. 현재 사고 대응자는 모두 사무실과 같은 지역에 있으므로 가까운 회의실을 이용해 사고에 대해 논의한다.

17.5.4 사고 대응의 시작

여러분은 IC로서 조사를 수행할 엔지니어를 선정해야 하므로 포렌식 경험이 있는 보안 팀의 엔지니어에게 운영 리드를 맡아달라고 부탁한다. 이 새로운 OL은 즉각 포렌식 조사를 시작하고 필요에 따라 다른 엔지니어를 합류시킨다. 이 팀은 먼저 클라우드 환경에서 탈취된 것으로 의심되는 서비스 계정의 자격 증명이 추가된 시점 위주로 로그를 수집한다. 자격 증명이 해당 엔지니어가 사무실에 있지 않았던 시간에 그 엔지니어의 계정으로 추가된 것을 확인한 포렌식 팀은 이 계정이 탈취당했다고 결론을 낸다.

포렌식 팀은 이제 의심되는 계정만 조사하던 단계에서 계정이 추가된 시간을 기준으로 다른 모든 활동까지 조사하는 단계로 전환한다. 팀은 탈취된 계정과 관련된 모든 시스템 로그를 수집하는 것은 물론 엔지니어의 노트북과 워크스테이션까지 확보하기로 결정한다. 또한 분석가가 한 명뿐이면 조사 시간이 오래 걸릴 것이므로 또 다른 인력을 투입하기로 결정한다.

조직에 대규모 보안 팀이 없으므로 포렌식 작업을 나눌 수 있는 숙련된 포렌식 전문가가 충분하지 않다. 하지만 시스템을 잘 이해하고 로그 분석을 도와 줄 시스템 관리자가 있다. 그래서 이 시스템 관리자를 포렌식 팀에 합류시킨다. OL은 이메일을 통해 포렌식 팀에 연락해 전화로 '몇 가지 논의할 것'을 부탁하고 전화를 이용해 현재 상황을 브리핑한다. OL은 시스템 관리자에게 조직 내의 모든 시스템에서 탈취된 계정과 관련된 모든 로그를 수집할 것을 부탁하고 포렌식 팀은 노트북과 데스크톱을 분석한다.

오후 5시가 되자 여러분의 팀이 업무를 계속하기에는 너무 오래 조사가 진행되고 있음이 분명해졌다. IC로서 여러분은 팀이 곧 피곤해질 것이며 사고를 해결하기 전에 실수를 할 것이라는 것을 예상하고 있으므로 업무 인계 계획이나 지속 계획을 세워야한다. 그래서 팀에 앞으로 4시간 안에 로그 및 호스트 분석을 최대한 끝내달라고 알린다. 그 동안 여러분은 리더십그룹과 법무 부서에 최신 정보를 전달하고 OL을 통해 팀에 더 필요한 사항이 있는지 확인한다.

오후 9시, OL은 팀 정보 공유 회의에서 공격자의 최초 진입점을 찾았음을 공유했다. 아주 잘 만들어진 피싱 이메일에 속은 엔지니어가 공격자의 백도어를 다운로드하는 명령을 실행하게 됐고 그래서 영구적인 원격 연결이 수립된 것이다.

17.5.5 업무 교대

9시 팀 정보 공유 회의 시점에 이미 이 사고에 대처하던 많은 엔지니어가 12시간 이상 근무 중인 상태였다. 여러분은 성실한 IC로서 이런 속도로 업무를 계속하는 것은 위험하다는 것과 사고 대응에 더 많은 노력이 필요할 것임을 알고 있다. 그래서 업무를 교대하기로 결정한다. 하지만 샌프란시스코 사무실 외에는 완전한 보안 팀이 없지만 런던 사무실에는 시니어 인력이 어느 정도 있다.

여러분은 팀에게 앞으로 한 시간 동안 발견한 사항들을 문서화하라고 전달한 후 런던 팀에 연락한다. 런던 사무실의 시니어 엔지니어가 다음 IC로 결정되었다. 인수 팀의 IC로서 여러분은 인계 팀 IC에게 지금까지 발견한 사항을 모두 전달한다. 런던의 IC는 사고 관련 문서에 대한 모든 소유권을 전달받고 런던 팀이 다음 스텝을 이해하도록 도운 후, 태평양 표준시 기준으로 내일 오전 9시까지 자신이 이 문제를 처리할 것임을 공식화한다. 샌프란시스코 팀은 집으로 돌아가 휴식을 취한다. 샌프란시스코 팀이 휴식을 취하는 동안 런던 팀은 백도어 스크립트와 공격자가 실행한 행위의 분석에 집중해 조사를 계속한다.

17.5.6 업무 재교대

다음 날 오전 9시 샌프란시스코와 런던 팀은 인수인계를 위한 정보 공유 회의를 다시 갖는다. 런던 팀이 밤새 상당한 진척을 이뤄냈다. 워크스테이션에 침투한 스크립트가 간단한 백도어를 설치했고 그래서 공격자가 원격 머신에서 로그인해 시스템을 살펴볼 수 있게 됐다는 점을 알아냈다. 엔지니어의 스크립트 실행 기록에 클라우드 서비스 계정에 로그인한 기록이 있어 공격자가 거기에 저장된 자격 증명을 이용해 자신이 보유한 서비스 계정의 키를 관리자 토큰 목록에 추가한 것이다.

이 워크스테이션에서의 공격자의 활동은 그것이 마지막이었다. 클라우드 서비스 로그를 보니 공격자가 서비스 API를 직접 호출한 것으로 드러났다. 공격자는 새로운 머신 이미지를 업로드하고 새로운 클라우드 프로젝트에 수십 개의 가상 머신 복사본을 실행했다. 런던 팀은 아직 실행 중인 이미지를 분석하지 못했지만 기존의 모든 프로젝트의 자격 증명을 감사해 찾아낸 악성 서비스 계정과 API 토큰이 유일하게 적법하지 않은 방법으로 사용된 것임은 확인할 수 있었다.

런던 팀의 업데이트 덕분에 여러분은 새로운 정보를 획득하고 IC 역할을 다시 이어받게 됐다. 이제 여러분은 새로운 정보를 가공해 임원과 법무 조직에 새로운 정보를 제공한다. 또한 팀에게도 이 새로운 정보를 공유한다.

이제 공격자가 프로덕션 서비스에 관리자 권한을 가졌다는 점은 알게 됐지만 사용자 데이터가 위험하거나 영향을 받았는지는 아직 모르는 상태다. 그래서 포렌식 팀에 기존의 프로덕션 머신에서 공격자가 취했을법한 모든 행위를 파악하라는 과제를 새로운 우선순위 과제로 부여한다.

17.5.7 의사소통과 복구의 준비

조사가 진행되는 동안 사고 대응의 컴포넌트 몇 가지를 더 병렬로 처리할 시간이라고 결정한다. 공격자가 조직의 사용자 데이터에 접근했을 것 같다면 사용자에게 알려야 한다. 또한 공격도 완화시켜야 한다. 그래서 기술 문서 작성 경험이 풍부한 다른 동료를 의사소통 리드(CL)로 선정한다. 그리고 포렌식 업무를 수행하지 않는 다른 시스템 관리자에게 복구 리드(RL)이 되어 줄 것을 부탁한다.

CL은 회사 변호사와 협력해 어떤 일이 일어났으며 고객에게 어떤 영향을 미칠 수 있는지 설명하는 블로그 포스트를 작성한다. 아직 빈 곳은 많더라도 문서의 구조를 준비하고 미리 승인을 받아두면 모든 사실을 파악했을 때 훨씬 빠르게 소통이 가능하다.

그러는 동안 RL은 공격자에게 영향을 받은 모든 자원의 목록을 만들고 각 자원을 어떻게 정리할 것인지 제안하는 내용을 마련한다. 여러분은 설령 최초의 피싱 메일에서 엔지니어의 비밀번호가 노출되지 않았다는 점을 알고 있지만, 엔지니어의 계정 자격 증명을 바꿔야 한다. 또한 안전을 위해 여러분은 아직 발견하지 못했지만 나중에 나타날 지도 모를 백도어에 대비하기로 결정한다. 엔지니어의 중요한 데이터를 복사한 다음 홈 디렉터리를 지우고 새로운 워크스테이션으로 옮긴다.

사고 대응이 진행되는 동안 팀은 공격자가 프로덕션 데이터에는 접근하지 않았다는 사실을 알아냈다. 모두가 크게 안심하는 순간이었다! 공격자가 실행한 가상 머신들은 디지털 화폐를 위한 코인 채굴용이었으며 공격자의 가상 지갑으로 직접 입금되었다. RL은 여러분이 이 가상 머신을 지우거나 나중에 법 집행 기관에 사고에 대해 보고하고 싶으면 머신의 스냅숏을 마련해 보관해 둘 수 있다는 점을 기록해둔다. 또한 머신이 생성되었던 프로젝트는 지워버릴 수 있다.

17.5.8 사고 대응 종료

오후 서너시쯤 되자 팀에 리드가 바닥났다. 리드는 악성 API 키가 사용했던 모든 자원을 검색하고 이를 완화할 수 있는 문서를 작성했으며 공격자가 민감한 데이터는 손대지 않았음을 확인했다. 다행히 이 사고는 코인 채굴 연습을 위한 것이었으며 공격자는 데이터에 아무런 관심을 보이지 않았다. 그저 다른 사람의 돈으로 컴퓨트 자원을 확보하고 싶었을 뿐이다. 여러분의 팀은 이제 복구 계획을 실행할 시간이라고 결정한다. 그래서 여러분은 법무 조직 및 임원과 사고 대응을 종료하기로 결정한 후 팀에게 종료 작업을 시작하라고 전한다.

이제 포렌식 작업에서 자유로워진 운영 팀은 복구 계획 작업을 분담하고 최대한 빨리 완료해서 빠르고 완벽하게 공격자를 차단한다. 그런 후 오후의 남은 시간을 이용해 포스트모템을 위해 관찰했던 내용을 적어나간다. 마지막으로 (IC 역할을 하는) 여러분은 팀의 모두가 사고가 어떻게 진행되었는지 논의하는 브리핑을 주도한다. 여러분은 사고 처리가 종료되었으며 더 이상 긴급 대응이 필요치 않다는 점을 명확히 소통한다. 팀원 모두가 집으로 돌아가기 전에 마지막으로 런던 팀에게 사고 대응이 완료되었음을 전달하기 위한 브리핑을 진행한다.

17.6 마치며

대규모 환경에서의 사고 관리는 그 자체만으로 보편적인 프로젝트 관리와 소규모 환경의 사고 대응 작업과는 전혀 다르다. 오늘날 시장이 원하는 속도로 모든 종류의 위기에 대응할 수 있는 팀을 구성하려면 절차와 도구 그리고 적절한 조직 구조에 집중해야 한다. 여러분이 엔지니어와 핵심 부서가 필요에 따라 임시로 대응 팀 역할을 소규모 조직에서 일하든 전 세계에 대응 팀이 있는 대규모 조직에서 일하든 아니면 그 중간 규모의 조직에서 일하든 이번 장에서 설명한 권장 사례를 적용해 보안 사고에 효율적으로 대응할 수 있길 바란다. 사고 대응과 포렌식 작업을 병행하고 ICS/IMAG 프레임워크를 사용해 팀을 전문적으로 관리하면 어떤 사고든 확장 가능하고 안정적으로 대응할 수 있다.

CHAPTER 18

복구와 사후처리

알렉스 페리Alex Perry, 개리 오코너Gary O'Connor, 헤더 애드킨스Header Adkins, 닉 소다Nick Soda

> 사용자가 서비스를 사용하는 데 문제가 없도록 하려면 보안 및 신뢰성 관련 사고로부터 신속하게 복구할 수 있어야 한다. 하지만 보안 사고로부터의 복구에는 공격자라는 큰 차이점이 있다. 끈질긴 공격자는 복구를 실행하는 중에도 여러분의 환경에 대한 접근을 활용하거나 언제든 다시 침입할 수 있다.
>
> 이번 장에서는 시스템을 설계, 구현, 유지 보수하는 사람이 공격으로부터 시스템을 복구할 때 알아야 할 것들을 자세히 설명한다. 복구를 수행하는 사람은 보안 전문가가 아닌 경우가 대부분이다. 대부분은 영향을 받은 시스템을 구축하고 매일 운영하는 사람이다. 이번 장의 내용과 예시는 복구를 수행하는 동안 공격자를 저지하는 방법을 중점적으로 다룬다. 실행 계획부터 타임라인, 계획 그리고 복구 단계를 시작하는 과정까지 다룬다. 또한 공격자의 활동을 저지하려는 시도와 공격자가 시스템을 공격하게 내버려두고 더 많은 정보를 알아내는 시도 같은 주요 절충에 대해서도 알아본다.

여러분의 조직이 심각한 사고를 경험했다면 어떻게 복구할지 알고 있는가? 누가 복구를 수행하며 수행자는 어떤 결정을 내려야하는지 알고 있는가? SRE 도서의 17장과 SRE 워크북의 9장에서는 서비스 장애를 방지하고 관리하는 방법을 설명한다. 이런 방법 중 상당수는 보안과도 관련이 있지만 보안 공격으로부터의 복구에는 독특한 요소가 있다. 특히 적극적인 악성 공격자가 있는 경우는 더 그렇다 (2장 참고). 그런 이유로 이번 장에서는 여러 종류의 복구 방법에 대해 개략적으로 설명하면서도 복구를 수행하는 엔지니어가 보안 공격에 대해 알아야 할 부분에 대해서는 특별히 더 강조한다.

8장과 9장에서도 설명했듯이 좋은 설계 원리를 적용해 구현한 시스템은 공격에 회복성을 가지며 쉽게 복구가 가능하다. 이 사실은 단일 컴퓨트 인스턴스든 분산 시스템이든 복잡한 다중 계층 애플리케이션이든 관계없이 적용된다. 잘 구현한 시스템에 복구까지 보장하려면 위기 관리 전략이 반드시 통합되어야한다. 앞 장에서도 설명했지만 효율적인 위기 관리는 공격자를 계속 저지하면서 동시에 손상을 입은 자산을 원래의(잠재적으로는 개선된) 상태로 되돌리는 것 사이의 미묘한 균형이 필요하다. 이번 장에서는 이런 목표를 달성하기 위한 좋은 복구 체크리스트 내용을 다룬다.

우리의 경험상 복구 엔지니어는 이 시스템을 매일 설계하고 구현하며 유지 보수하는 사람인 경우가 대부분이다. 공격이 진행 중인 동안 포렌식 활동을 수행하거나 보안 취약점의 분류 또는 미묘한 의사결정(17장 참고)을 내리는 등 특별한 역할을 수행하기 위해 보안 전문가를 동원할 필요가 있지만 시스템을 원래 상태로 복구하려면 시스템을 매일 다루면서 쌓은 경험으로 얻은 전문성이 필요하다. 사고의 조율과 복구를 위한 노력을 결합하면 보안 전문가와 복구 엔지니어가 서로 정보를 공유하면서 시스템을 복구할 수 있다.

보안 공격으로부터의 복구는 미리 준비한 교범에서 다루는 것보다는 훨씬 더 모호한 환경에서 이루어지는 경우가 많다.[1] 공격자는 공격 중간에 자신의 행동을 바꿀 수 있고 복구 엔지니어는 실수를 하거나 또는 시스템에서 예상하지 못한 특징이나 상세 내용을 발견할 수도 있다. 이번 장은 유연하게 행동하는 공격자에 대응하기 위한 동적인 복구 접근법을 설명한다.

복구는 보안 상태의 개선을 시작할 수 있는 강력한 도구다. 복구는 단기적인 전략적 완화와 장기적인 전략적 개선이라는 두 가지 형태를 모두 띠고 있다. 이번 장은 보안 사고, 복구 그리고 다음 사고가 발생하기까지의 소강 상태 시간 사이의 연속성에 대해 생각해볼 수 있는 몇 가지 방법을 제시하면서 마무리한다.

---

[1] 보안 사고로부터의 복구는 NIST SP 800-184(https://oreil.ly/7N8mr), 'Guide for Cybersecurity Event Recover' 같은 여러 문건에서 잘 다루고 있다. NIST 가이드는 사고가 발생하기 전에 예상 가능한 모든 종류의 이벤트에 대한 견고한 복구 체크리스트를 미리 만들어 둘 필요가 있다고 강조하고 있다. 그리고 이 계획을 테스트할 수 있는 지침도 제공한다. 이 가이드는 보편적으로 참고하기 좋지만 이 엄격한 조언을 위기 상황에서 구현하는 것은 매우 어렵다는 점을 알게 될 것이다.

18.1 복구 전략

앞 장에서도 설명했지만 사고를 잘 관리하면 병렬적으로 대응할 수 있다. 병렬화parallelization는 복구에 특히 유용하다. 여기서 복구를 수행하는 사람은 여러 가지 이유로 사고를 조사한 사람과는 다른 사람이어야 한다.

- 사고의 조사 단계는 시간이 많이 소요되고 상세하며 장시간의 집중을 요한다. 사고 대응이 길어지면 조사 팀은 복구가 시작되는 시점에 이미 휴식이 필요한 경우가 많다.
- 사고의 복구 단계는 아직 조사가 진행 중일 때 시작할 때도 있다. 그 결과 별도의 팀이 병렬로 진행하면서 서로 정보를 주고 받아야 한다.
- 조사를 수행하기 위해 필요한 스킬은 복구에 필요한 스킬과는 다를 수 있다.

복구를 준비하며 옵션을 고려할 때는 공식적인 팀을 구성해야 한다. 사고의 범위에 따라 이 팀은 팀원이 한 명일 수도 있고 전체 조직만큼이나 규모가 큰 팀일 수도 있다. 사고 내용이 복잡한 경우에는 공식 팀, 잦은 회의, 공유 문서 리포지토리, 쌍방향 검토 같은 조율 메커니즘을 구현할 것을 권한다. 많은 조직이 스프린트sprint, 스크럼Scrum 팀, 탄탄한 피드백 루프 같은 기존의 애자일 개발 절차를 적용해 복구 팀 운영을 모델링하고 있다.

역할과 책임

이번 장에서 다루는 주제는 소수가 진행하는 오픈 소스 프로젝트부터 소규모 비즈니스는 물론 대기업까지 조직의 규모와 관계없이 적용할 수 있다. 설명하는 과정에서 팀과 정식 역할을 언급하기는 하지만 이 개념은 규모에 관계없이 적용할 수 있다.

예를 들어 정규 팀 구조의 셋업에 대해 설명할 때, 이 구조는 한 두가지 역할을 더 수행하는 것에 동의한 직원으로 구성된 내부 팀일 수도 있지만 복구 과정 중 일부를 서드파티에 위임하는 모델을 적용할 수도 있다. 예컨대 계약직 직원을 채용해 시스템을 재구축할 수 있다. 복구는 조직의 여러 부서가 협업해야 하며 그 중 일부는 평소 위기에 대응하지 않는 팀일 수 있으므로 적응성이 특히 중요하다.

복잡한 사고로부터 조직적으로 복구하는 모습을 보면 각 개인의 복구 작업이 서로에게 영향을 미치는, 마치 잘 짜인 발레 공연을 보는 것 같다.[2] 이 발레 공연의 댄서는 다른 사람의 발을 밟

---

2 반면 잘 문서화된 계획이 없다면 Three Stooges(미국의 고전 슬랩스틱 코미디 프로)를 보는 것과 마찬가지다.

지 않도록 하는 것이 중요하다. 따라서 복구를 준비하고 검토하고 실행하기 위한 역할을 분명하게 정의해서 모두가 운영적 위험을 이해하고 면대면 소통에 자주 참여해야 한다.

사고가 진행 중이면 사고 책임자(IC)와 운영 리드(OL)은 17장에서 설명했던 것처럼 복구 리드(RL)를 선임해 복구 계획을 세우기 시작해야 한다. RL은 복구 절차와 나머지 조사 과정이 잘 맞아떨어지도록 IC와 면밀히 협조해 복구 체크리스트를 만들어야 한다. 또한 RL은 관련 전문가로 팀을 구성하고 복구 체크리스트를 만들어야 한다 (18.3.3 '복구 체크리스트' 참고).

구글에서는 매일 시스템을 구현하고 실행하는 팀이 복구를 수행한다. 이 팀에는 SRE, 개발자, 시스템 관리자, 고객 센터 인력 그리고 코드 감사 및 설정 검토 같은 일상 업무를 관리하는 관련 보안 전문가 등이 속한다.

복구가 진행되는 동안에는 정보의 관리와 소통이 성공적인 대응의 핵심이다. 원래 사고의 발생 과정, 손상을 입은 부분에 대한 기록, 복구 체크리스트, 새로운 운영 문서 그리고 공격 자체에 대한 정보는 매우 중요한 결과물이다. 조직의 인프라스트럭처에서 분리된 컴퓨터를 저장소로 활용해서 복구 팀은 이 문서를 활용할 수 있지만 공격자는 접근하지 못하도록 하자. 예를 들어 버그 추적 시스템, 클라우드 기반 협업 도구, 화이트보드 심지어 벽에 메모를 붙이는 방법 같은 정보 관리 도구를 조합해서 사용할 수 있다. 이런 도구는 공격자의 공격이 시스템에 미칠 수 있는 최대한의 범위를 고려해 그 범위를 벗어난 곳에서 사용해야 한다. 우선은 벽에 메모를 붙이면서 시작한 후 복구 팀원의 머신이 손상되지 않았음을 확신할 때 사고 관리 서비스를 사용하는 방법을 고려하자.

정보를 제대로 관리하는 것도 원활한 복구의 핵심 요소다. 이슈가 발생하거나 체크리스트 아이템을 완료할 때는 모두가 실시간으로 접근해 업데이트할 수 있는 자원을 사용하자. 복구 리드만 복구 계획에 접근할 수 있다면 빠른 실행에 방해가 될 것이다.

시스템을 복구하다 보면 복구 중에 발생한 상황에 대해 확실한 내용을 기록해 두는 것 또한 중요하다. 여러분이 실수를 하더라도 감사 추적이 이슈를 수정하는 데 도움을 줄 것이다. 그래서 전담 노트 기록자나 문서 작성 전문가를 선정하는 것이 좋다. 구글에서는 복구를 진행하는 동안 정보 관리를 최적화하기 위해 기술 문서 작성자를 활용한다. 기술 문서에 대한 조직적 관점에 대해서는 21장을 읽어볼 것을 권한다.

18.2 복구 타임라인

사고의 복구 단계를 시작하는 최적의 시기는 조사의 본질에 크게 좌우된다. 사고의 영향을 받은 인프라스트럭처가 정말 중요한 부분이라면 거의 즉시 공격으로부터 복구해야 할 것이다. 서비스 거부 공격을 받은 경우라면 거의 이런 경우일 것이다. 그렇지 않고 공격자가 인프라스트럭처를 완전히 장악한 경우라면 복구 계획은 즉시 세워야 하지만 일반적으로는 실질적인 공격이 완전히 가라앉은 후에 실행하는 편이 좋다. 이번 장에서 설명하는 복구 절차는 아직 조사가 진행 중이든, 사고에 대한 조사 과정이 마무리되었든 언제든 적용이 가능하다.

사고에 대한 충분한 정보를 확보하고 복구의 범위를 이해하면 어떤 방법으로 복구를 해야 하는지 알 수 있을 것이다. 대부분 복구 작업을 시작하는 시점이라면 복구 팀이 작업을 진행하면서 갱신해야 할 포스트모템 문서를 이미 조사 팀이 만들어 뒀을 것이다. 복구 팀은 복구를 시작하기 전에(18.3절 '복구 계획' 참고) 이 문서의 정보를 이용해 복구 계획 단계(18.4절 '복구 시작' 참고)를 마무리해야 한다.

처음의 계획은 시간이 지나면서 개선될 수 있으므로 복구 계획을 세우는 시점과 실제로 실행하는 시점이 다소 겹치는 시점이 있을 수도 있다. 하지만 **어떤 계획 없이 복구를 시작해서는 안 된다.** 같은 이유로 우리는 복구를 시작하기 앞서 복구 체크리스트를 만들것을 권한다. 복구 이후의 작업(18.5절 '복구 이후' 참고)는 복구 작업이 완료되지마자 실행해야 한다. 복구 작업과 복구 이후 작업 사이의 시간이 너무 길어지면 앞서 수행했던 작업에 대한 내용을 잊어버리거나 중장기 수정에 필요한 작업이 지연될 수 있다.

18.3 복구 계획

복구 작업의 목표는 공격을 완화하고 시스템을 정상적인 상태로 되돌리며 그 과정에서 필요한 개선사항을 적용하는 것이다. 복잡한 보안 사고가 발생한 경우에는 동시적 사고 관리가 필요하며 사고의 여러 부분을 처리하기 위한 팀을 구성해야 한다.

복구 계획을 수립하는 과정은 조사 팀이 발견한 정보에 의존하므로 실제로 행동을 취하기에 앞서 조심스럽게 계획을 세우는 것이 중요하다. 이런 경우에는 공격자가 무슨 짓을 했는지에 대한 충분한 기반 정보를 갖추자마자 복구 계획을 세워야한다. 다음 절에서는 복구를 준비하기 위한 몇 가지 권장 사례와 피해야 할 위험에 대해 설명한다.

18.3.1 복구의 범위

사고에 대한 복구의 정의는 어떤 공격을 당했는지에 좌우된다. 예를 들어 단일 머신이 랜섬웨어에 감염된 것 같은 소소한 이슈를 복구하는 것은 상대적으로 쉽다. 그저 시스템을 다시 인스톨하면 그만이다. 하지만 여러분의 네트워크 전역에 걸쳐 민감한 데이터를 추출하는 대규모 공격으로부터 조직 전체를 복구하려면 여러 복구 전략과 스킬을 조합해야 한다. 복구에 필요한 노력은 공격의 심각성이나 고도화 수준에 비례하지는 않는다는 점을 기억하자. 준비가 되지 않은 조직이라면 단순한 랜섬웨어 공격에도 수많은 머신이 손상되며 복구에도 엄청난 자원이 필요할 수 있다.

복구 팀이 보안 사고로부터 복구를 시작하려면 시스템, 네트워크 그리고 공격에 영향을 받은 데이터에 대한 완전한 목록이 필요하다. 또한 공격자의 전술, 기법, 절차(TTP)에 대해 충분한 정보를 확보해야 영향을 받은 리소스를 확인할 수 있다. 예를 들어 복구 팀이 설정 배포 시스템이 손상된 것을 발견했다면 이 시스템은 복구의 범위에 포함된다. 그러면 이 시스템으로부터 설정을 수신한 시스템 역시 그 범위에 포함해야 한다. 그래서 조사 팀은 공격자가 변경한 설정이 있는지 그리고 그 설정이 어떤 시스템으로 전달되었는지를 파악할 필요가 있다.

17장에서도 설명했지만 이상적인 경우라면 IC는 이미 조사 초기에 누군가에게 포스트모템을 위해 공격 완화 문서에 조치 항목을 관리하는 업무를 할당해야 한다. 완화 문서와 그 이후의 포스트모템을 통해 손상의 직접적 원인을 처리하기 위한 스텝을 정의할 수 있다. 이 조치 항목의 우선순위를 정하고 (알려진 취약점을 수정하는 등의) 단기적 완화와 (취약한 라이브러리의 사용을 방지하기 위해 빌드 절차를 변경하는 등의) 전략적 장기 변화를 분류하려면 그만큼 충분한 정보가 필요하다.

향후에 이런 자산을 보호하는 방법을 이해하려면 우선 공격자의 행동에 의해 직간접적으로 영향을 받은 자산을 파악해야 한다. 예를 들어 공격자가 웹서버의 취약한 소프트웨어 스택을 악용했다면 그 공격을 이해해야 해당 패키지를 사용하는 다른 시스템을 패치할 수 있다. 마찬가지로 공격자가 피싱을 이용해 사용자 계정을 획득했다면 복구 팀은 다른 공격자가 내일 같은 방법으로 침입하지 못하게 할 방법을 계획해야 한다. 공격자가 향후 공격에 활용할 수 있는 자산이 있는지 이해하는 데 주의를 기울여야 한다. 2장에서 설명한 것처럼 공격자의 행동과 복구 과정에서 구축 가능한 방어 체계에 대한 목록을 만드는 것을 고려하자. 이 목록은 새로운 방어 체계를 도입한 이유를 운영 문서에 설명하는 용도로도 사용할 수 있다.

손상된 자산의 목록과 단기 완화 전략을 갖추려면 포스트모템 노트, 조사 팀, 사고 책임자와의 긴밀한 의사소통과 피드백이 필요하다. 복구 팀은 최대한 빨리 조사 팀이 발견한 내용에 대해 학습해야 한다. 조사 팀과 복구 팀이 서로 효율적으로 정보를 교환하지 않으면 사고를 완화하기 위한 노력을 우회할 수 있다. 또한 복구 계획을 세울 때는 공격자가 여전히 여러분의 행동을 지켜보고 있을 가능성도 고려해야 한다.

18.3.2 더 알아보기: 복구 시 고려사항

사고에 대한 복구 단계를 설계하다 보면 답을 찾기 어려운 상황에 마주하게 될 경우가 있다. 이번 절에서는 절충의 균형을 맞추는 데 필요한 몇 가지 보편적인 함정과 아이디어에 대해 설명한다. 여기서 소개하는 원리는 복잡한 사고를 자주 다루는 보안 전문가에게는 쉬운 내용이겠지만 복구에 참여하는 사람이라면 누구에게나 중요한 정보다. 뭔가 결정을 내리기 앞서 스스로에게 다음의 질문을 해보기 바란다.

복구를 시작하면 공격자가 어떻게 반응할까?

완화 및 복구 체크리스트(18.3.3절 '복구 체크리스트'와 18.6절 '예시' 참고)는 여러분의 리소스에 접근 중인 공격자를 차단하고 다시 접근하지 못하도록 하는 방법을 포함하고 있을 것이다. 이 스텝을 구현하는 것은 공격에 대한 거의 완벽한 지식과 공격자를 몰아내는 확실한 계획을 실행하는 것 사이의 미묘한 균형을 맞추는 것이다. 혹여 실수라도 하게 되면 여러분이 예상하지 못하거나 미처 알아볼 수 없는 다른 행동을 하게 될 수도 있다.

예를 들어보자. 사고가 진행 중인 동안 조사 팀은 공격자가 6개의 시스템을 손상시킨 것을 발견했지만 최초에 어떻게 공격이 시작되었는지는 알아내지 못한 상태라고 가정하자. 심지어 애당초 어떻게 공격자가 여러분의 시스템에 접근할 수 있었는지 조차 불확실하다. 이런 경우 복구 팀은 공격이 어떻게 시작됐는지, 공격자가 어떻게 반응할지 또는 공격자가 여전히 시스템을 장악하고 있는지를 모르는 상태인 것이다. 공격자가 여전히 시스템을 장악 중이라면 접근이 가능한 또 다른 시스템에서 여러분이 그 6개의 시스템을 오프라인으로 돌리는 것을 볼 수 있을 것이며 공격자는 접근 가능한 나머지 인프라스트럭처를 파괴하려 들수도 있다.

공격자는 여러분의 시스템을 파괴하는 것 외에도 여러분이 복구 과정에서 사용하는 이메일, 버그 추적 시스템, 코드 변경, 일정 및 기타 다른 리소스를 도청할 수도 있다. 사고의 심각성과 복구하려는 손상의 종류에 따라 공격자가 볼 수 없는 시스템을 이용해 조사 및 복구를 수행해야 할 수도 있다.

복구 팀이 팀원 중 한명의 계정이 탈취된 상태에서 인스턴스 메시징 시스템을 이용해 작업을 조율하는 경우를 생각해보자. 그 시스템에 로그인해서 채팅 기록을 살펴보고 있던 공격자는 조사에서 발견한 사항을 비롯해 복구를 진행하면서 나누는 대화를 모두 볼 수 있다. 게다가 복구 팀이 아직 모르는 정보를 유추해낼 수도 있을 것이다. 그리고는 조사 팀에게 발견되지 않도록 우회하면서 다른 방법으로 더 많은 시스템을 손상시킬 수 있다. 이 경우 복구 팀은 새로운 인스턴스 메시징 시스템을 새로운 머신(예를 들면 저렴한 크롬북)에 배포해서 대응자의 의사소통을 도와야한다.

너무 극단적인 예로 보일 수도 있겠지만 여기서 우리가 말하고자 하는 요점은 간단하다. 공격의 이면에는 여러분의 사고 대응에 반응하는 어떤 사람이 있다는 점이다. 여러분의 복구 계획에는 그 사람이 여러분의 계획에서 학습한 내용을 토대로 어떤 행위를 할 수 있는지를 반드시 고려해야 한다. 공격자의 접근 가능 범위를 완전히 이해하려고 하고 피해의 위험을 최소화하면서 행동을 시작해야 한다.

> NOTE_ 요즘 들어 대부분의 보안 사고 대응자는 공격자를 내쫓기 전에 공격 자체에 대해 완전히 이해할 때까지 기다려야 한다는 점에 동의한다. 그렇게 함으로써 공격자가 여러분의 대응을 감시하지 못하게 할 수 있고 방어적으로 대응하는 데도 도움이 된다.
>
> 물론 좋은 방법이기는 하지만 이 방법을 적용할 때는 주의를 기울이기 바란다. 공격자가 이미 뭔가 위험한 일(민감한 데이터를 빼돌리거나 시스템을 파괴하는 등)을 저질렀다면 공격자가 무슨 짓을 했는지 완전히 이해하지 못한 상황에서도 뭔가 대응을 취하기로 결정할 것이다. 공격자의 의도와 공격의 범위를 완전히 알기 전에 공격자를 내쫓으면 체스 게임 도전을 받아들인 셈이다. 제대로 준비하고 게임에서 이길 수 있는 길을 찾도록 하자.

복잡한 사고를 처리하는 중이거나 현재 공격자가 여러분의 시스템상에서 무슨 일을 꾸미고 있는 경우라면 조사 팀과 긴밀하게 협조하면서 공격자가 다시 시스템에 접근하거나 복구 작업을 우회하지 못하도록 하는 방법을 복구 계획에 포함해야 한다. 그리고 조사 팀이 복구 계획에 대해 알도록 해야 한다. 조사 팀은 여러분의 계획이 공격을 중지시킬 것이라는 확신을 가져야 한다.

복구 인프라스트럭처나 도구가 손상되었는가?

복구 계획을 세우는 초기 단계에서는 어떤 인프라스트럭처와 도구가 필요한지 결정하고 복구 시스템의 손상 여부를 조사 팀에게 물어보는 것이 중요하다. 조사 팀의 대답에 따라 안전하게 복구를 수행할 수 있는지 그리고 완전한 대응을 위해 어떤 것을 준비해야 하는지가 결정된다.

예를 들어 공격자가 네트워크상의 여러 노트북과 이 노트북의 셋업을 관장하는 설정 서버를 손상시켰다고 가정해보자. 이런 경우에는 손상된 노트북을 고치기 전에 설정 서버를 먼저 복원할 수 있는 계획이 필요하다. 마찬가지로 공격자가 백업 복구 도구에 악의적인 코드를 심어놨다면 데이터를 복구하기 전에 공격자가 변경한 부분을 찾아내 원래 코드로 복원해야 한다.

더 중요한 것은 현재 공격자가 장악하고 있는 인프라스트럭처에 위치한 자산(시스템, 애플리케이션 네트워크 또는 데이터 등)을 어떻게 복구할 것인지를 반드시 고려해야 한다. 공격자가 인프라스트럭처를 장악하고 있는 동안 자산을 복구하면 같은 공격자가 다시 손상시킬 수 있다. 이런 상황에서 보편적인 복구 패턴은 새로운 네트워크나 시스템처럼 '깨끗한' 또는 '안전한' 버전의 자산을 셋업해 손상된 버전과 완전히 격리된 상태로 사용하는 것이다. 어쩌면 인프라스트럭처 전체나 최소한 핵심적인 부분을 복제해야 할 수도 있다.

손상된 설정 서버의 예시를 다시 생각해보면, 격리된 네트워크상에서 새로운 운영체제를 설치해 시스템을 재구성하기로 선택할 수 있다. 그런 후 시스템을 수동으로 설정해서 공격자가 장악한 설정 없이 새로운 머신을 부트스트랩할 수 있다.

어떤 변종 공격이 있을 수 있는가?

조사 팀이 공격자가 웹 서비스 인프라스트럭처의 버퍼 오버플로 취약점을 악용했다고 보고했다고 가정해보자. 공격자가 하나의 시스템에 대한 접근을 획득지만 여러분은 나머지 20대의 서버도 결함이 있는 같은 소프트웨어를 사용하고 있다는 점을 알고 있다. 이런 상황에서 복구를 계획할 때는 손상을 입은 한 시스템을 처리해야 하는 것은 물론 두 가지 다른 요소도 고려해야 한다. 즉 나머지 20대의 서버도 손상을 입었는지 그리고 나중에 이 모든 머신의 취약점의 영향을 어떻게 완화할 것인지를 고려해야 한다.

또한 현재 공격 중인 공격의 변종 공격이 발생할 때 (단기적으로) 시스템이 견뎌낼 수 있는지 고려하는 것도 중요하다. 버퍼 오버플로 예제의 경우라면 인프라스트럭처에서 연관성이 있는 취약점이든 아니면 소프트웨어의 다른 부분에 숨어있는 같은 취약점이든 어쨌든 관련이 있는 소프트웨어 취약점을 찾아내는 단계가 복구 계획에 추가되어야 한다. 이 단계는 직접 작성한 코드나 공유 라이브러리를 사용할 때는 특히 더 중요하다. 퍼징을 비롯한 여러 테스트 기법은 13장에서 설명하고 있다.

오픈 소스나 상용 소프트웨어를 사용하며 다양한 테스트 기법을 직접 제어할 수 없다면 소프트웨어를 관리하는 사람이 직접 가능한 변종 공격을 고려해서 필요한 보호 장치를 구현해뒀기를 바랄 수밖에 없다. 소프트웨어 스택의 다른 부분에 적용할 수 있는 패치가 있는지 확인하고 복구 과정에서 다양한 업그레이드를 고려할 필요가 있다.

복구 과정에서 다른 공격이 발생할 여지가 있는가?

여러 복구 방법은 기본적으로 영향을 받은 자원을 원래 상태로 되돌리는 것을 추구한다. 이 과정은 시스템 이미지, 리포지토리에 저장된 소스 코드 또는 설정에 의존하는 경우가 있다. 복구에 대해 반드시 고려해야 할 사항은 복구 과정이 다른 공격 여지를 남겨서 시스템을 취약하게 만들거나 내구성 또는 안전성이 떨어질 위험이 있는가다. 시스템 이미지가 취약한 소프트웨어를 탑재하고 있어서 공격자가 시스템을 손상시킬 수 있다고 가정해보자. 복구 과정에서 이 시스템 이미지를 재사용하면 취약한 소프트웨어를 다시 실행하게 되는 것뿐이다.

이런 형태로 취약점이 다시 드러나는 것은 보통 (현대의 클라우드 컴퓨팅과 온프레미스 환경을 포함해) 전체 시스템 스냅숏을 가진 '골든 이미지golden image'에 의존하는 여러 환경에서 빈번하게 찾아볼 수 있는 보편적인 실수다. 시스템을 다시 온라인으로 전환하기 전에 원본이든 아니면 인스톨 직후든 골든 이미지를 업데이트하고 손상된 스냅숏을 제거하는 것이 중요하다.

공격자가 복구 인프라스트럭처의 일부(예를 들면 소스 코드 리포지토리에 저장된 설정)를 수정할 수 있는 상태에서 이 손상된 설정을 이용해 시스템을 복구하면 공격자의 변경사항을 다시 적용해 주는 것일 뿐이다. 시스템을 정상으로 되돌리려면 이런 회귀 현상을 피하기 위해 시간을 그보다 훨씬 전으로 되돌려야 할 수도 있다. 또한 공격 타임라인에 대해서도 신중히 생각해 봐야 한다. 언제 공격자가 수정을 했고 이 변경을 되돌리려면 얼마나 오래 전의 상태로 되돌려야 할까? 공격자가 수정을 가한 정확한 시간을 확인할 수 없다면 인프라스트럭처의 상당 부분을 처음부터 병렬로 다시 빌드해야 할 수도 있다.

> **NOTE_** (테이프 백업 같은) 전통적인 백업에서 시스템이나 데이터를 복구할 때는 시스템 백업에 공격자가 수정한 부분이 포함되어 있지 않은지 확인해야 한다. 공격자가 증거를 남긴 백업이나 데이터 스냅숏은 폐기하거나 나중에 분석을 위해 격리해 둬야 한다.

완화 옵션은 무엇인가?

시스템에 (9장에서 설명한) 회복성 설계 원리를 적용한다면 보안 사고로부터 신속하게 복구하는 데 도움이 된다. 만일 서비스가 (모놀리식 바이너리가 아닌) 분산 시스템이라면 개별 모듈에 신속하고 쉽게 보안 수정사항을 적용할 수 있다. 즉 주변 모듈에 심각한 위험을 초래하지 않고도 결함이 있는 모듈에 '지역적인' 업데이트를 수행할 수 있다. 마찬가지로 클라우드 컴퓨팅 환경의 경우 손상된 컨테이너나 가상 머신을 셧다운하고 원래 상태를 가진 인스턴스로 신속하게 교체할 수 있는 메커니즘을 마련할 수 있다.

하지만 공격자가 손상시킨 자산(머신, 프린터, 카메라, 데이터 및 계정 등)에 따라 이상적으로 적용할 수 있는 완화 전략의 수가 적을 수 있다. 어쩌면 어떤 옵션이 그나마 덜 나쁜 것인지 선택하고 시스템에서 공격자를 영구히 몰아내는 단기적 목표를 달성하기 위해 다양한 기술 부채가 발생할 수도 있다. 예를 들어 공격자의 접근을 막기 위해 라우터 설정에 거부 규칙을 수동으로 추가하기로 결정했다고 하자. 공격자가 이 변경사항을 보지 못하게 하려면 이런 설정 변경은 버전 관리 시스템을 이용해 추적하고 다른 이가 검토해야 한다는 절차를 우회해야 할 수도 있다. 이런 경우에는 정식 설정에 새로운 방화벽 규칙을 추가하기 전까지 자동 규칙 적용 기능을 비활성화해야 한다. 또한 나중에 어느 시점에 자동 규칙 적용을 다시 활성화하는 것도 잊지 말아야 한다.

공격자를 몰아내기 위한 단기적 완화 전략을 수행하면서 기술 부채를 감수할 것인지를 결정할 때는 다음과 같은 사항을 고려해야 한다.

- 얼마나 신속하게 (그리고 언제) 단기 완화 전략을 교체하거나 제거할 수 있는가? 다시 말하면 이 기술 부채를 얼마나 오래 감수해야 하는가?
- 조직이 이 완화 전략을 수용하기로 결정했는가? 새 기술 부채를 감수해야 하는 팀이 그 부채를 수용하고 나중에 개선 비용을 감당할 의사가 있는가?
- 완화 전략이 시스템 업타임에 영향을 미치며 에러 예산[3]을 초과할 것인가?
- 조직 구성원들이 완화 전략이 단기적이라는 것을 어떻게 인지하고 있는가? 이 완화 전략이 나중에 제거해야 할 기술 부채임을 표시해서 시스템을 다루는 다른 사람도 그 상태를 볼 수 있도록 하자. 예를 들어 코드에 주석을 추가하고 커밋 메시지에 자세한 내용을 기술해서 새 기능에 의존하는 사람이라면 누구나 이 기능이 나중에 변경되거나 삭제될 수 있음을 알 수 있게 하자.
- 사고에 대한 도메인 전문성이 없는 다른 엔지니어가 나중에 이 완화 전략이 더 이상 필요치 않다는 것을 어떻게 증명할 수 있으며 어떻게 아무런 위험 없이 제거할 수 있는가?
- 단기적 완화 전략을 (실수로 또는 상황에 의해) 예상보다 오래 적용해야 한다면 어떤 영향이 있는가? 공격자가 데이터를 손상시킨 경우를 생각해보자. 그리고 여러분은 데이터를 점검하고 새로운 시스템으로 마이그레이션 하는 동안 데이터베이스를 계속 온라인 상태로 유지하기로 했다. 여러분의 단기적 완화 전략은 데이터베이스를 별도의 네트워크로 격리하는 것이다. 이 경우 스스로에게 물어보자. 이 완화 전략이 원래 의도했던 2주가 아니라 6개월간 유지되어야 한다면 어떤 영향이 있을 것인가? 조직 구성원이 그 데이터베이스가 손상되었다는 점을 잊어버리고 실수로 안전한 네트워크에 다시 연결하게 되진 않을까?
- 도메인 전문가가 지금까지의 질문에 대한 여러분의 답변에서 헛점을 발견하지는 않았는가?

18.3.3 복구 체크리스트

복구의 범위를 정했다면 선택 가능한 옵션을 나열하고 (18.4절 '복구 시작'에서 설명한다) 각 옵션의 절충을 주의깊게 고려해야 한다. 이 정보는 복구 체크리스트(또는 사고의 복잡도에 따라 여러 체크리스트)의 기반을 형성한다. 여러분이 수행하는 모든 복구 작업은 규칙적이며 테스트를 마친 사례를 활용해야 한다. 복구 스텝을 포괄적으로 문서화하고 공유하면 사고 대응에 참여하는 사람들이 더 쉽게 협업하고 복구 계획에 조언도 해줄 수 있다. 체크리스트를 잘 문서

---

3 에러 예산은 SRE 도서 3장 참고.

화하면 복구 팀이 병렬적으로 수행할 수 있는 부분을 쉽게 파악하고 여러분이 업무를 조율하는데 도움을 줄 수도 있다.

[그림 18-1]의 복구 체크리스트 템플릿에서 보듯이 체크리스트의 각 항목은 개별 태스크와 연결되어 있으며 이 태스크를 완수하려면 그에 상응하는 스킬이 필요하다.[4] 복구 팀의 개개인은 자신의 스킬에 맞춰 태스크를 담당할 수 있다. 그러면 사고 책임자 역시 담당자가 할당된 복구 스텝이 제대로 완료될 것이라는 확신을 가질 수 있다.

체크리스트에는 복구에 사용할 특정한 도구와 명령 등 관련된 상세 정보를 갖추고 있어야 한다. 그렇게 하면 정리를 시작할 때 모든 팀원이 어떤 태스크를 완료해야 하는지에 대해 모두가 동의한 명확한 가이드라인을 갖게 될 것이다. 또한 체크리스트에는 계획이 실패했을 때 필요한 모든 정리 스텝이나 롤백 절차도 포함해야 한다. 이 장의 마지막에서는 [그림 18-1]의 체크리스트 템플릿을 예시로 사용할 것이다.

지시사항
- **완료된** 작업은 **초록색**으로 표시한다.
- 해야 할 작업은 **주황색**으로 표시한다.
- 완료가 불가능한 작업은 **빨간색**으로 표시한다. 이런 작업은 반드시 유사한 다른 작업으로 대체해야 한다.
- 운영 상 위험으로 인해 조정이 필요해서 완료할 수 없는 작업은 **파란색**으로 표시한다.

사고 책임자
- '키보드에서 손 떼기' 브리핑을 수행한다.
- 태스크와 제약사항에 대한 개요를 제공한다.
- 관련자 모두에게 복원 작업을 시작할 정확한 시간을 알려준다.

복구 리드는 운영 순서에 따라 다음의 작업을 실행한다.
1. (팀 이름 #1): 태스크에 대한 설명
   A. 상세한 명령이나 스텝
2. (팀 이름 #2): 태스크에 대한 설명
   A. 상세한 명령이나 스텝
3. (팀 이름 #3): 태스크에 대한 설명
   A. 상세한 명령이나 스텝
4. (팀 이름 #4): 태스크에 대한 설명
   A. 상세한 명령이나 스텝

그림 18-1 체크리스트 템플릿

----

4 '키보드에서 손 떼기' 브리핑을 구현하는 방법은 여러분에게 달려있지만 이 훈련에서 가장 중요한 것은 청중이 완전히 집중해서 참여하게 만드는 것이다. 대응자는 현재 사고가 발생한 상태이므로 실행 중인 스크립트 또는 상태 대시보드를 계속 주시하고 싶어할 것이다. 미묘하고 복잡한 복구를 수행하려면 브리핑 중에 모든 사람이 주의를 기울여 같은 정보를 공유할 수 있도록 하는 것이 중요하다.

18.4 복구 시작

보안 사고 이후 시스템의 안전하며 신뢰할 수 있는 복구는 주의깊게 구성한 체크리스트 같은 효율적인 절차에 크게 의존한다. 발생한 사고의 유형에 따라 효과적인 기술 옵션을 고려해야 한다. 완화 및 복구의 목적은 여러분의 환경에서 공격자를 몰아내고 다시 침입하지 못하게 하며 시스템을 더 안전하게 만드는 것이다. 9장에서는 미리 시스템에 채택할 수 있는 복구를 위한 설계 원리를 설명하고 있다. 이번 절에서는 이런 원리를 기반으로 구현한 복구를 실행할 때 실질적인 사례를 보여주고 특정 의사결정의 장단점을 설명한다.

18.4.1 자산의 격리

격리(때로는 쿼런틴^{quarantine}**이라고도 한다)**는 공격의 영향을 완화하기 위한 매우 보편적인 기법이다. 안티바이러스 소프트웨어가 감염된 파일을 시스템이 읽거나 실행하지 못하도록 격리 폴더로 옮기는 것이 대표적인 예시다. 쿼런틴 역시 손상된 호스트 하나를 격리하는 방법으로 주로 사용한다. 해당 호스트는 네트워크 수준에서 격리(예를 들면 스위치 포트를 비활성화)하거나 또는 호스트 자체를 격리(예를 들면 네트워킹을 비활성화)할 수 있다. 심지어 네트워크 분리를 이용해 손상된 머신의 네트워크 전체를 격리할 수도 있다. 상당수의 DoS 대응 전략은 영향을 받은 네트워크로부터 서비스를 분리하는 방법을 채택하고 있다.

비욘드코프

구글의 비욘드코프 아키텍처(https://oreil.ly/jGrvI)의 제로 트러스트 개념 덕분에 격리를 이용해 사고를 쉽게 완화할 수 있다. 기본적으로 비욘드코프 같은 아키텍처는 공격을 완화하는 동안 격리 기법을 확대 적용한다.

비욘드코프는 우리가 보안 상태를 확인한 이후에만 신뢰할 수 있는 자산으로 분류해 다른 서비스와 통신할 수 있도록 한다. 그래서 자산 간에는 약간의 신뢰 과계가 있다. 덕분에 확산 행위(네트워크상의 두 머신 사이의 이동) 같은 보편적인 공격 기법에 대비할 수 있는 격리 경계를 자연스럽게 만들어낸다. 서비스로의 접근은 프록시 인프라스트럭처와 필요 시 언제든 폐기할 수 있는 강력한 자격 증명을 잘 활용하도록 만들어져있다.

손상된 인프라스트럭처를 계속 유지해야 하는 경우에도 자산의 격리가 도움이 된다. 중요한 데이터베이스 중 하나가 손상된 상황을 생각해보자. 이 데이터베이스가 너무 중요해서 완화 작업을 진행하는 동안에도 데이터베이스를 계속 운영해야 한다. 어쩌면 이 데이터베이스는 필수적인 자산이고 재빌드에 몇주가 소요될 수 있으며 여러분의 조직이 그렇게 오래 전체 비즈니스를 중단하고싶지 않을 수 있다. 이런 경우 공격자의 영향을 줄이기 위해 데이터베이스를 자체 네트워크로 격리하고 이 시스템이 (인터넷과 나머지 인프라스트럭처로)보내거나 받을 수 있는 네트워크 트래픽에 제한을 두면 된다.

이때 주의할 점 한 가지가 있다. 손상된 자산을 온라인 상태로 유지하는 것은 치명적인 기술 부채다. 이 부채를 제때 적절히 처리하지 않고 의도한 것보다 오래 온라인 상태로 두면 이 손상된 자산이 부수적인 피해를 초래할 수도 있다. 이런 일이 벌어질 수 있는 이유는 격리된 데이터가 유일한 자산이라서(즉, 백업이 없어서) 또는 격리된 자산을 교체하는 것이 어려워서 또는 단순히 사고 처리에 정신이 없어서 사람들이 손상된 자산을 잊어버려서 등 여러 가지 이유가 있다. 최악의 경우라면 조직에 새로 합류한 (또는 사고를 처음 당해본) 인원이 손상된 자원의 격리를 해제할 수도 있다!

장치에 눈에 잘 띄는 스티커를 붙이거나 격리 중인 시스템의 MAC 주소 목록을 만들고 이 주소가 네트워크에 나타나는지를 계속 모니터링하는 등의 방법으로 손상된 자산을 표시하는 방법을 찾아야한다. 스티커는 재사용을 사전에 차단하는 반면 주소 목록은 신속하게 대응해 위협을 제거할 수 있다. 복구 체크리스트와 포스트모템으로 격리된 자산이 안전하고 영구적으로 복구되었는지를 계속 확인할 수 있도록 하자.

18.4.2 시스템 재빌드와 소프트웨어 업그레이드

이쯤에서 어려운 문제를 하나 생각해보자. 여러분이 세 개의 시스템에서 공격자의 멀웨어를 발견하고 사고의 복구 단계에 접어들었다고 생각해보자. 공격자를 몰아내기 위해 멀웨어를 제거하고 시스템을 유지할 것인가 아니면 시스템을 재설치할 것인가? 시스템의 복잡도와 중요도에 따라 이 두 방법의 절충을 고려해야할 것이다. 한편으로는 영향을 받은 시스템이 중요하고 재빌드가 어렵다면 공격자의 멀웨어를 제거하는 편이 나아보일 것이다. 반면 공격자가 여러 종류의 멀웨어를 설치했고 그 전부에 대해 잘 알지 못한다면 시스템 전체를 정리할 수 있는 기회를 잃게 될 수도 있다. 보통은 원래 상태의 이미지와 소프트웨어로 시스템을 처음부터 재설치하는

것이 최선이다.[5]

신뢰할 수 있고 안전한 설계 원리를 이용해 환경을 운영 중이라면 시스템의 재빌드나 소프트웨어 업그레이드는 상대적으로 용이할 것이다. 9장에서는 호스트 관리와 펌웨어를 포함해 시스템의 상태를 파악할 수 있는 몇 가지 팁을 제공한다.

예를 들어 하드웨어 기반의 부트 검증으로 그 결과가 암호학적으로 운영체제와 애플리케이션까지 이어지도록 만들어 진(크롬북이 좋은 예다) 시스템을 사용 중이라면 전원을 껐다가 켜기만 해도 시스템이 원래 상태로 돌아가므로 쉽게 복구할 수 있다. Rapid(SRE 도서의 8장 참고) 같은 자동화된 릴리스 시스템은 복구 과정에서 소프트웨어 업데이트를 안전하고 예측할 수 있게 적용하는 방법을 제공한다. 클라우드 컴퓨팅 환경에서는 즉석에서 컨테이너와 소프트웨어 릴리스를 이용해 손상된 시스템을 안전한 표준 이미지로 교체할 수 있다.

소스 코드 제어 시스템이나 원래의 설정 또는 시스템을 관리하는 표준 시스템 이미지 같은 메커니즘 없이 사고의 복구 단계에 접어들었다면 단기적 복구 계획의 일환으로 이런 메커니즘을 도입하는 것을 고려하자. 설정을 관리하는 바젤(https://bazel.info), 애플리케이션 통합 및 배포를 위한 셰프(https://chef.io), 쿠버네티스를 위한 헬름(https://helm.sh) 같은 오픈 소스 옵션도 있다. 짧은 시간에 새로운 솔루션을 도입하는 것은 처음에는 어려워보일 수 있고 처음에는 올바른 설정보다는 대략적인 설정으로 시작해야 할 수도 있다. 올바른 설정을 파악하는 데 다른 중요한 기술 작업을 미루면서까지 시간과 노력이 필요하다면 설정은 나중에 다시 정의하면 된다. 단기적인 보안을 위해 쌓이는 기술 부채를 신중하게 고려하고 새 시스템의 셋업을 개선하기 위한 계획을 세우자.

18.4.3 데이터 새니타이제이션

사고의 범위에 따라 공격자가 소스 코드, 바이너리, 이미지 및 설정 또는 이를 빌드, 관리, 릴리스하기 위한 시스템을 변경하지 않는지 확인해야 한다. 시스템 생태계를 새니타이징하는 보편적인 기법 중 하나는 (오픈 소스나 상용 소프트웨어 제공자 등)원래 소스, 백업 또는 손상되지 않은 버전 제어 시스템 등으로부터 원래 상태의 시스템을 확보하는 것이다. 원래 상태의 시

---

[5] 공격자의 실력과 공격의 정도에 따라 BIOS를 재설치하고 하드드라이브를 다시 포맷하거나 물리적 하드웨어를 교체하는 방법을 고려해야 한다. 예를 들어 LoJax의 ESET 연구 보고서에서 설명하고 있는 것처럼 UEFI 루트킷을 이용한 복구는 어려울 수 있다.

스템을 확보했다면 사용하려는 버전과 원래 상태 및 패키지의 체크섬을 비교할 수 있다. 원래 상태의 시스템이 손상된 인프라스트럭처에서 호스트되고 있다면 언제 공격자가 시스템을 변경하기 시작했는지 확실히 파악하고 데이터 원본을 검토해야 한다.

코드의 출처를 보장하는 강력한 바이너리 출처(14장 참고)를 갖추고 있으면 복구가 훨씬 쉬워진다. 공격자가 빌드 시스템의 glibc 바이너리에 악성 코드를 심어둔 것을 발견했다고 가정하자. '위험했던' 시점에 빌드된 모든 바이너리, 이 바이너리가 배포된 곳 그리고 이 바이너리가가진 디펜던시를 모두 찾아야 한다. 이런 조사를 수행할 때는 손상된 코드, 라이브러리, 바이너리를 확실히 표시하자. 또한 취약하거나 백도어가 설치된 코드를 다시 배포하지 않기 위한 테스트도 만들어야 한다. 이런 예방책을 갖추면 복구 팀의 누군가가 복구 과정에서 부주의로 손상된 코드를 사용하거나 실수로 취약한 버전을 다시 배포하는 일을 방지할 수 있다.

또한 공격자가 데이터베이스 레코드 같은 애플리케이션 수준 데이터를 변경했는지도 확인해야 한다. 9장에서 설명하듯이 백업에 강력한 암호화 무결성을 적용하면 백업을 더 확신할 수 있으며 잠재적으로 손상된 실제 데이터도 더 정확히 비교할 수 있다. 공격자가 변경한 부분을 처리하는 일은 상당히 복잡할 수 있으며 특별한 도구를 빌드해야 할 수도 있다. 예를 들어 부분적 복구를 사용하려면 백업에서 가져온 파일이나 레코드를 프로덕션 시스템에 붙여넣으면서 동시에 무결성 검사도 실행할 수 있는 도구가 필요하다. 이상적으로는 신뢰성 전략을 설계할 때 이런 도구 또한 개발하고 테스트해야 한다.

18.4.4 데이터 복구

복구 절차에는 롤백, 복구, 백업, 밀폐성 빌드, 트랜잭션 재생 같은 여러 작업을 지원할 도구가 필요하다. 9.2.5절 속 '영구 데이터'에서는 이런 작업을 위해 데이터를 안전하게 저장하는 방법을 설명한다.

이런 도구의 상당수는 데이터의 안전성을 희생하면서 작업 속도를 빠르게 할 수 있는 파라미터를 제공한다. 기본 파라미터를 실제 프로덕션 수준의 워크로드를 이용해 정기적으로 테스트하지 않았다면 이 파라미터는 변경하지 말 것을 권한다. 테스팅, 스테이징 그리고 모조 객체(가장 좋지 않다)는 실제로 인프라스트럭처 시스템을 실행하지 않는다. 예를 들어 메모리 캐시가 채워지는 과정이나 로드 밸런싱 에스티메이터estimator가 안정화되는 과정의 지연은 실제 프로덕선 환경이 아니고서는 실제와 유사하게 시뮬레이션하기가 어렵다. 이런 매개변수는 서비스마다 다르며 지연 현상은 주로 모니터링 데이터를 통해 확인할 수 있으므로 이런 설정은 사고 간에 조정해야 한다. 심각한 보안 장애로부터 복구할 때 이런 도구가 오동작한다면 새로운 공격자가 나타난 것만큼이나 상황을 어렵게 만든다.

이미 여러분은 소프트웨어 에러로 발생할 수 있는 심각한 데이터 손실을 탐지하여 방지하는 모니터링을 갖추고 있을 수 있다. 공격자가 이 알람을 우회했을 수도 있다. 설령 그렇다 하더라도 데이터로부터 공격이 어디에서 시작됐는지를 찾아내야 하므로 로그를 항상 검토하는 것이 좋다. 지표를 통해 이 지점을 확인했다면 얼마나 많은 백업을 스킵해야 하는지에 대한 독립적인 하한점을 갖게 된다.

너무 오래된 백업으로 복원하면 사고가 발생한 동안 백업된 손상 지점이 다시 드러날 수 있다. 침입을 탐지하는 시간이 너무 오래 걸리면 '안전한' 백업 중 가장 오래된 것이 이미 손상 지점이 있는 백업으로 덮어써졌을 수도 있다. 그렇다면 데이터를 복구하는 것만이 유일한 방법이다.

복원한 백업은 데이터에 산재해 있는 손상된 데이터를 원하는대로 수정할 수 있다. 데이터의 손상은 (공격자의) 악의적인 변경에 의한 것일 수도 있고 (테이프가 손상되거나 하드디스크 장애로 인한) 임의의 사건으로 인한 것일 수 있다. 데이터를 재빌드하는 도구는 임의의 손상이나 악의적인 손상 중 한 가지는 복구할 수 있지만 두 가지를 모두 복구하지는 않는다. 그래서 복구 및 재빌드 도구의 동작 방식은 물론 각 도구가 제공하는 기능을 이해하는 것이 중요하다. 그렇지 않으면 데이터가 원하는대로 복구되지 않을 수 있다. 이 부분에서는 정기적인 무결성 절차(에를 들면 복구된 데이터와 원래의 암호화 시그너처를 비교하는 등)가 도움이 된다. 결국 이런 임의의 사건에 대한 가장 좋은 방어 장치는 이중화와 테스트다.

18.4.5 자격 증명과 기밀정보의 로테이션

공격자가 인프라스트럭처 내에서 사용 중인 계정을 탈취해서 적법한 사용자나 서비스로 위장하는 것은 매우 일반적이다. 예를 들어 공격자는 비밀번호 피싱 공격을 이용해 시스템에 로그인할 계정의 자격 증명을 확보할 수도 있다. 마찬가지로 패스 더 해시pass-the-hash[6] 같은 기법

---

6 이 기법(https://oreil.ly/ZhNsa)은 사용자의 비밀번호 없이도 (NTML 또는 LanMan 해시 등)머신의 로컬에서 훔친 자격증명을 재실행해서 네트워크를 통해 시스템에 로그인하는 기법이다.

을 이용해 관리자 계정의 자격 증명을 포함한 다른 자격 증명을 확보할 수도 있다. 9장에서는 SSH의 `authorized_keys` 파일이 손상된 예시를 들고 있다. 복구를 수행하다 보면 키 로테이션(예를 들면 SSH 인증에 사용하는 키)를 이용해 시스템, 사용자, 서비스, 애플리케이션 계정의 자격 증명을 로테이션해야 할 필요가 있다. 조사 결과에 따라 네트워크 장치 같은 보조 장치와 대역 외^out-of-band^ 관리 시스템은 물론 SaaS 애플리케이션 같은 클라우드 기반 서비스의 자격 증명도 로테이션해야 한다.

어러분의 환경에는 유휴 시 데이터 암호화에 사용하는 키와 SSL를 위한 암호화 키 같은 다른 종류의 기밀정보를 사용하고 있을 수 있다. 만일 프론트엔드를 서비스하는 웹 인프라스트럭처가 손상되어 공격자가 접근할 위험이 있다면 SSL 키를 로테이션해야 한다. 공격자가 키를 훔쳐 간 뒤에도 아무런 조치를 취하지 않으면 이 키를 이용해 중간자 공격을 수행할 수도 있다. 마찬가지로 데이터베이스 서버에서 레코드 암호화에 사용하는 키가 손상되었다면 가장 안전한 대처는 이 키를 로테이션하고 데이터를 다시 암호화하는 것이다.

암호화 키는 애플리케이션 수준의 통신에서도 사용한다. 공격자가 이런 애플리케이션 수준의 키가 저장된 시스템에 접근할 수 있다면 이 키도 로테이션해야 한다. 클라우드 기반 서비스를 사용하기 위한 키 같은 API 키를 어디에 저장할지 신중히 고민하기를 바란다. 서비스 키를 소스 코드나 로컬 설정 파일에 저장하는 것은 취약점으로 간주된다.[7] 만일 공격자가 이 파일에 접근할 수 있다면 나중에 다른 환경에도 접근할 수 있다. 복구 과정에서는 공격자가 이 파일에 접근할 수 있었는지(설령 공격자가 접근한 적이 있는지는 증명하지 못더라도)를 확인하고 그런 서비스 키는 보수적으로 자주 로테이션해야 한다.

상황에 따라 자격 증명의 로테이션은 상당한 주의를 요하는 작업이 될 수 있다. 계정 하나가 피싱 피해를 당했다면 해당 사용자에게 비밀번호를 바꿔달라고 부탁하면 된다. 하지만 공격자가 관리자 계정을 포함한 여러 계정을 탈취했거나 어떤 계정이 탈취됐는지 모른다면 모든 사용자의 자격 증명을 로테이션해야 할 수도 있다. 복구 체크리스트를 만들 때 어떤 계정을 리셋할지 순서를 정하고 관리자 자격 증명, 탈취된 것으로 확인된 계정 그리고 중요한 리소스에 접근할 수 있는 계정을 우선적으로 처리하자. 시스템 사용자의 수가 많다면 한 번에 모든 사용자의 자

---

7 클라우드 서비스 키를 로컬 파일과 소스 코드에 저장하는 것은 좋은 방법이 아니다. 최근 깃허브의 서비스 키 유출에 대한 것은 다음을 참고. Meli, Michael, Matthew R. McNiece, and Bradley Reaves. 2019. "How Bad Can It Git? Characterizing Secret Leakage in Public GitHub Repositories." Proceedings of the 26th Annual Networked and Distributed Systems Security Symposium. (`https://oreil.ly/r65fM`).

격 증명을 교체해야 할 수도 있다.

기회의 포착

대규모 조직에서 한 번에 자격 증명을 로테이션하는 것은 비즈니스에 심각한 방해 요소가 되는 경우가 많다. 수천명에게 동시에 같은 행동을 취할 것을 요구한다고 생각해보자. 복구 과정에서 사용자가 취해야 하는 행동을 단순화하면 자격 증명 로테이션에 따른 싱글 사인온(SSO) 서비스와 중앙식 인증 시스템의 부담을 해소할 수 있다. 하지만 SSO 같은 복잡한 시스템을 사고 복구 과정에서 도입하는 것은 시간과 비용을 소모할 수 있으며 그래서 단기적 완화 정책으로서의 가치는 떨어진다.

최근 클라우드를 활용한 계정 및 접근 제어 솔루션의 사용이 증가하고 있으며 상대적으로 빠르게 투팩터 인증을 적용할 수 있다. 투팩터 인증을 사용하는 것은 (이메일을 사용하는 등 보호 수준이 낮은 진입점을 사용하는 방법 보다) 즉각적인 성과를 낼 수 있는 방법이다. 또한 투팩터 인증에는 또 다른 장점이 있다. 즉, 공격자가 여전히 계정에 로그인을 시도하는지 알 수 있다. 공격자가 시도하는 로그인은 실패한 계정 로그인처럼 보일 것이다.

보안 상태를 개선하려면 단기적 완화 작업을 진행하는 동안 장기적 완화 로드맵에 클라우드 기반의 투팩터 인증 서비스를 고려하고 (7장에서 설명했던) FIDO 기반 보안 키의 도입 같은 시스템적 변화도 도입하자.

조직의 처리 역량이 부족하다면 자격 증명 로테이션의 또 다른 문제점이 드러난다. 공격과 완화가 오히려 상황을 나쁘게 만들 수 있다. 여러분의 회사가 LDAP 데이터베이스나 윈도우 액티브 디렉터리^{Windows Active Directory} 같은 중앙식 시스템을 이용해 직원 계정을 관리한다고 가정해보자. 이런 시스템 중 일부는 비밀번호의 이력을 보관한다(대부분 해시 및 솔트^{salt}가 적용되어 있다). 보통 시스템은 새 비밀번호와 기존의 비밀번호와 비교해서 기존에 사용하던 비밀번호를 재사용하지 못하게 하기 위해 비밀번호 이력을 보관한다. 만일 공격자가 해시된 모든 비밀번호에 접근해서 이를 해석한다면[8] 사용자가 비밀번호를 업데이트하는 패턴을 유추할 수도 있다. 예를 들어 (**password2019, password2020** 등처럼) 비밀번호에 년도를 사용한다면 공

---

8 비밀번호를 저장하는 가장 안전한 방법은 scrypt(https://oreil.ly/m5mge)나 Argon2(https://oreil.ly/_yS2Q)같이 비밀번호 해싱만을 위해 설계된 키 생성 기능을 활용하는 것이다. 여전히 보편적으로 사용되는 솔트와 SHA-1을 이용해 비밀번호를 해시하는 방법과 달리 이 기능은 미리 조회용 테이블을 생성하는 방법부터 저렴한 전용 하드웨어에 이르기까지 비밀번호 복구 공격으로부터 시스템을 보호한다. 강력한 비밀번호 해시를 사용하더라도 공격자가 비밀번호 해킹하기 더 어려워지도록 제대로 보호하는 키를 이용해 해시 자체를 유휴 시에 암호화 해두자.

격자는 이 사용자가 다음에 사용할 비밀번호가 무엇인지 예측할 수 있다. 이런 패턴은 비밀번호 변경이 복구 전략에 포함되어 있는 경우 상당히 위험하다.

보안 전문가의 도움을 받을 수 있다면 복구 계획을 구상할 때 보안 전문가의 조언을 구하는 것이 좋다. 이 전문가는 위협 모델링을 수행하고 자격 증명 처리를 개선하는 데 조언을 줄 수 있다. 어쩌면 복잡한 비밀번호 정책 대신 투팩터 인증을 적용할 것을 권할 수도 있다.

18.5 복구 이후

일단 공격자를 몰아내고 복구를 완료했다면 다음 단계는 사고를 정리하고 지금까지 일어난 일의 장기적 영향을 검토해보는 것이다. 발생한 사고가 직원 한 명의 계정이나 시스템 하나 정도가 손상을 입은 정도의 경미한 것이었다면 복구 단계와 사후 조치는 상대적으로 쉬울 것이다. 하지만 더 피해가 큰 심각한 사고가 발생했다면 복구와 사후 조치도 복잡하다.

구글은 2009년 Operation Aurora의 사후 조치로 자사 환경에 시스템 및 전략적 변화를 가져왔다. 이 변화의 일부는 하룻밤만에 만들어냈던 반면, 다른 (비욘드코프 같은 다른 기업이나 FIDO 연합과 함께 보안 키[9]를 사용해 투팩터 인증을 광범위하게 적용하기 위한 협업 등) 작업은 시간이 더 필요했다. 포스트모템에서는 단기적으로 이룰 수 있는 것과 장기적으로 이룰 수 있는 것을 구분해야 한다.

18.5.1 포스트모템

사고에 대응하는 팀이 자신의 작업을 기록해 두고 나중에 공식적인 **포스트모템**에도 활용하는 것은 좋은 방법이다. 모든 포스트모템에는 사고 과정에서 찾아낸 기반 문제를 해결하기 위한 조치 항목의 목록을 갖춰야 한다. 강력한 포스트모템은 공격이 악용한 기술적 이슈를 커버할 수 있을 뿐만 아니라 사고 대응을 개선할 수 있는 기회도 찾아낼 수 있다. 게다가 이런 조치 항목과 관련된 소요 시간과 투입해야 할 역량을 문서화하고 장단기 로드맵에 각 조치 항목을 배치

---

9 구글이 자신과 사용자를 위해 보안 키를 구현했던 작업에 대한 보다 자세한 내용은 다음을 참고. Lang, Juan et al. 2016. "Security Keys: Practical Cryptographic Second Factors for the Modern Web." Proceedings of the 20th International Conference on Financial Cryptography and Data Security: 422 – 440 (https://oreil.ly/bL9Fm).

해야 한다. SRE책 15장에서는 비난 없는 포스트모템에 대해 설명하고 있지만 여기서는 몇 가지 추가적인 보안 관련 질문에 대해 고려해보자.

- 사고에 가장 크게 영향을 미친 요소는 무엇인가? 환경의 다른 곳에 우리가 처리해야 할 변종이나 유사한 이슈는 없는가?
- 이런 요소를 사전에 탐지해야 했던 테스트나 감사 절차가 있었는가? 이런 테스트나 감사 절차가 없다면 앞으로 유사한 요소가 발생했을 때 이를 탐지할 절차를 구현할 수 있는가?
- 이 사고가 (침입 탐지 시스템 같은) 기술 장치로 탐지가 가능했는가? 아니라면 탐지 시스템을 어떻게 개선할 수 있을까?
- 사고를 얼마나 빨리 탐지하고 대응했는가? 허용 가능한 시간 내에 탐지 및 대응이 이루어졌는가? 아니라면 대응 시간을 어떻게 개선할 수 있을까?
- 공격자가 획득을 포기할 정도로 충분히 오래 중요한 데이터를 보호할 수 있었는가? 새로 도입해야 할 제어 장치는 있는가?
- 복구 팀은 (소스 버저닝, 배포, 테스트, 백업 및 복구 서비스 등을 포함한) 도구를 효율적으로 활용했는가?
- 팀이 복구를 수행하는 동안 우회한 정상적인 절차 (예를 들면 정상적인 테스트, 배포 혹은 릴리스 프로세스 등)가 무엇인가? 지금 당장 적용해야 할 복원 절차는 무엇이 있을까?
- 인프라스트럭처 도구에 임시적인 완화 방편으로 만들어졌으며 이제는 리팩터링이 필요한 변화가 있는가?
- 사고 대응 단계와 복구 단계에서 발견했으며 이제는 처리해야 할 버그가 있는가?
- 공격 예방, 탐지 또는 대응 단계에서 여러분에게 도움을 줄 수 있는 업계 및 동료 그룹의 권장 사례는 무엇인가?

우리는 조치 항목에 명확한 담당자를 지정하고 장단기 계획에 따라 순서대로 나열할 것을 권장한다. 단기 계획은 보통 복잡하지 않고 구현이 오래 걸리지 않으며 이 이슈를 처리하는 것은 상대적으로 범위가 좁다. 우리는 이런 조치 항목을 보통 '쉽게 따먹을 수 있는 과일low-hanging fruit'이라고 부른다. 그 이유는 쉽게 인지하고 처리할 수 있기 때문이다. 투팩터 인증의 추가나 패치를 적용하는 시간을 줄이는 것 또는 취약점 발견 프로그램을 셋업하는 것 등이 이런 유형에 속한다.

장기 계획은 여러분의 조직의 보안 상태를 개선하기 위한 대규모 프로그램 전략에 포함될 가능성이 높다. 이런 조치 항목은 보통 시스템과 프로세스가 동작하는 방법의 기반을 이루는 경우가 많다. 예를 들어 전용 보안 팀의 도입, 백본 암호화의 배포 또는 운영체제의 변경 등이 이런 유형에 속한다.

실제 상황에서는 (침입의 시작부터 보안 상태의 개선에 이르기까지) 사고의 전체 수명 주기는 다음 사고가 발생하기 전에 완료될 것이다. 하지만 마지막 사고 이후로 일상적으로 안정적인 상태는 다음 사고가 발행하기 전의 일상적인 상태라는 점을 기억하자. 사고 대응 활동에서 이 소강 상태는 여러분이 뭔가를 배우고 적응하며 새로운 위협을 인지하는 등 다음 사고에 대비할 수 있는 기회다. 이 책의 마지막 부분에서는 이런 소강 상태에서 보안 상태를 개선하고 유지하는 방법을 중점적으로 다룬다.

18.6 예시

지금부터 살펴볼 예시는 포스트모템, 복구 체크리스트의 발전 그리고 복구의 실행은 물론 장기 완화 전략을 더 큰 보안 프로그램 계획에 포함하는 것 사이의 관계를 보여준다. 이 예시는 사고 대응에 대한 모든 고려사항을 다루지는 않는다. 다만 공격자를 내쫓는 것, 공격자의 즉시적인 행위를 완화하는 것 그리고 장기적 변화를 만드는 것 사이의 절충을 만드는 방법을 중점적으로 설명한다.

18.6.1 클라우드 인스턴스의 손상

시나리오: 여러분의 조직이 사용자 트래픽을 서비스하기 위해 클라우드 프로바이더의 가상 머신상에서 사용하는 웹 기반 소프트웨어 패키지에 보편적인 소프트웨어 취약점이 존재한다. 기회를 엿보던 공격자가 취약점 스캐닝 도구를 이용해 웹서버의 취약점을 발견하고 이를 악용한다. 공격자는 가상 머신에 침입한 후 이를 이용해 새로운 공격을 시도한다.

이런 경우 사고 복구 리드는 조사 팀이 알아낸 내용을 이용해서 팀이 소프트웨어의 패치하고 가상 머신을 재배포한 후 손상된 인스턴스를 종료해야 할 지 결정한다. 또한 RL은 단기 완화 전략을 이용해 관련된 취약점을 발견하고 처리할 지 여부도 결정한다. [그림 18-2]는 이 사고에 대한 가상의 복구 체크리스트를 보여주고 있다. 예시의 간소화를 위해 특정 명령과 실행 단계는 생략했지만 여러분의 실제 복구 체크리스트에는 이 명령과 단계가 포함되어야 한다.

그림 18-2 클라우드 인스턴스 손상 시나리오의 복구 체크리스트

복구를 완료한 후 (사고 대응에 참여한 모든 사람이 함께 협업해 개발한) 사고 포스트모템을 통해 적절한 시점에 알려진 이슈를 사전에 발견하고 패치할 수 있는 공식적인 취약점 관리 프로그램의 필요성이 대두되었다. 이 권고사항은 조직의 보안 상태를 개선하기 위한 장기 전략에 편입되었다.

18.6.2 대규모 피싱 공격

시나리오: 지난 7일간 공격자가 여러분의 조직이 투팩터 인증을 사용하고 있지 않다는 점을 이용해 비밀번호 피싱 공격을 감행했다. 직원의 70%가 이 피싱 공격에 피해를 입었다. 공격자는 비밀번호를 이용해 조직의 이메일을 읽고 중요한 정보를 언론에 공개했다.

여러분이 이 시나리오의 사고 책임자로써 당면한 문제는 다음과 같다.

- 조사 팀은 공격자가 비밀번호를 이용해 이메일에 접근한 것 외에 다른 어떤 시스템에도 접근을 시도하지 않았다고 판단했다.

- 클라우드 시스템 관리를 포함한 조직의 VPN과 관련 IT 서비스 이메일 서비스와는 별개의 인증 시스템을 사용한다. 하지만 많은 직원이 이 두 인증 시스템에서 같은 비밀번호를 사용하고 있다.
- 공격자는 향후 며칠 간 여러분의 조직에 몇 가지 조치를 더 취할 것이라고 발표했다.

여러분은 복구 리드와 협업하면서 (이메일 접근을 차단해서) 공격자를 신속히 제거하는 것과 공격자가 그동안 다른 시스템에 접근하지 못하도록 하는 것 사이의 절충을 최대한 효율적으로 관리해야 한다. 이런 복구 과정은 [그림 18-3]에서 볼 수 있는 가상의 체크리스트처럼 정확한 실행이 필요하다. 다시 말하지만 정확한 명령과 절차는 간소화를 목적으로 생략했다. 하지만 실제 체크리스트에는 그런 상세 내용이 반드시 포함되어야 한다.

지시사항
- **완료된** 작업은 **초록색**으로 표시한다.
- 해야 할 작업은 **주황색**으로 표시한다.
- 완료가 불가능한 작업은 **빨간색**으로 표시한다. 이런 작업은 반드시 유사한 다른 작업으로 대체해야 한다.
- 운영 상 위험으로 인해 조정이 필요해서 완료할 수 없는 작업은 **파란색**으로 표시한다.

사고 책임자
- '키보드에서 손 떼기' 브리핑을 수행한다.
- 태스크와 제약사항에 대한 개요를 제공한다.
- 관련자 모두에게 복원 작업을 시작할 정확한 시간을 알려준다.

복구 리드는 다음의 작업을 순서대로 실행한다.
1. 시스템 관리자/SRE: 이메일에 대한 투팩터 인증 인프라스트럭처의 구현
   A. 이 섹션에는 모든 직원이 이메일을 투팩터 인증으로 사용하게끔 유도하기 위한 상세 내용이 포함되어야 한다.
2. 이메일 SRE: 이메일 계정 잠금
   A. 이 섹션에는 직원이 계정을 리셋하고 투팩터 인증을 활성화할 때까지 이메일 계정을 잠그는 방법에 대한 상세 내용이 포함되어야 한다. 공격자가 여전히 침입해있는 상황이므로 순차적으로 잠그는 방법이 아닌 모든 계정을 한 번에 잠궈야 할 수도 있다.
3. IT 인력(헬프데스크 등): 투팩터 인증 및 비밀번호 리셋 수행
   A. 이 섹션에는 IT 인력이 사용자의 이메일, VPN, 클라우드 기반 비밀번호 등을 변경하고 투팩터 인증을 사용하는 과정을 돕는 절차에 대한 상세 내용을 포함해야 한다. 조직의 규모에 따라 전 직원이 회의에 참여해야 할 수도 있다.
4. 시스템 관리자/SRE: VPN 및 클라우드 시스템에 투팩터 인증 도입
   A. 이 섹션에는 이메일, VPN 및 클라우드 서비스에 투팩터 인증을 구현하는 상세 내용을 포함해야 한다.

그림 18-3 대규모 피싱 공격 시나리오의 복구 체크리스트

일단 복구가 완료되면 공식 포스트모템에서는 다음과 같은 필요성이 대두되었다.

- 중요한 의사소통 및 인프라스트럭처 시스템에 대한 더 폭넓은 투팩터 인증의 활용
- SSO 솔루션
- 피싱 공격에 대한 직원 교육

또한 여러분의 조직은 표준 권장 사례에 기반해 조언을 줄 수 있는 IT 보안 전문가의 필요성에 대해서도 인지했다. 이 권고 사례는 조직의 보안 상태를 개선하기 위한 장기 전략에 편입되었다.

18.6.3 복잡한 복구가 필요한 대상 지정 공격

시나리오: 여러분도 모르는 사이에 지난 한 달 동안 공격자가 시스템에 접근할 수 있었다. 공격자는 고객이 웹상에서 행하는 의사소통을 보호하는 데 사용하는 SSL 키를 훔치고 소스 코드에 트랜잭션마다 2000원을 빼돌릴 수 있는 백도어 심었으며 경영진이 조직에 보내는 이메일을 모니터링해왔다.

여러분이 사고 책임자로써 당면한 문제는 다음과 같다.

- 조사 팀은 어떻게 공격이 시작됐는지 혹은 어떻게 공격자가 시스템에 계속 접근할 수 있었는지 알아내지 못했다.
- 공격자는 경영진과 사고 대응 팀의 활동을 모니터링할 수 있다.
- 공격자는 소스 코드를 수정해 프로덕션 시스템에 배포할 수 있다.
- 공격자는 SSL 키가 저장된 인프라스트럭처에 접근할 수 있다.
- 고객과의 암호화된 웹기반 소통이 잠재적으로 손상됐을 수 있다.
- 공격자가 회사의 매출 일부를 훔쳐갔다.

이 공격은 꽤나 복잡해서 그에 상응하는 상세한 예제 복구 체크리스트를 제공하지는 않지만 이 사고에서 가장 중요한 부분, 즉 복구 병렬화를 중점적으로 살펴보자. 여러분은 RL과 협업하면서 앞서 나열한 각 문제점에 대한 복구 체크리스트를 만들면 복구 과정을 더 잘 조율할 수 있다. 그러는 동안 조사 팀과도 면밀히 협조해서 공격자의 과거와 현재의 행위에 대해 더 파악해야 한다.

예를 들어 복구 과정에서 다음에 나열하는 복구 팀 전체 혹은 일부가 필요할 수 있다 (물론 다른 팀도 고려해볼 수 있다).

이메일 팀

이 팀은 이메일 시스템에 대한 공격자의 연결을 끊고 다시 접근하지 못하도록 한다. 이 팀은 비밀번호의 리셋과 투팩터 인증의 도입 등이 필요할 수 있다.

소스 코드 팀

이 팀은 소스 코드에 대한 공격자의 연결을 끊고 영향을 받은 소스 파일을 정리해서 프로덕션 환경에 다시 배포하는 역할을 담당한다. 이 작업을 제대로 수행하려면 프로덕션의 소스 코드를 공격자가 언제 변경했는지 그리고 안전한 버전이 있는지를 알아야 한다. 또한 이 팀은 공격자가 영구적인 버전 제어 기록을 변경하지 못하도록 하고 소스 코드를 더 이상 변경하지 못하도록 하는 업무도 맡는다.

SSK 키 팀

이 팀은 웹 인프라스트럭처에 새로운 SSL 키를 안전하게 배포할 방법을 결정한다. 이 팀이 작업을 제대로 수행하려면 공격자가 어떻게 키에 접근할 수 있었는지 그리고 향후 인증받지 않은 접근을 어떻게 막을 것인지에 대해 알아야 한다.

고객 데이터 팀

이 팀은 공격자가 접근했을 수도 있는 고객 정보를 알아내고 고객의 비밀번호 변경이나 세션의 리셋 같은 복구 작업을 수행해야 하는지 여부를 결정한다. 이 복구 팀은 고객 지원, 법무 및 관련 직원의 우려사항도 면밀히 검토해야 한다.

조율 팀

이 팀은 공격자가 트랜잭션마다 2000원을 훔쳐갔다는 사실의 영향을 살펴본다. 장기적인 재무 기록을 확보하고 위해 데이터베이스에 레코드를 추가해야 하는가? 이 팀은 재무 및 법무 직원의 우려사항도 면밀히 검토해야 한다.

이렇게 복잡한 사고가 발생하면 복구 과정에서 차선책을 선택해야 하는 경우도 종종 있다. 예를 들어 회사 이메일에 대한 접근을 끊어야 하는 팀을 생각해보자. 이 팀이 선택할 수 있는 옵션이라면 이메일 시스템을 끄거나 모든 계정을 잠그거나 새로운 이메일 시스템을 병렬로 운영하는 등 몇 가지가 있을 것이다. 어떤 옵션을 선택하든 조직에 어떤 영향을 미칠 것이고 그래서 공격자가 이 사실을 알게 될 가능성이 크며 애당초 공격자가 이메일에 접근하게 된 문제를 반드시 해소할 수는 없을 것이다. 따라서 복구와 조사 팀은 면밀히 협업해서 상황에 맞는 방향을 찾아야 한다.

18.7 마치며

복구는 도메인 전문가로 구성된 전담 팀을 필요로 하는 사고 대응 절차에서 독특하면서도 중요한 단계다. 복구를 계획할 때 고려해야 할 요소들이 너무나 많다. 공격자가 어떻게 반응할 것인가? 누가 어떤 조치를 언제 취할 것인가? 사용자에게는 어떤 내용을 발표할 것인가? 복구 절차는 병렬적이고 신중하게 계획한 것이어야 하며 사고 책임자 및 조사 팀과 정기적으로 공유해야 한다. 복구는 항상 공격자를 몰아내고 손상을 복구하며 시스템의 전체적인 보안과 신뢰성을 개선한다는 최종 목표를 가져야 한다. 시스템이 입은 여러 가지 손상을 살펴보면서 조직의 장기적인 보안 상태를 개선할 수 있는 교훈을 얻게 될 것이다.

Part V

조직과 문화

이 책에서 강조하는 엔지니어링 기법은 조직이 안전하고 신뢰할 수 있는 시스템을 구축하는 데 도움이 되지만 이 기법을 도입하는 데 있어 전체 조직이 보안 및 신뢰성 문화의 구축에 참여할 때에만 비로소 그 효과를 볼 수 있을 것이다. 문화는 강력하며 조직마다 독특하게 구현되므로 변화를 도입하는 역량에서 문화가 차지하는 역할을 과소평가해서는 안 된다.

이 책의 5부는 지금까지 설명했던 방법을 구현하는 데 있어 문화적인 관점을 중점적으로 다룬다. 구글에서 전담 보안 팀을 마련해 보안 중심의 문화를 구현했던 첫 번째 제품은 크롬 브라우저였다. 5부는 이 보안 팀이 크롬의 인기와 성공에 어떤 역할을 했는지 살펴보기 위한 사례 연구로 시작한다. 20장에서는 조직의 모든 구성원이 보안과 신뢰성에 책임을 진다는 사실을 검증한다. 보안 전문가의 역할은 전문 지식을 요하는 보안 중심 기술을 구현하고 권장 사례, 정책 그리고 훈련 기법을 모색하는 것이다. 21장에서는 건강한 보안과 신뢰성 문화를 구현하기 위한 전략을 소개하면서 이 책을 더욱 풍성하게 한다.

Part V

조직과 문화

CHAPTER 19

사례 연구: 크롬 보안 팀

패리사 타브리즈Parisa Tabriz, 수사네 란데르스Susanne Landers, 폴 블랭킨십Paul Blankinship

구글의 초기에는 (제품 위주의 보안을 포함한) 보안 작업이 완전히 중앙식이었다. 크롬은 안전한 최신 웹 브라우저를 구현하면서 발생하는 과제를 해결하기 위해 보안 중심의 조직을 구현한 첫 번째 제품 중 하나였다. 이 사례 연구에서는 크롬 보안 팀의 발전 과정, 그 팀이 개발한 핵심 원리 그리고 보안을 조직 전체로 확장했던 몇 가지 방법 등을 소개한다.

19.1 배경과 팀의 발전

2006년 윈도우 운영체제를 위한 오픈 소스 브라우저를 2년 내에 개발할 것을 목적으로 한 팀이 구글에 생겨났다. 이 브라우저는 다른 브라우저보다 더 안전하고 빠르며 안정적으로 동작하는 것이 목표였다. 이는 상당히 이루기 힘든 목표였으며 보안과 관련해 다음의 몇 가지 과제에 당면했다.

- 최신 웹 브라우저는 운영체제만큼이나 복잡하며 대부분의 기능에서 보안이 가장 중요했다.
- 클라이언트와 윈도우 운영체제용 소프트웨어는 당시 구글이 보유하고 있던 제품 및 서비스와는 상당히 다른 것이었으므로 구글의 중앙식 보안 팀이 도와줄 수 있는 보안 지식이 제한적이었다.

- 프로젝트는 오픈 소스로 시작해 유지해야 했으므로 독특한 개발 및 운영 요구사항이 존재했으며 구글의 기업용 보안 방법이나 솔루션을 사용할 수 없었다.

이 브라우저 프로젝트는 결국 구글 크롬이라는 이름으로 2008년에 시작됐다. 그 때부터 크롬은 온라인 보안의 표준(https://oreil.ly/Rb6TJ)을 재정의했다는 평을 받으며 세계에서 가장 많이 사용하는 브라우저가 되었다.

지난 10년간 크롬의 보안 중심 조직은 4번의 어려운 단계를 거쳐 발전을 이뤘다.

v0.1

크롬은 2008년 공식적으로 출시되기 전까지는 정식 보안 팀을 구성하지 않았지만 구글의 중앙식 보안 팀과 서드파티 보안 벤더로부터 협력을 얻는 것은 물론 엔지니어링 팀에 퍼져있던 전문 지식을 활용했다. 최초 출시된 제품에 보안 결함이 없지는 않았다. 사실 공개 후 첫 2주 동안 중요한 버퍼 오버플로 오류(https://oreil.ly/GxjAV)를 몇 개나 찾아냈다. 최초 출시 버전에서 발견한 버그의 상당수는 개발자가 짧은 시간안에 성능에 최적화된 C++ 코드를 출시하려다 발생하는 버그의 형태를 보였다. 버그를 발견하고 수정하며 회귀를 방지하기 위한 테스트를 작성해서 마침내 제거하는 것은 팀이 성숙해가는 보편적인 과정이다.

팀 v1.0

공개 베타 릴리스 이후 1년이 지나 브라우저의 실제 점유율이 늘어나면서 크롬 전담 보안 팀이 만들어졌다. 이 최초의 보안 팀은 구글의 중앙식 보안 팀과 새로 고용한 엔지니어로 구성되어 구글이 보유한 권장 사례와 규칙을 준수하는 동시에 조직 외부로부터 쌓은 새로운 시각과 경험도 함께 불어넣었다.

팀 v2.0

2010년 구글은 대규모 보안 연구 커뮤니티의 도움을 확보하기 위해 취약점 보상 프로그램(https://oreil.ly/cMY8z)을 출시했다. VRP 발표에 대한 엄청난 반응은 보안 팀의 초기에 유용한 인큐베이터가 되어 줬다. 크롬은 원래 (당시 보안 조사가 철저히 이뤄지지 않았던 오픈 소스 HTML 렌더링 엔진인) 웹킷WebKit을 사용했었기에 팀의 첫 번째 미션 중 하나는 외부에서 밀려들어오는 엄청난 양의 버그 보고서에 대응하는 것이었다. 당시 크롬 엔지니어링 팀은 규모도 작았고 웹킷 기반 코드에 익숙하지 않았으므로 보안 팀은 그저 코드를 들여다보고 지식을 쌓은 후 스스로 수많은 버그를 수정해 보는 것이 취약점을 해결할 수 있는 방식이라고 판단했다.

이 결정은 향후 팀의 문화가 발전하는 데 큰 영향을 미친다. 이 결정 덕분에 보안 팀은 독립된 컨설턴트나 분석가의 팀이 아니라 보안 전문가로 구성된 하이브리드 엔지니어링 팀이 될 수 있었다. 이 하이브리드 방식의 강력한 장점은 크롬 개발에 참여하는 모든 엔지니어가 일상에서 보안을 고려하면서 개발하는 독특하면서도 실용적인 통찰을 얻을 수 있었다는 점이다.

팀 v3.0

2012년 크롬의 점유율이 팀이 목표했던 것만큼 성장하면서 공격자들도 크롬에 관심을 갖기 시작했다. 계속 커져가는 크롬 프로젝트에 보안 개념을 확대하기 위해 핵심 보안 팀은 핵심 보안 원리를 수립하고 공개해 발표했다(https://oreil.ly/aeU6_).

2013년에는 보안 팀에 엔지니어링 관리자를 데려오고 더 많은 보안 전담 엔지니어를 채용하자 팀은 팀의 미션을 정의하고 팀원 자신의 업무에 반영하며 보다 큰 보안 문제에 대한 브레인스토밍과 가능한 해결책을 모색하기 위한 목적으로 별도의 회의를 진행하게 되었다. 자신의 미션을 스스로 정의하는 훈련을 통해 팀은 크롬 사용자에게 웹을 사용하는 가장 안전한 플랫폼을 제공하고 웹의 보안을 개선한다는 공통적인 목표를 분명히 표현할 수 있었다.

2013년의 세션에서는 모두가 브레인스토밍에 참여할 수 있도록 각자의 아이디어를 포스트잇 노트에 적었다. 그후 수집된 아이디어를 테마별로 분리해 다음과 같은 몇 가지 집중해야 할 분야를 설정할 수 있었다.

보안 검토

보안 팀은 정기적으로 다른 팀의 설계를 도우며 새 프로젝트의 보안을 평가하고 기반 코드에서 보안에 민감한 변경사항을 검토한다. 보안 검토는 팀 공통의 책임이며 지식의 전달에도 도움이 된다. 팀은 문서의 작성, 보안 훈련의 제공 그리고 크롬 코드 중 보안이 중요한 부분에 대한 오너십(https://oreil.ly/t4EoT)을 갖는 형태로 이 작업을 확대해 나간다.

버그의 검출과 수정

보안이 중요한 코드가 수백만 줄이 넘고 수백명의 개발자가 전 세계에서 지속적으로 변경사항을 만들어 내고 있었으므로 팀은 모두가 최대한 빨리 버그를 찾아 수정할 수 있는 다양한 방법을 연구한다.

아키텍처와 악용 사례의 완화

모든 보안 버그를 미연에 방지할 수는 없었기에 팀은 단 하나의 버그에 의한 영향도 최소화할 수 있는 보안 설계와 아키텍처 프로젝트에 투자한다. 크롬은 여러 데스크톱 및 모바일 운영체제(예를 들면 마이크로소프트 윈도우, 맥OS, 리눅스, 안드로이드 및 iOS 등)를 지원한다. 크롬이 지원하는 운영체제는 계속해서 발전하고 있으므로 각 운영체제에 맞는 투자와 전략이 필요하다.

실용적 보안

팀이 크롬 소프트웨어 및 그 구현에 사용한 시스템이 공격에 안전하다고 얼마나 확신하는지와는 별개로 (어쨌든 실수를 할 가능성이 있는) 사용자가 보안과 관련된 의사결정을 내리는 방법과 시점은 여전히 고려해야만 한다. 브라우저 사용자의 디지털 숙련도는 저마다 차이가 있었으므로 팀은 사용자가 웹을 탐색하는 동안 안전하게 의사결정을 내리는 데 도움이 되어 결과적으로 더욱 **실용적**으로 보안을 적용할 수 있는 방법을 모색한다.

웹 플랫폼 보안

팀은 비단 크롬뿐만 아니라 웹 애플리케이션을 개발하는 개발자라면 누구든 안전하게 느낄 수 있도록 웹의 보안을 개선하는 데도 참여한다.

각 집중 분야를 책임질 리드를 먼저 선정한 후 나중에 전담 관리자를 선정하는 방법은 보다 확장성 있는 팀을 조직하는 데 도움이 됐다. 더 중요한 것은 집중 분야 리드는 개인이나 어느 한 집중 분야가 나머지 분야와 동떨어지지 않도록 민첩성, 팀 전체와의 정보 공유, 프로젝트의 병렬 진행이나 협업 등을 활용해야 한다.

훌륭한 동료(팀의 미션과 핵심 원리를 중요시하며 다른 동료와 잘 협업하는 개인)를 찾고 유지하는 것은 중요한 문제다. 그래서 팀의 모든 구성원은 채용과 면접에 관여하고 서로에게 성장을 위한 피드백도 제공해야 한다. 어떤 조직적 요소보다 적절한 인력을 확보하는 것이 중요하다.

팀은 실제로 후보자를 찾을 때 개인적인 인맥을 동원하고 다양한 백그라운드를 가진 사람들을 통해 인맥을 확대하고 육성하는 노력을 해야 한다. 우리는 몇몇 인턴을 정규직으로 전환하기도 했다. 간혹 컨퍼런스에서 강연을 하거나 웹을 중시하며 대규모 환경에서 제품을 구현해 온 경력을 어필하는 개인에게 직접 연락하기도 했다. 개방형으로 작업하는 것의 장점은 크로미움 Chromium 개발자 위키(https://www.chromium.org)를 통해 팀의 노력과 최근의 성과에 대한 상세 정보를 유망한 후보자에게 알림으로써 후보자가 팀의 업무, 과제 그리고 문화를 더 신속하게 이해할 수 있다는 점이다.

더욱이 중요한 것은 우리는 다른 분야에 좀 더 전문성을 갖고 있거나 역량을 가졌지만 보안에 **관심이 있는** 개인을 주 고려 대상으로 삼았다는 점이다. 예컨데 SRE 백그라운드를 갖고 사람들을 안전하게 보호하는 미션을 철저히 수행하면서 보안에 대해 더 배우고 싶어하는 엔지니어를 고용했다. 경험과 관점의 다양성은 팀의 성공을 위한 핵심 요소라는 것은 이미 널리 알려져있다.

다음 절부터는 크롬의 핵심 보안 원리를 실제로 적용한 사례를 통해 더 많은 통찰을 제공하고자 한다. 이 원리는 2012년 처음 확립했으며 오늘날에도 크롬과 관련되어 유지되고 있다.

19.2 보안은 팀의 책임이다

크롬이 이처럼 강력하게 보안에 집중하게 된 주된 이유는 보안을 제품의 핵심 원리로 받아들이고 팀 공통의 책임으로 생각하는 문화를 구축했기 때문이다.

크롬 보안 팀은 거의 완전히 보안에만 집중할 수 있는 권리를 가졌지만 팀 구성원은 크롬의 모든 보안요구사항을 자신들이 소유할 수 없다는 점을 알고 있다. 그래서 제품을 작업하는 모든 사람의 일상적인 습관과 절차에 보안 인식과 모범 사례를 구축하기 위해 노력한다. 구글의 시스템 설계 규칙은 보안요구사항도 쉽고 빠르며 적절하게 적용할 수 있도록 만드는 것을 목표로 하고 있다. 이런 규칙을 정하기 위해 사전에 여러 가지 추가 작업을 해야 했지만 장기적으로 더 효율적인 파트너십을 구축할 수 있었다.

이 사례의 예시 중 하나는 팀이 보안 버그를 확인하는 과정에 있다. 보안 팀 구성원을 포함한 모든 엔지니어는 버그를 수정하고 코드를 작성한다. 만일 보안 팀만 버그를 찾아 보고하면 엔지니어들이 버그가 없는 코드를 작성하거나 버그를 수정하는 것이 얼마나 어려운 일인지 감을 잃을 수 있기 때문이다. 또한 보안 엔지니어가 전통적 엔지니어링 작업을 수행하지 않을 때 종종 발현되는, '우리'와 '저들'을 구분지어 생각하는 습관을 고치는 데도 도움이 된다.

팀이 취약점을 해결하느라 고군분투하던 수준을 넘어 성장함에 따라 팀은 보안에 대한 더욱 주도적인 접근법을 개발했다. 즉 개발자가 버그를 유발한 변경사항을 더 빠르고 쉽게 찾아 이를 원래 코드로 되돌리거나 수정할 수 있는 퍼징 인프라스트럭처 및 도구를 개발하고 유지하는 데 시간을 투자하게 된 것이다. 개발자가 새로운 버그를 더 빨리 찾을수록 수정도 더 쉬우며 최종 사용자가 받을 영향도 줄어든다.

보안 팀은 개발자에게 유용한 도구를 개발하는 것과 더불어 엔지니어링 팀이 퍼징을 활용하도록 하기 위한 장려책도 고안했다. 예를 들어 매년 상금을 걸고 퍼징 콘테스트를 열었으며 엔지니어가 퍼징 이론을 학습하는 데 도움을 주는 퍼징 튜토리얼(https://oreil.ly/alX7Q)도 만들었다. 이벤트를 주최하고 쉽게 참여할 수 있게 함으로써 사람들은 보안을 개선하기 위해 스스로 '보안 전문가'가 될 필요가 없다는 점을 깨달을 수 있었다. 크롬의 퍼징 인프라스트럭처는 처음에는 엔지니어의 책상 아래 둔 컴퓨터 하나에서 실행할 수 있을 정도로 규모가 작았다. 2019년이 되자 이 인프라스트럭처는 구글과 전 세계에 퍼징을 지원하게 됐다.[1] 보안 팀은 퍼징과 더불어 보안 기반 라이브러리(예를 들면 안전한 숫자 라이브러리 등)를 개발하고 관리했다. 이는 누구든 안전한 방법으로 변경사항을 구현할 수 있는 기본적인 방법이 되었다.

보안 팀 구성원은 누군가 강력한 보안 사례를 구축했다는 것을 알게 되면 그 사람이나 그의 관리자에게 동료 보너스peer bonus(https://oreil.ly/ahPxg)나 긍정적인 피드백을 보내곤 한다. 때때로 보안 작업은 잘 알려지지 않거나 혹은 최종 사용자에게 아예 보이지 않으므로 보안에 대한 누군가의 추가적인 노력을 직접 또는 경력 목표에 맞춰 알아주는 것은 더 나은 보안을 위한 긍정적인 장려책을 수립하는 데 도움이 된다.

전술과는 상관없이 조직 자체가 보안이 핵심 가치이자 공통의 책임이라는 입장을 갖지 않고 있다면 조직의 핵심 목표에 보안과 신뢰성이 얼마나 중요한지 증명하기 위해서는 보다 근본적인 반성과 논의가 필요하다.

---

1 구글은 2019년 초에 클러스터퍼즈(ClusterPuzz)(https://oreil.ly/3PrQI)를 오픈 소스화했다.

19.3 사용자가 안전하게 웹을 탐색하도록 돕는다

효율적인 보안은 최종 사용자의 전문성에 의존해서는 안 된다. 대규모 사용자를 가진 제품은 사용성usability, 기능성capability 그리고 기타 다른 비즈니스 제약 사이의 균형을 신중하게 맞춰야 한다. 크롬은 대부분의 보안 설정을 사용자에게 거의 보이지 않도록 한다. 투명하게 제품을 업데이트하고 안전한 값을 디폴트로 설정하고 사용자가 추가적으로 안전한 설정을 쉽게 선택할 수 있게 구성하여 사용자가 안전하지 않은 결정을 내리지 않도록 지속적으로 노력한다.

우리는 팀 v3.0 단계에서 실용적인 보안에 대해 일련의 문제가 있음을 총체적으로 인정했다. 이 문제는 사람이 소프트웨어를 다루면서 발생하는 문제다. 예를 들어 우리는 사용자가 소셜 엔지니어링과 피싱 공격의 희생양이 된 것을 알고 있었으며 그래서 크롬의 보안 경고의 효율성에 대해 우려하고 있었다. 우리는 이 문제를 해결하고 싶었지만 크롬 팀 내에서 사람 중심의 소프트웨어에 대한 전문지식이 부족한 상황이었다. 그래서 실용적 보안에 전문성을 갖는 인력을 전략적으로 고용하기로 결정했고 이 새로운 역할에 관심이 있는 내부 후보자와 우연히 접촉할 기회가 생겼다.

당시 이 후보자는 연구 과학자 역할을 하고 있었는데 당시 크롬 팀에 이런 역량을 가진 인력을 채용한 적은 없었다. 우리는 원래의 역할과는 무관하게 이 후보자의 학문적 전문성과 다양한 관점이 실제로 팀의 자산이며 기존의 기술을 강화하는 데 필요하다는 부분을 강조함으로써 이 후보자를 채용하도록 설득했다. 이 인력을 새로 채용하고 과거 보안과 관련해 간혹 충돌이 있었던 사용자 경험(UX) 팀과의 긴밀한 협력을 통해 크롬의 실용적 보안 집중 분야를 만들어나갔다. 결국 우리는 사용자의 보안과 개인 정보 보호에 대한 수요를 더 잘 이해하기 위해 UX 디자이너와 연구원을 충원했다. 우리는 보안 전문가들이 컴퓨터 시스템과 네트워크의 작동 원리를 잘 이해하고 있기 때문에 실제로 사용자가 직면하는 많은 문제를 종종 깨닫지 못한다는 점을 배울 수 있었다.

19.4 속도가 중요하다

사용자의 안전은 보안 결함을 신속히 탐지하고 공격자가 이를 악용하기 전에 수정본을 사용자에게 전달하는 것에 달려있다. 크롬에서 가장 중요한 보안 기능 중 하나는 빠르고 자동으로 이루어지는 업데이트다. 보안 팀은 초기부터 크롬의 릴리스 프로세스(https://oreil.ly/J1Vao)를 수립하고 새로운 릴리스의 품질과 신뢰성을 관리하는 기술 프로그램 관리자technical program manager(TMP)와 긴밀히 협력했다. 릴리스 TPM은 크래시 비율을 측정하고 우선순위가 높은 버그를 적시에 수정하도록 하며 신중하고 점진적으로 릴리스를 출시한다. 또한 일이 너무 빨리 진행되면 엔지니어가 여유를 갖도록 독려하기도 하고 신뢰성이나 보안을 개선하는 릴리스는 적당히 빠른 시기에 사용자에게 릴리스하도록 독려하기도 한다.

우리는 중요한 보안 픽스를 24시간 안에 릴리스하고 배포할 수 있는지(물론 할 수 있다)를 확인하려는 목적으로 해킹 콘테스트를 활용했다. 초기에는 Pwn2Own(https://oreil.ly/5PwMU) 해킹 콘테스트를 열었다가 나중에는 Pwnium(https://oreil.ly/bQthO)로 바꾸었다. 해킹 콘테스트는 릴리스 TPM 팀과의 강력한 파트너십은 물론 많은 도움과 동의가 필요했다. 우리는 해킹 콘테스트가 도움이 된다는 것을 입증하긴 했지만 크롬의 심층방어에 대한 투자 덕분에 실제로 콘테스트를 열어야 하는 경우는 거의 없었다.

19.5 심층방어를 위한 설계

크롬 팀이 아무리 보안 버그를 빨리 찾아 수정할 수 있든 간에, C++의 보안상 단점과 브라우저의 복잡도를 생각하면 버그는 언제든 발생할 수 있어서 적절한 대비가 필요하다. 공격자는 자신의 역량을 계속해서 발전시키므로 크롬 역시 계속해서 취약점의 악용을 완화하는 기법을 개발하고 단일 장애점을 제거하기 위한 아키텍처에 투자하고 있다. 그래서 팀은 누구든 작업 중에 크롬의 보안 아키텍처와 방어 계층을 유추할 수 있도록 위험도를 색상으로 표현한 다이어그램(https://oreil.ly/ssfOj)를 만들었다.

실질적인 심층방어의 좋은 예시는 샌드박스 기능에 대한 지속적인 투자다. 크롬은 원래 다중 프로세스 아키텍처와 샌드박스화 한 렌더러renderer 프로세스들로 구성되어 있었다. 덕분에 악성 웹사이트가 사용자의 컴퓨터 전체를 점령하는 것을 방지할 수 있어 당시에는 상당히 앞서가는 브라우저 아키텍처였다. 2008년 웹에서 가장 큰 위협은 악성 웹사이트가 브라우저를 이용해 사용자의 머신에 멀웨어를 설치하는 것이었고 크롬의 아키텍처는 이 문제에 성공적으로 대처할 수 있었다.

하지만 컴퓨터의 사용이 계속 발전하고 클라우드 컴퓨팅과 웹서비스가 늘어나면서 민감한 데이터가 온라인으로 많이 옮겨왔다. 즉 웹사이트 간 데이터 절도가 로컬 머신에 침입하는 것만큼이나 중요한 목표가 됐다는 것을 의미한다. 공격자가 언제쯤 '렌더러를 악용해 멀웨어를 인스톨 하는 것'에서 '렌더러를 악용해 사이트 간 데이터를 훔치는 것'으로 방향을 전환할지는 알 수 없었지만 팀은 언젠가는 이런 움직임이 일어날 것임을 알고 있었다. 그래서 팀은 2012년 샌드박스를 이용해 개별 사이트를 격리하는 사이트 격리^{Site Isolation}(https://oreil.ly/_mfzd) 프로젝트를 시작했다.

원래 팀은 사이트 격리 프로젝트의 완료 기간을 1년 정도로 예상했지만 5배나 더 많은 시간이 필요했다! 이렇게 예상이 어긋나면 고위 경영진이 눈에 불을 켜고 프로젝트를 지켜보게 되는 이유가 된다. 팀은 프로젝트에 심층방어를 구현해야 하는 동기, 진행 경과 그리고 왜 처음 예상보다 더 많은 일을 해야 하는지를 정기적으로 리더십그룹과 이해관계자에게 설명해야 했다. 팀원들은 전반적인 크롬의 코드 상태에 미치는 긍정적인 영향도 보여줬다. 이 영향은 크롬의 다른 부분에도 긍정적으로 작용했다. 이 모든 노력 덕분에 팀은 프로젝트에 방어 장치를 갖춰나갈 수 있었고 마침내 공식적으로 출시할 때까지 수년에 걸쳐 이 방어 장치의 가치를 시니어 이해관계자에게 계속해서 설명했다 (우연이긴하지만 사이트 격리는 2018년 발견된 예측 실행 취약점^{speculative execution vulnerabilitie}(https://oreil.ly/EBJb9)을 부분적으로나마 완화할 수 있었다).

심층방어 작업은 (제대로 진행한다면) 사용자가 알아챌 일이 거의 없는 작업이므로 리더십그룹은 이런 프로젝트를 적극적으로 관리하고 인정하며 투자하는 것이 무엇보다 중요하다.

19.6 투명성의 유지와 커뮤니티와의 교류

투명성^{transparency}은 크롬 팀이 시작부터 정해둔 핵심 가치다. 크롬 팀은 보안에 대한 영향을 경시하거나 취약점을 쉬쉬하며 수정해 숨기는 행동은 하지 않는다. 그렇게 한다는 것은 사용자를 존중하지 않는 것이기 때문이다. 대신 팀은 사용자와 관리자가 실제로 위험에 대처할 수 있는 정보를 제공한다. 보안 팀은 크롬이 보안 이슈를 다루는 방법(https://oreil.ly/pA9ba), (내부에서 발견했든 외부에서 발견했든) 크롬과 그 디펜던시에 수정한 모든 취약점의 목록, 수정한 모든 보안 이슈의 목록 등을 릴리스 노드(https://oreil.ly/C-_Qm)에 공개한다.

팀은 취약점 외에도 작업한 내용을 분기별로 요약해(https://oreil.ly/teoUI) 공유하고 외부의 토론 메일링 리스트(security-dev@chromium.org)를 통해 사용자와 교류함으로써 모든 사람이 자신의 아이디어나 질문을 보내거나 토론에 참여할 수 있도록 한다. 구글은 컨퍼런스나 보안 모임 또는 소셜 네트워크 등을 통해 자신의 작업을 공유하는 개인과 활발히 교류한다. 또한 크롬 취약점 보상 프로그램(VPR)과 보안 컨퍼런스 스폰서 등을 통해 대형 보안 커뮤니티와도 교류한다. 크롬은 팀에 속하지 않은 수많은 사람의 기여로 더욱 안전해졌으며 팀 외부의 기여에 대해서는 충분히 주의를 기울이고 금전적인 보상을 지불함으로써 감사와 보상을 전달하려 최선을 다하고 있다.

구글은 크롬 보안 팀과 중앙 보안 팀 및 기타 관련 팀(예를 들면 안드로이드 보안 팀)의 연계를 위해 매년 회의를 열고 있다. 또한 보안에 관심이 많은 구글 직원들이 20% 정도는 크롬 관련 업무를 진행하거나(물론 반대로도 가능하다) 크로미엄 프로젝트에서 학자들과 협업할 기회를 찾도록 권장하고 있다.

이렇게 개방형 환경을 갖춘 덕분에 팀은 그 동안의 작업과 성과, 아이디어 등을 공유하고 구글 외부로부터 피드백을 받거나 협업을 수행할 수 있었다. 그리고 이 모든 것은 브라우저와 웹 보안에 대한 보편적인 이해를 발전시키는 데 기여했다. 7장에서 설명했듯이 팀이 HTTPS 도입을 위해 수년간 노력한 것도 의사소통의 변화 방식과 대규모 커뮤니티와의 교류가 생태계의 변화를 가져올 수 있음을 보여주는 좋은 예 중 하나다.

19.7 마치며

크롬 개발 팀은 프로젝트의 초기부터 보안을 핵심 원리로 인식하고 팀과 사용자가 늘어나면서 보안에 대한 투자와 전략을 확대해왔다. 크롬 보안 팀은 브라우저 출시 1년 만에 정식으로 만들어졌으며 그 후로 역할과 책임을 더욱 명확히 정의해 나갔다. 팀은 미션과 핵심 보안 원리를 명확히 표현하고 업무에 대한 주요 집중 분야를 정립했다.

보안을 팀 전체의 책임으로 인지하고 투명성을 유지하며 외부 커뮤니티와 교류함으로써 보안 중심의 문화를 만들고 개선할 수 있었다. 빠른 혁신을 목표로 한 덕분에 역동적인 제품과 변화하는 환경에 신속하게 대응할 수 있는 능력을 갖출 수 있었다. 심층방어를 위한 설계는 일회성 버그와 새로운 공격으로부터 사용자를 보호하는 데 도움이 됐다. 사용자 경험부터 채용 절차에 이르기까지 보안의 인적 측면을 고려했기에 팀은 보안에 대한 이해를 넓히고 더 복잡한 문제를 해결할 수 있었다. 또한 문제에 정면으로 맞서고 실수를 통해 배우려는 의지가 있었으므로 팀의 기본적인 방향을 안전한 방향으로 만들기 위해 노력할 수 있었다.

CHAPTER 20

역할과 책임의 이해

헤더 애드킨스Header Adkins, 사이러스 비스나Cyrus Vesuna, 헌터 킹Hunter King, 펠릭스 그뢰베르트Felix Gröbert,

데이비드 챌로너David Challoner, 수사네 란데르스Susanne Landers, 스티븐 로디스Steven Roddis,

세그레이 시마코브Sergey Simakov, 실라자 누칼라Shylaja Nukala, 자넷 봉Janet Vong, 더글라스 콜리시Duglas Colish,

벳시 바이어Betsy Beyer, 폴 블랭킨십Paul Blankinship

이번 장에서는 누가 보안을 담당해야 하는가에 대한 질문을 다룬다. 우리는 보안은 전문가만 다루는 주제라는 보편적인 착각에 동의하지 않는다. 경우에 따라서는 보안 전문가만 필요하기도 하지만 모든 이가 보안에 책임이 있다고 믿는다. 또한 보안이 시스템의 수명 주기와 강력하게 결합되어 있어서 다른 분야의 전문가가 처리해야 하는 상황에서의 보안 전문가 역할에 대해서도 다룬다. 마지막으로 특히 계속 성장해가는 조직을 지원하기 위한 전문가의 옵션도 몇 가지 살펴본다.

이 책에서 수차례 강조했듯이 시스템을 구축하는 것은 하나의 **과정**이며 보안과 신뢰성을 개선하는 과정은 사람에 의존한다. 즉 안전하며 신뢰할 수 있는 시스템을 구축하다 보면 다음의 두 가지 질문에 부딪히게 된다.

- 조직에서 보안과 신뢰성에 대한 책임을 지는 사람은 누구인가?
- 보안과 신뢰성을 위한 노력을 조직에 어떻게 융합할 것인가?

이 질문에 대한 답은 조직의 목표와 (다음 장에서 다룰 주제인) 문화에 크게 좌우된다. 지금부터는 이 질문에 대해 생각해보는 방법을 개략적으로 살펴보고 구글은 어떻게 대처했는지에 대해 이해하는 시간을 가져보자.

신뢰성에 대한 역할과 책임

신뢰성에 대한 역할과 책임은 다른 리소스에서도 다루고 있으므로 이번 장의 대부분은 보안 측면에서의 비교를 주로 다룬다. SRE가 조직에 필요한 신뢰성을 구현하기 위해 활용하는 다양한 방법과 그 모델이 발전해 가는 과정은 SRE책의 32장과 SRE 워크북의 18, 19, 20장을 참고하기 바란다.

20.1 보안과 신뢰성에 대한 책임을 지는 사람은 누구인가?

조직에서 보안과 신뢰성을 담당하는 사람은 누구인가? 우리는 보안과 신뢰성이 시스템의 수명 주기에 통합되어야 한다고 믿으므로 모든 사람이 책임을 가져야 한다. 조직이 보안과 신뢰성에 대한 부담을 전담 전문가에게 맡겨야 한다는 근거 없는 믿음을 반박하고 싶었다.

다른 팀이 보안 관련 변경을 지시할 수 없는 독자적인 팀에게 신뢰성과 보안의 책임을 위임하면 같은 실수가 반복적으로 나타날 확률이 높다. 그 팀의 업무는 반복적이고 비생산적이어서 마치 끝이 나지 않을 것처럼 느껴지기 시작할 것이다.

우리는 조직의 **전직원**이 보안과 신뢰성에 대한 책임을 갖기를 권한다. 즉, 개발자, SRE, 보안 엔지니어, 테스트 엔지니어, 기술 리드, 관리자, 프로젝트 관리자, 기술 문서 작성자, 임원 등 모두가 책임을 공유해야 한다. 그렇게 하면 4장에서 설명했던 비기술적 요구사항도 시스템의 전체 수명 주기에 거쳐 조직 전체가 집중할 수 있다.

> **시스템 보안과 신뢰성의 유사성**
>
> 현대의 자동차는 시스템 설계와 전달에 보안과 신뢰성을 포함하는 방법과 매우 유사한 방식을 활용하고 있다. 자동차의 거의 모든 컴포넌트는 보안과 신뢰성을 어떤 방법으로든 포함하고 있다. 좌석은 충돌에 대비할 수 있도록 설계하고 앞 유리는 깨져도 안전하도록 만들어지며 전조등은 마주오는 차의 눈을 방해하지 않는 각도를 채택하고 있다. 안전벨트는 수천 번을 채워도 끄떡없어야 한다. 앞 유리는 어떤 날씨에도 견딜 수 있고 전조등은 필요할 때 항상 켜져야 한다. 자동차의 디지털 시스템 역시 마찬가지로 견고해야 한다. 보안과 신뢰성 전문가뿐만 아니라 자동차를 조립하는 모든 사람은 반드시 보안과 신뢰성을 염두에 두어야 한다.

20.1.1 전문가의 역할

모든 사람이 보안과 신뢰성에 대한 책임을 진다면 보안 전문가나 신뢰성 전문가는 정확히 어떤 역할에 집중하는지 궁금할 것이다. 어떤 학설에 따르면 시스템을 구현하는 엔지니어는 핵심 기능에 가장 집중해야 한다. 예를 들어 개발자는 모바일 기반 애플리케이션에서 중요한 사용성을 구현하는 데 집중할 것이다. 보안에 집중하는 엔지니어는 개발 팀의 작업을 보완하는 측면에서 애플리케이션의 안전성을 해하려 하는 공격자의 관점으로 애플리케이션을 바라볼 것이다. 신뢰성에 집중하는 엔지니어는 디펜던시 체인을 이해하고 그 이해를 바탕으로 고객과 SLA 준수 시스템의 만족도를 높이기 위해 측정해야 할 지표를 선정할 것이다. 많은 개발 환경이 이처럼 작업을 분리하지만 중요한 것은 각자 독자적으로 일하는 것이 아니라 모두가 함께 일을 하는 것이다.

이 아이디어를 더욱 확대해보면 시스템의 복잡도에 따라 다르긴 하지만 조직은 의사결정을 내리기 위해 특정한 경험을 갖춘 사람이 필요할 수도 있다. 모든 공격에 대응할 수 있는 절대적으로 안전한 시스템이나 완벽히 신뢰할 수 있는 시스템을 구현하는 것은 불가능하므로 전문가의 조언은 개발 팀의 방향을 조율하는 데 도움이 된다. 이상적인 상황이라면 이런 조언은 개발 수명 주기에 통합되어야 한다. 이런 통합은 여러 형태를 취할 수 있으며 보안과 신뢰성 전문가는 개발자나 시스템을 개선하기 위해 수명 주기의 각 단계를 담당하는 다른 전문가와 협업해야 한다.[1] 예를 들어 보안 전문가와의 상담은 다음과 같은 다양한 단계에서 일어날 수 있다.

- 프로젝트에 착수하는 시점에 보안의 통합 방식을 결정하기 위한 **보안 설계 검토** 단계
- 제품이 보안 명세를 올바르게 구현하도록 하기 위한 진행 중 보안 감사ongoing security audit 단계
- 개인이 발견할 수 있는 취약점을 확인하기 위한 **테스트** 단계

보안 및 신뢰성 위험 평가

보안 및 신뢰성과 관련된 조언은 위험에 대한 의사결정을 내리는 데 도움이 된다. 예를 들어 프로젝트에 참여하고 있는 개발자가 필요한 보안 방어 장치를 구현하거나 우아한 퇴보에 대해 생각할 겨를이 없었는데 제품이나 시스템을 곧 출시해야 하는 상황을 생각해보자. 이때 보안 엔지니어와 SRE는 현재 상태로 제품을 출시할 경우 발생할 수 있는 일을 조직이 이해하는 데 도움을 줄 수 있다. 공격자가 공격할 수 있는 취약점이 있는가? 어떤 국가의 사용자 트래픽이 예상보다 높아지면 글로벌 시스템이 다운될 수 있는가? 이런 일이 일어날 가능성은 어느 정도인가? 이런 일이 일어났을 때 조직은 문제를 완화할 임시 방편을 갖추고 있는가? 시니어 보안 엔지니어와 SRE는 이런 상황에서 가치있는 조언을 줄 수 있다.

보안 전문가는 전문가의 지식을 필요로 하는 보안 위주의 기술 구현에 대한 책임을 가져야 한다. 일례로 암호화를 생각해보자. '암호화를 직접 구현하지 말자'라는 업계에 정설은 솔루션을 직접 구현하는 엔터프라이즈 개발자에게는 맥 빠지는 소리지만 암호화의 구현은 라이브러리든 하드웨어든 전문가가 담당해야 한다. 만일 조직이 (HTTPS를 사용하는 웹 서비스 같은) 안전한 서비스를 제공해야 한다면 직접 암호화 알고리즘을 작성하는 것보다는 업계에서 수용하고 검증한 솔루션을 사용하자. 전문가의 보안 지식은 인증, 권한 승인 및 감사(AAA) 시스템 같은 복잡도가 높은 보안 인프라스트럭처를 구현하거나 보편적인 보안 취약점을 방지하기 위한 새로운 보안 프레임워크를 구현할 때도 필요하다.

SRE 같은 역할의 엔지니어는 중앙식 인프라스트럭처와 조직 전체의 자동화를 개발하는 역할에 가장 적합하다. SRE 도서의 7장에서는 수평적horizontal 솔루션의 발전과 가치에 대해 설명하며 제품 개발과 출시를 가능하게 하는 중요한 소프트웨어가 플랫폼으로 발전하는 과정을 보여주고 있다.

---

1 SRE 워크북 18장에서 설명하는 개발 아크(arc)는 경험이 풍부한 SRE가 전체 제품 수명 주기에 미칠 수 있는 영향의 가치를 잘 보여주고 있다.

마지막으로 보안과 신뢰성 전문가는 조직의 작업 흐름에 맞는 권장 사례, 정책 및 훈련 과정을 만들어낼 수 있다. 이런 도구는 개발자가 권장 사례를 적용하고 효율적인 보안 및 신뢰성 사례를 구현하도록 한다. 전문가는 업계의 발전에 대해 지속적으로 교육하고 의식을 확산시켜 (21.1.3절 '의식의 문화' 참고) 조직에서 지식적 고문 역할을 수행하는 것을 목표로 해야 한다. 전문가는 의식을 확산시킬 때 반복적인 방법으로 조직이 더 안전하고 신뢰할 수 있게 되도록 돕는다. 예를 들어 구글은 SRE와 보안 위주의 교육 프로그램을 활용해 새로 입사하는 인력에게 이런 특정 역할에 대한 기본적인 지식을 전달한다. 우리는 회사 전체가 교육 자료를 활용할 수 있도록 함은 물론 직원에게 이런 주제에 대해 자가학습을 할 수 있는 여러 과정을 제공하고 있다.

20.1.2 보안 전문성에 대한 이해

보안 전문가를 조직에 채용하려고 했던 사람이라면 누구나 그 어려움을 알 것이다. 여러분 스스로가 보안 전문가가 아니라면 보안 전문가를 채용할 때 어떤 점을 눈여겨 보겠는가? 전문 의료진에서 그 유사성을 찾아볼 수 있다. 전문 의료진의 대부분은 인간의 건강에 대한 기초적인 지식을 전반적으로 이해하고 있지만 어느 특정 분야에 대한 전문성을 좀 더 가지고 있다. 의료 분야에서는 보통 주치의family doctor나 일반의general practitioner가 우선적인 조치를 취하지만 심각한 상황에서는 신경학, 심장학 또는 기타 다른 분야의 전문 의료진에게 연락을 취하기도 한다. 마찬가지로 모든 보안 전문가는 보편적인 지식 체계를 갖추고 있지만 몇 가지 특정 분야에 전문성을 좀 더 가지고 있다.

여러분이 보안 전문가를 채용하기 전에는 조직이 어떤 스킬을 원하는지 아는 것이 중요하다. 예를 들어 스타트업이나 오픈 소스 프로젝트처럼 조직의 규모가 작다면 제너럴리스트generalist가 대부분의 수요를 소화할 것이다. 하지만 조직이 성장하고 규모가 커지면 보안이 더 복잡해지며 더 높은 수준의 전문성을 요하게 된다. [표 20-1]은 구글이 초창기에 필요로 했던 보안 전문성에 대한 몇 가지 핵심 마일스톤을 보여주고 있다.

표 20-1 구글의 핵심 마일스톤에서 필요로 했던 보안 전문성

마일스톤	필요한 전문성	보안 과제
구글 검색 (1998) 구글 검색은 사용자가 공개된 정보를 검색할 수 있도록 한다	일반 보안	검색 쿼리 로그 데이터 보호 서비스 거부 공격 보호 네트워크 및 시스템 보안
구글 애드워드 (2000) 구글 애드워드 (구글 애드)는 광고주가 구글 검색 및 기타 제품에 광고를 노출하도록 한다.	일반 보안 데이터 보안 네트워크 보안 애플리케이션 보안 준수와 감사 사기 방지 서비스 거부 내부자 위험	금융 데이터 보호 규제 준수 복잡한 웹 애플리케이션 인증 계정 오용 사기 및 내부자 오용
블로거 (2003) 블로거는 사용자가 자신의 웹페이지를 호스트하는 서비스다	일반 보안 데이터 보안 네트워크 보안 시스템 보안 애플리케이션 보안 콘텐츠 오용 서비스 거부	서비스 거부 플랫폼 오용 복잡한 웹 애플리케이션
구글 메일(지메일) (2004) 지메일은 구글의 무료 웹메일 시스템으로 유료 서비스인 지수트 계정에 고급 기능을 제공한다.	일반 보안 개인 정보 보호 데이터 보안 네트워크 보안 시스템 보안 애플리케이션 보안 안티-스팸 오용 방지 사고 대응 내부자 위험 기업 보안	유휴 시 및 전송 시 민감한 사용자 콘텐츠 보호 외부 공격자에 대비하는 위협 모델 복잡한 웹 애플리케이션 인증 시스템 계정 오용 이메일 스팸 및 오용 서비스 거부 내부자 오용 기업 수요

20.1.3 자격증과 학계

일부 보안 전문가는 본인이 관심있는 분야에 자격증을 얻으려 하기도 한다. 보안과 관련된 업계의 자격증은 전 세계 기관에서 발급하며 누군가 경력과 관련된 스킬을 개발하는 것에 관심이 있으며 핵심 개념을 배울 능력이 있음을 증명할 수 있는 좋은 지표가 될 수 있다. 이런 자격증은 주로 표준화된 지식 기반의 테스트를 거쳐 취득한다. 일부 자격증은 최소한의 수업, 컨퍼런스 또는 직업적 경험을 요구하기도 한다. 거의 모든 자격증은 어느 정도 시간이 지나면 만료되거나 또는 최소 요구사항을 만족해 갱신해야 한다.

이렇게 표준화된 테스팅 메커니즘은 여러분의 조직에서 보안과 관련된 역할을 성공적으로 수행할 수 있다는 것을 증명하지는 않는다. 그래서 우리는 보안 전문가를 평가하는 균형잡힌 방법을 채택하고 실제 경험, 자격증, 개인적인 관심 등 전체적인 자격을 고려하길 권한다. 자격증은 시험을 통과할 수 있는 누군가의 능력을 증명하지만, 우리는 자격증을 갖춘 전문가가 자신의 지식을 문제 해결에 적용하는 데 어려움을 겪는 경우도 많이 봤왔다. 물론 경력이 짧은 사람이나 다른 전문가 역할에서 이 분야로 건너온 사람은 자격증을 이용해 자신의 지식을 빠르게 업그레이드할 수도 있다. 해당 분야에 굉장한 관심이 있거나 (직장에서의 경험이 아닌) 오픈소스 프로젝트를 이용해 실질적인 경험을 갖춘 사람이라면 경력이 짧아도 빠른 시간에 그 가치를 입증할 수 있다.

보안 전문가에 대한 수요는 계속 증가하므로 여러 업계와 대학에서 보안과 관련된 학업 프로그램을 개발하고 발전시키고 있다. 일부 기관은 다양한 보안 도메인을 다루는 보편적인 보안 학위를 제공한다. 다른 학위 프로그램은 (박사 학위 학생에게는 보편적인) 특정한 보안 도메인을 집중적으로 다루며 또 일부는 사이버 보안 이슈와 공공정책, 법 및 개인 정보 보호 같은 도메인 간의 교집합에 집중하는 혼합형 커리큘럼을 제공하기도 한다. 자격증과 마찬가지로 학업을 실질적인 경험과 조직 수요에 맞춰 진행하는 것을 추천한다.

예를 들어 처음에는 경험이 풍부한 전문가를 채용하고 일단 팀이 완성된 후 멘토십을 제공할 여력이 되면 경력이 짧은 인력을 채용할 수 있다. 또 다른 방법으로 조직이 (자율주행 자동차의 보안 같은) 틈새 기술 문제를 다루고 있다면 실무 경험은 적지만 해당 연구 분야에 깊은 지식을 갖추고 박사 학위를 막 졸업한 인력이 적당할 수도 있다.

20.2 보안을 조직에 통합하기

언제 보안 작업을 시작할지 아는 것은 과학이라기보다는 예술이다. 이 주제에 대한 의견은 풍부하면서 다양하다. 보안은 빠르게 고려할수록 더 나은 결과를 얻는다고 봐도 무방하다. 다음은 우리가 수년 동안 (우리 조직을 포함한) 찾아낸 조직이 보안 프로그램의 구현을 시작하도록 촉진하는 특정 조건들이다.

- 조직이 민감한 사용자 활동, 금융 정보, 건강 기록 혹은 이메일 같은 개인 데이터를 다루기 시작할 때
- 조직이 고도로 안전한 환경을 구현해야 하거나 웹브라우저의 커스텀 보안 기능 같은 커스텀 기술을 개발해야 할 때
- (Sarbanes–Oxley, PCI DSS 또는 GDPR 같은) 표준이나 관련된 감사에 규제가 더해질 때[2]
- 특히 유출 통보나 최소 보안 표준 등 조직이 고객과의 계약에 의한 요구사항을 마주했을 때
- 침입이나 데이터 유출이 발생하거나 발생한 후에 (물론 발생 전에 보안을 고려하는 것이 이상적이다)
- 동종 업계 경쟁자에 의한 피해 대응책이 필요할 때

보통 이런 조건을 마주하기 훨씬 전에, 특히 데이터 유출이 발생하기 전에 보안 작업을 시작하는 것이 좋다. 이런 사고가 발생한 후보다는 발생 전에 보안을 구현하는 것이 훨씬 간단하다. 예를 들어 여러분의 회사가 온라인 결제를 지원하는 새 제품을 출시하기로 했다면 이 기능을 제공하는 전문 벤더를 고려할 것이다. 그러나 벤더를 선택하고 그 벤더가 데이터를 잘 처리하는지 확인하는 데는 시간이 필요하다.

온라인 결제 시스템을 안전하게 통합하지 않은 벤더와 출시했다고 가정해보자. 이 경우 데이터 유출이 발생하면 규제에 따른 벌금, 고객의 신뢰 저하 등이 일어날 수 있으며 엔지니어가 시스템을 제대로 다시 구현해야 하므로 생산성에도 차질이 발생할 수 있다. 많은 조직이 이런 사고 후 사라졌다.[3]

마찬가지로 여러분의 회사가 추가적인 데이터 처리 요구사항을 가진 파트너와 새로운 계약을 진행한다고 가정해보자. 법무 팀이 계약에 서명하기 전에 이 추가적인 요구사항을 구현해야 한다고 조언했다고 하자. 이때 추가 보호장치의 구현이 늦어져 그 결과 데이터 유출이 발생했다

---

2 Sarbanes–Oxley Act of 2002(the Public Company Accounting Reform and invester Protection Act)는 미국의 공개 기업의 회계 실무에 대한 표준이며 정보 보안이라는 주제도 포함하고 있다. The Payment Card Industry Data Security Standard는 신용 카드 정보의 보호에 대한 최소한의 가이드라인을 제시한다. 즉 이런 종류의 지불 처리를 수행하는 사람이라면 누구든 이 가이드라인을 준수해야 한다. The General Data Protection Regulation은 개인 정보 처리에 대한 유럽 연합의 규제이다.

3 유출 사고 이후 폐업하거나 파산한 예로는 코드 스페이스(https://oreil.ly/0j9ng)와 아메리칸 메디컬 컬렉션 에이전시(https://oreil.ly/BcR9C)가 있다.

면 어떻게 될까?

보안 프로그램의 비용과 이 프로그램에 조직이 투입할 수 있는 리소스에 대해 고려하다 보면 이와 관련된 질문이 등장하게 된다. 보안을 구현하는 데 드는 비용은 얼마이며 회사가 그 비용을 감당할 수 있는가? 이번 장에서 이런 복잡한 주제를 깊이 다룰 수는 없지만 두 가지 주요 시사점을 강조하고자 한다.

첫째, 보안의 효율성을 위해서는 조직의 다른 요구사항과 주의깊게 균형을 맞춰야 한다. 이 가이드라인을 균형감있게 바라보면, 우리는 데이터센터, 네트워크, 컴퓨팅 장치 등을 꺼버리면 악의적인 공격자로부터 구글을 거의 100% 안전하게 만들 수 있다. 이렇게 하면 최고 수준의 안전성을 달성할 수 있지만 구글은 더 이상 고객을 얻지 못하고 실패한 기업으로 사라지고 말 것이다. 가용성은 보안의 핵심 원리다. 합리적인 보안 전략을 만들려면 비즈니스 운영에 필요한 요구사항(대부분의 기업은 이윤을 창출해야 한다)을 이해해야 한다. 비즈니스의 요구사항과 적절한 보안 제어 사이의 올바른 균형을 찾자.

둘째로 보안은 모두의 책임이다. 보안에 가장 영향을 받는 팀에 일부 보안 절차를 분산하면 비용을 줄일 수 있다. 예를 들어 회사가 6개의 제품을 갖추고 있으며 각 제품별로 제품 팀이 있고 20개의 방화벽으로 보호되어 있다고 가정해보자. 이 시나리오에서 보편적으로 보여지는 한 가지 방법은 중앙형 보안 팀을 구축해 120개의 방화벽을 모두 관리하도록 하는 것이다. 이렇게 하면 보안 팀은 6개의 제품 모두에 대한 지식이 필요하므로 결국 신뢰성 이슈가 생기거나 시스템 변경에 지연이 발생하고 그래서 보안 프로그램의 비용 증가로 이어진다. 다른 방법은 보안 팀이 6개 제품 팀으로부터 발생하는 방화벽 변경사항을 접수하고 검증한 후 승인을 거쳐 배포하는 자동 설정 시스템을 운영하도록 하는 것이다. 이렇게 하면 각 제품 팀은 소소한 변경사항에 대한 검토를 효율적으로 요청할 수 있고 설정 프로세스를 확장할 수 있다. 이런 종류의 최적화는 시간을 절약할 뿐만 아니라 사람의 개입없이 이른 시점에 에러를 잡아낼 수 있어 시스템 신뢰성을 향상시킬 수 있다.

보안은 조직의 수명 주기에서 중요한 역할을 차지하므로 조직의 비기술직군도 보안에 대해 일찍 고려해야 한다. 예를 들어 이사회는 간혹 자신이 감독하는 엔티티에 대한 보안과 개인 정보 보호 사례를 검사하곤 한다. 2017년 야후의 주주 소송 같이 데이터 유출의 여파로 인한 소송이 이런 추세에 한몫하고 있다.[4] 보안에 대한 로드맵을 준비할 때는 이런 류의 이해관계자를 프로세스에서 고려해야 한다.

마지막으로 여러분이 처리해야 하는 현재 이슈에 대해 우선순위와 더불어 이슈를 일관성 있게 이해할 수 있는 프로세스를 만드는 것이 중요하다. 보안을 지속적인 프로세스로 취급하려면 비즈니스가 당면한 위험에 대한 평가를 진행해야 한다. 시간이 지나면서 심층 방어 보안 제어를 반복하려면 위험 평가를 소프트웨어 개발 수명 주기와 보안 사례에 포함시켜야 한다. 다음 절에서는 이를 위한 몇 가지 실질적인 전략을 소개한다.

20.2.1 보안 전문가와 보안 팀의 내재화

우리는 지난 몇 년간 많은 기업이 조직에 보안 전문가와 보안 팀을 내재화하는 실험을 진행한 것을 지켜봤다. 내재화 방법도 보안 전문가를 제품 팀에 소속시키는 방법(19장 참고)부터 완전히 중앙화된 보안 팀을 꾸리는 것까지 다양했다. 구글의 중앙 보안 팀은 조직적으로 이 두 옵션의 혼합 형태로 구성되어 있다.

많은 기업이 의사결정에 각기 다른 방식의 책임을 부가한다. 우리는 최고 정보 보안 책임자Chief Information Security Officer(CISO)와 다른 리더십그룹의 임원이 CEO, CFO, CIO 또는 COO, 기업의 법무 자문, 엔지니어링 VP, 그리고 심지어 최고 보안 책임자Chief Security Officer(CSO)(주로 물리적 보안에 대한 책임을 진다) 같은 C레벨 임원에게만 보안 사고를 보고하는 것을 보곤 했다. 여기서는 옳고 그름이란 없으며 조직의 선택은 여러분의 보안 역량에 무엇이 가장 효과적인지에 따라 크게 좌우될 것이다.

이번 절의 나머지에서는 구글이 지난 수년간 성공적으로 채택해왔던 부서 구조에 대한 몇 가지 상세한 내용을 제시한다. 구글은 거대한 기술 기업이지만 많은 컴포넌트가 중소규모 조직에도 통용될 것이다. 하지만 이 부서 구조는 보안에 대한 책임에 서로 다른 이해관계자나 주도자가 있을 수 있는 금융 기업이나 공공사업에는 어울리지 않을 것이라 생각한다. 어느 정도나 적용할 수 있는지는 여러분의 조직 상황에 따라 다를 것이다.

---

4 미국에서는 임원과 이사회가 조직의 보안을 담당하는 사례가 늘고 있다. 퍼듀(Purdue) 대학교의 콩코드(Concord) 법학 대학이 이런 추세에 대한 좋은 글을 기고한 적이 있다(https://oreil.ly/w17Yn).

20.2.2 예시: 구글의 보안 내재화

구글에서는 처음에 제품 엔지니어링과 짝을 이루는 중앙 보안 조직을 구성했다. 이 조직의 헤드는 엔지니어링 조직의 시니어 리드(VP)였다. 덕분에 보안이 엔지니어링과 협력하는 것처럼 보이는 보고 체계가 생겨났지만 여전히 보안 팀은 독립적으로 이슈를 제안하고 다른 리더와 이해관계의 충돌없이 분쟁을 해결할 수 있었다. 이는 구글의 SRE 조직이 제품 개발 팀과는 별개의 보고 체계를 유지하는 것과 유사한 방법이다.[5] 이렇게 함으로써 우리는 개선점에만 중점을 두는 공개적이고 투명한 업무 모델을 만들었다. 그렇지 않았다면 팀은 다음과 같은 특성을 갖게 될 위험이 있었다.

- 서비스 출시가 필요 이상으로 우선순위가 높아 심각한 이슈를 제기할 수 없는 팀
- 조직이 오히려 방해물로 여겨 서비스 출시를 숨겨 회피하려고 하는 팀
- 불충분한 문서나 코드 접근 권한으로 인해 업무 진행이 느려지는 팀

구글의 중앙 보안 팀은 조직 내의 다른 팀이 설계 검토를 요청해야 하거나 접근 제어를 변경해야 하는 등 상호작용이 필요할 때는 티켓팅ticketing 시스템 같은 표준 절차에 의존한다. 이 워크플로가 어떻게 동작하는지 궁금하다면 20.2.2절 속 '구글의 수주intake 스마트 시스템' 참고하기 바란다.

구글의 규모가 커지면서 '보안 챔피언'을 개별 제품 엔지니어링 그룹에 합류시키는 것이 유용해졌다. 보안 챔피언은 중앙 보안 팀과 제품 팀 사이의 협업을 가능하게 하는 게이트웨이가 된다. 처음에는 조직을 잘 이해하고 있으며 보안 분야에 경험이 있거나 관심이 있는 시니어 엔지니어가 이 역할에 적합하다. 이런 엔지니어는 제품의 보안을 주도하는 기술적 리드가 되기도 한다. 제품 팀이 더욱 복잡해지면서 이 역할은 디렉터나 VP 같은 시니어 의사결정자로 옮겨졌다. 이 사람은 (출시와 보안 픽스 사이의 균형을 잡는 등)의 어려운 결정이나 리소스의 구입, 이해 충돌의 해결 같은 업무를 수행한다.

보안 챔피언 모델에서는 업무 프로세스와 책임을 정의하고 동의하는 것이 중요하다. 예를 들어 중앙 팀은 계속해서 설계 검토와 감사, 조직 전반의 보안 정책과 표준을 정립, 안전한 애플리케이션 프레임워크 구현(13장 참고) 그리고 최소 권한 방식(5장 참고) 같은 공통 인프라스트럭처의 개발 등을 수행한다. 여러 팀에 분산된 보안 챔피언은 이런 활동에 핵심 이해관계자며 각 제품 팀에서 이런 제어 장치가 어떻게 동작할 것인지를 결정하는 데 도움을 줘야 한다. 또한 보

---

5 SRE 도서 31장 참고.

안 챔피언은 각각의 제품 팀 내에서 정책, 프레임워크, 인프라스트럭처 및 방법론의 개발을 주도해야 한다. 조직을 이렇게 구성하려면 팀 선언문charter, 교차 기능 회의, 메일링 리스트, 채팅 채널 등을 통한 밀접한 커뮤니케이션 루프가 필요하다.

구글과 알파벳은 거대 기업이므로 중앙 보안 팀 및 분산 배치된 보안 챔피언과 더불어 더 복잡한 제품을 지원하기 위해 분산된 특별 보안 팀을 구성하고 있다. 예를 들어 안드로이드 보안 팀은 안드로이드 엔지니어링 조직에 속한다. 크롬도 유사한 모델(19장 참고)을 가지고 있다. 이는 안드로이드와 크롬 보안 팀이 각자의 제품에 대한 보안 전반에 책임을 가지며 여기에는 해당 제품을 위한 표준, 프레임워크, 인프라스트럭처, 방법론을 결정하는 것도 포함된다. 이렇게 특별화된 보안 팀은 제품 보안 검토 절차를 실행하고 제품을 견고하게 만들 특별한 프로그램을 보유하고 있다. 예를 들어 안드로이드 보안 팀은 미디어 스택media stack (`https://oreil.ly/rME44`)을 견고하게 하고 통합된 보안과 엔지니어링 방법론의 장점을 취하기 위한 작업을 수행했다.

지금까지 설명했던 모델들에서 가장 중요한 것은 보안 팀이 언제나 개방되어 있고 누구나 접근 가능해야 한다는 점이다. 개발자가 관련된 전문가로부터 도움을 받을 수 있는 보안 검토 절차 외에도 엔지니어는 프로젝트 수명 주기를 통해 보안 관련 이슈에 대한 적절하고 일관된 피드백이 필요하다. 이 과정에서 발생할 수 있는 몇 가지 문화적 이슈는 21장에서 다룬다.

구글의 수주 스마트 시스템

많은 조직에서 티켓 큐는 보안 팀과의 유일한 소통 채널이다. 하지만 티켓은 '하나로 대부분의 요구사항을 처리하는' 본질 때문에 관련된 정보를 추출하기 위해 수차례 티켓을 교환해야 하는 경우도 생긴다. 우리는 팀의 시간을 절약하기 위해 티켓 큐의 프론트엔드로 최대한 많은 컨설팅 절차를 자동화하는 스마트 시스템을 구축했다.

우리는 간단한 양식을 큐의 입력으로 제공하는 방식이 아닌 동적인 질문표를 이용해 시스템을 구현했다. 이 시스템은 사용자가 자신의 요청을 기술할 때 시스템이 자동으로 공통적인 보안 관련 질문을 묻고 사용자에게 위험한 결정에 대해 알려줄 수 있는 경고나 권장사항을 제공한다. 이렇게 사용자를 가이드 하는 질문은 사용자가 메모리 안전한 언어를 사용하는지, 잘 점검한 템플릿 시스템/프레임워크를 사용하는지, 민감한 데이터를 다루는지 또는 중요한 시스템을 수정하는지 등을 결정하는 데 도움이 된다. 사용자가 양식을 입력하면 시스템은 명확한 문제를 확인하고 올바른 사용자나 팀에 전달할 티켓을 자동으로 만들어낸다. 그러면 보안 엔지니어는 본질적으로 구조화된 정보와 관련된 데이터를 신속하게 해석해 사용자를 도울 수 있다.

보안 작업은 계속해서 발전하고 있으며 질문표가 모든 사례를 커버할 수는 없으므로 수주 양식은 사용자의 요청이 미리 정의된 워크플로에 직접적으로 연결되지 않는 경우 사용자가 해당 섹션을 건너뛰고 '기타' 옵션을 선택하도록 허용하고 있다. 사용자가 모든 질문에 '기타' 옵션을 선택하는 경우를 방지하기 위해 명시적으로 시간이 중요한 일시적 요청에 한 하는 것을 명확히 표시하고 있다.

전문가 시스템의 핵심 기능은 조직과 함께 발전하고 성장하는 것이다. 따라서 많은 사용자가 질문표를 건너뛰면 이 전문가 시스템은 손볼 때가 된 것이다. 보안 엔지니어는 사용자가 가장 많이 건너뛰는 섹션을 정기적으로 확인하고 새로운 질문 경로를 추가하거나 답하기가 너무 어려운 질문을 손본다. 질문표의 목적은 사용자가 생각해야 할 주요 보안 질문에 집중하도록 유도하는 것이다.

이런 시스템을 구현한 덕분에 우리는 다음과 같은 일을 완수할 수 있었다.

- 사용자가 절차를 통해 스스로 문제를 해결하며 스스로 학습할 수 있게 했다.
- 권장사항을 제공해서 의미있고 생산적인 협업을 짧은 시간 안에 수행할 수 있게 됐다.
- 문제를 이해하고 권장사항을 제공하는 속도를 극적으로 향상시킬 수 있었다.
- 한 주에 성공적으로 해결하는 전체 티켓 수가 상당히 증가했다.
- 티켓에 기록되는 정보의 품질이 향상됐다.

20.2.3 스페셜 팀: 블루와 레드 팀

보안 팀은 종종 색상으로 팀 이름을 정해 조직 내에서 그 팀의 역할을 표현하곤 한다.[6] 색상을 이름으로 사용하는 팀은 회사의 보안 상태를 개선하는 공통의 목표를 가지고 일하고 있다.

블루 팀의 주된 책임은 소프트웨어와 인프라스트럭처를 평가하고 강화하는 것이다. 또한 공격자의 공격이 성공했을 경우 이를 탐지, 견제, 복구하는 역할도 담당한다. 안전하고 신뢰할 수 있는 시스템을 구현하는 사람을 포함해 공격에 대응해 본 사람이라면 조직의 누구라도 블루 팀원이 될 수 있다.

레드 팀은 공격적 보안offensive security 훈련을 실행한다. 즉 실제 공격자의 종단 간 공격을 흉내내

---

6 이 색상 스키마는 미군에서 발췌한 것이다(https://oreil.ly/nuNjO).

는 것이다. 이런 훈련은 조직의 방어 체계의 약점을 드러내며 공격을 탐지하고 방어하는 능력을 테스트할 수 있다.

보통 레드 팀은 다음과 같은 업무에 중점을 둔다.

특별한 목적

예를 들어 레드 팀은 고객 계정 데이터를 탈취한다(조금 더 구체적으로는 여러분의 환경에서 사용 가능한 일부 고객의 계정 데이터를 찾아 안전한 장소로 옮겨놓는다). 이런 훈련은 실제 공격자가 운용하는 방법과 매우 유사하게 이뤄진다.

감시

여러분의 탐지 방법이 공격자의 정찰을 탐지할 수 있는지 확인하는 것이 목적이다. 감시surveillance는 향후의 목적 기반 교전goal-based engagement의 지도로 활용할 수도 있다.

대상을 특정한 공격

이 활동의 목적은 이론적이고 악용할 가능성이 거의 없는 보안 이슈도 악용할 수 있다는 점을 입증하는 것이다. 결과적으로 어떤 이슈가 방어 체계를 구축할 가치가 있는지를 결정할 수 있다.

레드 팀 프로그램을 시작하기 전에는 법무 팀과 임원을 포함해서 이런 활동에 영향을 받을 수 있는 조직으로부터 동의를 얻어야 한다. 이 시기는 특히 경계 수준을 정의하기도 좋은 타이밍이다. 예를 들어 레드 팀은 고객 데이터에 접근하거나 프로덕션 서비스에 지장을 줘서는 안되며 데이터 탈취와 서비스 장애에 근접한 상황까지만 만들어야 한다(예를 들면 테스트 계정의 데이터만 손상시키는 등). 이런 경계는 현실에 가까운 훈련을 수행하는 것과 파트너 팀이 안심하는 시점과 범위를 설정하는 것 사이의 균형을 잘 유지해야 한다. 물론 여러분의 공격자는 이런 경계를 신경쓰지 않을 것이므로 레드 팀은 제대로 보호되지 않는 주요 영역에는 각별한 주의를 기울여야 한다.

일부 레드 팀은 블루 팀과 공격 계획을 공유하기도 하며 탐지 상황에서 포괄적인 통찰을 빠르게 얻기 위해 해당 팀과 면밀히 협업한다. 이런 관계는 둘 사이의 연결 고리 역할을 하는 퍼플 팀으로 형성되기도 한다.[7] 이 방법은 여러 훈련을 수행하며 이를 빠르게 진행하고 싶거나 레드 팀의 활동을 여러 제품 엔지니어에게로 분산하고 싶은 경우에 유용하다. 이렇게 하면 레드 팀도 어쩌면 놓쳤을 수도 있는 부분을 확인할 수 있는 영감을 주기도 한다. 시스템을 설계하고 구현하며 유지 보수하는 엔지니어가 그 시스템을 가장 잘 알고 있으며 보통은 어느 부분이 약점인지도 직감적으로 알고 있기 때문이다.

레드 팀 탐지하기

만일 레드 팀과 블루 팀이 서로 정보를 공유하지 않기로 했다면 블루 팀이 레드 팀을 탐지했을 때 무엇을 할 지에 대한 규약을 정해야 한다. 이런 상황을 생각해보자. 레드 팀이 고객 데이터베이스를 성공적으로 유출했다. 블루 팀이 레드 팀을 탐지하고 긴급 대응 절차를 실행해 임원과 법무 팀 그리고 규제 담당자가 공격에 대한 알림을 받게 됐다! 레드 팀을 탐지한 후 보고를 축소하는 규약을 정해두면 이런 혼란에 더 빠르게 대응할 수 있다.

레드 팀은 취약점을 스캔하거나 침투 테스트를 수행하는 팀이 아니다. **취약점 스캐닝 팀**vulnerability scanning team은 소프트웨어와 설정에서 예측 가능하며 알려진 약점을 찾으며 이런 약점은 대부분 자동으로 스캔할 수 있다. **침투 테스트 팀**penetrating testing team은 보다 치명적인 취약점을 찾는 데 집중하며 테스터는 이 취약점을 악용하려고 시도한다. 이들의 범위는 훨씬 좁아서 특정 제품, 인프라스트럭처 컴포넌트 또는 프로세스에 주목한다. 이런 팀은 대부분 예방의 관점에서 테스트를 수행하며 조직의 보안 방어 체계의 탐지 관점에서 일부 테스트를 수행해서 업무는 며칠 동안 지속된다.

반면 레드 팀과의 협업은 목적 지향적이며 주로 수주 동안 이뤄진다. 레드 팀은 지적 자산이나 고객 데이터 탈취 같은 특정 대상을 목적으로 한다. 그래서 제품, 인프라스트럭처, 내외부 경계를 넘나들며 목표를 달성하기 위해 필요한 모든 수단을 (안전한 한계 내에서) 광범위하게 활용한다.

좋은 레드 팀은 주어진 시간 내에 목적을 완수할 수도 있으며 그 과정에서 탐지되지 않는 경우도 자주 있다. 레드 팀의 공격이 성공했다고 해서 대상 팀을 형편없거나 비효율적이라고 보는

---

7 퍼플 팀에 대한 보다 자세한 내용은 리 브로더스톤(Lee Brotherston)와 아만다 베를린(Amanda Berlin)이 출간한 『Defensive Security Handbook』(O'Reilly, 2017) 참고

것보다는 비난하지 않고 여러분의 복잡한 시스템을 더 잘 이해하는 방향으로 이 정보를 이용하도록 하자.[8] 레드 팀 훈련을 이런 시스템이 어떻게 연결되어 있고 신뢰 경계를 어떻게 공유하는지에 대해 더 잘 이해할 수 있는 기회로 활용하자. 레드 팀은 위협 모델을 강화하고 방어 체계를 구축하는 데 도움을 주기 위해 존재한다.

NOTE_ 레드 팀은 외부 공격자의 행동을 똑같이 따라하는 것이 아니므로 레드 팀의 공격이 여러분의 탐지와 대응 능력을 완벽하게 테스트할 수는 없다. 특히 레드 팀이 내부 엔지니어로 구성되어 침투하고자 하는 시스템에 대해 잘 알고 있는 경우에는 더욱 그렇다.

또한 공격할 취약점에 대한 실시간 확인이나 탐지 및 대응 팀에 통계적으로 중요한 지표를 제공할만큼 레드 팀의 공격을 자주 실행할 수는 없다. 그렇지만 레드 팀은 보통의 테스트로는 발견하기 어려운 예외 상황을 찾을 수 있기 때문에 자주는 아니라도 레드 팀 훈련을 정기적으로 실행하는 것이 여러분의 보안 상태를 철저히 이해하는 아주 좋은 방법이다.

또한 레드 팀이 시스템을 설계하고 구현하며 유지 보수하는 사람에게 공격자의 자세에 대해 교육하도록 할 수 있다. 예컨데 작은 범위의 프로젝트를 활용해 공격 팀에 이러한 인력을 직접 포함시키면 공격자가 시스템을 어떻게 분석해서 가능한 취약점을 찾고 방어 체계를 우회하는지 바로 파악할 수 있다. 또한 이런 지식을 향후 팀의 개발 프로세스에 녹여넣을 수도 있다.

레드 팀과의 협업은 조직의 보안 상태를 더 잘 이해하고 향후 위험을 줄일 수 있는 의미있는 프로젝트의 구현에 대한 로드맵을 개발하는 데 도움이 된다. 현재 보유한 위험 내성의 영향도를 이해하면 이를 조정할 필요가 있는지 결정할 수 있다.

20.2.4 외부 연구원

보안 상태를 점검하고 개선할 수 있는 또 다른 방법은 여러분의 시스템에서 취약점을 발견한 외부의 연구원 및 애호가들과 협업하는 것이다. 2장에서도 설명했지만 이 방법은 시스템에 대한 피드백을 얻는 유용한 방법이다.

많은 기업이 **취약점 보상 프로그램(VRP)**을 통해 외부의 연구원과 함께 작업하고 있다. VRP는 **버그 바운티 프로그램**으로도 잘 알려져있다. 이런 프로그램은 시스템에서 책임감을 갖고 노력

---

8 그러려면 SRE 도서 15장에서 설명하는 비난없는 포스트모템 문화를 구현하면 된다.

해 취약점을 찾아낸 것에 보상을 제공하며 경우에 따라서는 현금으로 보상하는 경우도 있다.[9] 2006년에 시작한 구글의 첫 번째 VR는 티셔츠와 공개 웹 페이지에 간단한 감사 메시지를 올려주는 혜택을 제공했다. 보상 프로그램을 활용하면 보안 관련 버그를 조직 외부에 있는 대규모의 보안 연구원들과 함께 찾을 수 있다.

VRP를 시작하기 전에는 먼저 검토와 기본 취약점 스캐닝을 이용해 기본적인 버그와 통상적인 보안 이슈를 해결하는 것이 좋다. 그렇지 않으면 팀이 쉽게 찾을 수 있는 버그를 외부 사람이 찾아 보상을 지불해야 하기 때문이다. 이는 VRP의 목적에 부합하지 않는다. 또한 한 명 이상의 연구원(https://oreil.ly/6qBkN)이 같은 이슈를 보고할 수 있다는 단점도 있다.

버그 바운티 프로그램을 셋업하는 방법을 제대로 알려면 어느 정도 발품을 팔아야 한다. 버그 바운티 프로그램을 운영하기로 했다면 다음의 기본 단계를 따라야 한다.

1. 조직이 이 프로그램을 운영할 준비가 됐는지 확인한다.
   A. 여러분의 시스템에서 프로그램의 대상이 될 범위를 정한다. 예를 들어 기업용 시스템은 대상에 포함할 수 없을 수도 있다.
   B. 보상금의 수준을 정하고 보상금을 위한 펀드를 마련한다.[10]
2. 회사 내부에서 버그 바운티 프로그램을 운영할지 아니면 이런 프로그램을 전문적으로 운영하는 조직을 고용할 것인지 결정한다.
3. 자체적으로 실행한다면 버그의 수집과 분류, 조사, 검증, 후속 조치 및 수정을 위한 절차를 셋업한다. 우리의 경험상 심각한 이슈의 경우 수정을 제외한 나머지 절차는 대략 40시간 정도가 걸릴 것이라고 생각하면 된다.
4. 보상금을 지불할 절차를 정의한다. 여러분이 현재 거주하는 국가 외에 세계 여러 곳에서 버그가 보고될 수 있다는 점을 기억하자. 조직에서 어떤 제약을 정하고 있다면 법무 및 회계 팀을 통해 이를 자세히 이해해야 한다.
5. 프로그램을 시행하고 학습하고 반복한다.

---

9 보상에 대한 보다 철학적인 견해는구글 연구원인 sirdarckcat의 블로그 포스트(https://oreil.ly/Lgtv3) 참고.

10 더 자세한 내용은 취약점 가격에 대한 sirdarckcat의 블로그(https://oreil.ly/11Q2P) 참고.

모든 버그 바운티 프로그램에는 다음과 같은 몇 가지 어려움이 있다.

너무 많은 이슈가 보고될 경우 상세 조정해야 할 필요성

여러분의 업계 내 평판과 공격의 범위, 지불 금액 및 버그 발견의 난이도 등에 따라 너무 많은 버그가 보고될 수도 있다. 조직으로부터 어떤 수준의 대응이 필요한지 사전에 파악하도록 하자.

낮은 보고서 품질

버그 바운티 프로그램은 대부분의 엔지니어가 아주 기본적인 이슈나 전혀 이슈가 되지 않는 사항을 버그로 오인하면 점점 부담이 가중된다. 우리는 특히 웹서비스에서 이런 점이 두드러지게 나타나는 것을 발견했다. 많은 사용자의 브라우저가 잘못 설정되어 있으며 실제로는 버그가 아닌 것을 버그로 '오인'하기 때문이다. 보안 연구원이 이런 부류에 속하는 경우는 드물지만 때로는 버그 보고자의 자질을 사전에 알아내기 어려울 수 있다.

언어 장벽

취약점 연구원이 여러분이 사용하는 언어로 보고서를 작성할 필요는 없을 것이다. 이런 경우에는 언어 번역 도구의 도움을 받거나 또는 조직의 누군가는 보고자의 언어를 이해할 수 있을 것이다.

취약점 공개 가이드라인

취약점 공개에 대한 규칙은 일반적으로 합의되지 않았다. 연구원은 자신이 발견한 취약점을 대중에 공개해야 할까? 그리고 만일 그래야 한다면 언제 공개해야 할까? 연구원은 여러분의 조직이 버그를 수정할 때까지 얼마나 기다려야할까? 보상을 해야 할 버그의 부류와 그렇지 않은 부류의 버그는 어떻게 구분할까? 이에 대한 '올바른' 방법에는 다양한 의견이 존재한다. 더 자세한 내용을 알고 싶은 독자를 위해 몇 가지 관련 자료를 제시하고자 한다.

- 구글 보안 팀이 작성한 책임감 있는 공개에 대한 블로그 포스트 (`https://oreil.ly/t_FP9`)[11]
- 구글의 내부 취약점 연구 팀인 프로젝트 제로Project Zero가 데이터 기반 공개 정책 업데이트에 대해 작성한 블로그 포스트(`https://oreil.ly/oDjT-`)

---

[11] sirdarckcat 역시 취약점 공개에 대한 포스트(`https://oreil.ly/iQn3z`)를 작성했다.

- 오울루 대학교Oulu University 보안 프로그래밍 그룹이 제공하는 취약점 발표 간행물의 컬렉션(https://oreil.ly/qILyu)
- 국제 표준 기구International Standards Organisation(ISO)가 제공하는 취약점 공개 권고사항(https://oreil.ly/kRc5Z)

연구원이 보고하는 이슈는 적절한 때에 처리할 수 있도록 준비하자. 또한 예전에 악의적인 공격자가 적극적으로 악용했던 이슈를 연구원이 발견할 수도 있다. 이런 경우라면 여러분이 대처해야 할 보안 유출이 있었을 수도 있다.

20.3 마치며

보안과 신뢰성은 절차와 사례의 품질이나 부재에 의해 결정된다. 이런 절차와 사례를 주도하는 가장 중요한 요소는 사람이다. 효율적인 직원은 역할, 부서 그리고 문화적 경계를 넘어 협업하는 능력이 있다. 우리는 미래를 알 수 없으며 공격자를 예측할 수 없는 세계에 살고 있다. 궁극적으로는 여러분의 조직 구성원 모두가 보안과 신뢰성에 대한 책임을 공유하는 것이 최고의 방어다!

보안과 신뢰성 문화 구축

헤더 애드킨스Header Adkins, 피터 발체브Peter Valchev, 펠릭스 그뢰베르트Felix Gröbert, 애나 오프레아Ana Oprea,

세르게이 시마코브Sergey Simakov, 더글라스 콜리시Duglas Colish, 벳시 바이어Betsy Beyer

조직이 새로운 인력을 채용했다고 가정해보자. 이 직원은 보안과 신뢰성의 중요성을 알고 있는 가? 그리고 보안과 신뢰성을 조직의 다른 목표 중 어떻게 우선순위를 결정할 것인가? 직원은 시스템에 대한 악의적인 공격이나 그로 인한 오류에 대처하기 위해 자신이 어떤 역할을 수행해야 할 지 알고 있는가?

이번 장에서는 건전한 보안과 신뢰성 문화에 대해 설명한다. 또한 변화가 필요한 시점에 좋은 사례를 선택하는 것이 조직의 문화에 어떤 영향을 주는지도 살펴본다. 마지막으로 조직의 리더십 그룹과 팀이 보안과 신뢰성에 대해 동의할 수 있도록 하는 방법에 대한 통찰을 제공한다.

이번 장에서는 우리가 구글 및 다른 기업에서 발견한 유용한 사례들을 소개하고 있지만 세상에 똑같은 기업은 없다는 점을 기억해두기 바란다. 이번 장에서 설명하는 기법은 여러분 조직의 문화에 맞춰 적용해야 한다. 또한 모든 전략을 도입하는 것은 불가능하다는 것을 알아챌 수도 있다. 이번 장에서는 보안 및 신뢰성에 대한 지속적인 고려를 위한 가이드와 참고자료를 제공할 뿐이다. 앞으로 설명할 권고사항에 대해서는 구글에서도 매일 완벽하게 실행하고 있지는 않지만 전반적인 문화의 구축을 위해 각 접근법을 개선하는 방법을 찾고 있다는 점도 알아두기 바란다.

효율적인 보안과 신뢰성은 조직이 이런 근간을 바탕에 두고 문화를 구축하는 것의 중요함을 받아들일 때 잘 성장한다. 조직이 직접 원하는 문화를 설계하고 구현하고 유지하면 모든 사람, 즉 CEO와 리더십그룹, 기술 리더와 관리자부터 시스템을 설계, 구현, 유지 보수하는 사람에 이르기까지 모든 사람이 문화에 대해 책임을 갖게 되어 성공적으로 목표를 달성한다.

이런 경우를 생각해보자. CEO가 지난 주 전체 조직에게 회사의 미래를 위해 차세대 프로젝트를 완료해야 한다고 언급했다. 그런데 오늘 오후 여러분이 회사 시스템에서 공격자의 흔적을 발견했고 이 시스템을 오프라인화해야 한다는 것을 알았다. 고객은 화가 날 것이고 차세대 프로젝트 진행은 위험에 빠질지도 모른다. 또한 여러분은 지난 달의 보안 패치를 적용하지 않았다는 사실 때문에 팀이 이 문제의 책임을 지게 될 것도 알고 있지만 대부분의 팀원이 휴가 중이었고 지금은 모든 인력이 차세대 프로젝트의 타이트한 일정 때문에 바쁘다. 여러분의 기업 문화는 이런 상황에서 직원이 어떤 결정을 내리는 것을 지지하겠는가? 강력한 보안 문화를 갖춘 건전한 조직이라면 직원에게 차세대 프로젝트가 지연되는 위험 부담을 감수하고라도 즉시 사고를 보고하라고 권장할 것이다.

그와 동시에 여러분이 악의적인 침입자에 대해 조사 중인데 프론트엔드 개발 팀이 스테이지 환경에 배포할 중요한 변경사항을 실수로 프로덕션 시스템에 배포했다고 가정해보자. 이 실수로 회사의 매출이 한 시간가량 발생하지 않았고 고객지원 센터는 고객의 불만 전화가 끊이지 않았다. 기반 고객의 신뢰가 빠르게 떨어지고 있다. 신뢰성의 문화는 고객의 수요와 차세대 프로젝트가 지연되거나 철회되는 위험을 관리할 수 있도록 직원들에게 프론트엔트를 실수로 배포할 수 있는 절차를 다시 설계할 것을 권할 것이다.

이런 상황에서 문화적 규범은 실수의 패턴을 찾아 수정해서 향후에 문제가 되지 않도록 하기 위해 비난하지 않는^{blameless} 포스트모템을 수행할 것을 권장한다.[1] 건전한 문화를 갖춘 기업이라면 한 번 해킹을 당하는 것은 고통스러운 일이지만 두 번 해킹을 당하는 일이 더 좋지 않다는 점을 알고 있다. 마찬가지로 신뢰성 목표를 100%로 설정하는 것은 절대 옳지 않다는 점도 알고 있다. 안전하게 코드를 배포할 수 있도록 에러 예산[2]과 제어 장치 같은 도구를 이용해 신뢰성과 속도 사이의 적절한 균형을 맞춰야 고객의 불만을 잠재울 수 있다. 마지막으로 건전한 보안 및 신뢰성 문화를 갖춘 기업은 불가피하게 사고가 발생했을 때 투명성을 지키는 것이 장기적으로는 고객에게 좋은 방향이며 이런 사고를 숨기면 오히려 고객의 신뢰를 잃는다는 점도 알

---

1 SRE 도서 15장 참고.

2 SRE 도서 3장 참고.

고 있다.

이번 장에서는 보안과 신뢰성 문화를 구현할 때의 패턴과 안티패턴을 다룬다. 비록 우리는 이 정보가 조직의 규모나 형태와 관계없이 유용한 정보가 되길 바라지만 문화는 조직의 독특한 요소이며 조직이 당면한 과제와 기능에 의해 만들어진다. 세상에 똑같은 문화를 갖춘 기업은 없으며 우리가 제공하는 조언이 모두에게 항상 적합한 것도 아니다. 이번 장은 문화라는 주제 안에서 여러 가지 아이디어를 제공하지만 모든 조직이 우리가 설명하는 사례를 도입하는 것은 사실상 불가능하다. 우리가 여기서 아이디어로서 제시하는 시각은 실제 상황에서는 완전히 실용적이지 않을 것이다. 구글이라고 항상 올바른 문화를 갖추고 있지는 않으며 항상 현재 상태를 개선하기 위한 질문의 답을 찾고 있다. 바라건데 이 책이 다룰 폭 넓은 관점과 옵션 중에서 여러분의 환경에 맞는 것을 찾을 수 있으면 한다.

21.1 건전한 보안과 신뢰성 문화의 정의

정상적인 시스템처럼 건전한 팀 문화 역시 명시적으로 설계, 구현, 유지 보수가 가능하다. 우리는 이 책 전반에서 정상적인 시스템을 구현하기 위한 기술적인 컴포넌트와 절차적인 컴포넌트에 초점을 맞춰왔다. 건전한 문화를 구현하기 위한 설계 원리 역시 존재한다. 사실 문화란 안전하고 신뢰할 수 있는 시스템을 설계하고 구현하며 유지하기 위한 핵심 컴포넌트다.

21.1.1 자연스럽게 품은 보안과 신뢰성 문화

4장에서도 설명했지만 보안과 신뢰성에 대한 고려는 프로젝트의 마지막 단계로 미루고자 하는 경향이 많다. 이렇게 미루면 초기의 개발 속도가 증가되기도 하지만 속도의 지속성에 문제가 생기며 잠재적으로 완성된 프로젝트에 보안과 신뢰성을 끼워넣는 비용이 증가할 수 있다. 게다가 이런 끼워넣기 때문에 시간이 지나면서 기술 부채가 증가하거나 또는 일관성 없이 적용하게 되면서 장애를 유발하기도 한다. 예를 들어 자동차를 구입할 때 여러분은 안전 벨트 공급자를 별개로 찾아야 하고 누군가는 앞유리의 안전성을 검토해야 하며 조사관이 에어백을 검증해야 한다고 가정해보자. 안전과 신뢰성을 자동차가 만들어진 **후**에 따진다면 고객은 각 솔루션이 충분히 잘 구현되었는지 평가할 수 없을 수도 있으므로 부담이 상당히 커지게 된다. 게다가 같은 제조사의 두 자동차가 일관되게 만들어지지 않을 수도 있다.

이 예시는 시스템이 **자연스럽게 보안과 신뢰성을 품어야 한다**secure and reliable by default는 점을 보여주고 있다. 프로젝트 수명 주기 전반에 걸쳐 보안 및 신뢰성과 관련된 결정을 내린다면 일관성을 유지하기가 쉬워진다. 또한 보안과 신뢰성이 시스템의 일부로 통합되면 고객에게 보이지 않아 추가적인 고민을 주지 않게 된다. 자동차의 예를 다시 들자면 고객은 안전 벨트, 앞유리 또는 후면 카메라 같은 안전 장치가 제대로 동작할 것이라고 믿으므로 크게 고민할 필요가 없게 된다.

자연스럽게 품은 보안과 신뢰성 문화를 건전하게 갖춘 조직은 직원이 이런 주제에 대해 프로젝트의 초기 단계(예를 들면 설계 단계)는 물론 구현을 반복하는 동안 계속 고려하도록 권한다. 제품이 성숙해질수록 보안과 신뢰성 역시 자연스럽게 성숙해진다. 소프트웨어 개발 수명 주기에 공식적으로 통합되기 때문이다.

이런 문화를 갖추고 있다면 시스템을 설계, 유지, 구현하는 사람이 보안과 신뢰성을 자동적이고 투명하게 적용하기가 쉬워진다. 예를 들어 지속적 빌드, 새니타이저, 취약점 발견 및 테스트를 자동화할 수 있다. 개발자는 애플리케이션 프레임워크와 공통 라이브러리의 도움을 받아 XSS와 SQL 주입 같은 보편적인 취약점을 피할 수 있다. 적절한 프로그래밍 언어나 프로그래밍 언어의 기능을 선택하는 가이드는 메모리 손상 에러를 회피하는 데도 도움이 된다. 이런 종류의 자동화된 보안은 (코드 감사의 지연 같은) 마찰과 에러 (검토 과정에서 찾지 못한 버그)를 줄이며 개발자에게 상대적으로 투명해야 한다. 이상적으로는 이런 보안과 신뢰성 문화가 갖춰진 상태에서 시스템이 성장하면 직원도 그 구현을 더욱 신뢰할 수 있다.

구글에서 자연스러운 보안과 신뢰성 문화를 구축하고 개선해 온 방법은 12장, 13장 및 19장에서 다루고 있다.

21.1.2 검토하는 문화

강력한 검토 문화가 자리잡고 있다면 모든 사람이 변경을 승인할 때 미리 자신의 역할에 대해 생각해보게 된다. 그러면 변경사항에 더욱 주의를 기울이게 되어 시스템의 보안과 신뢰성 속성을 강화하게 된다. 동료 간의 검토를 통해 다음과 같은 다양한 변경 시나리오에 시스템의 보안과 신뢰성 기능이 적용되도록 할 수 있다.

- 최소 권한을 유지하기 위한 접근이나 변경에 대한 멀티파티 승인 검토(5장 참고)
- 코드 변경이 적절하며 보안과 신뢰성을 고려한 높은 품질의 변경인지 확인하기 위한 동료 간 검토(12장 참고)
- 설정의 변경을 프로덕션 시스템에 적용하기 전에 확인하는 동료 간 검토(14장 참고)

이런 문화를 구축하려면 검토의 가치와 수행 방식에 대한 조직 전반의 이해가 필요하다.

검토 과정이 어떻게 진행되어야 하는지를 명확히 할 수 있도록 변경 검토 방법은 반드시 문서화해야 한다. 예를 들어 동료 간 코드 검토의 경우 코드 검토와 관련된 조직의 엔지니어링 실천 사례를 문서화해서 새로 합류하는 개발자를 교육해야 한다.[3] 멀티파티 승인 스키마(5장 참고)를 위해 동료 간 검토가 필요할 때는 언제 접근이 승인될 것이며 어떤 조건에서 거부될 것인지를 문서화해야 한다. 이렇게 하면 조직 전반에 공통적인 문화적 기대치를 설정하므로 유효한 승인 요청만 성공하게 된다. 마찬가지로 승인자가 요청을 거부할 경우 그 이유가 문서화된 정책을 토대로 이해할 수 있는 것으로 간주해야 사람 간의 악감정과 '너와 나'를 분리하는 사고 방식을 피할 수 있다.

문서화로 인해 얻을 수 있는 필연적인 결과는 검토자가 되기 위한 기본적인 기대치를 이해할 수 있도록 검토자를 교육할 수 있다는 것이다. 이런 교육은 조직이나 프로젝트에 합류하는 이른 시점에 이뤄져도 된다. 더 경험이 많거나 잘 훈련된 검토자도 변경을 살펴볼 수 있는 수습 제도를 통해 새로운 검토자를 합류시키는 것도 고려하자.

검토 문화가 정착하려면 모든 사람이 검토 절차에 참여해야 한다. 코드 소유자는 해당 영역의 전체적인 방향과 표준을 보장할 책임이 있지만 자신이 만든 변경사항에 대해서도 개인적인 책임을 가져야 한다. 그 누구도 자신이 시니어가 됐거나 검토에 참여하고 싶지 않다고 해서 검토 절차를 생략할 수는 없다. 코드의 소유자라고 코드 및 설정 변경사항을 검토에서 예외가 되지 않는다. 마찬가지로 시스템 소유자도 로그인할 때 멀티파티 승인을 받는 것으로부터 예외가 될 수는 없다.

---

3 구글의 코드 검토 실천 사례는 코드 검토 개발자 가이드(https://oreil.ly/mnPdJ)에 문서화되어 있다. 구글의 코드 검토 절차와 문화에 대한 더 자세한 내용은 다음을 참고. Sadowski, Caitlin et al. 2018. "Modern Code Review: A Case Study at Google." (https://oreil.ly/IfFJl).

> **마찰 줄이기**
>
> 소소한 변경의 경우에는 신속하게 변경을 진행할 수 있는 간소화한 검토 절차를 마련하는 것도 고려해보자. 14장에서도 설명했지만 검토는 필수적으로 수행할 때만 효과가 있다. 하지만 검토가 부담이 될 필요는 없다. 사소한 설정 변경이나 민감하지 않은 리소스에 일시적으로 접근하기 위한 멀티파티 승인 요청은 굳이 정규 절차를 거칠 필요가 없다. 개발자와 검토자의 이해가 충돌하지 않도록 언제 간소화한 검토를 하고 언제 정규 절차를 거쳐야 하는지에 대한 가이드라인을 명확히 수립하자.
>
> 올바른 워크플로 도구를 선택하면 개발자의 마찰도 줄이는 데 도움이 된다. 변경을 쉽게 만들고 검토자를 위해 변경 비교 자료를 제공하며 작은 변경사항에 대한 자동화를 지원하는 도구는 이런 마찰을 줄여준다.[4]

검토자가 결정을 내리는 데 필요한 맥락을 이해하고 변경이 안전한지 정확히 판단할만큼 충분히 맥락이 제공되지 않는다면 검토를 거절하거나 다른 사람에게 맡길 수 있는 옵션을 갖추도록 하자. 이는 특히 멀티파티 승인 같이 접근 요청의 보안 및 신뢰성 속성을 검토할 때나 안전성을 포함한 코드 스니펫snippet의 변경을 검토할 때 특히 중요하다. 검토자가 이런 종류의 위험을 찾아내는 데 익숙하지 않다면 검토가 충분한 제어장치로 동작할 수 없다. 자동화된 검사도 이런 문맥을 갖추는 데 도움이 된다. 예를 들어 13장에서 설명한 것처럼 구글은 트라이코더(https://oreil.ly/rdYsN)를 이용해 코드 변경을 적용하기 전 단계에서 개발자와 검토자에게 자동으로 보안 이슈를 제시한다.

21.1.3 의식의 문화

조직의 구성원이 스스로 보안과 신뢰성에 대한 책임에 대한 의식을 갖고 어떻게 수행해야 하는지 알고 있다면 효과적으로 훌륭한 결과를 낼 수 있다. 예를 들어 엔지니어가 민감한 시스템에 접근할 때 계정을 안전하게 보호하기 위한 추가 단계를 수행하도록 할 수 있다. 외부 협력업체와 빈번하게 소통하는 업무를 수행하는 사람은 피싱 메일을 받을 가능성이 더 높다. 임원이 세계 여러 곳을 여행하는 것은 그보다 직급이 낮은 다른 인력 대비 조직에 미치는 위험도가 높다.

---

4 구글은 2018년 최신 코드 검토 절차에 대한 연구(https://oreil.ly/9FhBV)에서 개발자는 자신이 사용하는 도구가 제공하는 마찰이 적은 워크플로에 큰 가치를 부여한다는 점을 발견했다.

건전한 문화를 갖춘 조직은 이런 조건에 대한 의식^{awareness}을 개발하고 교육 프로그램을 통해 강화한다.

의식과 교육 전략은 강력한 보안 문화를 구축하는 핵심이다. 이 두 가지는 부담스럽지 않고 재미있어서 학습자가 내용에 관심을 갖도록 만들어져야 한다. 사람은 저마다 정보가 전달되는 방법, 교육 자재에 대한 숙련도 그리고 심지어 나이나 배경 같은 개인적인 요소에 따라 서로 다른 비율로 여러 종류의 정보를 보유하고 있다. 우리의 경험상 비디오를 보는 등의 수동적인 학습 방법보다는 실습 같은 대화형 방식을 사용할 때 학습자가 내용을 기억하는 확률이 훨씬 높았다. 인식을 개선할 때는 사람들이 어떤 종류의 정보를 기억하게 할 것이며 어떤 방법으로 학습하게 할 것인지를 주의깊게 고려해서 최상의 학습 경험을 제공하도록 최적화하자.

구글은 보안과 신뢰성에 대한 직원 교육에 다양한 방법을 채택하고 있다. 전체적으로 모든 직원은 매년 필수 교육을 이수해야 한다. 그런 후에는 보안과 신뢰성에 대한 메시지를 강화하기 위해 특정 직군에 특화된 프로그램을 제공한다. 수년간 구글에서 이런 프로그램을 개발하면서 유용하다고 판단한 몇 가지 전략을 공유한다.

대화형 발표

참석자의 참여를 독려하는 발표는 복잡한 정보를 설득력있게 전달하는 방법이 될 수 있다. 예를 들어 구글에서는 보안과 신뢰성에 집중해야 하는 이유를 직원이 더 잘 이해할 수 있도록 중요한 보안 및 신뢰성 사고의 주요 원인과 완화 방법을 공유한다. 우리는 이런 대화형 토론을 통해 워크스테이션의 의심스러운 활동부터 시스템을 다운시킬 수 있는 버그에 이르기까지 사람들이 발견한 문제를 언제든 제기하는 분위기를 조성한다는 점을 발견했다. 특히 사람들이 조직을 보다 신뢰할 수 있고 안전하게 만드는 팀의 일원이라는 느낌을 갖도록 한다.

게임

보안과 신뢰성을 게임화하는 것은 인식을 개선하는 또 다른 방법이다. 이런 방법은 대규모 조직에서 더욱 효율적으로 확대되는 경향이 있으며 훈련을 받는 참여자에게 더 나은 유연성과 원할 경우 훈련을 다시 받을 수 있는 옵션을 제공한다. 우리의 XSS 게임(`https://xss-game.appspot.com`) (그림 21-1 참고)는 개발자에게 보편적인 웹 애플리케이션 취약점을 가르치는 데 큰 도움이 됐다.

그림 21-1 보안 훈련 게임

참고 문서

문서를 읽는 것은 실습 같은 다른 방법보다는 기억률이 낮을 수도 있지만 우리는 개발자가 필요할 때 참고할 수 있는 강력한 문서를 제공하는 것이 매우 중요하다는 점을 깨달았다. 12장에서 언급했지만 참고 문서가 중요한 이유는 누구든 보안과 신뢰성의 수많은 미묘한 차이를 동시에 기억하기란 어렵기 때문이다. 구글은 보편적인 보안 문제에 대한 가이드를 제공하기 위해 문제가 발생했을 때 개발자가 답을 검색할 수 있는 내부 보안 권장 사례를 관리하고 있다.[5] 모든 문서는 그 소유자가 명확해야 하며 계속 업데이트해야 하고 더 이상 관련이 없는 경우에는 폐기해야 한다.

인식 개선 캠페인

개발자에게 최근의 보안 및 신뢰성 이슈와 개발 방법을 알리는 것이 어려운 상황도 있다. 구글은 이 상황을 극복하기 위해 매주 한 페이지 분량의 엔지니어링 조언을 발행한다 (그림 21-2 참고). 이 '화장실에서의 테스팅Testing on the Toilet'(`https://oreil.ly/c0_P8`) 에피소드는 모든 구글 오피스의 화장실에 배포한다. 이 프로그램의 원래 목적은 테스팅을 개선하

---

5 예를 들어 구글은 크로스 사이트 스크립팅(https://oreil.ly/qYpj8)에 대한 권장 사례를 관리하고 있다.

는 것이었지만 종종 보안과 신뢰성 주제를 다루기도 한다. 어쩔 수 없이 보게 되는 곳에 이런 정보를 게시하는 것은 팁과 영감을 주는 좋은 방법이다.[6]

Testing on the Toilet Presents... **Security in the Stall**   October 10, 2017

Avoid Inline Event Handlers in HTML

October is Security & Privacy Month. It includes a Security Fixit, which focuses on protecting our code from common web vulnerabilities, including XSS (cross-site scripting). Learn more about getting involved at the Security Fixit site.

A common anti-pattern in web applications is the use of inline event handlers, such as `onclick` or `onload`. You can easily introduce them in your markup, like this:

```
<body onload="prepareBunnyRace()">
  <b onclick="runBunniesRun()">Make the bunnies run!</b>
</body>
```

Why are inline event handlers bad?

- **They can lead to XSS bugs** because their contents require tricky escaping; getting it wrong can allow an attacker to inject malicious scripts into your page.
- **Their contents are not compiled** or covered by checkers such as JS Conformance, making it easier to write bad or insecure code; this pattern violates the JavaScript style guide.
- **They prevent your application from adopting Content Security Policy**, a new web standard to provide defense-in-depth against script injection, which requires all scripts to come from trusted sources.
- **They mix document structure and behavior**, which is strongly discouraged by the HTML style guide because it increases the cost of maintaining your markup.

Luckily, most instances of inline event handlers in your HTML are easy to refactor into safer and cleaner alternatives. The best way is to **add event handlers in JavaScript**: move the handlers to the JS file that contains the rest of your client-side code:

```
<body>                              goog.events.listen(document, 'DOMContentLoaded', () => {
  <b id="bunnyRunner">                prepareBunnyRace();
    Make the bunnies run!             goog.events.listen(document.getElementById('bunnyRunner'),
  </b>                                    'click', () => { runBunniesRun(); });
</body>                             });
```

그림 21-2 화장실에서의 테스트 에피소드 예시

적시 알림

(코드의 체크인이나 소프트웨어의 업그레이드 같이) 특히 절차적 단계에서는 사람들이 보안과 신뢰성에 대한 권장 사례를 다시 한번 상기하길 원할 것이다. 이런 상황에서 사람들에게 적시[Just-in-time]에 알림을 보여주면 더 나은 결정을 내리는 데 도움이 된다. 구글에서는 예

---

6 구글의 화장실에서의 테스트 프로그램은 개발자의 인식을 개선하는 것으로 최근 연구 결과에서 드러났다. 보다 자세한 내용은 다음을 참고, Murphy-Hill, Emerson et al. 2019. "Do Developers Learn New Tools on the Toilet?" Proceedings of the 41st International Conference on Software Engineering. (https://oreil.ly/ZN18B).

를 들어 직원이 신뢰할 수 없는 리포지토리로부터 소프트웨어를 업그레이드하려 하거나 승인받지 않은 클라우드 스토리지 시스템에 민감한 데이터를 업로드하려 하는 경우 등 필요한 시점에 팝업과 힌트를 보여주는 것을 시험해 봤다. 그 결과 사용자가 실시간으로 경고를 보면 스스로 더 나은 결정을 내려 실수를 모면하는 것을 알 수 있었다.[7] 이와 관련해서 13장에서도 설명했듯이 사전에 적용했던 보안과 신뢰성 힌트를 개발자에게 제공하면 코드를 개발하는 동안 더 나은 선택을 하는 데 도움이 된다.

21.1.4 긍정의 문화

시간이 지나면 조직은 보수적인 위험 문화를 개발할 수 있다. 특히 보안 유출이나 신뢰성 이슈가 매출의 손실이나 기타 다른 좋지 않은 결과로 이어지면 더 그렇다. 이런 마인드는 극단적인 경우 위험한 변경과 그로 인해 발생할 수 있는 부정적 결과를 회피하려고 하는 **부정의 문화**culture of no로 이어질 수도 있다. 이런 문화가 보안이나 신뢰성이라는 이름으로 이어지면 부정의 문화는 조직의 정체나 심지어 혁신의 실패를 야기할 수 있다. 우리는 건전한 조직은 기회를 잡기 위해 어느 정도 위험을 감수해야 할 때 '네'라고 대답하기 어려운 부분을 해소하는 방법을 가지고 있음을 발견했다. 즉 의도적으로 위험을 감수하는 것이다. 이런 방법으로 위험을 감수하려면 보통 위험을 평가하고 측정할 수 있어야 한다.

구체적인 예로 8장에서는 서드파티의 검증되지 않은 코드를 실행하는 플랫폼인 구글 애플리케이션 엔진의 보안에 사용했던 방법을 설명했다. 구글의 보안 팀은 출시가 너무 위험하다고 판단할 수 있었다. 무엇보다 신뢰할 수 없는 임의의 코드를 실행한다는 것은 상당히 잘 알려진 보안 위험이다. 예컨데 서드파티가 관리하는 코드가 악의적일 수 있고 플랫폼의 실행 환경을 벗어나 여러분의 인프라스트럭처에 손상을 가할 수 있는지 여러분은 알 수 없다. 우리는 이 위험을 처리하기 위해 제품과 보안 팀과의 엄청난 협업을 통해 계층적이고 단단한 시스템을 구현한 덕분에 제품을 출시할 수 있었다. 그렇지 않았다면 이 제품의 출시는 너무 위험했다. 이런 협업 덕분에 팀 간에 신뢰를 기반으로 한 시스템을 구현했으므로 시간이 지나도 플랫폼에 추가적인 보안을 구현하기가 쉬워졌다.

....
7 이 주제는 사람들이 올바른 행동을 하도록 유도해 행동을 변화시키는 방법인 **너징**(nudging)과 관련이 있다. 너지 이론은 행위 경제학에 대한 공로를 인정받아 노벨 경제학상을 수상한 리차드 탈러(Richard Thaler)와 캐스 선스테인(Cass Sunstein)이 개발한 것이다. 보다 자세한 내용은 다음을 참고. Thaler, Richard H., and Cass R. Sunstein. 2008. Nudge: Improving Decisions About Health, Wealth, and Happiness. New Haven, CT: Yale University Press.

> **책임과 위험 감수 사이의 균형**
>
> 위험한 변경에 대해 아니요 라고 답하는 경향은 잘못된 결정을 내릴지도 모른다는 개인의 두려움에 기인한다. 이런 경향은 설계 검토와 코드 감사의 관점에서 볼 때 특히 더 어려운 과제다. 왜냐하면 검토를 수행하는 사람이 모든 보안이나 신뢰성 문제를 찾아내기란 불가능하기 때문이다. 만일 사람들이 위험한 변경에 대한 방어 장치가 자신뿐이라고 생각한다면 위험을 감수하려 하지 않을 것이다.
>
> 위험을 감수하는 조직은 최소 권한, 탄력성 및 테스팅 같은 설계 전략적 요소를 적용해 이런 부담을 덜어준다. 이런 계층적 접근법은 개개인이 완벽해야 한다는 데서 느끼는 부담을 덜어준다. 누군가 검토 과정에서 실수를 했다면 다른 검사와 균형 장치가 재앙을 막아준다.

위험을 감수하는 또 다른 방법은 어느 정도의 한계까지는 실패를 허용하는 에러 예산 (https://oreil.ly/gd3MY)를 사용하는 것이다. 일단 조직이 미리 정해둔 최대 한계에 도달하면 팀은 위험을 정상 수준으로 낮추기 위해 협업해야 한다. 에러 예산은 제품의 수명 주기 전체에 걸쳐 보안과 신뢰성을 강조하므로 혁신을 원하는 사람은 어느 정도는 위험한 변경을 적용할 자유를 누릴 수 있다.

21.1.5 필연성의 문화

완벽한 시스템은 없으며 어떤 시스템이든 결국에는 장애가 발생할 수 있다. 어느 시점이 되면 여러분의 조직은 서비스 장애나 보안 사고를 경험하게 될 것이다. 이런 필연성을 감수하면 팀은 안전하고 신뢰할 수 있는 시스템을 구축하고 장애에 대응할 적절한 마음가짐을 갖추게 된다.[8] 구글에서는 장애는 언제든 일어날 수 있다고 생각한다. 우리가 주도적으로 장애를 측정할 정도로 성실하지 않거나 시스템에 대한 확신이 없어서가 아니라 실제 시스템은 100% 안전하고 신뢰할 수 있는 것이 아니라는 점을 알고 있기 때문이다.

16장에서는 이런 필연성에 대비해야 한다는 것을 설명하고 있다. 필연성의 문화를 수렴하는 팀은 재해에 효율적으로 대응할 수 있도록 이를 준비하기 위한 시간을 별도로 마련한다. 이런

---

8 구글의 고객 신뢰성 엔지니어링 디렉터인 데이브 렌신(Dave Rensin)은 'Less Risk Through Greater Humanity'라는 제목으로 이 주제에 대한 상세한 내용을 발표(https://oreil.ly/ZrWkS)했다.

팀은 공개적으로 장애의 가능성에 대해 논의하고 이런 시나리오를 시뮬레이션해볼 수 있는 시간을 마련한다. 사고 대응 스킬은 지속적으로 사용할 때만 그 효율성을 발휘하므로 모의, 레드팀 공격, 복구 테스트 실습 및 재해 역할 수행(https://oreil.ly/hyDi_) 같은 훈련을 통해 조직의 대응 절차를 테스트하고 재정비하는 것이 좋다. 필연성을 감수하는 조직은 관련 조직에서 발생한 장애를 포함한 모든 장애에 대해 연구한다. 내부적으로 이런 팀은 (이 책의 18장과 SRE 도서의 15장에서 언급했던) 비난 없는 포스트모템을 사용해 장애에 대한 두려움을 줄이고 같은 일이 반복되지 않을 것이라는 믿음을 얻는다. 또한 동종 및 이종 업계의 다른 조직이 발행한 사후 조치 보고서도 활용한다. 이런 보고서를 통해 조직과 관련이 있을 수도 있는 장애 시나리오에 대해 더 잘 이해할 수 있다.

관련된 사례 연구의 활용

2003년 나사는 우주왕복선 콜럼비아의 사고[9] 원인을 규명하기 위한 콜럼비아 사고 조사 이사회를 개최했다. 최종 보고서는 조직이 장애의 근본 원인을 연구해서 보안과 신뢰성 문화에 기여할 수 있는 상당한 변화에 영향을 줄 수 있음을 보여주는 좋은 예시다. 특히 이 보고서의 7장은 나사의 조직 구성과 규범이 안전성의 문화에 방해가 됐다는 점을 보여주고 있다.

공개된 실제 사례는 우리가 비난 없는 포스트모템으로 수행할 것을 권장하는 사후 조치 보고서의 올바른 활용 사례를 보여주고 있다. 이런 유형의 보고서는 리더십그룹이 문화적 실패가 신뢰성과 보안 이슈로 이어지는 과정을 명확히 이해하는 데 도움이 된다.

21.1.6 지속가능성의 문화

여러분의 조직이 시스템의 신뢰성과 보안 기능을 장기간 지속하려면 충분한 리소스(인력과 시간)을 들여 이를 개선하려는 노력을 계속해야 한다. 지속가능성을 갖추려면 명확히 정의한 절차를 이용해 장애, 보안 사고 및 기타 긴급상황을 처리하는 방법을 만들어야 한다.

---

9 콜럼비아 사고 조사 위원회의 최종 보고서는 누구나 읽을 수 있도록 나사 웹사이트(https://oreil.ly/ew-BA)에 공개되어 있다. 7장에서는 나사의 안전 문화가 사고에 미치는 영향을 특히 중점적으로 설명한다. 우리는 보고서의 결과가 간혹 다른 유형의 엔지니어링 조직의 조직 문화에 영향을 준다는 점을 발견했다.

팀이 이런 노력을 유지하려면 대응을 위한 작업과 장기적으로 도움이 될 주도적인 조사에 시간을 균형있게 배분할 수 있어야 한다. 17장에서 언급했던 캘리포니아 산림 보호 및 화재 예방국의 예를 다시 생각해보면 효율적인 팀은 한 사람이 지나친 책임을 지는 일이 없도록 어려운 작업의 부담을 여러 사람이 나눈다.

지속가능성의 문화culture of sustainability를 갖춘 조직은 (예를 들면 사고 대응[10] 같은) 운영 작업의 처리는 물론 시간을 들여 개선할 수 있는 조사에 필요한 업무부하를 측정한다.[11] 스트레스, 번아웃, 사기 등을 계획에 함께 고려하며 장기적 노력을 지속하기에 충분한 리소스를 추가하거나 우선순위 조정을 통해 필요한 경우 작업을 뒤로 미루기도 한다. 긴급상황에 대응할 수 있는 반복가능하며 예측가능한 절차를 셋업해 어느 한 사람이 너무 많이 부담을 지는 상황이 생기지 않도록 하며 긴급 상황을 처리하는 직원을 정기적으로 로테이션한다. 또한 개인의 고민을 파악하고 지속적으로 사람들을 격려해서 사기가 떨어지지 않도록 주도적으로 처리한다.

구글의 지속가능한 신뢰성과 보안 문화

구글에는 계속해서 변화하는 부분이 많고 그에 따라 공격의 범위도 복잡해서 대규모 전담 SRE 팀과 운영상의 보안 담당자가 필요하다. 이런 팀은 스트레스와 번아웃을 방지하기 위해 '해가 뜨면 교대하는' 교대 주기를 따르며 그에 맞춰 팀원을 채용한다. 운영 업무에는 전체 시간의 일부만 할애하며 나머지 시간에는 인프라스트럭처 개선 작업을 수행한다. 또한 장기적 계획을 위한 전담 개발 리소스도 확보하고 있다. 이런 작업은 의도적인 선순환 구조를 만들어낸다. 왜냐하면 장기적 계획은 힘든 운영 업무를 자동화하고 사기를 높이며 사람들이 보다 정신적으로 도전적인 문제에 더 많은 시간을 할애할 수 있도록 하기 위한 것이기 때문이다.

하지만 구글의 지속가능성을 위한 노력의 핵심은 사람들의 건강을 관리하는 방법에 있다. 관리자는 건전한 팀을 구축하고 유지하는 것을 집중적으로 훈련하며 여기에는 업무에서 오는 부정적인 영향을 다루는 방법도 포함되어 있다. 이런 원리는 프로젝트 옥시젠Project Oxygen(https://oreil.ly/9cZK1)의 일부로 우리의 문화에 녹아들어 있다.

지속가능성의 문화를 갖춘다는 것은 일부 예외적인 상황에서는 예상했던 작업부하에 일시적인 편차가 생길 수 있다는 점을 알고 있다는 것을 의미하기도 한다. 예를 들어 비즈니스에 중요한

---

10 SRE 도서 29장 참고.

11 SRE 도서 32장 참고.

여러 시스템이 오랜 시간 동안 SLO를 만족하지 못하거나 심각한 보안 유출의 대응에 상당한 노력이 들어갈 경우 정상화를 위해 '모두가 힘을 합쳐야'하는 노력이 필요할 수도 있다. 이런 상황에서는 팀 전체가 운영 업무와 보안 또는 신뢰성 개선에 전념해야 한다. 다른 운영 업무를 미뤄야 할 수도 있지만 권장 사례를 따르지 못할 경우도 있을 수 있다.

건전한 조직에서는 이처럼 정상적인 비즈니스 운영을 방해하는 예외적인 상황이 발생하는 경우는 드물다. 이런 상황에 당면했을 때는 다음과 같은 사항을 고려하는 것이 정상화된 후에도 지속가능성의 문화를 유지하는 데 도움이 된다.

- 정상 운영이 아닌 상황에서는 현 상황이 일시적이라는 점을 분명히 하자. 예를 들어 모든 개발자가 (자동화된 시스템을 사용하지 않고) 수동으로 프로덕션 환경에 배포하는 변경을 감독해야 하는 상황이라면 장기적으로는 수많은 어려움과 불만을 야기하게 될 것이다. 이때 여러분은 상황이 곧 정상화될 것이라는 점을 명확히 설명하고 언제 정상화될 것인지에 대해 알려줘야 한다.
- 위험의 범위를 이해하고 신속한 결정을 내릴 수 있는 권한을 가진 전담 그룹을 대기하도록 한다. 예를 들어 이 그룹은 표준 보안 및 신뢰성 절차에서 예외될 수 있다. 이렇게하면 실행 과정에서의 마찰을 줄이면서도 조직에는 안전성 메커니즘이 여전히 작동하고 있다는 확신을 어느 정도 줄 수 있다. 권장 사례를 건너뛰거나 뒤집은 시점을 표시하고 나중에 다시 처리할 수 있도록 하자.
- 상황이 종료되면 포스트모템에서 긴급상황을 유발했던 시스템을 검토하도록 하자. 간혹 신뢰성이나 보안 기능보다는 제품 기능을 우선하는 등의 문화적 이슈로 기술 부채가 쌓일 수 있다. 이런 이슈를 주도적으로 처리하면 조직이 지속가능성의 리듬을 되찾는 데 도움이 된다.

21.2 좋은 사례는 문화를 바꾼다

조직적 문화에 영향을 미치는 것은 어려울 수 있다. 특히 여러분이 속한 팀이나 프로젝트가 자리를 잘 잡은 경우는 더욱 그렇다. 조직이 보안과 신뢰성을 개선하기를 원하는 것에 문화적 장애물이 방해가 된다는 사실을 알게 되는 것은 드문 일이 아니다. 비생산적인 문화는 리더십그룹의 접근 방식, 자원 고갈 등 여러 가지 이유로 나타난다.

변화(보안과 신뢰성을 개선하기 위해 필요한 변화)에 대한 거부감에서 보편적으로 나타나는 요소는 두려움이다. 변화는 혼란, 더 큰 마찰, 생산성과 통제력의 저하, 위험의 증가라는 이미지를 불러일으킬 수 있다. 특히 마찰이라는 주제는 새로운 신뢰성과 보안 제어 장치와 관련해 자주 등장한다. 새로운 접근 검사, 프로세스 및 절차는 개발자 또는 운영 생산성의 방해 요소로 받아들여질 수 있다. 조직이 스스로 그렇게 했든 경영진이 주도적으로 했든 마감 기한이 촉박해지고 출시할 제품에 대한 기대치가 높으면 이런 종류의 새로운 제어 장치에 대한 두려움으로 우려가 높아질 수 있다. 하지만 우리의 경험상 보안과 신뢰성 개선은 마찰 없이 이뤄질 수 없다는 믿음은 그저 미신일 뿐이다. 특정한 문화적 고려사항을 염두에 두고 변화를 만들어간다면 이런 변화는 실질적으로 모든 사람의 경험을 개선할 수 있다고 믿는다.

이번 절에서는 영향을 미치기 가장 어려운 문화에서도 유용할 수 있는 변화를 유도하는 기술적 전략에 대해 설명한다. 여러분이 조직의 CEO나 리더가 아닐 수는 있지만 모든 개발자, SRE, 보안 전문가는 각자 자신이 영향력을 발휘하는 영역에서 변화를 이끌어내야 하는 중요한 역할을 한다. 시스템을 설계, 구현 및 유지 보수를 고려한 결정을 내리면 조직의 문화에 긍정적인 영향을 미치는 것이 가능하다. 특정 전략을 선택하면 시간이 지나면서 신뢰와 호의를 쌓아 전세를 뒤집을 수도 있다는 것을 알게 될 것이다.

이번 절에서 제시하는 조언은 이런 목적을 기반으로 한 것이다. 하지만 문화는 장시간에 걸쳐 개발되는 것이며 그에 관여하는 사람과 상황에 크게 의존한다. 여기서 제시하는 전략을 여러분의 조직에서 활용하다 보면 절반의 성공만 거두는 경우도 있고 어떤 전략은 아에 먹히지 않을 수도 있다. 어떤 문화는 정적이고 변화에 대한 저항이 세다. 보안과 신뢰성에 가치를 두는 건전한 문화를 갖추더라도 시스템의 설계와 구현, 관리보다 덜 중요하게 여길 수 있으므로 설령 여러분의 노력이 수포로 돌아가더라도 결코 도중에 포기해서는 안 된다.

21.2.1 프로젝트의 목표와 참여자의 인센티브를 연계하자

신뢰는 쌓는 것은 어렵지만 잃는 것은 쉽다. 시스템을 설계, 구현, 유지하는 사람이 여러 역할과 협업하려면 공통적인 보상 시스템을 공유해야 한다.

기술적인 수준에서 프로젝트의 신뢰성과 안전성은 SLO(https://oreil.ly/m9rU1)와 위협 모델링(2장과 14장 참고) 같은 관측할 수 있는 지표를 통해 정기적으로 평가할 수 있다. 절차와 사람 수준에서는 경력 개발의 기회가 보안과 신뢰성에 대한 보상이 될 수 있도록 해야 한다. 이상적이라면 개인의 평가는 기대사항을 제대로 기록한 문서를 토대로 이뤄져야 한다. 기대사항은 단순히 체크박스를 늘어놓은 것이 아니라 개인이 달성하고자 하는 목표와 테마를 강조해야 한다. 예를 들어 신입 구글 소프트웨어 엔지니어의 경우는 핵심 코딩 기술 외에도 서비스에 모니터링을 추가하거나 보안 테스트를 작성하는 코딩 외에 공통 기술 중 최소 한 가지를 익혀야 한다.

프로젝트의 목표를 조직 전략에 맞추면서 참여자의 인센티브는 맞춰주지 않는다면 제품의 보안과 신뢰성을 개선하는 데 중점을 둔 사람들이 승진을 못하는 비우호적인 문화가 만들어질 수도 있다. 경제적 보상은 직급과 연관이 되므로 프로젝트 인센티브를 보상 시스템과 연계해서 사용자의 행복에 기여하는 직원을 행복하게 하는 것이 공평하다.

21.2.2 위험 감소 메커니즘으로 두려움을 줄이자

여러분은 새로운 소프트웨어나 새로운 제어 장치의 출시 같은 중요한 변화를 만들고 싶은데 조직이 위험을 감지한 까닭에 이를 뒤로 미루는 상황에 놓여본 적이 있는가? 좋은 배포 전략을 선택하면 조직에 자신감을 불어넣을 수 있다. 이런 개념은 7장에서 많이 설명했지만 여기서 문화에 미치는 영향을 특히 더 언급할 가치가 있다. 여러분이 시도해볼만한 전략은 다음과 같다.

카나리와 단계적 출시

실질적인 변경을 소규모의 사용자나 시스템을 대상으로 천천히 출시하면 두려움을 줄일 수 있다. 이렇게하면 뭔가 잘못되더라도 영향을 받는 범위가 줄어든다. 또한 한 단계 더 나아가 모든 변경은 단계적 출시 및 카나리 테스트(SRE 워크북 16장 참고)를 활용해 구현하는 것을 고려하자. 실제로 이 방법은 많은 장점을 제공한다. 예를 들어 19장에서는 크롬이 단계별 출시 주기로 신속한 업데이트와 신뢰성이라는 서로 상충하는 요구 조건의 균형을 맞췄던 방법을 설명했다. 시간이 지나면서 크롬의 단계적 릴리스는 안전한 브라우저로서의 명성을 높이는 데 도움이 됐다. 또한 우리는 단계적 출시를 정기적인 변경 절차에 포함하면 시간이 지남에 따라 조직이 모든 변경에 주의와 성실함이 가미되어 있다고 기대하게 되어 변화에 대한 자신감은 커지고 두려움은 줄어들게 된다는 점을 발견했다.

개밥먹기

사용자에게 여러분이 스스로 만든 변경사항에 두려움이 없다는 것을 보여주면 특정 변경사항이 안정성과 생산성에 미치는 영향에 대한 자신감을 심어줄 수 있다. **개밥먹기**는 변경사항이 다른 사람에게 영향을 미치기 전에 적용해보는 것을 말한다. 이는 사람의 일상에 영향을 미치는 시스템이나 절차를 변경하는 경우에 특히 중요하다. 예를 들어 멀티파티 승인 같은 새로운 최소 권한 메커니즘을 출시할 때는 모든 직원에게 해당 메커니즘을 사용하도록 유도하기 전에 여러분의 팀부터 더 엄격한 제어 장치를 적용해보는 것이다. 구글에서는 새로운 엔드포인트 보안 소프트웨어를 출시하기 전에 우리가 보유한 가장 분별력있는 사용자(보안 팀)에게 먼저 테스트한다.

신뢰할 수 있는 테스터

프로젝트 수명 주기의 초기에 변경 테스트를 도와줄 사람을 조직에서 구하면 향후의 변경에 대한 두려움을 줄일 수 있다. 이 방법은 이해관계자가 변경사항을 마무리하기 전에 미리 볼 수 있어 사전에 문제를 제기할 수 있다. 이렇게 새로 열린 의사소통 라인은 문제가 발생했을 때 피드백을 전달할 수 있는 직접적인 채널을 제공한다. 테스트 단계에서 피드백을 수집하려는 의지를 보여주면 조직 내 여러 부서 간의 피로를 줄일 수 있다. 테스터에게 그들이 제공하는 피드백을 신뢰한다는 것을 분명히 보여주고 그 피드백을 활용해서 테스터의 의견이 받아들여지고 있다고 알게 하는 것이 중요하다. 물론 모든 피드백을 수렴할 수는 없지만 (모든 피드백이 유효하거나 대처할 수 있는 것은 아니므로) 테스터 집단에게 결정을 설명해주면 강력한 신뢰 관계를 구축할 수 있다.

의무화 전에 사전 동의

개밥먹기와 신뢰할 수 있는 테스터 전략을 채택하면 새로운 제어 장치를 의무화하기 전에 선택적으로 적용할 수 있게 된다. 그러면 팀은 자신의 일정에 맞춰 변경사항을 적용할 수 있다. 새로운 승인 장치나 테스트 프레임워크 같은 복잡한 변화는 비용을 수반한다. 조직이 이런 변화에 완전히 적응하기까지는 시간이 필요하며 이런 변화와 다른 우선순위 사이에 균형도 맞춰야 한다. 하지만 팀이 자신의 속도에 맞춰 변화를 구현할 시간이 있음을 알게 된다면 변화 수용에 대한 거부감이 줄어들 수 있다.

점진적 엄격함

신뢰성이나 보안에 대한 엄격한 새 정책을 시행할 때는 시간을 들여 그 엄격함을 올리는 것을 고려해보자. 어쩌면 팀이 더 엄격한 정책에 완전히 적응하느라 큰 부담을 지기 전에 부담이 적은 정책을 먼저 적용할 수 있다. 예를 들어 직원이 어떤 데이터에 접근할 때 이를 확인하는 최소 권한 장치를 추가하고자 한다고 가정하자. 제대로 권한을 확인받지 않은 사용자는 시스템이 접근을 폐쇄할 것이다. 이 경우 먼저 개발 팀이 (라이브러리 같은) 정당성 프레임워크justification framework를 시스템에 통합하도록 하되 사용자는 선택적으로 확인을 받도록할 수 있다. 일단 시스템의 성능과 보안성이 확인되면 사용자가 데이터 접근을 확인받을 수 있도록 하되 조건을 만족하지 못하는 사용자의 접근을 폐쇄하는 기능은 탑재하지 않을 수 있다. 그 대신 사용자가 부적절한 확인 상태가 되었을 때 상세한 에러 메시지를 제공해서 사용자를 교육하고 시스템의 사용을 개선할 수 있는 피드백 루프를 제공하면 된다. 어느 정도 시간이 지나 적절한 확인에 대한 성공 비율이 충분히 높아지면 사용자의 접근을 폐쇄하는 더 엄격한 제어 기능을 추가하면 된다.

21.2.3 안전망을 표준화하자

신뢰성과 보안을 개선하려면 장기간 의존해 왔지만 도입할 새로운 안전성 표준에 부합하지 않는 리소스는 제거해야 할 때가 많다. 예를 들어 새로운 프록시 시스템(3장 참고)을 이용해 조직 구성원이 유닉스 루트 권한(또는 이와 유사한 높은 권한)을 사용하는 방법을 바꾸고자 한다고 가정해보자. 이런 큰 변화에 대한 두려움은 어찌 보면 자연스러운 것이다. 팀이 갑자기 중요한 리소스에 접근할 수 없게 된다면 어떻게 될까? 변경사항으로 인해 다운타임이 발생하면 어떻게 될까?

이럴 때는 사용자가 새로운 장치를 우회할 수 있는 유리 깨기 메커니즘(5장 참고) 같은 안전망을 제공해서 두려움을 줄일 수 있다. 하지만 이런 긴급 절차는 자주 사용해서는 안 되고 높은 수준으로 감사를 수행해야 한다. 편리한 대안이 아니라 마지막 수단으로 봐야 한다는 것이다. 제대로 구현한 유리 깨기 메커니즘은 불안감을 느끼는 팀에게 통제력이나 생산성을 완전히 잃지 않고 변경사항을 채택하거나 사고에 대응할 수 있다는 확신을 제공한다. 예를 들어 신뢰성 이슈를 방지하기 위한 안전성 메커니즘으로 단계적 출시 절차에 긴 카나리 과정을 도입했다고 가정해보자. 이 경우 유리 깨기 우회 메커니즘을 제공해 반드시 필요한 경우 즉각적으로 배포할 수 있는 방편을 만들어줄 수 있다. 이런 상황에 대한 보다 자세한 내용은 14장을 참고하기 바란다.

21.2.4 생산성과 유용성의 향상

마찰 증가에 대한 두려움은 보안과 신뢰성을 위한 조직적 변화를 어렵게 만든다. 새로운 통제 장치가 개발 속도를 떨어뜨린다고 생각하고 혁신이 생산성을 저하한다고 보는 사람은 변화를 받아들이는 것이 조직에 부정적 영향을 미친다고 생각한다. 그런 이유로 새로운 계획의 채택 전략에 대해 주의깊게 생각하는 것이 중요하다. 변화를 도입하는에 걸리는 시간, 변화가 생산성을 저하시키는지 여부, 변화를 만드는 비용보다 이점이 더 많은지 여부 등을 고려해야 한다. 우리는 다음과 같은 기법이 마찰을 줄이는 데 도움이 된다는 점을 발견했다.

투명한 기능의 구현

6장과 12장에서는 구현 당시부터 보안을 염두에 둔 API, 프레임워크, 라이브러리 등을 이용해 보안과 신뢰성에 대한 개발자의 책임을 덜어주는 방법에 대해 설명했다. 안전한 선택을 기본 선택으로 추구하면 개발자가 큰 부담없이 올바른 작업을 수행할 수 있다. 이런 방법은 시간이 지나면서 마찰을 줄여준다. 개발자가 안전하고 신뢰할 수 있는 시스템을 갖추는 것의 장점을 볼 수 있을 뿐만 아니라 이런 계획을 단순하고 쉽게 유지하려는 여러분의 의도를 이해할 수 있기 때문이다. 그래서 시간이 지나면서 팀 간에 신뢰 관계가 형성된다는 것을 알 수 있었다.

유용성에 대한 집중

유용성에 대한 집중은 보안과 신뢰성 문화에 긍정적인 영향을 미친다.[12] 새로운 통제 장치가 기존 장치보다 사용하기 쉽다면 변화에 대한 긍정적인 장려책을 만들 수 있다.

7장에서는 우리가 투팩터 인증을 위한 보안 키를 롤아웃할 때 그 유용성에 집중했던 점에 대해 설명했다. 우리는 인증을 위해 보안 키를 터치하는 것이 하드웨어 토큰이 생성하는 일회성 비밀번호를 입력하는 것보다 훨씬 쉽다는 점을 발견했다.

---

12 보안과 개인 정보에 유용한 솔루션이 기술 통제의 성공적인 배포의 핵심이라는 점은 이미 오래전부터 알려진 사실이다. 이런 대화는 어떻게 이루어지는지 알고 싶다면 유용한 보안과 개인 정보를 전문으로 다루는 컨퍼런스인 SOUPS(https://oreil.ly/8bTuI)의 발표 기록을 참고하기 바란다.

게다가 이 키 덕분에 보안이 강화되어 비밀번호를 변경하는 빈도가 줄었다.[13] 우리는 유용성, 보안, 감사가능성auditability의 절충을 고려해 이 주제에 대한 위험 분석을 수행했다. 그 결과 보안 키 덕분에 원격 공격자가 비밀번호를 훔쳐가도 아무 소용이 없게 된다는 점을 발견했다. 비밀번호의 의심스러운 손상을 탐지하기 위한 모니터링을 결합해[14] 이런 상황에서 비밀번호를 변경하도록 강제함으로써 보안과 유용성 사이의 균형을 맞출 수 있었다.

보안과 신뢰성 기능의 오래되거나 원치 않는 과정을 폐지하고 유용성을 향상시킬 수 있는 다른 기회가 여전히 있다. 이 기회들을 잘 활용하면 보안과 신뢰성 솔루션에 대한 사용자의 확신과 신뢰를 구축할 수 있다.

자체 등록과 자체 해결

자체 등록self-registration과 자체 해결self-resolution 포탈은 개발자와 최종 사용자가 업무 부담이 많거나 처리가 느린 중앙 팀을 통하지 않고 보안 및 신뢰성 이슈를 직접 해결할 수 있는 역량을 제공한다. 예를 들어 구글은 거부 목록과 허용 목록을 이용해 시스템에서 실행 중인 애플리케이션 중 직원이 사용할 수 있는 애플리케이션을 통제한다. 이 기법은 (바이러스 같은) 악의적인 소프트웨어의 실행을 방지하는 데 효과적이다.

단점은 직원이 허용 목록에 없는 소프트웨어를 실행하고자 할 경우 승인을 받아야 한다는 점이다. 이런 예외 요청에 대한 마찰을 줄이기 위해 우리는 Upvote(`https://github.com/google/upvote`)라는 포탈을 개발했다. 사용자는 이 포탈을 이용해 용인되는 소프트웨어에 대한 승인을 신속하게 얻을 수 있다. 경우에 따라서는 자동으로 소프트웨어를 안전하다고 결정하고 승인할 수도 있다. 자동으로 소프트웨어를 승인할 수 없는 경우를 위해 사용자에게 정해진 수의 동료로부터 승인을 받는 옵션도 제공한다.

우리는 사회적 투표가 만족스러운 결과를 낳는 것을 발견했다. 완벽하지는 않지만 (간혹 직원들은 비디오 게임처럼 비즈니스와 관계없는 소프트웨어를 승인하기도 했다) 상당히 높은

---

13 연구 결과에 따르면 사용자는 비밀번호가 위험해질 수 있는 잘못된 선택을 한다. 사용자 비밀번호의 부정적인 영향에 대한 자세한 내용은 다음을 참고. Zhang, Yinqian, Fabian Monrose, and Michael K. Reiter. 2010. "The Security of Modern Password Expiration: An Algorithmic Framework and Empirical Analysis." Proceedings of the 17th ACM Conference on Computer and Communications Security: 176–186 그리고 표준 및 준수 체제도 이런 영향을 고려하고 있다. 예를 들어 NIST 800-63(`https://oreil.ly/q2Bgw`)은 해킹된 것으로 의심되는 경우에만 비밀번호 변경을 요구하도록 개선되었다.

14 크롬 브라우저의 확장 기능인 Password Alert은 사용자가 구글이나 지수트 비밀번호를 악의적인 웹사이트에 입력할 때 경고를 보여준다.

비율로 우리 시스템에서 멀웨어가 실행되는 것을 효율적으로 방지할 수 있었다. 또한 중앙 팀이 관리하지 않으므로 통제에 대한 마찰이 굉장히 낮았다.

21.2.5 많은 의사소통과 투명성 갖추기

변화를 주도할 때는 의사소통이 결과에 영향을 주기도 한다. 7장과 19장에서도 설명했듯이 원활한 의사소통은 성공에 대한 동의와 확신을 구축하는 핵심이다. 사람들에게 정보를 제공하고 변화가 어떻게 일어나고 있는지에 대한 명확한 통찰력을 제공하면 두려움을 줄이고 신뢰를 구축할 수 있다. 지금부터 우리가 발견한 성공적인 전략 몇 가지를 살펴보자.

결정사항의 문서화

변화를 구현할 때 변화가 필요한 이유, 변화를 성공적으로 도입했을 때 현재와의 차이점, 운영 조건이 악화됐을 때 변화를 롤백하는 방법, 문제가 있을 때 의견을 건넬 사람 등을 명확하게 문서화하자. 특히 직원에게 직접적인 영향을 미칠 경우 이 변화가 필요한 이유를 명확히 전달해야 한다. 예를 들어 구글의 모든 프로덕션 엑설런스Production Excellence SLO에는 문서화된 근거가 필요하다. SRE 조직은 이런 SLO를 기준으로 측정되므로 SRE가 그 의미를 이해하는 것이 중요하다.[15]

피드백 채널의 확보

사람들이 우려사항을 제기할 수 있는 피드백 채널을 만들어 양방향 의사소통이 가능하게 하자. 이 채널은 피드백 양식, 버그 추적 시스템의 링크 또는 심지어 간단한 이메일 주소가 될 수도 있다. 신뢰할 수 있는 테스터(21.2.2절 '위험 감소 메커니즘으로 두려움을 줄이자' 참고)에 대한 설명에서 언급했듯이 파트너와 이해관계자가 변화에 좀 더 직접적으로 개입할 수 있게 하면 두려움을 줄일 수 있다.

---

15 프로덕션 엑설런스 검토는 SRE 팀의 시니어 SRE 리더가 정기적으로 수행하며 몇 가지 표준 방법으로 평가하고 피드백과 권고사항을 제공한다. 99.95% SLO는 '예전에는 99.99%의 성공률을 달성하고자 했지만 이 목표치는 현실성이 떨어진다. 99.95%에서도 개발자 생산성에 부정적인 영향은 없음을 발견했다'라는 근거에 의한 것일 수도 있다.

대시보드의 활용

여러 팀이나 여러 인프라스트럭처에 대한 복잡한 변화를 만들고 있다면 사람들이 어떤 일을 해줘야 하는지에 대한 기대치를 명확히 보여주고 그 일이 어떻게 진행되고 있는지 피드백을 제공하는 대시보드를 사용하자. 대시보드는 출시에 대한 계획을 보여주고 조직이 현재 진척도를 계속해서 파악하는 데도 도움이 된다.

빈번한 업데이트의 작성

변화에 시간이 오래 걸린다면 (구글의 몇 가지 변화는 몇 년이 걸리기도 했다) 이해관계자에게 진척 상황을 보여주기 위한 빈번한(예를 들면 매달) 업데이트를 작성할 사람을 선정하자. 그러면 프로젝트가 진행되고 있다는 (특히 리더십그룹의) 확신을 구축할 수 있고 업데이트 작성자는 프로그램의 상태를 더 잘 관찰하게 된다.

21.2.6 공감대를 형성하자

> 누군가의 입장이 되어보지 않고는 그 사람을 이해할 수 없다 – 익명

사람들은 다른 사람의 역할을 수행하면서 자초지종을 이해해야 그들이 당면한 과제를 이해하기 시작한다. 팀 간의 공감대는 시스템의 신뢰성과 보안 속성과 관련이 있을 때 특히 중요하다. 왜냐하면 (20장에서 설명했듯이) 보안과 신뢰성에 대한 책임은 조직 전체가 공유하는 것이기 때문이다. 공감대를 형성하고 이해하는 것은 필요한 변화를 마주하면서 느낄 수 있는 두려움을 줄이는 데 도움이 된다.

19장에서는 팀 간 공감대 형성에 필요한 몇 가지 기법, 특히 코드를 작성하고 디버깅하며 수정하는 책임을 공유하는 방법을 소개했다. 마찬가지로 크롬 보안 팀은 제품의 보안을 개선하기 위해서만이 아니라 조직 간 팀 조직력 강화 행위의 일환으로 픽스잇을 수행한다. 이상적이라면 팀은 시작부터 책임을 지속적으로 공유한다.

업무를 따라하거나 바꿔보는 것은 영구적인 조직적 하향식 변화가 없이도 공감대를 형성할 수 있는 또 다른 방법이다. 이런 업무는 몇 시간(이런 경우는 보통 정식적인 훈련이라고 할 수는 없다)에서 몇 달(경영진의 동의가 필요할 수 있다)까지 그 범위가 다양하다. 다른 사람이 여러분의 팀 업무를 경험하도록 하는 것은 조직 내에 정보 공유를 꺼리는 문화를 없애고 공통적인

이해를 도모할 의향이 있음을 보여주는 것이다.

구글의 SRE 보안 교환 프로그램Security Exchange Program은 SRE가 다른 SRE나 보안 엔지니어를 일주일간 따라다니는 것이다. 이 SRE는 프로그램의 말미에 자신이 원래 속했던 팀과 지난 한 주간 함께했던 팀 모두에게 개선할 점을 권하는 보고서를 작성한다. 이 프로그램을 같은 오피스에서 수행하면 투자 비용이 거의 들지 않지만 조직 간의 지식 공유 면에서 많은 장점을 제공한다. 구글의 미션 컨트롤 프로그램Mission Control Program(https://oreil.ly/MSlrf)은 사람들이 SRE 조직에 6개월간 합류해서 긴급 상황에서 SRE처럼 생각하고 대응하는 방법을 배운다. 그렇게 함으로써 파트너 조직의 소프트웨어 변경사항이 미치는 영향을 직접 확인하는 계기가 되는 것이다. 해커 캠프Hacker Camp로 알려진 병렬 프로그램은 사람들이 보안 팀에 6개월간 합류해 보안 검토와 대응 업무를 경험하는 것이다.

이런 프로그램은 처음에는 한두 명의 엔지니어로 작게 시작해서 결과가 성공적이라면 시간이 흐르면서 더 많은 엔지니어가 성장한다. 우리는 이런 업무 교환이 공감대의 형성은 물론 문제를 해결하는 새로운 아이디어에 영감을 준다는 점을 발견했다. 이렇게 새로운 관점을 수용하고 팀 간에 호의를 구축하면 변화를 일으키는 톱니바퀴에 기름칠하는 데 큰 도움이 된다.

마지막으로 고마움을 표할 수 있는 (간단한 이메일 보다 정교한 형태의) 메커니즘을 구현하면 사람들이 서로에게 미치는 긍정적인 영향을 강화하고 적절한 인센티브를 설정할 수 있다. 구글에서는 동료 보너스의 문화를 오래 유지하고 있다. 이 보너스는 조직에 큰 부담이 되지 않는 약간의 현금이지만 엄청난 호의를 구축한다. 현금이 없는 버전은 쿠도Kudo라고 부르며 구글러가 모두가 볼 수 있는 디지털 형태로 서로를 공식적으로 인정해주는 방법이다. 일부 오피스는 고마움을 표현하는 엽서를 실험한 적도 있다.

21.3 경영진 설득하기

대규모 조직에 속해있다면 여러분이 원하는 신뢰성 및 보안 관련 변화의 동의를 얻는 것 자체가 큰 과제가 될 수 있다. 많은 조직이 제한된 리소스를 매출 증대나 목표 지향적인 노력에 투입하도록 장려하고 있으므로 사람들의 이면 개선에 대한 동의를 얻는 것 자체가 어려운 일이 될 수 있다.

이번 절에서는 보안 및 신뢰성 변화에 대해 경영진의 동의를 얻기 위해 구글이 사용하고 있거나 또는 다른 곳에서 사용하고 있는 몇 가지 전략을 소개한다. 이번 장에서도 다른 부분에서 제시했던 가이드와 마찬가지로 여러분에게 해당되는 범위는 다를 수 있다. 이런 전략 중 일부는 효과가 있겠지만 나머지는 그렇지 않을 것이다. 모든 조직은 고유의 문화를 갖추고 있듯이 모든 리더와 경영진 팀도 그렇다. 앞서 언급했던 우리의 조언을 다시 한번 되짚어 보는 것도 좋겠다. 이 전략 중 하나가 적절치 않다고 생각해서 시도조차 하지 않는 것은 좋은 방법이 아니다. 어쩌면 놀라운 결과가 나올지도 모를 일 아닌가.

21.3.1 의사결정 과정의 이해

예를 들어 10장에서 설명했던 장점들을 참고해서 조직의 커스텀 프론트엔드 웹 서버 인프라스트럭처에 DDoS 보호 장치를 추가하기 위한 상당히 큰 변화를 만들고 싶다고 가정해보자. 여러분은 이 변화가 시스템의 신뢰성과 보안을 크게 개선할 수 있지만 그러려면 여러 팀이 새로운 바이너리를 수용하거나 코드를 재개편해야 한다는 점을 알고 있다. 이런 변화를 통합하고 테스트하려면 적어도 몇 달은 걸린다. 비용은 크지만 그 영향이 긍정적이라면 여러분의 조직 중 누가 이 작업을 진행할 것을 결정하고 그 결정은 어떻게 내려질 것인가? 이 질문의 답을 이해하는 것이 경영진에 영향을 미치는 방법을 찾는 핵심이다.

여기서 **경영진**이라는 말은 대략 방향의 설정, 리소스 할당 또는 충돌의 해결 등의 의사결정을 내리는 사람에게 해당된다. 간단히 말해 권한과 책임을 갖고 있는 사람을 말한다. 여러분이 영향력을 행사하고자 하는 사람들은 이런 사람들이므로 누가 그런 사람인지를 알아내야 한다. 대기업의 일원이라면 이런 사람은 VP나 혹은 다른 시니어 임원일 수 있다. 스타트업이나 비영리 단체 등 보다 작은 조직이라면 보통은 CEO를 시니어 결정자로 생각하면 된다. 오픈 소스 프로젝트라면 프로젝트 설립자나 최고 기여자일 것이다.

'이 변화에 대한 결정자는 누구인가'라는 질문의 답을 구하는 것은 까다로울 수 있다. 의사결정을 내릴 수 있는 권한은 보통 경영진 계층 구조의 꼭대기에 있는 사람이나 변호사 또는 위험 담당자같이 명확하게 선택을 내리는 사람에게 있다. 하지만 여러분이 제안하는 변화의 본질에 따라 그 결정은 기술 리드나 혹은 심지어 본인이 내려야 할 것일 수도 있다. 결정자가 한 사람이 아닐수도 있다. 법무 팀, 언론 관련 부서, 엔지니어링 그리고 제품 개발 같은 여러 부서에 속한 이해관계자의 그룹이 결정자 역할을 할 수도 있다.

때로는 여러 사람으로 구성된 그룹이나 극단적인 경우에는 커뮤니티 전체가 의사결정을 내릴 수 있는 권한을 가지고 있을 수도 있다. 예를 들어 7장에서는 크롬 팀이 인터넷에서 HTTPS의 사용량을 늘이는 작업에 참여했던 일을 서술했다. 이런 경우 방향의 변화에 대한 결정은 커뮤니티에서 이뤄지며 업계 전반의 동의를 얻어야 한다.

변화에 대한 결정자가 누구인지 결정하려면 약간의 조사가 필요하다. 특히 여러분이 조직에 새로 합류했거나 따로 어떤 일을 어떻게 진행하는지 알려주는 과정이 존재하지 않는다면 더욱 그렇다. 하지만 이 단계를 건너뛸 수는 없다. 일단 결정자가 누군지 이해했다면 결정자가 느끼는 압박과 요구를 이해해야 한다. 이 압박과 요구는 임원의 관리자, 이사회 또는 주주 또는 고객의 기대 같은 외부적 요인에 기인한다. 이런 압박을 이해함으로써 여러분이 제안하는 변화가 어느 지점에 들어맞는지를 이해하는 것이 중요하다. 프론트엔드 웹서버 인프라스트럭처에 DDoS 보호 장치 추가에 대한 이전 예시를 다시 생각해보자. 이 변화는 경영진의 우선순위 중 어느 것과 관련이 있을까?

21.3.2 변화를 위한 사례의 구축

이번 장 초반부에도 언급했듯이 변화에 대한 저항은 두려움이나 마찰이 생길 것을 인지하면서 생길 수 있지만 대부분의 경우 변화의 이유를 이해하지 못해서 생겨나기도 한다. 우선순위가 높은 일이 많아지면 의사결정자와 이해관계자는 자신이 달성해야 할 여러 목표 중에서 선택을 내리는 어려운 일을 해야 한다. 이런 사람이 여러분의 변화가 가치가 있는지 어떻게 알 수 있을까? 여러분의 변화에 대한 사례를 구축하는 데 있어 의사결정자가 당면한 과제를 이해하는 것이 중요하다. 성공적인 사례 구축을 위한 몇 가지 단계를 살펴보자.[16]

데이터의 수집

여러분은 이미 이 변화가 필요하다는 것을 알고 있다. 어떻게 그 결론에 다다랐는가? 여러분이 제안하는 변화를 뒷받침할 데이터를 모으는 것이 중요하다. 예를 들어 자동화된 테스트 프레임워크를 빌드 절차에 구현하면 개발자의 시간을 절약할 수 있다는 사실을 알고 있다면 이 변화로 얼마나 많은 시간을 절약할 수 있는지 보여줄 수 있는가? 지속적 빌드를 활

---

16 우리가 변화에 대한 사례를 성공적으로 구현했던 실질적인 사례는 7.4.3절 속 '예시: HTTPS 사용의 증가' 참고

용하면 개발자가 에러를 수정하도록 장려할 수 있으므로 지속적 빌드를 지지하는 입장이라면 지속적 빌드가 릴리스 절차에서 시간을 어떻게 절약할 수 있는지 보여줄 수 있는가? 연구를 진행하고 사용자 사례를 이용해 그래프, 차트, 사용자의 사례 등 풍부한 자료를 갖춘 보고서를 작성하고 이 데이터를 의사결정자가 소화할 수 있는 방법으로 요약하자. 예를 들어 팀에서 보안 취약점을 패치하거나 신뢰성 설정 이슈를 처리하는 데 걸리는 시간을 줄이려면 각 엔지니어링 팀의 진행 상황을 추적할 수 있는 대시보드를 만드는것이 좋다. 해당 분야의 리더에게 대시보드를 제공하면 개발 팀이 목표를 달성하는 데 도움이 된다. 높은 품질의 관련 자료를 수집할 때는 일정 수준 이상의 투자가 필요하다는 점을 기억하자.

교육

보안과 신뢰성 이슈는 매일 다루지 않는다면 이해하기 어려울 수 있다. 따라서 발표나 정보 공유 세션을 이용해 정보를 전파해야 한다. 구글에서는 레드 팀 포스트모템(20장 참고)를 이용해 우리가 당면했던 위험에 대해 리더들을 교육한다. 레드 팀은 본래 교육을 목적으로 만든 것은 아니지만 어떤 규모의 기업에서도 인식을 개선할 수 있다. 레드 팀의 교육은 취약점 수정을 위해 SLO를 유지하도록 팀을 설득하는 데도 도움이 되었다.

인센티브 연계

수집한 자료와 의사결정자가 당면한 압박에 대한 지식을 활용하면 의사결정자가 영향력을 행사할 수 있는 다른 영역의 우려사항도 해결할 수 있다. 앞서 DDoS 예시를 보면 프레임워크의 변경을 제안한 것은 보안상의 장점을 제공하지만 보다 신뢰할 수 있는 웹사이트는 판매량 증가에 잠재적으로 도움이 된다는 점은 회사의 경영진에 제시할 수 있는 강력한 주장이 될 수 있다. 19장에서는 크롬의 신속한 릴리스 덕분에 보안 픽스가 사용자에게 더 빨리 전달될 수 있고 신뢰성 이슈의 수정과 새로운 기능을 더 신속하게 배포할 수 있는 추가적인 장점도 확보할 수 있었다는 실질적인 예시를 설명한 바 있다. 이는 사용자와 제품 개발 이해관계자에게도 좋은 소식이다. 변화가 수반하게 될 두려움과 마찰을 어떻게 줄일 것인지 논의하는 것도 잊지 말자. 이번 장의 초반부에서도 설명했듯이 구글은 보안 키를 롤아웃해서 비밀번호 변경 정책을 제거하고 투팩터 인증에 대한 사용자의 마찰을 줄일 수 있었다. 이는 변화에 대한 강력한 논거가 되었다.

지지자 확보

어쩌면 여러분이 제안하는 변화가 유용하다는 것을 아는 사람이 더 있을 수 있다. 지지자를 확보하고 특히 지지자가 조직적으로 의사결정자와 가까운 사람들이라면 여러분의 변화를 지원하도록 설득해 주장에 무게를 싣자. 지지자는 변화에 대한 여러분의 가정도 테스트할 수 있다. 어쩌면 지지자는 데이터에 기반해 다른 논거를 가지고 있거나 여러분이 이해하지 못하는 방식으로 조직을 이해하고 있을 수 있다. 이런 종류의 동료 검토는 여러분이 내세우는 주장에 더 힘을 보태줄 것이다.

업계 동향의 관찰

이미 다른 조직이 도입한 변화를 도입 중이라면 다른 조직의 경험을 이용해 경영진을 설득할 수 있다. 기사, 책, 컨퍼런스의 발표 및 기타 다른 매체를 이용해 조사를 진행해서 해당 조직이 어떤 이유로 어떻게 변화를 수용했는지 보여줄 수 있을 것이다. 어쩌면 여러분의 변화에 대한 사례를 구축하는 데 직접 사용할 수 있는 또 다른 데이터가 있을 수도 있다. 또한 외부 발표자를 초빙해 경영진에 특정 주제와 업계 동향에 대해 설명할 수도 있다.

시대정신의 변화

시간이 지나 사람들이 여러분의 문제에 대한 생각을 바꿀 수 있다면 나중에 의사결정자를 설득하기도 쉬워질 것이다. 특히 변화에 대한 광범위한 동의가 필요한 경우는 더욱 그렇다. 7장에서는 크롬 팀과 업계의 다른 팀이 HTTPS를 기본으로 사용하는 방식이 표준이 될 수 있도록 오랜 시간에 걸쳐 개발자의 행동을 변화시켰던 HTTPS 사례 연구에서 이런 동향을 간략하게 설명했었다.

21.3.3 자신의 전장을 선택하자

여러분의 조직이 신뢰성 및 보안과 관련된 여러 문제를 안고 있다면 이를 너무 강조하는 것은 오히려 피로도를 증가시키고 추가적인 변화에 대한 저항을 일으킬 수 있다. 여러분의 전장을 주의깊게 선택하는 것이 중요하다. 즉, 성공할 가능성이 있는 계획의 우선순위를 지정하고 더 이상 가망이 없는 안건에 대한 지지를 언제 중단해야 할 지 알아야한다. 이렇게 하면 경영진과 의사결정자에게 여러분이 가장 중요한 문제를 다루고 있다는 것을 보여줄 수 있다.

가망이 없는 계획, 즉 여러분이 보류해야 할 계획도 가치가 있다. 설령 성공적으로 변화를 지지할 수 없더라도 여러분의 아이디어에 보탬이 되는 데이터와 여러분의 계획을 지지하는 지지자를 확보하고 사람들에게 문제에 대해 교육하는 것도 가치가 있는 일이다. 언젠가 여러분의 조직도 여러분이 이미 충분히 연구했던 과제와 씨름할 준비가 될 것이다. 이미 여러분이 만반의 준비가 되어 있다면 팀은 더 신속하게 움직일 수 있다.

21.3.4 확대와 문제 해결

최선의 노력에도 불구하고 때로는 보안이나 신뢰성 관련 변화에 대한 의사결정을 내려할 필요성이 폭발적으로 증가할 수 있다. 심각한 장애나 보안 유출은 더 많은 리소스와 인력을 신속하게 확보해야 한다는 것을 의미한다. 또는 두 팀이 문제를 해결하는 방법에 대해 서로 다른 의견을 가지고 있어 자연스러운 의사결정 절차가 제대로 동작하지 않을 수도 있다. 이런 상황에서는 관리자 그룹을 통해 해결책을 모색해야 할 것이다. 문제를 에스컬레이션할 때는 다음의 가이드를 준수할 것을 권한다.

- 동료, 멘토, 기술 리드 또는 관리자의 그룹을 구성해 양측의 상황에 대한 의견을 제공하자. 일반적으로 에스컬레이션을 결정하기 전에는 편견이 없는 견해를 가진 사람과 함께 상황을 살펴보는 것이 좋다.
- 그룹에 상황을 요약하고 관리자들이 결정해야 하는 사안의 옵션을 제안하자. 이 요약은 가능한 간결해야 한다. 엄격하고 사실적인 어조를 유지하고 관련 지원 데이터, 대화, 버그, 설계 등에 대한 링크도 추가하자. 각 옵션의 잠재적인 영향도 최대한 명확히 설명하자.
- 여러분이 속한 팀의 리더 그룹과 요약 내용을 공유하고 가능한 해결책에 추가로 보정할 부분이 있으면 보정하자. 예를 들어 여러 문제에 대해 동시적인 에스컬레이션이 필요할 수도 있다. 이럴 때는 에스컬레이션을 병합하거나 해당 상황의 다른 측면을 강조할 수 있다.
- 영향을 받는 관리자 그룹에 상황을 설명하고 각 그룹에서 적절한 의사결정을 지정하는 세션을 위한 일정을 잡자. 그런 다음 의사결정자는 공식적인 결정을 내리거나 별도로 만나 이슈를 논의해야 한다.

구체적인 예로 구글에서는 제품 팀과 보안 검토자 간에 최선의 조치에 대한 의견 충돌이 있고 이를 해결할 수 없는 경우 보안 문제를 에스컬레이션한다. 이런 경우 보안 팀에서 에스컬레이션을 시작한다. 이 시점에서 조직의 두 시니어 리더가 만나 타협안을 협상하거나 보안 팀 또는 제품 팀이 제안한 옵션 중 하나를 채택하기로 결정한다. 우리는 이 에스컬레이션을 표준 기업 문화에 통합했으므로 이런 에스컬레이션을 대치 상황으로 보지는 않는다.

21.4 마치며

여러분이 시스템을 설계하고 관리하는 것처럼 보안과 신뢰성 목표를 지원하기 위해 시간을 들여 조직의 문화를 설계, 구현, 관리하는 것도 가능하다. 신뢰성과 보안을 위한 노력은 엔지니어링 노력만큼이나 신중하게 고려해야 한다. 엔지니어링에서 중요한 문화적 요소는 분명 단독으로든 종합적으로든 더 견고한 시스템을 구축하는 데 보탬이 된다.

보안과 신뢰성 향상은 두려움이나 마찰의 증가에 대한 우려를 일으킬 수 있다. 이런 두려움을 해소하고 변화에 영향을 받을 사람들의 동의를 얻는 데 도움이 되는 전략이 있다. (경영진을 포함한) 이해관계자와 잘 연계되도록 하는 것이 우리 목표의 핵심이다. 유용성에 초점을 맞추고 사용자에 대한 공감대를 형성하면 구성원이 더 변화를 쉽게 받아들일 수 있다. 다른 사람이 변화를 어떻게 인식하는지 파악하기 위한 약간의 투자는 그 변화가 건전하다고 설득하는 데 큰 도움이 될 수 있다.

이번 장을 시작하면서 언급했듯이 이 사례들이 여러분의 상황과 완전히 같을 수는 없으므로 이번 장에서 소개한 전략을 여러분의 조직에 맞게 조정해야 할 것이다. 그렇게 하다 보면 이런 전략을 모두 구현할 수 없다는 것을 알게 될 것이다. 따라서 조직이 가장 우선적으로 해결해야 하는 부분을 선택하고 좀 더 시간을 들여 개선하는 것이 도움이 될 수 있다. 이것이 구글이 장기적으로 지속적인 개선을 이루는 방식이다.

마치며

우리가 이 책을 집필한 이유는 시스템을 보호하고 신뢰성을 유지하는 기술과 사례에 상당한 중복이 있으며 조직이 시스템을 설계, 구현, 관리하는 절차 전반에 걸쳐 보안과 신뢰성 개념을 통합해야 한다고 믿기 때문이다. 지금까지는 별개의 분야로 취급해 왔지만 보안과 신뢰성은 시스템의 고유한 속성이므로 프로젝트 수명 주기에 관련된 모든 사람의 책임이라는 것이 우리의 견해다. 많은 기술의 변화가 진행 중이며 이런 변화는 여러 조직이 우리의 견해를 받아들일 수 있는 영감을 줄 것이라고 믿는다.

누군가는 4차 산업 혁명이라고 생각하는 이런 기술의 혁신은 우리가 지금까지 알고 있던 세상을 바꾸고 있다. 이런 변화는 보다 정교한 제품의 형태로 나타나 소비자뿐만 아니라 이런 제품을 개발하는 개발자도 체감하고 있다. 많은 조직이 핵심 비즈니스가 아니더라도 기술에 점점 더 의지하고 있다. 예를 들어 외과 의사가 지구 반대편에 있는 환자를 수술하는 기술도 있다. 과학자는 자율 비행 차량을 이용해 고적지를 조사하고 토양 침식의 영향을 연구하며 멸종 위기종을 보호하고 있다. 우주와 원자력 재해 현장에서는 위험한 작업을 수행하기 위한 로봇이 배치되고 있다.

기술의 연결성 확대는 우리가 이런 솔루션의 신뢰성에 더욱 더 의존하고 있음을 의미한다. 데이터 표면data surface을 서드파티로 확장함에 따라 이런 확장이 안전하다는 확신이 필요하다. 우리가 사람들과 구축한 신뢰는 우리의 인프라스트럭처를 운영하기 위해 선택한 신뢰성과 보안 기술을 토대로 얻은 것이다. 이 사실은 3명이 활동하는 오픈 소스 프로젝트부터 전 세계 사용자 기반의 제품을 판매하는 다국적 기업에 의존하는 수천 개의 다른 프로젝트에 이르기까지 모든 규모의 조직에 해당된다.

최신 시스템의 복잡성과 이 시스템을 개발하는 속도는 효과를 극대화하기 위해 제품의 초기 단계부터 보안과 신뢰성을 통합할 필요가 있음을 의미한다. 보안과 신뢰성을 고유한 시스템의 속성으로 보는 시각은 자연스러운 것일 뿐 아니라 오늘날 자동화되고 항상 연결되어 있는 복잡한 기술 환경에서 매우 중요하다.

그렇기에 더 광범위한 커뮤니티에서 데브옵스와 데브섹옵스가 시스템의 지속가능성에 대한 논의를 주도하는 것은 그리 놀라운 일이 아니다. 하지만 통합 보안 및 신뢰성 모델이 발전하고 결국 생태계의 자연스러운 일부가 되기까지는 시간이 걸릴 것이다. 많은 개발 수명 주기와 조직은 기능적으로 시스템의 개발, 테스팅, 보안, 신뢰성 및 운영의 책임을 담당하는 팀 간에 인력을 분배하는데 중점을 둔다. 이 모델은 기술 변화의 요구를 수용할 수 있도록 바뀌어야 한다.

이 책을 집필하면서 우리는 개발자부터 SRE, 보안 엔지니어에 이르기까지 구글 전체에서 팀을 모았다. 이 협력은 구글이 자체 시스템을 안전하게 하고 점점 더 신뢰할 수 있도록 만드는데 있어 대화형 정신에 의존하고 있음을 보여주는 것이다. 구글에서는 보안과 신뢰성 문제를 제품 개발 절차의 일부로 만들고 다양한 경험과 기술을 가진 사람이 함께 일하며 타인의 관점을 경청하는 분위기를 조성하고 있다. 시스템만큼 사람도 중요하므로 팀을 설계하고 책임과 인센티브를 설정하는 방법에 신중하게 투자할 것을 권한다. 사람들은 서로 합의를 이루기 어려울 수 있는 기술적 솔루션에 대해 논의하기 전에 공통의 요구사항에 먼저 동의해야 한다. 신뢰를 구축하고 모두가 같은 언어로 대화할 수 있도록 하기 위해 필요한 투자를 과소평가하는 일은 없길 바란다.

보안과 신뢰성에 관심이 있는 독자를 위해 이 한 마디 조언으로 결론을 짓고자 한다. 여러 지식 영역에 걸쳐 작업이 가능하며 적절한 위치에 전문 지식을 활용할 수 있는 능력이 조직 성공의 핵심이다. 보안과 신뢰성은 전체 컴퓨팅 환경에 통합되어야 한다. 그리고 이 모든 것이 조화롭게 작동해야 문제를 해결할 수 있다. 지속적인 발전을 이루려 하는 보안과 신뢰성의 본질을 생각해보면 우리가 제시하는 어떤 체크리스트나 묘책silver bullet도 조직이 유연해지고 성장하는 것을 돕는 여러분 스스로의 능력을 대신할 수는 없다.

이제 이 책을 마무리하면서 우리는 이 책이 앞으로 많아질 중요한 논의의 시작점이 될 것이라 기대한다. 여러분도 다른 전문가와 함께 커뮤니티에 참여하고 여러분의 이야기를 공유하면서 이 논의에 함께하길 바란다. 이 논의에서는 다른 여러 사람이 제시하는 수많은 관점을 존중하고 솔루션을 찾는 것을 지원하며 여러분에게 효과가 있었던 것을 공유해 줄 것을 권한다. 우리는 이런 논의가 안전하고 신뢰할 수 있는 시스템을 구현하려는 우리 모두의 노력에 도움이 될 것이라고 확신한다.

재해 위험 평가 매트릭스

우리는 철저한 재해 위험 평가를 위해 각 위험의 발생 가능성과 조직에 미칠 잠재적 영향을 고려한 표준 매트릭스를 이용해 여러분의 조직이 당면한 위험의 순위를 정할 것을 권한다.

[표 A-1]은 조직의 규모와 관계없이 보유한 시스템의 특성에 맞춰 사용할 수 있는 위험 평가 매트릭스의 예를 보여주고 있다.

이 매트릭스를 사용하려면 가능성과 영향 열에 적절한 값을 평가해 기입하면 된다. 16장에서 강조했듯이 이 값은 여러분의 조직이 하는 일, 조직의 인프라스트럭처 그리고 그 위치에 따라 다르게 나타난다. 미국 캘리포니아 로스앤젤레스에 있는 조직은 독일 함부르크에 있는 조직보다 지진을 경험하게 될 가능성이 더 높다. 여러분의 조직이 다른 지역에도 사무실을 보유하고 있다면 지역별로 위험 평가를 해야 할 수도 있다.

일단 가능성과 영향 값을 계산했다면 두 값을 곱해 각 위험의 순위를 결정하면 된다. 결괏값은 높은 값부터 낮은 값으로 정렬하고 그에 맞게 우선순위를 정하고 준비를 하면 된다. 결괏값이 0.8인 위험은 0.5나 0.3인 위험보다는 더 즉각적인 주의가 필요할 것이다. 여러분의 조직이 당면한 가장 중요한 위험에 대한 대응 계획을 개발하도록 하자.

표 A-1 재해 위험 평가 매트릭스의 예시

테마	위험	연중 발생 가능성	위험 발생시 조직에 미치는 영향	순위	위험에 영향을 받는 시스템
			희박: 0.0 낮음: 0.2 다소 낮음: 0.4 높음: 0.6 매우 높음: 0.8 필연적으로 발생: 1.0	경미: 0.0 낮음: 0.2 보통: 0.5 높음: 0.8 심각: 1.0	
환경적 요인	지진 홍수 화재 태풍				
인프라스트럭처 신뢰성	정전 인터넷 연결 끊김 인증 시스템 다운 시스템 지연응답 증가/인프라스트럭처 성능 감소				
보안	시스템 손상 내부자의 지적 재산 탈취 DDoS/DoS 공격 시스템 리소스의 잘못된 사용(예: 암호화폐 채굴) 반달리즘vandalism/웹사이트 파손 피싱 공격 소프트웨어 보안 버그 하드웨어 보안 버그 심각한 취약점 등장 (예: 멜트다운/스펙트라, 하트블리드)				

INDEX

INDEX

INDEX

INDEX

INDEX

INDEX

INDEX